Bernd Rohlfing

Wirtschaftsrecht 2

Bernd Rohlfing

Wirtschaftsrecht 2

Gesellschaftsrecht, Gewerbliche
Schutzrechte und Urheberrecht

Eine praxisorientierte Einführung

GABLER

Bibliografische Information Der Deutschen Bibliothek
Die Deutsche Bibliothek verzeichnet diese Publikation in der Deutschen Nationalbibliografie;
detaillierte bibliografische Daten sind im Internet über <http://dnb.ddb.de> abrufbar.

Prof. Dr. Bernd Rohlfing ist Rechtsanwalt und lehrt an der Privaten Fachhochschule Göttingen Wirtschaftsrecht.

1. Auflage Dezember 2005

Alle Rechte vorbehalten
© Betriebswirtschaftlicher Verlag Dr. Th. Gabler/GWV Fachverlage GmbH, Wiesbaden 2005

Lektorat: Jutta Hauser-Fahr / Renate Schilling

Der Gabler Verlag ist ein Unternehmen von Springer Science+Business Media.
www.gabler.de

Umschlaggestaltung: Ulrike Weigel, www.CorporateDesignGroup.de

Gedruckt auf säurefreiem und chlorfrei gebleichtem Papier

ISBN-13: 978-3-409-12639-7   e-ISBN-13: 978-3-322-87026-1
DOI: 10.1007/978-3-322-87026-1

„Alles gelernt, nicht um es zu zeigen,

sondern um es zu nutzen."

(Georg Christoph Lichtenberg)

Meinem Vater,

Herbert Rohlfing

Vorwort

Wer sich heutzutage mit wirtschaftlichen Zusammenhängen auseinandersetzt, kommt am Wirtschaftsrecht nicht vorbei. Dabei sollte vergegenwärtigt werden, dass es sich bei dem Fach „Wirtschaftsrecht" um eine vielschichtige, aus Einzelbereichen zusammengesetzte Materie handelt, bei der die einzelnen Bereiche miteinander verschränkt sind.

Das vorliegende Werk richtet sich primär an Studierende des Fachbereichs Wirtschaftswissenschaften an Universitäten, Fachhochschulen und Akademien, die einen schnellen und übersichtlichen Zugriff auf diese Materie benötigen. Sekundär ist dieses Werk aber auch für Studierende an rechtswissenschaftlichen Fachbereichen sowie - mit Rücksicht auf die praxisorientierte Darstellung - für die Unternehmenspraxis geeignet.

Um eine maximale Effizienz bei der Arbeit mit dem vorliegenden Werk zu erreichen, erwartet der Verfasser nicht nur eine Lektüre des Buches selbst, sondern das Nachlesen jedes dort genannten Paragrafen.

Sowohl im Band 1 (Bürgerliches Recht und Handelsrecht) als auch im Band 2 (Gesellschaftsrecht, Gewerbliche Schutzrechte und Urheberrecht) wurde zugunsten einer praxisnahen Darstellung im Wesentlichen auf die in der Rechtswissenschaft übliche Wiedergabe von Streitständen bzw. Meinungsdivergenzen weitestgehend verzichtet; stattdessen orientiert sich die fachdidaktische Konzeption überwiegend an der Rechtsprechung und dort im Wesentlichen an der Auffassung des BGH. Die Beispielsfälle sind entsprechend den praktischen Bedürfnissen ausgewählt; die dort verwendeten Namen sind rein zufällig ausgewählt, etwaige Ähnlichkeiten mit lebenden oder bereits verstorbenen Personen sind nicht beabsichtigt.

Mein Dank gilt in erster Linie Ilona Rink und Susanne Lange, die sich der nicht zu unterschätzenden Mühe unterzogen haben, für die schreibtechnische Herstellung des Werkes verantwortlich zu zeichnen. Dank gebührt hingegen auch meiner lieben Ehefrau Nicole, die mir großes Verständnis entgegenbrachte und ohne deren Unterstützung dieses Buchvorhaben wohl gescheitert wäre. Ich darf auch all den Personen danken, die durch ihr „offenes Ohr" und die kleinen Tipps ebenfalls einen nicht unmaßgeblichen Beitrag geleistet haben.

Für Anregungen und Kritiken, gleichviel ob positiver oder negativer Natur, bin ich aufgeschlossen und dankbar.

Göttingen, im September 2005

Inhaltsverzeichnis

Vorwort V

Abkürzungsverzeichnis XIII

Teil 1 Grundlagen und Grundzüge des Gesellschaftsrechts 1
Kapitel 1 Allgemeine Grundlagen 3
  § 1 Unternehmensarten, Bestimmungsfaktoren, Grundbegriffe 3
     I.   Unternehmensarten 3
     II. Bestimmungsfaktoren bei der Gesellschaftsformenwahl 5
     III. Grundbegriffe des Gesellschaftsrechts 8
          1. Der Gründungsakt 8
          2. Innen- und Außenverhältnis 8
          3. Geschäftsführung und Vertretung 9
          4. Die Lehre von der fehlerhaften Gesellschaft 9

Kapitel 2 Personenhandelsgesellschaften 13
  § 2 Die Gesellschaft bürgerlichen Rechts (GbR) 13
     I.   Begriff, Wesen und Bedeutung 13
     II. Gesellschaftsvertrag 16
     III. Innenverhältnis der Gesellschaft 16
          1. Geschäftsführungsbefugnis und Vertretungsmacht 16
          2. Gesellschafterrechte 18
          3. Gesellschafterpflichten 19
          4. Das Vermögen der Gesellschaft 19
     IV. Außenbeziehung der Gesellschaft 20
          1. Rechtsfähigkeit 20
          2. Rechtsgeschäftliche und deliktische Haftung der Gesellschafter
             und der Gesellschaft 21
     V. Gesellschafterwechsel, Beendigung und Auseinandersetzung der
        Gesellschaft 24
          1. Gesellschafterwechsel 24
          2. Beendigung der Gesellschaft 25
          3. Die Auseinandersetzung der Gesellschaft 26
  § 3 Die Offene Handelsgesellschaft (OHG) 28
     I.   Begriff und Merkmale der OHG 28
     II. Errichtung der Gesellschaft 30
     III. Rechtsverhältnis der Gesellschafter untereinander 31

1. Geschäftsführungsbefugnis 32
2. Das Gesellschaftsvermögen 34
3. Gesellschafterpflichten und -rechte 34
IV. Rechtsverhältnis der Gesellschaft zu Dritten................................... 35
1. Vertretung der Gesellschaft... 35
2. Haftung der Gesellschaft(er)... 36
V. Auflösung der Gesellschaft und Ausscheiden von Gesellschaftern 37
§ 4 Die Kommanditgesellschaft (KG).. 38
I. Bedeutung der KG.. 38
II. Die Gesellschafter... 39
III. Entstehung durch Neugründung oder Umwandlung 41
IV. Die Haftung des Kommanditisten 41
V. Beendigung der KG.. 44
§ 5 Die stille Gesellschaft 44
I. Begriff und Wesen der stillen Gesellschaft...................................... 44
II. Abgrenzung zu anderen Verträgen und Rechtsinstituten 45
III. Die Gesellschafter.. 46
IV. Gesellschaftsvertrag 47
V. Die Rechtsstellung des stillen Gesellschafters 47
VI. Beendigung der stillen Gesellschaft... 49
§ 6 Misch- und Sonderformen von OHG/KG 50
I. Die Partnerschaftsgesellschaft (PartG).. 50
II. Die Europäische Wirtschaftliche Interessenvereinigung (EWIV) 51
III. GmbH & Co. KG... 52
IV. Publikumsgesellschaft 55
V. Die Limited (Ltd.)... 56

Kapitel 3 Kapitalgesellschaften, Genossenschaft und Umwandlung................... 59
§ 7 Gesellschaft mit beschränkter Haftung (GmbH)................................. 59
I. Begriff, Wesen und Bedeutung... 59
II. Errichtung der Gesellschaft.. 60
1. Die Vorgründungsgesellschaft 61
2. Abschluss des Gesellschaftsvertrages, Bestellung der
Gesellschafter und Aufbringung des Stammkapitals......................... 61
3. Die Vor-GmbH... 64
4. Anmeldung der Eintragung in das Handelsregister 66
5. Eintragung in das Handelsregister 67
III. Rechtsverhältnisse der Gesellschaft und der Gesellschafter...................... 67
1. Die sog. Durchgriffshaftung 67
2. Der Geschäftsanteil des Gesellschafters 69
3. Rechte und Pflichten der Gesellschafter... 72
IV. Vertretung und Geschäftsführung.. 77
1. Der Geschäftsführer 77

    2. Die Gesellschafterversammlung 81

    3. Der Aufsichtsrat 83

  V. Auflösung und Liquidation der Gesellschaft 84

§ 8 Die Aktiengesellschaft (AG) 85

  I. Bestehende gesetzliche Neuregelungen 85

    1. NaStraG/WpÜG/TransPuG/SpruchG 85

    2. Societas Europaea (SE) 87

    3. UMAG 87

  II. Geplante gesetzliche Neuregelungen 91

  III. Wesen und Strukturmerkmale der AG 91

  IV. Bedeutung und Erscheinungsformen 92

  V. Die Gründung der AG 92

    1. Einfache Gründung 93

    2. Qualifizierte Gründung 95

    3. Gesetzliche Gründung 96

    4. Nachgründung 96

  VI. Rechtsverhältnisse der Gesellschaft und der Gesellschafter 97

    1. Aktie und Aktienhandel 97

    2. Der Aktionär 99

  VII. Die Verfassung der AG 101

    1. Der Vorstand 101

    2. Der Aufsichtsrat 104

    3. Die Hauptversammlung 106

  VIII. Maßnahmen der Kapitalbeschaffung und Kapitalherabsetzung 111

  IX. Kommanditgesellschaft auf Aktien (KGaA) 112

  X. Verbundene Unternehmen 114

    1. Allgemeines 114

    2. Ausgewählte Rechtsfragen 116

§ 9 Die Genossenschaft (Gen) 119

§ 10 Umwandlungsrecht 120

**Teil 2 Grundlagen und Grundzüge des gewerblichen
Rechtsschutzes und Urheberrecht** 123

Kapitel 4 Wettbewerbsrecht 125

§ 11 Wesen des Wettbewerbsrechts 125

  I. Schutz des Wettbewerbs 125

  II. Lauterkeitsrecht 126

  III. Kartellrecht 127

§ 12 Quellen des Wettbewerbsrechts und Neufassung des UWG 127

  I. Quellen 127

  II. Synoptische Gegenüberstellung der Alt- und Neufassung des UWG 130

§ 13 Anwendungsbereich und Begriffsdefinitionen im UWG 131

  I. Anwendungsbereich und Zweck des UWG 131

II. Begriffsdefinitionen im UWG 132
    1. Die Wettbewerbshandlung 132
    2. Der Marktteilnehmer 133
    3. Der Mitbewerber 133
    4. Die Nachrichten 133

§ 14 Die wettbewerbsrechtliche Generalklausel des § 3 UWG und
Beispiele des § 4 UWG 134
    I. Der Tatbestand des § 3 UWG 134
        1. Wettbewerbshandlung 134
        2. Zum Nachteil eines bestimmten Personenkreises 136
        3. Nicht nur unerhebliche Wettbewerbsbeeinträchtigung 139
        4. Unlauterkeit i. S. d. § 4 UWG und anhand der bisherigen
           Rechtsprechung 140
    II. Die Rechtsfolgen 178
        1. Beseitigung, Unterlassung und Schadensersatz 178
        2. Gewinnabschöpfung 179

§ 15 Besondere Tatbestände des Wettbewerbsrechts 182
    I. Vergleichende Werbung 182
    II. Irreführende Werbung 185
        1. Voraussetzungen 185
        2. Einzelfälle 189
    III. Unzumutbare Belästigungen 197
    IV. Besondere Werbe- und Vertriebsmethoden 200
        1. Insolvenzwarenverkauf 200
        2. Großhändler-/Herstellerwerbung 201
        3. Kaufscheinhandel 201
        4. Progressive Kundenwerbung 202
    V. Anschwärzung, Geheimnisverrat 203
    VI. Wettbewerbsrechtliches Preisrecht und der Wegfall von
        Rabattgesetz und Zugabeverordnung 204

§ 16 Die gerichtliche Durchsetzung wettbewerbsrechtlicher Ansprüche 206
    I. Vorstadium: Abmahnung 206
    II. Einstweilige Verfügung und Schutzschrift 210
    III. Klageverfahren 212

§ 17 Aspekte des Internationalen Wettbewerbsrechts 213
    I. Anwendbares Recht bei grenzüberschreitenden
        Wettbewerbshandlungen 214
        1. Marktortprinzip 215
        2. Ausnahmen vom Marktortprinzip 216
        3. Multi-State-Wettbewerbshandlungen 217
        4. Wettbewerbsrecht im Internet 218
    II. Gemeinschaftsrechtliche Warenverkehrsfreiheit 219

1. Rechtsgrundlagen...219
2. Zur Rechtsprechung des EuGH - Ausgewählte Entscheidungen 220

**Kapitel 5   Kennzeichen- und Markenrecht, Patent-, Gebrauchsmuster-,
             Geschmacksmuster- und Sortenschutz- sowie Halbleiterschutzrecht,
             Urheberrecht** 225
§ 18   Kennzeichen- und Markenrecht 225
   I.   Aufbau und Zweck des MarkenG..225
   II.   Arten von Kennzeichen 226
      1. Marke (§ 1 Ziff. 1 MarkenG)...227
      2. Geschäftliche Bezeichnungen (§ 1 Ziff. 2 MarkenG)...........229
      3. Geografische Herkunftsangaben (§ 1 Ziff. 3 MarkenG) 232
   III. Entstehung des Markenschutzes...233
      1. Absolute Schutzhindernisse (§ 8 MarkenG) 233
      2. Markenschutz kraft Eintragung (Registermarke) 236
      3. Markenschutz kraft Benutzung (Benutzungsmarke)...........236
      4. Markenschutz kraft notorischer Bekanntheit (Notorietätsmarke) 237
   IV.   Inhalt und Wirkung des Markenschutzes...................................238
      1. Relative Schutzhindernisse (§ 9 MarkenG) 238
      2. Ausschließlichkeitsrechte (§§ 14, 15 MarkenG)................239
   V.   Schranken des Markenschutzes...252
      1. Verjährung und Verwirkung..252
      2. Bestandskraft prioritätsjüngerer Marken 253
      3. Benutzung von Namen und beschreibenden Angaben;
        Ersatzteilgeschäft (Drittgebrauch)................................253
      4. Erschöpfungsgrundsatz..254
      5. Anspruchsausschluss bei mangelnder Benutzung 255
      6. Verbot der unzulässigen Rechtsausübung 256
      7. Dauer des Markenschutzes 257
   VI.   Geografische Herkunftsangaben...258
   VII. Abschließende Hinweise 259
§ 19   Patentrecht, Gebrauchsmuster- und Geschmacksmusterrecht, Sortenschutz-
      und Halbleiterschutzrecht sowie Arbeitnehmererfindungsrecht 260
   I.   Patentrecht...260
   II.   Gebrauchsmusterrecht..263
   III. Geschmacksmusterrecht...264
   IV.   Sortenschutz- und Halbleiterschutzrecht 267
   V.   Arbeitnehmererfindungsrecht 268
§ 20   Urheberrecht 270
   I.   Allgemeines...270
   II.   Das Werk 271
      1. Persönliche geistige Schöpfung 271
      2. Werkarten 272

3. Bearbeitungen und Plagiate 279
4. Sammelwerke und Datenbankwerke 282
5. Amtliche Werke 285
III. Der Urheber 285
1. Alleinurheberschaft 286
2. Miturheberschaft 287
3. Die Vermutung der Urheberschaft 288
IV. Inhalt des Urheberrechts 290
1. Urheberpersönlichkeitsrecht 290
2. Verwertungsrechte 292
3. Sonstige Rechte des Urhebers 298
V. Rechtsverkehr im Urheberrecht 298
1. Rechtsnachfolge in das Urheberrecht 298
2. Nutzungsrechte 299
VI. Schranken des Urheberrechts 302
1. Inhaltliche Schranken 303
2. Zeitliche Schranken 306
3. Persönliche und räumliche Schranken 307
VII.   Schutz von Computerprogrammen 308
VIII.   Zivil- und strafrechtliche Rechtsfolgen 309
1. Zivilrechtsschutz 310
2. Strafrechtsschutz 313
§ 21 Der Lizenzvertrag 313
I.   Anwendungsbereich 313
II.   Einfache und ausschließliche Lizenzen 314
III. Vertragliche Nutzungsbeschränkungen 315
IV. Gewährleistung und Haftung 316
V.   Gebühren 317

Literatur 319

Stichwortverzeichnis 325

Abkürzungsverzeichnis

a. A.	anderer Auffassung
ABl.	Amtsblatt
AbzG	Abzahlungsgesetz
a. F.	alte Fassung
AG	Aktiengesellschaft
AG	Amtsgericht
AGB	Allgemeine Geschäftsbedingungen
AGB-Gesetz	Gesetz zur Regelung des Rechts der Allgemeinen Geschäftsbedingungen
AktG	Aktiengesetz
AnfG	Anfechtungsgesetz
AO	Abgabenordnung
ArbG	Arbeitsgericht
ArbGG	Arbeitsgerichtsgesetz
ArbnErfG	Arbeitnehmer-Erfindungsgesetz
ARGE	Arbeitsgemeinschaft
Art.	Artikel
ArzneiMG	Arzneimittelgesetz
AtomG	Atomgesetz
AÜG	Arbeitnehmerüberlassungsgesetz
BAFin	Bundesanstalt für Finanzdienstleistungsaufsicht
BAG	Bundesarbeitsgericht
BAGE	Entscheidungen des BAG (Amtliche Sammlung)
BAK	Blutalkoholkonzentration
BÄrzteO	Bundesärzteordnung
BayObLG	Bayerisches Oberstes Landesgericht
BB	Betriebs-Berater (Zeitschrift)
BetrVG	Betriebsverfassungsgesetz
BFH	Bundesfinanzhof
BGB	Bürgerliches Gesetzbuch
BGB-InfoVO	BGB-Informationspflichten-Verordnung
BGBl.	Bundesgesetzblatt
BGH	Bundesgerichtshof
BGHSt	Entscheidungen des BGH in Strafsachen (Amtliche Sammlung)
BGHZ	Entscheidungen des BGH in Zivilsachen (Amtliche Sammlung)
BO	Berufsordnung
BPatG	Bundespatentgericht

BRAO	Bundesrechtsanwaltsordnung
BRAGO	Bundesrechtsanwaltsgebührenordnung
BVerfG	Bundesverfassungsgericht
BVerfGE	Entscheidungen des Bundesverfassungsgerichts (Amtliche Sammlung)
bzw.	beziehungsweise
B2B	Business to Business
B2C	Business to Consumer
cic	culpa in contrahendo
CISG	Convention on Contracts for the International Sale of Goods (UN-Kaufrecht)
C2C	Consumer to Consumer
DB	Der Betrieb (Zeitschrift)
d. h.	das heißt
DIN	Deutsches Institut für Normung e. V. (Deutsche Industrie-Norm)
DPMA	Deutsches Patent- und Markenamt
EDV	Elektronische Datenverarbeitung
EFZG	Entgeltfortzahlungsgesetz
eG	eingetragene Genossenschaft
EG	Europäische Gemeinschaft
EGBGB	Einführungsgesetz zum Bürgerlichen Gesetzbuch
EGV	Vertrag zur Gründung der Europäischen Gemeinschaft mit den Änderungen durch den Vertrag von Amsterdam
Einf.	Einführung
EMRK	Europäische Konvention zum Schutz der Menschenrechte und Grundfreiheiten
EPA	Europäisches Patentamt
EPÜ	Europäisches Patentübereinkommen
EStG	Einkommensteuergesetz
etc.	et cetera
EU	Europäische Union
EuGH	Europäischer Gerichtshof
EuGVÜ	EWG-Übereinkommen über die gerichtliche Zuständigkeit und Vollstreckung in Zivil- und Handelssachen
EV	Eigentumsvorbehalt
e. V.	eingetragener Verein
EWiR	Entscheidungen zum Wirtschaftsrecht
EWiV	Europäische Wirtschaftliche Interessenvereinigung
EWR	Europäischer Wirtschaftsraum
ex tunc	rückwirkend
FGG	Gesetz über die Angelegenheiten der freiwilligen Gerichtsbarkeit
G	Gesetz
GBO	Grundbuchordnung

GbR	Gesellschaft bürgerlichen Rechts
GebrMG	Gebrauchsmustergesetz
gem.	gemäß
GemMarkenV	Gemeinschaftsmarkenverordnung
GenG	Genossenschaftsgesetz
GenTG	Gesetz zur Regelung der Gentechnologie
GeschmMG	Geschmacksmustergesetz
GewO	Gewerbeordnung
GG	Grundgesetz
ggf.	gegebenenfalls
GmbH	Gesellschaft mit beschränkter Haftung
GmbHG	Gesetz betreffend die Gesellschaften mit beschränkter Haftung
GmbHR	GmbH-Rundschau (Zeitschrift)
GoA	Geschäftsführung ohne Auftrag
GPSG	Geräte- und Produktsicherheitsgesetz
GRUR	Gewerblicher Rechtsschutz und Urheberrecht (Zeitschrift)
GRUR-RR	Gewerblicher Rechtsschutz und Urheberrecht (Rechtsprechungs-Report)
GüKG	Güterkraftverkehrsgesetz
GuT	Gewerbemiete und Teileigentum (Zeitschrift)
GVG	Gerichtsverfassungsgesetz
GWB	Gesetz gegen Wettbewerbsbeschränkungen (Kartellgesetz)
HaftpflG	Haftpflichtgesetz
HalblSchG	Halbleiterschutzgesetz
HGB	Handelsgesetzbuch
h. M.	herrschende Meinung
HR	Handelsregister
HRefG	Handelsrechtsreformgesetz
HRV	Handelsregisterverfügung
HWG	Heilmittelwerbegesetz
HWiG	Haustürwiderrufsgesetz
i. A.	im Auftrag
IHK	Industrie- und Handelskammer
IHR	Zeitschrift für Internationales Handelsrecht
Incoterms	International Commercial Terms
Ins	Insolvenz
InsO	Insolvenzordnung
i. S.	im Sinne
i. Ü.	im Übrigen
i. V.	in Vertretung
iVm	in Verbindung mit
JZ	Juristen-Zeitung
KAGG	Gesetz über Kapitalanlagegesellschaften

Kfz	Kraftfahrzeug
KG	Kammergericht
KG	Kommanditgesellschaft
KGaA	Kommanditgesellschaft auf Aktien
KMU	kleine und mittelständische Unternehmen
KO	Konkursordnung
KWG	Kreditwesengesetz
LadSchlG	Ladenschlussgesetz
LAG	Landesarbeitsgericht
LG	Landgericht
LMBG	Lebensmittel- und Bedarfsgegenständegesetz
LuftVG	Luftverkehrsgesetz
MarkenG	Markengesetz
m. a. W.	mit anderen Worten
MB	Mega Byte
MDR	Monatsschrift für Deutsches Recht
MHA	Madrider Herkunftsabkommen
MMA	Madrider Markenabkommen
MMR	Multi Media und Recht (Zeitschrift)
MontanMitbestG	Montanmitbestimmungsgesetz
NaStraG	Gesetz zur Namensaktie und zur Erleichterung der Stimmrechtsausübung
n. F.	neue Fassung
NJW	Neue Juristische Wochenschrift (Zeitschrift)
NJWE-WettbR	NJW-Entscheidungsdienst Wettbewerbsrecht
NJW-RR	NJW-Rechtsprechungs-Report Zivilrecht
NKA	Nizzaer Abkommen über die internationale Klassifikation von Waren und Dienstleistungen
NVwZ	Neue Zeitschrift für Verwaltungsrecht
NVwZ-RR	NVwZ-Rechtsprechungs-Report
NZA	Neue Zeitschrift für Arbeitsrecht
NZG	Neue Zeitschrift für Gesellschaftsrecht
o. Ä.	oder Ähnliches
OHG	Offene Handelsgesellschaft
OLG	Oberlandesgericht
OVG	Oberverwaltungsgericht
PAngVO	Preisangabenverordnung
PartG	Partnergesellschaft
PartGG	Partnerschaftsgesellschaftsgesetz
PatentG	Patentgesetz
PatV	Patentverordnung
PflVersG	Pflichtversicherungsgesetz
PostG	Postgesetz

ProdHaftG	Produkthaftungsgesetz
ProdSG	Produktsicherheitsgesetz
PVÜ	Pariser Verbandsübereinkunft
pVV	Positive Vertragsverletzung
RabattG	Rabattgesetz
RAM	Random Access Memory
Rdziff.	Randziffer
RG	Reichsgericht
RGZ	Entscheidungen des Reichsgerichts in Zivilsachen (Amtliche Sammlung)
S.	Seite
SchE	Schadensersatz
ScheckG	Scheckgesetz
SE	Societas Europaea
SGB	Sozialgesetzbuch
SigG	Signaturgesetz
sog.	so genannte(r)
SortenschG	Sortenschutzgesetz
SpruchG	Spruchverfahrensgesetz
SpuRT	Sport und Recht (Zeitschrift)
StGB	Strafgesetzbuch
StVG	Straßenverkehrsgesetz
SZR	Sonderziehungsrecht
TDG	Teledienstegesetz
TKG	Telekommunikationsgesetz
TKSchVO	Telekommunikationskundenschutzverordnung
TransPuG	Transparenz- und Publizitätsgesetz
u. a.	unter anderem
u. Ä.	und Ähnliches
UKlaG	Unterlassungsklagengesetz
UmweltHG	Umwelthaftungsgesetz
UmwG	Umwandlungsgesetz
UrhG	Urhebergesetz
Urt.	Urteil
usw.	und so weiter
UVP	Unverbindliche Preisempfehlung
UWG	Gesetz gegen den unlauteren Wettbewerb
VAG	Versicherungsaufsichtsgesetz
VerbrKrG	Verbraucherkreditgesetz
VersR	Versicherungsrecht (Zeitschrift)
VG	Verwaltungsgericht
vgl.	vergleiche
VO	Verordnung

VOB	Verdingungsordnung für Bauleistungen
VVaG	Versicherungsverein auf Gegenseitigkeit
VVG	Versicherungsvertragsgesetz
VwGO	Verwaltungsgerichtsordnung
VwVfG	Verwaltungsverfahrensgesetz
WE	Willenserklärung
WG	Wechselgesetz
WHG	Wasserhaushaltsgesetz
WM	Zeitschrift für Wirtschafts- und Bankrecht, Wertpapiermitteilungen
WPO	Wirtschaftsprüferordnung
WpÜG	Wertpapiererwerbs- und Übernahmegesetz
WRP	Wettbewerb in Recht und Praxis (Zeitschrift)
WuM	Wohnungswirtschaft und Mietrecht (Zeitschrift)
z. B.	zum Beispiel
ZiP	Zeitschrift für Wirtschaftsrecht
ZMR	Zeitschrift für Mietrecht
ZPO	Zivilprozessordnung
ZRP	Zeitschrift für Rechtspolitik
z. T.	zum Teil
ZugabeVO	Zugabeverordnung
ZVG	Zwangsversteigerungsgesetz
zzgl.	zuzüglich

Teil 1

Grundlagen und Grund-

züge des Gesellschaftsrechts

Kapitel 1 Allgemeine Grundlagen

Das Wirtschaftsleben und damit auch das Wirtschaftsrecht ist gekennzeichnet durch Gesellschaften. Im kaufmännischen Rechts- und Geschäftsverkehr ist der Umgang mit einer GmbH oder AG oder GmbH & Co. KG und dergleichen absolut üblich. Die Bildung von Gesellschaften ist kein Phänomen neugeschichtlicher Entwicklung, sondern ist auch eine frühzeitliche Erscheinungsform. Heute wie damals werden Gesellschaften bzw. Vereinigungen gegründet, um Kapital, Know-how und/oder Arbeitskräfte zu bündeln und dadurch konkurrenzfähig zu bleiben und auf dem Wirtschaftsmarkt überleben zu können.

§ 1 Unternehmensarten, Bestimmungsfaktoren, Grundbegriffe

I. Unternehmensarten

Gesellschaften sind Personenzusammenschlüsse, die einen gemeinsamen Zweck verfolgen und einen privatrechtlichen, rechtsgeschäftlichen Hintergrund haben.

Der Begriff des „Unternehmens" ist hingegen weitergehender und jeweils dem Willen und dem Zweck des Gesetzes und der Norm nach zu bestimmen, die diesen Begriff verwenden. So wird z. B. der Begriff des Unternehmens auch im Konzernrecht, im Mitbestimmungsgesetz, aber auch im Wettbewerbsrecht ebenso wie im Handelsrecht verwandt. Der weitergehende Begriff des Unternehmens umfasst die zum Zweck seiner Tätigkeit gewidmeten Sachen und Rechte sowie sonstige wirtschaftlichen Werte, z. B. Unternehmensgeheimnisse, Goodwill, Erfahrungen, Know-how etc.

Während auch öffentlich-rechtliche juristische Personen, wie z. B. Körperschaften, Anstalten und Stiftungen bzw. familien- und erbrechtliche Gemeinschaften, Unternehmensformen darstellen können, so sind sie doch keine **Gesellschaft**. Im Privatrecht bzw. im Wirtschaftsrecht gibt es verschiedene Gesellschaftsformen, um ein Unternehmen zu gründen bzw. zu betreiben:

___

Abbildung 1-1:   *Unternehmensformen im Privatrecht*

___

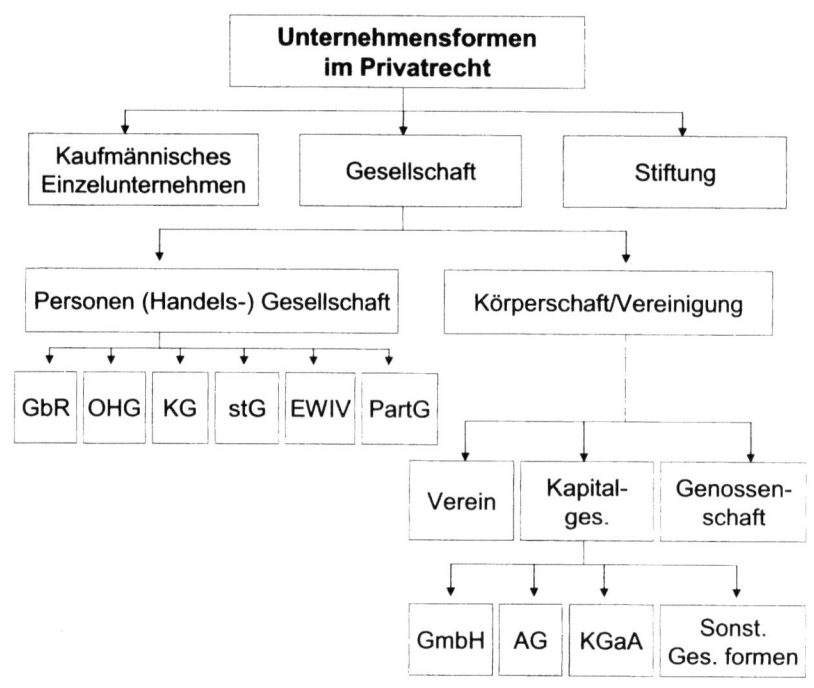

___

Bei den Personen(handels)gesellschaften liegt zwar eine Verbindung von Personen zu einem bestimmten gemeinsamen Zweck vor; diese Verbindung kann auf Dauer angelegt sein und auch einen Gesellschaftsnamen führen. Gleichwohl sind die Personen(handels)gesellschaften lediglich teilrechtsfähig,[1] wobei das Vertragsverhältnis unter den bestimmten Personen bei Kündigung oder Tod eines Partners grundsätzlich - vorbehaltlich besonderer vertraglicher oder gesetzlicher Bestimmungen - aufgelöst wird. Als Personen(handels)gesellschaften gelten

  ➢ Gesellschaft bürgerlichen Rechts (GbR)

  ➢ Offene Handelsgesellschaft (OHG)

  ➢ Kommanditgesellschaft (KG)

  ➢ stille Gesellschaft (stG)

___

[1]   Zu den Besonderheiten bei der Gesellschaft bürgerlichen Rechts (GbR) sogleich S. 13 ff.

- Europäische Wirtschaftliche Interessenvereinigung (EWIV)

- Partnerschaftsgesellschaft (PartG)

Rechtsfähige Gesellschaften werden hingegen als **Körperschaften** bezeichnet. Der Verein, der im Übrigen keine Gesellschaft ist, hat nach Maßgabe der einschlägigen Bestimmungen (§§ 21 - 53, 55 - 79 BGB) ebenso Rechtsfähigkeit wie die Kapitalgesellschaften und die Genossenschaft. Bei der Frage, ob eine Körperschaft, z. B. Verein, oder aber eine Personen(handels)gesellschaft vorliegt, dürfen nicht Äußerlichkeiten entscheiden. So kann z. B. eine Vereinigung, die sich Gesellschaft nennt, ein Verein sein (z. B. DLRG). **Politische Parteien** sind durchweg als rechtsfähige (oder nicht rechtsfähige) Vereine organisiert, für die jedoch in erster Linie das Parteiengesetz gilt und die Regelungen in §§ 21 ff. BGB ergänzend Anwendung finden.[2] Gemeinsames Kennzeichen der Körperschaften ist es, dass sie von einem etwaigen Mitgliederbestand bzw. Mitgliederwechsel unabhängig sind. Neben den Vereinen sind auch Genossenschaften und Kapitalgesellschaften als Körperschaften anzusehen; zu den Kapitalgesellschaften gehören

- Gesellschaft mit beschränkter Haftung (GmbH)

- Aktiengesellschaft (AG)

- Kommanditgesellschaft auf Aktien (KGaA)

II.   Bestimmungsfaktoren bei der Gesellschaftsformenwahl

Unternehmer können nach Maßgabe der Gesetze Gesellschaften frei bilden, bedürfen also für die Gründung keiner gesondert gearteten Genehmigung. Dabei kann entsprechend den persönlichen Bedürfnissen und Wünschen jedwede Gesellschaftsform gewählt werden. Nur für bestimmte Fälle ist ein sog. **Rechtsformenzwang** vorgesehen:

- Lebens-, Unfall-, Haftpflicht-, Feuer- sowie Hagelversicherung: nur als AG oder VVaG (vgl. § 7 Versicherungsaufsichtsgesetz - VAG)

- Private Bausparkassen nur als AG (vgl. § 2 Abs. 1 Bausparkassengesetz)

- Hypothekenbanken und Schiffspfandbriefbanken nur als AG oder KGaA (vgl. § 2 Abs. 1 Hypothekenbankengesetz bzw. § 2 Abs. 1 Schiffsbankengesetz)

- Kapitalanlagegesellschaften nur als AG oder GmbH (vgl. § 1 Abs. 2 KAGG)

- Wirtschaftsprüfungsgesellschaften nur als Handelsgesellschaft, nicht als GbR (vgl. § 27 Wirtschaftsprüferordnung - WPO)

---

2   Palandt/Heinrichs, BGB, Einf. v. § 21 Rdziff. 16

> Apotheken, soweit diese Gesellschaften sind, nur als GbR oder OHG (vgl. § 8 Apothekengesetz)

> Kreditinstitute nur als Gesellschaft, nicht als Einzelkaufmann (vgl. § 2 a KWG)

Die richtige Gesellschaftsformenwahl bzw. die Vertragsgestaltung hängt von einer Vielzahl von Faktoren und Parametern ab. Die richtige Gesellschaftsformenwahl betrifft indessen nicht nur neu zu gründende Gesellschaften, sondern auch die Frage, ob die bereits bestehende Gesellschaftsform noch zeit- bzw. zweckgemäß ist:

Abbildung 1-2: *Bestimmungsfaktoren bei der Wahl der Gesellschaftsform*

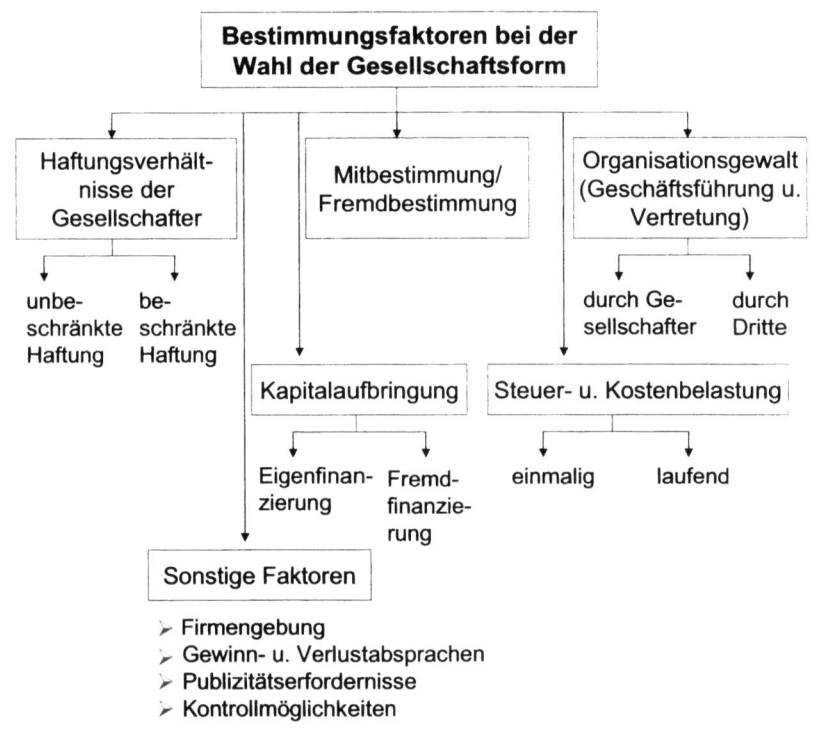

Ein Kriterium der Gesellschaftsformenwahl sollten die verschiedenen **Haftungsmodalitäten** sein. Möglich ist es, dass bei bestimmten Gesellschaften die Gesellschafter unbeschränkt haften (z. B. GbR, OHG), während bei anderen Rechtsformen eine Beschränkung der Haftung auf die juristische Person und damit auf den Verlust der Einlage möglich ist.

➤ Bestimmte Gesellschaften (z. B. Kapitalgesellschaften sowie die GmbH & Co. KG) unterliegen unter bestimmten Voraussetzungen (gem. §§ 76 Abs. 6, 77 BetrVG 1952, §§ 95 ff. AktG, Mitbestimmungsgesetz, § 52 GmbHG) der **Mitbestimmung** durch die Arbeitnehmer.

➤ Die **Steuer- und die damit einhergehende Kostenbelastung** ist ebenfalls ein wesentlicher Faktor, der für die Gesellschaftsform ausschlaggebende Bedeutung haben könnte. Bei den Kapitalgesellschaften ist zu berücksichtigen, dass deren gesetzliche Vertreter den Jahresabschluss (§ 242 HGB) um einen Anhang zu erweitern haben, der mit der Bilanz und der Gewinn- und Verlustrechnung eine Einheit bildet; darüber hinaus ist bei den Kapitalgesellschaften ein Lagebericht aufzustellen, vgl. § 264 Abs. 1 S. 1 HGB.

➤ Mit der Steuer- und Kostenbelastung gehen erhöhte **Publizitätserfordernisse** einher. So besteht für Kapitalgesellschaften nach Maßgabe der §§ 325 ff., 267 ff. HGB die Verpflichtung, den Jahresabschluss auch zu veröffentlichen. Für Personengesellschaften oder Einzelkaufleute besteht eine Verpflichtung zur Veröffentlichung des Jahresabschlusses nur dann, wenn von den gesetzlichen Kriterien (Bilanzsumme mehr als 65 Mio. €, Umsatzerlöse mehr als 130 Mio. €, Belegschaftsgröße oberhalb von 5.000 Arbeitnehmern) mindestens zwei Merkmale erfüllt sind.

➤ Mit Rücksicht auf die Kapitalaufbringung ist zu vergegenwärtigen, dass Personen(handels)gesellschaften mit Rücksicht auf die persönliche Haftung der Gesellschafter eher in der Lage sind, **Fremdkapital** bei Banken aufzubringen, als dies z. B. bei der GmbH - mit Rücksicht auf die beschränkte Haftung - der Fall ist.

Ein wesentliches Kriterium bei der Gesellschaftsformenwahl ist auch die Organisationsgewalt. Während bei Personen(handels)gesellschaften die Geschäftsführung und Vertretung durch die Gesellschafter selbst übernommen wird, ist bei Kapitalgesellschaften auch die sog. Fremdorganschaft möglich, d. h., dass die Vertretung der Gesellschaft auch durch Nichtgesellschafter vorgenommen werden kann.

Darüber hinaus gibt es weitere Faktoren, die die Gesellschaftsformenwahl beeinflussen können, so z. B. die Firmengebung, etwaige Gewinn- und Verlustabreden, Nachfolgeregelungen und Wettbewerbsfragen.

Unabhängig von der jeweiligen, dann getroffenen Wahl der Gesellschaftsform werden üblicherweise in einem Gesellschaftsvertrag folgende Punkte einer Regelung zugeführt:

➤ Firma, Gesellschaftssitz

➤ Unternehmensgegenstand

➤ Geschäftsanteile, Einlagen und Haftung der Gesellschafter

➤ Gewinn- und Verlustverteilung

> ➤ Geschäftsführung und Vertretung

> ➤ Wettbewerbsverbote

> ➤ Geschäftsjahr und Jahresabschluss

> ➤ Gesellschafterversammlung und -beschlüsse

> ➤ Informations- und Kontrollrechte

> ➤ Beendigung der Gesellschaft und Eintritt von Gesellschaftern

> ➤ Erbfolge

> ➤ Abschließende Regelungen (Vertragsänderung, Gerichtsstand etc.)

III.   Grundbegriffe des Gesellschaftsrechts

1.   Der Gründungsakt

Mitunter reicht es für die Entstehung bestimmter Gesellschaften aus, dass ein Gesellschaftsvertrag abgeschlossen wird (einaktige Gründung). Dies ist indessen nicht bei allen Gesellschaftsformen ausreichend; mitunter muss ein weiterer Gründungsakt (Eintragung in das Handelsregister oder Geschäftsaufnahme) hinzutreten. Lediglich bei der GbR bzw. bei der stillen Gesellschaft reicht der Abschluss des Gesellschaftsvertrages aus, während bei der GmbH und der AG die Eintragung in das Handelsregister hinzutreten muss, vgl. § 11 Abs. 1 GmbHG bzw. § 41 Abs. 1 AktG. In einem solchen Fall wird von einer mehraktigen Gründung gesprochen. Bei der OHG und KG ist zwischen dem sog. Innen- bzw. Außenverhältnis zu unterscheiden. Während für das Innenverhältnis bereits der Abschluss eines Gesellschaftsvertrages ausreicht, ist dies für das Außenverhältnis nicht der Fall. Im Außenverhältnis entsteht die OHG/KG erst dann, wenn die Eintragung im Handelsregister erfolgt und bekannt gemacht worden ist oder aber wenn die Gesellschaft den Betrieb eines Handelsgewerbes aufgenommen hat (§§ 105, 123, 161 Abs. 2 HGB) wofür in aller Regel auch schon die Unterzeichnung eines Vertrages durch einen der (vertretungsberechtigten) Gesellschafter ausreichend sein kann.

2.   Innen- und Außenverhältnis

Der Begriff „Innenverhältnis" bezeichnet die Gesamtheit der Beziehungen der Gesellschafter untereinander und wird einerseits durch den Gesellschaftsvertrag und andererseits durch entsprechende einschlägige gesetzliche Bestimmungen ausgefüllt. Mit dem Begriff „Außenverhältnis" ist hingegen die Gesamtheit der Rechtsbeziehungen zu außenstehenden Dritten gemeint.

Insbesondere die Regelungen der §§ 705 ff. BGB gehen davon aus, dass die GbR bzw. ihre Rechtsvertreter am Rechtsverkehr teilhaben (**Außengesellschaft**). Gleichwohl besteht auch die Möglichkeit, dass eine GbR nicht am Rechtsverkehr teilnimmt, insbesondere also die Möglichkeit, rechtsgeschäftlich für die GbR zu handeln, ausgeschlossen ist; in einem solchen Fall liegt eine **Innengesellschaft** vor.[3]

3. Geschäftsführung und Vertretung

Spiegelbildlich zu den Termini Innen- bzw. Außenverhältnis sind auch die Begrifflichkeiten Geschäftsführung und Vertretung. Während der Begriff „Geschäftsführung" zum Ausdruck bringt, welche Befugnisse der Geschäftsführer im Innenverhältnis hat, ist der „Vertretung" gemeint, welche Befugnisse dem Gesellschafter gegenüber außenstehenden Dritten zukommt, um die Gesellschaft wirksam zu vertreten.

4. Die Lehre von der fehlerhaften Gesellschaft

Für den Abschluss des Gesellschaftsvertrages gelten die allgemeinen Regeln über den Vertragsabschluss, sodass auch die Regeln über die Unwirksamkeitsgründe, wie z. B. §§ 104 ff., 119 ff., 142, 125 BGB, einschlägig sein können. Wenn also eine der am Gesellschaftsvertrag beteiligten Personen ihre auf Abschluss des Gesellschaftsvertrages gerichtete Willenserklärung im Nachhinein aus bestimmten Gründen widerruft, kündigt oder anficht, so stellt sich die Frage, wie ein derartiger Unwirksamkeitsgrund zu behandeln ist. Diese Frage wird insbesondere dann virulent, wenn die Gesellschaft bereits über einen längeren Zeitraum hinweg existent war. Es leuchtet unmittelbar ein, dass es unter Umständen zu unangemessenen Ergebnissen führen kann, wenn die Gesellschaft und deren Ergebnisse in toto rückgängig gemacht werden sollen. Vor diesem Hintergrund ist die Rechtsprechung frühzeitig dazu übergegangen, der **Gesellschaft, die in Vollzug gesetzt wurde, Bestandsschutz** bis zur Geltendmachung des jeweiligen Unwirksamkeitsgrundes **beizumessen**.[4] Ein solcher Bestandsschutz besteht auch und vor allem im Hinblick auf die Geschäftspartner der Gesellschafter, die schließlich auf den Bestand der Gesellschaft vertrauen dürfen. Unter bestimmten Voraussetzungen wird die im Gesellschaftsvertrag mit Mängeln behaftete, mithin fehlerhafte Gesellschaft sowohl nach innen als auch nach außen hin als wirksam angesehen. Diese Voraussetzungen sind:

➤ fehlerhafter Gesellschaftsvertrag

---

3 Palandt/Sprau, BGB, § 705 Rdziff. 33; Baumbach/Hopt/Hopt, HGB, Einl. v. § 105 Rdziff. 10; Ebenroth/Boujong/Joost/Boujong, HGB, § 105 Rdziff. 177 ff.
4 BGHZ 55, 5; weitere Nachweise bei Baumbach/Hopt/Hopt, HGB, § 105 Rdziff. 75 ff.; Ebenroth/Boujong/Joost/Boujong, HGB, § 105 Rdziff. 177 ff.

> ➢ Invollzugsetzung der Gesellschaft

> ➢ Fehlen vorrangiger Schutzinteressen

Die **Invollzugsetzung** nach innen oder außen wird erst dann angenommen, wenn Rechtstatsachen geschaffen worden sind, an denen die Rechtsordnung nicht vorbeigehen kann. Dies sind z. B. vorbereitende Geschäfte, auch die Eintragung im Handelsregister. Die Leistung einer Einlage wird wohl nur als Indiz angesehen werden können.[5]

Soweit es das **Fehlen vorrangiger Schutzinteressen** anbelangt, wird damit zum Ausdruck gebracht, dass die rechtliche Anerkennung einer fehlerhaften Gesellschaft dann nicht mehr bestehen kann, wenn gewichtige Interessen der Allgemeinheit oder einzelner schutzwürdiger Personen entgegenstehen. Dies ist z. B. der Fall bei einem gemeinschaftlichen Verstoß der Gesellschafter gegen Gesetz oder gute Sitten (§§ 134, 138 BGB) oder aber wenn geschäftsunfähige oder beschränkt geschäftsfähige Personen Gesellschafter sind.

Obgleich die Gesellschaft dann nach innen und außen hin als wirksam angesehen wird, so wird dem betroffenen Gesellschafter, der z. B. seine auf den Abschluss des Gesellschaftsvertrages gerichtete Willenserklärung anficht, ein in die Zukunft wirkendes Recht für eine (außerordentliche) Kündigung zugestanden oder aber die Möglichkeit der Auflösungsklage (§ 133 HGB) eröffnet.

Ob und inwieweit die Regeln über die fehlerhafte Gesellschaft auch dann zur Anwendung zu kommen haben, wenn - z. B. bei einer atypisch stillen Gesellschaft - ein Verbraucher von den ihm nach dem Gesetz zustehenden Widerrufsmöglichkeiten Gebrauch macht, ist durch die Rechtsprechung noch nicht abschließend geklärt.[6] Bei Prospekthaftung oder Beratungsverschulden vor/bei Vertragsschluss unterliegt der Anspruch des stillen Gesellschafters gegen den Inhaber des Handelsgeschäfts keinen Beschränkungen nach den Grundsätzen über die fehlerhafte Gesellschaft.[7]

Die Regeln über die fehlerhafte Gesellschaft sind jedoch nicht nur bei Begründung der Gesellschaft bzw. dem Beitritt zu einer bestehenden Gesellschaft anzuwenden. Entsprechendes gilt auch für das Ausscheiden aus der Gesellschaft. Zwar setzt ein fehlerhaft vollzogenes Ausscheiden ein - wenn auch fehlerhaftes - rechtsgeschäftliches Handeln aller Gesellschafter voraus; daran kann es fehlen, wenn ein Teil der Gesellschafter an einer Vereinbarung über die Rückabwicklung der Beteiligung eines GbR-Gesellschafters, z. B. an einer Fonds-Gesellschaft in Form eines geschlossenen Immobilienfonds, nicht mitgewirkt oder ein Mitgesellschafter die von ihnen erteilte Vollmacht

---

[5] BGH NJW 2000, 3558 = WM 2000, 1685 = ZiP 2000, 1430; BGH NJW 1992, 1501 = WM 1992, 490 = ZiP 1992, 247; BGHZ 116, 37 = NJW 1992, 505 = WM 1991, 2137 = ZiP 1992, 29; Baumbach/Hopt/Hopt HGB, § 105 Rdziff. 82; Palandt/Sprau, BGB, § 705 Rdziff. 18

[6] Vgl. dazu Rohlfing, NZG 2003, 854 ff. sowie Armbrüster/Joos, ZiP 2004, 189 und Lenenbach, WM 2004, 501

[7] BGH WM 2004, 1823 = ZiP 2004, 1706

zum Abschluss der Vereinbarung überschritten hat.[8] Etwas anderes gilt jedoch, wenn der betroffene Gesellschafter und die für sein Ausscheiden stimmenden Gesellschafter das Ausscheiden für wirksam gehalten haben könnten.[9]

---

[8] BGH NJW-RR 2003, 533 = NZG 2003, 276
[9] BGH NJW-RR 2003, 533 = NZG 2003, 276; BGH NJW 1988, 1321 = WM 1988, 414 = ZiP 1988, 512

Kapitel 2 Personenhandelsgesell-
schaften

§ 2   Die Gesellschaft bürgerlichen Rechts (GbR)

I.   Begriff, Wesen und Bedeutung

Die **GbR** ist die **Grundform der Personengesellschaft**. Die für die GbR maßgeblichen rechtlichen Bestimmungen (§§ 705 - 740 BGB) sind subsidiär anwendbar auch für die OHG, KG und stille Gesellschaft.

Im Rechtsverkehr spielt die GbR eine bedeutsame Rolle. Beispiele sind Zusammenschlüsse im Bereich der freien Berufe, Landwirtschaft und sonstiger Nichtkaufleute, vor allem Rechtsanwaltssozietäten, Steuerberater, Ärzte, Architekten, aber auch Arbeitsgemeinschaften (ARGE) namentlich in der Bauwirtschaft,[10] Konsortien zur Emission von Wertpapieren, zur Kreditgewährung oder sonstige Interessengemeinschaften, Kartelle oder Gemeinschaftsunternehmen. Die Regelungen der §§ 705 ff. BGB zeigen, dass eine GbR stets dann vorliegt, wenn mehrere Personen eine vertragliche Vereinbarung abschließen, die nicht auf den Austausch von Leistungen, sondern vielmehr auf die Erreichung eines gemeinsamen Zwecks gerichtet ist, wobei jeder erlaubte, dauernde oder vorübergehende, auch ideelle Zweck Gegenstand einer Gesellschaft sein kann;[11] die Beteiligten müssen sich dabei gegenseitig zur Förderung dieses Zwecks verpflichten.

---

[10] Zur Abgrenzung zwischen GbR und OHG bei Erstellung eines Großbauvorhabens vgl. OLG Dresden, NJW-RR 2003, 257 sowie LG Bonn, ZiP 2003, 2160
[11] BGHZ 135, 387 = NJW 1997, 2592 = WM 1997, 1619 = ZiP 1997, 1453

Abbildung 2-1:   *Gesellschaft bürgerlichen Rechts (GbR)*

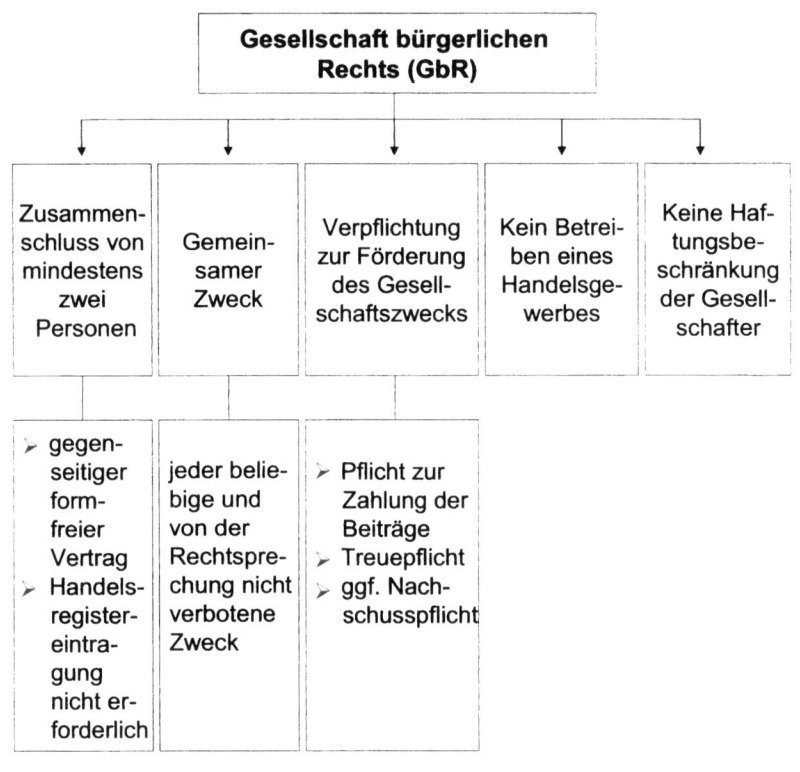

Diese von der Rechtsprechung vorgegebene Beschreibung der GbR führt dazu, dass folgende, eine GbR charakterisierende Merkmale freigelegt werden können:

> Gesellschaftsvertrag

> zwischen mindestens zwei Personen

> zu einem gemeinsamen, von der Rechtsordnung nicht missbilligten, beliebigen Zweck

> vertragliche Verpflichtung zur Förderung des Gesellschaftszwecks

> keinerlei Haftungsbeschränkung der Gesellschafter

> kein Vorliegen eines Handelsgewerbes

Insbesondere zu letztgenanntem Punkt bleibt anzumerken, dass in dem Moment, in dem die sich zu einer Gesellschaft zusammenschließenden Personen ein Handelsgewerbe betreiben, eine OHG vorliegt. Ein Handelsgewerbe erfordert dabei nicht mehr zwingend ein von dauerhafter Gewinnerzielungsabsicht getragenes Verhalten; vielmehr genügt jede selbständige, planmäßige, auf gewisse Dauer angelegte und offen ausgeübte wirtschaftliche - nicht freiberufliche, künstlerische oder wissenschaftliche - Geschäftätigkeit, die mit dem Ziel betrieben wird, laufende Einnahmen aus dem Angebot entgeltlicher Leistungen am Markt zu erzielen.[12] Eine zum Zwecke der Errichtung eines Großbauvorhabens errichtete **Dach-ARGE** ist i. S. d. § 1 Abs. 1 HGB gewerblich tätig und ist daher - trotz ggf. entgegenstehender Regelungen im ARGE-Vertrag - rechtlich zwingend als **OHG** einzustufen, nicht als BGB-Gesellschaft.[13]

Entsprechendes gilt für die Personenzusammenschlüsse, deren Zweck zu einem wesentlichen Teil auf die Entwicklung und den Vertrieb von Software gerichtet ist. Auch hier ist zu vergegenwärtigen, dass ein Handelsgewerbe im Grundsatz jeder Gewerbebetrieb ist, vgl. § 1 Abs. 2 HGB; hingegen üben die Angehörigen freier Berufe keine gewerbliche Tätigkeit aus.[14] Das wiederum bedeutet, dass **freiberuflich Tätige nicht Kaufleute** sein können. Deren Gesellschaften/personenrechtliche Zusammenschlüsse können weder als OHG noch als KG in das Handelsregister eingetragen werden.[15] Fraglich ist jedoch dann, auf welche Weise das Handelsgewerbe (dessen Ausübung im Falle personenrechtlicher Zusammenschlüsse zur Begründung einer OHG führen würde) von der freiberuflichen Tätigkeit abzugrenzen ist. Zum Teil wird darauf abgestellt, dass dem gewerblichen Bereich diejenigen Tätigkeiten zuzurechnen seien, die überwiegend mittels kaufmännischer oder technischer Kenntnisse und Fertigkeiten auf Gewinnerzielung gerichtet seien, nicht hingegen solche, die überwiegend auf wissenschaftlicher oder künstlerischer Grundlage betrieben würden; teilweise wird die Abgrenzung auch auf eine gewachsene Verkehrsanschauung zurückgeführt, die jedoch im Einzelfall unklar sei. Maßgeblich sei das jeweils konkrete Berufsbild. Anderer Auffassung zufolge sollten aus dem handelsrechtlichen Gewerbebegriff nur die traditionell kammergebundenen und ihnen berufsrechtlich gleichgestellten Berufe ausgeklammert werden.[16] Bei **Software-Entwicklung und Software-Vertrieb** handelt es sich um eine **gewerbliche Tätigkeit**, für die ein marktnahes, wettbewerborientiertes Verhalten maßgeblich ist, das sich von dem Marktauftritt freier Berufe wesentlich unterscheidet.[17]

---

12 OLG Dresden, NJW-RR 2003, 257; Ebenroth/Boujong/Joost/Kindler, HGB, § 1 Rdziff. 20
13 OLG Dresden, NJW-RR 2003, 257; LG Bonn, ZiP 2003, 2160
14 Baumbach/Hopt/Hopt, HGB, § 1 Rdziff. 19
15 BayObLG, NJW-RR 2002, 968
16 Vgl. den Überblick über den Meinungsstand bei BayObLG, NJW-RR 2002, 968
17 BayObLG, NJW-RR 2002, 968

Bei Gesellschaften, deren Zweck nicht auf eine Erwerbstätigkeit gerichtet ist, sondern sich auf rein verwaltende Tätigkeiten (z. B. Vermögensverwaltung) beschränkt, ist von der Rechtsform einer Gesellschaft bürgerlichen Rechts auszugehen.[18]

II.   Gesellschaftsvertrag

Der Gesellschaftsvertrag, durch den die GbR entsteht, kann grundsätzlich formfrei abgeschlossen werden, es sei denn, dass sich ein Gesellschafter bei der Gründung der Gesellschaft oder aber im Falle seines späteren Beitritts zur Einbringung eines Grundstücks verpflichtet. In einem solchen Fall ist der Gesellschaftsvertrag beurkundungsbedürftig.[19] Im Übrigen folgt der Vertragsschluss den allgemeinen Regeln für Willenserklärungen bzw. Verträge; dabei ist hervorzuheben, dass die Unwirksamkeit bzw. Nichtigkeit einer Willenserklärung eines der Gesellschafter nicht zwangsläufig dazu führt, dass dessen Willenserklärung von Anfang an (ex tunc) als unwirksam/nichtig anzusehen ist. Insoweit greifen dann die Regeln über die **fehlerhafte Gesellschaft** ein.[20]

Obgleich der Gesellschaftsvertrag formfrei abgeschlossen werden kann, so empfiehlt es sich, aus Gründen der Beweissicherung bzw. auch vor dem Hintergrund steuerrechtlicher Regelungen, den Gesellschaftsvertrag schriftlich zu fixieren.

Der Gesellschaftsvertrag einer GbR kann nicht nur zwischen natürlichen Personen abgeschlossen werden; denkbar und üblich ist es, dass ein Gesellschaftsvertrag auch zwischen juristischen Personen abgeschlossen wird. Dies ist z. B. bei Arbeitsgemeinschaften (ARGE) im Bereich des Bauwesens der Fall.[21]

III.   Innenverhältnis der Gesellschaft

1.   Geschäftsführungsbefugnis und Vertretungsmacht

Gem. § 174 S. 1 BGB ist ein einseitiges Rechtsgeschäft, das ein Bevollmächtigter einem anderen gegenüber vornimmt (z. B. Kündigung, Anfechtung, Widerruf etc.) unwirksam, wenn der Bevollmächtigte eine Vollmachtsurkunde nicht vorlegt und der andere das Rechtsgeschäft aus diesem Grund unverzüglich zurückweist. Dies gilt auch für eine namens einer GbR von einem alleinvertretungsberechtigten Gesellschafter abgegebene einseitige und empfangsbedürftige Willenserklärung. Wird eine solche Willenserklärung von dem Empfänger zurückgewiesen, weil weder eine Vollmacht der

---

18 OLG Koblenz, NJW 2003, 1401
19 OLG Koblenz, NJW-RR 1992, 614
20 Vgl. o. S. 9 ff.
21 BGHZ 146, 341 = NJW 2001, 1056 = NZG 2001, 311; BGHZ 86, 300 = NJW 1986, 300; differenzierter: OLG Dresden, NJW-RR 2003, 257

anderen Gesellschafter noch der Gesellschaftsvertrag oder eine andere Erklärung der Gesellschafter beigefügt ist, aus der sich die Alleinvertretungsmacht des handelnden Gesellschafters ergibt, so ist das Rechtsgeschäft unwirksam.[22]

Die Reichweite der Vertretungsmacht richtet sich zunächst einmal nach dem Gesellschaftsvertrag. Soweit einem Gesellschafter nach dem Gesellschaftsvertrag die Befugnis zur Geschäftsführung zusteht, ist er im Zweifel auch ermächtigt, die anderen Gesellschafter Dritten gegenüber zu vertreten, vgl. § 714 BGB. Das wiederum bedeutet, dass der Wortlaut dieser Regelung nahe legt, nicht die Gesellschaft, sondern nur „die anderen Gesellschafter" würden persönlich vertreten werden können. Wenn aber die GbR Teilrechtsfähigkeit hat, dürfte diese Regelung wohl dahingehend zu verstehen sein, dass sich die Vertretungsmacht auf eine Vertretung der sog. Gesamthand, nicht aber der einzelnen Gesellschafter bezieht.

Der Umfang der Vertretungsmacht wird durch den Gesellschaftsvertrag bestimmt. Denn es gibt **keine gesetzliche Vertretung** der übrigen Gesellschafter durch einen von ihnen.[23] Es ist jedoch denkbar, eine rechtsgeschäftliche Vertretungsmacht (Vollmacht) zu schaffen. Diese knüpft das Gesetz, wenn eine ausdrückliche vertragliche Regelung fehlen sollte, an die einem Gesellschafter übertragene Geschäftsführungsbefugnis an.

> *Beispiel 1:*
>
> *Rollinger (R) und Thüle (T) betreiben eine Rechtsanwalts-Sozietät. In dem Sozietätsvertrag ist eine Regelung, wonach entweder R oder T Vertretungsmacht/Vollmacht haben sollen, nicht vorgesehen. Ebenso wenig ist einem der beiden die Geschäftsführungsbefugnis übertragen worden. In einem solchen Fall haben beide Personen gemeinschaftlich Geschäftsführungsbefugnis. Dann wiederum haben sie aber auch Gesamtvertretungsmacht, sodass entsprechende vertragliche Verpflichtungen (Arbeitsvertrag, Mietvertrag etc.) nur von beiden gemeinsam wirksam eingegangen werden können.*

Die Antwort auf die Frage, welchem der Gesellschafter einer GbR die **Geschäftsführungsbefugnis** zufällt, richtet sich primär nach dem Gesellschaftsvertrag, sekundär nach den gesetzlichen Regelungen in §§ 709 - 713 BGB. Der Gesellschaftsvertrag erlaubt es den Gesellschaftern, entweder eine Alleingeschäftsführungsbefugnis jedes Gesellschafters oder aber nur eines Gesellschafters zu regeln; gleichzeitig besteht aber auch die Möglichkeit, dass mehrere Gesellschafter gemeinsam handeln dürfen (Gesamtgeschäftsführungsbefugnis) oder aber im Einzelfall Stimmenmehrheit maßgeblich sein soll (Mehrheitsgeschäftsführung). Im letztgenannten Fall muss dann indessen für jedes einzelne Geschäft ein Mehrheitsbeschluss herbeigeführt werden. Es liegt auf der

---

22   BGH NJW 2002, 1194 = WM 2001, 2442 = ZiP 2002, 174 = NZG 2002, 125
23   BGH NJW 2005, 119: Die Angabe „gesetzlich vertreten durch den Geschäftsführer" bei einer GbR ist genügend und ausreichend; BGH WM 1996, 2233

Hand, dass ein derartiges Procedere nicht unbedingt praktikabel ist. Wenn eine vertragliche Regelung über die Geschäftsführungsbefugnis nicht getroffen wurde, so verbleibt es bei dem im Gesetz vorgesehenen Grundsatz der Gesamtgeschäftsführung, § 709 Abs. 1 BGB. Danach steht die Führung der Geschäfte der Gesellschaft den Gesellschaftern gemeinschaftlich zu, d. h. für jedes Geschäft ist die Zustimmung aller Gesellschafter erforderlich.

Im Zusammenhang mit der Geschäftsführungsbefugnis ist das **Prinzip der Selbstorganschaft** zu berücksichtigen. Das wiederum bedeutet, dass die GbR die Möglichkeit hat, auch andere Regelungen bezüglich der Geschäftsführung zu treffen, dies jedoch nur dann, wenn die Gesellschafter selbst die organschaftliche Geschäftsführungs- und Vertretungsbefugnis behalten;[24] das wiederum bedeutet, dass die GbR die Möglichkeit hat, mit einer dritten, nicht der Gesellschaft angehörenden Person einen Betriebsführungsvertrag, Management-Vertrag oder dgl. abzuschließen und mit Geschäftsführungsaufgaben zu betrauen und ihn mit einer umfassenden Vollmacht auszustatten. Das Prinzip der Selbstorganschaft verbietet lediglich, sämtliche Gesellschafter von der Geschäftsführung/Vertretung auszuschließen und diese auf einen Dritten zu übertragen.[25]

2. Gesellschafterrechte

Für die Frage, wie weit die Rechte des Gesellschafters einer GbR reichen, sind zunächst einmal auch hier die Bestimmungen des Gesellschaftsvertrages maßgeblich. Hält der Gesellschaftsvertrag keine entsprechende Regelung bereit, kann der Gesellschafter einer GbR insbesondere die Beteiligung am Gewinn/Verlust beanspruchen, wobei in Ermangelung einer entsprechenden Regelung die Beteiligung nach Kopfteilen und nicht nach Kapitalteilen beansprucht werden kann, vgl. § 722 Abs. 1 BGB.

Ungeachtet dessen haben diejenigen Gesellschafter, die nicht mit der Geschäftsführung befasst sind, gem. § 716 BGB ein Kontrollrecht. Sie können „die Geschäftsbücher und die Papiere der Gesellschaft einsehen und sich aus ihnen eine Übersicht über den Stand des Gesellschaftsvermögens anfertigen" lassen. Im Zweifelsfall wird, wenn „die Geschäftsbücher und die Papiere" auf elektronischem Wege geführt werden, sich ein Einsichtsrecht auch auf die entsprechenden Daten bzw. Datenbanken erstrecken müssen.

Treugebern, die nicht selbst Gesellschafter werden/sind, sondern für die ein Gesellschafter treuhänderisch Anteile hält, können durch Vereinbarung (mit allen Gesellschaftern) unmittelbare gesellschaftsrechtliche Rechte und Ansprüche eingeräumt werden.[26]

---

24 BGH NJW-RR 1994, 98
25 BGH NJW 1982, 1817; BGH NJW 1982, 877
26 BGH NJW-RR 2003, 1392

3. Gesellschafterpflichten

Es gehört zum Wesen der GbR, dass die einzelnen Gesellschafter den Gesellschaftszweck fördern; dazu gehört es auch, dass die Gesellschafter ihre **Beiträge** zu leisten haben; sobald die Gesellschafter diese Beiträge geleistet haben, spricht man von **Einlagen**. Die Beitragspflicht eines jeden Gesellschafters ergibt sich bereits aus § 705 BGB; in § 706 Abs. 1 BGB wird geregelt, dass die Gesellschafter - vorbehaltlich einer anderweitigen Regelung im Gesellschaftsvertrag - die gleichen Beiträge zu leisten haben. Es unterliegt jeweils der freien Bewertung der Gesellschafter, wie hoch die Einlagen bewertet werden, wenn es sich nicht um Geldzahlungen, sondern um Sacheinlagen handelt.

Aus § 707 BGB ergibt sich, dass der Gesellschafter nicht verpflichtet ist, den ursprünglich im Gesellschaftsvertrag vorgesehenen Beitrag zu erhöhen oder aber einen Nachschuss zu leisten, falls ein Verlust eingetreten ist. Der Gesellschaftsvertrag kann gleichwohl eine abweichende Regelung vorsehen.

Eine besondere Bedeutung kommt der - gesetzlich nicht gesondert geregelten - Treuepflicht des einzelnen Gesellschafters zu. Diese Treuepflicht wird dogmatisch aus dem Umstand abgeleitet, dass die Gesellschafter sich zur Erreichung eines bestimmten gemeinsamen Zwecks zusammengeschlossen haben. Daraus erwächst innerhalb des Gesellschafterkreises ein **Vertrauensverhältnis**; kraft dieses Vertrauensverhältnisses hat der jeweilige Gesellschafter alles zu unterlassen, was der Erreichung des gemeinsamen Zwecks zuwiderlaufen könnte. So hat er z. B. Betriebs- oder Geschäftsgeheimnisse zu wahren. In diesem Zusammenhang unterfällt der Treuepflicht des Gesellschafters auch die Verpflichtung, sich jeglichen Wettbewerbs, der der Gesellschaft und damit der Erreichung des gemeinsamen Zwecks zuwiderlaufen könnte, zu enthalten.

Mitunter kommt es auch vor, dass ein Gesellschafter seiner ihm nach dem Gesellschaftsvertrag obliegenden Beitragspflicht nicht nachkommt. Dann stellt sich die Frage, wie dieser Anspruch der Gesellschaft realisiert werden kann. In einem solchen Fall handeln die übrigen Gesellschafter. Sie sind es, die dann Klage gegen den säumigen Mitgesellschafter zu erheben haben. Diese übrigen Gesellschafter werden dabei durch den zur Geschäftsführung befugten Gesellschafter vertreten; anerkanntermaßen kann im Wege der sog. **actio pro socio** auch ein zur Geschäftsführung nicht befugter und damit nicht vertretungsberechtigter Gesellschafter **Klage im eigenen Namen auf Leistung an die Gesellschaft** erheben.

4. Das Vermögen der Gesellschaft

In der Regel benötigt die GbR zur Erreichung des gemeinsamen Zwecks ein Gesellschaftsvermögen.

Beispiel 2:

Rollinger (R) und Thüle (T) möchten eine Anwaltssozietät gründen. Während R das Mobiliar für die gemeinsam angemieteten Räumlichkeiten beisteuert, bringt T aus seinem Privatvermögen eine komplette Computeranlage mit fünf Arbeitsplätzen in die Gesellschaft mit ein.

Das Vermögen der GbR stellt ein sog. **zweckgebundenes Sondervermögen (Gesamthandsvermögen)** dar. Das bedeutet, dass dieses Vermögen nur allen Gesellschaftern gemeinschaftlich zusteht. Eine Verfügung über dieses Vermögen ist, wie die Regelung in § 719 BGB zeigt, nur gesamthänderisch möglich. D. h., dass keiner der Gesellschafter ein selbständiges, vom Recht der anderen Gesellschafter am Gesamthandsvermögen unabhängiges Teilrecht an dem Vermögen hat; erst recht steht ihm kein Quotenrecht an einzelnen Gegenständen des Gesellschaftsvermögens zu.

IV.   Außenbeziehung der Gesellschaft

1.   Rechtsfähigkeit

Rechtsfähigkeit ist die Fähigkeit, Träger von Rechten und Pflichten zu sein. Sowohl natürliche Personen als auch juristische Personen können Rechtsfähigkeit erlangen. Bis vor kurzem hat der BGH der GbR noch die Rechtsfähigkeit abgesprochen. Konsequenz dieser Rechtsansicht war u. a., dass die GbR weder klagen noch verklagt werden konnte; vielmehr mussten jeweils die einzelnen Gesellschafter dieser GbR als Kläger/Beklagte in einer Klageschrift aufgeführt werden. Nach neuerer Rechtsprechung des BGH kann jedoch die GbR als Gesamthandsgemeinschaft ihrer Gesellschafter im Rechtsverkehr grundsätzlich, soweit nicht spezielle Gesichtspunkte entgegenstehen, jede Rechtsposition einnehmen; dies ist geltendes Recht.[27] Soweit sie also in diesem Rahmen eigene Rechte und Pflichten begründet, ist die GbR - ohne juristische Person zu sein - rechtsfähig, vgl. § 14 Abs. 2 BGB. Das wiederum bedeutet, dass die GbR nicht nur eine Scheckverbindlichkeit eingehen kann;[28] vielmehr kann sie auch Wechselverbindlichkeiten eingehen.[29] Als weitere Konsequenz kann eine GbR u. a. auch Mitglied einer juristischen Person oder aber deren Vorgesellschaft sein.[30] Weiterhin kann die GbR aber auch Gesellschafterin einer anderen BGB-Gesellschaft sein.[31] Infolge der geänderten Auffassung über die Rechtsfähigkeit bejaht der BGH nunmehr

---

[27] BGHZ 116, 86 = NJW 1992, 499 = WM 1992, 12 = ZiP 1992, 114

[28] BGHZ 136, 254 = NJW 1997, 2754 = WM 1997, 1666 = ZiP 1997, 1496

[29] BGHZ 146, 341 = NJW 2001, 1056 = NZG 2001, 311 = WM 2001, 408 = ZiP 2001, 330; zur Rechtsmittelbefugnis einer GbR vgl. allerdings BGH NJW 2005, 118

[30] Für die AG: BGHZ 118, 83 = NJW 1992, 2222; für die Genossenschaft: BGHZ 116, 86 = NJW 1992, 499; für die GmbH: BGHZ 78, 311 = NJW 1981, 682

[31] BGH NJW 1998, 376

auch die Fähigkeit einer BGB-(Außen-)Gesellschaft, Kommanditistin einer Kommanditgesellschaft zu werden.[32] Ebenso kann eine GbR Komplementärin einer Kommanditgesellschaft sein.[33] Auch für das Arbeitsrecht gelten keine Besonderheiten; eine GbR ist im Arbeitsgerichtsprozess aktiv und passiv parteifähig.[34]

Hingegen ist eine GbR nicht grundbuchfähig. Sie kann nicht unter ihrem Namen als Eigentümerin eines Grundstücks oder als Berechtigte eines beschränkten dinglichen Rechts in das Grundbuch eingetragen werden.[35] Wenn nach der neueren Rechtsprechung des BGH die (Außen-) GbR Rechtsfähigkeit besitzt, soweit sie durch Teilnahme am Rechtsverkehr eigene Rechte und Pflichten begründen kann, bedeutet dies, dass sie in der jeweiligen Zusammensetzung der Gesellschafter Vertragspartner werden kann; ihre Stellung als Vertragspartner wird durch einen Gesellschafterwechsel nicht berührt. Diese Änderung der Rechtsprechung bedeutet dann aber nicht, dass in noch laufenden Klageverfahren, in denen die Gesellschafter einer GbR entsprechend der bisherigen Rechtsprechung als notwendige Streitgenossen eine Forderung eingeklagt haben, ein Parteiwechsel erforderlich wäre. Vielmehr ist eine sog. Rubrumsberichtigung der zulässige und richtige Weg.[36]

2. Rechtsgeschäftliche und deliktische Haftung der Gesellschafter und der Gesellschaft

Die GbR besitzt Rechtsfähigkeit, soweit sie durch Teilnahme am Rechtsverkehr eigene Rechte und Pflichten begründen kann. In diesem Rahmen ist sie auch im Zivilprozess aktiv und passiv parteifähig, vermag folglich zu klagen und auch verklagt zu werden. Für die danach von der GbR begründeten Verbindlichkeiten in deren jeweiligen Stand haften ihre Gesellschafter persönlich als Gesamtschuldner.[37]

Die Haftung der Gesellschafter beschränkt sich dabei nicht nur auf deren Gesellschaftsvermögen, sondern bezieht sich auch auf das Privatvermögen, und zwar in unbeschränkter Höhe. Die gesamtschuldnerische Haftung bedeutet, dass jeder der Gesellschafter von dem Gläubiger bis zur vollen Höhe der jeweiligen Gesellschaftsschuld in Anspruch genommen werden kann und sich der auf diese Weise in Anspruch genommene und diese Forderung begleichende Gesellschafter zum Zwecke des Ausgleichs im Innenverhältnis an die übrigen Gesellschafter zu halten berechtigt ist, da insoweit die Forderung des Gesellschaftsgläubigers kraft Gesetzes auf ihn übergegangen ist (cessio legis), vgl. § 426 BGB.

---

32 BGHZ 148, 291 = NJW 2001, 3121 = ZiP 2001, 1713 sowie BayObLG, NJW-RR 2002, 36 = NZG 2001, 123; dazu auch Schmidt/Bierly, NJW 2004, 1210
33 LG Berlin, ZiP 2003, 1201
34 ArbG Verden, NZA 2003, 918
35 BayObLG, NZG 2004, 1107; BayObLG, NJW 2003, 70 = NZG 2003, 26; dazu auch Ott, NJW 2003, 1223
36 BGH NJW 2003, 1043
37 BGHZ 154, 88 = BGH NJW 2003, 1445 = NZG 2003, 428 = ZiP 2003, 664

Nach Ansicht des BGH ist die Haftung der Gesellschafter einer GbR auch nicht auf bloße rechtsgeschäftlich begründete Verbindlichkeiten zu beschränken. Vielmehr muss sich die GbR auch **deliktisches Handeln** ihrer (geschäftsführenden) Gesellschafter **zurechnen** lassen, und zwar gem. § 31 BGB analog. Die Gesellschafter einer GbR haben grundsätzlich auch für gesetzlich begründete Verbindlichkeiten ihrer Gesellschaft persönlich und als Gesamtschuldner einzustehen.[38]

Eine derartige gesamtschuldnerische und dem Akzessorietätsprinzip folgende Haftung der Gesellschafter gilt jedoch nicht schlechthin:

> *Beispiel 3:*[39]
>
> *Die Beklagten sind Rechtsanwälte, die sich am 01.07.1998 zu einer Sozietät zusammengeschlossen hatten. Die Klägerin hatte den Rechtsanwälten Anfang Mai 1997 einen Vorschuss in Höhe von 172.500 DM (entspricht 88.197,85 €) gezahlt. Zu diesem Zeitpunkt war einer der drei Beklagten noch nicht als Rechtsanwalt zugelassen. Während das LG der Klage gegen alle drei Beklagten stattgegeben hat, hat einer der Beklagten die Berufung weiterverfolgt und vorgetragen, er sei zum Zeitpunkt der Zahlung des Honorarvorschusses noch nicht Mitglied der Sozietät gewesen, als der auf die rechtsgrundlose Vorschusszahlung begründete Bereicherungsanspruch der Klägerin entstanden sei, sodass er für diese Altverbindlichkeit der Sozietät auch nicht mit seinem Privatvermögen hafte. Der BGH führte aus, dass der in eine Gesellschaft bürgerlichen Rechts eintretende Gesellschafter für vor seinem Eintritt begründete Verbindlichkeiten der Gesellschaft grundsätzlich auch persönlich und als Gesamtschuldner mit den Altgesellschaftern einzustehen habe. Dieser Grundsatz gelte auch für eine GbR, in denen sich Angehörige freier Berufe zu gemeinsamer Berufsausübung zusammengeschlossen hätten. Ob für Verbindlichkeiten aus beruflichen Haftungsfällen eine Ausnahme zu machen sei, bleibe offen.*

Anders wird die Situation beurteilt, wen sich ein Rechtsanwalt mit einem bisher als Einzelanwalt tätigen anderen Rechtsanwalt zur gemeinsamen Berufsausübung in einer Sozietät in der Form einer GbR zusammenschließt; der neu hinzutretende Rechtsanwalt haftet nicht entsprechend §§ 28 Abs. 1 S. 1, 128 S. 1 HGB für die im Betrieb des bisherigen Einzelanwalts begründeten Verbindlichkeiten, da der Rechtsanwalt kein

---

[38] BGHZ 154, 88 = BGH NJW 2003, 1445 = NZG 2003, 428 = ZiP 2003, 664; kritisch dazu Altmeppen, NJW 2003, 1553 und Schmidt, NJW 2003, 1897 sowie Klerx, NJW 2004, 1907
[39] BGHZ 154, 370 = NJW 2003, 1803 = NZG 2003, 577 = WM 2003, 977 = ZiP 2003, 899

Kaufmann ist und kein Handelsgewerbe betreibt, folglich § 28 HGB nicht anwendbar ist.[40]

Die persönliche Haftung aller Gesellschafter in ihrem jeweiligen personellen Bestand entspricht dem Wesen der Personengesellschaft und ihren Haftungsverhältnissen. Denn die Gesellschaft besitzt kein eigenes, zugunsten ihrer Gläubiger gebundenes garantiertes Haftungskapital. Ihr Gesellschaftsvermögen steht dem Zugriff der Gesellschafter jederzeit uneingeschränkt und sanktionslos offen. Bei dieser Sachlage ist folglich die persönliche Haftung der Gesellschafter für die Gesellschaftsverbindlichkeiten nicht nur die alleinige Grundlage für die Wertschätzung und Kreditwürdigkeit der Gesellschaft; sie ist vielmehr das notwendige Gegenstück zum Fehlen jeglicher Kapitalerhaltungsregeln. Die Rechtsordnung kann konsequenterweise nicht bei einer Haftung nur der Altgesellschafter Halt machen. Denn dies könnte unter Umständen, so z. B. bei Aufnahme eines Kredits mit zehnjähriger Laufzeit für ein langfristiges Wirtschaftsgut, dazu führen, dass keiner der Gesellschafter mehr für die Rückzahlung der Kreditsumme haftet, weil alle bei Fälligkeit vorhandenen Gesellschafter erst nach der Aufnahme des Kredits möglicherweise erst in die Gesellschaft eingetreten waren und die Haftung der ausgeschiedenen Gesellschafter bereits gem. §§ 736 Abs. 2 BGB, 160 HGB beendet ist.[41] Die vom BGH festgeschriebene Haftung für Altschulden erhält ihre Brisanz durch den Umstand, dass der Bundesfinanzhof (BFH) die Tätigkeit eines Insolvenzverwalters als gewerblich ansieht, mit der Folge, dass die Insolvenzverwaltertätigkeit eines Rechtsanwalts gewerbesteuerpflichtig ist.[42] Ist nun ein Rechtsanwalt/Insolvenzverwalter mit anderen berufsständischen Kollegen assoziiert, so haften für die Steuern unter Umständen auch die übrigen Sozien wegen verdeckter Gewerblichkeit.

Vorsicht ist geboten bei der Frage, auf welche Weise man unter Umständen einen - tatsächlich jedoch nicht bestehenden - Gesellschafterstatus nach außen kommuniziert. **Wer den Eindruck erweckt, Gesellschafter einer GbR zu sein, haftet auch entsprechend.**[43]

Die durch die Rechtsprechung des BGH auf diese Weise neu taxierte Gesellschafterhaftung wird insbesondere für Anlagegesellschafter geschlossener Immobilienfonds in GbR-Form bedeutsam. **Geschlossene Immobilienfonds** sind Kapitalanlagegesellschaften, deren Geschäftszweck auf die Errichtung, den Erwerb und die Verwaltung einer oder mehrerer Immobilienobjekte mit einem im Voraus feststehenden Investitionsvolumen ausgerichtet ist und die, sobald das Eigenkapital platziert ist, mit einem festen Kreis von Anlegern geschlossen werden. Um das bei einer GbR für den einzelnen Anleger kaum einzuschätzende, ihn möglicherweise wirtschaftlich völlig überfor-

---

40 BGHZ 157, 361 = NJW 2004, 836 = ZiP 2004, 458
41 BGHZ 154, 370 = NJW 2003, 1803 = NZG 2003, 577 = WM 2003, 977 = ZiP 2003, 899; a. A. insoweit OLG Düsseldorf, NZG 2002, 284 = ZiP 2002, 616
42 BFH NJW 2002, 990 = BB 2002, 391
43 LG Köln, EWiR, § 705 BGB, 3/01, 467

dernde Haftungsrisiko zu begrenzen, enthalten die Gesellschaftsverträge geschlossener Immobilienfonds, wenn sie ihrer Rechtsform nach GbR sind, üblicherweise Haftungsbeschränkungen, nach denen entweder die Haftung für rechtsgeschäftlich begründete Verbindlichkeiten der Gesellschaft auf das Fondsvermögen beschränkt ist und die Gesellschafter nur mit ihrem Anteil am Gesellschaftsvermögen haften oder die Gesellschafter nur quotal, d. h. mit einem ihrer Gesellschaftsbeteiligung entsprechenden Anteil, haften. Aus **Gründen des Vertrauensschutzes** dürfen sich Anlagegesellschafter bereits existierender geschlossener Immobilienfonds, die als GbR ausgestaltet sind, auch noch nach der Rechtsprechung des BGH für **Verträge aus der Zeit davor** weiterhin auf eine im Gesellschaftsvertrag vorgesehene **Haftungsbeschränkung berufen**, dies jedoch nur unter der maßgebenden Voraussetzung, dass die Haftungsbeschränkung dem Vertragspartner mindestens erkennbar war. Für nach der Änderung der Rechtsprechung abgeschlossene Verträge von geschlossenen Immobilienfonds in Form einer GbR gilt als Ausnahme von der Rechtsprechung des BGH, dass die persönliche Haftung der Anlagegesellschafter für rechtsgeschäftlich begründete Verbindlichkeiten des Immobilienfonds auch durch wirksam in den Vertrag einbezogene (ggf. formularmäßige) Vereinbarung eingeschränkt oder ausgeschlossen werden kann; darin liegt grundsätzlich keine unangemessene Benachteiligung des Vertragspartners i. S. v. § 307 BGB.[44]

Einschränkungen dieser Rechtsprechung sind jedoch dann geboten, wenn einem der Gesellschafter eine Haftungsprivilegierung zugute kommt; kann sich z. B. ein Gesellschafter einer GbR auf den Privilegierungstatbestand des § 106 Abs. 3 Alt. 3 SGB VII berufen, kann dadurch zugleich eine Inanspruchnahme der GbR ausgeschlossen sein.[45]

V. Gesellschafterwechsel, Beendigung und Auseinandersetzung der Gesellschaft

1. Gesellschafterwechsel

Die Stellung des Gesellschafters ist im Grundsatz nicht übertragbar. Denn die Ansprüche, die den Gesellschaftern aus dem Gesellschaftsverhältnis gegeneinander zustehen, sind nicht übertragbar, vgl. § 717 S. 1 BGB. Ausgenommen sind jedoch die einem Gesellschafter aus seiner Geschäftsführung zustehenden Ansprüche, soweit deren Befriedigung vor der Auseinandersetzung verlangt werden kann, sowie die Ansprüche auf einen Gewinnanteil oder auf dasjenige, was dem Gesellschafter bei der Auseinandersetzung zukommt, § 717 S. 2 BGB. Das Ausscheiden eines Gesellschafters führt daher regelmäßig zur Auflösung der GbR. Indessen sieht § 736 BGB die Möglich-

---

[44] BGHZ 150, 1 = NJW 2002, 1642 = ZiP 2002, 851 = NZG 2002, 533
[45] BGHZ 155, 205 = NJW 2003, 2984 = WM 2003, 1821 = ZiP 2003, 1604

keit vor, im Gesellschaftsvertrag den Fortbestand der GbR für den Fall der Kündigung, Tod oder Insolvenz eines Gesellschafters zu regeln.

Als Erwerber der auf ihn übertragenen Gesellschaftsanteile bzw. der entsprechenden Rechte der Rechtsvorgänger tritt ein Neugesellschafter voll mit allen Rechten und Pflichten in dessen Rechtsstellung ein. Davon werden grundsätzlich sämtliche gesellschaftsbezogenen Ansprüche und Vermögensrechte erfasst.[46]

Scheidet ein Gesellschafter aus der Gesellschaft aus, so wächst sein Anteil am Gesellschaftsvermögen grundsätzlich den übrigen Gesellschaftern zu. Diese sind dann verpflichtet, dem Ausscheidenden die Gegenstände, die er der Gesellschaft zur Benutzung überlassen hat, zurückzugeben, ihn von den gemeinschaftlichen Schulden zu befreien und ihm dasjenige zu zahlen, was er bei der Auseinandersetzung erhalten würde, wenn die Gesellschaft zurzeit seines Ausscheidens aufgelöst worden wäre, § 738 Abs. 1 S. 1 BGB.

Der ausscheidende Gesellschafter hat nachvollziehbarerweise ein Interesse daran, ggf. nicht noch im Nachhinein für etwaige Gesellschaftsverbindlichkeiten herangezogen zu werden. Allerdings sieht zu Lasten des ausscheidenden Gesellschafters die Regelung in § 736 Abs. 2 BGB sowie in § 160 HGB vor, dass den ausgeschiedenen Gesellschafter eine **Nachhaftung** trifft, und zwar für die bis zum Austritt begründeten Verbindlichkeiten, wenn sie vor Ablauf von fünf Jahren nach dem Ausscheiden fällig und daraus Ansprüche gegen ihn gerichtlich geltend gemacht sind.

2. Beendigung der Gesellschaft

Die GbR kann durch eine Vielzahl von Tatbeständen beendet werden, wie sich dies aus den Regelungen in §§ 723 ff. BGB ergibt. Im Einzelnen sind folgende Beendigungsgründe denkbar:

➢ Kündigung durch Gesellschafter (§ 723 BGB)

➢ Kündigung durch Pfändungspfandgläubiger (725 BGB)

➢ Auflösung wegen Erreichens oder Unmöglichwerdens des Zwecks (§ 726 BGB)

➢ Auflösung durch Tod eines Gesellschafters (§ 727 BGB)

➢ Auflösung durch Insolvenz eines Gesellschafters (§ 728 BGB)

➢ Auflösungsbeschluss durch die Gesellschafter

  Zeitablauf

➢ Reduzierung der Gesellschafterzahl auf 1

---

46 BGH WM 2003, 442 = ZiP 2003, 435 = BGH-Report 2003, 385; BGH WM 1986, 1314; vgl. auch Bamberger/Roth/Timm/Schöne, BGB, § 717 Rdziff. 2 ff.

Grundsätzlich kann ein Personengesellschaftsverhältnis, so z. B. eine GbR, gekündigt werden, wenn dem kündigenden Gesellschafter nach Treu und Glauben eine Fortsetzung der Gesellschaft nicht mehr zugemutet werden kann, wobei alle Umstände des Einzelfalls zur Entscheidung heranzuziehen sind. Dazu zählen der Zweck und die Struktur der Gesellschaft, deren Dauer, die Intensität der persönlichen Zusammenarbeit und der bis zur ordentlichen Beendigung des Gesellschaftsverhältnisses verbleibende Zeitraum.[47] Die Ankündigung des Gesellschafters einer Steuerberatersozietät, die Gesellschaft vorzeitig und unter Missachtung der im Partnerschaftsvertrag geregelten Kündigungsfristen zu verlassen, kann einen wichtigen Grund darstellen, der seinerseits die verbleibenden Partner zur fristlosen Kündigung aus wichtigem Grund berechtigen kann.[48]

Die Beendigung einer Gesellschaft ist indessen nicht nur durch eine Kündigung, sondern auch durch einen - dem Verbraucherschutz zuzuordnenden - Widerruf denkbar. Auf ein Geschäft, durch welches sich ein Anleger kraft einer Haustürsituation - mittelbar über einen Treuhänder - an einer Publikums-GbR beteiligt, findet das Haustürwiderrufsgesetz (HWiG) bzw. § 312 BGB Anwendung. Der gegenüber der GbR zu erklärende Widerruf kann für den Fall, dass eine ordnungsgemäße Widerrufsbelehrung fehlt, auch noch 10 Jahre nach dem Beitritt zur Gesellschaft erklärt werden; die Ausübung des Widerrufs führt nach Ansicht des BGH zur uneingeschränkten Anwendung der Grundsätze über die fehlerhafte Gesellschaft. Die daraufhin entstehenden Ansprüche auf Rückgewähr gezahlter Einlagen können gegenüber den Gesellschaftern geltend gemacht werden.[49]

Hingegen ist zu vergegenwärtigen, dass dann, wenn eine nach dem Verbraucherkreditgesetz (VerbrKrG) mögliche Kündigung des Beitritts zu einer Immobilienfonds-GbR noch nicht ausgesprochen ist, dies dem Darlehenstilgungsanspruch einer kreditgebenden Bank - nach den Regeln über den Einwendungsdurchgriff - nicht entgegengehalten werden kann.[50]

3. Die Auseinandersetzung der Gesellschaft

Nach der Auflösung der Gesellschaft findet im Hinblick auf das Gesellschaftsvermögen die Auseinandersetzung unter den Gesellschaftern statt. Für das Auseinandersetzungsverfahren gelten die Regelungen in §§ 730 - 735 BGB, die ihrerseits allerdings durch den Gesellschaftsvertrag abgeändert werden können. Das Auseinandersetzungsverfahren soll einerseits diejenigen Gegenstände, die in die Gesellschaft eingebracht worden sind, den Gesellschaftern zurückgewährt werden; etwaige Gesellschaftsschulden sollen ausgeglichen werden; ggf. können/sollen Einlagen zurück-

---

[47] BGH NJW-RR 2002, 704; BGH NJW 1996, 2573 = WM 1996, 1452
[48] BGH NJW-RR 2002, 704
[49] BGHZ 148, 201 = NJW 2001, 2718 = WM 2001, 1464 = ZiP 2001, 1364
[50] BGH NJW 2000, 3558 = NZG 2000, 1215; BGH NJW-RR 2000, 1576 = ZiP 2000, 1483

erstattet werden. Sodann, sollte noch etwaiges Gesellschaftsvermögen vorhanden sein, wird dies unter den verbleibenden Gesellschaftern aufgeteilt.

Den Gesellschaftern einer GbR obliegt gegenüber den Mitgesellschaftern eine **Treuepflicht**;[51] diese Treuepflicht dauert bis zur vollständigen Beendigung des Gesellschaftsverhältnisses fort und wird auch unter Umständen bei einem Auseinandersetzungsverfahren virulent. Die gesellschaftsrechtliche Treuepflicht verlangt von dem Gesellschafter einer GbR, dass er seine Mitgesellschafter im Rahmen der Auseinandersetzung über Umstände, die deren mitgliedschaftliche Vermögensinteressen berühren, zutreffend und vollständig informiert.[52]

Ggf. kann einem Gesellschafter einer GbR gegen die übrigen Gesellschafter ein **Anspruch auf Mitwirkung an einer Auseinandersetzungsbilanz** (Schlussabrechnung) der gemeinsam betriebenen GbR zustehen. Einem solchen - ggf. klageweise zu verfolgenden - Anspruch brauchen noch nicht einzelne Handlungen zugrunde gelegt zu werden; die endgültige Entscheidung über einzelne Handlungen können dem Vollstreckungsverfahren überlassen werden.[53]

Nach ständiger Rechtsprechung hat die Auflösung der GbR zur Folge, dass die Gesellschafter die ihnen gegen die gesamte Hand und gegen Mitgesellschafter zustehenden Ansprüche nicht mehr selbständig im Wege der Leistungsklage durchsetzen können; es besteht eine sog. **Durchsetzungssperre**. D. h., dass derlei Ansprüche als unselbständige Rechnungsposten in die Schlussabrechnung oder Auseinandersetzungsbilanz einzubringen sind, um auf diese Weise ein Hin- und Herzahlen im Abwicklungsstadium zu vermeiden.[54] Dagegen kann die Gesellschaft im Liquidationsstadium grundsätzlich Ansprüche gegen einzelne Gesellschafter geltend machen; deshalb können die übrigen Gesellschafter auch im Wege der actio pro socio vorgehen.[55]

Auch bei einem fehlerhaften Ausscheiden aus der Gesellschaft sind die Grundsätze über die fehlerhafte Gesellschaft anzuwenden. Das auf einem fehlerhaften rechtsgeschäftlichen Handeln beruhende Ausscheiden eines Gesellschafters ist nach diesen Grundsätzen wirksam, wenn es in Vollzug gesetzt worden ist und seiner Anerkennung gewichtige Interessen der Allgemeinheit oder einzelner schutzwürdiger Personen nicht entgegenstehen. Zwar setzt ein fehlerhaft vollzogenes Ausscheiden ein - wenn auch fehlerhaftes - rechtsgeschäftliches Handeln aller Gesellschafter voraus, sodass also die entscheidende Voraussetzung fehlt, wenn der Mangel gerade darauf beruht, dass ein Teil der Gesellschafter an der Vereinbarung nicht mitgewirkt oder ein Mitgesellschafter die von ihm erteilte Vollmacht zum Abschluss der Vereinbarung überschritten hat. Etwas anderes gilt jedoch dann, wenn der betroffene Gesellschafter

---

51 BGHZ 68, 81; BGHZ 64, 253; BGHZ 44, 40
52 BGH NJW-RR 2003, 169 (nicht vorgenommene Information der Mitgesellschafter über fehlende Überprüfung einer Abrechnung als Testamentsvollstrecker)
53 OLG Koblenz, NJW-RR 2002, 827
54 OLG Oldenburg, OLG-Report 2003, 237
55 BGH NZG 2003, 215 = BGH-Report 2003, 331

und die für sein Ausscheiden stimmenden Gesellschafter das Ausscheiden für wirksam gehalten haben.[56]

§ 3   Die Offene Handelsgesellschaft (OHG)

Die OHG, die ihre rechtliche Grundlage in §§ 105 - 160 HGB sowie ergänzend in §§ 705 - 740 BGB findet, ist die tradierte Grundform der Zusammenarbeit von Kaufleuten, die sich mit ihrem gesamten Vermögen einbringen und persönlich mitwirken. Im Gegensatz zur sog. „stillen" Beteiligung wird diese Gesellschaftsform durch das HGB - und im Anschluss an das ADHGB - als „offen" bezeichnet.[57]

I.   Begriff und Merkmale der OHG

Als OHG wird eine Gesellschaft bezeichnet, deren Zweck auf den Betrieb eines Handelsgewerbes unter gemeinschaftlicher Firma gerichtet ist und wenn bei keinem der Gesellschafter die Haftung gegenüber den Gesellschaftsgläubigern beschränkt ist, vgl. § 105 Abs. 1 HGB.[58] Die Gesellschaft (OHG) ist bei dem Gericht, in dessen Bezirk sie ihren Sitz hat, zur Eintragung in das Handelsregister anzumelden, § 106 Abs. 1 HGB. Daraus wiederum werden die die OHG kennzeichnenden Merkmale transparent:

---

[56]   BGH NJW-RR 2003, 533; BGH NJW 1992, 1503; BGH NJW 1988, 1321
[57]   Baumbach/Hopt/Hopt, HGB, Einl. v. § 105 Rdziff. 15
[58]   zu dem Sonderfall einer sog. ARGE als OHG vgl. OLG Dresden, NJW-RR 2003, 257 sowie LG Bonn, ZiP 2003, 2160

Abbildung 2-2: *Offene Handelsgesellschaft (OHG)*

Obschon die OHG selbständige Trägerin von Rechten und Pflichten ist (vgl. § 124 Abs. 1 HGB), so ist sie doch **keine juristische Person**.[59] Die OHG ist eine sog. Gesamthand und damit ein Sondervermögen der Gesamthänder (Gesellschafter) mit der Fähigkeit der selbständigen Trägerschaft. Die OHG ist **deliktsfähig,** kann darüber hinaus Verbindlichkeiten eingehen, auch durch Wechsel. Die OHG kann Mitglied einer privatrechtlichen Vereinigung sein, so z. B. Aktionär, GmbH-Gesellschafter, Genosse einer eingetragenen Genossenschaft (eG); sie kann auch Gesellschafter einer anderen OHG, auch einer KG und GbR sein. Die OHG besitzt die Fähigkeit, im Grundbuch eingetragen zu werden; ihr Vermögen unterliegt auch einer möglichen Gesellschaftsinsolvenz, vgl. § 11 Abs. 2 Ziff. 1 InsO.

Die OHG ist auf ein gemeinschaftliches Auftreten nach außen ausgerichtet. Die OHG ist firmenpflichtig; das bedeutet, dass die gemeinschaftliche Firma Rechtsfolge, nicht Voraussetzung für die Entstehung ist. Mithin entsteht die OHG konsequenterweise auch dann, wenn sich die Gesellschafter nicht auf eine einheitliche Firma einigen können, gleichwohl den Betrieb des Handelsgewerbes beginnen. Welche Bezeichnung die Firma einer OHG aufzuweisen hat, zeigt § 19 Abs. 1 Ziff. 2 HGB. Danach muss die **Firma** bei einer OHG die Bezeichnung „Offene Handelsgesellschaft" oder eine allgemein verständliche Abkürzung dieser Bezeichnung enthalten. Ein das Gesellschaftsverhältnis lediglich allgemein andeutender Zusatz, wie z. B. „& Co.", genügt nicht.[60] Ist eine OHG ihrerseits z. B. persönlich haftende Gesellschafterin (Komplementärin) einer KG, so ist der Name der OHG unverändert zu übernehmen, z. B. „F. W. Lünnebeck Hoch- und Tiefbau OHG & Co. KG".

---

59 Baumbach/Hopt/Hopt, HGB, § 124 Rdziff. 1
60 Baumbach/Hopt/Hopt, HGB, § 19 Rdziff. 11

Eine unrichtige Firmierung, insbesondere die Beifügung einer unrichtigen Gesellschaftsform, führt ggf. auch zu der Annahme einer OHG und den damit einhergehenden Rechtsfolgen, insbesondere einer persönlichen Haftung der Gesellschafter:

> *Beispiel 4:*[61]
>
> *Die Gesellschafter A, B, C, D und E haben sich zum Zwecke der Gründung einer Fensterbau- und Einbaufirma zusammengeschlossen. Sie wollten eine GmbH gründen und firmierten im Rechts- und Geschäftsverkehr unter der Bezeichnung „ABC Fensterbau GmbH i. G.". Der Antrag auf Eintragung in das Handelsregister wurde durch das zuständige Gericht zurückgewiesen. Nunmehr nimmt ein Vertragspartner der Gesellschaft die einzelnen Gesellschafter auf Wandlung eines Werklieferungsvertrages, d. h. Rückzahlung des Werklohnes Zug-um-Zug gegen Hergabe der eingebauten Fenster, in Anspruch. Das Gericht stellte fest, dass die Beklagten als Gesellschafter einer unter der unrichtigen Bezeichnung „ABC GmbH i. G." firmierenden OHG persönlich für die Verbindlichkeit der OHG haften. Denn es sei allgemein anerkannt, dass sich eine Gesellschaft, die ursprünglich die Rechtsform der GmbH anstrebte, deren Eintragung in das Handelsregister jedoch endgültig scheitere, sich ex lege in eine OHG umwandele, wenn sie ein Handelsgewerbe betreibe.*

II.   Errichtung der Gesellschaft

Die Entstehung der OHG ist ein mehraktiges Geschehen, an deren Anfang der Abschluss eines Gesellschaftsvertrages zwischen mehreren Personen (mindestens zwei) steht. Dieser Gesellschaftsvertrag der OHG ist formfrei, muss also weder in Schriftform gefasst noch notariell beurkundet werden. Aus Beweiszwecken bietet sich gleichwohl die schriftliche Niederlegung der wesentlichen Vertragsabreden an. Für den Fall, dass einer der Gründungsgesellschafter eine beurkundungsbedürftige Verpflichtung (z. B. Übertragung eines Grundstücks oder Übertragung eines GmbH-Anteils, vgl. § 311 b BGB bzw. § 15 Abs. 4 GmbHG) übernommen haben sollte, ist der Gesellschaftsvertrag ausnahmsweise beurkundungsbedürftig, sodass ein ohne die Beachtung dieser Form abgeschlossener Vertrag nichtig ist, § 125 BGB.

Die Wirksamkeit der OHG tritt dann im Verhältnis zu Dritten mit dem Zeitpunkt ein, in welchem die Gesellschaft in das Handelsregister eingetragen wird, § 123 Abs. 1 HGB. Spätestens mit Eintragung (und nicht erst mit Bekanntmachung!) wird die Gesellschaft dann wirksam. Allerdings kann der Wirksamkeitszeitpunkt durch ein einvernehmliches Handeln aller Gesellschafter vorverlegt werden, und zwar dann, wenn

---

[61]   OLG Jena, NJW-RR 2002, 970

die OHG ihre **Geschäfte einvernehmlich aufnimmt.**[62] Dies können vorbereitende Handlungen, wie z. B. die Anmietung von Geschäftsräumen, Einstellung von Personal, Eröffnung eines Bankkontos, Bestellung von Einrichtungsgegenständen etc., sein. Alle Gesellschafter müssen allerdings der Aufnahme der Geschäfte zugestimmt haben. Eine Einzelvertretung (§ 125 HGB) gilt jedoch nicht, sondern erst, **nachdem** mit Zustimmung aller Gesellschafter die Geschäfte begonnen wurden. Handelt einer der Gesellschafter bei der Aufnahme der Geschäfte nicht im (vermuteten) Einverständnis der übrigen Gesellschafter, so wird dadurch die Rechtsfolge „Entstehung der OHG" **nicht** ausgelöst.

Betreibt eine Gesellschaft nur die Verwaltung eigenen Vermögens, betreibt sie deshalb kein Gewerbe und kann deshalb **nicht** gem. § 105 Abs. 1 HGB zur OHG werden. Dann allerdings, wenn sich eine Vermögensverwaltungsgesellschaft in das Handelsregister eintragen lässt, sieht § 105 Abs. 2 HGB vor, dass die Eintragung in das Handelsregister konstitutiv, d. h. rechtsbegründend wirkt und aus der dann eingetragenen Vermögensverwaltungsgesellschaft eine OHG wird.

Die OHG ist bei dem Gericht, in dessen Bezirk sie ihren Sitz hat, **zur Eintragung in das Handelsregister anzumelden**, und zwar durch alle Gesellschafter. Die Anmeldung ist dabei in der durch § 12 HGB vorgesehenen Form (öffentlich beglaubigte Form) vorzunehmen. Die OHG wird dann in **Abteilung A** des Handelsregisters eingetragen und erhält eine HRA-Nummer.

III. Rechtsverhältnis der Gesellschafter untereinander

Zu dem Rechtsverhältnis der Gesellschafter untereinander gehören sowohl die unmittelbaren Beziehungen zwischen den Gesellschaftern als auch solche Rechtsbeziehungen zwischen den Gesellschaftern und der Gesellschaft. Damit wird dann insgesamt das **Innenverhältnis** der Gesellschafter und der Gesellschaft bezeichnet, wobei das Innenverhältnis und das **Außenverhältnis** streng zu unterscheiden sind.

Das Rechtsverhältnis der Gesellschafter untereinander wird primär durch den Gesellschaftsvertrag geprägt. Darin sind einzelne Rechte und Pflichten ggf. ausdrücklich niedergelegt; ggf. müssen manche Rechte/Pflichten auch erst durch Auslegung ermittelt werden. Erst dann, wenn der Gesellschaftsvertrag keine ausdrückliche Regelung enthält bzw. auch eine Auslegung des Gesellschaftsvertrages bzw. einzelner Regelungen nicht weiterhilft, greifen die Bestimmungen der §§ 110 - 122 HGB und ergänzend - soweit das HGB keine Sonderregelungen enthält - §§ 705 ff. BGB ein, vgl. § 105 Abs. 3 HGB.

---

62 BGH WM 2004, 1237; BGH ZiP 1990, 505 = WM 1990, 586

1. Geschäftsführungsbefugnis

Bei der OHG gilt der Grundsatz der **Einzelgeschäftsführungsbefugnis**; das bedeutet, dass alle Gesellschafter zur Führung der Geschäfte der Gesellschaft berechtigt und verpflichtet sind, vgl. § 114 Abs. 1 HGB. Erst dann, wenn im Gesellschaftsvertrag die Geschäftsführung einem Gesellschafter allein oder mehreren Gesellschaftern übertragen worden ist, sind die übrigen Gesellschafter von der Geschäftsführung ausgeschlossen.

Für den Fall, dass alle oder mehrere Gesellschafter an der Geschäftsführung teilnehmen, ist jeder von ihnen allein zu handeln berechtigt. Dazu ist er im Übrigen auch verpflichtet, wenn eine Abstimmung mit den Mitgesellschaftern nicht oder nicht rechtzeitig möglich ist. Das Alleinhandlungsrecht deckt allerdings nicht die bewusste Übergehung von Mitgesellschaftern, von denen ein Widerspruch zu erwarten ist. Schließlich hat jeder Mitgeschäftsführer (im Falle der Gesamtgeschäftsführung mehrerer nur gemeinsam) ein Recht bzw. auch die Pflicht zum Widerspruch. Für den Fall, dass ein solcher Widerspruch, ggf. auch konkludent, erhoben wird, müssen gewöhnliche Geschäftsführungsaufgaben durch den zur Geschäftsführung befugten Gesellschafter unterbleiben, § 115 Abs. 1 HGB.

Sieht der Gesellschaftsvertrag vor, dass die Gesellschafter, denen die Geschäftsführung zusteht, nur zusammen handeln können (Gesamtgeschäftsführung), ist für jedes Geschäft die Zustimmung aller Geschäftsführer notwendig; dies gilt nicht, wenn Gefahr im Verzug ist. Das Zustimmungsrecht ist - wie auch das Widerspruchsrecht - als ein Teil der Geschäftsführungsbefugnis anzusehen. Es ist ausschließlich im Interesse der Gesellschaft auszuüben. Ist festzustellen, dass ein Geschäftsführer/Gesellschafter sich systematisch der Mitwirkung an der Geschäftsführung verweigert, so kann er sein Zustimmungsrecht generell verwirken.

Die Befugnis zur Geschäftsführung erstreckt sich auf **alle Handlungen**, die der **gewöhnliche Betrieb** des Handelsgewerbes der Gesellschaft mit sich bringt. Zur Vornahme von Handlungen, die darüber hinausgehen, ist ein Beschluss sämtlicher Gesellschafter erforderlich. Gewöhnlich ist, was in einem Handelsgewerbe, wie es die OHG betreibt, normalerweise vorkommen kann. **Außergewöhnliche Geschäfte sind z. B.:**

> - Bauausführungen auf dem Geschäftsgrundstück
> - Ersteigerung von Grundstücken
> - Einrichtung von Zweigniederlassungen
> - Aufnahme von stillen Gesellschaftern

Die Erteilung einer Prokura bedarf der Zustimmung aller geschäftsführenden Gesellschafter, es sei denn, dass Gefahr im Verzug ist, vgl. § 116 Abs. 3 HGB. Hingegen kann der Widerruf von Prokura von jedem der zur Erteilung oder Mitwirkung bei der Erteilung befugten Gesellschafter erfolgen.

Die Geschäftsführungsbefugnis kann einem Gesellschafter auf Antrag der übrigen Gesellschafter durch gerichtliche Entscheidung entzogen werden. Dies regelt § 117 HGB. Die Geschäftsführung fällt dann im Zweifel an die Gesamtheit aller Gesellschafter. Zur **Entziehung der Geschäftsführungsbefugnis** bedarf es eines wichtigen Grundes. Ein solcher wichtiger Grund liegt vor, wenn die Beibehaltung der ursprünglichen Geschäftsführung den übrigen Geschäftsführern nicht mehr zumutbar ist. Dies erfordert eine Interessenabwägung unter besonderer Berücksichtigung aller Umstände. Für den Fall, dass eine juristische Person Gesellschafter der OHG sein sollte, muss für die vorgenannte Interessenabwägung das Verhalten des organschaftlichen Vertreters maßgeblich sein. Als Maßstab dessen, was ein „wichtiger Grund" darstellen kann, kann auf §§ 127, 133, 140 HGB zurückgegriffen werden.

Der Gesellschaftsvertrag und auch das HGB sehen für bestimmte Maßnahmen die Beschlussfassung vor. Für Gesellschafterbeschlüsse ist grundsätzlich die Zustimmung aller mitwirkungsberechtigten Gesellschafter notwendig, vgl. § 119 HGB. Die Regelung in § 119 HGB ist indessen dispositiv, kann folglich durch eine entsprechende Regelung im Gesellschaftsvertrag abgeändert werden, sodass statt des einstimmigen Beschlusses aller Gesellschafter auch ein Mehrheitsbeschluss im Gesellschaftsvertrag vorgesehen sein kann. Solche Gesellschafterbeschlüsse sind in folgenden Fällen notwendig:

➤ Abänderung des Gesellschaftsvertrages

➤ Außergewöhnliche Geschäfte i. S. d. § 116 Abs. 2 HGB

➤ Geltendmachung von Gewinnherausgabe- bzw. Schadensersatzansprüchen gem. §§ 113 Abs. 1, 112 HGB gegen einen Gesellschafter

➤ Auflösung der OHG gem. § 131 Abs. 1 Ziff. 2 HGB

➤ Bestellung und Abberufung von Liquidatoren, §§ 146 Abs. 1, 147 HGB

➤ Bestellung und Abberufung des Abschlussprüfers, § 318 Abs. 1 HGB

Wenn nach dem Gesellschaftsvertrag im Rahmen der Beschlussfassung die Stimmenmehrheit zu entscheiden hat, so ist die Mehrheit im Zweifel nach der Zahl der Gesellschafter zu berechnen, § 119 Abs. 2 HGB. Mehrheit der Stimmen ist daher nach dem Gesetz Mehrheit „nach Köpfen". Das bedeutet die Mehrheit der stimmberechtigten Mitglieder. Eine Enthaltung wirkt sich dabei faktisch wie eine Gegenstimme aus. Der Gesellschaftsvertrag kann, da es sich um eine dispositive Vorschrift handelt, auch hier etwas anderes vorsehen, insbesondere eine Mehrheit nach Kapitalanteilen; denkbar ist es auch, dass der Gesellschaftsvertrag statt einer einfachen auch eine in irgendeiner Form qualifizierte Mehrheit vorsieht.[63]

---

63 Baumbach/Hopt/Hopt, HGB, § 119 Rdziff. 41

2. Das Gesellschaftsvermögen

Das HGB regelt nicht ausdrücklich, was zum Vermögen der OHG gehört. In § 124 Abs. 1 wird geregelt, dass die OHG unter ihrer Firma Rechte erwerben und Verbindlichkeiten eingehen kann; sie kann Eigentum und andere dingliche Rechte an Grundstücken erwerben sowie vor Gericht klagen und verklagt werden. Im Falle einer Zwangsvollstreckung in das Gesellschaftsvermögen der OHG ist ein gegen die Gesellschaft gerichteter vollstreckbarer Schuldtitel erforderlich, vgl. § 124 Abs. 2 HGB. Da sich im HGB keine entsprechenden weiteren Regelungen befinden, werden §§ 718 - 720 BGB ergänzend herangezogen. Das Gesellschaftsvermögen wird aus den Beiträgen der Gesellschafter und den für die Gesellschaft erworbenen Gegenständen als „gemeinschaftliches Vermögen der Gesellschafter" gebildet, § 718 Abs. 1 BGB. Es ist gesamthänderisch gebunden; das bedeutet, dass im Zweifel kein Gesellschafter Teilung des Gesellschaftsvermögens fordern kann. Für den Fall, dass §§ 718 - 720 BGB und das sonstige Gesellschaftsrecht keine weiteren Regelungen bereithalten, gelten dann für das Gesellschaftsvermögen die Vorschriften über die Gemeinschaft nach Bruchteilen, also §§ 741 ff. BGB entsprechend.

Zum Gesellschaftsvermögen können zum einen Vermögensrechte aller Art gehören, so z. B. das Eigentum an beweglichen Sachen oder Grundstücken, Forderungen. Darüber hinaus zählen aber auch gewerbliche Schutzrechte, z. B. Patente, Markenrechte, Gebrauchsmuster- bzw. Geschmacksmusterrechte etc. zum Vermögen. Da die Gesellschafter nur einen Gesellschaftsanteil insgesamt, aber keine Anteile an einzelnen Vermögensgegenständen haben, wird dementsprechend der Kapitalanteil eines einzelnen Gesellschafters auf einem dafür vorgesehenen Kapitalkonto ausgewiesen. Dieses Kapitalkonto setzt sich aus einerseits Einlage und andererseits gutgeschriebenen Gewinnen zusammen, wird dabei indessen um Abschreibung, Entnahmen und ggf. Verluste gemindert.

3. Gesellschafterpflichten und -rechte

Im Innenverhältnis haben die Gesellschafter bestimmte Pflichten zu beachten. Diese **Sozialansprüche und -verbindlichkeiten** entspringen dem Schuldverhältnis zwischen Gesellschafter und Gesellschaft aus dem Gesellschaftsverhältnis und können im Zweifelsfall von der Gesellschaft auch gerichtlich durchgesetzt werden. Entsprechende Ansprüche stehen auch dem einzelnen Gesellschafter zu; dieser kann Sozialansprüche der Gesellschaft im Wege der **actio pro socio** geltend machen, d. h. nur gerichtet auf Leistung an die Gesellschaft.

Verpflichtungen des einzelnen Gesellschafters sind z. B.

- die Zahlung seiner Beiträge,

- Einhaltung des Wettbewerbsverbotes, § 112 Abs. 1 HGB.

Der Gesellschafter einer OHG hat auch seinerseits entsprechende Rechte bzw. Ansprüche gegen die Gesellschaft. So kann er z. B. nach Maßgabe des § 110 HGB Ersatz von Aufwendungen, die er den Umständen nach für erforderlich halten durfte, von der Gesellschaft verlangen. Aufgewendetes Geld hat die Gesellschaft von der Zeit der Aufwendung an zu verzinsen, § 110 Abs. 2 HGB. Weitere Rechte des Gesellschafters sind:

> ➤ Kontrollrecht der Gesellschafter gem. § 118 HGB

> ➤ Beteiligung am Gewinn und Verlust gem. §§ 120, 121 HGB

> ➤ Entnahmen bis zum Betrag von 4 % des für das letzte Geschäftsjahr festgestellten Kapitalanteils gem. § 122 HGB

> ➤ Vergütungsanspruch für Geschäftsführung

IV. Rechtsverhältnis der Gesellschaft zu Dritten

1. Vertretung der Gesellschaft

Bei der OHG gilt der Grundsatz der Einzelvertretungsmacht. Das heißt, dass jeder Gesellschafter zur Vertretung der Gesellschaft ermächtigt ist, wenn er nicht durch den Gesellschaftsvertrag von der Vertretung ausgeschlossen ist, § 125 Abs. 1 HGB. Indessen kann auch hier der Gesellschaftsvertrag etwas anderes bestimmen, und zwar z. B. dass alle oder mehrere Gesellschafter nur in Gemeinschaft zur Vertretung der Gesellschaft ermächtigt sein sollen (Gesamtvertretung), § 125 Abs. 2 S. 1 HGB. Damit solche Regelungen indessen zu Lasten von außen stehenden Dritten wirksam werden, müssen die Vertretungsverhältnisse ordnungsgemäß im Handelsregister **eingetragen und bekannt gemacht** worden sein, da anderenfalls der Grundsatz der negativen Publizität des Handelsregisters (§ 15 Abs. 1 HGB) eingreift.

Damit im Übrigen der Geschäftsverkehr allgemeine Informationen über die OHG auch ohne gesonderten Einblick in das Handelsregister erhalten kann, ist gem. **§ 125 a HGB** auf allen **Geschäftsbriefen** der Gesellschaft, die an einen bestimmten Empfänger gerichtet werden, die Rechtsform und der Sitz der Gesellschaft, das Registergericht und die Nr. unter der die Gesellschaft in das Handelsregister eingetragen ist, anzugeben. Bei einer Gesellschaft, bei der kein Gesellschafter eine natürliche Person ist, sind auf den Geschäftsbriefen der Gesellschaft weiterhin die Firmen der Gesellschafter anzugeben sowie für die Gesellschafter die gem. **§ 35 a GmbHG** bzw. **§ 80 AktG** für Geschäftsbriefe vorgeschriebenen Angaben vorzunehmen.

Der Umfang der Vertretungsmacht erstreckt sich auf alle gerichtlichen und außergerichtlichen Geschäfte und Rechtshandlungen der Gesellschaft, einschließlich der Veräußerung und Belastung von Grundstücken sowie der Erteilung und des Widerrufs einer Prokura, § 126 Abs. 1 HGB. Der Umfang der Vertretungsmacht kann weder durch Gesellschaftsvertrag noch durch einstimmigen Gesellschafterbeschluss mit Wirkung gegenüber Dritten beschränkt werden, auch nicht bei fälschlicher Eintragung im Handelsregister, vgl. dazu § 126 Abs. 2 HGB.

Eine Ausnahme von dem Grundsatz der Unbeschränkbarkeit der Vertretungsmacht sieht das Gesetz lediglich in § 126 Abs. 3 HGB unter Verweisung auf § 50 Abs. 3 HGB (Filialprokura) für den Fall vor, dass eine Gesellschaft mehrere Niederlassungen unter verschiedenen Firmen betreibt. Die Vertretungsmacht von Gesellschaftern kann dann mit Wirkung gegen Dritte auf Handlungen im Betrieb einer dieser Zweigniederlassungen beschränkt werden.

Die Vertretungsmacht von Gesellschaftern findet ihre Grenze hingegen bei den **Grundlagengeschäften**, also solche Geschäfte, die das innere Verhältnis der Gesellschafter zueinander betreffen.[64] Folgende Geschäfte sind von der Vertretungsmacht der Gesellschafter nicht umfasst:

- ➤ Entziehung der Geschäftsführungs- und Vertretungsmacht

- ➤ Änderung des Gesellschaftsvertrages

- ➤ Aufnahme von neuen Gesellschaftern

- ➤ Ausschließung eines Gesellschafters

- ➤ Veräußerung des Handelsgeschäfts jedenfalls mit Firma

- ➤ Übertragung des gesamten Gesellschaftsvermögens

2. Haftung der Gesellschaft(er)

Die Gesellschafter haften für die Verbindlichkeiten der Gesellschaft den Gläubigern als Gesamtschuldner **persönlich** (also mit ihrem gesamten Vermögen), **unbeschränkt** (anders z. B. der Kommanditist, vgl. § 171 Abs. 1 HGB), **unmittelbar** (und nicht durch eine bloße Nachschusspflicht gegenüber der Gesellschaft), **primär** (anders als z. B. der nicht selbstschuldnerische Bürge) und auf die **gesamte Forderung**. Die Gesellschafter haften untereinander als Gesamtschuldner. Der Gläubiger hat folglich die Wahl zwischen mehreren Gesellschaftern. Der Gläubiger einer Gesellschaft kann sich daher wegen § 128 HGB sofort an einen oder alle Gesellschafter wenden, ohne zuvor die OHG in Anspruch genommen zu haben. Für den Fall, dass einer der Gesellschafter den Anspruch des Gläubigers befriedigt, hat er im Innenverhältnis einen Anspruch auf Ausgleich gegen die übrigen Gesellschafter bzw. die Gesellschaft.

Das Ausscheiden eines Gesellschafters beseitigt seine Haftung grundsätzlich nicht. Der ausgeschiedene Gesellschafter bleibt auch haftbar, wenn nach seinem Ausscheiden die Gesellschaft aufgelöst wird und ein Gesellschafter das Handelsgeschäft

---

[64] Baumbach/Hopt/Hopt, HGB, § 126 Rdziff. 3

übernimmt, dies indessen nur für sog. Altschulden, nicht für Neuschulden aus der Zeit nach seinem Ausscheiden; es gilt die zeitliche Grenze des § 160 Abs. 1 HGB (fünf Jahre).

Gerade die Konstellation, dass eine OHG im Einzelfall auch durch einverständliche Aufnahme des Handelsgeschäfts zur Entstehung gelangt, führt zur Frage der Anwendung des § 128 HGB auf Gesellschafter von ausländischen Gesellschaften, die im Ausland gegründet wurden, in Deutschland hingegen ihre Aktivitäten entfalten. Im Bereich des deutsch-amerikanischen Freundschaftsvertrages richtet sich der Personalstatut einer Gesellschaft nach dem Recht des Ortes ihrer Gründung.[65] Dies gilt dann auch für die Frage der Haftung der Gesellschafter für die Gesellschaftsverbindlichkeiten.[66] Das heißt, die Haftung der Gesellschafter für Verbindlichkeiten einer in den USA nach dortigen Vorschriften gegründeten Gesellschaft („Inc.") mit Verwaltungssitz in Deutschland richtet sich jedenfalls dann nach dem (amerikanischen) Gründungsrecht, wenn die Gesellschaft geschäftliche Aktivitäten auch in den USA entfaltet.[67]

V. Auflösung der Gesellschaft und Ausscheiden von Gesellschaftern

Die Gründe für eine Auflösung der OHG kraft Gesetzes sind in § 131 Abs. 1 HGB geregelt. Danach wird die OHG aufgelöst durch:

- den Ablauf der Zeit, für welche sie eingegangen ist,

- Beschluss der Gesellschafter,

- die Eröffnung des Insolvenzverfahrens über das Vermögen der Gesellschaft,

- gerichtliche Entscheidung.

Darüber hinaus kann der Gesellschaftsvertrag andere Auflösungsgründe vorsehen.

Eine OHG, bei der kein persönlich haftender Gesellschafter eine natürliche Person ist, wird ferner aufgelöst durch den Rechtskraft des Beschlusses, durch den die Eröffnung des Insolvenzverfahrens mangels Masse abgelehnt worden ist bzw. durch die Löschung wegen Vermögenslosigkeit gem. § 141 a FGG. Dies gilt jedoch dann nicht, wenn zu den persönlich haftenden Gesellschaftern eine andere OHG oder KG gehört, bei der ein persönlich haftender Gesellschafter eine natürliche Person ist.

In dem Gesellschaftsvertrag kann auch der **Eintritt** bzw. der **Austritt von Gesellschaftern** geregelt sein. Derlei Änderungen in dem Gesellschafterbestand sind zur Eintra-

---

65 BGHZ 153, 353 = WM 2003, 699
66 BGH NJW-RR 2002, 1359 = WM 2002, 1186
67 BGH NJW-RR 2004, 1618 = WM 2004, 1683

gung in das Handelsregister anzumelden, vgl. § 107 HGB. Der Gesellschafter hat die Möglichkeit, seinen Gesellschafterstatus unter Berücksichtigung der in § 132 HGB vorgesehenen Fristenregelung (mindestens sechs Monate zum Schluss eines Geschäftsjahres) zu kündigen. Ein derartiges Kündigungsrecht ist nicht durch Gesellschaftsvertrag abdingbar. Unabhängig von der Kündigungsregelung in § 132 HGB kann die Auflösung der Gesellschaft auf Antrag eines Gesellschafters ohne Kündigung durch gerichtliche Entscheidung ausgesprochen werden, wenn ein wichtiger Grund vorliegt.

Die Aufnahme eines neuen Gesellschafters kann durch Abschluss eines sog. Aufnahmevertrages oder durch Übertragung des Gesellschaftsanteils eines Altgesellschafters auf den neu eintretenden Gesellschafter vorgenommen werden. Insoweit können gerade Alters- oder Krankheitsgründe auch eine besondere Rücksichtnahme erfordern. Der Gesellschafter einer OHG kann – aufgrund seiner gesellschaftlichen Treuepflicht – gehalten sein, der von einem Mitgesellschafter aus Alters- oder Krankheitsgründen gewünschten Vorwegnahme einer im Gesellschaftsvertrag für den Fall seines Todes getroffenen Nachfolgeregelung zuzustimmen, wenn die Vorsorge für die Zukunft des Gesellschaftsunternehmens dies erfordert.[68]

§ 4   Die Kommanditgesellschaft (KG)

I.   Bedeutung der KG

Gesetzliches Leitbild der KG ist es, dass ein oder mehrere voll haftende und geschäftsführende Gesellschafter (**Komplementäre**) und ein oder mehrere nur kapitalgebende, nicht geschäftsführende Gesellschafter (**Kommanditisten**) nebeneinander stehen. Im Übrigen entspricht die KG weitestgehend der OHG. Die KG ist - wie auch die OHG - eine Personengesellschaft und - anders wiederum als die stille Gesellschaft - eine Außengesellschaft. Trägerin des Gesellschaftsvermögens ist die KG als Gesamthandsgemeinschaft. Ihr Zweck ist auf den Betrieb eines Handelsgewerbes unter gemeinschaftlicher Firma gerichtet. Die Regelung in § 161 Abs. 1 HGB zeigt die besonderen Merkmale dieser Gesellschaftsform:

---

[68]   BGH NJW-RR 2005, 263; BGH NJW 1987, 952 = WM 1987, 133

Abbildung 2-3:   *Kommanditgesellschaft (KG)*

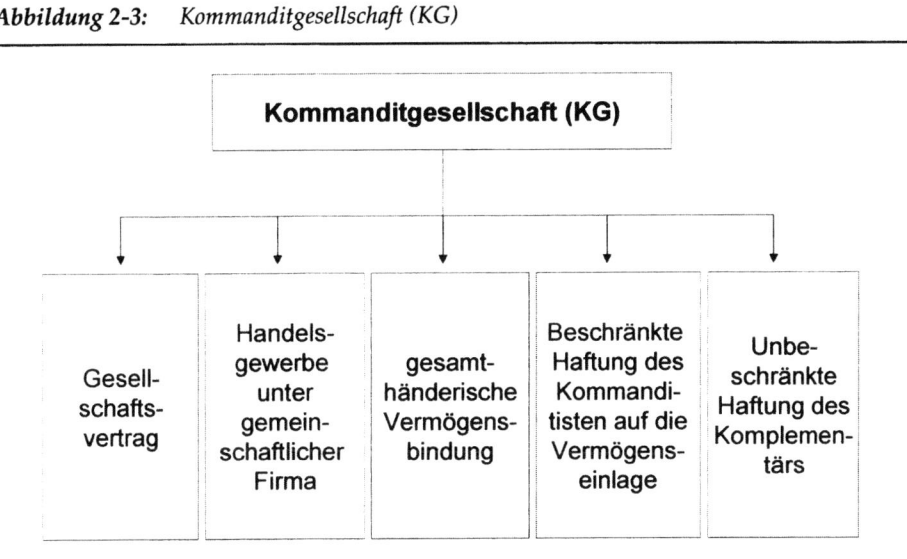

Eine wesentliche Bedeutung der KG erlangt sie in der Sonderform der GmbH & Co. KG. Bei dieser Sonderform ist die GmbH mit ihrem beschränkten Haftungskapital persönlich haftende Gesellschafterin (Komplementärin) der KG. Häufig wird eine GmbH & Co. KG als **Publikumsgesellschaft** betrieben, die zur Kapitalsammlung eine unbestimmte Anzahl rein kapitalistisch beteiligter Kommanditisten als Anlagegesellschafter aufgrund eines vorformulierten Gesellschaftsvertrags aufnimmt. Zum Zwecke der Nutzung von steuerlichen (Sonder-) Abschreibungen wird sie häufig durch Initiatoren gegründet, die regelmäßig die Herrschaft über die Gesellschaft behalten, sodass die Kommanditisten auf Kontrollrechte beschränkt sind, die sie im Übrigen auch nur häufig über einen Beirat ausüben können.[69]

II.   Die Gesellschafter

Vor dem Hintergrund des § 161 Abs. 1 HGB ist eine KG strukturell dadurch gekennzeichnet, dass sie mindestens einen **Komplementär** (persönlich haftenden Gesellschafter) aufweist. Komplementär kann jeder sein, auch eine juristische Person, z. B. eine GmbH. Auch eine OHG oder eine andere KG kann diese Funktion einnehmen. Der Komplementär ist zur Vertretung der Gesellschaft berechtigt, §§ 161, 125 - 127 HGB. Der Komplementär ist organschaftlicher Vertreter der KG und unterliegt seinerseits dem Wettbewerbsverbot und hat auch Entnahmerechte.

---

69   Baumbach/Hopt/Hopt, HGB, Anh. § 177 a Rdziff. 52

Die KG muss mindestens einen **Kommanditisten** haben, der wiederum nur beschränkt, d. h. nur in Höhe seiner Vermögenseinlage, haftet. Kommanditist kann wiederum jeder sein, der auch Gesellschafter einer OHG werden kann. Bis vor kurzem war im Streit, ob auch eine GbR Kommanditistin sein kann.

> *Beispiel 5:*[70]
>
> *Im Handelsregister des Amtsgerichts ist die Firma Springkraut GmbH & Co. KG eingetragen. Im November 2002 meldete der Geschäftsführer der Komplementärin, diese zugleich handelnd für alle anderen Gesellschafter der KG, zur Eintragung ins Handelsregister an, dass folgende Gesellschaften bürgerlichen Rechts in die Gesellschaft eingetreten seien: die aus den Herren Argwohn (A), Broderstedt (B) und Chop (C) bestehende Gesellschaft mit einer Einlage von 25.000 € sowie die aus den Herren Dammhirsch (D) und Engstirn (E) bestehende Gesellschaft mit einer Einlage in Höhe von 35.000 €. Das Registergericht wies die Anmeldung zurück. Die dagegen eingelegte und dem BGH vorgelegte Beschwerde hatte Erfolg. Denn nach der neueren Rechtsprechung des BGH kann eine GbR, unabhängig von der Frage ihrer Rechts- oder Teilrechtsfähigkeit, als Teilnehmerin am Rechtsverkehr grundsätzlich jede Rechtsposition einnehmen, es sei denn, es stünden spezielle Rechtsvorschriften entgegen. U. a. kann die GbR auch Mitglied einer juristischen Person oder deren Vorgesellschaft sein.*

Einzutragen sind in einem solchen Fall neben der BGB-Gesellschaft selbst die ihr zum Zeitpunkt des Beitritts angehörenden Gesellschafter. Entsprechendes hat für spätere Änderungen im Gesellschaftskreis zu gelten.

Der **Kommanditist** unterliegt **keinem Wettbewerbsverbot**, wie § 165 HGB zeigt. Er ist nicht an der Geschäftsführung beteiligt, hat indessen bei über den gewöhnlichen Betrieb des Handelsgewerbes der Gesellschaft hinausgehenden Geschäften ein **Widerspruchsrecht**, § 164 S. 1 HGB. Der Kommanditist ist ansonsten am Gewinn und Verlust der Gesellschaft beteiligt.

Auch bei einer in der Form einer **Publikumsgesellschaft** geführten Kommanditgesellschaft sind Streitigkeiten über die Frage, ob jemand Mitglied der KG geworden ist oder nicht, grundsätzlich zwischen den Gesellschaftern und nicht mit der Kommanditgesellschaft auszutragen.[71] Davon kann jedoch im Gesellschaftsvertrag abgewichen werden, sodass über die Frage, ob jemand den Gesellschafterstatus hat oder nicht, mit

---

[70] BGHZ 148, 291 = NJW 2001, 3121 = ZiP 2001, 1713; zur Vorinstanz BayObLG NJW-RR 2002, 36 = NZG 2001, 123 = ZiP 2000, 2165
[71] BGH NJW 2003, 1729 = ZiP 2003, 843 = BGH NJW-RR 2003, 820; BGH NJW 1999, 935 = WM 1999, 1619 = ZiP 1999, 1391

der Gesellschaft selbst auszutragen ist. Ob dies durch den Gesellschaftsvertrag gewollt ist, ist aufgrund objektiver Auslegung des Gesellschaftsvertrages zu ermitteln. Bestimmt z. B. der Gesellschaftsvertrag, dass Kommanditist nur sein kann, wer zugleich Eigentümer einer von der KG bewirtschafteten Eigentumswohnung ist, führt der Verkauf der Wohnung zum automatischen Ausscheiden des Kommanditisten aus der Gesellschaft mit der Folge, dass der Gesellschafter nach Maßgabe des Gesellschaftsvertrages abzufinden ist.[72] Ein Kommanditist hat - wie auch schon der Gesellschafter der OHG - ggf. einen Aufwendungsersatzanspruch gem. § 110 HGB. Ein Kommanditist, der ohne Verpflichtung im Außenverhältnis einen Gesellschaftsgläubiger freiwillig befriedigt hat, kann nicht nur die Gesellschaft nach § 110 HGB auf Aufwendungsersatz in Anspruch nehmen, sondern kann den Komplementär gem. § 426 BGB in gleicher Weise in Anspruch nehmen, als hätte er selbst auch die Stellung eines Komplementärs.[73]

III. Entstehung durch Neugründung oder Umwandlung

Die KG entsteht entweder durch Neugründung oder durch Umwandlung, zumeist wird sie aus einer OHG hervorgehen. Im Fall der Neugründung entsteht die KG dann durch einen Gesellschaftsvertrag.[74] Es gelten dort die bereits dargestellten Regeln. Im Rahmen der Anmeldung zum Handelsregister gem. § 162 HGB sind dann die einzelnen Kommanditisten und der Betrag der Einlage eines jeden von ihnen anzugeben.

Die KG kann aber auch durch Umwandlung einer OHG entstehen. Dies geschieht, wenn in eine OHG ein Kommanditist aufgenommen wird oder aber die Haftung eines Komplementärs auf eine bestimmte Haftsumme im Nachhinein beschränkt wird; denkbar ist es auch, dass für den Fall des Todes eines OHG-Gesellschafters die Gesellschaft mit dessen Erben als Kommanditisten fortgesetzt wird. Eine derartige Umwandlung ist von dem Beschluss aller Gesellschafter rechtswirksam abhängig.

IV. Die Haftung des Kommanditisten

Der Kommanditist haftet den Gläubigern der Gesellschaft bis zur Höhe seiner Einlage unmittelbar; die Haftung ist ausgeschlossen, soweit die Einlage geleistet worden ist, § 171 Abs. 1 HGB. Der Begriff der „Einlage" in § 171 HGB ist wohl besser durch das Wort **„Haftsumme"** zu ersetzen. Die Haftsumme ist indessen streng von der sog. **Pflichteinlage** zu unterscheiden. Regelmäßig wird betragsmäßig die Haftsumme der Pflichteinlage entsprechen. Die Pflichteinlage kann indessen - wie die Regelung in §

---

[72] BGH NJW 2003, 1729 = ZiP 2003, 843 = BGH NJW-RR 2003, 820
[73] BGH NJW-RR 2002, 455
[74] Zu Haftungsfragen bei Gründung einer KG vgl. Clauss/Fleckner, WM 2003, 1790 ff.

172 Abs. 3 HGB zeigt - auch von der Haftsumme abweichen. Die Haftungsbeschränkung wird erst durch die Eintragung in das Handelsregister wirksam, §§ 172 Abs. 1, 176 HGB. Hat die Gesellschaft ihre Geschäfte begonnen, bevor sie in das Handelsregister eingetragen ist, haftet jeder Kommanditist, der dem Geschäftsbeginn bereits zugestimmt hat, für die bis zur Eintragung begründeten Verbindlichkeiten der Gesellschaft wie ein Komplementär, es sei denn, dass seine Beteiligung als Kommanditist dem Gläubiger bekannt war.

Wenn der Kommanditist seine im Handelsregister eingetragene Haftsumme/Einlage noch nicht erbracht hat, haftet er beschränkt auf eben diese Summe, vgl. § 171 Abs. 1 HGB. Hat der Kommanditist die Hafteinlage bereits erbracht, haftet er nicht mehr.

Ein Kommanditist vermag sich einer etwaigen Haftung in Höhe seiner Einlage nicht dadurch zu entziehen, dass er sich die Einlage zurückzahlen lässt. Denn soweit die Einlage dem Kommanditisten zurückbezahlt wird, gilt sie den Gläubigern gegenüber als nicht geleistet. Hintergrund dieser in § 172 Abs. 4 HGB normierten Wiederaufleben der Haftung ist die Erhaltung des Gesellschaftsvermögens als Haftungsmasse. Es handelt sich mithin um eine Gläubigerschutzregelung. Entsprechendes gilt für den Fall, dass ein Kommanditist soviel Gewinnanteile entnimmt, dass der Kapitalanteil unter den Betrag der geleisteten Einlage herabgemindert wird, vgl. § 172 Abs. 4 S. 2 HGB.

Der Kommanditist haftet unter Umständen auch unbeschränkt, und zwar dann, wenn die KG ihre Geschäfte als Handelsgewerbe - indessen mit Zustimmung aller Gesellschafter - schon vor der Handelsregistereintragung - aufgenommen hat und der Geschäftspartner sich nicht darüber im Klaren ist, dass einer der beteiligten Gesellschafter lediglich als Kommanditist fungiert. Eine derartige unbeschränkte Kommanditistenhaftung greift indessen nur dann ein, wenn ein Handelsgewerbe i. S. d. § 1 Abs. 2 HGB betrieben wird. Die unbeschränkte Haftung gilt also nicht für Kleingewerbetreibende, GbR und Vermögensverwaltungsgesellschaften. Diese behalten ihre freiwillige Eintragungsoption, ihre Eintragung wirkt konstitutiv.[75]

Tritt ein Kommanditist in eine bestehende Handelsgesellschaft ein, so trifft ihn unter Umständen auch für die in der Zeit zwischen seinem Eintritt und dessen Eintragung in das Handelsregister begründeten Verbindlichkeiten der Gesellschaft ebenfalls eine unbeschränkte Haftung.

Darüber hinaus kann sich der Kommanditist auch durch ein anderweitiges Rechtsgeschäft neben der Gesellschaft persönlich verpflichten, z. B. aus einem Schuldbeitritt, einem Garantieversprechen oder aber einer Bürgschaft. Seine (zusätzliche) Haftung folgt dann den Regeln eben dieses Rechtsgeschäftes und ist von der Haftung des § 171 HGB grundsätzlich unabhängig. Im Übrigen gelten die vom BGH entwickelten **Grundsätze zur Sittenwidrigkeiten von Mithaftung bzw. Bürgschaft bei finanziell**

---

[75] Baumbach/Hopt/Hopt, HGB, § 176 Rdziff. 5

überforderten Angehörigen grundsätzlich nicht für Kommanditisten einer KG, die für Verbindlichkeiten der KG die Mithaftung/Bürgschaft übernommen haben. Etwas anderes gilt nur, wenn der Kommanditist ausschließlich eine Strohmannfunktion gehabt hat, die Mithaftung/Bürgschaft nur aus emotionaler Verbundenheit mit der hinter ihm stehenden Person übernommen hat und beides für die kreditgebende Gläubigerbank evident ist.[76] Wird der Kommanditist für den Fall, dass er eine Mithaftung/Bürgschaft übernommen hat, von einem Gesellschaftsgläubiger aus eben diesem Rechtsgeschäft in Anspruch genommen, so hat er einen Erstattungsanspruch gegen die Gesellschaft. Dies ergibt sich bereits aus § 110 HGB bzw. - für den ausgeschiedenen Kommanditisten - aus §§ 426 Abs. 1, 670 BGB.[77] Ein derartiger Erstattungsanspruch richtet sich dann gegen die Mitgesellschafter, gegen die Mitkommanditisten jedoch nur, soweit sie ihre Einlage noch nicht geleistet bzw. diese wieder zurückerhalten haben oder soweit sie aufgrund einer die Einlage überschreitenden Haftsumme in Anspruch genommen werden können.[78] Der Kommanditist kann aber auch, wenn er aus einer Bürgschaft, einem Schuldbeitritt o. Ä. leistet, durch die Leistung unabhängig von dem Rechtsgrund von der gesellschaftsrechtlichen Haftung befreit werden.[79]

Umgekehrt ist es auch denkbar, dass im Innenverhältnis die Kommanditisten einer KG mit dem Komplementär (bzw. der Komplementär-GmbH) eine Freistellungsvereinbarung vereinbaren und sich in diesem Zusammenhang verpflichten, den persönlich haftenden Gesellschafter (bzw. die Komplementär-GmbH) von jeglicher Haftung freizustellen. Im Einzelfall ist dann auszulegen, wie die Parteien eine derartige Haftungsfreistellungsvereinbarung verstanden wissen wollten.[80]

Schließlich ist zu vergegenwärtigen, dass eine **Kündigung** der Gesellschafterstellung den Kommanditisten grundsätzlich **nicht von der Verpflichtung zur Zahlung der Kommanditeinlage befreit.**[81]

Scheidet ein Kommanditist aus der Gesellschaft aus, ohne dass sein Kommanditanteil eingezahlt ist, besteht seine Haftung bis zur Eintragung und Bekanntmachung seines Ausscheidens im Handelsregister allen Gesellschaftsgläubigern gegenüber gem. §§ 171, 172 HGB fort. Nach der Eintragung des Ausscheidens haftet der Ausgeschiedene nur noch für Altverbindlichkeiten, d. h. für solche Verbindlichkeiten, die im Zeitpunkt der Eintragung des Ausscheidens bereits entstanden oder im Entstehensansatz angelegt waren.[82]

---

[76] BGH NJW 2002, 2634 = WM 2002, 1647 = ZiP 2002, 1395
[77] Ebenroth/Boujong/Joost/Strohm, HGB, § 171 Rdziff. 35
[78] OLG Koblenz, WM 1995, 765
[79] Ebenroth/Boujong/Joost/Strohm, HGB, § 171 Rdziff. 78; OLG Hamm, NJW 1994, 489
[80] BGH NJW-RR 1995, 226
[81] BGHZ 63, 338; BGH NJW 1973, 1604; OLG Celle, ZiP 1999, 1128 = OLG-Report 1999, 196
[82] OLG Rostock, NJW-RR 2002, 244

V. Beendigung der KG

Grundsätzlich ist die Beendigung der KG – wie §§ 161 Abs. 2, 131 HGB belegen – wie bei der OHG geregelt; der Tod eines Kommanditisten führt indessen nicht zur Auflösung der KG, vgl. § 177 HGB, der Gesellschaftsanteil fällt dem/den Erben zu. Etwas anderes gilt, wenn der einzige Komplementärstirbt.

Die Auflösung der KG ist von der Liquidation (Abwicklung) zu differenzieren; der Auflösung kann die Abwicklung folgen, kann aber auch das automatische Erlöschen der KG bedeuten. Letzteres wird dann anzunehmen sein, wenn alle Gesellschafter außer einem aus der Gesellschaft ausscheiden und der verbliebene Gesellschafter Alleininhaber des Unternehmens wird, z. B. wenn die Gesellschaftsanteile der letzten Kommanditisten auf den (einzigen) Komplementär übertragen werden.[83]

Wenn ein Kommanditist die Gesellschaft gekündigt hat, so kann er durchaus im Zeitraum zwischen der Erklärung und dem Zeitpunkt des Wirksamwerdens der Kündigung weitere Kommanditanteile rechtswirksam hinzuerwerben, wenn er nach dem Gesellschaftsvertrag berechtigt wäre, alsbald nach seinem Ausscheiden durch den Erwerb eines anderen Kommanditanteils wieder in die Gesellschaft einzutreten, ohne dass es der Zustimmung der Gesellschafterversammlung (oder weiterer Voraussetzungen) bedürfte.[84]

§ 5 Die stille Gesellschaft

I. Begriff und Wesen der stillen Gesellschaft

Die Regelungen in §§ 230 - 236 HGB sehen die Möglichkeit der Beteiligung als stiller Gesellschafter vor. Wer sich als stiller Gesellschafter an dem Handelsgewerbe, das ein anderer betreibt, mit einer Vermögenseinlage beteiligt, hat diese Einlage so zu leisten, dass sie in das Vermögen des Inhabers des Handelsgeschäfts übergeht. Aus den in dem Betrieb geschlossenen Geschäften wird der Inhaber allein berechtigt und verpflichtet, vgl. § 230 HGB.

Die stille Gesellschaft ist eine Gesellschaft i. S. d. § 705 BGB, wird jedoch vom Gesetzgeber nicht als eine Handelsgesellschaft betrachtet.[85]

Sofern der Gesellschaftsvertrag keine entsprechenden anderweitigen Regelungen bereithält, nimmt der stille Gesellschafter (Stille) gem. §§ 231, 232 HGB am Gewinn und Verlust des Handelsgeschäfts teil; in einem solchen Fall handelt es sich um eine

---

[83] BayObLG, NJW-RR 2002, 246
[84] BGH NJW-RR 2004, 334; BGH NJW-RR 1989, 1259 = WM 1989, 1221
[85] Baumbach/Hopt/Hopt, HGB, § 230 Rdziff. 2; Ebenroth/Boujong/Joost/Gehrlein, HGB, § 230 Rdziff. 3

typisch stille Gesellschaft. Andererseits sind auch Fallgestaltungen mit weitergehenden Rechten des Stillen möglich. So kann z. B. im Einzelfall eine Beteiligung am Gesellschaftsvermögen oder aber eine Mitwirkungsbefugnis vereinbart sein, wobei die Mitwirkungsbefugnis von einem bloßen Widerspruchsrecht über Zustimmungsrechte bis hin zu einer Geschäftsführungsbefugnis reichen kann;[86] in einem solchen Fall handelt es sich dann um eine **atypisch stille Gesellschaft**. Die atypisch stille Gesellschaft wird weitestgehend steuerrechtlich motiviert sein. Denn wenn das Gesellschaftsvermögen als gemeinsames Vermögen behandelt wird, führt dies dazu, dass der atypisch Stille wie ein Mitunternehmer Einkünfte aus Gewerbebetrieb nach Maßgabe des § 15 Abs. 1 Ziff. 2 EStG erzielt. Wenn im Gesellschaftsvertrag keine ausdrücklichen Regelungen über entweder eine typisch stille oder aber eine atypisch stille Gesellschaft getroffen worden sind, so ist anhand des Gesellschaftsvertrages auszulegen, ob und inwieweit Kriterien für eine Mitunternehmerschaft vorliegen. Kriterien dafür sind z. B.

> ➢ Übernahme bestimmter Risiken

> ➢ Wertveränderungen am Gesellschaftsvermögen fließen auf den Stillen zu

> ➢ Kontrollrechte des Stillen gem. § 233 HGB gehen über die gesetzliche Konzeption hinaus

> ➢ Einräumung von Geschäftsführungsbefugnissen

> ➢ Einräumung von Rechten wie ein Kommanditist bei einer KG

II. Abgrenzung zu anderen Verträgen und Rechtsinstituten

Es ist eine Frage des Gesellschaftsvertrages, ob und inwieweit die Vertragsparteien eine stille Gesellschaft vereinbart und gewollt haben. Haben die Parteien indessen keine eindeutige Regelung durch den Gesellschaftsvertrag getroffen, ist es denkbar, dass auch andere Verträge bzw. Rechtsinstitute in Betracht zu ziehen sind.

Charakteristisch für den stillen Gesellschaftsvertrag ist die Erbringung einer Vermögenseinlage durch den Stillen, während unter Umständen - z. B. bei der atypisch stillen Gesellschaft - eine Beteiligung am Gesellschaftsvermögen vorgesehen sein kann. Insoweit steht der stille Gesellschaftsvertrag dem sog. **partiarischen Darlehen** nahe. Grundsätzlich stehen partiarische Verträge zwar mit Rücksicht auf die Gewinnbeteiligung der stillen Gesellschaft nahe; sie unterscheiden sich jedoch maßgeblich dadurch, dass es an der Verfolgung eines gemeinsamen Zwecks zwischen dem Stillen und dem

---

86 Baumbach/Hopt/Hopt, HGB, § 230 Rdziff. 3; Ebenroth/Boujong/Joost/Gehrlein, HGB, § 230 Rdziff. 57

Inhaber des Handelsgewerbes fehlt.[87] Ist z. B. eine Verlustbeteiligung oder aber eine quotale Unternehmensbeteiligung zwischen den Parteien vorgesehen, so schließt dies die Annahme eines Darlehens, welches durch eine ungeschmälerte Rückzahlungsverpflichtung gekennzeichnet ist, zwingend aus.

Weiterhin ist es denkbar, dass die Parteien einen **partiarischen Dienstvertrag** bzw. ein Arbeitsverhältnis vereinbart haben; üblicherweise wird im Rahmen eines Arbeits- bzw. Dienstverhältnisses für die Erbringung von Arbeits- bzw. Dienstleistungen eine feste Vergütung vereinbart. Sofern eine der Parteien eine Einlage in Gestalt von Diensten erbringt und ihm dafür eine Gewinnbeteiligung zugesagt wird, lässt das auch den Rückschluss auf eine stille Gesellschaft zu. Ein solcher Rückschluss wird allerdings umso eher anzunehmen sein, wenn dem zur Dienstleistung Verpflichteten zugleich besondere Mitwirkungs-, Kontroll- und Überwachungsrechte eingeräumt werden. Ohne derlei eingeräumte Rechte wird eine stille Gesellschaft wohl eher zu verneinen sein.

Weiterhin ist es denkbar, dass die Parteien eines Vertrages eine **Unterbeteiligung** vereinbart haben. Eine Unterbeteiligung ist ein Beteiligungsrecht an einem Gesellschaftsanteil. Während hingegen bei einer Unterbeteiligung lediglich eine Beteiligung am Kapitalanteil eines Gesellschafters vorliegt, ist die stille Gesellschaft dadurch geprägt, dass der Stille regelmäßig am Gewinn des Handelsgewerbes des Inhabers partizipiert.

III. Die Gesellschafter

Im Rahmen der stillen Gesellschaft ist zunächst einmal festzuhalten, dass nicht nur der Stille selbst, sondern auch der Inhaber des Handelsgewerbes, an welchem sich der Stille beteiligt, Gesellschafter ist. Der **Inhaber** des Handelsgewerbes muss dabei Kaufmann sein, wobei es gleichgültig ist, welcher Art von Kaufmann er sein muss. Er hat eine der Kaufmannseigenschaften der §§ 1 - 6 HGB zu erfüllen. Einschränkungen sind insoweit nur bei einem stillen Gesellschaftsvertrag vorzunehmen, der zugleich ein Teilgewinnabführungsvertrag i. S. d. §§ 292 Abs. 1 Ziff. 2, 291 Abs. 1 S. 1 AktG ist;[88] dann muss der Inhaber des Handelsgewerbes eine Aktiengesellschaft und damit ein Formkaufmann i. S. d. § 6 HGB sein.

Stiller Gesellschafter wiederum kann jedermann sein, sei es Kaufmann oder Nichtkaufmann.

---

87 BGHZ 127, 176 = NJW 1995, 192 = WM 1994, 2246 = ZiP 1994, 1847; Baumbach/Hopt/Hopt, HGB, § 230 Rdziff. 4; Ebenroth/Boujong/Joost/Gehrlein, HGB, § 230 Rdziff. 69
88 Dazu jüngst BGHZ 156, 38 = NJW 2003, 3412 = NZG 2003, 1023 = WM 2003, 1896 = ZiP 2003, 1788; Hüffer, AktG, § 292 Rdziff. 15; Rohlfing, NZG 2003, 854 ff.; Armbrüster/Joos, ZiP 2004, 189 ff.

Stiller Gesellschafter kann auch jede Handelsgesellschaft oder aber Unternehmens-beteiligungsgesellschaft, auch eine GbR oder eine Erbengemeinschaft sein.

Mehrere Personen, die sich an einem Handelsgeschäft still beteiligen, können entweder je für sich in einem stillen Gesellschaftsverhältnis gem. § 230 HGB zum Inhaber stehen; denkbar ist es aber auch, dass sie zusammen mit dem Inhaber in einem einzigen Gesellschaftsverhältnis zu sehen sind.

IV. Gesellschaftsvertrag

Der Vertrag zum Abschluss einer stillen Gesellschaft i. S. d. §§ 230 ff. BGB ist grundsätzlich formfrei. Indessen ist aus Beweisgründen und zum Zwecke der steuerlichen Abgrenzung der Abschluss eines schriftlichen Vertrages empfehlenswert; in Einzelfällen ist die Schriftform auch gesetzlich vorgesehen, so z. B. der stille Gesellschaftsvertrag an einer Aktiengesellschaft, vgl. § 293 Abs. 3 AktG. Ausnahmen bestehen weiterhin für den Fall, dass der stille Gesellschafter ein Grundstück oder aber ein Grundstücksrecht in die Gesellschaft einbringt; in einem solchen Fall ist der Gesellschaftsvertrag notariell zu beurkunden, vgl. § 311 b BGB.

Die von einem Unternehmen für eine Vielzahl von Gesellschaftsverträgen mit stillen Gesellschaftern vorformulierten Vertragsbedingungen unterliegen nach Ansicht des BGH einer ähnlichen objektiven Auslegung wie Allgemeine Geschäftsbedingungen. Entsprechendes gilt für einen in die Vertragsbedingungen einbezogenen Emissionsprospekt.[89]

V. Die Rechtsstellung des stillen Gesellschafters

Gem. § 230 Abs. 2 BGB wird aus den in dem Betrieb geschlossenen Geschäften allein der Inhaber berechtigt und verpflichtet; daraus wiederum ist abzuleiten, dass einerseits der Inhaber zur Geschäftsführung im Rahmen des Handelsgeschäfts ausschließlich berechtigt und verpflichtet ist, andererseits aber auch - kraft des stillen Gesellschaftsvertrages - dem Stillen zur Führung des Handelsgeschäfts für gemeinsame Rechnung verpflichtet ist. Sofern es die wesentlichen Grundlagen des Gewerbebetriebs anbelangt, darf dessen Inhaber diese nicht ohne die Zustimmung des Stillen vornehmen. Der Inhaber des Handelsgeschäfts kann mithin z. B. keine Veräußerung oder Einstellung des Betriebes oder aber eine Änderung der Rechtsform vornehmen und auch keine Dritten als Teilhaber aufnehmen.

Die **Primärpflicht des Stillen** liegt vor allem in der **Erbringung der Vermögenseinlage**. Diese Vermögenseinlage kann in Gestalt eines bestimmten Geldbetrages oder

---

89   BGH NJW 2001, 1270 = NZG 2001, 269 = WM 2001, 314 = ZiP 2001, 243

aber in einem anderen schätzbaren Vermögensvorteil liegen, z. B. Wertpapiere, Forderungen oder gewerbliche Schutzrechte o. Ä. Der Stille hat dabei die Einlage so zu erbringen, dass sie in das Vermögen des Inhabers übergeht.

Zwingender Bestandteil eines **stillen Gesellschaftsvertrages** ist die **Abrede über die Gewinnbeteiligung**; hingegen kann die Übernahme des Verlustes ausgeschlossen werden, vgl. § 231 Abs. 2 HGB. Ist der Anteil eines stillen Gesellschafters am Gewinn und Verlust nicht gesondert durch den Gesellschaftsvertrag bestimmt, so gilt dann ein den Umständen nach angemessener Teil als vereinbart. Im Gesellschaftsvertrag können auch Regelungen über die Verlustbeteiligung getroffen werden. Im Übrigen nimmt der stille Gesellschafter an dem Verlust nur bis zum Betrag seiner eingezahlten oder ggf. rückständigen Einlage teil. Er ist nicht verpflichtet, einen etwaigen bezogenen Gewinn wegen möglicher späterer Verluste zurückzuzahlen. Indessen wird, solange seine Einlage durch den Verlust vermindert ist, der jährliche Gewinn zur Deckung eben dieses Verlustes verwendet, vgl. § 232 Abs. 2 BGB.

Zum Wesen des stillen Gesellschaftsvertrages gehört es, dass der stille Gesellschafter **von der Geschäftsführung ausgeschlossen** ist. Als Gegenstück dazu hat das Gesetz dann bestimmte Kontrollrechte in § 233 HGB vorgesehen. So ist z. B. der Stille berechtigt, die abschriftliche Mitteilung des Jahresabschlusses zu verlangen und dessen Richtigkeit unter Einsicht der Bücher und Papiere zu prüfen.

Ebenso wie ein Kommanditist unterliegt auch der stille Gesellschafter grundsätzlich nicht einem Wettbewerbsverbot gem. §§ 112, 113 HGB. Unmittelbar aus der Treuepflicht, die sowohl den Stillen als auch den Inhaber des Handelsgeschäfts trifft, kann ein solches Wettbewerbsverbot auch nicht abgeleitet werden. Gleichwohl folgt daraus nicht, dass der stille Gesellschafter unbeschränkt die Kenntnisse und Erfahrungen, die er kraft seiner Gesellschafterstellung aus dem Betrieb des Geschäftsinhabers gewonnen hat, anderweitig dazu nutzen kann, um ein Konkurrenzunternehmen zu fördern. Denn aus der dem Stillen treffenden Treuepflicht ist zu entnehmen, dass ihm gewisse Beschränkungen aufzuerlegen sind; ein bestimmtes gewonnenes Know-how darf er nicht zum Nachteil des Handelsgewerbes des Inhabers ausnutzen.

Eine Haftung trifft den stillen Gesellschafter gegenüber Geschäftsgläubigern unmittelbar nur aus einer anderweitigen rechtlichen Verpflichtung, z. B. einer Bürgschaft; ansonsten haftet der Stille nur aufgrund seiner Gesellschafterstellung weder unmittelbar noch in Höhe seiner Einlage. Denkbar ist es lediglich, dass - soweit der Stille seine Einlage noch nicht geleistet hat - der Anspruch der Gesellschaft gegen den Stillen auf Erbringung der Einlage aufgrund eines Vollstreckungstitels gepfändet wird.

VI. Beendigung der stillen Gesellschaft

Die stille Gesellschaft kann ihre Beendigung entweder durch Zeitablauf, den Eintritt einer vereinbarten auflösenden Bedingung oder aber durch den Tod des Inhabers oder aber die Eröffnung des Insolvenzverfahrens finden. Darüber hinaus sieht § 234 HGB Kündigungsmöglichkeiten vor. Wenn nicht durch den Gesellschaftsvertrag die Kündigung für eine bestimmte Laufzeit ausgeschlossen ist (ein unbeschränkter Ausschluss des ordentlichen Kündigungsrechts ist gem. § 723 Abs. 3 BGB nicht möglich), so kann die Gesellschaft unter Einhaltung einer Frist von sechs Monaten auf das Ende des Geschäftsjahres in entsprechender Anwendung der §§ 132, 134 HGB die ordentliche Kündigung erklären, was wiederum danach zu einer Auseinandersetzung gem. § 235 HGB führt.

Darüber hinaus ist auch die außerordentliche Kündigung aus einem wichtigen Grund möglich und zulässig, vgl. §§ 234 Abs. 1 HGB, 723, 314 BGB. Derartige wichtige Gründe, die zu einer außerordentlichen Kündigung durch den stillen Gesellschafter berechtigen, wären z. B.

- ➤ Änderung der Grundlagen oder der Rechtsform des Unternehmens ohne Zustimmung des Stillen

- ➤ Einstellung oder nachhaltige Unrentabilität des Geschäftsbetriebes

- ➤ Vermögensverfall bei dem Inhaber des Handelsgeschäfts

- ➤ zweckwidrige Verwendung der Einlage

- ➤ Verletzung der Beitragspflicht durch den Stillen

- ➤ drohende Umqualifizierung der Einlage in Kapitalersatz

Denkbar ist aber auch ein anderer Beendigungstatbestand, den das HGB explizit nicht vorsieht. Sehr häufig sind atypisch stille Gesellschaften auch bei Publikumsgesellschaften vorgesehen. Angereizt durch vermeintliche steuerliche Vorteile werden (atypisch) stille Beteiligungen angeboten, wobei über die Frage der Vertragsanbahnung und Aufklärung des Stillen (Kapitalanleger) häufig Streit entstehen wird, der soweit geht, dass der Stille von einem ihm vertraglich eingeräumten **Widerrufsrecht** auch nach Ablauf der Widerrufsfrist und/oder einem Recht zur Anfechtung und/oder Kündigung Gebrauch machen wird. All dies führt indessen nicht dazu, dass der Gesellschaftsvertrag unbeachtlich ist. Nach der derzeitigen h. M. in Rechtsprechung und Literatur kann eine in Vollzug gesetzte Personengesellschaft, deren Gesellschaftsvertrag (durch Widerruf oder Anfechtung o. Ä.) nichtig oder unwirksam ist, grundsätzlich nicht mit Wirkung ex tunc beseitigt werden; vielmehr wird das Gesellschaftsverhältnis - wenn nicht Interessen der Allgemeinheit oder schutzbedürftiger Personen vorrangig sind - aus Gründen des Bestandsschutzes der Gesellschaft oder des Verkehrsschutzes Dritter als wirksam erachtet, bis die Gesellschaft im Wege der fristlosen

Kündigung oder Auflösungsklage für die Zukunft beendet wird.[90] Da die Grundsätze über die fehlerhafte Gesellschaft bislang auch auf die stille Gesellschaft angewandt wurden, hatte dies zur Folge, dass ein widerrufender/anfechtender Gesellschafter nur die Auseinandersetzung gem. § 235 HGB und die Auszahlung des Auseinandersetzungsguthabens verlangen kann. Der BGH hat hingegen den Schutz des (kapitalanlegenden) stillen Gesellschafters gestärkt; wenn ein Stiller bei Abschluss des Gesellschaftsvertrages getäuscht oder fehlerhaft aufgeklärt wird, so unterliegt sein Anspruch auf Einlagenrückgewähr nach Anfechtung und/oder Kündigung keinen Beschränkungen nach den Grundsätzen über die fehlerhafte Gesellschaft.[91] Der BGH begründet dies mit der Struktur der stillen Gesellschaft; der Anleger trete nicht einer bestehenden Publikumsgesellschaft bei, sondern bilde mit der von dem Initiator gegründeten AG oder KG eine neue – stille – Gesellschaft; nur darauf beschränkten sich die Rechtsbeziehungen, so dass etwaige Ansprüche auf Schadensersatz bzw. Zahlung des Auseinandersetzungsguthabens nicht nach den Regeln über die fehlerhafte Gesellschaft eingeschränkt würden.

§ 6   Misch- und Sonderformen von OHG/KG

I.   Die Partnerschaftsgesellschaft (PartG)

Durch das Partnerschaftsgesellschaftsgesetz (PartGG) wird Angehörigen der freien Berufe die Möglichkeit eröffnet, sich zur Ausübung ihres Berufes zu einer Partnerschaftsgesellschaft zusammenzuschließen. Die PartG übt kein Handelsgewerbe i. S. d. § 1 HGB aus. Angehöriger einer PartG können nur natürliche Personen sein, vgl. § 1 Abs. 1 PartGG.

Soweit das PartGG keine anderweitige Regelung trifft, finden die Vorschriften des BGB über die Gesellschaft (§§ 705 ff. BGB) Anwendung. Darüber hinaus verweist das PartGG indessen an vielen anderen Stellen auf die Bestimmungen der OHG, vgl. § 4 PartGG (Anmeldung zum Handelsregister), § 7 PartGG (Wirksamkeit im Verhältnis zu Dritten, rechtliche Selbständigkeit, Vertretung), § 8 PartGG (Haftung für Verbindlichkeiten der Partnerschaft), § 9 PartGG (Ausscheiden eines Partners).

---

[90]   Baumbach/Hopt/Hopt, HGB, § 105 Rdziff. 75; § 230 Rdziff. 11; Eben-roth/Boujong/Joost/ Boujong, HGB, § 105 Rdziff. 177; BGH WM 2000, 1685 = ZiP 2000, 1430; BGH WM 2000, 1687; BGH NJW 1992, 1501; BGH NJW 1992, 2696; OLG Frankfurt, NJW 2004, 36 = ZiP 2004, 32; OLG Hamm, BB 2003, 653; OLG Braunschweig, OLG-Report 2004, 16 sowie OLG-Report 2003, 125 sowie OLG-Report 2003, 449; OLG Dresden, ZiP 2002, 1293; OLG Stuttgart, ZiP 2002, 1885; differenzierend Rohlfing NZG 2003, 854 ff. sowie Armbrüster/Joos, ZiP 2004, 189 ff.

[91]   BGH NJW-RR 2004, 1407 = WM 2004, 1823 = ZiP 2004, 1706; so jetzt auch OLG Braunschweig, OLG-Report 2004, 561

Die PartG erlangt Wirksamkeit erst mit der Eintragung in das Partnerschaftsregister. Die PartG ist - wie auch die OHG - selbständige Trägerin von Rechten und Pflichten; neben der PartG haften den Gläubigern der PartG die einzelnen Partner als Gesamtschuldner, wobei § 8 PartGG Haftungsbeschränkungsmöglichkeiten für die einzelnen Partner regelt.

Anzumerken sei noch, dass alle anderen Gesellschaften, die keine Partnerschaften i. S. d. PartGG darstellen, nach dem 01.07.1995 nicht unter der Bezeichnung „und Partner" oder aber „Partnerschaft" firmieren dürfen, vgl. §§ 2, 11 Abs. 1 PartGG, § 18 HGB; dieses Verbot verstößt weder gegen Verfassungs- noch Europarecht[92]. Andererseits ist anerkannt, dass auch eine ärztliche PartG die Bezeichnung „Gemeinschaftspraxis" im Namen führen darf.[93] Zur Bildung des Namens einer Partnerschaft kann im Übrigen auch der von einem Partner gewählte Berufs- oder Künstlername, unter dem er im Berufsleben seit langer Zeit auftritt und den entsprechenden Geschäftskreisen bekannt ist (Pseudonym) verwendet werden.[94]

II. Die Europäische Wirtschaftliche Interessenvereinigung (EWIV)

Die Europäische Wirtschaftliche Interessenvereinigung (EWIV) stellt eine neue supranationale Gesellschaftsform dar, die in ihrer Struktur der OHG ähnelt, indessen mit dem Unterschied, dass die Geschäftsführer der EWIV ähnlichen Regeln unterworfen sind wie die GmbH. Die EWIV ist ein Gestaltungsrahmen, der sich insbesondere für Freiberufler anbietet und die grenzüberschreitende Tätigkeit von Freiberuflern erleichtert. Durch die EWIV sollen z. B. Joint Ventures gefördert werden, und zwar in den Bereichen F & E, EDV.

Rechtlicher Rahmen der EWIV ist die Verordnung (EWG) über die Schaffung einer EWIV vom 25.07.1985, die seit dem 01.07.1989 unmittelbar für jeden Mitgliedsstaat der EG gilt. Darüber hinaus wird die VO durch das in Deutschland geschaffene Ausführungsgesetz (EWIV-Gesetz) vom 18.04.1988[95] ergänzt. Sofern weder die VO noch das Ausführungsgesetz entsprechende Regelungen bereithält, gelten die §§ 105 ff. HGB entsprechend.

Die EWIV hat nicht den Zweck, Gewinn für sich selbst zu erzielen; vielmehr ist ihr Zweck darauf ausgerichtet, die wirtschaftliche Tätigkeit der Mitglieder zu erleichtern bzw. zu entwickeln.

---

92 KG, OLG-Report 2004, 464
93 OLG Schleswig, NJW-RR 2003, 173
94 OLG Frankfurt, NJW 2003, 364
95 BGBl I S. 514

III.   GmbH & Co. KG

Die GmbH & Co. KG ist von ihrer Struktur her eine **Kommanditgesellschaft**, deren persönliche haftende Gesellschafterin **(Komplementärin)** eine GmbH ist.

Abbildung 2-4:   *GmbH & Co. KG*

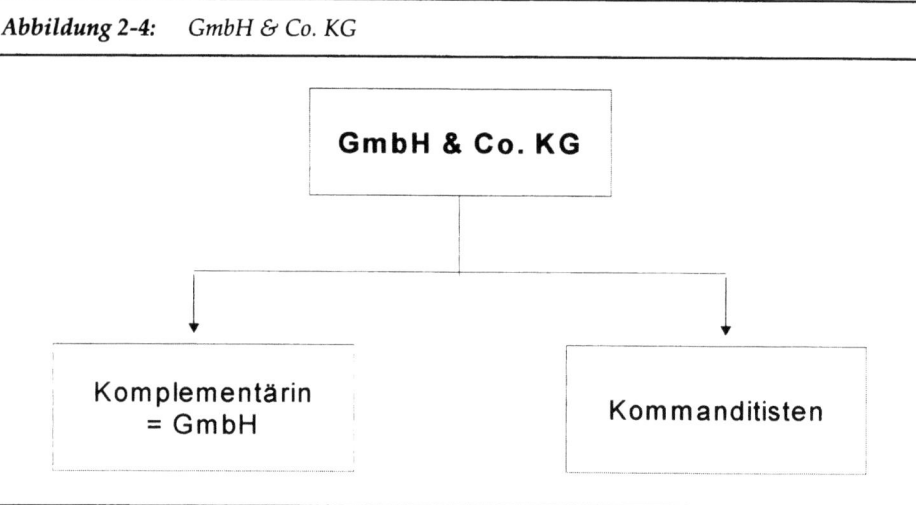

Als Kommanditgesellschaft unterliegt die GmbH & Co. KG den Regelungen der §§ 161 ff. HGB. Während die GmbH & Co. KG ursprünglich aus steuerlichen Motiven heraus entwickelt wurde, stehen heute die gesellschaftsrechtlichen Vorteile im Vordergrund. Diese liegen in der Typenverbindung von Kapitalgesellschaft und Personen(handels)gesellschaft. Derlei Vorteile sind u. a.:

- ➢ Möglichkeit der Haftungsbeschränkung

- ➢ Dritt- bzw. Fremdorganschaft

- ➢ Lösung des Nachfolgeproblems und Vermeidung der Unternehmensperpetuierung

- ➢ leichtere Kapitalbeschaffung durch besseren Zugang zum Finanz- und Kapitalmarkt

- ➢ Beherrschung ohne Kapitalmehrheit

- ➢ Entnahmerecht in der KG auch ohne Gewinnerwirtschaftung

Die rechtliche Konstruktion einer GmbH & Co. KG ist in Rechtsprechung und Literatur heute anerkannt.[96] Da die KG indessen Trägerin des Unternehmens ist, ist das Betreiben

---

[96] Baumbach/Hopt/Hopt, HGB, Anh. § 177 a Rdziff. 4

eines vollkaufmännischen Grundhandelsgewerbes oder aber der Eintrag in das Handelsregister notwendige Voraussetzung für die Wirksamkeit der GmbH & Co. KG.

Die GmbH & Co. KG erscheint im Rechts- und Geschäftsverkehr in verschiedener Art und Weise:

> ➤ Die **personen- und beteiligungsgleiche GmbH & Co. KG** ist heute in der Praxis am häufigsten vertreten; bei ihr sind die Gesellschafter der GmbH einerseits und die Kommanditisten der KG andererseits identisch und haben regelmäßig auch dieselben Beteiligungsquoten in GmbH und KG.

> ➤ Die **nicht personen- und beteiligungsgleiche GmbH & Co. KG** hat unterschiedliche Gesellschafter in der GmbH einerseits und Kommanditisten in der KG andererseits oder aber deren Beteiligungsverhältnisse, gleich personengleich, weichen voneinander ab. Auf diese Weise sollen dann bestimmten Gesellschaftern keinen Einfluss an der Geschäftspolitik eingeräumt werden.

> ➤ Bei der **wechselseitig beteiligten GmbH & Co. KG** besteht die gesellschaftsvertraglich zu erbringende Einlage der Kommanditisten in den jeweiligen Geschäftsanteilen an der GmbH. Auf diese Weise kann die KG Alleingesellschafterin der GmbH, also ihrer Komplementärin werden. Diese Erscheinungsform der KG ist anerkannt.[97]

> ➤ Bei der **doppelstöckigen (dreistufigen) GmbH & Co. KG** ist Komplementärin der GmbH & Co. KG eine weitere GmbH & Co. KG. Auch eine derartige Gestaltungsform kann als zulässig angesehen werden.[98]

> ➤ Die **kapitalistische GmbH & Co. KG** lässt sich durch eine entsprechende Ausgestaltung des Gesellschaftsvertrages dergestalt strukturieren, dass die Kommanditisten als Geldgeber lediglich die Beteiligung an der Gesellschaft halten, im Übrigen über die Gesellschafterversammlung den beherrschenden Einfluss ausüben; hingegen übt dann die Komplementär-GmbH eine bloße Verwaltungstätigkeit aus und ist im Innenverhältnis regelmäßig weisungsgebunden. Dies entspricht häufig schon einer Publikumsgesellschaft.[99]

Auch Typenverbindungen der GmbH & Co. KG mit anderen Gesellschaftsformen sind nicht unüblich. So ist z. B. durch den BGH anerkannt, dass die **GmbH & Co. KG aA** zulässig ist. Bei dieser Gesellschaftsform ist eine GmbH Komplementärin einer KG aA. Das Fehlen einer natürlichen Person als Komplementärin muss allerdings in der Firma der Gesellschaft kenntlich gemacht werden.[100] Ebenso dürften dann eine **AG & Co. KG** sowie eine **Stiftung & Co. KG** zulässig sein.[101]

---

[97] Baumbach/Hopt/Hopt, HGB, Anh. § 177 a Rdziff. 8
[98] Ebenroth/Boujong/Joost/Henze, HGB, Anh. A § 177 a Rdziff. 19
[99] Dazu s. sogleich S. 55
[100] BGHZ 134, 392 = NJW 1997, 1923 = WM 1997, 1098 = ZiP 1997, 1027
[101] Ebenroth/Boujong/Joost/Henze, HGB, Anh. A § 177 a Rdziff. 22 ff.

Grundsätzlich entsteht die GmbH & Co. KG dergestalt, dass die neu gegründete GmbH sowie die KG in das Handelsregister eingetragen werden, vgl. § 11 Abs. 1 GmbHG bzw. §§ 123 Abs. 1, 161 Abs. 2 HGB. Indessen muss vergegenwärtigt werden, dass auch eine (noch nicht eingetragene) Vor-GmbH durchaus persönlich haftende Gesellschafterin (Komplementärin) einer KG sein kann; dieser Umstand führt dazu, dass dann, wenn im Einverständnis aller Gesellschafter die Handelsgeschäfte aufgenommen werden, die KG ggf. auch schon vor Eintragung in das Handelsregister entstanden sein kann. In Bezug auf die **Firma** der GmbH & Co. KG sei zunächst einmal auf § 4 GmbHG bzw. § 19 Abs. 1 Ziff. 3 sowie § 19 Abs. 2 HGB verwiesen. Danach muss die Firma der GmbH bzw. der KG die Bezeichnung Kommanditgesellschaft oder eine allgemein verständliche Abkürzung (KG) enthalten. Darüber hinaus hat die Firma der KG, die keine natürliche Person als Komplementärin hat, einen warnenden Firmenzusatz wie **GmbH & Co.** zu tragen, sodass dem Eindruck entgegengewirkt werden muss, dass zusätzliche Haftungssubjekte vorhanden sein könnten.

Da nach Maßgabe des § 164 HGB die Kommanditisten von der Führung der Geschäfte der Gesellschaft ausgeschlossen sind, gilt Entsprechendes auch für die GmbH & Co. KG. Das heißt, dass die **Geschäftsführung** für die KG der **Komplementär-GmbH** unterfällt. Der Geschäftsführer der GmbH steht im Dienstvertrag zur GmbH und erhält seine Vergütung von eben der GmbH. Der Geschäftsführer der GmbH, deren wesentliche Aufgabe die Geschäftsführung der KG ist, haftet jedoch auch der KG aus dem Dienstvertrag mit der GmbH. Denn in einem solchen Fall erstreckt sich der Schutzbereich des zwischen der Komplementär-GmbH und ihrem Geschäftsführer abgeschlossenen Dienstvertrag im Hinblick auf seine Haftung gem. § 43 Abs. 2 GmbHG auch auf die KG.[102] Das wiederum bedeutet, dass der Geschäftsführer der GmbH im Zweifelsfall auch der KG bei Erfüllung des Straftatbestandes der Untreue aus deliktischen Grundsätzen haften kann. Eine Haftung des Geschäftsführers gegenüber Dritten, z. B. den Vertragspartnern entweder der GmbH oder aber der KG, besteht grundsätzlich nicht.[103] Der Geschäftsführer einer Komplementär-GmbH einer KG ist nicht als Arbeitnehmer (i. S. d. § 5 Abs. 1 S. 3 ArbGG) anzusehen, sodass bei Streitigkeiten im Zusammenhang mit der Beendigung des Geschäftsführervertrages die ordentlichen Gerichte (und nicht die Arbeitsgerichte) zuständig sind.[104]

Für eine gemischte Gesamtprokura bei der GmbH & Co. KG gilt es zu beachten, dass eine Beschränkung der Prokura in der Form, dass der Gesamtprokurist einer GmbH & Co. KG an die Zustimmung des gesamtvertretungsberechtigten Geschäftsführers der Komplementär-GmbH gebunden sein soll, nicht mit der gesetzlichen Gesamtregelung vereinbar ist.[105]

---

[102] BGH NJW-RR 2002, 965; BGH NJW 1995, 1353 = WM 1995, 701 = ZiP 1995, 738
[103] BGH NJW-RR 1991, 1312 = WM 1991, 1548 = ZiP 1991, 1140; BGH NJW 1990, 389 = WM 1989, 1715 = ZiP 1989, 1455
[104] BAG, NZA 2003, 1108 = NJW 2003, 3290
[105] OLG Frankfurt, NJW-RR 2001, 178

Einer KG können aus § 43 GmbHG Schadensersatzansprüche gegen den Geschäftsführer ihrer Komplementär-GmbH auch dann zustehen, wenn mit der KG ein Anstellungsvertrag nicht geschlossen worden ist. Leistet z. B. der Geschäftsführer einer Komplementär-GmbH aus dem Vermögen der KG Zahlungen an Personen, denen Forderungen gegen die KG nicht zustehen, so ist der Geschäftsführer (im Rahmen der gegen ihn gerichteten Schadensersatzansprüche) darlegungs- und beweispflichtig dafür, dass er auf Weisung des Allein-Gesellschafters gehandelt hat[106]

IV.   Publikumsgesellschaft

Mit der Bezeichnung „Publikumsgesellschaft" ist keine konkrete Gesellschaftsform gemeint; vielmehr handelt es sich um einen Pauschalbegriff, der eine Personengesellschaft, in der Regel eine GmbH & Co. KG, kennzeichnet, die zur Kapitalansammlung eine unbestimmte Anzahl rein kapitalistisch orientierter Kommanditisten als Anlagegesellschafter aufnehmen soll. Die Anbindung der Kommanditisten geschieht aufgrund eines fertig vorformulierten, standardisierten Gesellschaftsvertrages. In der Regel wird die Publikumsgesellschaft steuerrechtlich zur Nutzung von (Sonder-) Abschreibungen motiviert sein, die Initiatoren bzw. die Gründungsgesellschafter (in der Regel Gründer der Komplementär-GmbH) behalten die Herrschaft, die Kommanditisten sind auf die Ausübung von Kontrollrechten beschränkt, dies in der Regel nur durch einen Beirat oder aber durch einen Treuhänder.

Im Rahmen der Anbahnung von Aufnahmeverträgen bzw. Gesellschaftsverträgen, durch die der einzelne Anleger eine Gesellschaftsbeteiligung bezeichnet, werden häufig Probleme auftauchen. Um des Absatzes bzw. der eigenen Provision wegen werden Strukturvertriebe bemüht sein, dem einzelnen Anleger/Gesellschafter besonders günstige Konditionen vorzuspiegeln, die - bei näherer Betrachtung - auch den Tatbestand einer arglistigen Täuschung erfüllen, die wiederum zur Anfechtung bzw. fristlosen Kündigung berechtigen. In diesem Zusammenhang sei darauf hingewiesen, dass die Rechtsprechung des BGH dem durch arglistige Täuschung zum Beitritt veranlassten Kommanditisten auch ohne eine besondere Grundlage im Gesellschaftsvertrag ein Recht zur fristlosen, d. h. außerordentlichen Kündigung mit Wirkung des sofortigen Ausscheidens aus der fortbestehenden Gesellschaft zugesteht, ohne dass eine Auflösungsklage gem. § 133 HGB angestrengt werden müsste. Mit Zugang der Kündigungserklärung endet die Mitgliedschaft in der Publikumsgesellschaft ex nunc.[107] Auch dann wird sich regelmäßig die Frage nach der Anwendung der Regeln über die fehlerhafte Gesellschaft stellen; ist der Anleger bei einer Publikumsgesellschaft ein Verbraucher, wird von der Rechtsprechung nun auch ein **Rückforderungsdurchgriff**

---

106 OLG Dresden, OLG-Report 2004, 251
107 Baumbach/Hopt/Hopt, HGB, Anh. § 177 a Rdziff. 58; Ebenroth/Boujong/Joost/Henze, HGB, Anh. B § 177 a Rdziff. 114

bejaht; dieser versetzt den Verbraucher in die Lage, sein investiertes Vermögen unter bestimmten Voraussetzungen wieder zurückzubeanspruchen.[108]

Regelmäßig wird im Zusammenhang mit Ansprüchen bei bzw. gegen eine Publikumsgesellschaft auch die Frage der **Prospekthaftung** auftreten. Grundlage der Prospekthaftung im engeren Sinn ist nicht das persönliche, einem bestimmten Vertragspartner entgegengebrachte Vertrauen, sondern das typisierte Vertrauen des Anlegers auf die Richtigkeit und Vollständigkeit der von den Prospektverantwortlichen gemachten Angaben. Prospektverantwortliche sind dabei die Herausgeber und die für die Prospekterstellung verantwortlichen Personen.[109] Die Prospekthaftung selbst setzt aber dabei keinen eigentlichen Prospekt voraus, sondern deckt alle Vertriebsangaben, gleich in welcher Form, ab. Am Erfordernis eines Schriftstückes ist dabei festzuhalten. Im Zeitalter des E-Commerce bzw. E-Business dürfte eine Ausdehnung der Rechtsprechung auf Angebote im Internet geboten sein. Zu den **Prospektverantwortlichen** zählt neben den **Gründungsgesellschaftern** und **Beiratsmitgliedern** einer Publikumsgesellschaft **ggf. auch eine Bank**, wenn sie Treuhandkommanditistin einer Publikums-KG und Mitherausgeberin des Prospektes ist. Im Übrigen trifft eine Haftung diejenigen Personen, die aufgrund ihrer besonderen beruflichen und wirtschaftlichen Stellung oder aufgrund ihrer Sachkunde eine **Garantenstellung** einnehmen, sofern sie durch ihr nach außen in Erscheinung tretendes Mitwirken am Emissionsprospekt einen Vertrauenstatbestand geschaffen haben.[110] Folglich kann auch eine beteiligte Bank eine solche Prospekthaftung treffen, wenn sie z. B. mit ihrer Nennung als Referenz für ein Bauherrenmodell einverstanden gewesen ist.[111]

Die Verpflichtung der Gründungs-Kommanditisten einer Publikums-KG zur sachlich richtigen und vollständigen Aufklärung über das mit einem Beitritt verbundene Risiko erstreckt sich auch auf das Risiko der steuerlichen Anerkennungsfähigkeit der konkreten Kapitalanlage.[112]

V.   Die Limited (Ltd.)

Nachdem der EuGH in drei Urteilen innerhalb von fünf Jahren die Pflicht eines Mitgliedstaates zur Eintragung einer „Zweigniederlassung" eine nach dem Recht eines anderen Mitgliedstaates gegründeten Gesellschaft (auch für den Fall, dass die „Zweigniederlassung" de facto die Hauptniederlassung war) bejahte[113], mehren sich

---

108 BGH NJW 2003, 2821 = WM 2003, 1762 = ZiP 2003, 1592; vgl. dazu auch Lenenbach, WM 2004, 501
109 KG WM 2003, 1066
110 BGH NJW-RR 1992, 879 = WM 1992, 901
111 BGH NJW 1992, 2148 = WM 1992, 1269
112 BGH NJW-RR 2003, 1393 = WM 2003, 1818 = ZiP 2003, 1651; BGHZ 79, 337 = NJW 1981, 1449
113 EuGH NJW 2003, 3331 – Inspire Art; EuGH NJW 2002, 3614 = NZG 2002, 1164; EuGH NJW 1999, 2027 = NZG 1999, 298; insgesamt dazu Zimmer, NJW 2003, 3585

die Stimmen derer, die die Gründung einer sog. Limited[114] (bzw. Limited & Co. KG) befürworten und einer GmbH vorziehen.[115]

Vorteile einer derartigen Gesellschaftsform in Gestalt einer Limited (Ltd.) sind:

- ➤ niedrige Gründungskosten, da keine notarielle Beurkundung notwendig

- ➤ limitierte Haftung und keine Haftung mit dem Privatvermögen (Ausnahme: Missbrauch der Gesellschaftsform)

- ➤ Varianzmöglichkeiten bei Haftungskapital (ab 1,50 € aufwärts)

- ➤ Änderungen bei der Satzung oder dem Gesellschafterbestand ohne Notar möglich

- ➤ vereinfachte Auflösung der Ltd.

Ungeachtet dieser Vorteile darf hingegen nicht übersehen werden, dass diese Gesellschaftsform den Markt noch nicht durchdrungen und gegenüber den konservativen Banken/Sparkassen noch Nachteile (im Vergleich zu den „klassischen" Gesellschaftsformen) bei der Kapitalbeschaffung hat.

Gerichte werden sich zunehmend mit entsprechenden Spezialfragen auseinanderzusetzen haben, so z. B. ob eine Befreiung von dem Verbot des Selbstkontrahierens (vgl. § 181 BGB) eingetragen werden kann, wenn das anwendbare Heimatrecht der Gesellschaft kein Verbot des Selbstkontrahierens kennt. Das LG Freiburg ist der Ansicht, dass das inländische Handelsregister die Vertretungsverhältnisse ordnungsgemäß auszuweisen hat, so dass folglich die Zulässigkeit des Selbstkontrahierens notwendiger Inhalt der Eintragung sein kann.[116]

---

114 die vollständige Bezeichnung lautet korrekterweise „private company limited by shares"
115 vgl. Infos unter www.go-limited.de sowie sehr ausführlich Heinz, AnwBl. 2004, 612
116 LG Freiburg, NZG 2004, 1170

Kapitel 3 Kapitalgesellschaften, Genossenschaft und Umwandlung

§ 7 Gesellschaft mit beschränkter Haftung (GmbH)

I. Begriff, Wesen und Bedeutung

Während in § 1 Abs. 1 S. 1 AktG eine gesetzliche **Definition** für die Aktiengesellschaft existiert, fehlt eine solche für die GmbH. Charakteristische Merkmale lassen sich lediglich indirekt aus dem GmbHG ableiten. Aus §§ 1, 2, 5, 11 und 13 GmbHG ergibt sich, dass es sich um eine Handelsgesellschaft mit körperschaftlicher Organisation und eigener Rechtspersönlichkeit handelt, deren Entstehung auf einen Gesellschaftsvertrag oder auf eine Satzung zurückzuführen ist und die erst mit der Eintragung in das Handelsregister zur Entstehung gelangt. Im Übrigen kann sie zu jedem gesetzlich zulässigen Zweck durch eine oder mehrere Personen errichtet werden. Für die Verbindlichkeiten der Gesellschaft haftet den Gläubigern lediglich das Gesellschaftsvermögen, vgl. § 13 Abs. 2 GmbHG. Die GmbH hat ein in Geschäftsanteile zerlegtes Stammkapital, wobei das Stammkapital die Summe der von den einzelnen Gesellschaftern zu erbringenden Stammeinlagen (Geschäftsanteil) bildet.

Das **Wesen** der GmbH lässt sich auf der Grundlage der gesetzlichen Bestimmungen wie folgt kennzeichnen:

- ➤ Juristische Person (vgl. § 13 Abs. 1 GmbHG)

- ➤ Kapitalgesellschaft (vgl. § 3 Abs. 1 Ziff. 3, 4, 5 Abs. 1, 14, 30 Abs. 1 GmbHG)

- ➤ Gesellschaftsvermögen in Höhe des jeweiligen Stammkapitals, welches sich aus den Stammeinlagen der einzelnen Gesellschafter zusammensetzt und soweit wie möglich zu erhalten ist

- ➤ Drittorganschaft

- ➤ Geschäftsführung (und ggf. Aufsichtsrat) müssen nicht notwendigerweise aus den Gesellschaftern bestehen

- ➤ Handelsgesellschaft und Formkaufmann (vgl. § 13 Abs. 3 GmbHG iVm § 6 Abs. 1 HGB)

> Haftungsausschluss (vgl. § 13 Abs. 2 Gm7bHG), d. h. die Gesellschafter haften grundsätzlich nicht persönlich für die Verbindlichkeiten der Gesellschaft; vielmehr haftet den Gläubigern der Gesellschaft nur das Gesellschaftsvermögen.

Die charakteristischen Merkmale der GmbH einerseits, insbesondere der Ausschluss der persönlichen Gesellschafterhaftung und die Öffnung für jeden gesetzlich zulässigen Zweck andererseits führen dazu, dass die GmbH insbesondere für KMU (kleine und mittelständische Unternehmen) als maßgebliche Gesellschaftsform in Betracht kommt. Der hauptsächliche Anwendungsbereich der GmbH liegt bei Unternehmen mit überschaubarer Größe und kleiner Gesellschafterzahl, wobei es sich häufig um Familiengesellschaften handeln dürfte. Darüber hinaus findet die GmbH als Gesellschaftsform Verwendung auch im Bereich der verbundenen Unternehmen, besonders in Konzernen auf allen Organisationsstufen einschließlich der Konzernspitze. Darüber hinaus wird die Gesellschaftsform der GmbH im Rahmen der GmbH & Co. KG verwendet. In diesem Fall ist die GmbH die Komplementärin.[104]

II. Errichtung der Gesellschaft

Unter welchen Voraussetzungen und mit welchen Wirkungen die GmbH errichtet wird, ergibt sich u. a. aus §§ 1 - 11 GmbHG. Es wird zwar darin geregelt, in welcher Form der Gesellschaftsvertrag abgeschlossen werden muss (notarielle Beurkundung) und welchen Inhalt dieser Gesellschaftsvertrag zu haben hat (vgl. §§ 2, 3 GmbHG), darüber hinaus werden Regelungen über die Firma und den Sitz der Gesellschaft (§§ 4, 4a GmbHG) ebenso getroffen wie Regelungen über das Stammkapital und die Stammeinlage, die Anmeldung und den Inhalt der Anmeldung zum Handelsregister (§§ 5 bzw. 7, 8 GmbHG). Gleichwohl werden durch diese gesetzlichen Regelungen nicht eindeutig die einzelnen Phasen der Gründung der GmbH wiedergegeben. Diese können wie folgt bezeichnet werden:

> Vorgründungsgesellschaft

> Abschluss des Gesellschaftsvertrages, Bestellung des Geschäftsführers und Aufbringung des Stammkapitals

> Vor-GmbH

> Anmeldung der Eintragung zum Handelsregister

> Eintragung der GmbH in das Handelsregister

---

[104] Vgl. zu dem Anwendungsbereich der GmbH auch Baumbach/Hueck, GmbH-Gesetz, Einl. Rdziff. 23 ff.; Michalski-Michalski, GmbHG, Syst. Darst. 1 Rdziff. 7 ff.

1. Die Vorgründungsgesellschaft

Bei der Vorgründungsgesellschaft handelt es sich um **einen vorbereitenden Zusammenschluss der Gründer durch einen - ebenfalls notariell zu beurkundenden - Gründungsvorvertrag**[105] oder aber durch einen - formlos - abgeschlossenen sog. **Vorgründungsvertrag,** in welchem vereinbart wird, dass die beteiligten Vertragsparteien auf die spätere Errichtung der GmbH fördernd einwirken.[106]

Bei der Vorgründungsgesellschaft wird es sich **regelmäßig** um eine **GbR** handeln, die den Zweck hat, den Abschluss eines GmbH-Vertrages herbeizuführen. Für den Fall, dass die Gründer bereits vor der notariellen Beurkundung und Eintragung des GmbH-Vertrages in das Handelsregister die Geschäftstätigkeit aufnehmen sollten, entsteht **unter Umständen** eine **OHG**, und zwar dann, wenn Gegenstand der vorbereitenden Geschäfte ein Handelsgewerbe ist.[107]

Andererseits ist zu vergegenwärtigen, dass die Vorgründungsgesellschaft nicht etwa ein Vorläufer der künftigen GmbH ist; ebenso wenig ist sie ein Vorläufer der - erst nach Beurkundung des GmbH-Vertrages entstehenden - Vorgesellschaft; mithin findet auch **kein automatischer Vermögensübergang** statt. Rechte und Verbindlichkeiten der Vorgründungsgesellschaft müssen vielmehr, sollen sie auf die Vor-GmbH bzw. auf die GmbH übergehen, durch Rechtsgeschäft übertragen werden.[108] Die Vorgründungsgesellschaft endet mit Zweckerreichung, d. h. bei notarieller Beurkundung des GmbH-Vertrages.

2. Abschluss des Gesellschaftsvertrages, Bestellung der Gesellschafter und Aufbringung des Stammkapitals

Der **GmbH-Vertrag** bedarf der **notariellen Form** und ist von sämtlichen (Gründungs-) Gesellschaftern zu unterzeichnen, § 2 Abs. 1 GmbHG. Den näheren Inhalt eines Gesellschaftsvertrages einer GmbH fixiert § 3 GmbHG, wonach mindestens die Firma und der Sitz der Gesellschaft, der Unternehmensgegenstand, der Betrag des Stammkapitals sowie die Stammeinlage enthalten sein muss. Soweit es den Unternehmensgegenstand anbelangt, kann es sich dabei um jeden gesetzlichen zulässigen Zweck i. S. d. § 1 GmbHG handeln. Bei der Höhe des Stammkapitals muss § 5 GmbHG berücksichtigt werden, wonach das Stammkapital mindestens 25.000 €, die Stammeinlage jedes Gesellschafters mindestens 100 € zu betragen hat. Wenngleich der Betrag der Stamm-

---

[105] Michalski-Michalski, GmbHG, § 11 Rdziff. 4; Baumbach/Hueck/Fastrich, GmbH-Gesetz, § 11 Rdziff. 32, § 2 Rdziff. 29

[106] Michalski-Michalski, GmbHG, § 11 Rdziff. 4, Rdziff. 14 ff.; Baumbach/Hueck, GmbH-Gesetz, § 2 Rdziff. 32; Scholz/K. Schmidt, GmbH-Gesetz, § 11 Rdziff. 9

[107] BGH NJW 1998, 1645 = WM 1998, 817 = ZiP 1998, 646; BGHZ 91, 148 = NJW 1984, 2164 = WM 1984, 929 = ZiP 1984, 950; BGH NJW 1983, 2822; Baumbach/Hueck/Fastrich, GmbH-Gesetz, § 11 Rdziff. 33; Michalski-Michalski, GmbHG, § 11 Rdziff. 20

[108] BGH NJW-RR 2001, 1042 = NZG 2001, 561; BGHZ 91, 148 = NJW 1984, 2164 = WM 1984, 929 = ZiP 1984, 950

einlage für die einzelnen Gesellschafter verschieden bestimmt werden kann, so muss doch der Betrag der Stammeinlage in € durch 50 teilbar sein, vgl. § 5 Abs. 3 S. 1, 2 GmbHG.

Soweit es die **Firma einer GmbH** anbelangt, wird bereits im Rahmen der Beurkundung von Seiten des Notars zu überprüfen sein, ob die Firma in das Handelsregister eintragungsfähig ist. Dabei ist nicht nur zu vergegenwärtigen, dass die GmbH - auch bei Firmenfortführung - die Bezeichnung „Gesellschaft mit beschränkter Haftung" oder eine allgemein verständliche Abkürzung zu enthalten hat; nach jüngerer Rechtsprechung ist z. B. das **@-Zeichen** als Firmenbestandteil **nicht** in das Handelsregister **eintragbar**. So wurde z. B. der Firma D@B...GmbH die Eintragung verwehrt.[109] Darüber hinaus wurde von Seiten des OLG Braunschweig auch der Firma „Met@box" die Eintragung verweigert.[110] Wenngleich für die Firma jeder beliebige Name verwendet werden kann, soweit keine Täuschung dadurch bewirkt wird, so dürfen doch Gattungs- oder Branchenbezeichnungen wie z. B. Bäckerei GmbH, Milch GmbH, Internet GmbH nicht verwendet werden, da ihnen die notwendige Unterscheidungskraft abzusprechen ist.[111] Zu berücksichtigen bleibt, dass die Rechtsform der Gesellschaft - neben deren Sitz und der Angabe des Registergerichtes und der HRB-Nr. sowie der Geschäftsführer und ggf. Aufsichtsrat - auf allen Geschäftspapieren anzugeben ist, vgl. § 35 a Abs. 1 HGB.

Die GmbH muss einen (oder mehrere) Geschäftsführer haben, vgl. § 6 Abs. 1 GmbHG. Die Bestellung der Geschäftsführer wird häufig im Zusammenhang mit der notariellen Beurkundung des GmbH-Vertrages direkt vorgenommen; die Bestellung kann auch im Gesellschaftsvertrag direkt erfolgen, vgl. § 6 Abs. 3 S. 2 GmbHG. Bei den zu bestellenden Geschäftsführern muss es sich um unbeschränkt geschäftsfähige Personen handeln, die nicht in einer Insolvenzstraftat vorbestraft oder mit einem Berufsverbot belegt sind, vgl. § 6 Abs. 2 GmbHG. Die Staatsangehörigkeit des Geschäftsführers ist irrelevant, sodass es also auch zulässig ist, Bürger aus Nicht-EU-Staaten zum Geschäftsführer einer deutschen GmbH zu bestellen.[112] Ebenso wenig ist es notwendig, dass Gesellschafter der GmbH zu Geschäftsführern bestellt werden. Es gilt der Grundsatz der Fremd- oder Drittorganschaft, vgl. § 6 Abs. 3 S. 1 GmbHG. Notwendiger Eintragungsbestandteil ist auch die **Aufbringung des Stammkapitals**. Insoweit ist zu berücksichtigen, dass eine Anmeldung zur Eintragung in das Handelsregister erst erfolgen darf, wenn auf jede Stammeinlage, soweit nicht Sacheinlagen vereinbart sind, ¼ eingezahlt ist, vgl. § 7 Abs. 1, Abs. 2 S. 1 GmbHG. Im Übrigen regelt dann § 5 GmbHG die Aufbringung des Stammkapitals bzw. die Stückelung der Stammeinlagen. Grundsätzlich ist indessen zwischen der sog. **Bargründung** und der **Sachgründung** zu

---

[109] BayObLG NJW 2001, 2337 = NZG 2001, 608

[110] OLG Braunschweig, WRP 2001, 287 = OLG-Report 2001, 31; zu weiteren Beispielen s. Michalski-Michalski, GmbHG, § 4 Rdziff. 9 ff.

[111] Michalski-Michalski, GmbHG, § 4 Rdziff. 18

[112] OLG Hamm, NJW-RR 2000, 37 = NZG 2000, 1004; OLG Köln, NZG 1999, 269; Michalski-Heyder, GmbHG, § 6 Rdziff. 29

differenzieren. Im Rahmen der Bargründung haben die Gesellschafter die Hälfte des Mindeststammkapitals, folglich 12.500 €, auf ein Geschäftskonto, und zwar zur freien Verfügung des/der Geschäftsführer, einzuzahlen, vgl. § 8 Abs. 2 GmbHG. Auch die **Sacheinlagen** sind zur freien Verfügung der Geschäftsführer bereitzustellen, vgl. § 7 Abs. 3 GmbHG. Für den Fall, dass entweder Sacheinlagen erbracht werden oder aber das Stamm- bzw. Gesellschaftskapital teilweise durch Sachwerte aufgebracht werden soll (Mischeinlage), so müssen der Gegenstand der Sacheinlage und der Betrag der Stammeinlage, auf die sich die Sacheinlage bezieht, im Gesellschaftsvertrag näher festgesetzt werden. Die Gesellschafter haben dann in Bezug auf die Angemessenheit der Leistungen für die Sacheinlagen einen Sachgründungsbericht zu erstellen, in welchem die wesentlichen Umstände dargelegt werden, vgl. § 5 Abs. 4 GmbHG. Zu Problemen kann es unter Umständen dann kommen, wenn ein Gesellschafter eine Sacheinlage zu erbringen hat und diese Gegenstände mit Rechten anderer Personen belastet sind.

Beispiel 6:[113]

Graf (G) und König (K) gründeten eine GmbH zum Zwecke der Führung eines Gastronomiebetriebes. Während G eine Bareinlage von 125.000 € erbrachte, leistete K eine Sacheinlage im Wert von 125.000 €, wobei die Sacheinlage aus Einrichtungsgegenständen bestand, die in einer Anlage zu dem Gesellschaftsvertrag genommenen Liste aufgeführt waren und aus dem Inventar der Wolpertinger-GmbH (W) stammten, deren Alleingesellschafter und alleiniger Geschäftsführer der K war. Die Gegenstände befanden sich aufgrund eines mit dem Gastwirt Schluck (S) abgeschlossenen Pachtvertrages in dessen unmittelbarem Besitz. Diesen Pachtvertrag hatte die W im Hinblick auf Zahlungsrückstände von S gekündigt. Nachdem sich S zur Räumung verpflichtet hatte, übernahm G für die Gastronomie-GmbH den unmittelbaren Besitz und nutzte die Gegenstände für die Zwecke der Gesellschaft. Über das Vermögen der Gesellschaft wurde dann kurze Zeit später das Insolvenzverfahren eröffnet. Der Insolvenzverwalter seinerseits gab das Inventar an die Sparkasse heraus, der es nämlich mit früherem Vertrag von W zur Absicherung eines Darlehens übereignet worden war. Der K hatte den G, der zum Geschäftsführer der GmbH bestellt worden war, über jene Sicherungsübereignung nicht unterrichtet. Nunmehr verlangt G von K Schadensersatz in Höhe seiner Einlageleistung und begehrt gleichzeitig Freistellung von den Forderungen, die gegen ihn von der Brauerei aufgrund eines Darlehens- und Bierlieferungsvertrages geltend gemacht werden. Ansprüche des Klägers verneinte der BGH.

---

113 BGH NJW-RR 2003, 170 = WM 2003, 25 = ZiP 2003, 30

Denn ein direkter Schaden bei G sei nicht eingetreten. Denn die GmbH habe an den Gegenständen, die die Sacheinlage darstellten, gutgläubig Eigentum erworben. Im Übrigen könne es auch dahingestellt bleiben, ob den G eine Aufklärungspflicht vor dem Hintergrund des Grundsatzes von Treu und Glauben (§ 242 BGB) treffen könne; eine Offenbarungspflicht hätte sich allein darauf beziehen können, dass G zur Übertragung des Eigentums an den Inventargegenständen auf die GmbH nicht in der Lage gewesen sei, weil daran Sicherungseigentum der Sparkasse bestanden habe. Zweck einer solchen Offenlegungspflicht sei es lediglich, die Aufbringung des Stammkapitals sicherzustellen, um Ausfälle und eine dadurch eintretende Schädigung künftiger Gesellschafter oder gegenwärtiger oder künftiger Gläubiger zu verhindern; Ziel solcher Offenlegungs- und Offenbarungspflichten ist es aber nicht, Mitgründern Risiken und Nachteile abzunehmen, die mit Fragen der Kapitalaufbringung in keinem Zusammenhang stünden.

3. Die Vor-GmbH

Unter der sog. Vor-GmbH versteht man den korporationsrechtlichen Zusammenschluss der Gründungsgesellschafter der GmbH **nach Abschluss des notariell beurkundeten Gesellschaftsvertrages und vor Eintragung der GmbH in das Handelsregister**.[114] Bei dieser Gesellschaftsform handelt es sich noch nicht - wie § 11 GmbHG zeigt - um eine GmbH. Vielmehr handelt es sich um eine Gesellschaft eigener Art, die jedoch insolvenzfähig ist.[115] Daher werden in der Regel auf diese Gesellschaftsform neben den Bestimmungen des Gesellschaftsvertrages die einschlägigen Vorschriften des GmbHG entsprechend angewendet, soweit diese nicht gerade die Rechtsfähigkeit voraussetzen oder sonst mit der Beschränkung auf das Gründungsstadium nicht vereinbar wären.[116] Das wiederum führt dazu, dass die Vor-GmbH mit dem Gesellschaftsvermögen haftet, welches den Gesellschaftern gesamthänderisch zusteht. Zu eben diesem Gesellschaftsvermögen ist auch der Anspruch der Vor-GmbH auf die Einzahlung der GmbH-Einlage zu rechnen. Wird die Eintragung regulär abgewickelt, so gehen die Verbindlichkeiten der Vor-GmbH auf die GmbH über. Probleme werden sich erst ergeben, wenn die Eintragung scheitern sollte oder aber von den Gründern nach Beurkundung des Vertrages aufgegeben wird. In einem solchen Fall spricht man von einer **unechten Vorgesellschaft**.[117]

---

[114] Michalski-Michalski, GmbHG, § 11 Rdziff. 42; Baumbach/Hueck/Fastrich, GmbH-Gesetz, § 11 Rdziff. 6

[115] BGH NJW-RR 2004, 258 = ZiP 2003, 2123 = BB 2003, 2477

[116] Baumbach/Hueck/Fastrich, GmbH-Gesetz, § 11 Rdziff. 6

[117] Baumbach/Hueck/Fastrich, GmbH-Gesetz, § 11 Rdziff. 29; Michalski-Michalski, GmbHG, § 11 Rdziff. 81; BGHZ 152, 290 = NJW 2003, 429 = NZG 2003, 79 = ZiP 2002, 2253

Nicht zuletzt auch im Fall der sog. unechten Vorgesellschaft stellt sich die Frage der Haftung der Vorgesellschafter. Insoweit entwickelte der BGH das Prinzip der sog. **Verlustdeckungshaftung.**[118] Danach haften die einzelnen Gesellschafter der Vor-GmbH gegenüber der Gesellschaft und nur im Verhältnis ihrer übernommenen Einlagen. Diese Rechtsprechung hat der BGH dahin weiterentwickelt, dass die Grundsätze der sog. Verlustdeckungshaftung allerdings nur dann Anwendung finden, wenn die Vor-GmbH ihre bereits aufgenommene Geschäftätigkeit sofort beendet und diese Vorgesellschaft sofort abgewickelt wird. Wenn hingegen die Geschäfte über den Zeitpunkt, in welchem das Scheitern feststeht, fortgeführt werden, haben die Gründer für sämtliche Verbindlichkeiten der Vorgesellschaft, auch für die bis zum Scheitern entstandenen, nach personengesellschaftsrechtlichen Grundsätzen einzustehen.[119]

Probleme hat auch die Frage aufgeworfen, wie der Alleingesellschafter und Alleingründer einer GmbH (nach Vertragsbeurkundung aber vor Eintragung) zu behandeln ist. Grundsätzlich ist hier von § 11 Abs. 2 GmbHG auszugehen, sodass der Handelnde persönlich und solidarisch haftet, wenn vor der Eintragung im Namen der Gesellschaft gehandelt worden ist. Der BGH hat dies dahingehend pointiert, dass insbesondere dann, wenn ein Alleingesellschafter, der eine Vor-GmbH als Treuhänder gegründet hat, seinen Anspruch gegen seinen Treugeber auf Freistellung von der ihn ggf. treffenden Haftung an die Gläubiger der Vor-GmbH abtreten kann. Auf diese Weise wandelt sich der zuvor lediglich auf Freistellung lautende Anspruch in einen direkten Zahlungsanspruch der Gläubiger gegen den Treugeber bzw. wirtschaftlichen Gründer der GmbH.[120]

Eine Schnittstelle zwischen dem Abschluss des notariell zu beurkundenden Gesellschaftsvertrages und der Anmeldung bringt auch häufig die - bereits erörterte - **Kapitalaufbringung** mit. Wenngleich häufig auch im Rahmen der Beurkundung bereits der Nachweis der Stammkapitalaufbringung erbracht wird, so fordert das Gesetz, dass der **Nachweis spätestens bei der Anmeldung** zu erfolgen hat, vgl. §§ 7 Abs. 2, 8 Abs. 2 GmbHG. Häufig wird im Zusammenhang mit der Stammkapitalaufbringung, d. h. der Einzahlung auf die Einlageschuld im Rahmen einer Bargründung, nicht den üblichen Gepflogenheiten gemäß gehandelt. Wenngleich im Rahmen des § 8 Abs. 2 GmbHG ein Nachweis, dass die Bareinlagen auch tatsächlich erbracht worden sind, grundsätzlich nicht erforderlich ist, so kann doch ein Registergericht bei begründeten Zweifeln einen Nachweis gem. § 12 FGG verlangen. Fraglich ist dann, wenn ein Gesellschafter einer Vor-GmbH eine Bareinlage auf ein eigenes Konto gezahlt hat, welches zugleich als Geschäftskonto der Gesellschaft genutzt wird, ob eine ordnungsgemäße Stammkapitalaufbringung vorgenommen wurde. Der BGH bejahte dies unter der Voraussetzung, dass das Guthaben tatsächlich zur Begleichung von Gesellschaftsverbindlich-

---

118 BGH NJW 1996, 1210 = WM 1996, 581 = ZiP 1996, 590; BGHZ 134, 333 = NJW 1997, 1507 = WM 1997, 820 = ZiP 1997, 679
119 BGHZ 152, 290 = NJW 2003, 429 = NZG 2003, 79 = ZiP 2002, 2253
120 BGH NJW 2001, 2092 = NZG 2001, 561 = ZiP 2001, 789

keiten eingesetzt wird.[121] Im Übrigen führt auch eine ohne Tilgungsbestimmung vorgenommene Zahlung zur Tilgung einer Einlageverbindlichkeit, wenn sie sich aufgrund der Höhe des überwiesenen Betrages exakt der Einlageverbindlichkeit des jeweiligen Gesellschafters zuordnen lässt.[122]

4.   Anmeldung der Eintragung in das Handelsregister

§§ 7, 8 GmbHG sehen vor, dass die Gesellschaft bei dem Gericht, in dessen Bezirk sie ihren Sitz hat, zur Eintragung in das Handelsregister anzumelden ist. Dazu sind bestimmte Unterlagen der Anmeldung beizufügen. Stellt das Gericht dann fest, dass die Gesellschaft ggf. nicht ordnungsgemäß errichtet und angemeldet worden ist, so hat es die Eintragung abzulehnen, § 9 c Abs. 1 S. 1 GmbHG. Auf diese Weise wird das Registergericht in die Lage versetzt, sämtliche Stadien der Gesellschaftserrichtung einer Überprüfung zu unterziehen. Insbesondere im Zusammenhang mit einer sog. Mantel-GmbH bzw. einer „auf Vorrat" gegründeten GmbH stellt sich dann häufig die Frage, ob und inwieweit ein Registergericht mit entsprechender Kontrollbefugnis ausgestattet ist. Von einem **GmbH-Mantel** ist dann die Rede, wenn die juristische Person (GmbH) als eine solche existiert, sie indessen zunächst keinen bestimmten Zweck verfolgt und daher auch in keiner Weise am Geschäftsverkehr teilnimmt, sondern lediglich eigenes Vermögen verwaltet.[123] Haben die Gründer die Absicht, die GmbH zunächst zu errichten und ihr erst später, unter Umständen nach Erwerb der Geschäftsanteile durch dritte Personen, einen bestimmten Unternehmensgegenstand beizugeben und dann am Geschäftsverkehr teilzunehmen, liegt eine *„auf Vorrat"* **gegründete GmbH** vor. Für den Fall, dass dieser Mantel der GmbH später verwendet wird, so liegt **wirtschaftlich** eine **Neugründung** vor. Auf diese wirtschaftliche Neugründung durch Ausstattung der Vorratsgesellschaft mit einem Unternehmen und durch die erstmalige Aufnahme ihres Geschäftsbetriebes sind die der Gewährleistung der Kapitalausstattung dienenden Gründungsvorschriften des GmbHG einschließlich der registergerichtlichen Kontrolle entsprechend anzuwenden. Das wiederum hat zur Folge, dass der Geschäftsführer auf jeden Fall entsprechend § 8 Abs. 2 GmbHG zu versichern hat, dass die in § 7 Abs. 2, 3 GmbHG bezeichneten Leistungen auf die Stammeinlagen bewirkt sind und dass der Gegenstand der Leistungen sich weiterhin in seiner freien Verfügung befindet.[124]

Bedeutung hat die durch den Geschäftsführer abzugebende Versicherung gem. §§ 7 Abs. 2, 8 Abs. 2 GmbHG insofern, als bei falschen Angaben im Zusammenhang mit der Errichtung der GmbH § 9 a GmbHG einen Schadensersatzanspruch gegen die Gesellschafter und Geschäftsführer der GmbH vorsieht.

---

[121] BGH NJW 2001, 1647 = NZG 2001, 469 = ZiP 2001, 513
[122] BGH NJW 2001, 3781 = NZG 2002, 45 = ZiP 2001, 1997
[123] Michalski-Michalski, GmbHG, § 3 Rdziff. 17
[124] BGHZ 155, 318 = NJW 2003, 3198 = WM 2003, 1814 = ZiP 2003, 1790; BGHZ 153, 158 = NJW 2003, 892 = NZG 2003, 170 = ZiP 2003, 251

Die Tatsache, dass ein - zwischenzeitlich leer gewordener - Gesellschaftsmantel wiederverwendet wird, ist gegenüber dem Registergericht offen zu legen und mit der Versicherung gem. § 8 Abs. 2 GmbHG zu verbinden.

Die reale Kapitalaufbringung ist sowohl bei der Mantelverwendung als auch bei der Aktivierung einer Vorratsgesellschaft (durch die entsprechende Heranziehung der Regeln über die Unterbilanzhaftung)[125] sicherzustellen.[126]

5. Eintragung in das Handelsregister

Die GmbH entsteht mit der Eintragung in das Handelsregister, wobei für die Entstehung eine **Bekanntmachung** gem. § 10 Abs. 3 GmbHG **nicht erforderlich** ist.[127]

Bei ordnungsgemäßer Errichtung der GmbH wird diese dann in die Abteilung B des Handelsregisters unter gleichzeitiger Vergabe einer HRB-Nummer eingetragen.

Im Übrigen ist zu vergegenwärtigen, dass nicht nur bei der erstmaligen Errichtung einer GmbH Anmeldungen zur Eintragung und die Eintragung selbst im Handelsregister vorzunehmen sind; auch bei der Neufassung der Satzung einer GmbH muss diese Neufassung zur Eintragung in das Handelsregister angemeldet werden. Auch bei der kompletten Neufassung der Satzung einer GmbH kann **nicht** darauf verzichtet werden, die eintragungspflichtigen Änderungen konkret anzugeben, wobei allerdings eine schlagwortartige Hervorhebung genügt.[128]

Für den Fall, dass die Eintragung in das Handelsregister (aus welchen Gründen auch immer) scheitern sollte, haften alle Gesellschafter (auch später eintretende) gem. § 128 HGB als Gesamtschuldner, wenn die OHG ein Handelsgewerbe betreibt.[129]

III. Rechtsverhältnisse der Gesellschaft und der Gesellschafter

1. Die sog. Durchgriffshaftung

Gem. § 13 Abs. 2 GmbHG haftet den Gläubigern für die Verbindlichkeiten der Gesellschaft **nur** das Gesellschaftsvermögen. Daraus wiederum ist zu schlussfolgern, dass Gesellschafter für Gesellschaftsschulden grundsätzlich persönlich nicht haften; das gilt freilich nicht, wenn entsprechende anderweitige Regelungen im GmbHG vorgesehen sind oder aber, wenn sich Gesellschafter in sonstigen streitigen Fällen besonders ver-

---

125 Dazu BGHZ 134, 333 = NJW 1997, 1507; BGHZ 105, 300 = NJW 1989, 710
126 BGHZ 155, 318 = NJW 2003, 3198 = WM 2003, 1814 = ZiP 2003, 1790
127 Baumbach/Hueck/Fastrich, GmbH-Gesetz, § 10 Rdziff. 4; Michalski-Heyder, GmbHG, § 10 Rdziff. 19
128 OLG Hamm, NJW-RR 2002, 37; BGH NJW 1987, 3191; OLG Düsseldorf, NJW-RR 1999, 400
129 BGHZ 80, 129 = NJW 1981, 1373; OLG Jena, NJW-RR 2002, 970; OLG Jena, NZG 1999, 461

pflichtet haben. Ein besonderer **Verpflichtungsgrund**, für den ein Gesellschafter persönlich haftet, kann z. B. eine **Schuldmitübernahme** oder aber eine **Patronatserklärung** oder ein **Garantieversprechen** oder - was der häufigste Fall sein dürfte - eine **Bürgschaftserklärung** gem. §§ 765 ff. BGB sein. Bittet der alleinige Gesellschafter und Geschäftsführer einer GmbH auf deren Briefbogen einen ihm freundschaftlich verbundenen Geschäftspartner „als Freund" um Stundung mit dem Hinweis, dass er bis zu dem genannten Zeitpunkt eigene Termingelder auflösen werde, so kann darin die Verpflichtung liegen, persönlich für die Erfüllung der Verbindlichkeiten einzustehen.[130]

Sowohl aus §§ 35, 35 a GmbHG als auch aus § 17 HGB ergibt sich die Verpflichtung der Gesellschaft, im Geschäftsverkehr **unter Angabe der Firma** den GmbH-Zweck zu verwenden; diese Verpflichtung trifft vor allem das handelnde Organ der GmbH, mithin den Geschäftsführer. Verletzt ein Geschäftsführer folglich diese Pflicht und erweckt dadurch den Eindruck, dass der Geschäfts- oder Vertragspartner mit einem Gesellschafter mit persönlicher Haftung verhandelt, indem er den Hinweis auf die GmbH unterlässt, kann es zu einer persönlichen Haftung des Geschäftsführers kommen. Der Geschäftsführer einer GmbH haftet auch dann persönlich, wenn er sich bei mündlichen Vertragsverhandlungen, die zu einem mündlichen Vertragsabschluss führen, mit einer Visitenkarte ausweist, die keinen Hinweis auf die tatsächliche Haftungslage unter Nennung des Firmenzusatzes „GmbH" erhält.[131] Unter einem sog. **umgekehrten Haftungsdurchgriff** werden diejenigen Fallgestaltungen verstanden, in denen die Gesellschaft für (persönliche) Schulden des Gesellschafters haften soll. Eine derartige Haftungskonstellation ist abzulehnen. Grundsätzlich haftet eine GmbH nicht für die Schulden des Alleingesellschafters, da dies mit den Kapitalerhaltungsvorschriften des GmbHG nicht vereinbar ist. Das Vermögen der GmbH ist ausschließlich für die Gläubiger reserviert.[132]

In der sog. „KBV"-Entscheidung hat der BGH diese Haftungssituation der GmbH um einige wichtige Aussagen ergänzt. Nach dessen Ansicht ist zwar grundsätzlich von dem Haftungsprivileg in § 13 Abs. 2 GmbHG auszugehen. Ein derartiges Haftungsprivileg könne allerdings nur dann von den Gesellschaftern in Anspruch genommen werden, wenn diese auch das Gesellschaftsvermögen der GmbH zur vorrangigen Befriedigung der Gesellschaftsgläubiger respektiert hätten. Würden die Gesellschafter auf das Gesellschaftsvermögen zugreifen und damit die aufgrund der kapitalmäßigen Zweckbindung gebotene angemessene Rücksichtnahme zur Bedienung der Verbindlichkeiten in erheblichem Maße vermissen lassen, so stelle dies den **Missbrauch der Rechtsform der GmbH** dar; in einem solchen Fall könne das Haftungsprivileg in Wegfall geraten, wenn nicht der der GmbH durch den Eingriff zugeführte Nachteil durch §§ 30, 31 GmbHG ausgeglichen werden könne. In einem solchen Fall seien die Gesell-

---

[130] BGH NJW-RR 2002, 822
[131] LG Wuppertal, NJW-RR 2002, 178
[132] BGH NJW-RR 1990, 738; KG NJW-RR 2003, 617; Michalski-Michalski, GmbHG, § 13 Rdziff. 93

schaftsgläubiger auch außerhalb des Insolvenzverfahrens dann grundsätzlich berechtigt, ihre Forderungen unmittelbar gegen die an derartigen Eingriffen beteiligten Gesellschafter geltend zu machen, wenn sie von der Gesellschaft selbst keine Befriedigung erlangen könnten.[133]

Ähnlich ist die Situation, wenn der (Allein-)Gesellschafter einer GmbH und eine von ihm beherrschte Schwestergesellschaft der GmbH planmäßig deren Vermögen entziehen und es auf die Schwestergesellschaft verlagern; soll auf diese Weise der Zugriff der Gesellschaftsgläubiger vereitelt werden, können Gesellschafter und die Schwestergesellschaft gem. § 826 BGB auf Schadensersatz haften.[134] Diese Grundsätze gelten indessen nicht bei schlichtem „Managementfehler" bei dem Betrieb des Gesellschaftsunternehmens, sondern nur bei einem gezielten, betriebsfremden Zwecken dienenden Eingriff des Gesellschafters in das Gesellschaftsvermögen.[135]

2. Der Geschäftsanteil des Gesellschafters

Der Geschäftsanteil jedes Gesellschafters bestimmt sich nach dem Betrag der von ihm in den Gesellschaftsvertrag übernommenen Stammeinlage, § 14 GmbHG. Dieser Geschäftsanteil ist frei verfügbar, es sei denn, dass durch den Gesellschaftsvertrag die Abtretung der Geschäftsanteile an weitere Voraussetzungen geknüpft worden ist, insbesondere von der Genehmigung der Gesellschaft abhängig gemacht worden ist, vgl. § 15 Abs. 5 GmbHG. Der Geschäftsanteil des Gesellschafters kann übertragen, belastet oder inhaltlich abgeändert werden. Zur **Abtretung des Geschäftsanteils** durch den Gesellschafter bedarf es eines **in notarieller Form abgeschlossenen Vertrages**; Entsprechendes gilt auch für eine Vereinbarung, durch die die Verpflichtung eines Gesellschafters zur Abtretung eines Geschäftsanteils begründet wird. Insbesondere bei Veräußerungen von Geschäftsanteilen kann im Einzelfall den Veräußerer eine gesteigerte Aufklärungs- und Sorgfaltspflicht treffen, soweit es die wirtschaftliche Tragweite des Geschäfts und die regelmäßig erschwerte Bewertung des Kaufobjekts durch den Kaufinteressenten anbelangt. Dies gilt umso mehr, als sich das zu verkaufende Unternehmen in einer wirtschaftlich desolaten Situation befindet.[136] Zu beachten gilt, dass der Gesellschaft gegenüber im Falle der Veräußerung des Geschäftsanteils nur derjenige als Erwerber gilt, dessen Erwerb unter Nachweis des Übergangs bei der Gesellschaft angemeldet ist, vgl. § 16 Abs. 1 GmbHG. Eine solche Anmeldung kann gleichsam konkludent erfolgen. Indessen bedarf es zumindest eines auf eine Anmeldung gerichteten Gesellschafterhandelns. Die bloße Erwähnung der Stellung des neuen Gesellschafters genügt nicht.[137] Wenn allerdings ein Erwerb des Geschäftsanteils i. S. d. § 16 GmbHG ordnungsgemäß bei der Gesellschaft angemeldet worden ist, sodass

---

[133] BGHZ 151, 181 = NJW 2002, 3024 = NZG 2002, 914 = WM 2002, 1804 = ZiP 2002, 1578
[134] BGH NJW 2005, 145 = NZG 2004, 1107
[135] BGH WM 2005, 332
[136] BGH NJW 2001, 2163 = ZiP 2001, 918
[137] BGH NJW 2001, 1647 = NZG 2001, 469 = ZiP 2001, 513

der Anmeldende gegenüber der Gesellschaft als Gesellschafter gilt, so ist auch das Registergericht daran gebunden.[138]

Der Geschäftsanteil eines Gesellschafters kann auch eingezogen werden. Diesbezüglich sieht das Gesetz zwei Möglichkeiten vor, und zwar die sog. Kaduzierung einerseits und die Amortisation andererseits. Die Regelungen in § 21 - 24 GmbHG regeln die sog. **Kaduzierung**. Dabei handelt es sich um Reaktionsmöglichkeiten der GmbH auf die verzögerte oder nicht erfolgte Einzahlung der Stammeinlage durch den Gesellschafter. Bei den Regelungen der §§ 21 - 24 GmbHG handelt es sich im Übrigen um zwingende Vorschriften, die die Kapitalaufbringung sicherstellen sollen, sodass z. B. einschränkende Vereinbarungen zwischen Gesellschaftern und Gesellschaft oder ggf. sogar ein Verzicht der Gesellschaft auf die Kaduzierung in dem Gesellschaftsvertrag nicht möglich ist.[139] **Kaduzierung bedeutet** der Ausschluss eines Gesellschafters aus der Gesellschaft durch **Einziehung des Geschäftsanteils zum Zwecke der Verwertung durch die Gesellschaft** und unter Verlust etwaig geleisteter Einlagen. Kaduzierung setzt eine Zahlungsaufforderung unter Fristsetzung voraus, wobei die Aufforderung mittels eingeschriebenen Briefes zu erfolgen hat und die Nachfrist zur Erbringung der Zahlung der Stammeinlage mindestens einen Monat zu betragen hat, vgl. § 21 Abs. 1 GmbHG. Nach fruchtlosem Fristablauf wird der säumige Gesellschafter des Geschäftsanteils und der geleisteten Teilzahlungen zugunsten der Gesellschaft verlustig erklärt. Auch diese Erklärung hat mittels eingeschriebenen Briefes zu erfolgen, vgl. § 21 Abs. 2 GmbHG. Der Ausschluss eines Gesellschafters durch **Einziehung** seines Geschäftsanteils gegen Abfindung ist keine gem. § 53 Abs. 2 GmbHG zu beurkundende Satzungsänderung[140] und auch keine Abtretung eines Geschäftsanteils; daher ist der Einziehungsvorgang **nicht beurkundungsbedürftig**.

Ungeachtet dessen ist es aber auch möglich, die Einziehung (**Amortisation**) von Geschäftsanteilen aus anderweitigen Gründen zu bewirken. Voraussetzung ist, dass die Einziehungsgründe im Gesellschaftsvertrag zugelassen sind. Für solche Gründe kommen insbesondere in Betracht:

- Pfändung eines Geschäftsanteils
- Insolvenz eines Gesellschafters
- Die Vererbung des Anteils an familienfremde Personen bei einer Familiengesellschaft
- Der Verlust bestimmter Eigenschaften eines Gesellschafters
- Das Erreichen eines bestimmten Alters

---

[138] OLG Hamm, NJW-RR 2002, 762
[139] Michalski-Ebbing, GmbHG, § 21 Rdziff. 3
[140] OLG Karlsruhe, OLG-Report 2004, 53 = GmbHR 2003, 1482

➢ Das Ausscheiden als Kommanditist bei der GmbH & Co. KG

➢ Der Verstoß gegen ein Wettbewerbsverbot

Notwendigerweise muss dem Einziehungsbeschluss der Gesellschafterversammlung die Ausschließung (oder das Ausscheiden aus einem anderen Rechtsgrund) zwangsläufig vorausgehen, da anderenfalls der Einziehungsbeschluss satzungswidrig und damit nichtig sein könnte.[141]

In diesem Zusammenhang darf darauf hingewiesen werden, dass nach Ansicht der Rechtsprechung Bestimmungen in einer GmbH-Satzung nichtig sind, nach der die **Einziehung eines Geschäftsanteils im Falle der Pfändung gegen ein unter dem Verkehrswert liegendes Entgelt** zulässig sein soll, wenn für den vergleichbaren Fall der Ausschließung eines Gesellschafters aus wichtigem Grund nicht dieselbe oder evtl. sogar gar keine Entschädigungsregelung getroffen wird; ein Einziehungsbeschluss ist dann jedoch nichtig, wenn bereits bei der Beschlussfassung feststeht, dass die dafür notwendigerweise aufzubringende Entschädigung für den Gesellschafter (ganz oder teilweise) nur aus gebundenem Vermögen aufgebracht werden kann und der Gesellschafterbeschluss darüber hinaus auch nicht vorsieht, dass die Zahlung nur bei Vorhandensein ungebundenen Vermögens erfolgen darf.[142] Nach Ansicht des BGH gilt eine Regelung in einer GmbH-Satzung, dass ein Gesellschafter im Falle der Kündigung und der Pfändung seines Geschäftsanteils eine Abfindung nach Buchwerten erhält, entsprechend auch für den satzungsmäßig nicht geregelt Fall seiner Ausschließung aus wichtigem Grund. Dabei ist bei einem etwaigen Streit mit dem Gesellschafter über die Abfindungshöhe die Gesellschaft darlegungs- und beweislastverpflichtet, soweit der geltend gemachte Anspruch von den inneren Verhältnissen der Gesellschaft abhängig ist und der ausgeschiedene Gesellschafter naturgemäß keinen Einblick mehr hat.[143]

Im Übrigen unterliegt der Gesellschafterbeschluss über die zwangsweise Einziehung eines Geschäftsanteils gem. §§ 34 Abs. 2, 46 Ziff. 4, 47 Abs. 1 GmbHG regelmäßig (bei Fehlen einer gegenteiligen gesellschaftsvertraglichen Regelung) der einfachen Mehrheit der abgegebenen Stimmen.[144] Denn die Zulässigkeit der Zwangseinziehung hängt davon ab, dass sich die Gesellschafter zuvor einer statutarischen Regelung unterworfen haben.[145] Daraus kann hingegen nicht geschlussfolgert werden, dass ein - in der Satzung nicht vorgesehener - Gesellschafterbeschluss über die Erhebung einer Ausschließungsklage gegen einen Mitgesellschafter aus wichtigem Grund ebenfalls (nur) einer einfachen Mehrheit bedarf; nach Ansicht des BGH ist vielmehr - in Anlehnung an § 60 Abs. 1 Ziff. 2 GmbHG - eine qualifizierte Mehrheit von ¾ der abgegebenen

---

141 BGH NJW 1999, 3779 = NZG 2000, 35; BayObLG NJW-RR 2004, 39

142 BGHZ 144, 365 = NJW 2000, 2819 = NZG 2000, 1027 = ZiP 2000, 1294

143 BGH NZG 2002, 176 = ZiP 2002, 258

144 BGHZ 9, 157 = NJW 1953, 780

145 BGHZ 153, 285 = NJW 2003, 2314 = NZG 2003, 286 = ZiP 2003, 395; BGHZ 116, 359 = NJW 1992, 892

Stimmen notwendig.[146] Formelle Mängel gegen einen (auf Ausschließung eines Mitgesellschafters gerichteten) Gesellschafterbeschluss können nur mit fristgerechter Anfechtungsklage geltend gemacht werden, wobei ein Rechtsbedürfnis dafür nicht durch die Erhebung einer Ausschließungsklage durch die GmbH berührt wird.[147]

3. Rechte und Pflichten der Gesellschafter

a. Gesellschafterrechte

Zunächst einmal steht das **Recht des Gesellschafters** im Vordergrund, den von der GmbH **erzielten Reingewinn** (ganz oder teilweise) zu beanspruchen. Die Verteilung des Bilanzgewinns erfolgt nach dem Verhältnis der Geschäftsanteile, wobei im Gesellschaftsvertrag ein anderer Verteilungsmaßstab zugrunde gelegt werden kann, vgl. § 29 Abs. 3 GmbHG. Über die **Verwendung des Bilanzgewinns** entscheidet gem. § 46 Ziff. 1 GmbHG die **Gesellschafterversammlung**. Diese trifft Aussagen über die Ergebnisverwendung, wobei der Jahresüberschuss zzgl. eines Gewinnvortrags und abzgl. etwaiger Verlustvorträge in Gewinnrücklagen eingestellt, als Gewinn vorgetragen oder aber an die Gesellschafter ausgeschüttet wird, vgl. § 29 Abs. 1, 2 GmbHG. Ungeachtet der Gewinnverwendungsansprüche hat der einzelne Gesellschafter Stimmrechte in der Gesellschafterversammlung (§ 47 GmbHG) sowie Auskunfts- und Einsichtsrechte (§ 51 a GmbHG); weiterhin kann der Gesellschafter die in § 50 GmbHG vorgesehenen Minderheitsrechte bzw. etwaige, in der Satzung vorgesehene Sonderrechte geltend machen.

b. Gesellschafterpflichten

aa. Pflicht zur Kapitalaufbringung

Vor dem Hintergrund des in § 13 Abs. 2 GmbHG vorgesehenen Haftungsprivileges treffen den Gesellschafter insbesondere die **Pflicht zur Kapitalaufbringung und Kapitalerhaltung.** Soweit es die Kapitalaufbringung anbelangt, ist bereits ausgeführt worden, dass den Gesellschafter gem. § 5 GmbHG die Verpflichtung zur Erbringung der Einlage trifft. Dabei sieht § 19 Abs. 2 GmbHG vor, dass von der Verpflichtung zur Leistung der Einlagen die Gesellschafter nicht befreit werden können. Aus Gründen des Gläubigerschutzes ist die Regelung in § 19 Abs. 2 GmbHG weit auszulegen; es ist also bei der Frage, ob der Gesellschaftsvertrag eine Befreiung von § 19 Abs. 2 GmbHG durch einen Umgehungstatbestand vorsieht, der Gläubigerschutz zu beachten. Als unzulässig im Sinne dieser Vorschrift werden daher z. B. die Stundung der Einlage oder aber die Leistung mit Mitteln der Gesellschaft angesehen; unzulässig ist auch die

---

[146] BGHZ 153, 285 = NJW 2003, 2314 = NZG 2003, 286 = ZiP 2003, 395; Rowedder/Bergmann in: Rowedder, GmbHG, § 34 Rdziff. 82

[147] BGHZ 153, 285 = NJW 2003, 2314 = NZG 2003, 286 = ZiP 2003, 395

Abtretung oder Verpfändung der Einlageforderung durch die GmbH, ohne dass ein entsprechender Gegenwert der GmbH zufließt, angesehen.

§ 19 Abs. 2 S. 2 GmbHG regelt, dass **gegen** den Anspruch der Gesellschaft auf Leistung der Stammeinlage grundsätzlich die **Aufrechnung nicht zulässig** ist. Dieses Aufrechnungsverbot gilt auch gegenüber dem Rückzahlungsanspruch der Gesellschaft gem. §§ 31 Abs. 1, 30 GmbHG.[148] Eine Aufrechnung durch die Gesellschaft mit ihrem Anspruch auf Erbringung der Stammeinlage gegen einen Zahlungsanspruch des Gesellschafters kann (auch zu einem späteren Zeitpunkt) zulässig sein, wenn die Gesellschafterforderung fällig, liquide und vollwertig ist.[149]

bb. Pflicht zur Kapitalerhaltung

Neben dem Grundsatz der Kapitalaufbringung steht der **Grundsatz der Kapitalerhaltung** als weiteres Fundament. Erst diese beiden Grundsätze rechtfertigen die Haftungsbeschränkung innerhalb der GmbH. Die Regelungen in §§ 30, 31 GmbHG, ergänzt durch §§ 32, 33, 43 a GmbHG, wollen das Gesellschaftsvermögen in Höhe des Stammkapitals schützen. Dabei darf allerdings nicht verkannt werden, dass das GmbH-Recht **keinen allgemeinen Schutz der Gläubiger vor dem Verwirtschaften des Stammkapitals** vorsieht. Das wiederum bedeutet, dass zwar die Gründungsgesellschafter gegenüber dem Registergericht bei Gründung der Gesellschaft die Erbringung des Stammkapitals nachzuweisen haben. Danach eingetretene Verluste sind die Gesellschafter indessen nicht auszugleichen verpflichtet, es sei denn, dass im Gesellschaftsvertrag und auf der Grundlage von § 26 GmbHG eine Nachschusspflicht vereinbart wurde.

Die **Kapitalerhaltungsregeln** werden nicht nur bei der Gründung der GmbH, sondern **auch im Rahmen von Kapitalerhöhungen** (§§ 55 ff. GmbHG) **relevant**. Insbesondere bei Kapitalerhöhungen stellt sich die Frage, ob eine Verletzung der Kapitalerhaltungsregel vorliegt, wenn die Bareinlage aus einer Kapitalerhöhung zur Rückführung des Debetsaldos eines Bankkontos dient. Insoweit führte der BGH aus, dass die Bareinlage bei einer Kapitalerhöhung auch dann zur (endgültig) freien Verfügung des Geschäftsführers geleistet worden ist, wenn sie nach dem Kapitalerhöhungsbeschluss in den uneingeschränkten Verfügungsbereich gelangt und nicht an den Einleger zurückgeflossen ist. Wenn die Leistung einer Bareinlage aus einer Kapitalerhöhung zur Rückführung eines Saldos dient, wird eine solche Bareinlage auch noch dann zur freien Verfügung des Geschäftsführers geleistet, wenn das Kreditinstitut der Gesellschaft mit Rücksicht auf die Kapitalerhöhung auf einem anderen Bankkonto einen Kredit zur

---

148 BGHZ 146, 105 = NJW 2001, 830 = NZG 2001, 272 = ZiP 2001, 157
149 BGHZ 153, 107 = MDR 2003, 464 = GmbHR 2003, 231; BGHZ 132, 141 = MDR 1996, 1136 = GmbHR 1996, 351; OLG Celle OLG-Report 2004, 616

Verfügung stellt, der dann den Einlagebetrag erreicht/übersteigt.[150] Nach Maßgabe des § 30 Abs. 1 GmbHG darf das zur Erhaltung des Stammkapitals erforderliche Vermögen der Gesellschaft nicht an die Gesellschafter ausgezahlt werden. Zahlungen an die Gesellschafter sind daher nicht gestattet, wenn der Betrag des Stammkapitals nicht durch das Gesellschaftsvermögen gedeckt ist oder durch die Zahlung dann absinken würde, sog. **Unterbilanz**. In einem solchen Fall hat die Gesellschaft gegen den Gesellschafter Rückerstattungsansprüche gem. § 31 Abs. 1 GmbHG. In der Vergangenheit stellte sich dann die Frage, ob ein solcher Rückerstattungsanspruch erlischt, wenn das Stammkapital durch die Gesellschaft bzw. Gesellschafter wieder aufgefüllt worden ist. Der BGH stellte in den sog. **Balsam-Procedo-Urteilen** fest, dass der Rückzahlungsanspruch gem. § 31 GmbHG die Verletzung des § 30 Abs. 1 GmbHG voraussetze und **generell** die Erstattung der unter Verletzung dieser Norm erbrachten Leistungen anordne. Das wiederum führe dazu, dass ein einmal entstandener Erstattungsanspruch nicht von Gesetzes wegen in Wegfall gerate, wenn das Stammkapital zwischenzeitlich anderweitig wieder zur Höhe des ursprünglichen Stammkapitals hergestellt worden sei. Im Übrigen stelle es nach Ansicht des BGH auch keinen Verstoß gegen den gesellschaftsrechtlichen Gleichbehandlungsgrundsatz dar, einen Gesellschafter auf Rückzahlung in Anspruch zu nehmen, nachdem sich bereits andere über den Anspruch mit der Gesellschaft verglichen hätten.[151]

Das Auszahlungsverbot des § 30 GmbHG richtet sich gegen die Geschäftsführer, nicht hingegen gegen die Prokuristen oder sonstige Mitarbeiter der GmbH. Letztgenannter Personenkreis kann indessen wegen Schlechterfüllung des Anstellungsvertrages haften, wenn sie sich an den verbotenermaßen vorgenommenen Auszahlungen beteiligen. Eine Haftung ist indessen zu verneinen, wenn sie auf ausdrückliche Weisung des Geschäftsführers oder mit dessen erklärtem Einverständnis handeln. Ebenso wenig ist eine Haftung anzunehmen, wenn Prokuristen oder sonstige Mitarbeiter in Befolgung eines Gesellschafterbeschlusses gehandelt haben.[152] Dies vorausgeschickt wurde die Haftung eines Prokuristen bei Mitwirkung bei der Vergabe eines Darlehens der Gesellschaft an einen Gesellschafter verneint, wenn der Darlehensvertragsabschluss und die Auszahlung der Darlehensvaluta dem Willen beider Gesellschafter und des Geschäftsführers entspricht.[153]

Für den Fall, dass derjenige Gesellschafter, der unter Verstoß gegen § 30 Abs. 1 GmbHG Zahlungen von der Gesellschaft erhalten hat, indessen dem Rückzahlungsanspruch gem. § 31 Abs. 1 GmbHG nicht nachzukommen in der Lage ist, haften die übrigen Gesellschafter „nach Verhältnis ihrer Geschäftsanteile" für den zu erstattenden Betrag, vgl. § 31 Abs. 3 GmbHG. Diese sog. **Ausfallhaftung** des § 31 Abs. 3 GmbHG

---

[150] BGHZ 150, 197 = NJW 2002, 1716 = NZG 2002, 522 = ZiP 2002, 799; vgl. auch Hirte, NJW 2005, 477 (483)

[151] BGHZ 144, 336 = NJW 2000, 2577 = NZG 2000, 883 = ZiP 2000, 1251 - Balsam-Procedo I; BGH ZiP 2000, 1256 - Balsam-Procedo II; BGH NZG 2000, 888 - Balsam-Procedo III

[152] BGHZ 148, 167 = NJW 2001, 3123 = NZG 2001, 899 = ZiP 2001, 1458

[153] OLG Brandenburg, NZG 2002, 674 = ZiP 2002, 1530

umfasst dabei nicht den gesamten, durch Eigenkapital nicht gedeckten Fehlbetrag, sondern ist auf den Betrag der Stammkapitalziffer beschränkt. Die Ausfallhaftung aus dem Gesichtspunkt des existenzvernichtenden Eingriffs trifft dabei auch diejenigen Mitgesellschafter, die - ohne selbst etwas empfangen zu haben - durch ihr Einverständnis mit dem Vermögensabzug an der Existenzvernichtung der Gesellschaft mitgewirkt haben.[154] Dabei haben die Geschäftsführer der GmbH die Grundsätze ordnungsgemäßer Bilanzierung zu berücksichtigen und ggf. - bei an die GmbH außergerichtlich herangetragenen Ansprüchen - angemessene Rückstellungen zu bilden. Wird dies versäumt und werden Ausschüttungen an die Gesellschafter vorgenommen, obschon die GmbH verschuldet wäre, begründet dies Erstattungsansprüche gegen die Gesellschafter; bei dieser - auf den Betrag der Stammkapitalziffer begrenzten - Ausfallhaftung eines GmbH-Gesellschafters gem. § 31 Abs. 3 GmbHG ist dessen eigener Anteil am Stammkapital nicht abzuziehen.[155]

Auch die sog. **eigenkapitalersetzenden Gesellschafterdarlehen** sind ein Sonderfall der Regeln über die Kapitalerhaltung. §§ 32 a, b GmbHG enthalten nur einen Teil der Regeln über die eigenkapitalersetzenden Gesellschafterdarlehen, während sich weitere spezialgesetzliche Regelungen in §§ 135 InsO, 6 AnfG finden. Von einem eigenkapitalersetzenden Gesellschafterdarlehen ist zunächst einmal dann auszugehen, wenn ein Gesellschafter der GmbH ein Darlehen gewährt hat, in welchem ordentliche Kaufleute Eigenkapital zugeführt hätten (Krise der Gesellschaft). In einem solchen Fall kann der Gesellschafter den Anspruch auf Rückgewähr des Darlehens im Insolvenzverfahren nur als sog. nachrangiger Insolvenzgläubiger geltend machen. Diese Regelung - ebenso wie § 32 b GmbHG - dient dem Gläubigerschutz in der Insolvenz der GmbH. § 32 a Abs. 2 GmbHG betrifft eigenkapitalersetzende Gesellschaftersicherheiten für Drittdarlehen; dies sind Kredite von dritten Personen an die GmbH, die dann von Gesellschaftern im Wege der Bürgschaft oder anderweitiger Kreditsicherheiten gesichert werden. § 32 a Abs. 3 GmbHG erfasst dann andere Rechtshandlungen, die denen i. S. d. § 32 a Abs. 1, 2 GmbHG wirtschaftlich entsprechen und unterstellt sie denselben Rechtsfolgen. § 32 b GmbHG erweitert die Bindung der gesellschaftergesicherten Drittdarlehen auch für den Fall, dass die Rückzahlung an die dritte Person innerhalb eines Jahres vor dem Insolvenzantrag erfolgt. Ggf. stehen der Gesellschaft unter Umständen Erstattungsansprüche gegen den sichernden Gesellschafter zu. Wenn indessen feststeht, dass einem Gesellschafterdarlehen keine kapitalersetzende Bedeutung i. S. v. § 32 a Abs. 1 GmbHG zukommt, hindert auch § 30 Abs. 1 GmbHG nicht die Rückzahlung, dies selbst dann nicht, wenn zu diesem Zeitpunkt eine Unterbilanz vorliegen sollte.[156] Fraglich ist jedoch, ob die Regeln über die eigenkapitalersetzenden Gesellschafterdarlehen auch dann eingreifen, wenn die Kredithilfe nicht durch einen Gesellschafter selbst, sondern durch ein mit ihm verbundenes Unternehmen erfolgt, an dem der

---

154 BGHZ 150, 61 = NJW 2002, 1803 = NZG 2002, 520 = ZiP 2002, 848
155 BGH NJW 2003, 3629 = WM 2003, 2238 = ZiP 2003, 2068
156 OLG Köln, NJW-RR 2002, 179

Gesellschafter maßgeblich beteiligt ist. Der BGH bejahte diese Frage.[157] So kann z. B. die **Darlehensgewährung** eines **Nichtgesellschafters** und **Mitglieds einer** (nicht auseinandergesetzten) **Erbengemeinschaft**, auf den ein **GmbH-Geschäftsanteil übergegangen** ist, mit einem **eigenkapitalersetzenden Gesellschafterdarlehen** gem. § 32 a Abs. 1 GmbHG nach § 32 a Abs. 3 GmbHG **gleichgestellt** sein.[158]

Einen gewissen „**Rückschlageffekt**" können auch **Bürgschaften** entwickeln, die der Gesellschafter **im Zeitpunkt der Krise der Gesellschaft** für die GmbH erbringt. Derlei persönliche Bürgschaften sind unüblich. Treffen diese Bürgschaften dann mit Sicherungsübereignungen an Banken zusammen, tritt die Konstellation auf, dass im Insolvenzfall die Bank ihr Sicherungseigentum verwertet und dadurch (ganz oder teilweise) Befriedigung für eine Darlehensforderung erlangt. Mit der dann auf diese Weise bewirkten Darlehensrückzahlung werden die Gesellschafter/Bürgen indessen aus ihren Bürgschaftsverpflichtungen frei. Wenn die auf diese Weise bewirkte Darlehensrückführung nach dem Zeitpunkt des Insolvenzantrages erfolgt, haben die Gesellschafter/Bürgen der Gesellschaft nach Maßgabe des § 32 b GmbHG den zurückbezahlten Betrag zu erstatten. Denn mit der Verwertung von Sicherungseigentum zum Zwecke der Darlehenseinführung ist auch Vermögen entzogen worden, welches ggf. zur Erhaltung des Stammkapitals erforderlich wird, sodass eine Rückzahlungspflicht auch vor dem Hintergrund der §§ 30, 31 Abs. 1 GmbHG begründet sein könnte.[159]

Als Meilenstein im Zusammenhang mit den Kapitalerhaltungsregeln der GmbH kann wohl die Entscheidung „**Bremer Vulkan**" des BGH angesehen werden. Ein Gesellschafter, der eine von ihm abhängige GmbH veranlasst, die liquiden Mittel in einen von ihm beherrschten Liquiditätsverbund einzubringen, treffe nach Ansicht des BGH die Pflicht, auf die Vermögensbefindlichkeiten der GmbH angemessen Rücksicht zu nehmen und existenzvernichtende Eingriffe nicht vorzunehmen. Wenn eine solche Pflicht verletzt werde, könne der Tatbestand des Treuebruchs gem. § 266 Abs. 1 StGB vorliegen. Das wiederum führt dazu, dass die GmbH in die Lage versetzt werden muss, eine geordnete Liquidation durchzuführen. Die Rechtsprechung des BGH in der Bremer-Vulkan-Entscheidung trifft vor allem sog. „Schlachtbankkonstruktionen", wonach abhängigen Gesellschaften die notwendige Liquidität bzw. das Kapital für gesellschaftsfremde Zwecke entzogen wird und ihnen lediglich Verbindlichkeiten belassen werden.[160]

Auch § 33 GmbHG kann als Schutzvorschrift zur Erhaltung des Stammkapitals angesehen werden. § 33 GmbHG betrifft den Erwerb eigener Geschäftsanteile. Die Gesellschaft kann eigene Geschäftsanteile nur erwerben, wenn die Einlage vollständig geleistet worden ist und sofern der Erwerb aus dem über den Betrag des Stammkapitals hinaus vorhandenen Vermögen geschehen und die Gesellschaft die gem. § 272 Abs. 4

---

[157] BGH NJW 2001, 1490 = NZG 2001, 223 = ZiP 2001, 115
[158] OLG Düsseldorf, NJW-RR 2003, 1617
[159] Vgl. zu dieser Fallkonstellation auch OLG Zweibrücken, NJW-RR 2002, 1037
[160] BGHZ 149, 10 = NJW 2001, 3622 = NZG 2002, 38 = ZiP 2001, 1874

HGB vorgeschriebene Rücklage für Eigenanteile bilden kann, ohne das Kapital oder aber eine nach dem Gesellschaftsvertrag zu bildende Rücklage zu mindern.

cc. Nachschusspflichten

Grundsätzlich haben Gesellschafter einer GmbH mit der Erbringung ihrer Stammeinlage satzungsgemäß die vermögensrechtlichen Pflichten erfüllt. Etwaige Nachschusspflichten kennt das Gesetz grundsätzlich nicht; davon abweichend kann die Satzung einer GmbH indessen Nachschusspflichten vorsehen, vgl. § 26 Abs. 1 GmbHG, die entweder unbeschränkt sein (vgl. § 27 GmbHG) oder aber in der Höhe beschränkt sein können (§ 28 GmbHG). Für den Fall, dass eine Satzung zunächst keine Nachschusspflicht vorgesehen hat, durch eine Änderung der Satzung indessen eine solche Pflicht nachträglich eingeführt werden soll, bedarf es zunächst der satzungsändernden Mehrheit sowie der Zustimmung aller Gesellschafter, die durch eine etwaige Nachschusspflicht belastet werden können, vgl. § 53 Abs. 3 GmbHG.

Bei einer unbeschränkten Nachschusspflicht kann sich jeder Gesellschafter von der Zahlung des auf den Geschäftsanteil eingeforderten Nachschusses dadurch befreien, dass er innerhalb eines Monats nach der Aufforderung zur Einzahlung den Geschäftsanteil der Gesellschaft zur Befriedigung aus demselben zur Verfügung stellt (**Abandonrecht**). Diese Möglichkeit setzt allerdings voraus, dass der Gesellschafter seine Stammeinlage vollständig eingezahlt hat.

IV. Vertretung und Geschäftsführung

Die GmbH hat zwei notwendige Organe, und zwar den/die **Geschäftsführer** und die **Gesellschafterversammlung.**

1. Der Geschäftsführer

Gem. § 35 Abs. 1 GmbHG wird die Gesellschaft durch die Geschäftsführer gerichtlich und außergerichtlich vertreten. Die Bestellung der Geschäftsführer kann bereits im Gesellschaftsvertrag erfolgen, vgl. § 6 Abs. 3 GmbHG und erfolgt im Übrigen durch Beschluss der Gesellschafterversammlung gem. § 46 Ziff. 5 GmbHG. Die Bestellung der Geschäftsführer ist zu jeder Zeit widerruflich, wobei im Gesellschaftsvertrag die Zulässigkeit des Widerrufs auf den Fall beschränkt werden kann, dass wichtige Gründe vorliegen, vgl. § 38 GmbHG. Soll der Geschäftsführer einer GmbH abberufen werden, der zugleich Gesellschafter ist, so können sich auch dann, wenn der Gesellschaftsvertrag (Satzung) dies nicht ausdrücklich vorsieht, unter dem Gesichtspunkt bestehender Treuebindungen **Einschränkungen der freien Abberufbarkeit** ergeben; das Vorliegen eines wichtigen Grundes wird zwar nicht gefordert werden können, wohl aber das Vorliegen eines sachlichen Grundes (z. B. die dauerhafte Erkrankung eines Geschäftsführers).[161]

Ausländer können ohne Beschränkungen zu Geschäftsführern bestellt werden; dazu ist weder eine bestehende Aufenthaltsgenehmigung noch eine Arbeits- oder Gewerbeerlaubnis notwendig. Es muss lediglich sichergestellt sein, dass sie ihr Geschäftsführeramt tatsächlich ausüben und erfüllen können.[162]

In diesem Zusammenhang sei allerdings darauf verwiesen, dass die **organschaftliche Bestellung** bzw. Abberufung streng von dem gleichzeitig damit verbundenen **Dienstvertrag** des Geschäftsführers zu differenzieren ist. Das wiederum bedeutet, dass die **Kündigung** des Dienstvertrages mit dem Geschäftsführer noch **nicht gleichbedeutend** ist **mit dessen Abberufung** durch die Gesellschafterversammlung. Ebenso wenig bedeutet die Niederlegung des Amtes als Geschäftsführer automatisch die Kündigung des Dienstvertrages. Hat der Geschäftsführer einer GmbH mit der Gesellschafterversammlung der Gesellschaft abgesprochen, dass er seinen Wunsch, aus dem Amt auszuscheiden, zurückstelle, bis die Nachfolgefrage geklärt ist, ist seine Mitteilung an die Gesellschafterversammlung, er lege seine Funktion zum Monatsende nieder, „nachdem Sie die personellen Voraussetzungen für einen Wechsel in der Geschäftsführung geschaffen haben", auch dann eine wirksame Amtsniederlegung, wenn die Gesellschafterversammlung zugleich gebeten wird, die gesellschaftsrechtlich erforderlichen Schritte zu veranlassen.[163] Gleichzeitig gilt es zu berücksichtigen, dass eine von der Gesellschafterversammlung vorgenommene Abberufung den Geschäftsführer nicht in die Lage versetzt, berechtigtermaßen seinen Geschäftsführer-Dienstvertrag fristlos zu kündigen. Denn der **Widerruf der Bestellung** eines Geschäftsführers stellt **kein vertragswidriges Verhalten der Gesellschaft** i. S. d. § 626 Abs. 2 BGB dar.[164] Andererseits kann die Gesellschafterversammlung eine fristlose Kündigung gegenüber dem Geschäftsführer einer GmbH nicht deswegen vornehmen, weil sich der Geschäftsführer offen ausgewiesene Spesen erstatten lässt, welche die Alleingesellschafterin - im Gegensatz zu ihm - nach den einschlägigen Bestimmungen des Geschäftsführeranstellungsvertrages nicht für erstattungsfähig hält.[165]

Aus betrieblichen Gründen kann dem Geschäftsführer i. Ü. regelmäßig nur ordentlich gekündigt werden, weil der Dienstberechtigte (GmbH) sein Wirtschafts- und Betriebsrisiko nicht auf den Dienstverpflichteten (Geschäftsführer) abschieben darf. Auch die Gefahr der Insolvenz rechtfertigt keine außerordentliche Kündigung des Geschäftsführers. Die ordentliche Kündigung des Anstellungsverhältnisses des Geschäftsführers einer GmbH bedarf mit Rücksicht auf seine Vertrauensstellung als organschaftlicher Vertreter der Gesellschaft mit Unternehmerfunktion keines rechtfer-

---

[161] OLG Zweibrücken, NJW-RR 2003, 1398; OLG Zweibrücken, NZG 1998, 385
[162] LG Rostock, NJW-RR 2004, 398; Michalski-Heyder, GmbHG, § 6 Rdziff. 29
[163] BGH NJW-RR 2003, 756
[164] BGH NJW 2003, 351 = WM 2002, 2508 = ZiP 2003, 28 = NZG 2003, 84
[165] BGH NJW 2003, 431 = WM 2002, 2465 = ZiP 2002, 2254

tigenden Grundes. Die Kündigung trägt ihre Rechtfertigung in sich; sie ist von dem Geschäftsführer hinzunehmen, auf welchen Erwägungen sie auch beruhen mag.[166]

Gem. §§ 35, 36 GmbHG wird die Gesellschaft durch den/die Geschäftsführer vertreten, wobei die GmbH durch die in ihrem Namen von dem/den Geschäftsführer(n) vorgenommenen Rechtsgeschäfte berechtigt und verpflichtet wird; es ist gleichgültig, ob das Geschäft ausdrücklich im Namen der GmbH vorgenommen worden ist oder ob die Umstände ergeben, dass es nach dem Willen der Beteiligten für die Gesellschaft vorgenommen werden sollte. Für die Anwendung insbesondere der Regelung des § 36 GmbHG kommt es auf den **Willen der Beteiligten** an, sodass nur der Wille einer einzelnen Vertragspartei nicht von ausschlaggebender Bedeutung sein kann. Selbst dann, wenn der Geschäftsführer-Dienstvertrag etwaige Beschränkungen in der Tätigkeit des Geschäftsführers vorsieht, so kann diese Beschränkung dritten Personen gegenüber eine rechtliche Wirkung entfalten. Wenn also der Gesellschaftsvertrag bestimmte Einschränkungen hinsichtlich bestimmter Art von Geschäften vorsieht, der Geschäftsführer indessen - unter Verstoß gegen diese Beschränkung - gleichwohl entsprechende Geschäfte dieser Art vornimmt, so führt diese Beschränkung der Vertretungsbefugnis nicht zur Unwirksamkeit des vom Geschäftsführer vorgenommenen Rechtsgeschäfts.

Eine wichtige Beschränkung in diesem Zusammenhang stellt allerdings die Regelung in § 181 BGB, d. h. das Verbot des Selbstkontrahierens, dar. Der Geschäftsführer einer GmbH darf grundsätzlich nicht als Vertreter der Gesellschaft mit sich selbst oder als Vertreter eines anderen Rechtsgeschäfte abschließen. Ausnahmen gelten nur dann, wenn sie durch den Gesellschaftsvertrag oder durch Beschluss der Gesellschafter zugelassen worden sind und von dem Verbot des Selbstkontrahierens gem. § 181 BGB befreit worden sind. Eine generelle Befreiung von § 181 BGB ist in das Handelsregister einzutragen.

In einem Rechtsstreit der GmbH gegen einen ausgeschiedenen Geschäftsführer wird die Gesellschaft – wie sich aus §§ 52 Abs. 1 GmbHG, 112 AktG ergibt – durch den Aufsichtsrat vertreten, sofern ein solcher nach dem Gesellschaftsvertrag bestellt wurde.[167]

Unabhängig von den Befugnissen zur Vertretung der GmbH nach außen trifft den/die Geschäftsführer die in §§ 41 ff. GmbHG vorgesehenen Buchführungs- und Bilanzierungspflichten. Gleichzeitig trifft die Geschäftsführer qua Gesetz die Verpflichtung, jederzeit die Liquidität zu beobachten; für den Fall, dass die GmbH den Zustand der **Insolvenzreife** (Überschuldung oder Zahlungsunfähigkeit) erreicht haben sollte, hat der Geschäftsführer die **Verpflichtung, spätestens drei Wochen nach Eintritt der Insolvenzreife die Eröffnung des Insolvenzverfahrens zu beantragen**, vgl. § 64 Abs. 1 GmbHG.

---

166 BGH NJW-RR 2004, 540 = ZiP 2004, 461 = NZG 2004, 90
167 OLG München, NJW-RR 2003, 983; vgl. auch BAG NJW 2002, 1444 = BB 2002, 692

Die Geschäftsführer haben in den Angelegenheiten der Gesellschaft die **Sorgfalt eines ordentlichen Geschäftsmannes** anzuwenden. Verletzen sie die ihnen obliegenden Verpflichtungen, haften sie der Gesellschaft für den entstandenen Schaden, vgl. § 43 Abs. 2 GmbHG. Schadensersatzbegründende Pflichtverstöße des Geschäftsführers einer GmbH können insbesondere sein:

> ➢ Falschangaben im Zusammenhang mit der Anmeldung der GmbH, § 9 a GmbHG

> ➢ den §§ 30, 43 Abs. 3 GmbHG zuwiderlaufende Zahlungen aus dem zur Erhaltung des Stammkapitals erforderlichen Vermögen der Gesellschaft

> ➢ Verstoß gegen die Verpflichtung zur Insolvenzanmeldung, § 64 GmbHG[168]

> ➢ Verstoß gegen die Abgabenpflicht gem. §§ 69, 34 AO

> ➢ Verstoß gegen die Verpflichtung zur Abführung von Arbeitnehmeranteilen zur Sozialversicherung, §§ 823 Abs. 2 BGB, 266 a StGB

Für den Fall, dass eine GmbH einen Geschäftsführer auf Zahlung von Schadensersatz in Anspruch zu nehmen gedenkt, setzt § 46 Ziff. 8 GmbHG das **Erfordernis eines Gesellschafterbeschlusses** als materiell-rechtliche Voraussetzung fest, und zwar auch gegenüber ausgeschiedenen Geschäftsführern.[169] Bei der Frage der Schadensersatzverpflichtung von Geschäftsführern wird dem einzelnen Geschäftsführer zugute zu halten sein, dass ihm ein unternehmerisches Ermessen zuzugestehen ist. Erst wenn dies überschritten ist, hat er die Sorgfaltspflichten eines ordentlichen Geschäftsmannes verletzt.[170] Im Rechtsstreit um Schadensersatzansprüche der GmbH gegen ihren Geschäftsführer trifft die GmbH grundsätzlich die Darlegungs- und Beweislast nur dafür, dass und inwieweit ihr durch ein Verhalten des Geschäftsführers in dessen Pflichtenkreis ein Schaden erwachsen ist, wobei ihr die Erleichterung des § 287 ZPO zugute kommt. Der Geschäftsführer hingegen hat darzulegen und erforderlichenfalls zu beweisen, dass er seinen Sorgfaltspflichten gem. § 43 Abs. 1 GmbHG nachgekommen ist oder ihn kein Verschulden trifft oder dass der Schaden auch bei pflichtgemäßem Alternativverhalten eingetreten wäre.[171] Eine Schadensersatzverpflichtung gem. § 43 GmbHG kann ggf. auch den Geschäftsführer einer Komplementär-GmbH gegenüber der KG treffen.[172]

Auch dritten Personen gegenüber kann der Geschäftsführer einer GmbH haften. Wenngleich grundsätzlich auch hier von dem Haftungsprivileg auszugehen ist sowie

---

[168] zu einem Ausnahmefall (Zahlung zur Erfüllung von für die Gesellschaft vorteilhaften zweiseitigen Verträgen) vgl. OLG Celle, OLG-Report 2004, 272

[169] BGHZ 152, 280 = NJW 2003, 358 = NZG 2003, 81 = ZiP 2002, 2314; BGH NJW 1998, 1315 = NZG 1998, 226 = ZiP 1998, 332; BGHZ 97, 382 = NJW 1986, 2250

[170] BGHZ 135, 244 = NJW 1997, 1926

[171] BGHZ 152, 280 = NJW 2003, 358 = NZG 2003, 81 = ZiP 2002, 2314

[172] OLG Dresden, OLG-Report 2004, 251

davon, dass Vertragspartner des Dritten die GmbH ist, kann unter Umständen eine Haftung des Geschäftsführers aus unerlaubter Handlung (§§ 823 ff. BGB), insbesondere § 826 BGB oder aber aus culpa in contrahendo (§ 311 Abs. 2, 3 BGB) in Betracht kommen, wenn

> ➤ der Geschäftsführer im Rahmen von Vertragsverhandlungen in besonderem Maße persönliches Vertrauen in Anspruch genommen hat,

> ➤ der Geschäftsführer persönlich stark an dem Abschluss des Vertrages interessiert ist, weil er einen eigenen Nutzen erstrebt.

Bei Rechtsgeschäften, die der Geschäftsführer im Namen einer GmbH abschließen möchte, ist er gut beraten, seinen Vertragspartner auch darauf hinzuweisen, dass er für die GmbH handelt. Zwar kann sich der Geschäftsführer einer GmbH auf die **Grundsätze über unternehmensbezogenes Handeln** zurückziehen, wonach ausschließlich das – hinter dem Geschäftsführer stehende – Unternehmen berechtigt und verpflichtet wird.[173] Dies gilt indessen nur dann, wenn für den Vertragspartner der Unternehmensbezug auch erkennbar ist. Ist dies nicht der Fall, kann ein Geschäftsführer, der seine Firma ohne den nach § 4 Abs. 2 GmbHG vorgeschriebenen Zusatz bezeichnet, aus dem gesetzten Rechtsschein – gesamtschuldnerisch neben der GmbH – haften.[174]

Der Geschäftsführer einer GmbH haftet gem. §§ 69, 34 AO gegenüber der Finanzverwaltung auch für **Gewerbesteuerschulden** der Gesellschaft persönlich, und zwar auch für solche Steuerschulden, die aus der Zeit vor seiner Bestellung stammen.[175]

2. Die Gesellschafterversammlung

Oberstes Willensbildungsorgan der GmbH ist die Gesellschafterversammlung, in der die Gesellschafter zusammengefasst werden. Der Aufgabenkreis der Gesellschafter bzw. der Gesellschafterversammlung ist in § 46 GmbHG normiert. Der Gesellschafterversammlung unterliegen

> ➤ die Feststellung des Jahresabschlusses und die Verwendung des Ergebnisses,

> ➤ die Einforderung von Einzahlungen auf die Stammeinlagen,

> ➤ die Rückzahlung von Nachschüssen,

> ➤ die Teilung sowie die Einziehung von Geschäftsanteilen,

> ➤ die Bestellung/Abberufung von Geschäftsführern und Entlastung derselben,

> ➤ die Maßregeln zur Prüfung und Überwachung der Geschäftsführung,

---

173 BGH WM 1990, 600 = MDR 1990, 799
174 OLG Düsseldorf, ZMR 2003, 568 = WuM 2003, 418; LG Wuppertal, NJW-RR 2002, 178
175 VG Frankfurt, Beschl. v. 09.10.2003 - 10 G 2523/03 (1)

> ➤ die Bestellung von Prokuristen und Handlungsbevollmächtigten,

> ➤ Geltendmachung von Ersatzansprüchen gegen Geschäftsführer oder Gesellschafter,

> ➤ Vertretung der Gesellschaft in Prozessen, welche sie gegen die Geschäftsführer zu führen hat.

Im Übrigen hat die **Gesellschafterversammlung keine Außenvertretungsbefugnis**, kann folglich nicht wirksam mit dritten Personen Rechtsgeschäfte abschließen; derlei Befugnis bleibt dem Geschäftsführer vorbehalten. Die Gesellschafterversammlung kann weiterhin eine Satzungsänderung vornehmen, die Auflösung der GmbH und die Einforderung von Nachschüssen beschließen.

Die Einberufung der Gesellschafterversammlung erfolgt nach Maßgabe des § 49 Abs. 1 GmbHG durch die Geschäftsführer. Außer den ausdrücklich bestimmten Fällen ist eine solche Gesellschafterversamlung einzuberufen, wenn es im Interesse der Gesellschaft erforderlich erscheint. Dies ist insbesondere dann der Fall, wenn sich aus der Jahresbilanz oder aus einer im Laufe des Geschäftsjahres aufgestellten Bilanz ergibt, dass die Hälfte des Stammkapitals verloren ist, vgl. § 49 Abs. 3 GmbHG. Die Einberufung der Gesellschafterversammlung erfolgt durch Einladung mittels eingeschriebener Briefe und ist mit einer Frist von mindestens einer Woche zu bewirken. Der Gesellschaftsvertrag kann indessen eine davon abweichende Form vorsehen. Ist die Versammlung nicht ordnungsgemäß einberufen worden, so können Beschlüsse nur gefasst werden, wenn sämtliche Gesellschafter anwesend sind.

Beschlüsse in der Gesellschafterversammlung werden grundsätzlich mit einfacher Kapitalmehrheit der abgegebenen Stimmen gefasst, es sei denn, dass der Gesellschaftsvertrag oder das Gesetz (z. B. § 53 GmbHG) etwas anderes vorsehen. Nach Maßgabe des § 47 Abs. 2 GmbHG gewähren jede 50 € eines Geschäftsanteils eine Stimme. Diese Regelung kann durch Gesellschaftsvertrag abbedungen werden. Ein Gesellschafter, welcher durch die Beschlussfassung entlastet oder von einer Verbindlichkeit befreit werden soll, hat kein Stimmrecht und darf ein solches auch nicht für andere ausüben. Entsprechendes gilt für eine Beschlussfassung, welche die Vornahme eines Rechtsgeschäfts oder die Einleitung oder Erledigung eines Rechtsstreites gegenüber einem Gesellschafter betrifft. Wenn die Satzung einer GmbH davon abweichend dem Gesellschafter die Mitwirkung an einem Beschluss erlaubt, der ein ihm gegenüber vorzunehmendes Rechtsgeschäft betrifft, ist jedenfalls diese Klausel insoweit wirksam, als dieses Rechtsgeschäft die - nicht durch einen wichtigen Grund veranlasste - Abänderung des zwischen ihm und der GmbH bestehenden Geschäftsführer-Dienstvertrages beinhaltet.[176] Die in der Gesellschafterversammlung gefassten und ggf. den entsprechenden Form- und Fristvorschriften zuwiderlaufenden fehlerhaften Gesellschaftsbeschlüsse können vor Gericht angefochten werden. Wenngleich das GmbHG insoweit

---

[176] OLG Hamm, NJW-RR 2003, 616

keine entsprechenden Anfechtungsregeln bereithält, ist anerkannt, dass die Regelungen in §§ 241 ff. AktG entsprechend heranzuziehen sind. Danach können Beschlüsse grundsätzlich nur mit einer Frist von einem Monat angefochten werden (vgl. § 246 Abs. 1 AktG)[177].

Die Gesellschafter können einvernehmlich auf die gesetzlich vorgeschriebene Form der Ladung zu einer Gesellschafterversammlung einschließlich der Zusendung der Tagesordnungspunkte und/oder auf Einhaltung der Ladungsfristen verzichten. Das Gesetz selbst stellt keine besonderen Anforderungen an die Beschlussfähigkeit einer Versammlung; dies hat zur Folge, dass die Gesellschafterversammlung auch beschlussfähig bleibt, wenn nur noch ein Gesellschafter anwesend ist.[178]

3. Der Aufsichtsrat

Der Aufsichtsrat einer GmbH ist - wie die Regelung in § 52 GmbHG belegt - grundsätzlich fakultativer Natur. Hingegen wird die Errichtung eines Aufsichtsrates bei sog. mitbestimmten Gesellschaften obligatorisch, d. h.

> ➤ gem. § 77 BetrVG 1952 (GmbH hat mehr als 500 Arbeitnehmer)

> ➤ Montanmitbestimmungsgesetz vom 21.03.1951 (Unternehmen hat in der Regel mehr als 1.000 Arbeitnehmer)

> ➤ Mitbestimmungsgesetz 1976 (GmbH beschäftigt in der Regel mehr als 2.000 Arbeitnehmer)

Der Aufsichtsrat, für den im Wesentlichen auch aktienrechtliche Bestimmungen gelten, erfährt seine Aufgabenfestlegung durch die Gesellschafter(-versammlung). Insbesondere bei einer größeren GmbH mit großer Gesellschafterzahl bzw. mehreren Geschäftsführern soll die Kontrolle der Geschäftsführung auf diese Weise gewährleistet werden. So vertritt gem. §§ 52 GmbHG, 112 AktG der fakultative Aufsichtsrat die GmbH in einem Rechtsstreit mit einem ausgeschiedenen Geschäftsführer um Ansprüche aus einer Versorgungszusage bzw. um die Zulässigkeit ihres Widerrufs.[179]

---

177 OLG Hamm, NJW-RR 2004, 838
178 OLG Köln, NZG 2002, 381 = ZiP 2002, 621
179 BGH NJW-RR 2004, 330; BGH ZiP 1999, 1669 = NZG 1999, 1215

Abbildung 3-1:   *Organisationsstruktur der GmbH*

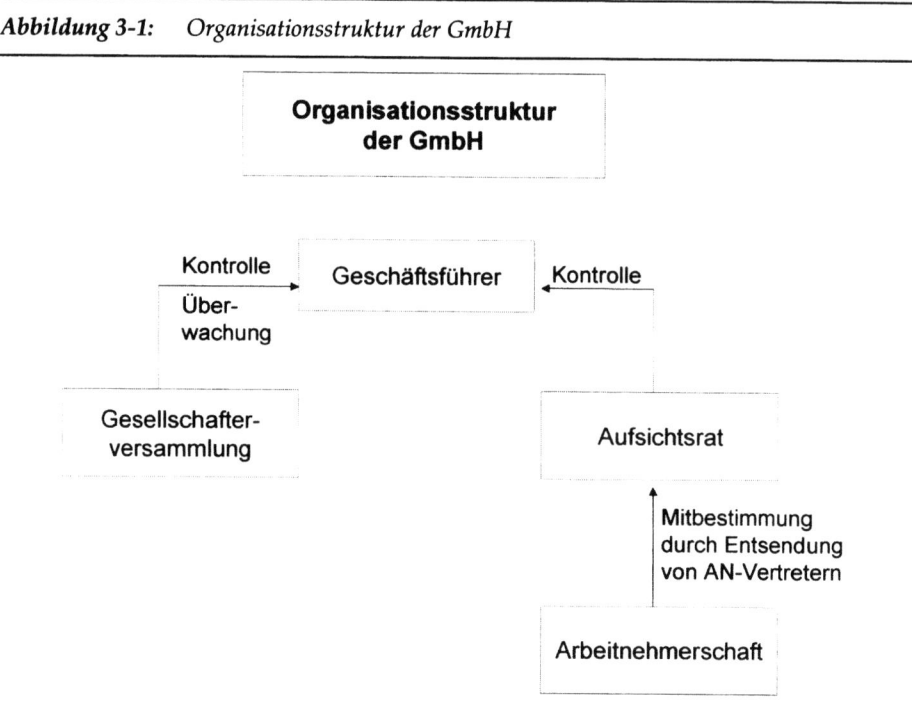

V.   Auflösung und Liquidation der Gesellschaft

Die GmbH wird nach näherer Maßgabe des § 60 Abs. 1 GmbHG durch folgende **Auflösungsgründe** aufgelöst:

- ➤ durch Ablauf der im Gesellschaftsvertrag bestimmten Zeit

- ➤ durch Beschluss der Gesellschafter mit einer Mehrheit von ¾ der abgegebenen Stimmen (wenn nicht der Gesellschaftsvertrag etwas anderes bestimmt)

- ➤ durch gerichtliches Urteil oder durch Entscheidung des Verwaltungsgerichts oder der Verwaltungsbehörde

- ➤ durch die Eröffnung des Insolvenzverfahrens

- ➤ mit der Rechtskraft des Beschlusses, durch den die Eröffnung des Insolvenzverfahrens mangels Masse abgelehnt worden ist

- ➤ mit der Rechtskraft einer Verfügung des Registergerichts, durch welche gem. §§ 144 a, 144 b FGG ein Mangel des Gesellschaftsvertrages oder die Nichteinhaltung der Verpflichtung gem. § 19 Abs. 4 GmbHG festgestellt worden ist

> durch die Löschung der Gesellschaft wegen Vermögenslosigkeit nach § 141 a FGG

Über die vorgenannten Aufhebungsgründe hinaus kann der Gesellschaftsvertrag weitergehende Gründe vorsehen. „Geborene" Liquidatoren der GmbH sind deren **Geschäftsführer.** Diesen Personenkreis trifft dann die Pflicht, die Auflösung zur Eintragung in das Handelsregister anzumelden und zu drei verschiedenen Malen durch die in § 30 Abs. 2 GmbHG bezeichneten öffentlichen Blätter bekannt zu machen, vgl. §§ 65 Abs. 1, 2, 66 GmbHG.

Die Liquidatoren der GmbH haben die laufenden Geschäfte der Gesellschaft zu beendigen, die Verpflichtungen der aufgelösten Gesellschaft zu erfüllen, die Forderungen derselben einzuziehen und das Vermögen der Gesellschaft in Geld umzusetzen. Dabei vertreten sie die Gesellschaft gerichtlich und außergerichtlich. Zum Zwecke der Beendigung schwebender Geschäfte können die Liquidatoren auch neue Geschäfte eingehen, vgl. § 70 GmbHG.

Die Liquidation erfolgt nicht ohne zeitliche Begrenzung. Nach Ablauf des sog. Sperrjahres i. S. d. § 73 GmbHG, welches mit der dritten Auflösungsbekanntgabe i. S. d. § 65 Abs. 2 GmbHG beginnt, erfolgt die Verteilung eines etwaigen Liquidationserlöses. Wenn sich der GmbH bzw. dem Liquidator bekannter Gläubiger nicht meldet, so ist dann der geschuldete Betrag, wenn die Berechtigung zur Hinterlegung vorhanden ist, für den Gläubiger zu hinterlegen. Liquidatoren, welche im Übrigen diesen Vorschriften zuwiderhandeln, sind zum Ersatz der verteilten Beträge solidarisch verpflichtet, vgl. § 73 Abs. 2, 3 GmbHG.

Ist dann die Liquidation beendet und die Schlussrechnung gelegt, so haben die Liquidatoren den Schluss der Liquidation zur Eintragung in das Handelsregister anzumelden. Die Gesellschaft ist dann zu löschen, vgl. § 74 Abs. 1 GmbHG.

§ 8   Die Aktiengesellschaft (AG)

I.   Bestehende gesetzliche Neuregelungen

1.   NaStraG/WpÜG/TransPuG/SpruchG

Das Recht der AG, verankert in §§ 1 - 277 AktG, hat in den vergangenen Jahren wesentliche gesetzliche Neuerungen erfahren. U. a. wurde durch das Gesetz zur Namensaktie und zur Erleichterung der Stimmrechtsausübung (NaStraG) vom 18.01.2001[180] das **Recht der Namensaktie** reformiert. Zugleich wurden Änderungen im Bereich der

---

[180] BGBl 2001 I S. 123

Durchführungsbestimmungen für Hauptversammlungen und im Bereich der Nachgründung vorgenommen.

Durch das Gesetz zur Regelung von öffentlichen Angeboten zum Erwerb von Wertpapieren und von Unternehmensübernahmen, sog. **Wertpapiererwerbs- und Übernahmegesetz** (WpÜG) vom 20.12.2001[181] wurde eine Verknüpfung zwischen Aktienrecht einerseits und Kapitalmarktrecht andererseits vorgenommen. Durch dieses Gesetz können sog. Minderheitsaktionäre durch Beschluss der Hauptversammlung und gegen Gewährung einer angemessen Barabfindung ausgeschlossen werden (sog. **„Squeeze-Out"**).

Durch das Gesetz zur weiteren Reform des Aktien- und Bilanzrechts zu Transparenz und Publizität, dem sog. **Transparenz- und Publizitätsgesetz** (TransPuG) vom 19.07.2002[182] wurde in § 161 AktG der Deutsche Corporate Governance Codex normiert. Nach dieser neu eingeführten Regelung erklären Vorstand und Aufsichtsrat einer börsennotierten AG jährlich, dass dem vom Bundesjustizministerium im amtlichen Teil des elektronischen Bundesanzeigers bekannt gemachten Empfehlungen der „Regierungskommission Deutscher Corporate Governance Codex" entsprochen wurde.

Durch das Gesetz zur Neuordnung des gesellschaftsrechtlichen Spruchverfahrens, sog. **Spruchverfahrensneuordnungsgesetz**[183] wurde das auch bisher bereits geltende Spruchverfahrensgesetz (SpruchG) geändert. Dadurch wurde das im AktG und im UmwG vorgesehene Spruchverfahren einer umfassenden Neuordnung zugeführt. Auf diese Weise soll bei unternehmerischen Strukturmaßnahmen den Minderheitsgesellschaftern, die ggf. einen Anspruch auf angemessenen Ausgleich bzw. Abfindung haben, ein effektiver Rechtsschutz gewährt werden. Gleichzeitig sollen die geplanten gesellschaftsrechtlichen Strukturmaßnahmen nicht blockiert werden. Dieses Gesetz wurde notwendig, weil die Regelung zum Spruchverfahren gezeigt hatte, dass durch eine übermäßig lange Verfahrensdauer ein Schutzeffekt quasi nicht mehr gewährleistet werden kann. Dieses SpruchG wirkt sich insbesondere auf gerichtliche Verfahren für die Bestimmung

- des Ausgleichs für außenstehende Aktionäre und der Abfindung solcher Aktionäre bei Beherrschungs- und Gewinnabführungsverträgen (§§ 304, 305 AktG),

- der Abfindung von ausgeschiedenen Aktionären bei der Eingliederung von AG (§ 320 b AktG),

- der Barabfindung von Minderheitsaktionären, deren Aktien durch Beschluss der Hauptversammlung auf den Hauptaktionär übertragen worden sind (§§ 327 a ff. AktG),

---

[181] BGBl 2001 I S. 3822; vgl. dazu auch Zehetmeier-Müller in: Geibel/Süßmann, WpÜG, Einleitung Rdziff. 28 ff.
[182] BGBl 2002 I S. 2681
[183] BGBl 2003 I S. 838

> der Zuzahlung an Anteilsinhaber oder der Barabfindung von Anteilsinhabern anlässlich der Umwandlung von Rechtsträgern (§§ 15, 34, 176 ff., 196, 212 UmwG)

aus.[184]

2. Societas Europaea (SE)

Nicht nur in nationaler, auch in internationaler Hinsicht sind Neuerungen vorgenommen worden. Insoweit sind die Verordnung (EG) Nr. 2157/2001 des Rates vom 08.10.2001 über das Statut der Europäischen Gesellschaft (SE)[185] sowie die Richtlinie 2001/86/EG des Rates vom 08.10.2001 zur Ergänzung des Statuts der Europäischen Gesellschaft (SE) hinsichtlich der Beteiligung der Arbeitnehmer[186] zu nennen. Durch diese Regelung will der Gemeinschaftsrechtsgeber europäischen Unternehmen zukünftig eine Expansion und eine Neuordnung über die Ländergrenzen hinweg ermöglichen, ohne dabei kostspielige und zeitaufwendige Förmlichkeiten beachten zu müssen. Mit der **Societas Europaea** (SE) ist ab dem 08.10.2004 eine neue Gesellschaftsform nach europäischem Gemeinschaftsrecht geschaffen.[187] Diese Neuregelung sieht für den Bereich des Gesellschaftsrechts folgende nationale Begleitregelungen vor:

> Schutz von Minderheitsgesellschaftern bei Gründung und Sitzverlegung einer SE

> Schutz der Gläubiger bei Sitzverlegung einer SE

> Monistisches System der Unternehmensleitung

> Sonstige Regelungen, insbesondere zu Verfahrensfragen

Die weitreichendste Neuerung im Bereich der SE ist die Wahlfreiheit bei dem Leitungssystem. Die SE kann sich für das dualistische Modell nach deutschem Vorbild mit der Trennung von Vorstand und Aufsichtsrat entscheiden oder aber - wie im angelsächsischen und romanischen Rechtskreis üblich - ein monistisches Modell wählen.

3. UMAG

Nach dem Transparenz- und Publizitätsgesetz aus der letzten Wahlperiode und der Einsetzung der Cromme-Kommission folgt nun ein weiterer Schritt zur Umsetzung der Vorschläge der Regierungskommission Corporate Governance: Im Gesetz zur Unternehmensintegrität und Modernisierung des Anfechtungsrechts (UMAG) geht es um die Haftung der Organe (Vorstand, Aufsichtsrat) und die Anfechtungsklage in der

---

184 Vgl. dazu auch Tomson/Hammerschmitt, NJW 2003, 2572 ff.
185 ABlEG Nr. L 294 vom 10.11.2001, S. 1 ff.
186 ABlEG Nr. L 294 vom 10.11.2001, S. 22 ff.
187 vgl. dazu auch Kurzüberblick bei Hirte, NJW 2005, 477 (479)

Hauptversammlung. Mit ersterem wird zugleich ein bedeutender Punkt des **10-Punkte-Programms** der Bundesregierung **zur Stärkung der Unternehmensintegrität und des Anlegerschutzes** umgesetzt.

a.   Innenhaftung der Organe

Dem UMAG geht es um Erleichterung der Klagedurchsetzung durch eine Aktionärs-Minderheit. Um dabei missbräuchliche Rechtsausnutzung zu vermeiden, wird ein gerichtliches Vorverfahren (Zulassung) eingeführt und ein Haftungsfreiraum im Bereich qualifizierter unternehmerischer Entscheidungen geschaffen.

Nach näherer Maßgabe des Gesetzes bzw. der darin vorgenommenen Änderung des § 148 a AktG können Aktionäre, deren Anteile im Zeitpunkt der Antragstellung zusammen 1 % des Grundkapitals oder einen Börsenwert von 100.000 Euro erreichen, den Anspruch der Gesellschaft gegen die Organe einklagen. Das ist gegenüber dem bisher geltenden Recht eine erhebliche Herabsetzung des Minderheiten-Quorums. Damit werden die Minderheitsrechte erheblich ausgedehnt.

Die Minderheit kann den Anspruch für die Gesellschaft – und das ist ebenfalls ganz neu – **im eigenen Namen** geltend machen. Es gibt hier also keinen besonderen und vom Gericht eingesetzten Vertreter mehr.

Die Klage wird aber „gefiltert" durch ein gerichtliches **Zulassungsverfahren**. Dadurch sollen missbräuchliche Klagen ausgesiebt werden.

Zuständig für die Klagezulassung ist das Landgericht des Gesellschaftssitzes. Eine Nebenintervention, also das Trittbrettfahren weiterer Aktionäre, nachdem eine Klage zugelassen ist, ist hinsichtlich dieser Klage ausdrücklich ausgeschlossen.

Die Zulassung ist an mehrere Voraussetzungen geknüpft. Das **Gericht lässt die Haftungsklage zu**, wenn

> ➤ die antrag stellenden Aktionäre die Aktien schon länger halten als sie Kenntnis von den behaupteten Pflichtverstößen haben

> ➤ sie die Gesellschaft vergeblich aufgefordert haben, selbst Klage zu erheben

> ➤ sie **Tatsachen glaubhaft gemacht** haben, die den Verdacht rechtfertigen, dass der Gesellschaft durch **Unredlichkeit oder grobe Pflichtverletzung** ein Schaden entstanden ist

> ➤ und keine gewichtigen Gründe des **Gesellschaftswohls** entgegenstehen.

Ferner sieht das Gesetz die Schaffung eines **Aktionärsforums** für klagewillige Kleinaktionäre im **elektronischen Bundesanzeiger** vor. Auch das ist eine innovative Maßnahme zur Verbesserung des Anlegerschutzes. Über dieses Forum können Aktionäre Mitstreiter für das Erreichen gesetzlicher Quoren suchen.

Ist die Klage einmal zugelassen, trägt die Gesellschaft die Kosten des weiteren Verfahrens. Die **Kosten des Zulassungsverfahrens** bekommen die Kläger von der Gesellschaft nur erstattet, wenn die Klage zugelassen wird. Die Gesellschaft kann aber insgesamt Rückgriff nehmen, wenn sich später herausstellt, dass die Zulassung durch unrichtigen Vortrag erschlichen wurde. Haben mehrere Kläger zusammen die Klage beantragt und das Quorum gestellt, so werden grundsätzlich nur die Kosten eines Anwalts erstattet.

Das abgesenkte Quorum von 1 % Kapitalanteil oder 100.000 € Börsenwert wird auch für die **Sonderprüfung** eingeführt. Die Sonderprüfung ist oft erforderlich, um die Tatsachen für eine spätere Haftungsklage aufzudecken. Damit werden die Voraussetzungen für Sonderprüfung und Haftungsklage vereinheitlicht, was bereits im Rahmen der KonTraG-Gesetzgebung gefordert worden war. Auch bei der Sonderprüfung haften die Kläger aber bei durch unrichtigen Vortrag erschlichener Prüfer-Bestellung für die verursachten Kosten.

Darüber hinaus ist die sog. **Business Judgement Rule** ins Gesetz aufgenommen worden, d.h. ein Haftungsfreiraum, wenn der Vorstand eine unternehmerische Entscheidung nach bestem Wissen und Gewissen getroffen hat.[188]

b. Anfechtungsklage gegen Beschlüsse der AG-Hauptversammlung

Um dieses für die Aktionäre **wichtige Schutzinstrument** zu bewahren, aber zugleich die missbräuchliche Ausnutzung des Anfechtungsrechts zu unterbinden, sieht das UMAG Regelungen zum Frage- und Rederecht in der Hauptversammlung vor und übernimmt ferner für besonders wichtige Anfechtungsfälle das bewährte **gerichtliche Freigabeverfahren** aus dem Umwandlungsgesetz.

Wohl am bedeutsamsten ist die Einführung eines gerichtlichen Eilverfahrens (**Freigabeverfahrens**) für Anfechtungsklagen (Vorbild: § 16 UmwG). Wird eine Anfechtungsklage gegen einen besonders wichtigen HV-Beschluss eingelegt, so kann die Gesellschaft beim Gericht beantragen, dass der Beschluss trotzdem in das Handelsregister eingetragen wird und ausgeführt werden kann. Die Klage legt das Unternehmen also nicht auf lange Zeit lahm. Das Gericht hat hier eine sorgfältige Interessenabwägung zu treffen.

Die Freigabe ist mit Bestandssicherungswirkung ausgestattet: Verfügt das Gericht die Eintragung des Beschlusses, so muss seine Umsetzung nicht rückgängig gemacht werden, selbst wenn der Anfechtungskläger später im Hauptverfahren recht bekommt. Der Anfechtungskläger erhält dann nur noch Schadensersatz.

Das Freigabeverfahren ist aber beschränkt auf Kapitalmaßnahmen (also vor allem Kapitalerhöhungen) und Unternehmensverträge. Hier ist die Gefahr einer Lähmung

---

188 Dazu im Einzelnen Fleischer, ZiP 2004, 685 sowie Hauschka, ZRP 2004, 65

des Unternehmens besonders groß. In allen anderen Fällen der Anfechtungsklage kann es dem Unternehmen zugemutet werden, den Ausgang des Hauptverfahrens abzuwarten.

Da das Freigabeverfahren ein **Eilverfahren** ist, wird dem Gericht eine Fristvorgabe gesetzt. Das Prozessgericht **soll** spätestens **binnen drei Monaten** entscheiden.

Ferner: Wo ein **Spruchverfahren** nach dem neuen Spruchverfahrensgesetz möglich und ausreichend ist, es also nur um **Bewertungsfragen** geht, soll künftig eine Anfechtungsklage ausgeschlossen sein. Ein doppelter Rechtsschutz ist nicht nötig.

Das **Fragerecht der Aktionäre in der Hauptversammlung** ist sehr wichtig, wird aber bisher oft missbraucht, um Verfahrensfehler zu provozieren und den Boden für Anfechtungsklagen zu bereiten. Der Entwurf sieht eine **Stärkung des Versammlungsleiters** vor, der künftig nicht nur Redezeitbegrenzungen festsetzen kann, sondern auch angemessene Fragezeitbegrenzungen.

Ferner sollen Satzung oder Geschäftsordnung **schriftliche Fragen** der Aktionäre und deren Beantwortung durch die Gesellschaft über die **Website** des Unternehmens zulassen können.

Des Weiteren soll die Einstellung und Beantwortung von **frequently asked questions** (faq) auf der Website der Gesellschaft geregelt werden, die dann in der Hauptversammlung nicht mehr beantwortet zu werden brauchen. Dadurch kann das lästige und zeitraubende Verlesen von Listen, Tabellen und dergleichen eingespart werden. Die Hauptversammlung soll der Strategiediskussion dienen und soll ein Forum ernsthaft an dem Unternehmen interessierter Gesellschafter sein.

c.   § 123 AktG: Anmeldung zur Hauptversammlung, Nachweis der Berechtigung

Mit der Neuregelung des § 123 AktG wird – ebenfalls auf Empfehlung der Baums-Kommission – ein ganz alter Zopf abgeschnitten: die **Hinterlegung der Aktien** zur Hauptversammlungsanmeldung. Bisher spricht das Gesetz noch davon, dass ein Aktionär, der seine Rechte in der Hauptversammlung ausüben möchte, dazu seine Aktien zu „hinterlegen" habe. Das macht heute keinen Sinn mehr, denn meist gibt es nur noch Globalurkunden und die Aktionäre haben **keine verbrieften Stücke** mehr.

Es soll ausdrücklich ein **Anmeldeerfordernis** zur Hauptversammlung eingeführt und Satzungsautonomie zur näheren Ausgestaltung gewährt werden; die historische **Hinterlegung** von Aktien soll **abgeschafft** werden, für Inhaberaktien soll zusätzlich die Regelung eines **Berechtigungsnachweises** und die Gewährung von Satzungsautonomie eingeführt werden. Da die Aktiengesellschaft bei Inhaberaktien ihren Aktionär nicht kennt, bedarf es hier einer besonderen Legitimation.

Es soll ein sog. **record date** 7 Tage vor der HV - (Stichtag vor der Hauptversammlung) eingeführt werden. Das folgt internationalen Vorbildern und bedeutet, dass derjenige, der sich zu diesem Datum ordnungsgemäß angemeldet hat als legitimiert gilt, auch wenn er die Aktien danach noch veräußern sollte. Dadurch werden die Aktien insbesondere bei den Fonds handelbar gehalten, die aus Furcht vor der „Sperrung der Aktien" bisher oft ihre Stimmen nicht ausgeübt haben.

II.   Geplante gesetzliche Neuregelungen

Derzeit sind keine gesetzlichen Neuregelungen im Bereich des Aktienrechts vorgesehen.

III.   Wesen und Strukturmerkmale der AG

Die AG wird durch § 1 AktG als eine Gesellschaft mit eigener Rechtspersönlichkeit beschrieben, für deren Verbindlichkeiten den Gläubigern nur das Gesellschaftsvermögen haftet. Darüber hinaus hat die AG ein in Aktien zerlegtes Grundkapital. Durch den Hinweis auf die eigene Rechtspersönlichkeit der AG handelt es sich bei ihr folglich um eine juristische Person, die als Handelsgesellschaft zugleich Formkaufmann ist und konto-, grundbuch- und beteiligungsfähig ist. Strukturmerkmale einer AG sind folglich

- ➢ korporativer Charakter,
- ➢ Rechtspersönlichkeit,
- ➢ keine Haftung der Aktionäre,
- ➢ Existenz eines in Aktien zerlegten Grundkapitals,
- ➢ Kaufmannseigenschaft.

Es ist zwischen der börsennotierten und der nicht börsennotierten AG zu differenzieren. Börsennotiert ist eine AG, deren Aktien zu einem Markt zugelassen ist, der von staatlich anerkannten Stellen geregelt und überwacht wird, regelmäßig stattfindet und für das Publikum mittelbar oder unmittelbar zugänglich ist. Für eine nicht börsennotierte AG sieht das Gesetz bestimmte Handlungsspielräume vor, so z. B. bei Niederschriften über Hauptversammlungsbeschlüsse (vgl. § 130 Abs. 1 S. 3 AktG) sowie in Bezug auf die Ausübung des Stimmrechts (vgl. § 134 Abs. 1 S. 2 AktG).

Die Firma einer AG kann entweder eine Personen-, Sach- oder Phantasiefirma sein, muss jedoch die Bezeichnung „Aktiengesellschaft" oder eine allgemeinverständliche Abkürzung dieser Bezeichnung enthalten (vgl. § 4 AktG).

IV.   Bedeutung und Erscheinungsformen

Insbesondere für Großunternehmen stellt die AG die klassische Rechtsform dar; sie ist Kapitalsammelstelle für Unternehmen aus dem Bereich Handel und Industrie. Die AG bietet die Möglichkeit der Haftungsdiversifizierung, indem das Haftungsrisiko auf mehrere Personen und auf deren Einlagen beschränkt wird. Dies gilt, obgleich durch das Gesetz für kleine AG und zur Deregulierung des Aktienrechts vom 02.08.1994[189] vom Gesetzgeber die Möglichkeit geschaffen wurde, auch eine sog. „**kleine AG**" zu gründen, sodass auch eine Einmanngründung zulässig ist (vgl. § 2 AktG) und auch der Anspruch des Aktionärs auf Verbriefung seines Anteils ausgeschlossen/eingeschränkt werden kann (vgl. § 10 Abs. 5 AktG). Gleichwohl ist und bleibt die AG die bevorzugte Rechtsform für Großunternehmen.

Die AG zeichnet sich durch ein in Aktien zerlegtes Grundkapital aus, wobei der Begriff der **Aktie** vom Gesetz in dreifacher Hinsicht gebraucht wird. Dieser Terminus kann die Mitgliedschaft des Aktionärs in einer AG (**Beteiligungsquote**, vgl. §§ 8 Abs. 5, 12 AktG) kennzeichnen; gleichzeitig kann der Begriff der Aktie den Anteil an dem in der Satzung bezeichneten Grundkapital meinen (§ 1 Abs. 2 AktG). Darüber hinaus ist die Aktie aber auch noch ein Wertpapier, welches grundsätzlich als Inhaberpapier ausgegeben und nach Maßgabe der §§ 929 ff. BGB übereignet wird (§§ 10, 24 AktG). Insbesondere mit Rücksicht auf die Zerlegung des Grundkapitals in Aktien finden sich verschiedene Phenotypen dieser Rechtsform, z. B.

> ➢ bei der **Publikums-AG** halten eine Vielzahl von Aktionären das insoweit breit gestreute Kapital (z. B. Deutsche Post AG, Deutsche Telekom AG oder VW AG)

> ➢ bei der **Familien-AG** befinden sich die Aktien regelmäßig in der Hand einer Familie

> ➢ bei der **majorisierten AG** befindet sich das Aktienkapital mehrheitlich bei einem Großaktionär oder aber einer Aktionärsgruppe

> ➢ bei der **Einmann-AG** befinden sich sämtliche Aktien in den Händen einer Person (vgl. §§ 42, 2 AktG)

V.   Die Gründung der AG

Die Regelungen über die Gründung der AG in §§ 23 - 53 AktG sind zwingend und dienen einerseits - wegen ihrer Warnfunktion - dem Schutz der Gründer, andererseits aber auch - wegen der Formenstrenge - der Rechtssicherheit. Im Übrigen ist die in §§ 23 ff.

---

[189] BGBl 1994 I S. 1961 ff.

AktG festgeschriebene Satzungsstrenge andererseits auch Grundlage für die Verkehrs-fähigkeit der Aktie als Wertpapier.[190]

Im Rahmen der Gründung von AG wird die **einfache** von der **qualifizierten Gründung** unterschieden. Soweit bei den folgenden Ausführungen der Begriff „**Gründer**" verwendet wird, handelt es sich dabei im Sinne der Terminologie des AktG um die Aktionäre, die die Satzung festgestellt haben, mithin den Gesellschaftsvertrag abgeschlossen haben, vgl. § 28 AktG. Darüber hinaus gibt es auch die gesetzliche Gründung und die sog. Nachgründung.

1.   Einfache Gründung

Die einfache Gründung einer AG ist der Regelfall und vollzieht sich in sieben Stufen:

➢ **Erste Stufe: Feststellung der Satzung (notarielle Beurkundung des Gesellschaftsvertrages)**

Die Gründer stellen - im Sinne der Terminologie des AktG - die Satzung fest, was wiederum bedeutet, dass der Gesellschaftsvertrag abgeschlossen wird, vgl. §§ 2, 23 Abs. 1, 28 AktG. Im Rahmen des notariell zu beurkundenden Gesellschaftsvertrages werden die Gründer sowie - bei Nennbetragsaktien - der Nennbetrag und bei Stückaktien die Zahl, der Ausgabebetrag und, wenn mehrere Aktiengattungen bestehen, die verschiedenen Gattungen der Aktien, die jeder Gründer übernimmt, bestimmt. Unabhängig davon sind im Rahmen der aktienrechtlichen Satzung noch folgende Bestandteile festzulegen:

- die Firma und der Sitz der Gesellschaft (§§ 4, 5 AktG),

- der Unternehmensgegenstand,

- die Höhe des Grundkapitals (§§ 6, 7 AktG),

- die Zerlegung des Grundkapitals entweder in Nennbetragsaktien oder in Stückaktien, ggf. Nennbeträge, Zahl und ggf. Gattung der Aktien (vgl. §§ 8 - 11 AktG),

- Inhaber- oder Namensaktien (vgl. §§ 10, 24 AktG),

- die Zahl der Vorstandsmitglieder (vgl. §§ 76 ff. AktG),

- die Form der Bekanntmachungen (vgl. § 25 AktG.

➢ **Zweite Stufe: Übernahme der Aktien und Aufbringung des Grundkapitals**

Gem. § 29 AktG ist mit der Übernahme aller Aktien durch die Gründer die Gesellschaft errichtet. Mit dem Begriff „Übernahme" ist die rechtliche Verpflichtung, hingegen nicht der Vorgang der tatsächlichen Einzahlung gemeint.

---

[190] Hüffer, AktG, § 23 Rdziff. 1

Folglich ist die AG errichtet, wenn die jeweiligen Gründer entsprechende Zahlungsverpflichtungen übernommen haben.

Wenngleich die Übernahme i. S. d. § 29 AktG nicht Bestandteil der Feststellung der Satzung ist, so wird es sich dabei regelmäßig um ein und denselben Vorgang im Rahmen der notariellen Beurkundung handeln.

> **Dritte Stufe: Bestellung der Organe**

Nachdem die Gesellschaft errichtet worden ist, ist deren Handlungsfähigkeit herzustellen. Insofern haben die Gründer den ersten Aufsichtsrat der Gesellschaft und den Abschlussprüfer für das erste Voll- und Rumpfgeschäftsjahr zu bestellen, wobei diese Bestellung der notariellen Beurkundung bedarf, vgl. § 30 Abs. 1 AktG.

Der Aufsichtsrat seinerseits bestellt dann den ersten Vorstand, vgl. § 30 Abs. 4 AktG.

> **Vierte Stufe: Leistung der Einlagen**

Da eine Anmeldung zum Handelsregister erst erfolgen kann, wenn auf jede Aktie der eingeforderte Betrag ordnungsgemäß eingezahlt worden ist, muss bei Bareinlagen dieser angeforderte Betrag, und zwar mindestens ¼ des Nennbetrags der Aktien, bei Überpariemission auch der Mehrbetrag über dem Nennbetrag, in bar eingezahlt werden (vgl. §§ 36 Abs. 2, 36 a, 54 Abs. 3 AktG), sofern es sich um eine Bargründung handelt. Anderenfalls sind bei einer sog. Sachgründung die Sacheinlagen vollständig zu leisten.

> **Fünfte Stufe: Gründungsbericht und -prüfung**

Die Gründer haben einen schriftlichen Bericht über den Hergang der Gründung zu erstatten (Gründungsbericht), in welchem die wesentlichen Umstände darzulegen sind, von denen die Angemessenheit der Leistungen für Sacheinlagen oder Sachübernahmen abhängt, vgl. § 32 AktG. Darüber hinaus haben die Mitglieder des Vorstands und des Aufsichtsrats den Hergang der Gründung zu überprüfen, vgl. § 33 AktG.

> **Sechste Stufe: Anmeldung zum Handelsregister**

Gem. §§ 36, 37 AktG ist die Gesellschaft bei dem Gericht von allen Gründern und Mitgliedern des Vorstandes und des Aufsichtsrats zur Eintragung in das Handelsregister anzumelden, wobei der Anmeldung die in § 37 AktG genannten Unterlagen beizufügen sind.

> **Siebte Stufe: Eintragung der AG**

Sobald die AG eingetragen ist (die Bekanntmachung der Eintragung selbst ist keine Entstehungsvoraussetzung), beginnt sie als juristische Person zu existieren, vgl. § 41 Abs. 1 S. 1 AktG. Bis zum Zeitpunkt der Eintragung liegt lediglich eine Vorgesellschaft vor. Diese Vor-AG ist weder eine Gesellschaft bürgerlichen Rechts noch ein Verein, sondern vielmehr eine Gesamthandsgesellschaft eigener Art.[191] Die Mitglieder des Aufsichtsrates einer nicht in das Handelsregister eingetragenen Vor-AG haften dem ersten Vorstand der Gesellschaft, mit dem sie für die Vorgesellschaft den Anstellungsvertrag geschlossen haben, nicht nach § 41 Abs. 1 S. 2 AktG wegen seiner Vergütungsansprüche.[192]

2.   Qualifizierte Gründung

Über den Regelfall einer einfachen Gründung hinaus sind Fallgestaltungen denkbar, in denen bestimmten Aktionären oder dritten Personen Sondervorteile eingeräumt werden. In einem solchen Fall muss dies in der Satzung unter Bezeichnung des Berechtigten festgesetzt werden, vgl. § 26 AktG. Darüber hinaus ist auch die Gestattung von Sacheinlagen denkbar, vgl. § 27 AktG. Es handelt sich bei den in §§ 26, 27 AktG festgeschriebenen Tatbeständen um Ausnahmen, die dann auch einen zusätzlichen Gründungsbericht bzw. eine zusätzliche Gründungsprüfung verlangen, vgl. §§ 26, 27, 32 Abs. 2, 33 Abs. 2 AktG.

Regelmäßig wird es bei der Neugründung einer AG nicht um Probleme einer qualifizierten Gründung gehen. Gleichwohl können derlei zuvor dargestellte Probleme im Rahmen einer Kapitalerhöhung gegen Einlagen durchaus virulent werden. Wird im Rahmen einer Kapitalerhöhung eine Sacheinlage erbracht, so müssen ihr Gegenstand, die Person, von der die Gesellschaft den Gegenstand erwirbt, und der Nennbetrag sowie bei Stückaktien die Zahl der bei der Sacheinlage zu gewährenden Aktien im Beschluss über die Erhöhung des Grundkapitals festgesetzt werden, vgl. § 183 Abs. 1 S. 1 AktG. Gerade bei Sacheinlagen wird sich jedoch häufig die Frage stellen, ob **bestimmte Gegenstände überhaupt sacheinlagefähig** sind.

> *Beispiel 7:*[193]
>
> *Die Firma Oderdies (O) AG ist im Bereich der Sportartikelbranche weltweit tätig. Im Rahmen einer Hauptversammlung wurde der Vorstand der AG durch Beschluss ermächtigt, mit Zustimmung des Aufsichtsrats das Grundkapital gegen Bar- oder Sacheinlagen um höchstens 3,5 Mio. € zu erhöhen und insoweit das Bezugsrecht der Aktionäre auszuschließen. Aus dem Vorstandsbericht ergibt sich weiter, dass eine Kapitalerhöhung gegen Bareinlagen der Ausgabe von Belegschaftsaktien dienen soll. Ferner wird darin ausgeführt, die vorgeschlagene Ausgabe von neuen Aktien gegen Sacheinlagen unter Ausschluss des Bezugsrechts der Aktionäre solle den Vorstand in*

---

191 BGHZ 143, 314 = NJW 2000, 1193; Hüffer, AktG, § 41 Rdziff. 4
192 BGH NJW 2004, 2519 = NZG 2004, 773 = ZiP 2004, 1409
193 BGHZ 144, 290 = NJW 2000, 2356 = NZG 2000, 836 = ZiP 2000, 1162 - Adidas

die Lage versetzen, eine Beteiligung, ein Unternehmen oder Lizenzen zu erwerben. Zu Letzterem wird angemerkt, der Vorstand verhandele zurzeit mit verschiedenen Vereinen im In- und Ausland über den Abschluss von Sponsorenverträgen, die es der Gesellschaft erlauben sollten, die bekannten Namen und Logos dieser Sportvereine unter einer Lizenz bei der Vermarktung von Produkten der O zu verwerten. Der BGH führte in diesem Zusammenhang aus, dass die Rechte aus den der Beschlussfassung zugrunde liegenden, die Aktienzeichner verpflichtenden Sponsorenverträgen sacheinlagefähig sind. Denn Sacheinlagen könnten nur Vermögensgegenstände sein, deren wirtschaftlicher Wert feststellbar sei. Verpflichtungen zu Dienstleistungen kämen als Sacheinlagen nicht in Betracht. Es würden jedoch entsprechend dem Vorstandsbericht lediglich Vereinbarungen über obligatorische Nutzungsverträge, nicht jedoch über die Leistung von Diensten geschlossen. Folglich hänge die Sacheinlagefähigkeit der Rechte aus Sponsorenverträgen mit einem derartigen Inhalt davon ab, ob sie einen feststellbaren wirtschaftlichen Wert hätten. Dies sei zu bejahen.

3. Gesetzliche Gründung

Neben den bereits soeben erörterten Modalitäten einer einfachen und qualifizierten Gründung ist auch eine **gesetzliche Gründung** einer AG **denkbar**. So sind z. B. die Nachfolgeunternehmen der Deutschen Bundespost, und zwar die Deutsche Telekom AG, die Deutsche Post AG, die Deutsche Postbank AG durch eine entsprechende gesetzliche Regelung (vgl. Art. 87 ff., 143 b GG iVm Postumwandlungsgesetz) „geschaffen" worden. Ähnlich verhält es sich mit der Deutschen Bahn AG.

4. Nachgründung

Von einer Nachgründung i. S. d. § 52 Abs. 1 S. 1 AktG ist dann die Rede, wenn sich die als juristische Person entstandene AG durch Vertrag mit Gründern oder mit mehr als 10 % des Grundkapitals an der Gesellschaft beteiligten Aktionären zum Erwerb von Vermögensgegenständen verpflichtet, sofern die Vergütung 10 % des Grundkapitals übersteigen soll und dieser Vertragsschutz in den ersten zwei Jahren nach Eintragung der AG erfolgt. Entgegen dem Wortsinn geht es dabei nicht um eine Gründung, sondern lediglich um schuldrechtliche Geschäfte, die nur wegen ihrer Gefährdungslage ähnlich wie eine Gründung behandelt werden, wobei es auf den Typus dieses Geschäftes nicht ankommt.[194] Um eine Umgehung der für eine qualifizierte Gründung maß-

---

[194] Hüffer, AktG, § 52 Rdziff. 2

geblichen Vorschriften zu vermeiden, sind derlei Verträge nur durch **Zustimmung der Hauptversammlung und durch Eintragung in das Handelsregister** wirksam.

VI.   Rechtsverhältnisse der Gesellschaft und der Gesellschafter

Die Beziehung zwischen der Gesellschaft einerseits und der Gesellschaft (Aktionären) andererseits ist in den Vorschriften §§ 53 a - 75 AktG im Wesentlichen durch den Begriff der Aktie und den Aktienhandel sowie dadurch geprägt, dass Aktionäre unter gleichen Voraussetzungen gleich zu behandeln sind, vgl. § 53 a AktG.

1.   Aktie und Aktienhandel

Das AktG kennt verschiedene Arten von Aktien, die nachstehend kurz dargestellt werden:

> ➤ Wie §§ 10 Abs. 1, 24 AktG zeigen, ist die sog. **Inhaberaktie** der Regelfall. Diese Aktie lautet auf den Inhaber und wird wie eine bewegliche Sache, d. h. nach Maßgabe der §§ 929 ff. BGB im Wege der Einigung und Übergabe (bzw. Übergabesurrogate) übereignet. Sofern die Aktie als Wertpapier übereignet wird, folgt ihr das darin verbriefte Mitgliedschaftsrecht nach (**„Das Recht aus dem Papier folgt dem Recht am Papier"**).

> ➤ Neben der Inhaberaktie kennt das AktG auch die sog. **Namensaktie**, die auf einen bestimmten Namen lautet. Wenn die Ausgabebeträge noch nicht vollständig geleistet worden sind, dürfen nur Namensaktien ausgegeben werden, vgl. § 10 Abs. 2 S. 1 AktG; im Übrigen kann die Übertragung einer Namensaktie auch an die Zustimmung der AG gebunden sein, dann handelt es sich um sog. **vinkulierte Namensaktien.** Neben der Übereignung gem. §§ 929 ff. BGB kommt auch eine Übertragung der Namensaktie durch Indossament in Frage, vgl. § 68 Abs. 1 S. 1 AktG; bei einem Indossament handelt es sich um eine schriftliche Übertragungserklärung, wobei dann sinngemäß Art. 12, 13 und 16 Wechselgesetz (WG) sinngemäß gelten. Vorzugsweise werden heutzutage Namensaktien verwendet bzw. auf Namensaktien umgestellt. Insofern erhöht die Möglichkeit eines elektronischen Aktienregisters (vgl. §§ 67 AktG, 239 Abs. 4 HGB) die Handelbarkeit. Nicht immer ist jedoch der Akt der Übertragung von Aktien unproblematisch.

Beispiel 8:[195]

*Bei der Halali AG (H) ist das Grundkapital in verbrieften Namens-
aktien eingeteilt. Die Übertragung der Aktien ist nach der Satzung
an die Zustimmung der Gesellschaft gebunden, sodass es sich um
vinkulierte Namensaktien handelt. Westermann (W) und Ostermei-
er (O) sind Aktionäre. W hatte eine Vereinbarung mit unterzeichnet,
nach der die Aktien ausscheidender Aktionäre auf die verbleibenden
Aktionäre bzw. auf von ihnen zu bestimmende Personen übergehen
sollen. W hatte seine Aktien auf O übertragen. H beabsichtigte die
Löschung der in ihrem Aktienbuch vermerkten Aktienübertragun-
gen auf O. Dagegen hatten sowohl W und O jeweils Widersprüche
zur Eintragung bringen lassen. H beantragte klageweise, die Beklagten zur Rücknahme ihrer Widersprüche zu verurteilen. Rechtsklar-
heit und Rechtssicherheit erforderten angesichts der Verkörperung
der umfassenden Rechtsstellung eines Aktionärs bei Namensaktien-
übertragungen im Wege der Abtretung eine Besitzübertragung und
damit ein Zusammenbleiben von Besitz an der Aktienurkunde und
materieller Rechtsstellung. Das wiederum bedeutet, dass - wenn der
tatsächliche Verbleib von Aktien ungeklärt ist und dem
Aktienübernehmer die Existenz von Aktienurkunden überhaupt
nicht bewusst war - eine wirksame Besitz - und damit Namensakti-
enübertragung nicht stattfinden kann.*

➢ Bei der **Vorzugsaktie** werden dem Inhaber bestimmte Vorteile bei der Dividende oder aber der Liquidation eingeräumt werden, wobei dann allerdings
das Stimmrecht ausgeschlossen werden kann, vgl. §§ 12 Abs. 1 S. 2, 139 ff.
AktG.

➢ Die **Stammaktie** ist nach dem AktG ebenfalls der Regelfall. Die Stammaktie
gewährt ein allgemeines Stimmrecht und auch Dividenden- bzw. Liquidations-
erlöse.

➢ Die **Nennbetragsaktie** muss gem. § 8 Abs. 2 S. 1 AktG auf mindestens 1 € lauten; dies gilt auch bei Kapitalerhöhungen. Der Betrag stellt zugleich die Unter-
grenze der Einlagepflicht pro Aktie dar. Denn für einen geringeren Betrag als
den Nennbetrag dürfen Aktien nicht ausgegeben werden (Verbot der Unter-
pariemission).[196] Die Nennbetragsaktie verkörpert damit also einen betrags-
mäßigen Anteil am Grundkapital einer AG.

➢ Die **Stückaktie** lautet auf keinen bestimmten Nennbetrag, ist jedoch in gleichem Umfang am Grundkapital einer AG beteiligt. Auch ihr Mindestanteil an

---

[195] KG NJW-RR 2003, 542
[196] Hüffer, AktG, § 8 Rdziff. 5

dem Grundkapital muss mindestens 1 € betragen. Stückaktien sind folglich Anteile am Grundkapital, die durch seine Zerlegung (§ 1 Abs. 2 AktG) entstehen, notwendig den gleichen Umfang haben und deshalb auf quantitative Unterscheidungsmerkmale (Betrags- oder Quotenangabe) verzichten. Weil sie Anteile am Grundkapital sind, entfällt auf sie auch ein bestimmter anteiliger Betrag. Dieser wird aber nicht zur Kennzeichnung der Aktie oder zur Ermittlung der Beteiligungsquote herangezogen, sondern bildet nur den Anknüpfungspunkt für den gesamten Kapitalschutz, der nach denselben Regeln stattfindet wie bei Nennbetragsaktien.[197]

Die Aktien werden - wie § 3 Abs. 2 AktG belegt - an der Börse gehandelt. Je nachdem wie hoch ein Unternehmenswert ist, steigt oder fällt der Börsenkurs. Dabei handelt es sich dann um den für den Erwerb einer Aktie festgelegten Preis.

Eine **Aktienausgabe** findet nicht lediglich bei der erstmaligen Gründung einer AG, sondern auch im Nachgang bei den sog. **Kapitalerhöhungen** statt. Wenn eine AG als Unternehmen frischen Kapitals bedarf, können nach Maßgabe der §§ 182 ff. AktG Kapitalerhöhungen (gegen Einlagen) stattfinden und auf diesem Wege neue Aktien ausgegeben werden. Dabei handelt es sich dann um sog. „**junge Aktien**". Grundsätzlich haben dann im Rahmen einer derartigen Kapitalerhöhung gem. § 186 AktG die Alt-Aktionäre ein sog. Bezugsrecht, d. h. einen ihrem Aktienanteil entsprechenden Anteil auf Zuteilung von neuen Aktien. Dieses Bezugsrecht kann jedoch ausgeschlossen werden, wenn die Maßnahme, zu deren Durchführung die Hauptversammlung den Vorstand ermächtigt, im wohlverstandenen Interesse der Gesellschaft liegt und der Hauptversammlung allgemein und in abstrakter Form bekannt gegeben wird und das konkrete Vorhaben seiner abstrakten Umschreibung entspricht und auch im Zeitpunkt seiner Realisierung noch im wohlverstandenen Interesse der Gesellschaft liegt.[198]

2. Der Aktionär

a. Rechte

Die durch zahlreiche, im Gesetz verankerten Rechte und Pflichten gekennzeichnete Stellung eines Aktionärs wird entweder im Rahmen der Gründung einer AG (vgl. §§ 2, 28, 29 AktG) oder im Rahmen der sog. Zeichnung von Aktien bei Kapitalerhöhungen (vgl. §§ 185, 186 AktG) erworben. Darüber hinaus ist ein sog. derivativer, d. h. abgeleiteter Erwerb denkbar und zwar über die Börse oder aber durch Erbfall (vgl. § 1922 BGB) möglich.

---

197 Hüffer, AktG, § 8 Rdziff. 20
198 BGHZ 136, 133 = NJW 1997, 2815 = ZiP 1997, 1499 - Siemens/Nold; Hüffer, AktG, § 186 Rdziff. 25

Der Aktionär verliert seine Stellung entweder durch Veräußerung der Aktien, durch Ausschluss gem. § 64 AktG, Einziehung bei Kapitalherabsetzung gem. §§ 237 ff. AktG oder aber bei Auflösung/Abwicklung gem. §§ 262 ff. AktG.

Die Rechte eines Aktionärs zeichnen sich zunächst einmal durch seinen Anspruch auf die sog. **Dividende (Gewinnbeteiligung)** aus, vgl. §§ 58, 60, 184 Abs. 2 Ziff. 2 AktG; der konkrete, der Höhe nach bestimmte Ausschüttungsanspruch eines Aktionärs entsteht mit dem Beschluss der Hauptversammlung.

Darüber hinaus hat der Aktionär im Rahmen von Kapitalerhöhungen ein **Bezugsrecht** und einen **Anspruch auf Beteiligung am sog. Liquidationserlös**, vgl. § 271 AktG.

Darüber hinaus hat der Aktionär zahlreiche **Mitwirkungsrechte**, um sich auf diese Weise auch in die Geschäftspolitik des Unternehmens einbringen zu können; freilich sind in der Regel, sofern nicht das Kapital oder die Aktien gebündelt werden, diese Rechte in ihrer Wirkungsweise schwach. Der Aktionär hat ein Recht zur Teilnahme an der Hauptversammlung und ist dort auch stimmberechtigt, vgl. §§ 12, 118, 134 AktG. Dies gilt nicht für Inhaber von Vorzugsaktien ohne Stimmrecht. Der Aktionär hat, wovon unter Umständen reichhaltig Gebrauch gemacht wird, gegenüber dem Vorstand in der Hauptversammlung gem. § 131 AktG einen **Anspruch auf Auskunft** über bestimmte Angelegenheiten der Gesellschaft. Im Übrigen haben Aktionäre, deren Anteile zusammen den 20. Teil des Grundkapitals erreichen, die Möglichkeit, eine Hauptversammlung einzuberufen, § 122 AktG.

Im Rahmen von (Wertpapier-) Übernahmeangeboten beschränken sich die Rechte der Aktionäre auf die im WpÜG festgeschriebenen Möglichkeiten. Gegen die Genehmigung eines Übernahmeangebots durch die Bundesanstalt für Finanzdienstleistungsaufsicht (BaFin) steht den Aktionären der Zielgesellschaft mangels hinreichender Wahrscheinlichkeit der Verletzung eigener subjektiver Rechte kein einstweiliger Rechtsschutz zu, der auf eine Erhöhung des Angebotspreises zielt.[199]

Last but not least sieht das AktG an zahlreichen Stellen Ersatzansprüche des Aktionärs vor, so z. B. in §§ 50, 93 Abs. 2, 116, 117 Abs. 4, 147 AktG[200].

b.   Pflichten

Die Hauptverpflichtung der Aktionäre ist in § 54 AktG geregelt. Danach sind die Aktionäre zur **Leistung der Einlage** verpflichtet, wobei diese Verpflichtung durch den Ausgabebetrag der Aktien begrenzt wird. Die Aktionäre haben den Ausgabebetrag der Aktien einzuzahlen oder - bei Ausgabe der Aktien für einen höheren als den Ausgabebetrag - den Mehrbetrag (Überpari) zu erbringen, vgl. §§ 36 a, 36 Abs. 2 AktG.

---

[199] OLG Frankfurt, ZiP 2003, 1251 = NZG 2003, 829
[200] zu einem sog. Minderheitsverlangen von Aktionären zur Geltendmachung von Ersatzansprüchen gegen Organmitglieder einer AG vgl. OLG Frankfurt, NJW-RR 2004, 686

Den Aktionären dürfen die Einlagen nicht zurückgewährt werden und auch weder Zinsen zugesagt noch ausgezahlt werden, vgl. § 57 AktG.

Bei sog. vinkulierten Namensaktien kann die Satzung den Aktionären die Verpflichtung auferlegen, neben den Einlagen auf das Grundkapital wiederkehrende, nicht in Geld bestehende Leistungen zu erbringen, vgl. § 55 Abs. 1 S. 2 AktG.

VII.   Die Verfassung der AG

Die Verfassung der AG ist durch die Bildung verschiedener Organe gekennzeichnet, durch die die AG Handlungsfähigkeit erlangt. Das Gesetz sieht insofern die Bildung eines Vorstandes (§§ 76 ff. AktG) und eines Aufsichtsrates (§§ 95 ff. AktG) vor. Darüber hinaus werden die Rechte der Aktionäre in der sog. Hauptversammlung (§§ 118 ff. AktG) konzentriert.

1.   Der Vorstand

Der Vorstand leitet die Gesellschaft unter eigener Verantwortung und besteht aus einer oder mehrerer Personen, bei Gesellschaften mit einem Grundkapital von mehr als 3 Mio. € mindestens aus zwei Personen, es sei denn, die Satzung bestimmt etwas anderes. Vorstandsmitglieder werden nach näherer Maßgabe des § 84 AktG für die Dauer von höchstens fünf Jahren durch den Aufsichtsrat bestellt, wobei eine wiederholte Bestellung/Verlängerung der Amtszeit jeweils für höchstens fünf Jahre zulässig ist und eines neuen Aufsichtsratsbeschlusses bedarf. Grundlage der Beschäftigung für das Vorstandsmitglied ist ein **Dienstvertrag** (§§ 611 ff. BGB), über dessen Inhalt im Zweifel das Zivilgericht (Kammer für Handelssachen) gerichtlich entscheidet. Im Rahmen der Vergütung ist auch die Vereinbarung einer dividendenabhängigen Tantieme als zulässig angesehen worden.[201] Soll das Vorstandsmitglied (vorzeitig) abberufen werden, so ist dies nur aus wichtigem Grund, d. h. bei grober Pflichtverletzung, Unfähigkeit zur ordnungsgemäßen Geschäftsführung oder Vertrauensentzug, durch die Hauptversammlung möglich; dabei ist zu beachten, dass die Abberufung nur die organschaftliche Stellung betrifft. Der Dienst- bzw. Anstellungsvertrag ist nach Maßgabe des § 626 BGB zusätzlich und unter Beachtung von Form und Frist zu kündigen.

Der Vorstand hat die Leitungsfunktion und vertritt die Gesellschaft gerichtlich und außergerichtlich und grundsätzlich im Außenverhältnis auch unbeschränkt, vgl. §§ 76, 77, 78, 82 AktG. Eine Einschränkung bildet hier wiederum § 112 AktG, wonach die AG im Prozess gegen ein (ausgeschiedenes) Vorstandsmitglied durch den Aufsichtsrat vertreten wird. Falls der Vorstand aus mehreren Personen besteht, so sind, wenn die

---

[201] BGHZ 145, 1 = NJW 2000, 2998 = NZG 2001, 1030 = ZiP 2000, 1438 zu dem zwischenzeitlich aufgehobenen § 86 AktG

Satzung nichts anderes bestimmt, sämtliche Vorstandsmitglieder nur gemeinschaftlich zur Vertretung der Gesellschaft befugt, vgl. § 78 Abs. 2, 3, 4 AktG. Bei dem Ausscheiden eines Vorstandsmitglieds aus einem zweiköpfigen Vorstand einer mit einem Grundkapital von mehr als 3 Mio. € ausgestatteten AG darf indessen das verbleibende Mitglied grundsätzlich Aufgaben, die nur der Gesamtvorstand wahrnehmen durfte, nicht ausführen.[202] Schließt ausnahmsweise einmal der Vorstand mit Dritten Verträge, obwohl - wegen § 112 AktG - der Aufsichtsrat berufen war, führt dies nicht zur Nichtigkeit des Rechtsgeschäfts gem. § 134 BGB, sondern zur Anwendbarkeit von §§ 177 ff. BGB; der Aufsichtsrat kann also im Nachhinein noch die Genehmigung erteilen.[203]

Zu dem Aufgabenkreis eines Vorstandes gehört

> ➢ Vorbereitung und Ausführung von Hauptversammlungsbeschlüssen, § 83 AktG,

> ➢ Berichtspflicht an den Aufsichtsrat, § 90 AktG,

> ➢ Organisation und Führung der Handelsbücher, §§ 91 AktG, 238 ff., 264 ff., 290 HGB.

> ➢ Pflichten bei Verlust, Überschuldung oder Zahlungsunfähigkeit, § 92 AktG,

> ➢ Einberufung der Hauptversammlung und Bekanntmachung der Tagesordnung, §§ 121, 124 AktG, wobei die Verpflichtung, der Hauptversammlung zu den einzelnen Tagesordnungspunkten Vorschläge zur Beschlussfassung zu unterbreiten, den Gesamtvorstand als Leitungsaufgabe i. S. d. § 76 Abs. 1 AktG trifft.[204]

Die Vorstandsmitglieder haben bei der Ausübung der Geschäftsführungsbefugnisse die **Sorgfalt eines ordentlichen und gewissenhaften Geschäftsleiters** anzuwenden und haben insbesondere über vertrauliche Angaben und Geheimnisse der Gesellschaft Stillschweigen zu bewahren und sich eines anderweitigen Wettbewerbs zu enthalten, vgl. §§ 93 Abs. 1, 88 AktG. Für den Fall, dass ein Vorstand gegen diese ihm obliegenden Verpflichtungen verstößt, sind sie der Gesellschaft zum Ersatz des daraus entstehenden Schadens verpflichtet. Besteht zwischen dem Vorstandsmitglied einerseits und der AG andererseits Streit, ob das Vorstandsmitglied die Sorgfalt eines ordentlichen und gewissenhaften Geschäftsleiters angewendet hat (sog. Geschäftsleiterermessen[205]), so trifft das Vorstandsmitglied die Darlegungs- und Beweislast dafür, dass er vertrags- und gesetzesgemäß gehandelt hat, vgl. § 93 Abs. 2 S. 2 AktG. Die Spannbreite

---

[202] BGHZ 149, 158 = NJW 2002, 1128 = NZG 2002, 130 = ZiP 2002, 172 - Sachsenmilch III; zu vielen Sonderfällen bei der Stellvertretung im Bereich der Kapitalgesellschaften auch Bormann, OLG-Report 2003, K 21
[203] OLG Celle, OLG-Report 2002, 113
[204] BGHZ 149, 158 = NJW 2002, 1128 = NZG 2002, 130 = ZiP 2002, 172 - Sachsenmilch III
[205] Dazu Fleischer, ZiP 2004, 685 sowie Hauschka, ZRP 2004, 65

etwaiger Sachverhalte, die zu einer Haftung eines Vorstandsmitglieds führen können, ist groß:

> Wenn der Vorstand einer Genossenschaftsbank bei der Kreditvergabe die ihm obliegenden Sorgfaltspflichten, insbesondere die Grundsätze über die ordnungsgemäße Bewertung von Sicherheiten und die Richtlinien über Beleihungsobergrenzen missachtet, macht er sich gegenüber der Bank für etwaige, dadurch entstehende Kreditausfälle schadensersatzpflichtig.[206]

> Ein Vorstandsmitglied, welches im Rahmen von Sportsponsoringverträgen Gelder aus Mitteln der Gesellschaft vergibt, macht sich erst dann einer Untreue gem. § 266 StGB strafbar, wenn die dadurch vorgenommene gesellschaftsrechtliche Pflichtverletzung gravierend ist.[207]

> Wenn ein Vorstandsmitglied gegen ein ihm obliegendes Wettbewerbsverbot gem. § 88 AktG verstößt, kann die AG Schadensersatz fordern oder stattdessen von dem Mitglied verlangen, dass es die für eigene Rechnung geltend gemachten Geschäfte als für Rechnung der Gesellschaft eingegangen gelten lässt und die aus Geschäften für fremde Rechnung bezogene Vergütung herausgibt. Wenn jedoch ein von einem Vorstandsmitglied getätigtes „Geschäft" nicht in den satzungsmäßigen Bereich einer AG fällt, so kann eine Klage auf Herausgabe eines erlangten Geldbetrages nicht auf das Eintrittsrecht gem. § 88 Abs. 2 S. 2, Abs. 1 AktG gestützt werden. Denn bei dem „Geschäftemachen" dient dieses Verbot wegen seiner Beschränkung auf den Geschäftszweig der Gesellschaft der Konkurrenzverhütung.[208]

> Auch gegenüber außenstehenden Dritten können sich Vorstandmitglieder schadensersatzpflichtig (gem. § 826 BGB) machen, wenn sie das Sekundärmarktpublikum durch wiederholt grob unrichtige ad-hoc-Mitteilungen direkt vorsätzlich unlauter beeinflussen.[209]

Viele Aktiengesellschaften gehen dazu über, Absicherungsstrategien (als eine Art Selbstschutz) zu entwickeln und die Leitungsorgane (z. B. Vorstandsmitglieder) bei der Einhaltung gesetzlicher und unternehmerischer Vorgaben zu überwachen, sog. „compliance" (engl.: Einhaltung, Übereinstimmung).[210]

Ein weiterer neuralgischer Punkt bei Vorständen von Aktiengesellschaften ist die Angemessenheit von Bezügen gem. § 87 AktG. Parameter für die Ermittlung der Ange-

---

206 BGH NZG 2002, 195 = ZiP 2002, 213 = WM 2002, 220
207 BGHSt 47, 187 = NJW 2002, 1585 = NZG 2002, 471 - SSV Reutlingen
208 BGH NJW 2001, 2476 = ZiP 2001, 958; BGH NJW 1997, 2055 = ZiP 1997, 1063
209 BGH NJW 2004, 2971 – Infomatec I; BGH NJW 2004, 2664 sowie NJW 2004, 2668 – Infomatec II; vgl. dazu Spindler, WM 2004, 2089 sowie Körner, NJW 2004, 3386
210 Dazu Hauschka, NJW 2004, 257

messenheit sind die Aufgaben des Vorstandsmitglieds, die Lage der Gesellschaft und die Unternehmensgröße.[211]

2.   Der Aufsichtsrat

Der Aufsichtsrat einer AG besteht aus mindestens drei und höchstens 21 Mitgliedern, vgl. § 95 S. 4 AktG, wobei die Anzahl durch drei teilbar sein muss. **Aufsichtsratsmitglieder** werden **durch die Hauptversammlung** und nicht für längere Zeit als bis zur Beendigung der Hauptversammlung **bestellt** werden, die über die Entlastung für das vierte Geschäftsjahr nach dem Beginn der Amtszeit beschließt, vgl. §§ 101, 102 AktG. Das zu bestellende Aufsichtsratsmitglied muss persönliche Voraussetzungen erfüllen, die wiederum in §§ 100, 105 AktG geregelt sind. So ist z. B. die Stellung eines Aufsichtsratsmitgliedes nicht mit einer gleichzeitigen Stellung als Vorstandsmitglied, Prokurist oder Generalbevollmächtigter der Gesellschaft vereinbar. Ein Aufsichtsratsmitglied kann von der Hauptversammlung auch vor Ablauf der Amtszeit unter den Voraussetzungen des § 103 AktG abberufen werden. Im Übrigen kann die Zugehörigkeit zum Aufsichtsrat auch dann enden, wenn die Hauptversammlung über die Entlastung eines Aufsichtsratsmitglieds nicht in der gesetzlich bzw. satzungsmäßig vorgeschriebenen Zeit einen Beschluss fasst; in einem solchen Fall endet die Zugehörigkeit zum Aufsichtsrat spätestens in dem Zeitpunkt, in dem die Hauptversammlung über die Entlastung für das vierte Geschäftsjahr nach Amtsantritt hätte beschließen müssen.[212] Ein dreiköpfiger Aufsichtsrat kann einen Antrag auf gerichtliche Abberufung eines seiner Mitglieder (vgl. § 103 Abs. 3 AktG) nur dann stellen, wenn er zuvor seine gerichtliche Ergänzung beantragt hat, da das auszuschließende Mitglied über seinen Ausschluss nicht stimmberechtigt ist, was wiederum zur Beschlussunfähigkeit führen würde (vgl. § 108 Abs. 2 S. 3 AktG).[213]

Den Aufsichtsrat treffen verschiedentliche, im AktG geregelte **Pflichten**, so z. B.

> ➢ Bestellung und Abberufung des Vorstands gem. § 84 AktG; dabei gilt zu beachten, dass ein Aufsichtsratsbeschluss über die Bestellung eines Vorstandsmitglieds nicht automatisch einen Beschluss über dessen Anstellung beinhaltet, sodass in einem solchen Fall auf die Tätigkeit des Vorstandsmitglieds die Grundsätze über das fehlerhafte Arbeitsverhältnisse entsprechend Anwendung mit der Folge finden, dass der „Vertrag" des Vorstands für die Zukunft jederzeit aufgelöst werden kann.[214]

> ➢ Überwachung des Vorstandes gem. § 111 AktG, insbesondere Informationsrecht und Prüfung der Bücher und spezieller Sachverhalte

---

[211] Körner, NJW 2004, 2697
[212] BGH NJW-RR 2002, 1461 = ZiP 2002, 1619 = WM 2002, 1884
[213] BayObLG NZG 2003, 691 = ZiP 2003, 1194
[214] OLG Schleswig, NZG 2001, 275 = ZiP 2001, 71

> Zustimmungspflicht in Bezug auf Geschäfte, die er sich vorbehalten hat, vgl. § 111 Abs. 4 S. 2 AktG

> Vertretung der AG gegenüber den Vorstandsmitgliedern, vgl. §§ 112, 89 AktG

> Sorgfaltspflichten gem. §§ 116, 93 AktG

> Prüfung und Feststellung des Jahresabschlusses gem. §§ 170 - 172 AktG

Der Aufsichtsrat hat im Übrigen aufgrund seiner **Aufgabe, die Tätigkeit des Vorstands zu überwachen und zu kontrollieren**, zugleich die Verpflichtung, das Bestehen etwaiger Schadensersatzansprüche der AG gegenüber den Vorstandsmitgliedern eigenverantwortlich zu prüfen. Dabei hat er zu berücksichtigen, dass dem Vorstand für die Leitung der Geschäfte der AG ein weiter Handlungsspielraum zugebilligt werden muss, ohne den ein unternehmerisches Handeln nicht denkbar ist. Diese Verpflichtung besteht ungeachtet der Möglichkeit der Hauptversammlung gem. § 147 Abs. 1 AktG, eine Rechtsverfolgung zu beschließen. Kommt der Aufsichtsrat dann zu dem Ergebnis, dass sich der Vorstand schadensersatzpflichtig gemacht hat bzw. gemacht haben könnte, muss er aufgrund einer sorgfältigen und sachgerecht durchzuführenden Risikoanalyse abschätzen, ob und in welchem Umfang die gerichtliche Geltendmachung zu einem Ausgleich des entstandenen Schadens führt, wobei Gewissheit nicht verlangt werden kann. Wenn - nach einer derartigen Prüfung - der AG durchsetzbare Schadensersatzansprüche zustehen, hat der Aufsichtsrat die Verpflichtung, diese Ansprüche grundsätzlich zu verfolgen und darf davon nur absehen, wenn gewichtige Gründe des Gesellschaftswohls dagegen sprechen und diese Umstände die Gründe, die für eine Rechtsverfolgung sprechen, überwiegen oder ihnen zumindest gleichwertig sind. Dabei dürfen außerhalb des Unternehmenswohles liegende, die Vorstandsmitglieder persönlich betreffende Gesichtspunkte nur in Ausnahmefällen den Ausschlag geben.[215]

Maßstab für die Sorgfalt des Aufsichtsratsmitglieds bei seiner Tätigkeit ist ein Aufsichtsratsmitglied mit Fähigkeiten, die üblicherweise in einem Unternehmen vergleichbarer Art und Größe anfallen. Bei Mitgliedern von Aufsichtsratsausschüssen sind erhöhte Anforderungen zu stellen. Entsprechendes gilt für Aufsichtsratsmitglieder, die über besondere persönliche Fähigkeiten verfügen.[216] Dies dürfte insbesondere auch für solche Personen Geltung beanspruchen, die nach Maßgabe des **Sarbanes Oxley-Act**[217] als „Bilanzexperten" handeln bzw. auftreten.[218]

Den Aufsichtsratsmitgliedern kann für ihre Tätigkeit eine **Vergütung** gewährt werden, die in der Satzung festgesetzt oder von der Hauptversammlung bewilligt werden kann, vgl. § 113 Abs. 1 AktG. Die Vergütung muss indessen in einem angemessenen

---

[215] BGHZ 135, 244 = NJW 1997, 1926 - ARAG/Garmenbeck
[216] OLG Düsseldorf, WM 1984, 1080 = ZiP 1984, 825 (Wirtschaftsprüfer); LG Hamburg, ZiP 1981, 194 (Bankier)
[217] Dazu detailliert Kersting, ZiP 2003, 233
[218] So auch Mutter/Gayk, ZiP 2003, 1773

Verhältnis zu den Aufgaben der Aufsichtsratsmitglieder und zur Lage der Gesellschaft stehen. Ein besonderes Problem stellen in diesem Zusammenhang sog. Sondervergütungen für Sonderleistungen, z. B. bei Überwachungsaufgaben dar. Gem. § 111 Abs. 2 S. 2 AktG kann der Aufsichtsrat einzelne Mitglieder für bestimmte Überwachungsaufgaben beauftragen. Eine vertragliche Zusage von Sondervergütungen an Aufsichtsratsmitglieder ohne einen entsprechenden Hauptversammlungsbeschluss ist gem. §§ 134 BGB, 113 AktG nichtig, und zwar gleichgültig, ob die AG durch den Vorstand oder durch den Aufsichtsrat handelt.[219] Im Übrigen sind auch Aktienoptionsprogramme („Stock options") zugunsten von Aufsichtsratsmitgliedern unzulässig, zumindest bei zurückgekauften eigenen Aktien (§ 71 Abs. 1 Ziff. 8 AktG) sowie bei Unterlegung mit bedingtem Kapital (§ 192 Abs. 2 Ziff. 3 AktG).[220]

Das Aufsichtsratsmitglied kann im Übrigen unter den Voraussetzungen des § 105 Abs. 2 AktG als Stellvertreter für fehlende/verhinderte Vorstandsmitglieder fungieren (Interimsvorstand), indessen höchstens für ein Jahr.[221]

3. Die Hauptversammlung

Die Hauptversammlung ist das Organ und zugleich das Forum, durch das die Gesamtheit der Aktionäre und auch der einzelne Aktionär ihre bzw. seine Rechte ausübt. Der einzelne Aktionär hat Mitwirkungs-, Auskunfts- und Stimmrechte. Der einzelne Aktionär hat darüber hinaus auch nach Maßgabe des § 245 AktG das Recht, einzelne Beschlüsse der Hauptversammlung anzufechten.

Die Hauptversammlung hat einen **gesetzlich festgelegten Aufgabenkreis**. Gem. § 119 AktG beschließt die Hauptversammlung über

> ➤ die Bestellung und Abberufung der Mitglieder des Aufsichtsrates, §§ 103, 101 AktG,

> ➤ die Verwendung des Bilanzgewinns, § 174 AktG,

> ➤ die Entlastung der Mitglieder des Vorstands und des Aufsichtsrates, § 120 AktG,

> ➤ die Bestellung eines Abschlussprüfers,

> ➤ Satzungsänderungen,

> ➤ Maßnahmen der Kapitalbeschaffung und der Kapitalherabsetzung,

> ➤ die Bestellung von Prüfern zur Prüfung von Vorgängen bei der Gründung oder der Geschäftsführung,

---

[219] BGHZ 114, 127 = NJW 1991, 1830; Hüffer, AktG, § 113 Rdziff. 5
[220] BGHZ 158, 122 = NJW 2004, 1109 = ZiP 2004, 613 - MobilCom
[221] zu diesem Problemkreis Heidbüchel, WM 2004, 1317

> die Auflösung der Gesellschaft,

> den Abschluss von Unternehmensverträgen gem. § 293 AktG,

> die Maßnahmen im Rahmen einer Verschmelzung gem. §§ 13, 65 UmwG.

Ungeachtet dieser vom Gesetz zugewiesenen Zuständigkeit kann ausnahmsweise für bestimmte Entscheidungen der AG der Hauptversammlung eine ungeschriebene Zuständigkeit zufallen, und zwar bei Maßnahmen mit erheblicher Reichweite für das Unternehmen, z. B. bei Übertragung eines – für das Gesellschaftsvermögen bedeutsamen – Betriebsteils.[222] Derlei Ausnahmen kommen indessen nur bei Umstrukturierungsmaßnahmen in Betracht, die die Kernkompetenzen der Hauptversammlung tangieren.[223]

Die **Einberufung der Hauptversammlung** wird durch den Vorstand vorgenommen, in Ausnahmefällen und unter den Voraussetzungen des § 122 Abs. 1, 2 AktG kann die Hauptversammlung auch von einer Minderheit der Aktionäre einberufen werden.[224] Die Einberufung ist bekannt zu machen und findet regelmäßig am Sitz der Gesellschaft statt. Die Einberufungsfrist beträgt grundsätzlich einen Monat, die Tagesordnung ist bekannt zu machen. Es handelt sich dabei um eine den Gesamtvorstand als **Leitungsaufgabe** treffende Verpflichtung.[225] Beschlüsse im Rahmen der Hauptversammlung werden in der Regel mit nur einfacher Stimmenmehrheit gefasst, wobei die jeweiligen Aktiennennbeträge den Ausschlag geben, vgl. §§ 133, 134 AktG. Änderungen der Satzung hingegen bedürfen gem. § 179 Abs. 2 S. 1 AktG im Rahmen der Beschlussfassung einer Mehrheit, die mindestens ¾ des bei der Beschlussfassung vertretenen Grundkapitals umfasst. Hauptversammlungsbeschlüsse sind notariell zu beurkunden, § 130 AktG; dabei trifft den eine Hauptversammlung beurkundenden Notar nicht die Pflicht, eine etwaige Stimmenauszählung zu überwachen; für den Fall, dass die Niederschrift keine Angaben zu eigenen Wahrnehmungen des Notars zu diesem Punkt enthält, ist die Beurkundung gleichwohl ordnungsgemäß und der darauf basierende Beschluss der Hauptversammlung nicht nichtig.[226]

Die **Auszählung der Stimmen** im Rahmen eines Hauptversammlungsbeschlusses kann im Rahmen der Subtraktionsmethode stattfinden; danach werden nur die Stimmenthaltungen und die Nein-Stimmen gezählt und von der Zahl der präsenten Teilnehmer abgezogen. Dieses Verfahren ist - wie auch bei einer WEG-Versammlung - grundsätzlich zulässig, wenn für den Abstimmungszeitpunkt die Anzahl der anwesenden

---

222 BGHZ 83, 122 = NJW 1982, 870 = WM 1982, 388 - Holzmüller
223 BGH NJW 2004, 1860 = WM 2004, 1090 sowie BGH WM 2004, 1085
224 Zu einem solchen Ausnahmefall OLG Düsseldorf, ZiP 2004, 313
225 BGHZ 149, 158 = NJW 2002, 1128 = NZG 2002, 130 = ZiP 2002, 172 - Sachsenmilch III
226 OLG Düsseldorf, WM 2003, 1266 = ZiP 2003, 1147 = NZG 2003, 816; a. A. die Vorinstanz LG Wuppertal, ZiP 2002, 1621 - Goldzack

Teilnehmer sowie deren Stimmkraft feststeht; dies muss sich hinreichend zuverlässig aus dem Teilnehmerverzeichnis und der daneben geführten Präsenzliste ergeben.[227]

Etwaig gefasste Beschlüsse in der Hauptversammlung können entweder gem. § 241 AktG nichtig sein; alternativ dazu besteht die Möglichkeit der Anfechtung durch einen einzelnen Aktionär nach Maßgabe des § 243 AktG. Derartige Anfechtungsrechte beziehen sich nur auf Hauptversammlungsbeschlüsse. Aktienrechtliche Anfechtungsklagen bzw. Nichtigkeitsfeststellungen gem. §§ 241 ff. AktG gegen Vorstands- und/oder Aufsichtsratsbeschlüsse sind unzulässig.[228] Insbesondere die Beschlussfassung bei einer Hauptversammlung ist häufig Gegenstand gerichtlicher Auseinandersetzungen mit einer AG:

> ➤ Ein Beschluss über die Entlastung von Vorstand und Aufsichtsrat ist auch dann anfechtbar, wenn Gegenstand der Entlastung ein Verhalten ist, das eindeutig einen schwerwiegenden Gesetzes- oder Satzungsverstoß beinhaltet, z. B. bei **Verletzung seiner Berichtspflicht gem. § 314 Abs. 2 AktG**; dann ist der ihm Entlastung erteilende Hauptversammlungsbeschluss anfechtbar.[229]

> ➤ Verlangt der Vorstand einer AG in einer Geschäftsführungsangelegenheit die Entscheidung der Hauptversammlung, so muss er ihr auch die **Informationen** geben, die sie für eine sachgerechte Willensbildung benötigt. Handelt es sich bei dieser der Hauptversammlung vom Vorstand abverlangten Entscheidung um die Zustimmung zu einem Verpflichtungsvertrag einer 100%igen (Konzern-) Tochtergesellschaft zur Übertragung ihres ganzen Gesellschaftsvermögens (§ 179 a AktG), die aufgrund eines Rücktrittsvorbehalts von der Billigung der Hauptversammlung der Muttergesellschaft abhängig ist, so hat der Vorstand - entsprechend § 179 a Abs. 2 AktG - den Aktionären durch Auslegung vor und in der Hauptversammlung **Einsichtnahme in den Vertrag** zu gewähren und ihnen **auf Verlangen eine Abschrift des Vertrages zu erteilen**. Geschieht dies nicht, so ist der darauf basierende Hauptversammlungsbeschluss gem. § 243 Abs. 1 AktG anfechtbar.[230]

> ➤ Ein Beschluss einer Hauptversammlung beruht dann auf einer unrechtmäßigen Auskunftsverweigerung des Vorstandes und ist fehlerhaft, wenn ein vernünftig urteilender Aktionär bei Kenntnis der Umstände, die Gegenstand seines Auskunftsbegehrens waren, anders abgestimmt hätte, als ohne die Erlangung dieser Kenntnis abgestimmt worden ist. Für die Beurteilung von Umfang und Inhalt der Auskunft kann der **Kenntnisstand des Mehrheitsaktionärs** nicht außer Acht gelassen werden.[231] Dies gilt auch für Fälle offensichtlich gesetz-

---

[227] BGHZ 152, 63 = NJW 2002, 3629; OLG Hamm, NJW-RR 2003, 1397 = NZG 2003, 924; Hüffer, AktG, § 133 Rdziff. 24
[228] OLG Frankfurt, ZiP 2003, 1198 = NZG 2003, 331
[229] BGHZ 153, 47 = NJW 2003, 1032 = NZG 2003, 280 = ZiP 2003, 387 - Macrotron
[230] BGHZ 146, 288 = NJW 2001, 1277 = NZG 2001, 405 = ZiP 2001, 416 - Altana/Milupa
[231] BGHZ 122, 211 = NJW 1993, 1976; BGHZ 119, 1 = NJW 1992, 2760

widriger Vorstandsberichte.[232] Werden einem Aktionär Informationen vorenthalten, die für seine Mitwirkung an der Beschlussfassung der Hauptversammlung wesentlich sind, werden seine gesellschaftsrechtlichen Teilnahme- und Mitwirkungsrechte verletzt. Es ist dann davon auszugehen, dass sich dieser Informationsmangel - bei wertender Betrachtungsweise - in der Regel auf das Beschlussergebnis nachteilig auswirkt, was zu einer Anfechtbarkeit des Hauptversammlungsbeschlusses führt.[233]

➤ Ein Hauptversammlungsbeschluss ist allerdings dann nicht anfechtbar bzw. wirksam, wenn er auf einem **Beschlussvorschlag** basiert, der lediglich **von einem von zwei satzungsgemäß vorgesehenen Vorstandsmitgliedern unterbreitet** wird; dies gilt aber nur dann, wenn die Satzung der AG vorschreibt, dass der Aufsichtsrat die Zahl der Vorstandsmitglieder bestimmt und der Aufsichtsrat die sofortige Abberufung eines Vorstandsmitglieds beschließt, ein neues Mitglied aber erst für einen späteren Zeitpunkt bestellt. Voraussetzung ist ebenfalls, dass sich das Bewusstsein einer (befristeten) Reduktion der Zahl der Vorstandsmitglieder zumindest durch Auslegung aus dem Aufsichtsratsbeschluss entnehmen lässt.[234]

➤ Ein Hauptversammlungsbeschluss ist auch dann nicht anfechtbar, wenn er auf eine Einberufung zurückgeht, bei der die **voraussichtliche Dauer der Hauptversammlung nicht angegeben** ist. Denn die Angabe der voraussichtlichen Dauer gehört nicht zu den vom Gesetz vorgeschriebenen Erfordernissen einer wirksamen Einberufung.[235]

➤ Gegen eine sog. „**Blockabstimmung**" der Hauptversammlung über mehrere zusammenhängende Sachfragen, z. B. Zustimmung zu mehreren Unternehmensverträgen, bestehen jedenfalls dann keine Bedenken, wenn der Versammlungsleiter zuvor darauf hinweist, dass durch (mehrheitliche) Ablehnung der Beschlussvorlage eine Einzelabstimmung herbeigeführt werden kann, und kein anwesender Aktionär Einwände gegen diese Verfahrensweise erhebt.[236]

➤ Im Rahmen der Hauptversammlung hat der Vorstand jedem Aktionär auf Verlangen Auskunft über Angelegenheiten der Gesellschaft zu geben, soweit dies zur sachgemäßen Beurteilung des Gegenstands der Tagesordnung erforderlich ist, § 131 Abs. 1 S. 1 AktG. Werden von Seiten des Vorstands entsprechende Auskünfte nicht erteilt, so kann der Aktionär nach Maßgabe des § 132 AktG die Auskünfte gerichtlich erzwingen. Indessen gehört der Inhalt des Abhängigkeitsberichts nicht zu den Angelegenheiten einer abhängigen Gesellschaft, über

---

232 BGHZ 107, 296 = NJW 1989, 2689
233 BGHZ 149, 158 = NJW 2002, 1128 = NZG 2002, 130 = ZiP 2002, 172 - Sachsenmilch III
234 BGH NZG 2002, 817 = ZiP 2002, 216 = WM 2002, 287 - Sachsenmilch IV
235 OLG Koblenz, ZiP 2001, 1093 - Diebels/Reginaris I; OLG Koblenz, ZiP 2001, 1095 - Diebels/Reginaris II
236 BGHZ 156, 38 = NJW 2003, 3412 = WM 2003, 1896 = ZiP 2003, 1788 – Dtsch. Hypothekenbank

die der Vorstand außenstehenden Aktionären in der Hauptversammlung Auskunft geben muss. Dies gilt auch für die Höhe von Konzernumlagen.[237] Das erweiterte Auskunftsrecht des Aktionärs nach § 131 Abs. 4 AktG ist hingegen nicht auf Auskünfte beschränkt, die in dem der Hauptversammlung vorausgehenden Geschäftsjahr gegeben wurden. Es bezieht sich auch auf Auskünfte, die außerhalb der Hauptversammlung einem Großaktionär erteilt wurden. Ein Aktionär kann jedoch nicht verlangen, dass der Vorstand die Richtigkeit der von ihm erteilen Auskunft an Eides statt versichert.[238]

➢ Bei beabsichtigten Kapitalerhöhungen haben Aktionäre **keinen Anspruch auf Vorabinformationen**, wenn sich die geplanten Maßnahmen in Übereinstimmung mit der dem Vorstand und Aufsichtsrat erteilten Entscheidungsermächtigung bewegen.[239]

➢ Auf Verlangen von einem Aktionär hat der Vorstand in der Hauptversammlung allerdings Auskunft über die Kosten der Gewährung von Bezugsrechten an Vorstand, Arbeitnehmer und Aufsichtsrat zu geben.[240]

➢ Nach Maßgabe des § 244 S. 1 AktG kann die Anfechtung nicht mehr geltend gemacht werden, wenn die Hauptversammlung den anfechtbaren Beschluss durch einen neuen Beschluss bestätigt hat und dieser Beschluss innerhalb der Anfechtungsfrist nicht angefochten oder die Anfechtung rechtskräftig zurückgewiesen worden ist. Voraussetzung für diese Bestätigungswirkung ist allein, dass der Beschluss die behaupteten oder tatsächlich bestehenden Mängel beseitigt und seinerseits nicht an Mängeln leidet; einer Neuvornahme des seinerzeit gefassten Beschlusses bedarf es nicht, sodass im Zeitpunkt der Bestätigung auch die materiellen Voraussetzungen für den Erstbeschluss nicht mehr erfüllt sein müssen.[241]

➢ Ein die Satzung der AG abändernder Hauptversammlungsbeschluss, der die freie Übertragbarkeit des Mitgliedschaftsrechts bzw. Aktien (durch Einführung einer Unterschriftsbeglaubigung für die Übertragung von nicht verbrieften Namensaktien) beeinträchtigt, ist gem. § 241 Ziff. 3 AktG nichtig.[242]

Gem. § 245 Ziff. 1 AktG ist der Aktionär zur Anfechtung befugt. Die Anfechtungsklage ist aber unter eigenem Namen auch für einen Aktionär möglich, wenn dieser den Kläger besonders ermächtigt (sog. **Prozessstandschaft**).[243] Auch der sog. Legitimationsaktionär, der also mit einer Ermächtigung gem. § 129 Abs. 3 AktG an der Haupt-

---

[237] OLG Frankfurt, NJW-RR 2003, 473 = ZiP 2003, 761 = NZG 2003, 224
[238] BayObLG, NJW-RR 2002, 1558 = ZiP 2002, 1804
[239] LG Frankfurt, NJW-RR 2001, 1046
[240] OLG München, NJW-RR 2002, 1117
[241] BGHZ 157, 206 = NJW 2004, 1165 = ZiP 2004, 310 = WM 2004, 327 - Sachsenmilch V
[242] BGH NJW 2004, 3561 = NZG 2004, 1109 = ZiP 2004, 2093 – Aktien-Gesellschaft EMS
[243] OLG Stuttgart, NJW-RR 2003, 1619 = ZiP 2003, 2024; OLG Stuttgart, NZG 2001, 854; Hüffer, AktG, § 245 Rdziff. 11

versammlung teilgenommen hat, benötigt **zusätzlich** eine **Ermächtigung** für die Anfechtungsklage; eine solche Ermächtigung liegt schon vor, wenn die Auslegung ergibt, dass neben der Teilnahme an der Hauptversammlung auch die Klageerhebung umfasst sein sollte.[244] **Darüber hinaus** wird für die sog. Prozessstandschaft auch ein **rechtliches Eigeninteresse** des Klägers zu verlangen sein.[245] Die Prozessstandschaft ist zugleich innerhalb der Klagefrist (§ 246 AktG) offen zu legen.[246]

VIII. Maßnahmen der Kapitalbeschaffung und Kapitalherabsetzung

Maßnahmen der **Kapitalerhöhung** dienen der Zuführung neuen Kapitals. Dabei ist zu berücksichtigen, dass eine Kapitalerhöhung auch aus Gesellschaftsmitteln zugeführt werden kann, vgl. § 207 AktG. Letztlich werden dadurch Rücklagen in Grundkapital umgewandelt.

Im Rahmen der Kapitalerhöhung ist die ordentliche Kapitalerhöhung von der bedingten Kapitalerhöhung zu unterscheiden. Bei der ordentlichen Kapitalerhöhung werden **neue Aktien gegen Zahlung eines entsprechenden Preises** ausgegeben, vgl. §§ 182 ff. AktG. Bei der bedingten Kapitalerhöhung hingegen wird von einem durch die AG eingeräumten **Umtausch- oder Bezugsrecht** in eng begrenzten Fällen Gebrauch gemacht, vgl. § 192 AktG.

Ebenfalls eine Maßnahme der effektiven Kapitalerhöhung ist die in § 202 AktG festgeschriebene Regelung über das sog. genehmigte Kapital; die Satzung kann den Vorstand für höchstens fünf Jahre nach Eintragung der Gesellschaft ermächtigen, das Grundkapital bis zu einem bestimmten Nennbetrag (**genehmigtes Kapital**) durch Ausgabe neuer Aktien gegen Einlagen zu erhöhen.

Der Vorstand und der Aufsichtsratsvorsitzende haben die Durchführung der Erhöhung des Grundkapitals zur Eintragung in das Handelsregister anzumelden, vgl. § 188 Abs. 1 AktG. Das Registergericht hat dabei eine Prüfungspflicht und hat die Einhaltung der gesetzlichen Regelungen zu überwachen. Diese Prüfungspflicht erstreckt sich dabei auch auf die Frage, ob der gesamte Vorgang der Kapitalerhöhung gesetzes- und satzungsgemäß abgelaufen ist. Wenn das Registergericht Zweifel an der Gesetzes- oder Satzungsgemäßheit hat, so hat es von Amts wegen Ermittlungen anzustellen und ggf. Beweise zu erheben. Wird im Rahmen einer Kapitalerhöhung durch Vereinbarung zwischen den Aktionären (**Investors-Agreement**) eine Zuzahlungspflicht der Neuaktionäre begründet, so kann das Registergericht die Vorlage dieser Vereinbarung

---

244 OLG Stuttgart, NJW-RR 2003, 1619 = ZiP 2003, 2024; Hüffer, AktG, § 245 Rdziff. 11; Hüffer in: MünchKomm-AktG, § 245 Rdziff. 29
245 OLG Stuttgart, NJW-RR 2003, 1619 = ZiP 2003, 2024
246 BGH NJW-RR 2002, 20; BGH NJW 1999, 3707

fordern, um zu prüfen, ob eine Pflicht zur Leistung einer Einlage über den geringsten Ausgabebetrag hinaus begründet worden ist.[247]

Häufig wird im Zuge einer Kaitalerhöhung ein **Bezugsrechtsausschluss** beschlossen. Hierzu trifft § 186 Abs. 4 AktG bestimmte Voraussetzungen. Ein Bezugsrechtsausschluss kann damit gerechtfertigt werden, dass Belegschaftsaktien ausgegeben werden sollen, die im Interesse der Gesellschaft liegen.[248]

Eine Kapitalerhöhung wird dadurch vorgenommen, dass für den Kapitalerhöhungsbetrag Aktien ausgegeben werden. Häufig wird ein Unternehmen indessen unsicher darüber sein, ob und inwieweit sich diese „jungen Aktien" am Markt werden platzieren lassen und lässt - um sich einen Platzierungsüberblick zu verschaffen - sog. Zeichnungsvorverträge abschließen. Durch einen solchen **Zeichnungsvorvertrag** verpflichtet sich der Anleger zur späteren Zeichnung. Indessen muss der Inhalt des Kapitalerhöhungsbeschlusses auch bereits für die Wirksamkeit des Zeichnungsvorvertrages feststehen.[249] Im Übrigen muss ein Zeichnungsvorvertrag auch einen Zeitpunkt angeben, in dem die Zeichnung unwirksam wird, wenn nicht bis dahin die Kapitalerhöhung im Handelsregister eingetragen ist; dies folgt aus einer entsprechenden Anwendung von § 185 Abs. 1 S. 3 Ziff. 4 AktG.[250]

Auch die **Kapitalherabsetzung** ist als eine Maßnahme der Kapitalbeschaffung anzusehen. Dabei ist die ordentliche Kapitalherabsetzung von der einfachen Kapitalherabsetzung zu unterscheiden. Durch die Verringerung des Grundkapitals entsteht ein Buchertrag, der als Ertrag aus der Kapitalherabsetzung in der Gewinn- und Verlustrechnung auszuweisen ist, vgl. § 240 S. 1 AktG. Dadurch wird aber nicht nur gleichzeitig die Haftungsgrundlage der AG verringert, sondern werden auch in ganz erheblichem Maße die Interessen der Aktionäre berührt. Wenn jedoch die Informationsrechte der Aktionäre nicht verletzt worden sind, so scheidet bei einer ansonsten formell rechtmäßigen Kapitalherabsetzung eine materielle Beschlusskontrolle aus.[251]

IX.   Kommanditgesellschaft auf Aktien (KGaA)

Die KGaA ist eine Gesellschaft mit eigener Rechtspersönlichkeit, bei der mindestens ein Gesellschafter den Gesellschaftsgläubigern unbeschränkt haftet (persönlich haftender Gesellschafter) und die übrigen an dem in Aktien zerlegten Grundkapital beteiligt sind, ohne persönlich für die Verbindlichkeiten der Gesellschaft zu haften (Kommanditaktionäre), vgl. § 278 Abs. 1 AktG. Die KGaA ist eine juristische Person, bei deren Firma die Bezeichnung „Kommanditgesellschaft auf Aktien" oder aber eine allgemein-

---

[247] BayObLG, NJW-RR 2002, 1036
[248] BGHZ 144, 290 = NJW 2000, 2356 = NZG 2000, 836 = ZiP 2000, 1162 - Adidas
[249] Hüffer, AktG, § 185 Rdziff. 31
[250] OLG Frankfurt, NZG 2001, 758 = ZiP 2001, 1048
[251] OLG Dresden, ZiP 2001, 1539

verständliche Abkürzung dieser Bezeichnung Anwendung zu finden hat, vgl. § 279 Abs. 1 AktG. Wie auch eine AG existieren bei der KGaA ein Aufsichtsrat und die Hauptversammlung. Der persönlich haftende Gesellschafter nimmt die Vorstandsaufgaben wahr, vgl. § 283 AktG. Hinzuweisen ist noch darauf, dass gem. § 279 Abs. 2 AktG auch eine juristische Person persönlich haftende Gesellschafterin sein kann, sodass dann - sollte diese juristische Person z. B. eine GmbH sein - die vollständige Bezeichnung „GmbH & Co. KGaA" lauten müsste. Beispiele derartig verflochtener Kapitalgesellschaften finden sich z. B. im Bereich des Fußballsports (Borussia Dortmund GmbH & Co. KGaA).

Zu einem besonderen Problem kann die Verweisung in § 278 Abs. 3 AktG führen, wonach im Übrigen für die KGaA, soweit sich aus den §§ 278 ff. AktG nichts anderes ergibt, §§ 1 - 277 AktG sinngemäß gelten. Diese Regelung in § 278 Abs. 3 AktG wiederum kann im Einzelfall mit der Regelung in § 278 Abs. 2 AktG konkurrieren, wonach das Rechtsverhältnis der persönlich haftenden Gesellschafter untereinander und gegenüber der Gesamtheit der Kommanditaktionäre sowie gegenüber Dritten, namentlich die Befugnis der persönlich haftenden Gesellschafter zur Geschäftsführung und zur Vertretung der Gesellschaft, nach §§ 161 ff. HGB bestimmt wird. Probleme ruft diese „Verweisungskonkurrenz" insbesondere dann hervor, wenn **Verträge zwischen der Gesellschaft einerseits und Vorstandsmitgliedern andererseits** abgeschlossen werden. In einem solchen Fall ist es fraglich, wer **die Gesellschaft (außergerichtlich) vertritt**. Nach hiesigem Verständnis dürfte die Regelung in § 278 Abs. 3 AktG maßgeblich sein, woraus wiederum die entsprechende Anwendbarkeit von § 112 AktG folgt; diese Regelung bestimmt, dass Vorstandsmitglieder gegenüber der Gesellschaft auch außergerichtlich von dem Aufsichtsrat vertreten werden, wobei - wegen der lediglich sinngemäßen Anwendung - unter Vorstandsmitgliedern die (auch: ehemaligen) persönlich haftenden Gesellschafter zu verstehen sind.[252] Für diese Sichtweise streiten folgende Überlegungen. Auf den ersten Blick sprechen sowohl die Regelung in § 278 Abs. 2 AktG als auch in § 278 Abs. 3 AktG dafür, die Vertretungskompetenz der KGaA nach den Regelungen des Rechts der KG, welche ihrerseits auf diejenigen der OHG verweisen, zu bestimmen. Da jedoch diese Regelungen in §§ 105 ff. bzw. §§ 161 ff. HGB die Konstituierung eines Aufsichtsrats in eben einer OHG bzw. KG nicht kennen, bestand für den (historischen) Gesetzgeber auch kein Anlass, die - gem. § 278 Abs. 2 AktG bestehende - Vertretungskompetenz der persönlich haftenden Gesellschafter einzuschränken. Dies bedeutet einerseits nach dem Verständnis der §§ 278 ff. AktG, dass die Vertretungskompetenz abschließend geregelt wäre. Andererseits zeigt die Regelung in § 278 Abs. 3 AktG mit den Worten „im Übrigen", dass für Sonderfälle, wie z. B. bei § 112 AktG, die Vertretungskompetenz dem Aufsichtsrat zugewiesen oder aber - wie bei § 114 AktG - jedenfalls die Zustimmung des Aufsichtsrates zum Wirksamkeitserfordernis erhoben wird. Von daher erscheint es geboten, für den Sonderfall eines Vertrages eines Vorstandsmitglieds mit der Gesellschaft - über die Verweisung

---

[252] BGH WM 2005, 330

des § 278 Abs. 3 AktG - die Vorschrift des § 112 AktG entsprechend anzuwenden.[253] Die Regelung des § 112 AktG gilt dabei nicht nur für aktuell tätige Vorstandsmitglieder, sondern auch für solche, die bereits ausgeschieden sind. **Ein Verstoß gegen § 112 AktG führt unter Heranziehung von § 134 BGB zur Nichtigkeit des Rechtsgeschäfts.**[254] Im Übrigen ist bei derlei Verträgen, insbesondere innerhalb einer Konzerngruppe, die Regelung in § 105 AktG (Inkompatibilität von Vorstands- und Aufsichtsratsmandat) zwingend zu beachten.

X.   Verbundene Unternehmen

1.   Allgemeines

Obschon die AG als eigenständiges Unternehmen und als selbständige Einheit vom AktG konzipiert wurde, so ist in der Praxis eine häufige Verflechtung mit anderen Unternehmen zu beobachten. Zu diesem Zweck wurden in §§ 15 ff. bzw. §§ 291 ff. AktG Vorschriften geschaffen, die in erster Linie der Gefahrenabwehr bzw. dem Gläubigerschutz dienen. Verbundene Unternehmen sind rechtlich selbständige Unternehmen, die im Verhältnis zueinander im Mehrheitsbesitz stehende Unternehmen und mit Mehrheit beteiligte Unternehmen, abhängige und herrschende Unternehmen, Konzernunternehmen, wechselseitig beteiligte Unternehmen oder Vertragsteile eines Unternehmensvertrags sind.

> ➢ Eine **Mehrheitsbeteiligung** i. S. d. § 16 AktG liegt vor, wenn die Mehrheit der Anteile eines rechtlich selbständigen Unternehmens einem anderen Unternehmen zusteht oder aber ihm die Mehrheit der Stimmrechte zusteht.

> ➢ **Abhängige Unternehmen** sind rechtlich selbständige Unternehmen, auf die ein anderes Unternehmen (herrschendes Unternehmen) unmittelbar oder mittelbar einen beherrschenden Einfluss ausüben kann, § 17 AktG. Der Mehrheitsaktionär, der zugleich Vorstandsvorsitzender der AG ist und Beteiligungen von 9 % bzw. 15 % an deren Tochtergesellschaft hält, in dem er auch Vorsitzender des Aufsichtsrats ist, wird nicht über die Zurechnungsregel des § 16 Abs. 4 AktG zu einem Unternehmen i. S. d. §§ 15 ff. AktG.[255]

> ➢ Sind ein herrschendes und ein oder mehrere abhängige Unternehmen unter der einheitlichen Leitung des herrschenden Unternehmens zusammengefasst, so bilden sie einen Konzern; die einzelnen Unternehmen sind Konzernunternehmen (**Unterordnungskonzern**). Von einem **Gleichordnungskonzern** wird gesprochen, wenn rechtlich selbständige Unternehmen, ohne wechselseitig ab-

---

[253] Hüffer, AktG, § 278 Rdziff. 16; LG Göttingen, Urt. v. 19.02.2002 - 3 O 81/01 (nicht veröffentlicht)

[254] ausdrücklich offen gelassen von BGH WM 2005, 330

[255] BGHZ 148, 123 = NJW 2001, 2973 = NZG 2001, 938 - MLP

hängig zu sein, unter einer einheitlichen Leitung zusammengefasst sind, § 18 AktG.

> **Wechselseitig beteiligte Unternehmen** sind Unternehmen mit Sitz im Inland in der Rechtsform einer Kapitalgesellschaft, die dadurch verbunden sind, dass jedem Unternehmen mehr als der vierte Teil der Anteile des anderen Unternehmens gehört, § 19 Abs. 1 S. 1 AktG.

> Verbundene Unternehmen können auch dann entstehen, wenn sie sich wechselseitig **durch entsprechende schuldrechtliche Verträge** verbunden haben. Insbesondere kommen dann Beherrschungsverträge, Gewinnabführungsverträge, Gewinngemeinschaftsverträge oder aber Betriebspacht-/Betriebsüberlassungsverträge in Betracht, §§ 291, 292 AktG.

Während noch bis vor kurzem im Rahmen der Haftung im qualifizierten faktischen Konzern auf eine entsprechende Anwendung der §§ 302, 303 AktG zurückgegriffen wurde, ist zwischenzeitlich durch die Entscheidung des BGH „**Bremer Vulkan**" eine anderweitige Entwicklung eingeleitet worden. Einen (Allein-) Gesellschafter, der eine von ihm abhängige Gesellschaft (GmbH) veranlasst, ihre liquiden Mittel in einem von ihm beherrschten konzernierten Liquiditätsverbund („Cash Management") einzubringen, trifft die Pflicht, bei Dispositionen über ihr Vermögen auf ihr Eigeninteresse an der Aufrechterhaltung ihrer Fähigkeit, ihren Verbindlichkeiten nachzukommen, angemessen Rücksicht zu nehmen; die Existenz jener abhängigen GmbH darf nicht gefährdet werden. Verletzt der Gesellschafter diese ihm obliegende Pflicht, kann dies den Tatbestand des Treubruchs gem. § 266 Abs. 1 StGB verwirklichen und ggf. eine Haftung gem. §§ 823 Abs. 2 BGB iVm § 266 Abs. 1 StGB, § 826 BGB auslösen.[256] Diese Fallgruppe der **Existenzvernichtung durch Ressourcenabzug** steht am Ende einer Entwicklung der Rechtsprechung des BGH, der sich im Rahmen von verbundenen Unternehmen mit den verschiedensten Fallkonstellationen hat befassen müssen.[257] In der sog. **TBB-Entscheidung** führte der BGH dann klarstellend aus, dass eine dauernde und umfassende Leitungsmacht nicht allein ausreiche, um eine Haftung im qualifiziert faktischen Konzern zu begründen; es müsse vielmehr eine **objektiv missbräuchliche Ausnutzung der Stellung des herrschenden Gesellschafters** vorliegen. Dies hat im Einzelnen der Kläger darzulegen und zu beweisen. Vermutungsregeln, wie sie noch in früheren Entscheidungen angewendet wurden, greifen nicht mehr.[258]

---

[256] BGHZ 149, 10 = NJW 2001, 3622 = NZG 2002, 38 = ZiP 2001, 1874 - Bremer Vulkan; detailliert dazu Haas, WM 2003, 1929 ff. sowie Lutter/Banerjea, ZiP 2003, 2177 ff.
[257] Vgl. BGHZ 95, 330 = NJW 1986, 188 = ZiP 1985, 1263 = WM 1985, 1263 - Autokran; BGHZ 107, 7 = NJW 1989, 1800 = ZiP 1989, 440 - Tiefbau; BGHZ 115, 187 = NJW 1991, 3142 = ZiP 1991, 1354 = WM 1991, 1837 - Video
[258] BGHZ 122, 123 = NJW 1993, 1200 = ZiP 1993, 589 = WM 1993, 687 - TBB; zum Ganzen instruktiv Goette, Beiheft ZHR 70 (2002) S. 11 ff.

2. Ausgewählte Rechtsfragen

a. Sicherung der außenstehenden Aktionäre bei Beherrschungs- und Gewinnabführungsverträgen

Gem. §§ 304, 305 AktG müssen Beherrschungs- und Gewinnabführungsverträge für die außenstehenden Aktionäre eine auf die Anteile am Grundkapital bezogene wiederkehrende Geldleistung (Ausgleichszahlung) bzw. einen bestimmten jährlichen Gewinnanteil oder eine Abfindung vorsehen. Fraglich ist in derlei Fällen, nach welchen Kriterien dieser variable Ausgleich bzw. die Abfindung zu bestimmen ist, wobei der Anspruch auf den variablen Ausgleich im Übrigen auch dann noch bestehen bleibt, wenn die abhängige AG (während eines laufenden Spruchverfahrens) in die herrschende AG eingegliedert wird.[259]

Nach Ansicht des BVerfG und des BGH (ihnen folgend OLG Düsseldorf) muss bei der Festsetzung einer Abfindung oder eines variablen Ausgleichs als **Unternehmenswert** der **Börsenkurs** zugrunde gelegt werden. Liegt der geschätzte **Unternehmenswert** indessen **höher**, so muss auf eben diesen **Schätzwert** abgestellt werden. Wenn der Börsenkurs entscheidet, ist als Referenzkurs auf denjenigen Kurs abzustellen, der unter Ausschluss außergewöhnlicher Tagesausschläge oder kurzfristiger, sich nicht verfestigender sprunghafter Entwicklungen aus dem arithmetischen Mittel der letzten drei Monate vor dem Stichtag (= Tag des Zustimmungsbeschlusses der abhängigen Gesellschaft zum Unternehmensvertrag) gebildet wird.[260]

Weiterhin war lange Zeit fraglich, wie zu verfahren ist, wenn ein Aktionär zunächst Ausgleichszahlungen gem. § 304 AktG vom herrschenden Unternehmen in Empfang nimmt und danach von seinem Wahlrecht auf Zahlung einer Barabfindung gem. § 305 AktG Gebrauch macht. In einem solchen Fall sind, so entschied der BGH, sind die empfangenen **Ausgleichsleistungen ausschließlich** auf die sog. **Abfindungszinsen** gem. § 305 Abs. 3 S. 3 AktG, nicht hingegen auf den Barabfindungsbetrag selbst anzurechnen.[261]

Die Berechnungsweise für die Abfindung gem. § 305 AktG hat der BGH dahingehend weiterentwickelt, dass **bei** der (zwangsläufig mit Unsicherheiten behafteten) **Prognose** des Barwertes zukünftiger Überschüsse **Inflationsabschläge** bzw. **Risikozuschläge** gerechtfertigt sind. Der sich so ergebende Ertragswert des Unternehmens ist dem Liquidationswert (zusammen: Unternehmenswert) hinzuzurechnen und zum Stichtag heraufzuzinsen; sodann ist der Quotient daraus im Verhältnis zum Grundkapital zu bilden, ergo:

---

[259] BGHZ 135, 374 = NJW 1997, 2242 = ZiP 1997, 1193 – Guano
[260] BVerfGE 100, 289 = NJW 1999, 3769; BGHZ 147, 108 = NJW 2001, 2080 = NZG 2002, 603 = ZiP 2001, 734 – DAT/Altana; OLG Düsseldorf, ZiP 2003, 1247 und OLG Stuttgart, DB 2003, 2429 (dort auch zur Berechnung im Einzelnen)
[261] BGHZ 152, 29 = NJW 2002, 3467 = NZG 2002, 1057 = ZiP 2002, 1892 – Philips Kommunikations Industrie AG

$$\frac{\text{(Ertragswert + Liquidationswert) zzgl. Verzinsung}}{\text{Grundkapital der AG}} = \frac{\text{Abfindung je Aktie}}{\text{(Nennwert)}}$$

Der Gewinnanteil als fester Ausgleich gem. § 304 Abs. 2 S. 1 AktG ist hingegen nach Maßgabe der Ertragslage der AG und der künftigen Ertragsaussichten zu ermitteln. Als erwirtschafteter Gewinn ist dabei der Gewinn vor Steuern anzusehen, weil die Körperschaftssteuer von der Gesellschaft selbst nicht beeinflusst werden kann. Daher ist den Minderheitsaktionären der **voraussichtlich verteilungsfähige durchschnittliche Bruttogewinnanteil** als feste Größe zu gewährleisten, von dem die **Körperschaftssteuerbelastung abzusetzen** ist.[262]

b.　Ausschluss von Minderheitsaktionären („Squeeze-Out")

Die Möglichkeit des Ausschlusses von Minderheitsaktionären wurde in dem als Artikelgesetz konzipierten „Gesetz zur Regelung von öffentlichen Angeboten zum Erwerb von Wertpapieren und von Unternehmensübernahmen", dessen Kern das WpÜG ist, vorgesehen. Die in jenem Gesetz vorgesehene Einfügung der §§ 327 a - 327 f AktG stellt nur einen Teil zur Erreichung des gesetzgeberischen Ziels dar,

> ➢ Leitlinien für ein faires und geordnetes Angebotsverfahren zu schaffen, ohne Unternehmensübernahmen zu fördern oder zu verhindern,

> ➢ Information und Transparenz für die betroffenen Wertpapierinhaber und Arbeitnehmer zu verbessern,

> ➢ die rechtliche Stellung von Minderheitsaktionären bei Unternehmensübernahmen zu stärken und

> ➢ sich an international üblichen Standards zu orientieren.[263]

Gem. § 327 a AktG kann die Hauptversammlung (einer AG oder einer KGaA) auf Antrag eines Hauptaktionärs, dem 95 % der Aktien gehören, die Übertragung der Aktien der übrigen Aktionäre (Minderheitsaktionäre) auf den Hauptaktionär gegen Gewährung einer angemessenen Barabfindung beschließen, sog. **Squeeze-Out-Verfahren.**

Wenngleich das Anteilsrecht eines Aktionärs den verfassungsrechtlichen Eigentumsschutz aus Art. 14 Abs. 1 GG genießt, schließt dies jedoch nicht aus, Minderheitsaktionäre in einem geregelten Verfahren auch gegen ihren Willen aus der Gesellschaft auszuschließen.[264] Demgemäß sind die Vorschriften in §§ 327 a ff. AktG keinen durchgreifenden verfassungsrechtlichen Bedenken ausgesetzt, weil darin Regelungen zur Ermittlung (und gerichtlichen Überprüfung) der Angemessenheit notwendigerweise zu

---

262　BGHZ 156, 57 = NJW 2003, 3272 = WM 2003, 1859 = ZiP 2003, 1745; BGH NJW-RR 2003, 1541 = WM 2003, 1766; BGHZ 138, 136 = NJW 1998, 1866 = NZG 1998, 379
263　Zehetmeier-Müller in: Geibel/Süßmann, WpÜG, Einleitung Rdziff. 35
264　BVerfG NJW 2001, 279 = WM 2000, 1948

zahlender Barabfindungen normiert sind, die dem Schutz der Minderheitsaktionäre Rechnung tragen.[265]

Indessen muss im Rahmen eines Squeeze-Out-Verfahrens berücksichtigt werden, dass das **Barabfindungsangebot nicht den Abzug von Ausgleichs-/Dividendenzahlungen von der Barabfindung** gem. §§ 327 a Abs. 1, 327 b AktG **vorsehen darf**; anderenfalls ist das Barabfindungsangebot nicht ordnungsgemäß und ein darauf basierender Hauptversammlungsbeschluss (in diesem Umfang) unwirksam, sodass insoweit eine entsprechende aktienrechtliche Anfechtungsklage begründet ist.[266]

Die Übertragung bzw. die angebotene Barabfindung müssen Gegenstand der Tagesordnung sein, vgl. § 327 c Abs. 1 AktG. Im Übrigen hat der Hauptaktionär der Hauptversammlung einen schriftlichen Bericht zu erstatten, in welchem die Übertragungsvoraussetzungen und die Angemessenheit der Abfindung dargelegt und erläutert werden, vgl. § 327 c Abs. 2 S. 1 AktG. Wenn Hauptaktionärin eine GmbH ist, muss der Bericht nicht von allen Geschäftsführern unterschrieben werden; es genügt die Unterschrift von Geschäftsführern in vertretungsberechtigter Zahl.[267] Die Erläuterung dieses Berichts in der Hauptversammlung kann der Vorstand dem Hauptaktionär überlassen.[268]

Hält ein Aktionär die angebotene Barabfindung für nicht angemessen, so kann auf dessen Antrag das nach dem SpruchG zuständige Gericht die angemessene Barabfindung festlegen. Antragsbefugt für ein solches Verfahren ist nur der Aktionär, der im Aktienregister eingetragen ist und für den die unwiderlegliche Vermutung des § 67 Abs. 2 AktG gilt.[269]

Ein in der Hauptversammlung einer AG gem. § 327 a Abs. 1 S. 1 AktG gefasster Übertragungsbeschluss ist in das Handelsregister einzutragen, damit die Aktien der Minderheitsaktionäre auf den Hauptaktionär übergehen (§ 327 e Abs. 3 AktG). Kann der Vorstand der AG bei der Anmeldung des Übertragungsbeschlusses die gem. § 327 e Abs. 2 iVm § 319 Abs. 5 AktG erforderliche Negativerklärung nicht abgeben, weil gegen den Beschluss Klage erhoben ist, so hat er gem. § 327 e Abs. 2 iVm § 319 Abs. 5 AktG die Möglichkeit, einen Freigabebeschluss zu erwirken, wenn die gegen die Wirksamkeit des Hauptversammlungsbeschlusses erhobene Klage unzulässig oder offensichtlich unbegründet ist oder die Gesellschaft ein vorrangiges Eintragungsinteresse hat. Offensichtlich unbegründet ist eine Klage, wenn sie - ohne dass es einer weiteren

---

[265] OLG Hamburg, WM 2003, 1271 = NZG 2003, 978; OLG Köln, BB 2003, 2307; OLG Oldenburg, NZG 2003, 691
[266] OLG Hamburg, WM 2003, 1271= NZG 2003, 978
[267] OLG Stuttgart, NZG 2004, 146 = ZiP 2003, 2363
[268] Hüffer, AktG, § 327 d Rdziff. 4
[269] OLG Hamburg, NJW-RR 2004, 125

Tatsachenaufklärung bedarf - weder aus tatsächlichen noch aus rechtlichen Gründen Erfolg haben kann.[270]

§ 9   Die Genossenschaft (Gen)

Genossenschaften sind Gesellschaften von nicht geschlossener Mitgliederzahl, welche die Förderung des Erwerbs oder der Wirtschaft ihrer Mitglieder mittels gemeinschaftlichen Geschäftsbetriebes bezwecken. Die Genossenschaft ist eine juristische Person und als solche in der Lage, Trägerin von Rechten und Pflichten zu sein. Sie gilt als Kaufmann. Die Erscheinungsformen einer Genossenschaft ergeben sich aus § 1 Abs. 1 GenG, und zwar

> ➢ Vorschuss- und Kreditvereine

> ➢ Rohstoffvereine

> ➢ Vereine zum gemeinschaftlichen Verkauf landwirtschaftlicher oder gewerblicher Erzeugnisse (Absatzgenossenschaften, Magazinvereine)

> ➢ Vereine zur Herstellung von Gegenständen und zum Verkauf derselben auf gemeinschaftliche Rechnung (Produktivgenossenschaften)

> ➢ Vereine zum gemeinschaftlichen Einkauf von Lebens- oder Wirtschaftsbedürfnissen im Großen und Ablass im Kleinen (Konsumvereine)

> ➢ Vereine zur Beschaffung von Gegenständen des landwirtschaftlichen oder gewerblichen Betriebes und zur Benutzung derselben auf gemeinschaftliche Rechnung

> ➢ Vereine zur Herstellung von Wohnungen.

Die Regelungen über die Errichtung der Genossenschaft, deren Rechtsverhältnisse, bestimmen über Vertretung und Geschäftsführung bzw. Prüfung/Prüfungsverbände sowie das Ausscheiden einzelner Genossen und Auflösung in Nichtigkeit der Genossenschaft sind - ähnlich wie bei der GmbH und der AG - weitestgehend formalisiert, sodass an dieser Stelle auf die einschlägigen Bestimmungen des GenG verwiesen werden darf.

---

[270] OLG Düsseldorf, WM 2004, 728 = ZiP 2004, 359 = NZG 2004, 328; OLG Stuttgart, ZiP 2003, 2363; OLG Hamburg, ZiP 2003, 1344

§ 10 Umwandlungsrecht

Rechtsformen und Unternehmen sind nicht statisch, sondern können durchaus - wie das Umwandlungsgesetz (UmwG) zeigt - dynamisch sein. Rechtsträger mit Sitz im Inland können daher durch

> ➤ Verschmelzung,

> ➤ Spaltung (Aufspaltung, Abspaltung, Ausgliederung),

> ➤ Vermögensübertragung,

> ➤ Formwechsel,

umgewandelt werden.

Rechtsträger können im Wege der **Verschmelzung** unter Auflösung ohne Abwicklung verschmolzen werden. Dies geschieht im Wege der Aufnahme durch Übertragung des Vermögens eines Rechtsträgers oder mehrerer Rechtsträger als Ganzes auf einen anderen bestehenden Rechtsträger oder aber im Wege der Neugründung durch Übertragung der Vermögen zweier oder mehrerer Rechtsträger jeweils als Ganzes auf einen neuen, von ihnen dadurch gegründeten Rechtsträger, und zwar jeweils gegen Gewährung von Anteilen oder Mitgliedschaften des übernehmenden oder neuen Rechtsträgers an die Anteilsinhaber der übertragenen Rechtsträger, vgl. § 2 UmwG. Nach Eintragung einer Verschmelzung im Handelsregister des übernehmenden Rechtsträgers kommt eine Löschung der Eintragung der Verschmelzung im Handelsregister des übertragenden Rechtsträgers weder wegen eines möglichen vorausgegangenen Verstoßes gegen die Verfahrensvorschriften übe eine Registersperre noch wegen evtl. materieller Mängel des Verschmelzungsbeschlusses in Betracht.[271]

Eine **Spaltung** kann derart vorgenommen werden, dass ein Rechtsträger unter Auflösung und ohne Abwicklung sein Vermögen zur Aufnahme durch gleichzeitige Übertragung der Vermögensteile jeweils als Gesamtheit auf andere bestehende Rechtsträger oder zur Neugründung durch gleichzeitige Übertragung der Vermögensteile jeweils als Gesamtheit auf andere, von ihm dadurch gegründete neue Rechtsträger aufspaltet, und zwar gegen Gewährung von Anteilen oder Mitgliedschaften dieser Rechtsträger an die Anteilsinhaber des übertragenen Rechtsträgers, vgl. § 123 Abs. 1 UmwG.[272]

Eine **Vermögensübertragung** ist gegeben, wenn ein Rechtsträger unter Auflösung ohne Abwicklung sein Vermögen als Ganzes auf einen anderen bestehenden Rechtsträger gegen Gewährung einer Gegenleistung an die Anteilsinhaber des übertragenen

---

[271] OLG Frankfurt, NJW-RR 2003, 1122

[272] Zur Auslegung eines sog. Ausgliederungsvertrages gem. § 123 Abs. 3 UmwG vgl. BGH NJW-RR 2004, 123 = WM 2003, 2335 = ZiP 2003, 2155

Rechtsträgers, die nicht in Anteilen oder Mitgliedschaften besteht, übertragen wird, vgl. § 174 Abs. 1 UmwG.

Im Übrigen kann ein Rechtsträger auch durch **Formwechsel** eine andere Rechtsform erhalten, vgl. § 190 Abs. 1 UmwG.

Hinzuweisen sei an dieser Stelle noch abschließend auf Rechte der von einer Umwandlung betroffenen Arbeitnehmer. Die in § 613 a Abs. 1, 4 - 6 BGB normierten Rechte des Arbeitnehmers bei einem Betriebsübergang bleiben durch die Wirkungen der Eintragung einer Verschmelzung, Spaltung oder Vermögensübertragung unberührt, § 24 UmwG. Daraus wiederum ist abzuleiten, dass ein Arbeitnehmer dem umwandlungsbedingten Übergang seines Arbeitsverhältnisses auf einen neuen Rechtsträger nach Maßgabe des § 613 a BGB widersprechen kann.[273]

---

[273] BAGE 95, 1 = NZA 2000, 1115 = ZiP 2000, 1630

Teil 2

Grundlagen und Grundzüge des gewerblichen Rechtsschutzes und Urheberrecht

Der Begriff „Gewerblicher Rechtsschutz" erfasst mehrere, dem Privatrecht zuzuordnende Materien, die ihrerseits dem Schutz des geistig-gewerblichen Schaffens dienen. Nach wohl weit überwiegender Auffassung sind zu dem gewerblichen Rechtsschutz das Patent- sowie Geschmacksmuster- und Gebrauchsmusterrecht, das Recht gegen den unlauteren Wettbewerb sowie das Kennzeichenrecht (Name, Firma, Marke und geschäftliche Bezeichnung, Unternehmenskennzeichen, Werktitel) zu zählen. Obschon das Urheberrecht an Werken der Literatur, Wissenschaft und Kunst sowie die ihm verwandten Schutzrechte (vgl. § 70 UrhG) mit den gewerblichen Schutzrechten verwandt ist, gehört es indessen nicht dazu. Der Unterschied ist in der Entstehung des Rechts zu sehen. Während das Urheberrecht bereits mit der Schöpfung des Werkes entsteht, ohne dass noch eine weitere Bedingung hinzutreten muss, gelangen die Patent-, Muster- und Markenrechte erst durch die entsprechende Eintragung bei dem Deutschen Patent- und Markenamt (München und Jena) zur Entstehung.

Gewerbliche Schutzrechte sollen das geistige Eigentum, d. h. Ideen sowie Kreativität von natürlichen und juristischen Personen schützen. Ähnlich dem Sachenrecht, das das Eigentum an beweglichen und unbeweglichen Sachen regelt, sind die gewerblichen Schutzrechte in erster Linie Verbietungsrechte, indem sie dem Rechteinhaber die Möglichkeit einräumen, andere Personen von der Nutzung der geschützten Rechte auszuschließen.

Kapitel 4 Wettbewerbsrecht

§ 11 Wesen des Wettbewerbsrechts

I. Schutz des Wettbewerbs

Das Wettbewerbsrecht hat drei große Aufgaben zu bewältigen, und zwar neben dem Schutz des Verbrauchers vor Irreführung vor allem die Bekämpfung unlauterer Wettbewerbshandlungen sowie die Sicherung des freien und leistungsfähigen Wettbewerbs (sog. **Schutzzwecktrias**).[274] Orientiert am Qualitätsschutz bedarf der Wettbewerb zum einen der Zügelung durch das Recht, damit der Wettbewerb nicht ausartet. Die Ausübung und die Erhaltung der wirtschaftlichen Freiheit setzt dabei voraus, dass gewisse Mindestregeln eingehalten werden. Neben der Lauterkeit wettbewerbsrechtlichen Verhaltens muss zum anderen aber auch die Wettbewerbsfreiheit geschützt werden, damit das Marktgeschehen durch den Wettbewerb im Sinne eines Existenzschutzes gesteuert wird. Das Wettbewerbsrecht muss dabei die Funktionsfähigkeit des Wettbewerbs sichern und insbesondere verhindern, dass die Wettbewerbsfreiheit künstlich ausgeschaltet wird.

---

[274] Vgl. dazu BVerfG GRUR 2002, 455; BVerfG WRP 2001, 1160; BGH NJW 2000, 864; BGHZ 140, 134; BGH WRP 1999, 816 = NJW-RR 1999, 984 = GRUR 1999, 751 - Güllepumpen; Köhler, GRUR 2003, 265

Abbildung 4-1:   *Schutzzwecktrias im Wettbewerbsrecht*

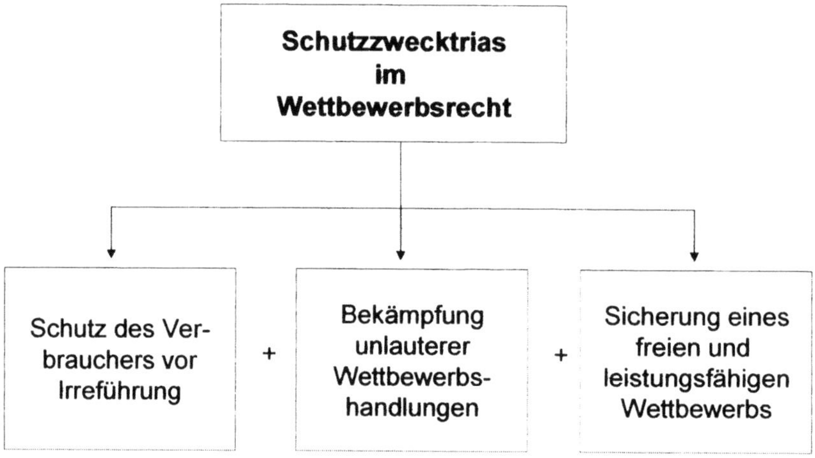

II.   Lauterkeitsrecht

Das Wettbewerbsrecht dient heute nicht mehr ausschließlich dem Schutz der Wettbewerber untereinander, sondern auch dem Schutz der übrigen Marktbeteiligten, insbesondere dem Schutz des Verbrauchers sowie dem Schutz der Allgemeinheit vor Auswüchsen des Wettbewerbs.[275]

Die Rechtsprechung hat die soziale Funktion des Wettbewerbsrechts betont. Das UWG, das die Aufgabe hat, die freie wirtschaftliche Betätigung der Marktteilnehmer zu schützen und die Marktfreiheiten der einzelnen Teilnehmer untereinander sinnvoll abzugrenzen, ist wirtschaftspolitisch neutral.[276]

Im Rahmen der Abgrenzung des lauteren von dem unlauteren Wettbewerb wird als Maßstab herangezogen, wie der vernünftige Durchschnittsmensch das Wettbewerbsverhalten beurteilt. Für die Beurteilung, ob ein wettbewerbliches Verhalten als unlauter einzustufen ist, wird es auch darauf ankommen, wie es von der Mehrheit oder zumindest vom Durchschnitt der in Frage kommenden Personengruppe empfunden wird.

---

[275] Baumbach/Hefermehl, Wettbewerbsrecht, Allg. Rdziff. 79; Köhler, GRUR 2003, 265
[276] Baumbach/Hefermehl, Wettbewerbsrecht, Allg. Rdziff. 79

III. Kartellrecht

Als zum Wettbewerbsrecht im weiteren Sinn gehörig wird auch das Gesetz gegen Wettbewerbsbeschränkungen (GWB) und die Wettbewerbsregeln der EU (Art. 81, 82 EGV) angesehen. Die Zielsetzung des Kartellrechts ist zum einen wirtschaftspolitisch; es soll ein marktwirtschaftlich-wettbewerbliches Wirtschaftssystem (Konkurrenzwirtschaft) geschaffen werden. Auf diese Weise wird der freie Wettbewerb zu einer staatlich geschützten Veranstaltung erhoben. Neben der ökonomischen soll jedoch zum anderen auch eine gesellschaftspolitische Zielsetzung realisiert werden, und zwar die Schaffung einer freiheitlichen Ordnung für alle Marktteilnehmer. Anders als das UWG schützt das GWB den Wettbewerb als Institution[277] und wird z. T. auch zum Wirtschaftsverwaltungsrecht gezählt.[278]

Sowohl das GWB als auch das UWG dienen gemeinsam dem Schutz der Wettbewerbsordnung, verfolgen dieses Ziel aber in rechtlich unterschiedlichen Ansatzpunkten. Nicht jede kartellrechtswidrige Maßnahme stellt zugleich eine unlautere Wettbewerbshandlung dar; ebenso wenig ist eine unlautere Wettbewerbshandlung zugleich kartellrechtswidrig.[279]

§ 12 Quellen des Wettbewerbsrechts und Neufassung des UWG

I. Quellen

Wettbewerbsrechtliche Vorschriften finden sich im UWG, teilweise auch in §§ 60, 74 ff., 112 HGB, in denen Wettbewerbsverbote für Handlungsgehilfen und Gesellschafter einer OHG vorgesehen sind. Weitere Vorschriften, die ebenfalls als zum Wettbewerbsrecht gehörig anzusehen sind, stellen §§ 12, 823, 824, 826 sowie 1004 BGB, die Preisangabenverordnung (PAngVO), das Ladenschlussgesetz (LadSchlG), Arzneimittelgesetz (ArzneiMG), Heilmittelwerbegesetz (HWG), Teledienstegesetz (TDG) sowie das Lebensmittel- und Bedarfsgegenständegesetz (LMBG) dar.

Zu beachten ist, dass aber auch Handelsbräuche für die Frage, ob eine Wettbewerbshandlung als lauter oder unlauter einzustufen ist, von Bedeutung sein können. Handelsbräuche können entstehen, wenn sie der Überzeugung der beteiligten Verkehrskreise entsprechen.[280] Dabei ist zu vergegenwärtigen, dass der Kaufmann an einen

---

[277] Von Wallenberg, Kartellrecht, S. 1; BGHZ 13, 33 (37); BGHZ 152, 361 = NJW 2003, 1736 = WRP 2003, 770 = GRUR 2003, 363 - Wal-Mart

[278] Rittner S. 1 Rdziff. 1

[279] Baumbach/Hefermehl, Wettbewerbsrecht, Allg. Rdziff. 81; differenzierter Baumbach/Hefermehl/Köhler, Wettbewerbsrecht, UWG Einl. Rdziff. 6.13 ff. sowie § 4 Rdziff. 12.2

[280] Vgl. dazu weiterführend Rohlfing, Wirtschaftsrecht 1, Kap. 7, § 29 Ziff. II.

Handelsbrauch auch dann gebunden ist, wenn er ihn nicht kennt. Ein Handelsbrauch ist nur dann als unbeachtlich einzustufen, wenn er gegen zwingendes Recht verstößt, sittenwidrig ist oder seine Anwendung gegen Treu und Glauben verstößt.

Regeln zum Bereich des internationalen Wettbewerbsrechts finden sich in der Pariser Verbandsübereinkunft vom 20.03.1883 zum Schutze des gewerblichen Eigentums (PVÜ), im Madrider Herkunftsabkommen (MHA), im Madrider Markenabkommen vom 14.04.1891 betreffend internationale Registrierung von Fabrik- und Handelsmarken (MMA) sowie im Nizzaer Abkommen über die internationale Klassifikation von Waren und Dienstleistungen für die Eintragung von Marken (NKA). Neben diesen mehrseitigen Verbandsverträgen hat Deutschland mit einzelnen Staaten zweiseitige Abkommen abgeschlossen, die vorwiegend den Markenschutz betreffen.

Unabhängig davon ist das deutsche Wettbewerbsrecht auch von europarechtlichen Vorgaben geprägt;[281] das **europarechtliche Leitbild des EuGH** zum Irreführungsschutz im Wettbewerbsrecht (oder: Lauterkeitsrecht) ist das **Modell eines verständigen, durchschnittlich informierten Verbrauchers**.[282]

Mit Wirkung zum 08.07.2004 wurde die Neufassung des UWG verkündet; diese Gesetzesreform geht auf einen Referentenentwurf des Bundesjustizministeriums zurück.[283] Dadurch soll eine schlankere, von anachronistischen Regelungen befreite und europaverträgliche Fassung des UWG geschaffen werden. Den nachstehenden Ausführungen liegt bereits die Neufassung des UWG zugrunde. Im Juli 2001 wurden bereits sowohl das Rabattgesetz als auch die Zugabeverordnung aufgehoben. Hintergrund dieser legislativen Maßnahme war die Durchsetzung einer verbraucherfreundlichen Politik der Bundesregierung. Maßstab ist der mündige Verbraucher, der grundsätzlich selbst zu einer Entscheidung in der Lage ist, welche Geschäfte sich für ihn lohnen und welche Zugaben/Rabatte für ihn ggf. lohnenswert sind oder nicht. Gleichwohl war mit der Aufhebung des Rabattgesetzes bzw. der Zugabeverordnung noch nicht der Endpunkt der Entwicklung erreicht, mit der der Verbraucher geschützt werden soll. Eine vom Bundesministerium der Justiz eingesetzte Arbeitsgruppe „Unlauterer Wettbewerb" führte anhand von Gutachten und Formulierungsvorschlägen erschöpfende Diskussionen durch, die letztlich in einen Referentenentwurf eingeflossen sind. Am 07. Mai 2003 beschloss die Bundesregierung den Entwurf einer Neufassung des UWG; am 03. Juli 2004 wurde das neue Gesetz vom Bundestag beschlossen. Zielvorgabe ist einerseits die Erhöhung der Wettbewerbsfähigkeit der deutschen Wirtschaft, andererseits hingegen die Stärkung des Schutzes des Verbrauchers vor unlauteren Wettbewerbshandlungen.

Das Reformwerk hat folgende Schwerpunkte:

---

[281] Dazu detailliert Fezer, WRP 2001, 989 (990); vgl. i. Ü. auch S. 213 ff.
[282] Fezer, WRP 2001, 989 (992)
[283] Die Neufassung des UWG findet sich BGBl. I 2004, S. 1414 ff.; der Gesetzentwurf ist abgedruckt in GRUR 2003, 298 ff.

Zum einen wird der Verbraucher als Schutzobjekt ausdrücklich erwähnt; insoweit wird auf die entsprechenden Formulierungen in §§ 13, 14 BGB verwiesen. Beispiele für die **Berücksichtigung von Verbraucherinteressen** finden sich in § 7 UWG n. F. Dort wird es als unzumutbare Belästigung und damit als eine unlautere Wettbewerbshandlung angesehen, wenn der Verbraucher unerbetene Telefax- bzw. SMS- bzw. E-Mail-Werbung erhält. Mit einer derartigen Regelung wird Art. 13 der neuen Datenschutzrichtlinie über elektronische Kommunikation[284] umgesetzt. Die bisherige Generalklausel aus § 1 UWG a. F. bleibt erhalten, erfährt jedoch in § 3 UWG n. F. eine Umformulierung; danach sind unlautere Wettbewerbshandlungen unzulässig, die geeignet sind, den Wettbewerb zum Nachteil der Mitbewerber, der Verbraucher oder der sonstigen Marktteilnehmer nicht nur unerheblich zu beeinträchtigen. Diese Generalklausel wird durch einen - nicht abschließenden - Katalog von Beispielsfällen ergänzt; als Grundlage dafür dienten die bereits seit längerer Zeit gefestigten Fallgruppen in der Rechtsprechung sowie aktuelle Problematiken. Diese Konstruktion des Gesetzgebers führt zu einer gewissen Transparenz, ohne dass andererseits der Weg verbaut wird, ggf. neu auftretende Probleme im Wege der richterlichen Rechtsfortbildung zu lösen. Beispiele eines unlauteren Wettbewerbs nach der Gesetzesnovelle sind die Schleichwerbung, Ausnutzung der Unerfahrenheit von Kindern und Jugendlichen, gezielte Behinderung von Mitbewerbern, Koppelung von Gewinnspielen mit dem Erwerb einer Ware.

In der Neufassung **entfallen die Reglementierungen über die sog. Sonderveranstaltungen**, also der Jubiläumsverkauf (§ 7 UWG a. F.) bzw. der Räumungsverkauf (§ 8 UWG a. F.) **ersatzlos**. Denn nach dem Wegfall des Rabattgesetzes und der Zugabeverordnung war es nur sehr schwer zu vermitteln, dass besondere Formen der Rabattgewährung auf den gesamten Warenbestand mit der Regelung in §§ 7, 8 UWG a. F. nicht zu vereinbaren sind. Gleichwohl wird dies nicht dazu führen, dass keine Winter- und Sommerschlussverkäufe mehr möglich sind. Es wird aber künftighin allein die unternehmerische Entscheidung des Handels sein, ob und wann solche Sonderverkäufe stattfinden.

Die Gesetzesnovelle will auch der **Werbung mit verschleierten Preisnachlässen entgegenwirken**. Es darf also z. B. nicht damit geworben werden, dass als Ausgangspreis ein „Mondpreis" genannt wird, der dann - vorgeblich sensationell - gesenkt wird. Wer folglich dem Werbeslogan „Vorher 400 €, jetzt nur noch die Hälfte" verwendet, darf auf diese Weise nur werben, wer zuvor für diesen Artikel auch tatsächlich 400 € verlangt hat.

Recht interessant wirkt ein in der Neufassung verankerter sog. **Gewinnabschöpfungsanspruch**, der den Verbänden zum Schutze des Wettbewerbsrechts eingeräumt wird.[285] Nach Abzug der dem Wettbewerbsverband entstandenen Rechtsverfolgungskosten soll der abgeschöpfte Gewinn bei sog. „Streuschäden" dem Bundeshaushalt zufließen. Schließlich werden in der Gesetzesnovelle nicht bedeutsa-

---

284 Richtlinie 2002/58/EG vom 12.07.2002
285 Vgl. dazu den Überblick bei Köhler, GRUR 2003, 265 ff.

me ordnungsrechtliche Tatbestände, wie Herstellerwerbung und Kaufscheinhandel (§§ 6 a, 6 b UWG a. F.) aufgehoben.

II.   Synoptische Gegenüberstellung der Alt- und Neufassung des UWG

Nachstehende Übersicht soll die Änderungen verdeutlichen:

UWG (bisherige Fassung)	UWG (neue Fassung)
§ 1	§ 3 (und §§ 8, 9)
§ 2	§ 6 (unverändert)
§ 3	§ 5 (und §§ 8, 9)
§ 4	§ 16 Abs. 1
§ 5	§ 5 Abs. 3
§ 6	-
§ 6a	-
§ 6b	-
§ 6c	§ 16 Abs. 2
§ 7	-
§ 8	-
§ 13	§§ 8, 9
§ 13a	-
§ 14	§ 4 Nr. 8
§ 15	-
§ 17	§ 17 (weitgehend unverändert)
§ 18	§ 18 (weitgehend unverändert)
§ 19	-
§ 20	§ 19
§ 20a	§ 17 Abs. 6, § 18 Abs. 4, § 19 Abs. 5
§ 21	§ 11 (weitgehend unverändert)

§ 22	§ 17 Abs. 5, § 18 Abs. 3, § 19 Abs. 4
§ 23	§ 12 Abs. 3
§ 23a	§ 12 Abs. 4 (weitgehend unverändert)
§ 23b	-
§ 24	§ 14
§ 25	§ 12 Abs. 2 (weitgehend unverändert)
§ 27	§ 13 (weitgehend unverändert)
§ 27a	§ 15 (weitgehend unverändert)
§ 30	§ 22

§ 13 Anwendungsbereich und Begriffsdefinitionen im UWG

I. Anwendungsbereich und Zweck des UWG

„Dieses Gesetz dient dem Schutz der Mitbewerber, der Verbraucherinnen und der Verbraucher sowie der sonstigen Marktteilnehmer vor unlauterem Wettbewerb. Es schützt zugleich das Interesse der Allgemeinheit an einem unverfälschten Wettbewerb."

Durch die Beschreibung des Schutzzweckes in § 1 wird klargestellt, dass die Marktteilnehmer, insbesondere die Verbraucher und die Mitbewerber, durch das UWG gleichermaßen und gleichrangig geschützt werden. Zugleich schützt das UWG auch das Interesse der Allgemeinheit an der Erhaltung eines unverfälschten und damit funktionsfähigen Wettbewerbs.

Dieser - auch bisher schon übliche - **Schutzzwecktrias** gilt auch weiterhin.

Der vornehmliche Zweck des UWG liegt darin, das Marktverhalten der Unternehmen im Interesse der Marktteilnehmer, insbesondere der Mitbewerber und der Verbraucher und damit zugleich das Interesse der Allgemeinheit an einem unverfälschten Wettbewerb zu regeln. Das Recht geht insoweit von einem integrierten Modell eines gleichberechtigten Schutzes der Mitbewerber, der Verbraucher und der Allgemeinheit aus. Der Schutz sonstiger Allgemeininteressen ist weiterhin nicht Aufgabe des Wettbewerbsrechts.

Der Begriff der „**Unlauterkeit**" löst den in § 1 UWG verwendeten Begriff der „guten Sitten" ab. Die „guten Sitten" wirken anachronistisch, weil der Wettbewerber unnötig mit dem Makel der Unsittlichkeit belastet wird. Durch die Verwendung des Begriffs der Unlauterkeit wird zudem eine Harmonisierung mit dem Gemeinschaftsrecht verbessert, welches diesen Begriff in vielen Vorschriften verwendet. Unlauter sind alle Handlungen, die den anständigen Gepflogenheiten in Handel, Gewerbe, Handwerk oder selbständiger beruflicher Tätigkeit zuwiderlaufen.

II.   Begriffsdefinitionen im UWG

Entgegen der Altfassung sieht die Neufassung des § 2 UWG aus Gründen der Systematik und der Verständlichkeit eine Begriffsgebung vor:

„(1) Im Sinne dieses Gesetzes bedeutet

1. „Wettbewerbshandlung" jede Handlung einer Person mit dem Ziel, zugunsten des eigenen oder eines fremden Unternehmens den Absatz oder den Bezug von Waren oder die Erbringung oder den Bezug von Dienstleistungen, einschließlich unbeweglicher Sachen, Rechte und Verpflichtungen zu fördern;

2. „Marktteilnehmer" neben Mitbewerbern und Verbrauchern alle Personen, die als Anbieter oder Nachfrager von Waren oder Dienstleistungen tätig sind;

3. „Mitbewerber" jeder Unternehmer, der mit einem oder mehreren Unternehmern als Anbieter oder Nachfrager von Waren oder Dienstleistungen in einem konkreten Wettbewerbsverhältnis steht;

4. „Nachricht" jede Information, die zwischen einer endlichen Zahl von Beteiligten über einen öffentlich zugänglichen elektronischen Kommunikationsdienst ausgetauscht oder weitergeleitet wird; dies schließt nicht Informationen ein, die als Teil eines Rundfunkdienstes über ein elektronisches Kommunikationsnetz an die Öffentlichkeit weitergeleitet werden, soweit die Informationen nicht mit dem identifizierbaren Teilnehmer oder Nutzer, der sie erhält, in Verbindung gebracht werden können.

(2) Für den Verbraucherbegriff und den Unternehmerbegriff gelten die §§ 13 und 14 des Bürgerlichen Gesetzbuchs entsprechend."

1.   Die Wettbewerbshandlung

Der zentrale Begriff der Neufassung des UWG ist die „**Wettbewerbshandlung**". Die Anwendung des Wettbewerbsrechts setzt voraus, dass eine Wettbewerbshandlung vorliegt. Dementsprechend ist der Beurteilung der Frage, ob ein Verhalten lauter oder unlauter ist, stets die Frage logisch vorgeordnet, ob überhaupt ein wettbewerblicher Tatbestand gegeben ist. Er umfasst nicht nur die eigene Absatzförderung, sondern auch das Handeln von Personen, die den Wettbewerb eines fremden Unternehmens fördern wollen, sowie Handlungen im Nachfragewettbewerb. Nicht erforderlich ist das Vorliegen eines konkreten Wettbewerbsverhältnisses, sodass auch Unternehmer mit Monopolstellung erfasst werden.

2. Der Marktteilnehmer

Der Begriff des Marktteilnehmers erfasst als Oberbegriff sowohl die **Mitbewerber** als auch die **Verbraucher**. Daneben sollen aber auch die **sonstigen Marktteilnehmer** erfasst werden. Unter diesen Begriff fallen diejenigen Marktteilnehmer, die weder Mitbewerber noch Verbraucher sind. Dabei kann es sich sowohl um natürliche als auch um juristische Personen handeln. Erfasst werden u. a. Unternehmer, soweit sie für den Verbrauch im Rahmen ihrer gewerblichen oder selbständigen beruflichen Tätigkeit Waren erwerben oder Dienstleistungen in Anspruch nehmen.

3. Der Mitbewerber

Die Einordnung als Mitbewerber setzt ein **konkretes Wettbewerbsverhältnis** zwischen dem Zuwiderhandelnden oder einem Dritten und dem benachteiligten Unternehmen voraus. Dieses liegt dann vor, wenn zwischen den Vorteilen, die jemand durch eine Maßnahme für sein Unternehmen oder das eines Dritten zu erreichen sucht und den Nachteilen, die ein anderer dadurch erleidet, eine Wechselbeziehung in dem Sinne besteht, dass der eigene Wettbewerb gefördert und der fremde Wettbewerb beeinträchtigt werden kann. Die Unternehmen stehen in der Regel dann miteinander im Wettbewerb, wenn sie den gleichen Abnehmerkreis bzw. Lieferantenkreis haben. Es kann aber auch zwischen Unternehmern verschiedener Wirtschaftsstufen ein konkretes Wettbewerbsverhältnis bestehen. Dies wird immer dann zu bejahen sein, wenn ein Hersteller oder Großhändler sich nicht auf seine Wirtschaftsstufe beschränkt, sondern seine Ware direkt an den Endverbraucher absetzt. Entsprechend der bisherigen Rechtslage genügt auch weiterhin ein mittelbares Wettbewerbsverhältnis. Daher können insbesondere auch Unternehmer verschiedener Branchen durch eine Wettbewerbshandlung in eine wettbewerbliche Beziehung zueinander treten, ohne dass der Absatz der beiderseitigen ungleichartigen Waren beeinträchtigt wird. Das Wettbewerbsverhältnis wird in diesem Fall durch die konkrete Handlung begründet.

4. Die Nachrichten

Durch die Definition des Begriffs „Nachrichten" wird Art. 2 Buchstabe d der Datenschutzrichtlinie für elektronische Kommunikation (ABl. EG Nr. L 201/37 vom 31. Juli 2002) umgesetzt. Die Definition ist erforderlich, da Art. 13 der Richtlinie – unerbetene Nachrichten – in § 7 der Neufassung des UWG umgesetzt wird. Der Begriff des **elektronischen Kommunikationsdienstes** erfasst im Wesentlichen die Sprachtelefone, Faxgeräte und die elektronische Post einschließlich SMS.

§ 14 Die wettbewerbsrechtliche Generalklausel des § 3 UWG und Beispiele des § 4 UWG

Das Lauterkeitsrecht wird von der Generalklausel des § 3 UWG beherrscht. Danach sind unlautere Wettbewerbshandlungen, die geeignet sind, den Wettbewerb zum Nachteil der Mitbewerber, der Verbraucher oder der sonstigen Marktteilnehmer nicht unerheblich zu verfälschen, unzulässig.

I.   Der Tatbestand des § 3 UWG

Die Vorschrift des § 3 enthält entsprechend § 1 UWG a. F. ein allgemeines Verbot des unlauteren Wettbewerbs („Generalklausel"). Ein solches allgemein gehaltenes Verbot ist deshalb sinnvoll, weil der Gesetzgeber nicht alle denkbaren Fälle unlauteren Handelns im Einzelnen regeln kann. Auch soll der Rechtsanwender die Möglichkeit haben, neuartige Wettbewerbsmaßnahmen sachgerecht zu beurteilen. Zudem kann dadurch den sich wandelnden Anschauungen und Wertmaßstäben in der Gesellschaft besser Rechnung getragen werden. Wie bislang auch wird es weiterhin Aufgabe der Rechtsprechung sein, im Einzelnen zu konkretisieren, welche Handlungsweisen als unlauter anzusehen sind. Gegenüber der bisherigen Rechtslage wird dies dadurch erleichtert, dass in § 4 die Generalklausel durch einen Beispielskatalog präzisiert wird.

Bereits unmittelbar aus der Vorschrift des § 3 UWG lassen sich die einen wettbewerbsrechtlichen Anspruch begründenden Tatbestandsmerkmale ersehen:

> ➤ Wettbewerbshandlung

> ➤ zum Nachteil eines bestimmten Personenkreises

> ➤ nicht nur unerhebliche Wettbewerbsbeeinträchtigung

> ➤ Unlauterkeit

1.   Wettbewerbshandlung

Voraussetzung ist zunächst, dass eine in § 2 Nr. 1 definierte **Wettbewerbshandlung** vorliegt. Dieses Tatbestandsmerkmal grenzt das Wettbewerbsrecht vom allgemeinen Deliktsrecht ab. Entsprechend den Ausführungen zu § 1 ist der Gegenstand des UWG als ein Wettbewerbsgesetz nicht allgemein das Handeln eines Unternehmers im geschäftlichen Verkehr. Der Maßstab des Lauterkeitsrechts ist nur an das **marktbezogene Verhalten eines Unternehmers** anzulegen. Gleichwohl wird sich die Rechtsprechung zunächst an das „Handeln im geschäftlichen Verkehr" i. S. d. § 1 UWG a. F. orientieren; denn mit diesem Tatbestandsmerkmal ist die „Wettbewerbshandlung" – wenngleich nicht vollständig – weitestgehend deckungsgleich.[286] Mit diesem – von Rechtsprechung und Literatur extensiv verwendeten[287] - Tatbestandsmerkmal wird zum Ausdruck gebracht, dass sich das UWG allein auf den geschäftlichen oder wirtschaftlichen Wettbewerb bezieht; rein privat bezogene Tätigkeiten sind dem Anwendungsbereich dieser Vorschrift entzogen. Zum Bereich des geschäftlichen Verkehrs zählt jede Tätigkeit, die irgendwie der Förderung eines beliebigen Geschäftszwecks dient. Dies kann auch ein fremder Geschäftszweck sein. Erfasst wird jede selbständige, wirtschaftliche Zwecke verfolgende Tätigkeit, in der eine Teilnahme am Erwerbsleben zum Ausdruck kommt.

> *Beispiel 9:*
>
> *Brillenhersteller Major (M) will sich neu am Markt platzieren und Kunden gewinnen und verkauft die von ihm im Einkauf erworbenen Brillengestelle unter Einkaufspreis. Sein Konkurrent, der Brillenhersteller Schielmann (S), hält dies für wettbewerbswidrig. M verteidigt sich mit dem Hinweis darauf, dass er ja schließlich keinen Gewinn erziele, was jedoch im Rahmen des „geschäftlichen Verkehrs" notwendig wäre.*

Unerheblich für die Frage, ob ein „Handeln im geschäftlichen Verkehr" vorliegt, ist, ob ein **Gewinn erzielt** wird. Auch ein Gewerbetreibender, der seine Waren mit Verlust verkauft, dies letztlich nur, um Kunden zu gewinnen oder noch größere Verluste zu vermeiden, handelt geschäftlich. Ebenso ist Gewinnabsicht nicht erforderlich. Mithin können auch wohltätige oder gemeinnützige Unternehmen im Geschäftsverkehr handeln, wenn in einem bestimmten Bereich ihrer Tätigkeit zu dem gemeinnützigen Zweck noch ein Erwerbszweck hinzutritt.[288]

Bei **Gewerbetreibenden** wird ein Handeln im geschäftlichen Verkehr (und damit eine Wettbewerbshandlung) tatsächlich **vermutet**. Als Wettbewerbshandlung ist grundsätzlich auch die Verwendung von Daten anzusehen, die im Internet von Unternehmen unter ihrer Homepage angeboten werden:

> *Beispiel 10:[289]*
>
> *Die Firma Brand AG (B) und die Firma Eilig AG (E) sind Unternehmen im Bereich des neuen Marktes. Sie sind Wettbewerber beim Angebot sog. E-Commerce-Softwarelösungen. B bietet für derartige*

---

286 Baumbach/Hefermehl/Köhler, Wettbewerbsrecht, § 2 UWG Rdziff. 4; Fezer/Fezer, UWG, § 2 Rdziff. 16

287 Berlit, Wettbewerbsrecht, Rdziff. 1

288 Baumbach/Hefermehl Wettbewerbsrecht, Einl. UWG Rdziff. 208; Baumbach/Hefermehl/ Köhler, Wettbewerbsrecht, § 2 UWG Rdziff. 8; Fezer/Fezer, UWG, § 2 Rdziff. 18

289 OLG Hamburg, NJW-RR 2002, 184 = GRUR-RR 2001, 71

Shoppingsysteme ihr Softwareprodukt „Cappuccino" an, die E ist mit ihrem Produkt „Enfinity" auf dem Markt vertreten. Aus Anlass der Bekanntgabe des Unternehmensergebnisses für das erste Quartal 2000 äußerte sich der Vorstandsvorsitzende der E im Rahmen einer Bilanzpressekonferenz u. a. mit den Worten: „Das große Interesse am Intershop Enfinity, vor allem auch von global agierenden Konzernen, zeigt unsere Technologieführerschaft in der Digital Economy". Diese Äußerung stellt die E in Form einer Pressemitteilung Anfang Mai 2000 in ihre Internet-Homepage. Mit dieser Äußerung, die von B angegriffen wurde, handelte die E im geschäftlichen Verkehr.

2. Zum Nachteil eines bestimmten Personenkreises

a. „Zum Nachteil"

Die Formulierung „**zum Nachteil**" soll zum Ausdruck bringen, dass die Lauterkeit im Wettbewerb nicht um ihrer selbst Willen geschützt wird, sondern nur insoweit, als die Wettbewerbsmaßnahmen tatsächlich **geeignet** sind, zu einer Beeinträchtigung geschützter Interessen der Marktteilnehmer zu führen. Auf den **Eintritt** einer Wettbewerbsbeeinträchtigung kommt es daher **nicht** an.

b. Nachteile für einen bestimmten Personenkreis

Die mit der inkriminierten Wettbewerbshandlung verbundenen Nachteile müssen auf einen bestimmten Personenkreis ausgerichtet sein, also Mitbewerber, Verbraucher oder sonstige Marktteilnehmer. Dieser Personenkreis wurde bereits durch § 2 UWG begriffstechnisch erfasst. Eine wettbewerbsrelevante Handlung dürfte zugleich in jedem Verhalten liegen, das äußerlich geeignet ist, den Absatz oder Bezug einer Person zum Nachteil einer anderen Person zu fördern. Dabei ist es unabhängig davon, ob eigene oder fremde wirtschaftliche Betätigung gefördert werden soll.[290]

Damit eine derartige Wettbewerbshandlung als i. S. v. § 3 UWG relevant eingestuft werden kann, muss **objektiv** ein konkretes **Wettbewerbsverhältnis** vorliegen; **subjektiv** ist eine **Wettbewerbsförderungsabsicht** erforderlich.[291]

---

[290] BGH NJW 1983, 1737 = WRP 1983, 387 = GRUR 1983, 374 - Spendenbitte; BGHZ 83, 52 = NJW 1982, 2255 = WRP 1982, 407 = GRUR 1982, 431 - POINT; BGH NJW 1981, 2304 = WRP 1981, 457 = GRUR 1981, 658 - Preisvergleich; Baumbach/Hefermehl, Wettbewerbsrecht, Einl. UWG, Rdziff. 215

[291] BGH NJW 1981, 2304 = WRP 1981, 457 (458) = GRUR 1981, 658 - Preisvergleich I; dazu auch Berlit, Wettbewerbsrecht, Rdziff. 5 ff.; Baumbach/Hefermehl/Köhler, Wettbewerbsrecht, § 2 UWG Rdziff. 24 ff.; Fezer/Fezer, UWG, § 2 Rdziff. 91 ff.

> Ein **konkretes Wettbewerbsverhältnis** liegt vor, wenn zwischen den Vorteilen, die jemand durch eine Maßnahme für sein Unternehmen oder das eines Dritten zu erreichen sucht, und den Nachteilen, die ein anderer dadurch erleidet, eine Wechselbeziehung in dem Sinne besteht, dass der eigene Wettbewerb gefördert und der fremde Wettbewerb beeinträchtigt werden kann. Dies ist immer dann gegeben, wenn beide Parteien gleichartige Waren oder Dienstleistungen innerhalb desselben Endverbraucherkreises abzusetzen versuchen mit der Folge, dass das konkret beanstandete Wettbewerbsverhalten den anderen beeinträchtigen, d. h. im Absatz behindern oder stören kann.[292] Gewerbetreibende stehen bereits miteinander im Wettbewerb, wenn sie den gleichen Abnehmerkreis (Lieferantenkreis) haben. Dabei kommt es jeweils auf eine Einzelfallprüfung an. So ist z. B. ein „Wettbewerbsverhältnis" zwischen einem Spediteur und einem Getreidegeschäft, welches selbst Speditionen ausführt, angenommen worden. Ebenso liegt ein Wettbewerbsverhältnis zwischen einem Arzneimittelhersteller und einem Werbeunternehmen, welche beide an Apotheker und Drogisten Kundenzeitschriften vertreiben, vor. Als entscheidend wurde angesehen, dass beide ihre Zeitschriften an die gleichen Kunden absetzen. Auch zwischen Rundfunk und Presse, und zwar als Nachrichtenübermittler und als Träger von Werbemitteln im selben Kundenkreis wurde ein solches Wettbewerbsverhältnis bejaht. Ein konkretes Wettbewerbsverhältnis wurde von der Rechtsprechung auch zwischen der Deutschen Importgesellschaft des italienischen Automobilherstellers Fiat und einer im Internet auftretenden Firma bejaht, die im Rahmen einer Koppelung einen Fiat Punto, eine Reise und verschiedene technische Geräte angeboten hatte.[293]

> Die Wettbewerbshandlung erfordert dann in subjektiver Hinsicht die **Absicht, eigenen oder fremden Wettbewerb zum Nachteil eines anderen Mitwettbewerbers zu fördern.** Dabei ist die Förderungsabsicht notwendig. Das bloße Bewusstsein der Förderung genügt nicht. Eine Schädigungsabsicht ist ebenso wenig erforderlich. Bereits die Absicht, sich selbst vor Schaden zu bewahren, z. B. keine Kunden zu verlieren, genügt. Wird in einem Internet-Kommunikationsforum gegenüber Reisebüros davor gewarnt, einem namentlich genannten Reiseveranstalter Aufträge zu erteilen, so kann sich die Wettbewerbsabsicht und damit ein marktgerichtetes Handeln zu Wettbewerbszwecken auch aus dem Inhalt der Äußerung ergeben.[294]

---

292 BGH NJW 2002, 2642 = WRP 2002, 1050 = GRUR 2002, 902 - Vanity-Nummer; OLG Hamburg, NJW-RR 2004, 199
293 OLG Karlsruhe, NJW-RR 2002, 250
294 OLG Hamburg, NJW-RR 2004, 199

Beispiel 11:

Händler Tausendsassa (T) erklärt im Rahmen eines Rundfunk- und Fernsehinterviews, dass die von ihm zu 28 €/Stück verkauften Armbanduhren im Fachgeschäft nicht unter 50 € zu erwerben seien. Der Konkurrent Kurzatmig (K) möchte dagegen vorgehen. In diesem Fall liegt eine auf Förderung eigenen Wettbewerbs gerichtete Absicht vor. Der von T vorgenommene Vergleich verliert seinen auf Förderung des eigenen Wettbewerbs gerichteten Charakter nicht dadurch, dass er im Rahmen eines Rundfunk- oder Fernsehinterviews vorgenommen wird.

Nach der Lebenserfahrung spricht eine **tatsächliche Vermutung** für eine Wettbewerbsabsicht, wenn miteinander im Wettbewerb stehende Gewerbetreibende im geschäftlichen Verkehr Äußerungen tätigen, die ihrerseits objektiv geeignet sind, eigenen oder fremden Wettbewerb zu fördern.[295] Ein Händler, der über die auf dem Markt befindlichen, auch von ihm vertriebenen Produkte einen Katalog erstellt, in dem deren Eigenschaften beschrieben und verwertet werden, handelt zu Zwecken des Wettbewerbs.[296] Ein Internet-Handelsunternehmen, das sich auf seiner Homepage nicht im Zusammenhang mit seinem Warenangebot, sondern unter der Rubrik „Jobangebote" einer Spitzenstellung berühmt („Führender Anbieter von home-electronics"), handelt ebenfalls zu Zwecken des Wettbewerbs.[297] Diese tatsächliche Vermutung führt im Rahmen eines Wettbewerbsprozesses dazu, dass der Handelnde die Vermutung zu widerlegen hat. Als widerlegt kann eine solche Vermutung z. B. angesehen werden, wenn ein Immobilienmakler ein Grundstück aus seinem Privatbesitz in Zeitungsanzeigen zum Kauf anbietet.[298]

Eine tatsächliche Vermutung für eine Wettbewerbsförderungsabsicht scheidet bei wissenschaftlicher Tätigkeit bzw. bei Warentests bzw. bei Preisvergleichen von Verbraucherverbänden aus. In einem solchen Fall muss durch die klagende Partei diese Wettbewerbsförderungsabsicht konkret nachgewiesen werden.

Beispiel 12:[299]

Gastrokritiker Gourmet (G) äußert sich in einer Fachzeitschrift negativ über Eindrücke und Erfahrungen in einem Weinlokal. Selbst, wenn er dadurch in objektiver Hinsicht den fremden Wettbewerb fördert und er sich auch dessen bewusst ist, handelt er dadurch noch

---

[295] Baumbach/Hefermehl, Wettbewerbsrecht, Einl. UWG Rdziff. 235; Baumbach/Hefermehl/ Köhler, Wettbewerbsrecht, § 2 UWG Rdziff. 25, 31; Berlit, Wettbewerbsrecht, Rdziff. 8
[296] BGH NJW-RR 2003, 1267 = WRP 2003, 1111 = GRUR 2003, 800 - Schachcomputerkatalog
[297] OLG Hamburg, GuT 2003, 195
[298] BGH NJW-RR 1993, 1063 = GRUR 1993, 761 = Maklerprivatangebot
[299] BGH NJW 1987, 1082 = WRP 1986, 547 = GRUR 1986, 812 - Gastrokritiker

nicht in subjektiver Hinsicht mit der notwendigen Wettbe-
werbsabsicht. Denn der Grund für seine Äußerung kann, selbst
wenn von einem Wettbewerbsverhältnis auszugehen wäre, das An-
liegen der Presse sein, die Öffentlichkeit über Vorgänge von allge-
meiner Bedeutung zu unterrichten und die öffentliche Meinungsbil-
dung anzuregen.

Eine Wettbewerbshandlung zum Nachteil des in § 3 UWG genannten Personenkreises bzw. ein Handeln zu Zwecken des Wettbewerbs (und ebenso wenig ein Handeln im geschäftlichen Verkehr) liegt hingegen nicht vor, wenn in der Fernsehserie Derrick in der Episode „Da läuft eine Riesensache" eine Figur beschrieben wird, deren Name und Beruf (Rechtsanwalt) mit dem des italienischen Klägers identisch sind.[300]

3.   Nicht nur unerhebliche Wettbewerbsbeeinträchtigung

Die Verfälschung des Wettbewerbs muss für die Anwendbarkeit des § 3 UWG darüber hinaus **„nicht nur unerheblich"** sein. Damit soll zum Ausdruck kommen, dass die Wettbewerbsmaßnahme von einem gewissen Gewicht für das Wettbewerbsgeschehen und die Interessen der geschützten Personenkreise sein muss. Dies bedeutet indes nicht, dass dadurch unlautere Wettbewerbshandlungen zu einem beachtlichen Teil legalisiert werden. Vielmehr soll die Verfolgung von lediglich Bagatellfällen ausgeschlossen werden. Dementsprechend ist die Schwelle auch nicht zu hoch anzusetzen.[301]

Eine zum Teil weitergehende Einschränkung der Verfolgung nicht erheblicher Wettbewerbsverstöße erfolgt nach bisherigem Recht über die Regelung der Klagebefugnis in § 13 Abs. 2 UWG a. F., wonach die Klagebefugnis der abstrakten Mitbewerber sowie der Wirtschaftsverbände voraussetzt, dass der Anspruch eine Handlung betrifft, die geeignet ist, den Wettbewerb auf diesem Markt wesentlich zu beeinträchtigen. Verbraucherverbände können bislang Ansprüche auf der Grundlage von § 1 UWG a. F. nur geltend machen, wenn wesentliche Belange der Verbraucher berührt sind. Diese Einschränkung der Klagebefugnis wird durch die allgemeine Bagatellgrenze entbehrlich.

Unter der **Beeinträchtigung des Wettbewerbs** ist von vornherein nicht eine Verfälschung des Wettbewerbs als Institution der Marktwirtschaft zu verstehen. Maßstab sind vielmehr die Wirkungen wettbewerbswidrigen Verhaltens auf das Marktgeschehen. Die Feststellung, ob ein Wettbewerbsverstoß geeignet ist, den Wettbewerb nicht unerheblich zu beeinträchtigen, setzt eine nach objektiven und subjektiven Momenten unter Berücksichtigung aller Umstände des Einzelfalls zu treffende Wertung voraus. In diese Wertung sind neben der Art und Schwere des Verstoßes die zu erwartenden

---

300 OLG Koblenz, NJW 2004, 605 = OLG-Report 2003, 76
301 Vgl. zur Erheblichkeitsschwelle Heermann, GRUR 2004, 94

Auswirkungen auf den Wettbewerb sowie der Schutzzweck des Wettbewerbsrechts einzubeziehen. Eine nicht unerhebliche Beeinträchtigung kann demnach auch bei Verstößen mit nur geringen Auswirkungen für den Marktteilnehmer im Einzelfall vorliegen, wenn durch das Verhalten eine Vielzahl von Marktteilnehmern betroffen ist oder eine nicht unerhebliche Nachahmungsgefahr besteht.

4. Unlauterkeit i. S. d. § 4 UWG und anhand der bisherigen Rechtsprechung

Während in der Altfassung des UWG die Frage der Wettbewerbswidrigkeit nahezu ausschließlich mit dem Tatbestandsmerkmal der „Sittenwidrigkeit" i. S. d. § 1 UWG a. F. einherging, hat der Gesetzgeber nunmehr in § 4 UWG einen Beispielskatalog geschaffen, nach der die Zuordnung/Einordnung der Wettbewerbswidrigkeit erleichtert werden soll. Ungeachtet dieses Beispielskatalogs wird allerdings die weitere Entwicklung dahin gehen, dass sich der BGH und die Obergerichte (soweit möglich) nach wie vor an ihrer ursprünglichen Rechtsprechung orientieren werden. Für die nachfolgende Darstellung wird daher zunächst einmal auf den Beispielskatalog in § 4 UWG eingegangen werden; sodann werden die Fallgruppen der ursprünglichen „Sittenwidrigkeit" dargestellt.

a. Der Beispielskatalog des § 4 UWG

Die Aufzählung von Beispielstatbeständen hat typische Unlauterkeitshandlungen zum Gegenstand. Auf diese Weise wird vom Gesetzgeber beabsichtigt, die Generalklausel des § 3 UWG zu präzisieren und dadurch eine größtmögliche Transparenz zu schaffen. Diese Aufzählung in § 4 UWG hat indessen (wie das Wort „insbesondere" belegt) keinen abschließenden Charakter. Bei der Bewertung, ob eine Unlauterkeit einer Wettbewerbshandlung zu bejahen oder zu verneinen ist, kommt es im jeweiligen Einzelfall darauf an, ob die Wettbewerbshandlung tatsächlich geeignet ist, die im Einzelnen genannten Merkmale zu erfüllen. Nicht entscheidend ist es dabei, ob es auch **tatsächlich** zu einer Beeinträchtigung gekommen ist. Durch die Beschränkung des Verweises auf die Unlauterkeit i. S. v. § 3 UWG ist auch hinreichend deutlich zum Ausdruck gebracht, dass die wettbewerbsrechtlich relevante Handlung nur dann unzulässig ist, wenn auch die weiteren Tatbestandsvoraussetzungen des § 3 UWG vorliegen.

aa. Beeinträchtigung der Entscheidungsfreiheit

Gem. § 4 Ziff. 1 UWG handelt unlauter, wer Wettbewerbshandlungen vornimmt, die geeignet sind, die Entscheidungsfreiheit der Verbraucher oder sonstiger Marktteilnehmer durch Ausübung von Druck, in menschenverachtender Weise oder durch sonstigen unangemessenen unsachlichen Einfluss zu beeinträchtigen.

Durch diese Regelungen sollen all diejenigen Handlungen erfasst werden, die die Entscheidungsfreiheit der Verbraucher oder sonstiger Marktteilnehmer durch Ausübung von Druck oder durch sonstige unangemessene unsachliche Beeinflussung beeinträchtigen. Davon werden auch Maßnahmen der Wertreklame erfasst, wenn diese bezwecken sollten, die Rationalität der Verbraucherentscheidung auszuschalten. Durch das Kriterium der **Unangemessenheit** wird wiederum dem Umstand Rechnung getragen, dass der Versuch einer gewissen unsachlichen Beeinflussung der Werbung nicht fremd und per se auch nicht unlauter ist. Diese vorgenannte Regelung soll auch Handlungen im Verhältnis zweier Unternehmer auf verschiedenen Wirtschaftsstufen erfassen.

bb. Ausnutzung der Unerfahrenheit, Leichtgläubigkeit, Angst oder einer Zwangslage

Nach Maßgabe des § 4 Ziff. 2 UWG werden solche Wettbewerbshandlungen als unlauter eingestuft, die geeignet sind, die geschäftliche Unerfahrenheit, insbesondere von Kindern oder Jugendlichen, die Leichtgläubigkeit, die Angst oder die Zwangslage von Verbrauchern auszunutzen.

Verbraucher, die sich in Ausnahmesituationen wie Angst oder einer sonstigen Zwangslage befinden, müssen geschützt werden. Außerdem müssen besonders schutzbedürftige Verbraucherkreise, mithin Kinder und Jugendliche, aber auch sprach- und geschäftsungewandte Mitbürger, vor einer Ausnutzung ihrer Unerfahrenheit geschützt werden. Damit werden auch Fälle im Vorfeld von konkreten Verkaufsförderungsmaßnahmen erfasst, so insbesondere bei Erhebung von Daten von Kindern oder Jugendlichen zu Werbezwecken.

cc. Verschleierung von Wettbewerbshandlungen

Gem. § 4 Ziff. 3 UWG handelt unlauter, wer den Werbecharakter von Wettbewerbshandlungen verschleiert. Die getarnte Werbung - auch Schleichwerbung genannt - ist im Recht der elektronischen Medien verboten, so z. B. für den Bereich des Rundfunks in § 7 Abs. 6 des Staatsvertrages über den Rundfunk im Vereinten Deutschland in der Fassung des am 01.07.2002 in Kraft getretenen 6. Rundfunkänderungsstaatsvertrages, für den Bereich der Mediendienste in § 10 Abs. 4 Ziff. 1 Mediendienstestaatsvertrag (MDStV) sowie in § 7 Ziff. 1 TDG. Durch die vorstehende Regelung wird das medienrechtliche Schleichwerbungsverbot ausdrücklich auch auf alle Formen der Werbung ausgedehnt. Daneben wird auch die Tarnung sonstiger Wettbewerbshandlungen erfasst. Dazu zählt z. B. die Gewinnung von Adressen unter Verschweigen einer kommerziellen Absicht.

dd. Verkaufsförderungsmaßnahmen

Unlauter i. S. d. § 4 Ziff. 4 UWG handelt, wer bei Verkaufsförderungsmaßnahmen wie Preisnachlässen, Zugaben oder Geschenken die Bedingungen für ihre Inanspruchnahme nicht klar und eindeutig angibt.

Dadurch soll dem speziellen Informationsbedarf der Abnehmer bei Verkaufsförderungsmaßnahmen Rechnung getragen werden. **Verkaufsförderungsmaßnahmen** wie Preisnachlässe, Zugaben und Werbegeschenke haben eine hohe Kundenattraktivität. Daraus resultiert eine **nicht unerhebliche Missbrauchsgefahr**; denn zum einen wird durch eine solche Werbung auf Käuferseite die Kaufentscheidung beeinflusst, oft werden jedoch, und zwar bei Kundenbindungssystemen, entsprechend hohe Hürden für die Inanspruchnahme des Vorteils aufgestellt. Im Bereich der Mediendienste bzw. der Teledienste gibt es bereits entsprechende Bestimmungen. Da eine unterschiedliche Behandlung des elektronischen Geschäftsverkehrs nicht sachgerecht ist, wurde eine entsprechende Regelung auf das allgemeine Lauterkeitsrecht übertragen.

ee. Transparenzgebot bei Preisausschreiben und Gewinnspielen

Eine unlautere Wettbewerbshandlung liegt dann vor, wenn bei Preisausschreiben oder Gewinnspielen mit Werbecharakter die Teilnahmebedingungen nicht klar und eindeutig angegeben werden.

Auf diese Weise wird durch § 4 Ziff. 5 UWG das **Transparenzgebot bei Preisausschreiben und Gewinnspielen** geregelt. Es besteht bei beiden Maßnahmen ein vergleichbares Missbrauchspotential. Auch hier wurde ein Gleichklang mit den elektronischen Medien hergestellt, da auch in jenen Bereichen bereits entsprechende Regelungen bestehen. Nicht vom Transparenzgebot erfasst sind hingegen die tatsächlichen Gewinnchancen, da die Ungewissheit hierüber zum Charakter eines Preisausschreibens bzw. eines Gewinnspiels gehören kann. Überdies ist es einem Unternehmen naturgemäß nicht möglich, die Gewinnchancen anzugeben, da diese in der Regel von der im Vorfeld ungewissen Anzahl der Mitspieler abhängen werden.

ff. Koppelung von Waren/Dienstleistungen

Gem. § 4 Ziff. 6 UWG handelt unlauter, wer die Teilnahme von Verbrauchern an einem Preisausschreiben oder Gewinnspiel von dem Erwerb einer Ware oder der Inanspruchnahme einer Dienstleistung abhängig macht, es sei denn, das Preisausschreiben oder Gewinnspiel ist naturgemäß mit der Ware oder der Dienstleistung verbunden.

In Übereinstimmung mit der bisherigen Rechtsprechung ist es als wettbewerbswidrig einzustufen, wenn die Teilnahme an einem Preisausschreiben oder Gewinnspiel in irgendeiner Form mit dem Warenabsatz oder der Inanspruchnahme einer Dienstleistung verkoppelt wird. Auch hier wird es jedoch auf den jeweiligen Einzelfall ankommen, worauf noch einzugehen sein wird. Die Wettbewerbswidrigkeit im Einzelfall wird dadurch begründet, dass die Maßnahme darauf ausgerichtet ist, die **Spiellust auszunutzen** und das Urteil des Verbrauchers dadurch zu trügen. Nicht als eine Dienstleistung im Sinne dieser Vorschrift wird die Übermittlung der Erklärung angesehen, mit der am Gewinnspiel oder am Preisausschreiben teilgenommen wird. Hingegen liegt eine Verkoppelung mit der Inanspruchnahme einer Dienstleistung grundsätzlich dann vor, wenn der Verbraucher, will er am Preisausschreiben oder am Gewinnspiel teilnehmen, eine Mehrwertdiensterufnummer anrufen muss; denn in einem solchen Fall wird eine über den Basistarif für die Übermittlung hinausgehende Zahlung erforderlich. Eine andere Beurteilung wäre nach dem Sinn und Zweck der Vorschrift dann denkbar, wenn die Kosten für die Mehrwertdiensterufnummer die üblichen Übermittlungskosten nicht übersteigen. Darüber hinaus wird eine Verkoppelung regelmäßig dann nicht anzunehmen sein, wenn es alternativ die Möglichkeit der Teilnahme gibt, ohne dass eine Ware gekauft oder eine Dienstleistung in Anspruch genommen werden muss. Nachdem die sonstigen Marktteilnehmer mit Blick auf deren Erfahrungen im Geschäftsverkehr als weniger schutzbedürftig anzusehen sind, ist diese **Fallgruppe auf die Teilnahme von Verbrauchern beschränkt**.

Nicht erfasst werden von diesem Tatbestand diejenigen Fälle, in denen man ein Gewinnspiel oder ein Preisausschreiben gar nicht veranstalten kann, ohne dass der Kauf der Ware oder die Inanspruchnahme der Dienstleistung erforderlich wird. Dies gilt etwa für den Fall eines in einer Zeitschrift abgedruckten Preisrätsels. Gerade bei Printmedien ist diese Form der Wertreklame seit längerem am Markt eingeführt und kann schon aus diesem Grund nicht als unlauter eingestuft werden. Dies schließt indessen im jeweiligen Einzelfall eine Bewertung als unlauter dann nicht aus, wenn die Kaufentscheidung durch z. B. unangemessen hohe Gewinne in gleichem Maße unsachgemäß beeinflusst wird.

gg. Geschäftsehrverletzung

Unlauter handelt, wer i. S. d. § 4 Ziff. 7 UWG die Kennzeichen, Waren, Dienstleistungen, Tätigkeiten oder persönlichen oder geschäftlichen Verhältnisse eines Mitbewerbers herabsetzt oder verunglimpft.

Mit dieser Regelung werden die Fälle der Geschäftsehrverletzungen erfasst. Diese sind Meinungsäußerungen, sodass bei der Beurteilung einer kritischen Äußerung das Grundrecht der Meinungsfreiheit i. S. d. Art. 5 Abs. 1 GG zu beachten sein dürfte. Vom Anwendungsbereich erfasst werden daher vor allem die Fälle der **Schmähkritik**, in denen der Mitbewerber pauschal und ohne erkennbaren sachlichen Bezug abgewertet wird.

hh. Tatsachenbehauptungen

Unlauter handelt gem. § 4 Ziff. 8 UWG, wer über die Waren, Dienstleistungen oder das Unternehmen eines Mitbewerbers oder über den Unternehmer oder ein Mitglied der Unternehmensleitung Tatsachen behauptet oder verbreitet, die geeignet sind, den Betrieb des Unternehmens oder den Kredit des Unternehmers zu schädigen, sofern die Tatsachen nicht erweislich wahr sind; handelt es sich um vertrauliche Mitteilungen und hat der Mitteilende oder der Empfänger der Mitteilung an ihr ein berechtigtes

Interesse, so ist die Handlung nur dann unlauter, wenn die Tatsachen der Wahrheit zuwider behauptet oder verbreitet werden.

In Abgrenzung zu dem vorherigen Tatbestand des § 4 Ziff. 7 UWG werden durch § 4 Ziff. 8 UWG lediglich **Tatsachenbehauptungen** erfasst. Die Regelung entspricht im Übrigen § 14 UWG a. F.

ii.   Wettbewerbsrechtlicher Leistungsschutz

Unlauter i. S. d. § 4 Ziff. 9 UWG handelt, wer Waren oder Dienstleistungen anbietet, die eine Nachahmung der Waren oder Dienstleistungen eines Mitbewerbers sind, wenn er eine vermeidbare Täuschung der Abnehmer über die betriebliche Herkunft herbeiführt, die Wertschätzung der nachgeahmten Ware oder Dienstleistung unangemessen ausnutzt oder beeinträchtigt oder die für die Nachahmung erforderlichen Kenntnisse oder Unterlagen unredlich erlangt hat.

Durch die vorstehende Regelung in § 4 Ziff. 9 UWG wird die Fallgruppe des **wettbewerbsrechtlichen Leistungsschutzes** erfasst. Der Schutz der Leistungen ist zwar durch eine Reihe von Spezialgesetzen (z. B. Patentgesetz und Urheberrechtsgesetz) geregelt. Aus der gesetzlichen Anerkennung besonderer ausschließlicher Rechte für technische und nichttechnische geistige Schöpfungen folgt hingegen, dass die wirtschaftliche Betätigung des Einzelnen außerhalb der geschützten Sonderbereiche frei sein soll. Durch die Regelung des wettbewerbsrechtlichen Leistungsschutzes soll die grundsätzliche Nachahmungsfreiheit nicht in Frage gestellt werden. Das bloße Nachahmen eines nicht unter Sonderrechtsschutz stehenden Arbeitsergebnisses ist daher auch künftig **nicht unlauter**. Die Nachahmung einer fremden Leistung wird nur unter besonderen, die Wettbewerbswidrigkeit begründenden Umständen als wettbewerbswidrig zu qualifizieren sein. Die Aufzählung in § 4 Ziff. 9 UWG kann dabei nicht abschließend sein.

Die erste Fallgruppe in § 4 Ziff. 9 UWG erfasst die Fälle der **vermeidbaren Herkunftstäuschung**. Danach handelt wettbewerbswidrig, wer ein fremdes Erzeugnis durch Übernahme von Merkmalen, mit denen der Verkehr eine betriebliche Herkunftsvorstellung verbindet, nachahmt und sein Erzeugnis in den Verkehr bringt, wenn er nicht im Rahmen des Möglichen/Zumutbaren alles Erforderliche getan hat, um eine Irreführung des Verkehrs möglichst auszuschließen. Dies wiederum setzt aber eine gewisse wettbewerbliche Eigenart des Vorbilds, welches nachgeahmt worden ist, voraus, da der Verkehr anderenfalls nicht auf die Herkunft zu achten pflegt.

Die zweite Fallgruppe betrifft Fälle der sog. **Rufausbeutung** und der **Rufbeeinträchtigung**. Dies wird insbesondere dann anzunehmen sein, wenn der Verkehr mit einer Ware bestimmte **Herkunfts- und Gütevorstellungen** verbindet und auf diese Weise der gute Ruf der fremden Ware ausgenutzt wird.

Die dritte Fallgruppe des § 4 Ziff. 9 UWG betrifft Fälle der **unredlichen Kenntniserlangung,** in denen sich der Nachahmer die erforderlichen Kenntnisse durch Erschleichung eines fremden Betriebsgeheimnisses oder durch Vertrauensbruch verschafft hat.

jj.   Individuelle Mitbewerberbehinderung

Unlauter i. S. d. § 4 Ziff. 10 UWG handelt, wer Mitbewerber gezielt behindert.

Diese sog. **individuelle Mitbewerberbehinderung** stellt sicher, dass alle Erscheinungsformen des Behinderungswettbewerbs einbezogen werden, einschließlich des Boykotts, des Vernichtungswettbewerbs, aber auch z. B. des Missbrauchs von Nachfragemacht zur Ausschaltung von Mitbewerbern. Damit sollen auch Handlungen im Verhältnis zweier Unternehmer auf verschiedenen Wirtschaftsstufen erfasst werden. Durch das Tatbestandsmerkmal des gezielten Handelns wird hinreichend deutlich zum Ausdruck gebracht, dass eine Behinderung von Mitbewerbern als eine bloße Folge des Wettbewerbs allein nicht ausreicht, um den Tatbestand zu verwirklichen. Zwar hat die Rechtsprechung in der Vergangenheit bereits typische Formen des unlauteren Behinderungswettbewerbs herausgearbeitet; deren Aufgabe wird es allerdings auch weiterhin sein, die Abgrenzung von den kartellrechtlichen Behinderungtatbeständen, die das Vorliegen von Marktmacht voraussetzen, vorzunehmen. Entsprechendes gilt für die sog. **allgemeine Marktbehinderung,** die zwar nicht als Beispielstatbestand aufgeführt ist, gleichsam unter die Generalklausel des § 3 UWG fallen kann.

kk.   Rechtsbruch

Unlauter handelt, wer einer gesetzlichen Vorschrift zuwiderhandelt, die auch dazu bestimmt ist, im Interesse der Marktteilnehmer das Marktverhalten zu regeln.

Der Tatbestand des § 4 Ziff. 11 UWG betrifft Fälle des Wettbewerbsverstoßes durch **Rechtsbruch.** Wenngleich es - mit Blick auf den Schutzzweck des UWG - nicht Aufgabe des Wettbewerbsrechts sein kann, Gesetzesverstöße generell zu sanktionieren, ist doch damit zum Ausdruck gebracht, dass ein Verstoß gegen solche Normen erfasst wird, die zumindest auch das Marktverhalten im Interesse der Marktbeteiligten regeln. Dies entspricht zugleich der neueren Rechtsprechung. Die vorgenommene Einschränkung schließt hingegen nicht aus, dass auch Verstöße gegen Marktzutrittsregelungen von diesem Tatbestand erfasst sein können. Dies gilt jedenfalls dann, wenn die Marktzutrittsregelung eine auf die Lauterkeit des Wettbewerbs bezogene Schutzfunktion hat und somit auch zugleich das Marktverhalten regelt. Hiervon ist insbesondere bei Vorschriften auszugehen, die als Voraussetzung für die Ausübung bestimmter Tätigkeiten den Nachweis besonderer fachlicher Fähigkeiten fordern.

b. Unlauterkeit gem. §§ 3, 4 UWG vs. Sittenwidrigkeit gem. § 1 UWG a. F.

Der Kern der wettbewerbsrechtlichen Generalklausel in § 1 UWG a. F. war das Tatbestandsmerkmal der „guten Sitten". Auf der Grundlage der früheren Rechtsprechung des Reichsgerichts (RG) sowie der frühen Rechtsprechung des BGH wurde der Maßstab für den Begriff der guten Sitten aus dem herrschenden Volksbewusstsein entnommen, und zwar dem „Anstandsgefühl aller gerecht und billig Denkenden".[302] Für die tägliche Praxis war es allerdings wenig förderlich, auf ein nicht näher zu beschreibendes „Anstandsgefühl" von Durchschnittsgewerbebetreibenden bzw. der Allgemeinheit abzustellen. Vielmehr entscheiden die Funktionalitäten des Wettbewerbs bzw. auch der Schutzcharakter des Wettbewerbsrechts. Ob ein Verhalten als wettbewerbswidrig zu qualifizieren ist, erforderte regelmäßig eine - am Schutzzweck des § 1 UWG a. F. auszurichtende - Würdigung des Gesamtcharakters des Verhaltens nach seinem konkreten Anlass, seinem Zweck, den eingesetzten Mitteln, seinen Begleitumständen und Auswirkungen. Die Bedeutung der Grundrechte ist dabei mit abzuwägen.[303] Vor diesem Hintergrund wurden von der Rechtsprechung des BGH Fallgruppen gebildet, die das Merkmal der Sittenwidrigkeit näher konkretisieren sollen, und zwar Kundenfang, Behinderung, Ausbeutung, Rechtsbruch und Marktstörung; dabei müssen diese Fallgruppen - um verfassungsrechtlich unbedenklich zu sein - den miteinander kollidierenden Positionen der Wettbewerber hinreichend Rechnung tragen.[304] Auch die künftige Rechtsprechung wird sich im Rahmen der Prüfung der Unlauterkeit i. S. d. § 3 UWG daran orientieren.

---

[302] BGH NJW 1995, 2486 = WRP 1995, 688 (689) = GRUR 1995, 592, dort zur Bezeichnung „Busengrapscher" bzw. „Schlüpferstürmer" für einen Likör; BGHZ 17, 327; BGHZ 10, 228; RGZ 150, 1; RGZ 80, 219; RGZ 48, 114;

[303] BVerfG NJW 2002, 1187 = GRUR 2002, 455 = WRP 2002, 430 - Tierfreundliche Mode; BVerfG NJW 2001, 3403 = WRP 2001, 1160 = GRUR 2001, 1058 - Therapeutische Äquivalenz; BGHZ 149, 247 = NJW 2002, 1200 = WRP 2002, 434 = GRUR 2002, 360 - H. I. V. POSITIVE II; BGHZ 144, 255 = NJW 2000, 3351 = WRP 2000, 1116 = GRUR 2000, 1076 - Abgasemissionen

[304] BVerfG NJW 2003, 1303 = WRP 2003, 633 = GRUR 2003, 442 - Benetton-Werbung II; BVerfG NJW 2002, 1187 = GRUR 2002, 455 = WRP 2002, 430 - Tierfreundliche Mode; vgl. auch die Darstellung von Vogt, NJW 2003, 3306 ff. über die Entwicklung des Wettbewerbsrechts 2001 - 2003

Abbildung 4-2:   *Sittenwidrigkeit gem. § 1 UWG*

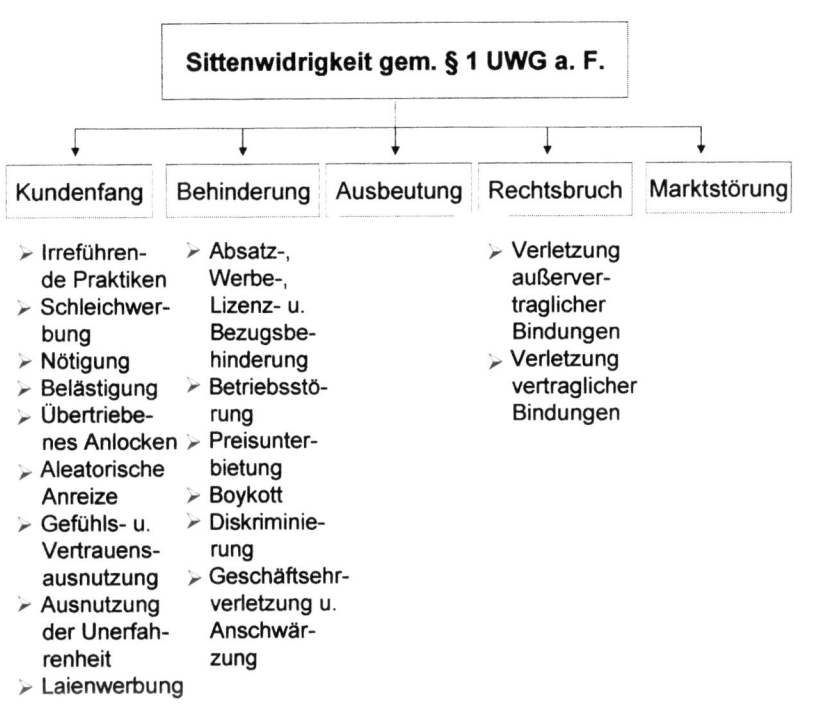

Die Fallgruppen der Sittenwidrigkeit gem. § 1 UWG a. F. können wie folgt den verschiedenen Tatbeständen des § 4 UWG zugeordnet werden:

Abbildung 4-3: *Zuordnung der alten und neuen wettbewerbsrechtlichen Fallgruppen*

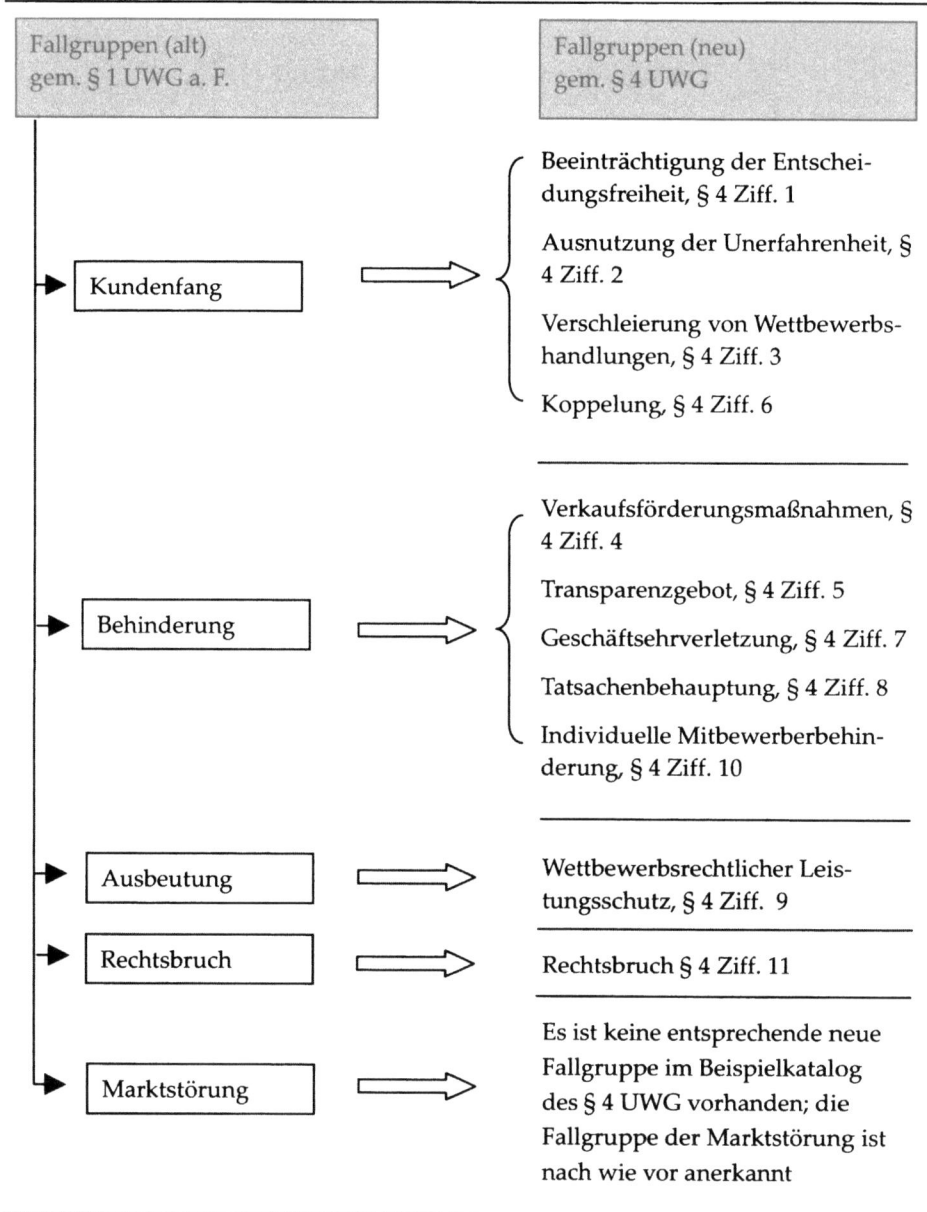

aa. Kundenfang

Anerkanntermaßen ist es zulässig, den Kunden zu beeinflussen. Dies gehört schließlich zum Wesen des Wettbewerbs. Ganze Bereiche, wie z. B. das Marketing, leben davon. Wiewohl es zulässig ist, den Kunden durch konkrete Maßnahmen oder Mittel auf eine Dienstleistung bzw. Ware einzustimmen, so ist es doch wettbewerbswidrig, diese Beeinflussung mit Mitteln vorzunehmen, die die freie Willensbetätigung des Kunden beeinträchtigen, ggf. sogar ausschließen. In einem solchen Fall wird die einem freien Wettbewerb immanente Beeinflussung des Kunden zu einem wettbewerbswidrigen Kundenfang.

Ein wettbewerbswidriger, nunmehr durch § 4 UWG geregelter Kundenfang kann durch verschiedene Modalitäten herbeigeführt werden, und zwar:

(1) Täuschung durch irreführende Praktiken oder Tarnung von Werbemaßnahmen (Schleichwerbung)

Irreführende Praktiken, mit denen ein Wettbewerber zu täuschen versucht, liegen vor, wenn eine **falsche Selbstanpreisung** vorgenommen wird oder aber mit **Lockvogelangeboten** geworben wird. Verwerflich ist es jedenfalls, Kunden mit falschen Hinweisen anzulocken, so z. B. der Hinweis auf eine etwaige „Markenware". Ebenso handelt wettbewerbswidrig, wer **Missdeutungen hervorruft** oder aber **Einkaufsvorteile vortäuscht**. Ebenso liegen irreführende Praktiken vor, wenn unterschiedliche Qualitäten oder aber eine Erfolgsgarantie vorgetäuscht wird. Eine besondere Fallgruppe der Täuschung mittels irreführender Praktiken liegt in dem Umstand, wenn bei Verbraucherkreditgeschäften, Haustürgeschäften oder Versicherungsverträgen die nunmehr gesetzlich **erforderliche Widerrufsbelehrung nicht vorgenommen** wird;[305] bei der Beurteilung der Frage, ob eine Widerrufsbelehrung deutlich gestaltet ist, ist allein auf den Zeitpunkt abzustellen, zu dem der Verbraucher von der Belehrung anlässlich ihrer Aushändigung und ggf. Unterzeichnung Kenntnis nehmen kann.[306]

Ebenso ist es als wettbewerbsrechtlich unzulässig einzustufen, wenn in Werbefaxschreiben die nunmehr nach näherer Maßgabe der §§ 312 c BGB, 1 BGB-InfoVO, Art. 240 EGBGB erforderlichen Pflichtangaben nicht enthalten sind. Auch dies stellte einen Verstoß gegen § 1 UWG a. F. dar.[307] Zu diesen Pflichtangaben gehört auch die „ladungsfähige Anschrift". Die Angabe einer Postfachanschrift ist - anders als bei § 355

---

305 Einzelfälle bei Baumbach/Hefermehl, Wettbewerbsrecht, UWG, § 1 Rdziff. 21 a ff. sowie Baumbach/Hefermehl/Köhler, Wettbewerbsrecht, § 4 UWG Rdziff. 1.213; BGH NJW 2003, 1932 = WM 2003, 2004 - Abonnementvertrag; BGH NJW 2002, 3396 = WRP 2002, 1263 = GRUR 2002, 1085 - Belehrungszusatz; BGH NJW 2002, 2391 = WRP 2002, 832 = GRUR 2002, 717 - Postfachanschrift; BGHZ 121, 52 = NJW 1993, 1013 = WRP 1993, 392 - Widerrufsbelehrung; BGH NJW 1987, 125 = WRP 1986, 660 = GRUR 1986, 816 - Widerrufsbelehrung bei Teilzahlungskauf

306 BGH NJW-RR 2003, 1481 - Widerrufsbelehrung IV

307 OLG Frankfurt, MMR 2002, 529; LG Frankfurt, NJW-RR 2002, 1468

Abs. 2 S. 1 BGB - nicht ausreichend.[308] Bei einem Pay-TV-Abonnementvertrag steht dem Verbraucher jedoch kein Widerrufsrecht zu, sodass auch das Unterlassen einer Widerrufsbelehrung nicht wettbewerbswidrig ist.[309] Ein Wettbewerbsteilnehmer hat dem **Transparenzgebot** zu genügen; das gilt auch in Bezug auf seine Identität. Ein Schlüsselnotdienst, der seine Identität schon in den Telefonbucheintragungen, aufgrund derer er beauftragt wird, verschwiegen hat, handelt unlauter, wenn er auch in Rechnungen/Zahlungsquittungen keine Angaben zur Identität des Vertragspartners vornimmt.[310]

Auch die sog. **Schleichwerbung** ist vom Grundsatz her - wie auch § 4 Ziff. 3 UWG belegt - als wettbewerbsrechtlich unzulässig einzustufen. Probleme bereitet das sog. **Product Placement**, wenn in Fernsehsendungen oder in Kinofilmen Markenwaren zur Verbesserung des Images eingebaut werden. Wenn dies zugleich in der Absicht geschieht, eigenen oder fremden Wettbewerb zu fördern (was zu vermuten ist, wenn die Zurschaustellung gegen Bezahlung erfolgt), so können solchen Praktiken mit den Mitteln des Wettbewerbsrechts ggf. je nach Lage des Einzelfalls begegnet werden.[311]

(2) Nötigung

Wettbewerbswidrig ist es, physische oder psychische Mittel einzusetzen, um den Kunden dadurch zum Abschluss eines Geschäfts zu nötigen. Als Mittel eines psychischen Drucks kommen Maßnahmen wie **Belästigung** (Verfolgung durch den sog. „schwarzen Schatten"), **Überrumpelung** (Ansprechen des Unfallgeschädigten direkt am Unfallort durch einen Abschleppunternehmer mit dem Ziel des Abschlusses eines Abschleppvertrages), **automatische Verkoppelung** (Koppelung von Mitgliedschaft in einer Gewerkschaft und Vermittlung von Familien - und Wohnungsrechtsschutz kraft Gewerkschaftssatzung bei einem Rechtsschutzversicherer), **Aufzwingen des Geschäftspartners** (Sammlung von Rezepten durch einen Arzt und Übergabe an eine Apotheke in der Absicht, deren Wettbewerb zu fördern) oder sog. **„Anzapfen"** (Händler verlangt von einem Lieferanten für die Aufnahme der Ware des Lieferanten in das Sortiment eine vom Einkaufspreis unabhängige Gegenleistung) in Betracht.

(3) Belästigung

Eine weitere Möglichkeit, die Fallgruppe des sog. Kundenfangs zu verwirklichen, ist die Belästigung von Kunden, die ihrerseits z. B. durch „Anreißen" vorgenommen werden kann. Anreißen bedeutet dabei das Belästigen von Kunden durch **aufdring-**

---

[308] OLG Hamburg, NJW 2004, 1114 = WRP 2003, 1011 - CINEMA Filmkalender
[309] BGH NJW 2003, 1932 = WM 2003, 2004 - Abonnementvertrag
[310] OLG Düsseldorf, NJW-RR 2004, 41
[311] Baumbach/Hefermehl, Wettbewerbsrecht, § 1 UWG Rdziff. 42 a. E.; Baumbach/Hefermehl/ Köhler, Wettbewerbsrecht, § 4 UWG Rdziff. 3.44 ff.; Fezer/Hoeren, UWG, § 4-3 Rdziff. 38 ff.; Berlit, Wettbewerbsrecht, Rdziff. 88 ff.; Kaestner/Biermann, S. 52; BGHZ 81, 247 = NJW 1981, 2573 = WRP 1981, 642 = GRUR 1981, 835 - Getarnte Werbung

liche Werbung z. B. in Gestalt der Direktwerbung, der Straßenwerbung, der unaufgeforderten Telefon-, Telex-, Teletex-, Btx- und Briefkastenwerbung sowie E-Mail-Werbung (Spamming).[312] Hat der E-Mail-Versand ausschließlich karitative-humanitäre Zwecke (Spendenaktion des Deutschen Roten Kreuzes), liegt regelmäßig keine sittenwidrige Wettbewerbshandlung vor.[313] So kann aber z. B. das Aufstellen von Containern in unmittelbarer Nähe der Grabsteine, die zur Aufnahme des Aushubs der Grabstelle bestimmt sind, und die vom Eigentümer mit einem von allen Seiten des Containers aus sichtbaren Firmenschlagwort („Trauerhilfe X") versehen sind, als belästigende und sittenwidrige Werbemaßnahme angesehen werden.[314] Auch **Werbebotschaften per Handy** (SMS) können wettbewerbswidrig sein.[315]

Maßnahmen, die dem Anlocken von Kunden dienen, sind wettbewerbswidrig, wenn sie derartige Belästigungen darstellen, die nach den Anschauungen des durchschnittlichen, verständigen Verkehrsteilnehmers das noch tragbare Maß überschreitet. Hierzu zählt das unaufgeforderte Ansprechen von Kunden vor dem Geschäft eines Mitbewerbers (z. B. **Schilderprägebetrieb**) jedenfalls dann, wenn damit nach den Umständen des Falles eine nicht hinnehmbare Beeinträchtigung der Entscheidungsfreiheit des Kunden verbunden ist.[316] Das gezielte Ansprechen von Passanten im öffentlichen Verkehrsraum zu Werbezwecken stellt sich grundsätzlich, insbesondere wenn der Werbende als solcher nicht erkennbar ist, als wettbewerbswidrig dar.[317]

Als anreißerisch ist auch die **Zusendung unbestellter Waren** anzusehen; dies dürfte auch trotz der nunmehr aufgrund Einführung des § 241 a BGB klargestellten Rechtslage (bezüglich der Frage, ob ein Anspruch gegen den Empfänger unbestellter Waren ausgelöst wird) gelten, es sei denn, es handelt sich um geringwertige Waren des täglichen Bedarfs. Ebenso wie die Zusendung unbestellter Waren ist auch die Zusendung einer Auftragsbestätigung und einer Rechnung ohne Erteilung eines Auftrages wettbewerbswidrig, dies selbst dann, wenn dem Adressaten ein Widerrufsrecht eingeräumt ist.[318]

(4) Übertriebenes Anlocken (Kundenbestechung)

Nicht nur die Irreführung, die Nötigung oder die Belästigung durch Anreißen beeinflusst die freie Willensentschließung des Kunden, die mit Hilfe des Wettbewerbsrechts geschützt werden soll. Dabei ist indessen das Verschenken von Waren oder Leistungen

---

312 BGH NJW 2004, 1655 – E-Mail-Werbung
313 AG Hannover, NJW-RR 2003, 1272; zum Spamming vgl. LG Berlin, NJW 2002, 2569 und NJW 1998, 3208
314 OLG München, NJW-RR 2003, 405 - Firmenschlagwort auf Grabaushubcontainer
315 Dazu Remmertz, MMR 2003, 314
316 OLG Celle, OLG-Report 2003, 251
317 BGH NJW 2004, 2593 – Ansprechen in der Öffentlichkeit
318 OLG Köln, NJW-RR 2002, 472; OLG Stuttgart, NJW-RR 1998,184 = OLG-Report 1997, 27; zu einem Sonderfall der erfolgten Widerrufsbelehrung erst im Rahmen von Folgebelieferungen, nicht indessen bei der ersten Lieferung: OLG München, NJW-RR 2002, 399

zu Zwecken des Wettbewerbs nicht aus sich heraus und ohne Weiteres wettbewerbswidrig. Dies ist nur dann der Fall, wenn dem Kunden eine unentgeltliche Zuwendung (Werbegeschenk) in Aussicht gestellt wird, die ihn wegen der starken Reizwirkung in einem solchen Maß zum Abschluss eines entgeltlichen Vertrages unsachlich beeinflusst, dass er sich nicht nach seiner Vorstellung über die Preiswürdigkeit und Güte der konkurrierenden Waren entschließt, sondern vornehmlich danach, wie er in den Genuss des Werbegeschenks kommen kann.[319] So wurde es z. B. von der Rechtsprechung als wettbewerbswidrig angesehen, wenn die **Verteilung von Werbegeschenken** mit dem Betreten des Geschäfts des Gewerbetreibenden verknüpft wird. Hingegen sind Werbegeschenke aus besonderem Anlass bzw. Werbe- und Verkaufshilfen, die ein Hersteller seinen Kunden gewährt, grundsätzlich keine unzulässigen Werbeschenkungen, dies allerdings nur dann, wenn sie ausschließlich dazu bestimmt sind, die Ware des Herstellers zu bewerben und deren Verkauf zu erleichtern.

Beispiel 13:[320]

Unternehmer Unruh (U) vertreibt am Markt ein Angebot, bei einer Testbestellung von Kosmetikartikeln im Gesamtwert von 30 € einen Schal zum Preis von 1 € erwerben zu können, wobei der Kunde den Schal behalten kann, wenn er von dem ihm eingeräumten Recht auf Rücksendung der übrigen Ware Gebrauch macht. Diese Testbestellung ist weder unter dem Gesichtspunkt des übertriebenen Anlockens noch unter dem Aspekt des psychischen Kaufzwangs als unlauter beanstandet worden.

Beispiel 14:[321]

Friseur Figaro (F) vertreibt in seinen Friseursalons eine Werbezeitung „News", Ausgabe 03/00. In dieser druckte er auf zwei Seiten jeweils einen Wertgutschein in Höhe von 2 € bzw. 5 € ab, der beim Kauf der jeweils angegebenen Produkte bei ihm auf den Kaufpreis verrechnet werden würde. Ebenso sind in dem Prospekt mehrere Kupons abgedruckt, die für einzeln aufgeführte Leistungen während eines bestimmten Zeitraums Preisnachlässe versprechen. Des Weiteren werden zwei jeweils auf ein Jahr befristete Abonnements angeboten, die nach sieben- bzw. dreimaliger Inanspruchnahme eine Leistung für die achte bzw. vierte Leistung entweder gar keine oder eine um 50 % reduzierte Gegenleistung ankündigen. Das OLG Jena führte aus, dass im vorliegenden Fall ein Verstoß gegen § 1 UWG a. F. unter dem Aspekt des übertriebenen Anlockens gegeben sei, da im

---

[319] BGH NJW-RR 1993, 1066 = WRP 1993, 758 = GRUR 1993, 774 - Hotelgutschein
[320] BGH NJW 2002, 3401 = WRP 2002, 1133 = GRUR 2002, 1000 - Testbestellung
[321] OLG Jena, NJW-RR 2002, 182 = GRUR-RR 2002, 32

Rahmen eines auf ein Jahr befristeten Abonnements nach der Abnahme von sieben Colorationen (Haarfärbungen) eine achte (Gratis-) Coloration als Treueprämie versprochen wird. Entsprechendes gelte, wenn nach Abnahme von drei Dauerwellen für die vierte Dauerwelle ein Preisnachlass von 50 % gewährt werde und die vierte Dauerwelle innerhalb eines Jahres genommen werden müsse. Denn die in Aussicht gestellte Höhe der Treueprämie sei nicht mehr als unerheblich anzusehen und falle daher auch wettbewerbsrechtlich ins Gewicht.

Beispiel 15:[322]

Martin Monroe (M) ist Agent für die kanadische Fluglinie A. Gegenüber Reisebüros warb der M für A-Flüge mit einem Werbeblatt, in welchem es u. a. hieß: „Für jede A-Buchung, die Sie zwischen dem 07.04.2001 und dem 05.05.2001 tätigen, schicken wir Ihnen einen C-Kinogutschein". Gegenüber Reisebüros warb der M ferner für A-Flüge mit einem Werbeblatt, in dem es u. a. hieß: „Vom 21.04. bis 03.05.2001 verlosen wir vier Club-Klasse-Tickets und sechs Enonomy-Tickets. Die vier Club-Klasse-Tickets gehen an die vier Expedienten mit den meisten Buchungen für diesen Zeitraum. Die sechs Economy-Tickets werden anhand der Buchungsnummer verlost. Je mehr Buchungen Sie tätigen, desto größer die Chance auf einen Gewinn". Wenn ein Agent einer Fluglinie im Rahmen eines Buchungswettbewerbs den Expedienten eines Reisebüros für jede Buchung innerhalb eines bestimmten Zeitraums einen „C-Kinogutschein" gewährt oder der Agent unter allen Expedienten für alle Buchungen innerhalb eines bestimmten Zeitraumes sechs „Economy-Tickets" verlost, so verstößt der Agent mit diesen Auslosungen nicht gegen § 1 UWG a. F. Anders hingegen, wenn der Agent den vier Expedienten mit den meisten Buchungen in einem bestimmten Zeitraum je ein „Club-Klasse"-Ticket einer kanadischen Fluglinie verspricht und gewährt. Dann besteht die Gefahr, dass der Händler durch die Gewinnchancen bei einem Verkaufswettbewerb verlockt wird und deshalb seine Funktion gegenüber dem Kunden unter Missbrauch des ihm entgegengebrachten Vertrauens nicht mehr erfüllt. Dies kann den Verkaufswettbewerb unlauter machen. Es handelt sich dann um eine Fallgruppe des übertriebenen Anlockens.

---

[322] LG Frankfurt, NJW-RR 2002, 837 = GRUR-RR 2002, 204

Als ein Fall des übertriebenen Anlockens wird auch unter Umständen die Einführung eines Prämiensystems anzusehen sein; das Prämiensystem eines Autovermieters („Sixperts"), mit dem den Angestellten von Reisebüros für jede Buchung eines Mietwagens Punkte gutgeschrieben werden, die in Sachprämien und Bargeld eingetauscht werden, ist unlauter und wettbewerbswidrig.[323]

Hingegen wird die **kostenlose oder verbilligte Kundenbeförderung** unter dem Aspekt des psychologischen Kaufzwangs als **grundsätzlich wettbewerbswidrig** angesehen, wobei indessen letztlich stets die Umstände des jeweiligen Einzelfalles entscheidend sind. So ist z. B. eine kostenlose Kundenbeförderung zum Ausgleich von Standortnachteilen, mithin vor dem Hintergrund eines berechtigten Bedürfnisses, im Allgemeinen als zulässig angesehen worden.

Als nicht mehr wettbewerbsrechtlich einheitlich werden die Zugaben, Rabatte, Probegaben, Koppelungsgeschäfte und Vorspannangebote beurteilt. Denn die Aufhebung der Zugabeverordnung und des Rabattgesetzes beeinflusst auch die Auslegung von § 3 UWG. Im Hinblick auf das gewandelte Verbraucherbild und die Auswirkungen der europäischen Harmonisierung auf das Lauterkeitsrecht hat der Gesetzgeber ein generelles Zugabeverbot nicht mehr für erforderlich gehalten. Dieser gesetzgeberische Wille muss sich auch in der Bewertung niederschlagen, was im Rahmen des § 3 UWG als unlauter anzusehen ist. Dieser Wille darf nicht dadurch unterlaufen werden, dass die Sachverhalte, die in der Vergangenheit unter die Zugabeverordnung oder unter das Rabattgesetz fielen, unverändert - nunmehr als Wettbewerbsverstöße nach § 3 UWG - verfolgt werden können.[324] § 4 Ziff. 4 UWG gibt auch insoweit einen Anhalt.

> *Beispiel 16:*[325]
>
> *Die Fa. Commödia-Markt (C) vertreibt u.a. Geräte der Unterhaltungselektronik. In einer Werbebeilage bot die C unter der Überschrift „Irgendwo besseres Angebot gesehen? Das gibt's doch gar nicht!" einen dem Typ nach bezeichneten Videorekorder der Marke Toshiba zum Preis von 25 € an. Ein bei der blickfangmäßig herausgestellten Preisangabe angebrachter Stern verwies den Leser auf eine Bedingung, wonach dieser Preis nur bei gleichzeitigem Abschluss eines Stromliefervertrages gültig sei. Diese befand sich in einem Kasten, der als Ganzes etwa die Größe der unmittelbar daneben stehenden Preisangabe aufwies und in dem im linken Teil eine kleine Glühbirne abgebildet war. Daneben stand in von oben nach unten kleiner*

---

[323] OLG Hamburg, GRUR-RR 2004, 117 = OLG-Report 2004, 155

[324] Vgl. dazu die - Koppelungsangebote nunmehr zulassende – Rechtsprechung: OLG Celle, GRUR 2001, 855 - elektrische Geräte für 1,00 DM; KG NJW-RR 2002, 42 - Fernsehgerät für 1,00 DM II; OLG Karlsruhe, GRUR-RR 2002, 168 - zwei Knaller; vgl. weiterführend u. S. 204 ff. sowie Köhler, GRUR 2003, 729 ff.

[325] BGHZ 151, 84 = NJW 2002, 3403 = WRP 2002, 1256 = GRUR 2002, 976 - Koppelungsangebot I

werdender Schrift folgender Text „Jetzt sollte Ihnen ein Licht aufge-
hen! Mindestlaufzeit 24 Monate; Grundgebühr: 5 €/Monat;
Verbrauchsgebühr: 0,12 c/kWh. *Preis nur gültig in Verbindung mit
einem Abschluss eines Stromliefervertrages von Green." Unter die-
sen Angaben befanden sich eine Abbildung des fraglichen Video-
rekorders sowie weitere nähere Angaben. Der BGH führte dazu aus,
dass nach Aufhebung der Zugabeverordnung von der grundsätz-
lichen Zulässigkeit von Koppelungsangeboten auszugehen sei. Wett-
bewerbswidrig sei ein solches Angebot jedoch nur dann, wenn die
Gefahr bestünde, dass die Verbraucher über den Wert des tatsäch-
lichen Angebots, namentlich über den Wert der angebotenen Zusatz-
leistung, getäuscht oder sonst unzureichend informiert würden. Zur
Beurteilung als wettbewerbswidrig könne außerdem beitragen, dass
von dem Koppelungsangebot eine so starke Anlockwirkung ausgehe,
dass beim Verbraucher ausnahmsweise die Rationalität der Nachfra-
geentscheidung vollständig in den Hintergrund trete.

Die vorgenannte Rechtsprechung bestätigte der BGH in einer späteren Entscheidung. Die Werbung für Angebote, bei denen mehrere Waren und/oder Dienstleistungen zu einem Gesamtpreis angeboten werden (sog. **Koppelungsangebote**), ist **grundsätzlich wettbewerbsrechtlich zulässig**. Der Kaufmann kann frei und ohne Rücksicht darauf, ob ein Funktionszusammenhang zwischen den Waren oder Dienstleistungen besteht, entscheiden, ob er Waren und Dienstleistungen - auch ganz unterschiedlicher Art - zusammen zu einem einheitlichen Preis abgeben will. Er darf dementsprechend auch für ein solches Gesamtangebot werben, ohne die Einzelpreise auszuweisen. Dies gehört zur Freiheit des Wettbewerbs, sodass derartige Werbemethoden nur zur Verhinderung unlauteren Wettbewerbs und des Missbrauchs von Marktmacht beschränkt werden dürfen.[326] Wettbewerbswidrigkeit ist nur dann zu bejahen, wenn über den tatsächlichen Wert des Angebots in relevanter Weise irregeführt wird. Dies kann anzunehmen sein, wenn eine Werbung für ein Koppelungsangebot, das besonders anlockend wirkt (etwa weil ein Teil des Gesamtangebots als „unentgeltlich" oder besonders günstig herausgestellt wird), nur unzureichend über dessen Inhalt informiert.[327]

Demgemäß ist eine sog. **Wertreklame** nicht schlechthin unlauter i. S. d. § 3 UWG. Dies gilt auch für **eine (fast) unentgeltliche Abgabe von Waren/Dienstleistungen**. Vielmehr müssen weitere Umstände hinzutreten, damit die Gewährung der Vergünstigung als wettbewerbswidrig einzustufen ist. Das Anlocken von Kunden durch Bewerbung und Abgabe von Farbbild-Abzügen in der Größe von 9 x 13 cm zu einem Preis

---

[326] BGH NJW 2003, 1671 = WRP 2003, 743 = GRUR 2003, 538 - Gesamtpreisangebot; BGH NJW 2002, 3779 = WRP 2002, 1426 = GRUR 2003, 77 - Fernwärme für Börnsen
[327] BGH NJW 2003, 1671 = GRUR 2003, 538 - Gesamtpreisangebot; BGHZ 151, 84 = NJW 2002, 3403 = WRP 2002, 1256 = GRUR 2002, 976 - Koppelungsangebot I; BGH NJW 2002, 3405 = WRP 2002, 1259 = GRUR 2002, 979 - Koppelungsangebot II

von 0,01 DM einschließlich Entwicklung ist nicht wettbewerbswidrig.[328] Gleiches gilt für die Werbung mit **Einkaufsgutscheinen** über 5 € aus Anlass des Geburtstages des Unternehmergeschäfts; die auf solche Weise mit der Werbung einhergehende Ankündigung eines Preisnachlasses ist nicht wettbewerbswidrig.[329] Ebenso wenig ist die Werbung mit der unentgeltlichen Überlassung von fünf Büchern für den Fall einer zweijährigen **Mitgliedschaft in einem Buchclub** wettbewerbsrechtlich zu beanstanden.[330] Auch der Vertrieb einer Zeitung, die sich allein aus Werbeanzeigen und nicht auch aus Verkaufserlösen finanziert (**Gratiszeitungen**), ist wettbewerbsrechtlich nicht von vornherein unzulässig.[331]

Zu Zwecken des Wettbewerbs veranstaltete **Gewinnspiele** verstoßen grundsätzlich nicht gegen § 3 UWG und sind im Allgemeinen, wenn der Regelungsbereich des § 4 Ziff. 5, 6 UWG nicht tangiert wird, zulässig.[332] Nur wenn besondere Umstände vorliegen, die den Vorwurf der Unlauterkeit begründen, können sie als wettbewerbswidrig untersagt werden. Solche besonderen Umstände können z. B. in der Koppelung des Warenabsatzes/der Dienstleistung mit der Teilnahme an dem Gewinnspiel, in einem psychischen Kaufzwang, in einer Irreführung des Publikums über die Gewinnchancen oder in einem **übertriebenen Anlocken** bestehen.[333] Dabei muss der Anlockeffekt so stark sein, dass das Publikum von einer sachgerechten Prüfung des Waren- oder Dienstleistungsangebots abgelenkt und seine Entschließung nicht mehr von schlichen Überlegungen, sondern maßgeblich von der Erwägung bestimmt wird, den in Aussicht gestellten Gewinn zu erlangen.[334] Durch ein **Gewinnspiel im Radio**, das zum Inhalt des Hörfunkprogramms gehört und als Programmbestandteil Teil der Leistung des Rundfunksenders ist, wird ein übertriebenes Anlocken ebenso wenig begründet[335] wie durch die Werbung eines Einzelhandelsunternehmens, für jeden Einkauf in einem Warenwert von 10 DM/5 € Marken auszugeben, die zum Erwerb bestimmter Waren zu besonders günstigen Preisen berechtigen.[336] Anders wird dies hingegen für ein **Mc-Donalds-Rubbel-Gewinnspiel** beurteilt, wobei sich die Werbespots im Fernsehen

---

[328] BGH NJW 2003, 2988 = WRP 2003, 1101 = GRUR 2003, 804 – Foto-Aktion

[329] BGH NJW 2003, 3632 = WRP 2003, 1428 – Einkaufsgutschein; vgl. auch BGH NJW 2004, 1665 = WM 2004, 1048 – Einkaufsgutschein II

[330] BGH NJW 2003, 3197 = WRP 2003, 1217 = GRUR 2003, 890 - Buchclub-Koppelungsangebot

[331] BGHZ 157, 55 = NJW 2004, 2083 = WRP 2004, 896 = GRUR 2004, 602 – 20 Minuten Köln; BGH WRP 2004, 746 – Zeitung zum Sonntag

[332] BGH WRP 2000, 724 = BGH NJW-RR 2000, 1136 = GRUR 2000, 820 - Space Fidelity Peep-Show; BGH NJW-RR 1998, 1199 = WRP 1998, 724 = GRUR 1998, 735 - Rubbelaktion; Kaestner/Biermann S. 43 ff.

[333] BGH WRP 2000, 724 = BGH NJW-RR 2000, 1136 = GRUR 2000, 820 - Space Fidelity Peep-Show; BGH NJW 1996, 723 = WRP 1996, 199 = GRUR 1996, 290 - Wegfall der Wiederholungsgefahr I; BGH NJW 1989, 3013 = WRP 1989, 799 = GRUR 1989, 757 - Haustürgeschäft Mc Bacon

[334] BGH WRP 2000, 724 = BGH NJW-RR 2000, 1136 = GRUR 2000, 820 - Space Fidelity Peep-Show; BGH NJW-RR 1998, 1199 = WRP 1998, 724 = GRUR 1998, 735 - Rubbelaktion

[335] BGH NJW-RR 2002, 1466 = WRP 2002, 1136 = GRUR 2002, 1003 - Gewinnspiel im Radio

[336] BGH NJW-RR 2004, 687 – Treue-Punkte

(wegen der Ausstrahlungszeiten) überwiegend an Kinder und Jugendliche unter 18 Jahren richten und der Hauptgewinn (1 Mio. €) vollkommen außer Verhältnis zur angebotenen Ware von max. 5 € steht; in einem solchen Fall ist ein „übertriebenes Anlocken" angenommen worden.[337] Insbesondere dann, wenn es um die Abwicklung von Gewinnspiel-Verträgen geht, ist zu differenzieren. Die Abwicklung von Verträgen, zu deren Abschluss der Kunde durch wettbewerbswidrige Mittel veranlasst werden konnte, ist als solche nicht grundsätzlich wettbewerbswidrig; dies wäre nur dann der Fall, wenn auch die Abwicklung selbst als unlauteres Wettbewerbsverhalten zu werten wäre.[338] Wer folglich Personen durch betrügerisches Verhalten in Gewinnspiel-Verträge verwickelt, handelt nicht wettbewerbswidrig, wenn die Vertragsabwicklung ihrerseits nicht unlauter ist.

Ein ähnlicher Maßstab gilt für **Preisnachlässe**; dies ist ein grundsätzlich zulässiges und auch tragendes Werbemittel zur Förderung des Leistungswettbewerbs. Wettbewerbsrechtlich tragfähig wäre ein Preisnachlass nur dann nicht mehr, wenn der umworbene Verbraucher in unsachlicher Weise verleitet wird, seine Kaufentscheidung statt nach Preiswürdigkeit und Qualität der angebotenen Ware danach zu treffen, ob ihm beim Kauf besondere zusätzliche Vergünstigungen gewährt werden.[339] Bei einer unbefristeten, bundesweit durchgeführten Aktion einer Sonderpostenmarktkette, bei der generell 20 % Rabatt auf alle Waren gewährt wird, ist eine wettbewerbswidrige Anlockung verneint worden; denn ein derartiger Rabatt ist eine zulässige und gewollte Folge der Reformgesetzgebung[340] und hält sich im Übrigen auch im üblichen Rahmen.[341] Eine abweichende Beurteilung bei der Kundenanlockung mit ungewöhnlich günstigen Angeboten ist jedoch dann etwa geboten, wenn in dem Angebot eine Irreführung über die Preisbemessung des übrigen Sortiments zu erblicken ist oder wenn ein besonders beworbener Gegenstand nicht vorrätig ist und die durch das Angebot angelockten Kunden dann immerhin ersatzweise andere Waren einkaufen können.[342] Entsprechendes gilt, wenn der Kunde durch eine (annähernd) unentgeltliche Zuwendung im Geschäftslokal in eine Situation gebracht wird, in der er den Eindruck gewinnen kann, er könne einem – an sich nicht beabsichtigten – Geschäftsabschluss nicht ausweichen, weil er, wenn er allein die Vergünstigung in Anspruch nehmen würde, die ihm als Kunde entgegengebrachte Wertschätzung verlieren würde.[343]

Es werden indessen stets die **Umstände des Einzelfalls entscheidend** bleiben. Selbst dann, wenn bei Preisnachlässen bzw. Verkauf von Waren unter Einstandspreis zu-

---

337 LG München, NJW 2003, 3066
338 BGHZ 147, 296 = NJW-RR 2001, 1547 = GRUR 2001, 1178 – Gewinnspiel-Zertifikat
339 BGHZ 151, 84 = NJW 2002, 3403 = WRP 2002, 156 = GRUR 2002, 976 - Koppelungsangebot I; BGH WRP 1999, 828 = GRUR 1999, 755 - Altkleider-Wertgutscheine
340 Vgl. dazu u. S. 204 ff.
341 OLG Oldenburg, OLG-Report 2003, 66
342 BGH NJW 2000, 3001 = WRP 2000, 1248 = GRUR 2000, 911 – Computerwerbung; BGH NJW 1996, 2729 = WRP 1996, 899 = GRUR 1996, 800 – EDV-Geräte; BGHZ 52, 302 - Lockvogel
343 BGH WRP 1987, 320 = GRUR 1987, 243 – Alles frisch

nächst keine wettbewerbsrechtlichen Bestimmungen einschlägig sein sollten, so können derlei Maßnahmen ggf. kartellrechtswidrigen Charakter haben. Bietet z. B. ein marktmächtiges Unternehmen (**Wal-Mart**) nicht nur gelegentlich, d. h. über längere Zeit, jedenfalls aber systematisch handelnd, Waren unter Einstandspreis an, begründet dies die weder von einem Kausalitätsnachweis noch von der Feststellung einer spürbaren Beeinflussung der Wettbewerbsverhältnisse abhängige Vermutung, dass es seine überlegene Marktmacht zu Lasten der kleinen und mittleren Wettbewerber unbillig ausnutzt. Verfolgt ein marktmächtiges Unternehmen eine Untereinstandspreisstrategie allein zu dem Zweck, die Folgen rechtswidriger Praktiken von Wettbewerbern (**Aldi Nord** und **Lidl**) abzuwehren, stellt dies allein keinen sachlich gerechtfertigten Grund i. S. d. § 20 Abs. 4 S. 2 GWB dar, weil hierdurch zu Lasten der geschützten Unternehmen die schädlichen Auswirkungen dieses verbotenen Verhaltens verstärkt werden.[344]

Als „übertriebenes Anlocken" hat es die Rechtsprechung hingegen angesehen, wenn **Laborfachärzte** es einer Laborgemeinschaft niedergelassener Ärzte durch Subventionen ermöglichen, bestimmte **Untersuchungen** zu **Preisen deutlich unterhalb der Honorarsätze des EBM** (einheitlicher Bewertungsmaßstab) anzubieten, um auf diese Weise Nachfrage auf Leistungen ihrer eigenen Facharztpraxis zu lenken.[345]

(5)　Aleatorische Anreize

Zur Fallgruppe des Kundenfangs zählen auch Einsatzmittel, durch die die **Spiellust ausgenutzt** wird. Wettbewerbsrechtlich bedenklich ist auch die Durchführung von Gewinnspielen mit psychologischem Kaufzwang oder aber Gewinnspiele, bei denen das Publikum durch die Ankündigung „Sie haben schon gewonnen" oder aber durch die sog. „**Auf-jeden-Fall-Gewinne**" getäuscht werden soll.

> *Beispiel 17:*[346]
>
> *Fa. Sixt (S) bietet ihre Gebrauchtfahrzeuge im Wege einer sog. Internet-Auktion an. Dabei werden jeweils vier Fahrzeuge pro Woche angeboten. Auf der Homepage wird den Interessierten der Ablauf der sog. Internet-Auktion erklärt. Unter der Überschrift „Und so funktioniert's" hieß es auf dieser Seite: „Bei Sixt steigen die Preise nicht - sie fallen. Und zwar alle 20 Sekunden um 125 €. Das heißt für Sie: Preissenkungen verfolgen und im richtigen Moment zuschlagen." Die umgekehrte Versteigerung der S setzt die zugelassenen Bieter unter erheblichen Zeitdruck. Der jeweils vorgegebene „Startpreis"*

---

[344] BGHZ 152, 361 = NJW 2003, 1736 = WRP 2003, 770 = GRUR 2003, 363 - Wal-Mart

[345] OLG Celle, OLG-Report 2002, 286

[346] BGH NJW 2004, 854 = WM 2004, 803 = GRUR 2004, 251 = MMR 2004, 162 - Hamburger Auktionatoren; OLG Hamburg, NJW-RR 2002, 1042 = OLG-Report 2003, 73; gleich gelagerter Fall bei BGH NJW 2004, 852 = WM 2004, 800 = MMR 2004, 160 = GRUR 2004, 249 - Umgekehrte Versteigerung im Internet; OLG München, WRP 2001, 431 = GRUR-RR 2001, 112

sinkt alle 20 Sekunden um 125 €. D. h., dass der Preis pro Minute um 375 € sinkt. Angesichts des schnellen Sinkens des Preises spielen sich die maßgeblichen Bieter-Entscheidungen bis zum „Zuschlag" in der Regel innerhalb weniger Minuten ab. Da dem Bieter bekannt ist, dass der Preis im 20-Sekunden-Takt sinkt, ist ihm auch bewusst, dass sein Risiko, hinsichtlich des gewünschten Fahrzeugs leer aus-zugehen, in eben diesem Zeittakt steigt. Gleichzeitig wächst aber auch die Preisermäßigung durch bloßes Zuwarten, wodurch die Spiellust noch verstärkt wird. Der von diesem „Spiel" ausgehende Anreiz zur näheren Befassung mit dem Angebot wird mit jedem 20-Sekunden-Intervall stärker und gewinnt mit dem damit verbunde-nen Ansteigen der „Gewinnchance" einen zunehmend suggestiven Charakter. Der Entschluss, den Button „Ich kaufe" zu drücken, wird deshalb maßgeblich wegen des Gewinnanreizes gefasst. Das kann dazu führen, dass Vergleichsangebote außer Acht gelassen werden und somit eine starke Konzentration auf das Angebot der S herbeige-führt wird. Diese Ausnutzung der Spiellust verstieß nach Ansicht des OLG Hamburg gegen § 1 UWG a. F., der BGH hob diese Ent-scheidung auf, weil keine „Versteigerung" betrieben werde. In einem Parallelfall verneinte der BGH einen Verstoß gegen § 1 UWG a. F., wenn sich der „Auktionssieger" nach Abschluss der Veranstaltung ohne finanzielle Nachteile frei entscheiden könne, ob er das „erstei-gerte" Fahrzeug zu dem erzielten Preis erwerben wolle.

Die vorgenannte Ansicht gilt aber nicht schlechthin, sondern muss stets vor dem Hin-tergrund des jeweiligen Einzelfalles angesehen werden. Weder der Einsatz von Wert-reklameelementen noch der davon evtl. ausgehende aleatorische Reiz reicht für sich allein aus, eine Werbemaßnahme als unlauter erscheinen zu lassen. Vielmehr müssen **zusätzlich Umstände** vorliegen, die den **Unlauterkeitsvorwurf** rechtfertigen. Dies ist bei dem Einsatz aleatorischer Reize erst dann der Fall, wenn die freie Willensentschlie-ßung der angesprochenen Verkehrskreise so **nachhaltig beeinflusst** ist, dass ein **Kauf-entschluss nicht mehr durch sachliche Gesichtspunkte**, sondern durch das **Streben nach der Gewinnchance** bestimmt wird.[347] Dies ist nach Ansicht des BGH bei einer umgekehrten Versteigerung eines Pkw, bei der der Preis wöchentlich um 300 DM (ca. 150 €) sinkt, nicht der Fall; denn wegen der beträchtlichen Anschaffungskosten bei einem Pkw werde ein Verbraucher ohnehin nur nach reiflicher Überlegung und Prü-fung von Vergleichsangeboten den Zuschlag erteilen.[348]

---

[347] BGH BuW 2003, 603 - Umgekehrte Versteigerung III; BGH NJW 2003, 2096 = WRP 2003, 742 = GRUR 2003, 626 - Umgekehrte Versteigerung II; BGH WRP 2000, 724 = NJW-RR 2000, 1136 = GRUR 2000, 820 - Space Fidelity Peep Show
[348] BGH BuW 2003, 603 - Umgekehrte Versteigerung III; BGH NJW 2003, 2096 = WRP 2003, 742 = GRUR 2003, 626 - Umgekehrte Versteigerung II

Ebenfalls als wettbewerbswidrig anzusehen sind Maßnahmen der sog. progressiven Kundenwerbung, d. h. **Schneeballsysteme**[349] (§ 6 c UWG a. F.) und auch **Kettenbriefe**, die gegen Zahlung eines Entgelts an Teilnehmer geschickt werden, damit diese weitere Teilnehmer gewinnen, von denen ebenfalls jeweils gleich hohe oder höhere Geldzahlungen geleistet werden.[350]

(6) Gefühls- und Vertrauensausnutzung

Durch einen Appell an das Gefühl eines Kunden kann der Kauf einer bestimmten Ware oder aber Dienstleistung beeinflusst werden. Der Appell an das Gefühl an sich ist noch nicht wettbewerbswidrig. Es wird indessen dann eine Grenze überschritten, wenn Werbepraktiken irreführend sind und schon aus diesem Grunde wettbewerbswidrig sein können, so z. B., wenn **Kaufpsychosen** hervorgerufen werden. Bei der Erweckung des Kaufinteresses aus sozialem Verantwortungsgefühl, Hilfsbereitschaft oder Mitleid ist die Wettbewerbswidrigkeit dann zu bejahen, wenn ein sachlicher Zusammenhang zwischen dem in der Werbung angesprochenen sozialen Engagement und der beworbenen Ware/Dienstleistung nicht besteht, wenn also zielbewusst und planmäßig an die soziale Hilfsbereitschaft appelliert wird, um diese im eigenen wirtschaftlichen Interesse als entscheidende Kaufmotivation auszunutzen.[351] Verspricht z. B. ein Unternehmen in seiner Werbung, für jeden gekauften Gegenstand einen (nicht konkretisierten) Betrag an eine bestimmte gemeinnützige Einrichtung (UNICEF - Bringt die Kinder durch den Winter) abzuführen, so ist dies im Regelfall nicht zu beanstanden, wenn keine Anhaltspunkte dafür vorliegen, dass der Hilfsbeitrag tatsächlich nicht abgeführt wird oder so gering ist, dass eine nennenswerte Unterstützung des sozialen Zwecks nicht erreicht werden kann.[352]

Auch eine Werbung mit nicht nachprüfbaren Behauptungen ruft, selbst wenn der Umworbene nicht irregeführt wird, indessen Unsicherheit im Rechtsverkehr hervor. So ist die Versendung von Auftragsbestätigungen an vermeintlich geworbene neue Mitglieder eines Buchclubs zur Bestätigung ihres Beitritts wettbewerbswidrig, wenn die Schreiben nach Form und Inhalt geeignet sind, die Adressaten, die keine Beitrittserklärung unterschrieben haben, zu verunsichern und unter Entscheidungsdruck zu setzen.[353]

---

[349] Zu diesem Begriff auch OLG Braunschweig, OLG-Report 2004, 16 sowie OLG-Report 2003, 449 (452) = ZiP 2004, 28 (30), OLG Köln, NJW-RR 2001, 55 sowie u. S. 202

[350] Baumbach/Hefermehl, Wettbewerbsrecht, § 1 UWG Rdziff. 172 a ff.; Baumbach/Hefermehl/ Köhler, Wettbewerbsrecht, § 4 UWG Rdziff. 1.189; Fezer/Steinbeck, UWG, § 4-1 Rdziff. 401; Berlit, Wettbewerbsrecht, Rdziff. 70, 305, 309

[351] BGH NJW 1991, 1228 = WRP 1991, 227 = GRUR 1991, 545 - Tageseinnahmen für Mitarbeiter; BGHZ 112, 311 = NJW 1991, 701 = WRP 1991, 219 = GRUR 1991, 542 - Biowerbung mit Fahrpreiserstattung; BGH NJW 1976, 753 = GRUR 1976, 308 - UNICEF-Grußkarten

[352] OLG Hamburg, NJW-RR 2003, 407 - „Bringt die Kinder durch den Winter"

[353] BGH NJW 1983, 2144 = WRP 1983, 663 = GRUR 1983, 587 - Letzte Auftragsbestätigung

Auch die gesundheitsbezogene oder aber die **umweltbezogene Werbung** ist nicht schrankenlos zulässig.

Beispiel 18:[354]

Die bundesweit bekannte Kornbecher Brauerei warb seit Ende April 2002 - u. a. in Fernsehspots mit Günther Jauch - für das sog. „Kornbecher Regenwaldprojekt". Danach soll während eines dreimonatigen Aktionszeitraums „mit jedem gekauften Kasten Kornbecher 1 m² Regenwald in Dzanga Sangha nachhaltig geschützt" werden, was der WWF Deutschland angeblich sicherstellte. Die Koppelung dieses Warenabsatzes mit der altruistischen Förderung von unterstützungswürdigen Projekten verstößt aber dann nach Ansicht des OLG Hamm gegen wettbewerbliche Regelungen, wenn die Art und Weise der Förderung im Unklaren bleibt und letztlich mehr an Förderung versprochen wird, als im Ergebnis gewährleistet werden kann, und der Verbraucher daher Gefahr läuft, enttäuscht zu werden.

Beispiel 19:[355]

Autohändler Drehzahl (D) erklärt im Rahmen seiner Werbung, er stifte seiner Wohngemeinde für jeden bei ihm gekauften Wagen einen Baum. In einer derartigen Ankündigung liegt ein den Zugabeeffekt steigernder und zugleich den Leistungswettbewerb verfälschender, gefühlsbetonter Appell, der andererseits in keinem sachlichen Zusammenhang mit dem Absatz von Kraftfahrzeugen steht und gegen § 1 UWG a. F. verstößt; dabei ist es belanglos, dass das Pflanzen eines Baumes in der Regel die Umwelt verschönert.

Eine gefühlsbetonte Werbung durch Hinweis auf die Beschäftigung von Blinden bzw. die von Blinden hergestellte Ware oder aber die Fürsorge für sie ist in begrenztem Umfang erlaubt. Dies gilt jedoch nur für echte Blindenware. Die im Übrigen unaufgeforderte telefonische Werbung für **in staatlich anerkannten Blindenwerkstätten hergestellten Waren** gegenüber Gewerbetreibenden mit dem Ziel, Neukunden zu gewinnen, ist ebenso wenig schlechthin unzulässig.[356]

Unter die Rubrik des Kundenfangs durch Gefühls- und Vertrauensausnutzung ist auch die sog. **Schockwerbung** der Fa. **Benetton** zu fassen. Obschon es jedermann im Rahmen der Meinungsfreiheit gem. Art. 5 Abs. 1 GG freisteht, für seine Waren oder Dienstleistungen Werbung zu betreiben und mit Bildmotiven zu werben, so ist doch

---

[354] OLG Hamm, NJW 2003, 1745 = WRP 2003, 296 = GRUR 2003, 975 - Regenwald-Projekt; ähnlich LG Siegen, GRUR-RR 2003, 379
[355] KG WRP 1984, 607
[356] BGH NJW-RR 2002, 326 = WRP 2001, 1068 = GRUR 2001, 1181 - Telefonwerbung V

stets im Einzelfall eine subtile Abwägung zwischen der Meinungsäußerungsfreiheit und den Grenzen der Wettbewerbsfreiheit notwendig. Ein kommerziellen Zwecken dienendes werbliches Verhalten kann nicht stets mit dem Deckmantel der Meinungs- äußerungsfreiheit gerechtfertigt werden. So hat also die Rechtsprechung des BGH verschiedentlich bestimmte Motive der Fa. Benetton als wettbewerbswidrig einge- stuft.[357] Das BVerfG beurteilte dies indessen – bezogen auf das Motiv H.I.V.-positive – anders und betonte das Grundrecht der Meinungsfreiheit; ein vom Elend der Welt unbeschwertes Gemüt des Bürgers sei kein Belang, zu dessen Schutz der Staat Grund- rechtspositionen einschränken dürfe.[358] Der BGH musste sich daraufhin erneut mit der Sache befassen, hielt indessen an seiner ursprünglichen Auffassung von der Sitten- widrigkeit – unter Hinweis auf die Fokussierung von Menschenleid zum Zwecke der Absatzförderung von Waren – (zu Recht) fest.[359] Das BVerfG hob auch dieses Urteil wegen Verstoßes gegen die durch Art. 5 Abs. 1 S. 2 GG gewährleistete Pressefreiheit auf. Denn kritische Meinungsäußerungen zu gesellschaftlichen oder politischen Fra- gen dürften durch § 1 UWG a. F. nur bei Vorliegen eines wichtigen, durch diese Norm geschützten Belangs eingeschränkt werden.[360]

(7) Ausnutzung der Unerfahrenheit

Wiewohl das Ausnutzen geschäftlicher Unerfahrenheit ggf. bereits unter dem Ge- sichtspunkt der Täuschung wettbewerbswidrig sein kann, so ist vor dem Hintergrund des Schutzzwecks eine gesonderte Erfassung notwendig. Dies gilt vor allem deswe- gen, um Kinder und Jugendliche zu schützen. Unerfahrene Personen sollen nicht aus geschäftlicher Unkenntnis oder geschäftlicher Unsicherheit übertölpelt werden. Als wettbewerbswidrig ist vor diesem Hintergrund die Durchführung von **Verkaufsver- anstaltungen in Übergangswohnheimen** für Aussiedler angesehen worden.[361] Ebenso handelt ein Versicherungsunternehmen wettbewerbswidrig und nutzt die Scheu von unfallgeschädigten Personen vor Auseinandersetzungen dann missbräuchlich aus, wenn sie deren Nachfrage auf einen bestimmten Anbieter von Mietwagen hinlen- ken.[362] Auch der Werbung mit oder vor Kindern und Jugendlichen sind Grenzen ge- setzt.

---

357 BGH NJW 1995, 2490 = WRP 1995, 682 = GRUR 1995, 595 (Kinderarbeit); BGH NJW 1995, 2488 = WRP 1995, 679 = GRUR 1995, 598 (ölverschmutzte Ente); BGH NJW 1995, 2492 = WRP 1995, 686 = GRUR 1995, 600 (H.I.V.-POSITIVE I); im Übrigen wurden durch die Rechtsprechung Schadensersatzansprüche des Herstellers gegenüber den Vertriebsmittlern auf Schadenser- satz wegen Umsatzeinbußen durch die sog. Schockwerbung verneint, vgl. BGHZ 136, 295 = NJW 1997, 3304 = WRP 1997, 1096 = ZiP 1997, 1933

358 BVerfGE 102, 347 = NJW 2001, 591 = WRP 2001, 129 (135) = GRUR 2001, 170

359 BGHZ 149, 247 = NJW 2002, 1200 = WRP 2002, 434 = GRUR 2002, 360 – H.I.V.-POSITIVE II

360 BVerfG NJW 2003, 1303 = WRP 2003, 633 = GRUR 2003, 442 - Benetton-Werbung II

361 BGH NJW 1998, 3350 = WRP 1998, 1068 = GRUR 1998, 1041 - Verkaufsveranstaltung im Aus- siedlerwohnheim

362 OLG Düsseldorf, WRP 1995, 639

(8) Laienwerbung

Viele Unternehmen werben mit dem Hinweis darauf, dass für die Werbung eines neuen Versicherungsnehmers oder aber für die Werbung eines neuen Abonnenten die Hingabe von Geld oder Geschenken in Aussicht gestellt wird. Derartige Werbeformen sind nicht deshalb unzulässig, weil die eingespannten Personen keine berufsmäßigen Werber sind. Wettbewerbsrechtlichen Bedenken ist die Laienwerbung insofern ausgesetzt, weil zwischen dem Werbenden und dem Umworbenen häufig verwandtschaftliche oder aber freundschaftliche Beziehungen bestehen. Die **Ausnutzung nachbarschaftlicher und persönlicher Beziehungen** führt somit zu einer noch stärkeren Belastung der Intimsphäre als die Hausbesuche von ambulanten Händlern. Wenn zudem unverhältnismäßig hohe Werbeprämien versprochen oder gewährt werden, so steht zu befürchten, dass dem Laienwerber jedes Mittel recht ist, um sich eben diese Prämie zu verdienen. Hierbei wird es stets auf eine Einzelfallbetrachtung und auf eine Zweck-Mittel-Relation ankommen.[363]

bb. Behinderung

Charakteristisch für jede Wettbewerbshandlung ist es, dass sie zugleich in den Handlungsbereich des Mitbewerbers eingreift. Allein vor diesem Hintergrund ist nicht jede Wettbewerbshandlung, die den Mitbewerber ggf. schädigt oder verdrängt, eine solche Maßnahme des Behinderungswettbewerbs. Vielmehr liegt eine Behinderung erst dann vor, wenn ein Wettbewerber durch eine Maßnahme zu erreichen versucht, dass der Mitbewerber seine Leistung auf dem Markt nicht oder nicht mehr zur Geltung bringen kann und infolgedessen die Marktpartner auf der Marktgegenseite einen echten, auf ihren freien Willen beruhenden Leistungsvergleich nicht mehr vornehmen können.[364] Als Erscheinungsformen dieser Fallgruppe ist die Absatz-, Werbe-, Lizenz- und Bezugsbehinderung sowie die Betriebsstörung sowie die Preisunterbietung sowie der Boykott sowie die Diskriminierung und die Geschäftsehrverletzung/Anschwärzung anerkannt.

(1) Absatz-, Werbe-, Lizenz- und Bezugsbehinderung

Derlei Behinderungsmaßnahmen können in vielfältiger Form auftreten, so z. B. durch Überkleben von Plakaten, Werbung vor dem Geschäft des Mitbewerbers, Erwerb von Konkurrenzware (wenn dieser Erwerb der Ware des Mitbewerbers ausschließlich dem Zweck dient, ihn als lieferunfähig hinzustellen oder aber um durch Herausziehen der Konkurrenzware aus dem Verkehr freie Bahn für den Absatz der eigenen Ware zu gewinnen). Eine besondere Form dieses Behinderungsmechanismus wird mit dem Medium des Internets bewerkstelligt. So tritt z. B. häufig das sog. **Meta-Tagging** (Ablenkung von Suchmaschinen-Nutzern auf die eigene Website durch Manipulation des

---

363 Dazu auch Berlit, Wettbewerbsrecht, Rdziff. 66 ff.; Kaestner/Biermann S. 41 f.
364 BGH NJW 1979, 2611 = WRP 1979, 300 = GRUR 1979, 321 - Verkauf unter Einstandspreis (Mineralwasser); KG, MMR 2003, 119

Suchergebnisses mit Hilfe von Meta-Tags) auf, wobei üblicherweise eine Absatzbehinderung nur anzunehmen sein dürfte, wenn der Internet-User allein aufgrund dieser Meta-Tags seine Kaufentscheidung abändert und sich ein Mitbewerber zwischen die potentiellen Kunden und einen anderen Wettbewerber drängt. Dies ist von der Rechtsprechung für zwei Wettbewerber, die jeweils Roben für Rechtsanwälte, Richter und Staatsanwälte vertreiben, wobei einer der Wettbewerber Meta-Tags wie ZPO, NJW, BRAGO u. ä. verwendet, verneint worden.[365] Die Grenze zur Unlauterkeit dürfte aber überschritten sein, wenn als Meta-Tags viele hundert lexikonartig aneinander gereihte Begriffe aufgeführt werden, die (auch bei einem weiten Verständnis) keinen Bezug zum Leistungs- und Warenangebot des Internet-Anbieters aufweisen.

Auch im Zusammenhang mit den sog. Domains gibt es zunehmend wettbewerbsrechtliche Probleme. Zwar ist die bloße **Registrierung einer Domain** ohne Bezug zu einem Produkt oder Gewerbe zu dem alleinigen Zweck der Freihaltung der Domain für einen Internetauftritt eines Kunden für sich noch keine kennzeichenrechtliche Benutzung. Da die Internet-Domain als solche nicht als das verwechslungsfähige Produkt angesehen werden kann, fehlt es unter Umständen an einer markenrechtlich relevanten Produktkollision. Allerdings ist eine sittenwidrige Behinderung dann gegeben, wenn die Reservierung des Domain-Namens ausschließlich in der Absicht erfolgt, die Domain für einen Konkurrenten zu „sperren" und ein „Lösegeld" zu erwirken.[366] Wird diese sittenwidrige Blockade zu Lasten eines Marken- bzw. Titelinhabers vorgenommen, liegt ein sog. **Domain-Grabbing** vor. Der Begriff erfasst die rein spekulative und ohne eigenes Nutzungsinteresse verfolgte Registrierung von Marken, Zeichen, Firmen oder sonstigen Namensschöpfungen als Internet-Domain, um sie dem eigentlich Berechtigten zu verkaufen oder gegen (fortwährendes) Nutzungsentgelt zu überlassen.[367] Ein Domain-Grabbing setzt dabei voraus:

- ➢ **objektiv** eine schädigende Handlung in Gestalt der Registrierung eines Domain-Namens, wobei der Marken- bzw. Rechteinhaber ebenso bekannt ist wie die „auszubeutende" Marke sowie

- ➢ **subjektiv** eine schikanöse vorsätzliche sittenwidrige Schädigungsabsicht, gerichtet auf die Verwertung der Domain als Handelsware.

---

[365] OLG Düsseldorf, NJW-RR 2003, 328; ebenso wurde dort auch ein unlauteres Anlocken verneint; vgl. auch OLG Düsseldorf, MMR 2004, 257 - „Impuls"

[366] OLG Karlsruhe, GRUR-RR 2002, 138 = NJW-RR 2002, 771 (LS); zum Namensrecht der Domainnamen gem. § 12 BGB allgemein vgl. Wüstenberg, GRUR 2003, 109 ff.; Redeker, IT-Recht, Rdziff. 999 ff.; Hoffmann, NJW 2003, 2576 (2578 f.); ders. NJW 2002, 2602 (2605); Bettinger in: Bräutigam/Leupold, S. 343 ff.; Pahlow, WRP 2002, 1228 ff.; Nägele, WRP 2002, 138 ff.; Schreibauer/Mulch, WRP 2002, 686 ff.

[367] OLG Zweibrücken, NJW-RR 2003, 1270; OLG Frankfurt, MDR 2001, 532 sowie MDR 2001, 696 sowie MDR 2000, 1268; LG Düsseldorf, MMR 2003, 415; dazu auch Kiethe/Groeschke, WRP 2002, 27

Die Verwendung von **Gattungsbezeichnungen als Domain-Namen** ist nicht schlechthin unzulässig; insbesondere liegt kein unlauteres Abfangen potentieller Kunden durch die Verwendung von Gattungsbegriffen als Domain-Namen vor.[368] Betreiben z. B. Rechtsanwälte die Domain **www.pruefungsrecht.de**, liegt kein Verstoß gegen §§ 1, 3 UWG a. F. vor.[369] Gleiches gilt für die von Rechtsanwälten verwendete Domain **www.presserecht.de**, was auch berufsrechtlich nicht zu beanstanden ist.[370] Eine sittenbzw. wettbewerbswidrige Behinderung kann indessen vorliegen, wenn der Zweck der Reservierung ausschließlich darin besteht, Dritte zu behindern bzw. zur Zahlung zu veranlassen und ein eigenes schützenswertes Interesse des Reservierenden nicht greifbar ist.[371] Als missbräuchlich kann es sich dabei erweisen, wenn der Anmelder die Verwendung eines Gattungsbegriffs durch Dritte dadurch blockiert, dass er gleichzeitig andere Schreibweisen des registrierten Begriffs unter derselben Top-Level-Domain oder dieselbe Bezeichnung unter anderen Top-Level-Domains für sich registrieren lässt.[372]

(2) Betriebsstörung

Ein wettbewerbsrechtlich relevanter Behinderungstatbestand ist die Betriebsstörung, die ihrerseits durch Warnungen, Sperre durch Markenerwerb, Kontrollvereitelung oder aber durch Störung des Arbeits- und Betriebsfriedens verwirklicht werden kann.

Wer im Wettbewerb vor Verletzung eines angeblichen Schutzrechts oder vor Verwechslung seiner Ware mit der eines Mitbewerbers öffentlich warnt, handelt jedenfalls dann wettbewerbswidrig, wenn die **Warnung unrichtig, irreführend oder gar verlogen** ist. Soweit öffentlich gegenüber Dritten zu Wettbewerbszwecken verwarnt wird, greift zur Abwehr unberechtigter Anschwärzung zugleich die Regelung in § 4 Ziff. 8 oder § 4 Ziff. 10 UWG ein.[373]

Soweit eine Marke eingetragen ist, hat der Inhaber der Marke entsprechende, ihm aufgrund der Bestimmungen des Markengesetzes vermittelten Rechte.[374] Der Vorbenutzer einer verwechslungsfähigen, indessen nicht markenrechtlich geschützten Be-

---

368 BGHZ 148, 1 = NJW 2001, 3262 = GRUR 2001, 1038 = MMR 2001, 666 = WRP 2001, 1286 – Mitwohnzentrale.de; vgl. dazu auch Thiele/Rohlfing, MMR 2000, 591 ff.; Harke, Urheberrecht S. 82

369 OLG Braunschweig, MMR 2002, 754; ebenso LG Braunschweig, MMR 2002, 248 = NJW-RR 2002, 1210

370 BGH NJW 2003, 662 = MMR 2003, 252 – presserecht.de

371 KG MMR 2003, 119; OLG Dresden, NJWE-WettbR 1999, 133; OLG Frankfurt, MMR 2000, 48 = WRP 2000, 772; OLG Karlsruhe, MMR 1999, 171 = WRP 1998, 900; OLG München, MMR 2000, 100 = GRUR 2000, 518; Köhler/Piper, UWG, § 1 Rdziff. 327

372 BGHZ 148, 1 = NJW 2001, 3262 = GRUR 2001, 1038 = MMR 2001, 666 = WRP 2001, 1286 – Mitwohnzentrale.de

373 Baumbach/Hefermehl, Wettbewerbsrecht, § 1 UWG Rdziff. 237; Baumbach/Hefermehl/ Köhler, Wettbewerbsrecht, § 4 UWG Rdziff. 10.160; Fezer/Götting, UWG, § 4-10 Rdziff. 38

374 Vgl. im Einzelnen dazu S. 225 ff.

zeichnung hat insoweit kein Vorbenutzungs- oder Weiterbenutzungsrecht.[375] Das wiederum bedeutet, dass die nicht geschützte Bezeichnung grundsätzlich nachrangig gegenüber dem durch das Markenrecht vermittelten Schutz ist. Unter Umständen kann es jedoch wettbewerbswidrig sein, wenn sich der Markeninhaber formal auf den Markenrechtsschutz gegenüber dem Vorbenutzer beruft, und zwar dann, wenn die Anmeldung einer Marke bei dem Patent- und Markenamt ausschließlich zu dem Zweck erfolgt, den Vorbenutzer der Marke für identische Waren an der weiteren Benutzung zu hindern.[376]

Die **Entfernung von Kontrollnummern und/oder -zeichen** stellt dann eine Behinderung des Herstellers nach Maßgabe des §§ 3, 4 Ziff. 10 UWG dar und ist wettbewerbswidrig, wenn dies zu Wettbewerbszwecken geschieht. Dies gilt indessen nur dann, wenn im konkreten Fall durch die Entfernung nicht nur die Interessen des Herstellers geschädigt werden, sondern auch allgemeine Interessen gefährdet werden.[377]

Eine **Störung des Arbeits- und Betriebsfriedens**, welche sich unter Umständen als wettbewerbswidrig auswirkt, ist die gewaltsame Einwirkung auf persönliche oder sachliche Betriebsmittel. Entsprechendes gilt für Drohungen, die den Betrieb stören. Darüber hinaus ist es wettbewerbswidrig, Arbeiter und Angestellte des Mitbewerbers zu Unzufriedenheit, Verweigerung der Treuepflicht, Leistung schlechterer Dienste oder Stellung höherer Ansprüche aufzupeitschen, um durch eine solche versteckte Behinderung des Mitbewerbers den eigenen Wettbewerb zu fördern.[378]

(3)　Preisunterbietung

Wenngleich jeder Gewerbetreibende prinzipiell das Recht hat, den Preis seiner Ware oder aber seiner Dienstleistung nach seinem Ermessen zu bilden, so gelten jedoch auch insofern für die Preisbestimmung bzw. eine Preisunterbietung Schranken. Dabei ist zwischen preisgebundenen und nicht preisgebundenen Waren/Dienstleistungen zu differenzieren. Wenn ein Gewerbetreibender ständig seine Waren/Dienstleistungen zu Verlustpreisen am Markt anbietet, um auf diese Weise ganz konkrete Wettbewerber vom Markt zu verdrängen oder aber zu vernichten, so ist ein derartiges Preisbildungsverhalten als wettbewerbswidrig einzustufen. So handelt z. B. der Herausgeber der örtlichen Telefonbücher der Telekom wettbewerbswidrig, wenn er ein **Kreistelefonbuch** herausgibt und für dieses kostenlos und nicht nur für eine Ausgabe sämtliche Anzeigen aus den örtlichen Telefonbüchern des Landkreises übernimmt, um einen konkreten Wettbewerber bei der Herausgabe eines Kreistelefonbuchs vom Markt zu

---

[375] BGH WRP 1986, 142 = GRUR 1986, 74 - Shamrock III
[376] OLG München, WRP 1996, 1056
[377] BGH NJW-RR 2005, 46 – SB-Beschriftung; BGH NJW-RR 2002, 1119 = WRP 2002, 947 = GRUR 2002, 709 - Entfernung der Herstellungsnummer III; BGHZ 143, 232 = NJW 2000, 2504 = WRP 2000, 734 = GRUR 2000, 724 - Außenseiteranspruch II; BGHZ 142, 192 = NJW 1999, 3043 = WRP 1999, 1026 = GRUR 1999, 1109 - Entfernung der Herstellungsnummer I
[378] Baumbach/Hefermehl, Wettbewerbsrecht, § 1 UWG Rdziff. 248 ff.

verdrängen.[379] Im Übrigen kann darin auch ein kartellrechtswidriges Verhalten zu sehen sein, welches selbst dann nicht sachlich gerechtfertigt i. S. d. § 20 Abs. 4 S. 2 GWB ist, wenn die Untereinstandspreisstrategie allein zu dem Zweck erfolgt, rechtswidrige Praktiken von Mitbewerbern abzuwehren.[380]

(4) Boykott

Der Boykott ist auf die organisierte Absperrung eines bestimmten Gegners vom üblichen Geschäftsverkehr (Absatz, Material, Beförderung, Kredit etc.) gerichtet, sei es, dass keine Beziehungen geschäftlicher oder sonstiger Art mit ihm angebahnt, sei es, dass schon bestehende Beziehungen abgebrochen werden sollen. Der Boykott setzt dabei die Beteiligung von mindestens drei Personen voraus, und zwar der Verrufer oder Boykottierer, der einen anderen zur Sperre auffordert, sowie den Adressaten, der die Sperre ausführt und den Boykottierten. Wettbewerbsrechtlich relevant wird die Aufforderung zum Boykott dann, wenn sie geeignet ist, den freien Willen des Adressaten zu beeinflussen und der Adressat eine funktionell selbständige Stellung im Wettbewerb einnimmt, kraft deren er Entscheidungsfreiheit besitzt und die Aufforderung zum Boykott nicht mehr durch das Grundrecht der Meinungsfreiheit geschützt ist.[381]

(5) Diskriminierung

Die Diskriminierung ist die sachlich nicht gerechtfertigte unterschiedliche Behandlung von Personen im geschäftlichen Verkehr. Zu einer derartigen Diskriminierung kann **Preisunterbietung, Ablehnung einer Belieferung** ab einer bestehenden Geschäftsverbindung gegenüber einem einzelnen Gewerbetreibenden oder aber durch **sittenwidrige Ablehnung** eines Antragstellers zu einem Berufs- oder Wirtschaftsverband gezählt werden. Wenn diese Maßnahmen gezielt vorgenommen werden, um bestimmte Personen in wettbewerbsrechtlich relevanter Weise unbillig zu beeinträchtigen, ist eine sittenwidrige Handlung i. S. d. § 1 UWG a. F. angenommen worden. So ist es z. B. auch als wettbewerbswidrig angesehen worden, wenn für T-Shirts mit dem Aufdruck **einer SHELL-Muschel und eingelegtem Totenkopf inkl. Schriftzug „hell"** geworben wird, weil auf diese Weise eine Marke verunglimpft wird, um den eigenen Warenabsatz für die T-Shirts zu steigern.[382]

(6) Geschäftsehrverletzung und Anschwärzung

Wer zu Zwecken des Wettbewerbs eine unwahre, die fremde Geschäftsehre und damit das fremde Unternehmen schädigende Tatsache behauptet oder verbreitet, kann unter

---

379 OLG Stuttgart, NJWE-WettbR 1999, 2000
380 BGHZ 152, 361 = NJW 2003, 1736 = WRP 2003, 770 = GRUR 2003, 363 - Wal-Mart
381 BVerfG GRUR 1984, 357; BGH GRUR 1980, 242 = WRP 1980, 200 - Denkzettel-Aktion
382 OLG Hamburg, NJW-RR 1998, 1121

Umständen unlauter i. S. d. §§ 3, 1 UWG handeln, wobei auch hier jeweils die Umstände des Einzelfalls entscheiden.

cc.   Ausbeutung

Der Tatbestand der Ausbeutung (vgl. dazu auch § 4 Ziff. 9 UWG) ist darauf ausgerichtet, sich fremde Leistungen zu eigen zu machen, diese für sich zu nutzen. Dies ist - in wettbewerbsrechtlicher Hinsicht - zunächst nichts Ungewöhnliches und auch für sich genommen wettbewerbsrechtlich nicht zu beanstanden, sofern nicht sonderschutzrechtliche Vorschriften eingreifen. Der Schutz geistigen Eigentums wird zunächst vorrangig durch Patent- bzw. Gebrauchsmusterrechte, Urheberrechte, Geschmacksmusterrechte sowie Kennzeichenrechte gewährleistet. Treten indessen besondere Umstände hinzu, so wird die Nachahmung bzw. Nachbildung gewerblicher Erzeugnisse bzw. geistiger Leistungen wettbewerbswidrig. Dies gilt insbesondere, wenn in **sklavischer Nachahmung,** also in systematischer Art und Weise, fremde Leistung verwertet und für die eigene Gewinnerzielung genutzt wird; ein Nachbau kann z. B. dann gem. § 3 UWG wettbewerbswidrig sein, wenn die Erzeugnisse von wettbewerblicher Eigenart sind und besondere Umstände hinzutreten, die den Nachbau unlauter erscheinen lassen. Je größer dabei die wettbewerbliche Eigenart oder je höher der Grad der Übernahme ist, desto geringer sind die Anforderungen an die besonderen Umstände, die die Wettbewerbswidrigkeit begründen.[383] Wettbewerbswidrig handelt auch insofern, wer nicht im Rahmen des Möglichen und Zumutbaren alles Erforderliche getan hat, um eine Irreführung des Verkehrs im Hinblick auf die Herkunft auszuschließen. Weiterhin ist zu beachten, dass der Tatbestand der Unlauterkeit i. S. d. § 3 UWG auch bei **Nachahmung von Kennzeichnungen** oder aber bei **unmittelbarer Übernahme fremder Leistungen oder Ausnutzung fremder Werbung** ebenso gegeben sein kann wie bei der **Ausbeutung eines fremden Rufs** (z. B. Ausnutzung des guten Rufs der geographischen Herkunft durch den Werbeslogan „Champagner bekommen, Sekt bezahlen")[384] oder aber der Anlehnung an fremde Waren/Kennzeichen durch gleichstellende Bezugnahme zur Empfehlung der eigenen Ware. Voraussetzung für den Schutz (einer nicht als Marke geschützten Kennzeichnung) gegen eine wettbewerbsrechtlich relevante Rufausbeutung ist, dass der Verkehr mit dieser Kennzeichnung selbst Gütevorstellungen verbindet; bei Verkaufsveranstaltungen (**Tupper-Ware-Party**) wird man nur dann von einer unlauteren Handlung im Sinne einer Rufausbeutung ausgehen können, wenn ähnliche/identische Waren auf vergleichbarem Wege (LEIFHEIT Top Party) vertrieben werden oder wenn durch einen hohen Grad der Ähnlichkeit der

---

[383] BGH NJW-RR 2003, 618 = WRP 2003, 500 = GRUR 2003, 356 - Präzisionsmessgeräte; BGH WRP 2002, 1054 = NJW-RR 2002, 1332 = GRUR 2002, 820 - Bremszangen; BGH NJW-RR 2001, 405 = WRP 2001, 153 = GRUR 2001, 251 - Messerkennzeichnung; BGH NJW-RR 2001, 824 = GRUR 2001, 443 = WRP 2001, 534 - Vienetta; BGH WRP 1999, 1031 = NJW-RR 2000, 338 = GRUR 1999, 1106 - Rollstuhlnachbau

[384] BGH NJW-RR 2002, 685 = WRP 2002, 542 = GRUR 2002, 426 – Champagner bekommen, Sekt bezahlen

Bezeichnungen eine (vermeidbare) Herkunftstäuschung hervorgerufen wird.[385] Auch das **Ausspannen von Beschäftigten** bei einem Konkurrenten (oder das Ausspannen von Kunden eines Wettbewerbers) kann wettbewerbswidrig sein, indessen ausnahmsweise nur dann, wenn dies planmäßig zum Zwecke der Behinderung oder Ausbeutung des Mitbewerbers geschieht.

Beispiel 20:[386]

Unternehmer Huntermaster (H) ist ein auf Personalberatung spezialisierter selbständiger Unternehmer, der sich im Rahmen gezielter Personalakquisition mit der Vermittlung von Führungs- und Fachkräften beschäftigt. Im Hinblick auf die große Nachfrage nach EDV-Spezialisten hat H sich mit einer Mitarbeiterin eines europaweit agierenden Konzernunternehmens der EDV-Branche an deren Arbeitsplatz telefonisch in Verbindung gesetzt und hat ihr die Stelle einer Projektleiterin bei einem amerikanischen Software-Unternehmen angeboten. Das Abwerben (Ausspannen) von Beschäftigten eines anderen Unternehmens ist nicht schlechthin unzulässig. Denn in einer freien, auf Wettbewerb angelegten Marktwirtschaft, in der auch qualifizierte Mitarbeiter einen erheblichen Wettbewerbsfaktor bilden, ist der Wettbewerb um solche Mitarbeiter ein notwendiger Bestandteil des Leistungswettbewerbs. Nur bei Hinzutreten von besonderen Umständen ist in dem Abwerben von Arbeitnehmern ein unlauteres Verhalten anzunehmen. So ist also die Verleitung zum Vertragsbruch, also die Aufforderung an den Umworbenen, seine (noch) bestehende arbeitsvertragliche Pflicht zu verletzen, beispielsweise durch eine Vertragsaufsagung vor wirksamer Vertragsbeendigung, als unlauter zu beurteilen. Entsprechendes gilt, wenn die Abwerbung unter Eindringen in die fremde Betriebssphäre des Konkurrenten geschieht. Indessen ist ein Personalberater nicht daran gehindert, einen Arbeitnehmer dienstlich anzurufen und ihm einen neuen Arbeitsplatz anzubieten. Eine solche Kontaktaufnahme verstößt gerade im Hinblick auf Art. 12 GG (Berufsfreiheit) nicht gegen § 1 UWG a. F.

Grundsätzlich ist das Bestimmen zu ordnungsgemäßer Vertragsauflösung unter Beachtung einschlägiger Kündigungsfristen wettbewerbsrechtlich nicht zu beanstanden. Denn das **Abwerben (von Kunden) gehört zum Wesen des Wettbewerbs.** Wett-

---

[385] BGH NJW-RR 2003, 1551 = WRP 2003, 1338 = GRUR 2003, 973 - Tupperwareparty
[386] OLG Karlsruhe, NJW-RR 2002, 397; vgl. auch BGHZ 158, 174 = NJW 2004, 2080 – Direktansprache am Arbeitsplatz; OLG Jena, NJW-RR 2003, 1125 = OLG-Report 2003, 137; zu den (auch) arbeitsrechtlichen Problemen des Headhunting: Braun, NZA 2003, 633 ff.; Wulf, NJW 2004, 2424

bewerbswidrigkeit tritt indessen bei Abwerbung ein, wenn besondere Unlauterkeits-umstände hinzutreten.[387] Dabei kommt es auf alle Umstände des Einzelfalls an, z. B. darauf, ob Kunden mit Hilfe eines vom Konkurrenten vorbereiteten Schreibens zu einer außerordentlichen (fristlosen) Kündigung bewegt werden. Wettbewerbsricht-linien, denen sich bestimmte Unternehmen unterworfen haben, können dabei allen-falls als Indiz herangezogen werden.[388] Ein Beschäftigter, der vor dem Ausscheiden aus einem Arbeitsverhältnis unter Verwendung des Adressenmaterials seines Arbeit-gebers ein Verabschiedungsschreiben an die bislang von ihm betreuten und von ihm dabei durch ein Vertrauensverhältnis verbundenen Kunden richtet, handelt dann wettbewerbswidrig, wenn er direkt/indirekt (durch die Angabe seiner privaten Adres-se oder Telefonnummer) auf seine zukünftige Tätigkeit als Wettbewerber oder für einen Wettbewerber hinweist.[389]

dd. Rechtsbruch

Es läuft dem Sinn und Zweck eines ordnungsgemäßen Leistungswettbewerbs zuwi-der, wenn ein Mitwettbewerber sich über gesetzliche, vertragliche oder aber berufs-rechtliche Regelungen, insbesondere ihm auferlegte Verbote hinwegsetzt, um sich auf diese Weise gegenüber den Mitbewerbern einen Wettbewerbsvorteil zu verschaffen, während sich seine Mitbewerber ordnungsgemäß verhalten. Das UWG will jedoch nicht - wie auch § 4 Ziff. 11 UWG belegt - jeden Verstoß von Verträgen oder Gesetzen sanktionieren; jeder Unternehmer soll die gleichen Ausgangsvoraussetzungen wie der Mitbewerber erhalten. Daher wird der vom Mitbewerber **durch den Rechtsbruch erzielte Vorsprung** von dieser Fallgruppe erfasst. Die Verschaffung von Wettbewerbs-vorteilen wird dann durch Missachtung von außervertraglichen (d. h. gesetzlichen) oder vertraglichen Bindungen vorgenommen.

(1) Verletzung außervertraglicher Bindungen

Hierbei gilt es zu beachten, dass nicht jede Gesetzesverletzung sofort in den Bereich wettbewerbsrechtlicher Wertung fällt. Vielmehr ist erforderlich, dass die aus einer Gesetzesverletzung gezogenen Vorteile im Wettbewerb zur Förderung des eigenen Unternehmens eingesetzt werden; es muss folglich geprüft werden, ob das beanstan-dete Verhalten durch den Gesetzesverstoß das Gepräge eines wettbewerbsrechtlich unlauteren Verhaltens erhält. Zumindest nach früherer Rechtsprechung war dabei

---

[387] BGH NJW 2004, 2385 – Verabschiedungsschreiben; BGH NJW-RR 2002, 1199 = GRUR 2002, 548 = WRP 2002, 524 – Mietwagenkostenersatz; BGH NJW-RR 2002, 1193 = WRP 2002, 524 = GRUR 2002, 548 – Werbung für Versicherungswechsel; OLG Celle, NJW-RR 2003, 175
[388] BGH NJW-RR 1991, 809 = GRUR 1991, 462 – Wettbewerbsrichtlinie der Privatwirtschaft
[389] BGH NJW 2004, 2385 - Verabschiedungsschreiben

zwischen der Verletzung sog. **wertbezogener** und der Verletzung sog. **wertneutraler** Vorschriften zu differenzieren.[390]

Als **wertbezogen** kann eine Vorschrift dann angesehen werden, wenn sie sittlich fundiert, d. h. Ausdruck einer sittlichen Grundanschauung ist oder dem Schutz eines für die Allgemeinheit besonders wichtigen Gutes dient, z. B. dem Schutz wichtiger Gemeinschaftsgüter oder Institutionen, die ihrerseits z. B. dem Verbraucher, der Volksgesundheit, dem Umweltschutz, der Rechtspflege oder der Rundfunkfreiheit dienen. Die Missachtung solcher wertbezogener Normen widerspricht dann dem sittlich-rechtlichen Empfinden der Allgemeinheit und kann daher häufig bereits ohne zusätzliche Unlauterkeitskriterien die Sittenwidrigkeit einer Wettbewerbshandlung begründen.[391]

Beispiel 21:[392]

Unternehmer Unlauter (U) vertreibt via Internet bzw. im Wege der Telefaxwerbung Kunstpflanzen. In den Angebots-Telefaxen bzw. in der Homepage fehlen die gem. § 312 c BGB vorgeschriebenen Pflichtangaben über den Unternehmer, dessen Rechtsform, dessen Sitz etc. Wenn indessen Werbefaxschreiben bzw. die Homepage nicht die erforderlichen Pflichtangaben gem. § 312 c BGB iVm § 1 BGB InfoVO enthalten, wie sie dem Unternehmer für Waren und Dienstleistungen vor Abschluss eines (Fernabsatz-) Vertrages vorgeschrieben sind, stellt der Verstoß gegen diese Pflichtangaben zugleich einen Verstoß gegen § 1 UWG a. F. dar.

Beispiel 22:[393]

Unternehmer Mies (M) betreibt einen Schlüsseldienst und stellt für die Erbringung von sog. Schlüsseldienstleistungen Preise in Rechnung, die 100 % oder mehr über dem ortsüblichen Preis (Marktpreis) liegen. Wenn die von ihm verlangten Preise einmal unter 100 % des ortsüblichen Preises liegen, werden Arbeiten doppelt berech-

---

[390] BGH NJW-RR 2003, 1685 = WRP 2003, 1350 = GRUR 2003, 969 - Ausschreibung von Vermessungsleistungen; Baumbach/Hefermehl, Wettbewerbsrecht, § 1 UWG Rdziff. 611, 612; Köhler/Piper, UWG, § 1 Rdziff. 726 ff.; Teplitzky, Großkomm. z. UWG, § 1 Rdziff. G 1 ff.; zum Wandel der Rechtsprechung beim Tatbestand des Rechtsbruchs auch Köhler, NJW 2002, 2761
[391] Baumbach/Hefermehl, Wettbewerbsrecht, § 1 UWG, Rdziff. 614
[392] LG Frankfurt, NJW-RR 2002, 1468; ähnliches Beispiel bei OLG Frankfurt, MMR 2002, 529 sowie LG Magdeburg, NJW-RR 2003, 409, wobei fraglich sein dürfte, ob es sich bei § 312 c BGB iVm §§ 1 ff. BGB-InfoVO um wertbezogene Vorschriften handelt. M. E. sind dies wohl eher (wertneutrale) Ordnungsvorschriften. Indessen ist bei einem Verstoß gegen diese Vorschriften die Fallgruppe des Kundenfangs (durch irreführende Praktiken) zugleich als gegeben anzusehen, vgl. o. S. 149
[393] OLG Frankfurt, NJW-RR 2002, 471

net, z. B. neben der Türöffnungspauschale Arbeitsstunden nach Zeit in Rechnung gestellt oder aber überhöhte, nicht ortsübliche Anfahrtskosten in Rechnung gestellt oder aber hohe, nicht ortsübliche Materialkosten berechnet. In allen Fällen wird der Kunde nicht über den ortsüblichen Preis aufgeklärt. Wenn sich der Kunde einmal nach Erbringung von Dienstleistungen eines von M betriebenen Schlüsseldienstes weigert, den Preis sofort und/oder in voller Höhe zu zahlen, lässt M seine für ihn arbeitenden Arbeitnehmer die jeweiligen Schlösser des Kunden austauschen, um auf diese Weise den Kunden auszusperren bzw. auszuschließen. Der Verstoß eines Schlüsseldienstes gegen das Wucherverbot durch Preise, die mehr als 100 % über einer noch angemessenen Vergütung liegen, stellt unter dem Gesichtspunkt des Vorsprungs durch Rechtsbruch einen Wettbebewerbsverstoß dar.

Anderweitige wertbezogene Vorschriften finden sich beispielsweise im Arzneimittelgesetz, Medizinproduktegesetz, Heilpraktikergesetz, Heilmittelwerbegesetz, Gesetz über das Apothekerwesen, Gesetz über die Ausübung der Zahnheilkunde, im Lebensmittelrecht sowie bei Vorschriften über den Schutz der Rechtspflege; so handelt z. B. ohne Weiteres wettbewerbswidrig, wer - ohne über die dazu erforderliche Erlaubnis nach dem Rechtsberatungsgesetz oder aber über die Zulassung nach der Bundesrechtsanwaltsordnung zu verfügen - eine rechtsberatende Tätigkeit ausübt. Der Rückschluss von der Verletzung einer wertbezogenen Vorschrift automatisch auf die Sittenwidrigkeit der Wettbewerbshandlung gilt nicht schlechthin. Vielmehr können auch die besonderen Umstände des Einzelfalls Anlass bieten, in die Prüfung des Gesamtverhaltens des Wettbewerbers nach seinem konkreten Anlass, seinem Zweck und den eingesetzten Mitteln, seinen Begleitumständen und Auswirkungen einzutreten und ggf. auch eine Beeinträchtigung der Lauterkeit des Wettbewerbs zu verneinen.[394] Die **Nichteinhaltung von Impressums- und Kennzeichnungs- bzw. Informationspflichten** bei kommerzieller Kommunikation durch Betreiben einer gewerblichen Homepage gem. § 6 TDG - wegen des verbraucherschützenden Charakters dieser Regelung - führt indessen zur Annahme, dass sich ein Wettbewerber bewusst und planmäßig einen Wettbewerbsvorteil verschafft.[395] Hingegen liegt ein Verstoß gegen eine wertbezogene Vorschrift nicht vor, wenn ein Anwalt Kontakt mit der gegnerischen (durch Anwalt vertretenen) Partei direkt aufnimmt; zwar ist es Anwälten gem. § 12 Berufsordnung (BO) verwehrt, direkt Kontakt mit der gegnerischen Partei aufzunehmen, wenn diese anwaltlich vertreten ist. Es begründet ein Verstoß gegen § 12 BO jedoch nicht zugleich den Vorwurf der Unlauterkeit, da diese Regelung nicht den Zweck

---

[394] BGH NJW 2000, 864 = WRP 2000, 170 = GRUR 2000, 237 - Giftnotruf-Box; BGHZ 140, 134 = NJW 1999, 2737 = WRP 1999, 643 = GRUR 1999, 1128 - Hormonpräparate

[395] OLG Hamburg, NJW-RR 2003, 985 = MMR 2003, 105 (106) = GRUR-RR 2003, 92 (93); LG Düsseldorf, MMR 2003, 340

verfolgt, den Markt zu regeln, auf dem Rechtsanwälte im Wettbewerb stehen, sondern hat nur das Ziel, den juristischen Laien vor einer unmittelbaren Inanspruchnahme durch den Anwalt des Gegners zu schützen. Auch **Stellenanzeigen**, sofern sie zugleich eine werbemäßige Selbstdarstellung des inserierenden Unternehmens enthalten, müssen wettbewerbsrechtlichen Anforderungen genügen, dies insbesondere dann, wenn die Imagewerbung nicht hinter der Suche nach Arbeitskräften zurücktritt.[396] Ein Unternehmen, das ohne die nach § 5 Abs. 1 PostG erforderliche Erlaubnis (Lizenz) gewerbsmäßig für andere Briefsendungen befördert, deren Einzelgewicht nicht mehr als 1000 Gramm beträgt, handelt wettbewerbswidrig i. S. d. § 1 UWG a. F.; denn bei § 5 PostG handelt es sich um eine unmittelbar den Wettbewerb auf dem Postdienstleistungsmarkt regelnde, mithin wertbezogene Norm.[397] Die Vorschrift des § 4 Abs. 2 HOAI ist wertbezogen und weist Wettbewerbsbezug auf, weshalb Verstöße gegen sie - durch Unterschreitung der Mindestsätze - zugleich den Tatbestand des § 1 UWG a. F. erfüllen.[398] Gleiches gilt für die Vorschriften der Preisangabenverordnung (PAngVO)[399] sowie des Tabaksteuergesetzes.[400] Die **Erstattung der Praxisgebühr** von 10,00 € beim Erwerb einer vom Augenarzt verordneten Brille stellt eine nach § 7 Heilmittelwerbegesetz (HWG) unzulässige Zuwendung dar, die nicht lediglich „geringwertig" und mithin wegen Verstoßes gegen § 4 Ziff. 11 UWG wettbewerbswidrig ist.[401]

Als **wertneutral** sind hingegen Vorschriften anzusehen, die lediglich der ordnenden Zweckmäßigkeit dienen, jedoch weder einem sittlichen Gebot Geltung verschaffen noch dem Schutz besonders wichtiger Gemeinschaftsgüter oder allgemeiner Interessen dienen.[402] Solche wertneutralen Vorschriften finden sich in der Gewerbeordnung, Handwerksordnung, im Kreditwesengesetz, im Personenbeförderungsgesetz, im Straßenverkehrsgesetz sowie im Güterkraftverkehrsgesetz, im Presserecht, im Außenwirtschaftsgesetz, im Arbeitszeitgesetz.[403] Indessen bedeutet die Verletzung einer sog. wertneutralen Vorschrift nicht automatisch, dass ein Wettbewerbsverstoß nicht gegeben sein kann. Wenn dem Verletzer ein **bewusstes und planmäßiges Vorgehen** nachgewiesen werden kann, was zu einem Wettbewerbsvorsprung auf Seiten des Verletzers führt, so liegt auch in einem solchen Fall eine wettbewerbswidrige Tätigkeit vor.[404]

---

396 BGH NJW 2003, 1814 = WM 2003, 1998 = GRUR 2003, 540 = WRP 2003, 745 - Stellenanzeige
397 BGH NJW-RR 2003, 1622 = WRP 2003, 270 = GRUR 2003, 250
398 BGH NJW-RR 2003, 1685 = WRP 2003, 1350 = GRUR 2003, 969 - Ausschreibung von Vermessungsleistungen
399 BGHZ 155, 301 = NJW 2003, 3343 = WRP 2003, 1347 = GRUR 2003, 971 - Telefonischer Auskunftsdienst
400 OLG Frankfurt WRP 2004, 1189 = GRUR-RR 2004, 255 = MMR 2004, 617 (Angebot für Zigarren bei Internetauktion zu einem Startpreis unterhalb des gesetzlich festgelegten Kleinverkaufspreises)
401 OLG Stuttgart, NJW 2005, 227
402 Baumbach/Hefermehl, Wettbewerbsrecht, § 1 UWG Rdziff. 630
403 Baumbach/Hefermehl, Wettbewerbsrecht, § 1 UWG Rdziff. 631 ff. m. w. Bsp.
404 BGH NJW 1990, 1991 = GRUR 1989, 830 - Impressumspflicht; OLG Düsseldorf, NJW-RR 2004, 41

Ob sich diese tradierte Auffassung über die Aufteilung in wertbezogene und wertneutrale Normen weiterhin aufrecht erhalten lässt, erscheint angesichts neuerer Rechtsprechung des BGH nicht sicher zu sein. Denn:

In der hier sog. **Abgasemission-Entscheidung**[405] hatte sich der BGH mit der Frage auseinanderzusetzen, ob der Vertrieb von Waren, bei deren Herstellung umweltschutzrechtliche Vorschriften verletzt wurden, als wettbewerbswidrig beurteilt werden muss, weil die Kosteneinsparung einen Wettbewerbsvorteil darstellen. Der BGH verneinte die Frage und führte aus, § 1 UWG a. F. verfolge nicht den Zweck, Verstößen gegen gesetzliche Bestimmungen im Vorfeld wettbewerblichen Handelns zu begegnen. Es sei wie folgt zu differenzieren. Wenn das wettbewerbliche Verhalten gegen ein Gesetz verstoße, das den Schutz wichtiger und überragender Rechtsgüter diene, indiziere die Verletzung einer solchermaßen wertbezogenen Vorschrift die wettbewerbsrechtliche Unlauterkeit. Dies sei indessen anders zu beurteilen, wenn der Gesetzesverstoß dem Wettbewerbshandeln zeitlich vorausgehe oder ihm nachfolge. In einem solchen Fall könne nur dann ein wettbewerbswidriges Verhalten vorliegen, wenn die tangierte Vorschrift zumindest eine sekundäre wettbewerbsbezogene Schutzfunktion aufweise; dies sei erfüllt, wenn die Norm zugleich die Gegebenheiten eines bestimmten Marktes festlege und gleiche Bedingungen für die am Markt tätigen Wettbewerber schaffe, gleichsam Marktbezug aufweise.

In der hier sog. **Vielfachabmahner-Entscheidung**[406] hatte der BGH zu beurteilen, ob sich ein Rechtsanwalt wettbewerbswidrig verhalte, wenn er unter Verstoß gegen § 45 Abs. 1 Ziff. 4 BRAO tätig werde. Der BGH verneinte diese Frage, da diese Norm keinen wettbewerbsrechtlichen Bezug habe. Sie regele nicht die Gegebenheiten eines bestimmten Marktes.

Anders hingegen in der hier sog. **Sportwetten-Entscheidung,**[407] in welcher der BGH zu § 284 StGB (Verbot von Glücksspielen ohne behördliche Erlaubnis) ausführte, dies sei eine wertbezogene Norm mit unmittelbar wettbewerbsregelndem Charakter. Mithin löse ein Verstoß gegen § 284 StGB auch die Rechtsfolgen von § 1 UWG a. F. aus. Es handele sich nicht lediglich um einen Verstoß gegen eine Marktzutrittsregelung, sondern stelle ein unlauteres Marktverhalten dar. Die **Lauterkeit des Wettbewerbs** verlange, dass ein Wettbewerber **nicht ohne Weiteres auf Kosten seiner Mitbewerber das Risiko rechtswidrigen Handelns** eingehen dürfe. Andererseits gilt diese Ansicht des BGH wiederum nicht uneingeschränkt. Es stelle eine Überspannung der Pflicht zu lauterem Wettbewerbshandeln und einen unzulässigen Eingriff in die Wettbewerbsfreiheit dar, von einem Gewerbetreibenden zu verlangen, sich vorsichtshalber auch dann nach der strengsten Gesetzesauslegung (bei dem Betrieb einer Automaten-Video-

---

[405] BGHZ 144, 255 = NJW 2000, 3351 = WRP 2000, 1116 = GRUR 2000, 1076 - Abgasemissionen
[406] BGH NJW 2001, 371 = WRP 2001, 148 = GRUR 2001, 260 - Vielfachabmahner und BGH GRUR 2001, 354
[407] BGH NJW 2002, 2175 = WRP 2002, 688 = GRUR 2002, 636 - Sportwetten; ebenso BGH NJW-RR 2002, 395 = WRP 2002, 323 = GRUR 2002, 269 - Sportwetten-Genehmigung

thek) zu richten, wenn die zuständigen Behörden und Gerichte sein Verhalten als zulässig erachten.[408] Im Übrigen ist es einem Zivilgericht untersagt, ein Verhalten als unlauter i. S. d. § 1 UWG a. F. einzustufen, wenn die Bewertung dieses Verhaltens als rechtswidrig einer Behörde vorbehalten ist und diese eine solche Bewertung nicht vorgenommen hat.[409]

Eine Lanze für die Kommunalwirtschaft hat der BGH in der sog. **Elektroarbeiten-Entscheidung**[410] gebrochen. Ein Verstoß gegen die Vorschrift des Art. 87 Bayer. Gemeindeordnung, die der erwerbswirtschaftlichen Tätigkeit der Gemeinden Grenzen setze, sei nicht zugleich sittenwidrig i. S. d. § 1 UWG a. F. Es sei nicht der Sinn von § 1 UWG a. F., den Anspruchsberechtigten zu ermöglichen, Wettbewerber unter Berufung darauf, dass ein Gesetz ihren Marktzutritt verbiete, vom Markt fernzuhalten, wenn das betreffende Gesetz den Marktzutritt nur aus Gründen verhindern wolle, die den Schutz des lauteren Wettbewerbs nicht berührten. Das heißt:

Verstöße gegen das Kommunalrecht sind nicht zugleich Wettbewerbsverstöße,[411] ggf. können indessen kartellrechtliche (Unterlassungs-) Ansprüche gegeben sein.[412] Unter Umständen können für Marktteilnehmer auch verwaltungsrechtliche Unterlassungsansprüche bestehen; denn den einschlägigen kommunalrechtlichen Bestimmungen über die wirtschaftliche Betätigung von Gemeinden (z. B. § 108 NGO) wird Drittschutz beigemessen; d. h., dass geschützte Dritte einen öffentlich-rechtlichen Unterlassungsanspruch gegen die Gemeinde insoweit haben können, dass die Gemeinde unzulässige wirtschaftliche Betätigung zu unterlassen hat.[413] Allerdings gilt das nicht uneingeschränkt. Eine Stadt, die z. B. private Grabpflegearbeiten anbietet, verschafft sich gegenüber den privaten Gärtnereien einen – nicht gerechtfertigten – Wettbewerbsvorteil, wenn sie Hinterbliebenen, die die städtische Friedhofsverwaltung wegen des „Kaufs" einer Grabstelle aufsuchen müssen, die Grabpflegearbeiten und –leistungen durch ihre Mitarbeiter in denselben Räumen anbietet.[414]

(2) Verletzung vertraglicher Bindungen

Ein Vertragsbruch ist, auch wenn er einem Wettbewerbszweck dient, nicht ohne Weiteres wettbewerbswidrig i. S. d. § 3 UWG. Dies wäre nur dann der Fall, wenn besondere unlauterkeitsbegründende Umstände hinzutreten würden, z. B. bei einem Verleiten zum Vertragsbruch oder einem sog. Schleichbezug.

---

[408] OLG Celle, NVwZ-RR 2003, 346 - Automaten-Videothek
[409] OLG Hamburg, NVwZ-RR 2003, 347 = GRUR-RR 2003, 181 - Polyklonale Antikörper; in diesem Sinne auch OLG Düsseldorf, GRUR-RR 2003, 15 sowie LG Frankfurt, GRUR-RR 2003, 180
[410] BGHZ 150, 343 = BGH NJW 2002, 2645 = NVwZ 2002, 1141 = GRUR 2002, 825 = WRP 2002, 943 - Elektroarbeiten
[411] Vgl. auch BGH NJW 2003, 586 = WRP 2003, 262 = GRUR 2003, 164 = NVwZ 2003, 246 – Altautoverwertung; zum Ganzen auch Diefenbach, WiVerw 2003, 99 ff.
[412] BGH NJW 2003, 752 = WRP 2003, 73 = GRUR 2003, 167 - Schilderprägebetrieb
[413] OVG Münster, NVwZ 2003, 1520; dazu Antweiler, NVwZ 2003, 1466
[414] OLG Celle, OLG-Report 2005, 9

Ein wettbewerbswidriges **Verleiten zum Vertragsbruch** liegt vor, wenn ein Wettbewerber einen anderen Mitbewerber oder dritte Personen bewusst zu Zwecken des Wettbewerbs zum Vertragsbruch bewegt. Meist wird es sich um ein Ausspannen von Kunden handeln.[415]

> *Beispiel 23:*[416]
>
> *Alt-Klug (A) vertreibt über ausgesuchte Händler Luxusartikel (z. B. Uhren) der Marke Autoanimal. Der jeweils autorisierte Konzessionär verpflichtete sich, die „Produkte und Accessoires im Einzelhandel ausschließlich an Endverbraucher oder an andere in einem EU- oder EWR-Staat von der Gruppe Autoanimal für diese Produkte autorisierte Konzessionäre ... zu vertreiben." Zu diesen konzessionierten Händlern gehörte auch der Juwelier Klunker (K). Bei ihm rief der Nixlos (N), der sich als Rechtsanwalt und Händler hochwertiger Uhren betätigt, an und erkundigte sich nach den Konditionen für den Ankauf einer Uhr, wobei er sich als nicht konzessionierter gewerblicher Abnehmer offenbarte. In diesem Fall scheidet ein Verleiten zum Vertragsbruch aus. Denn die einfache Lieferanfrage eines außerhalb eines Vertriebsbindungssystems stehenden gewerblichen Abnehmers bei einem gebundenen Vertragshändler stellt (noch) kein wettbewerbswidriges Verleiten zum Vertragsbruch dar.*

Bei der Frage, ob ein „Verleiten" zum Vertragsbruch vorliegt, ist streng von dem bloßen **Ausnutzen fremden Vertragsbruchs** zu differenzieren. Letzteres ist erst dann wettbewerbswidrig, wenn besondere Umstände hinzutreten, z. B. Missachtung von Ausschließlichkeitsbindungen. Auch dabei ist - nach der neueren Rechtsprechung - zu berücksichtigen, dass der BGH bei seiner Beurteilung keinen Unterschied mehr zwischen Preisbindungssystemen einerseits und Vertriebsbindungssystemen andererseits vornimmt. Der BGH erachtet den Vorsprung, den sich ein Außenseiter durch die Möglichkeit des Handels mit vertriebsgebundenen Waren gegenüber ungebundenen Wettbewerbern oder gebundenen Händlern verschafft, für wettbewerbsrechtlich unerheblich.[417]

Ein wettbewerbswidriger **Schleichbezug** liegt vor, wenn sich ein Außenseiter preisgebundene Erzeugnisse auf Schleichwegen, z. B. durch unwahre Angaben oder Tarnung, verschafft.[418] So verstößt unter Umständen ein nicht autorisierter Händler gegen § 1

---

415 Baumbach/Hefermehl, Wettbewerbsrecht, § 1 UWG Rdziff. 697; Baumbach/Hefermehl/ Köhler, Wettbewerbsrecht, § 4 UWG Rdziff. 10.32 ff.; Fezer/Simon, UWG, § 4-S9 Rdziff. 87
416 OLG Düsseldorf, NJW-RR 2003, 104 = GRUR 2003, 89
417 BGHZ 143, 232 = NJW 2000, 2504 = WRP 2000, 734 = GRUR 2000, 724 - Außenseiteranspruch II; dazu Köhler/Piper, UWG, § 1 Rdziff. 920
418 Baumbach/Hefermehl, Wettbewerbsrecht, § 1 UWG Rdziff. 775, 804; Baumbach/Hefermehl/ Köhler, Wettbewerbsrecht, § 4 UWG Rdziff. 3.51; Fezer/Simon, UWG, § 4-S9 Rdziff. 88

UWG, wenn er den gebundenen Vertragshändler über seine Absicht täuscht, die ihm gelieferten Neufahrzeuge nach sog. Tageszulassung weiterzuveräußern.[419] Bei der Weitergabe in Gestalt des Leasingvertrages ist der Tatbestand des Schleichbezuges nicht erfüllt.

Auch die **telefonischen Auskunftsdienste** sind in das Zentrum rechtlicher Überlegungen gerückt worden. Fraglich war aus der Sicht des BGH, ob es wettbewerbsrechtlich zulässig sein kann, Telefonauskunftsdienste unter Angabe der jeweiligen Telefonnummer zu bewerben, ohne dabei jedoch zugleich den Preis für diese Dienstleistung anzugeben. Der BGH bejahte eine **Verpflichtung zur Preisangabe**. Denn die speziellen Vorschriften des Telekommunikationsgesetzes (TKG) und der Telekommunikationskundenschutzverordnung (TKSchVO), nach denen die Tarife zu veröffentlichen seien, stünden der Anwendbarkeit der weiterreichenden Vorschriften der Preisangabenverordnung (PAngVO) nicht entgegen. Nach Ansicht des BGH enthält die Werbung für ein spezielles Angebot mit der hierfür maßgeblichen Telefonnummer bereits ein Leistungsangebot. Dies zieht nach der PAngVO die Verpflichtung zur Preisangabe nach sich. Der Kunde braucht nur zum Hörer zu greifen, um die angebotene Auskunft zu erhalten und schon sei er auch verpflichtet, die dafür anfallenden Gebühren zu bezahlen. Die PAngVO hingegen gebietet, dass der Kunde über die Kosten der auf diese Weise beworbenen Leistung mit dem Leistungsangebot selbst informiert werde. Ein Verbraucher hat ein wesentliches Interesse daran zu erfahren, was die auf diese Weise beworbene Leistung kostet. Diesen Anforderungen muss ein telefonischer Auskunftsdienst nachkommen.[420]

ee. Marktstörung

Auch die sog. Marktstörung kann die „Unlauterkeit" i. S. d. § 3 UWG begründen. Um eine solche Marktstörung oder allgemeine Marktbehinderung handelt es sich, wenn eine nicht leistungsgerechte Wettbewerbsmaßnahme geeignet ist, durch die **Beseitigung der Freiheit von Angebot und Nachfrage** den Bestand des Wettbewerbs zu gefährden und die Mitbewerber zu verdrängen. Solche **negativen Marktwirkungen** fallen bei der Gesamtwürdigung einer Wettbewerbshandlung mit ins Gewicht.[421] Als Einzelfälle dieser Fallgruppe der Marktstörung sind z. B. die **Massenverteilung von Originalware** (Gratisverteilung von 4,5 Mio. Gutscheinen für den kostenlosen Bezug von ¼-Literflaschen „Goldener Oktober"),[422] die **Umsonstlieferung von Presseerzeugnissen** (ständige Gratisverteilung von Anzeigenblättern mit redaktionellem Teil, wenn die ernstliche Gefahr besteht, dass deshalb die Tagespresse als nach Art. 5 Abs. 1

---

419 BGH NJW-RR 1994, 1326 = WRP 1994, 730 = GRUR 1994, 827 - Tageszulassungen; OLG München, GRUR 1995, 1049; Köhler/Piper, UWG, § 1 Rdziff. 924
420 BGHZ 155, 301 = NJW 2003, 3343 = WRP 2003, 1347 = GRUR 2003, 971 - Telefonischer Auskunftsdienst
421 Baumbach/Hefermehl, Wettbewerbsrecht, § 1 UWG Rdziff. 832; Baumbach/Hefermehl/Köhler, Wettbewerbsrecht, § 4 Rdziff. 12.3; Fezer/Osterrieth, UWG, § 4-S1 Rdziff. 1 ff.
422 BGH GRUR 1969, 295

GG verfassungsrechtlich garantierte Institution in ihrem Bestand bedroht ist),[423] bestimmte **Preiskampfmethoden** oder aber der sog. **Ausbeutungsmissbrauch** (Ausnutzung einer wirtschaftlichen Machtstellung) angesehen worden.

II. Die Rechtsfolgen

Die dem Wettbewerber durch § 3 UWG vermittelten Ansprüche dienen in allererster Linie der Verfolgung von Unterlassungsansprüchen. Daneben können aber auch Beseitigungsansprüche, Vernichtung von Gegenständen, Widerrufsansprüche, Schadensersatzansprüche, Auskunfts- und Rechnungslegungsansprüche sowie Vertragsstrafenansprüche und Kostenerstattungsansprüche verfolgt werden.[424] Ebenso können im Wege der negativen Feststellungsklage Ansprüche abgewehrt werden. Neu eingeführt worden ist der sog. Gewinnabschöpfungsanspruch.

1. Beseitigung, Unterlassung und Schadensersatz

Der Anspruch gem. § 3 UWG ist auf Unterlassung/Beseitigung (§ 8 UWG) sowie Schadensersatz (§ 9 UWG) gerichtet. Wenn jedoch ein Kläger einen Schaden in Gestalt eines Zahlungsanspruchs geltend machen will, muss er den Schaden dem Grund und der Höhe nach substantiiert darstellen, d. h. spezifiziert in Form eines Schriftsatzes vortragen und ggf. auch - wenn dies bestritten werden sollte - beweisen. Dies wird dem Geschädigten in aller Regel nur schwer fallen; vor diesem Hintergrund hat die Rechtsprechung dem Geschädigten Darlegungs- und Beweiserleichterungsmöglichkeiten zugestanden. Der Geschädigte darf den Schaden in abstrakter Form unter dem Aspekt berechnen, dass normalerweise für die Ausübung des Rechts eine Lizenz erteilt worden wäre **(Lizenzanalogie)**. Eine hypothetische, angemessene Lizenzgebühr ist rein objektiv danach zu berechnen, was bei vertraglicher Einräumung ein vernünftiger Lizenzgeber verlangt und ein vernünftiger Lizenznehmer gewährt hätte, wenn beide die im Zeitpunkt der Entscheidung gegebene Sachlage gekannt hätten.[425] Dieser Ansatzpunkt des BGH überzeugt. Denn der Verletzer soll grundsätzlich nicht besser stehen als derjenige, der auf fremde Rechte geachtet hat und sich vorher eine Lizenz hat einräumen lassen.[426] Um eine solche (hypothetische) Lizenz berechnen zu können, wird es sich anbieten, den Verletzer zuvor auf Auskunft und Rechnungslegung in

---

[423] BGH NJW 1996, 1188 = WRP 1996, 889 = GRUR 1996, 778 - Stumme Verkäufer; wohl überholt durch: BGHZ 157, 55 = NJW 2004, 2083 = WRP 2004, 896 = GRUR 2004, 602 – 20 Minuten Köln sowie BGH WRP 2004, 746 – Zeitung zum Sonntag

[424] Dazu Teplitzky, GRUR 2003, 272 ff.

[425] BGH NJW-RR 1992, 232 = WRP 1993, 91 = GRUR 1991, 914 - Kastanienmuster; BGH NJW-RR 1990, 1377 = GRUR 1990, 1008 - Lizenzanalogie; vgl. auch Teplitzky, GRUR 2003, 272 (276)

[426] Baumbach/Hefermehl, Wettbewerbsrecht, § 1 UWG Einl. Rdziff. 83; Baumbach/Hefermehl/Köhler, Wettbewerbsrecht, § 9 UWG Rdziff. 1.42; Fezer/Koos, UWG, § 9 Rdziff. 31; zur vertraglichen Einräumung einer Lizenz vgl. im Übrigen S. 313 ff.

Anspruch zu nehmen, um auf diese Weise überhaupt als Geschädigter beurteilen zu können, in welchem Umfang der Verletzer sich das ihm fremde Recht angemaßt hat. Ein selbständiger Anspruch auf Auskunft über die Bezugsquellen lässt sich aus § 1 UWG iVm § 242 BGB ebenso ableiten wie ein Anspruch auf Vorlage von Belegen, wenn der Anspruchsgläubiger hierauf angewiesen ist und dem Schuldner diese zusätzliche Verpflichtung zugemutet werden kann.[427]

Darüber hinaus ist der Geschädigte berechtigt, einen sog. **Marktverwirrungsschaden** geltend zu machen; dies gilt insbesondere für den Hersteller kosmetischer Artikel gegen denjenigen, der gem. § 4 Abs. 1 Kosmetik-Verordnung anzubringende Warenkennzeichnungen entfernt hat. Der Marktverwirrungsschaden kann dann mindestens die im Rahmen einer **Rückrufaktion** entstandenen Mehrkosten umfassen.[428]

2. Gewinnabschöpfung

Der neu eingeführte sog. Gewinnabschöpfungsanspruch[429] wird von § 10 UWG erfasst. Mit der Regelung eines **Gewinnabschöpfungsanspruches** werden die zivilrechtlichen Anspruchsgrundlagen wegen eines Verstoßes gegen das UWG mit dem Ziel einer weiteren Verbesserung der Durchsetzung des Lauterkeitsrechts erweitert. Das bisherige Recht hat Durchsetzungsdefizite bei den sog. **Streuschäden**. Hierunter versteht man die Fallkonstellation, in der durch wettbewerbswidriges Verhalten eine Vielzahl von Abnehmern geschädigt wird, die Schadenshöhe im Einzelnen jedoch gering ist. Häufig vorkommende Fallgruppen dieser Art sind insbesondere die Einziehung geringer Beträge ohne Rechtsgrund, Vertragsschlüsse aufgrund irreführender Werbung, gefälschte Produkte sowie sog. Mogelpackungen. Bleibt der Schaden im Bagatellbereich, so sieht der Betroffene regelmäßig von einer Rechtsverfolgung ab, weil der Aufwand und die Kosten hierfür in keinem Verhältnis zu seinem Schaden stehen. Mitbewerbern steht ein Schadensersatzanspruch in diesen Fällen nicht zwangsläufig zu. Daher sind Fälle denkbar, in denen der Zuwiderhandelnde den – bis zum Erlass einer einstweiligen Verfügung auf Unterlassung erzielten – Gewinn behalten darf. Diese Rechtsdurchsetzungslücke soll durch die Regelung in § 10 UWG geschlossen werden.

§ 10 Abs. 1 UWG regelt die Anspruchsgrundlage des Gewinnabschöpfungsanspruchs. Der Tatbestand setzt eine vorsätzliche Zuwiderhandlung sowie eine Gewinnerzielung auf Kosten einer Vielzahl von Abnehmern voraus.

---

[427] BGH NJW-RR 2002, 1119 (1120, 1121) = WRP 2002, 947 = GRUR 2002, 709 – Entfernung der Herstellungsnummer III; BGHZ 148, 26 (30, 37) = WRP 2001, 918 = GRUR 2001, 841 – Entfernung der Herstellungsnummer II

[428] BGHZ 148, 26 = WRP 2001, 918 = GRUR 2001, 841 – Entfernung der Herstellungsnummer II

[429] Zum Gewinnabschöpfungsanspruch auch Wimmer-Leonhardt, GRUR 2004, 12; detailliert Fezer/von Braunmühl, UWG, § 10 Rdziff. 1 ff.

Eine Verpflichtung zur Zahlung des Gewinns bei einer fahrlässigen Zuwiderhandlung wäre nicht gerechtfertigt. Ein fahrlässiges Handeln ist in der Regel schon dann gegeben, wenn der Handelnde bei Anwendung der erforderlichen Sorgfalt die Unlauterkeit seines Verhaltens hätte erkennen können, der Irrtum somit vermeidbar war. Wer in Kenntnis des Sachverhalts wettbewerbswidrig handelt, der handelt grundsätzlich auch schuldhaft. Fahrlässig handelt insbesondere auch, wer sich in einem Grenzbereich wettbewerbsrechtlicher Zulässigkeit bzw. Unzulässigkeit bewegt und deshalb mit einer abweichenden Beurteilung seines zumindest bedenklichen Verhaltens rechnen muss. Würde man den Gewinnabschöpfungsanspruch auch in diesen Fällen zuerkennen, so müsste jeder Unternehmer, der sich in diesem Grenzbereich bewegt, damit rechnen, den Gewinn zu verlieren. Der Unternehmer wäre häufig einem nicht unerheblichen Prozessrisiko ausgesetzt. Ein solches Prozessrisiko ist in den Fällen, in denen ein Mitbewerber durch das wettbewerbswidrige Verhalten einen echten Schaden erleidet, gerechtfertigt. Dies gilt indes nicht beim Gewinnabschöpfungsanspruch. Im Gegensatz zum Schadensersatzanspruch dient der Gewinnabschöpfungsanspruch nicht dem individuellen Schadensausgleich. Der Abnehmer, der durch das wettbewerbswidrige Verhalten Nachteile erlitten hat, erhält den Anspruch gerade nicht. Vielmehr sollen die Fälle erfasst werden, in denen die Geschädigten den Anspruch nicht geltend machen. Der Anspruch dient demnach weniger dem Interessenausgleich sondern vielmehr einer wirksamen Abschreckung. Um mit Blick auf das erwähnte Prozessrisiko unangemessene Belastungen für die Wirtschaft zu vermeiden, erscheint es gerechtfertigt, dass in den Fällen der fahrlässigen Zuwiderhandlung der Abschreckungsgedanke zurücktritt.

Durch die wettbewerbswidrige Handlung muss der Zuwiderhandelnde zudem einen Gewinn auf Kosten einer Vielzahl von Abnehmern erzielt haben, wobei unter den Begriff des **Abnehmers** nicht nur die Verbraucher sondern **alle Marktteilnehmer** fallen. Dadurch wird deutlich, dass sich die Sanktionswirkung des Gewinnabschöpfungsanspruches nur gegen besonders gefährliche unlautere Handlungen richtet, nämlich solche mit Breitenwirkung, die tendenziell eine größere Anzahl von Abnehmern betreffen können. Zugleich werden individuelle Wettbewerbsverstöße von dem Abschöpfungsanspruch ausgenommen, etwa die Irreführung anlässlich eines einzelnen Verkaufsgesprächs. In solchen Fällen wäre die Gewinnabschöpfung als Sanktion verfehlt. Die tatbestandliche Anknüpfung an einen größeren Personenkreis als Voraussetzung einer zusätzlichen Sanktion ist im UWG auch nicht systemfremd. So sanktionierten §§ 4, 6 c UWG a. F. Verhaltensweisen, deren besondere Gefährlichkeit gerade daraus resultiert, dass eine größere Anzahl von Verbrauchern von dem Wettbewerbsverstoß betroffen sein kann.

Durch das Merkmal „auf Kosten" wird klargestellt, dass der Tatbestand nur dann greift, wenn der Gewinnerzielung **unmittelbar ein Vermögensnachteil der Abnehmer** gegenübersteht. Dazu genügt jede wirtschaftliche Schlechterstellung. Bei der Bestimmung der wirtschaftlichen Schlechterstellung ist die vom Zuwiderhandelnden erbrachte Gegenleistung zu berücksichtigen. An einem Vermögensnachteil wird es demnach grundsätzlich dann fehlen, wenn der vom Zuwiderhandelnden erzielte Preis völlig angemessen ist und der Abnehmer auch keinen sonstigen Nachteil, beispielsweise in Form von Aufwendungen, die ohne die unlautere Wettbewerbshandlung nicht angefallen wären, erlitten hat. Die Gegenleistung hat indes dann außer Betracht zu bleiben, wenn die Abnehmer hieran kein Interesse haben, mithin eine aufgedrängte Bereicherung vorliegt.

Aktivlegitimiert sind die nach § 8 Abs. 3 Nr. 2 bis 4 UWG zur Geltendmachung eines Unterlassungsanspruchs Berechtigten. Mit Blick auf den Sanktionscharakter ist eine Aktivlegitimation des Mitbewerbers (vgl. § 8 Abs. 3 Nr. 1 UWG) nicht angemessen.

Die Höhe des Anspruchs bemisst sich nach dem durch den Wettbewerbsverstoß auf Kosten der Abnehmer erzielten Gewinn. Der Gewinn errechnet sich aus den Umsatzerlösen abzüglich der Herstellungskosten der erbrachten Leistungen sowie abzüglich eventuell angefallener Betriebskosten. Gemeinkosten und sonstige betriebliche Aufwendungen, die auch ohne das wettbewerbswidrige Verhalten angefallen wären, sind nicht abzugsfähig. Ist die Höhe des Gewinns streitig, so gilt die Vorschrift des § 287 ZPO.

Die Vorschrift des § 10 Abs. 2 UWG regelt das **Verhältnis** des Gewinnabschöpfungsanspruchs **zu den individuellen Ersatzansprüchen.** Dabei stellt die Regelung klar, dass die individuellen Schadenersatzansprüche der Abnehmer, aber auch der Mitbewerber, vorrangig zu befriedigen sind. Der Gewinnabschöpfungsanspruch soll gerade verhindern, dass dem Unternehmer der aus dem Wettbewerbsverstoß erzielte Gewinn verbleibt. Soweit jedoch dieser Gewinn durch die Befriedigung der Ansprüche der Abnehmer ausgeglichen ist, ist die zu schließende Schutzlücke nicht mehr gegeben. Entsprechend sind die nach § 9 UWG erbrachten Schadensersatzleistungen oder die Leistungen zur Erfüllung der aufgrund der Zuwiderhandlung entstandenen Ansprüche der Abnehmer bei der Berechnung des Gewinns abzuziehen. Gleiches gilt für Zahlungen aufgrund staatlicher Sanktionen wie zum Beispiel Geldstrafen. Nicht abzugsfähig sind jedoch Kosten der aufgrund der Zuwiderhandlung geführten Rechtsstreitigkeiten, da ansonsten der Zuwider-handelnde einen Anreiz hätte, sich auf kostenträchtige Prozesse einzulassen.

§ 10 Abs. 2 S. 2 berücksichtigt die Fallkonstellation, dass der Unternehmer nach erfolgter Befriedigung des Gewinnabschöpfungsanspruches Ansprüche der Mitbewerber oder der Abnehmer befriedigt oder staatliche Sanktionen erfüllt. Da es nicht darauf ankommen kann, in welcher Reihenfolge die Ansprüche gestellt werden, ist konsequenterweise der abgeführte Gewinn in Höhe der nach Abführung geleisteten Zahlungen auf diese Forderungen herauszugeben. Im Rahmen der Zwangsvollstreckung kann dies über § 767 ZPO geltend gemacht werden.

Die Vorschrift des § 10 Abs. 4 UWG bestimmt, dass der **abgeschöpfte Gewinn** letztlich dem **Bundeshaushalt** zukommt. Würde der Gewinn bei den Anspruchsberechtigten verbleiben, bestünde die Gefahr, dass der Anspruch aus dem letztlich sachfremden

Motiv der Einnahmeerzielung heraus geltend gemacht würde. Für die Frage einer etwaigen Anspruchsverfolgung sollte aber entscheidend sein, ob durch die unlautere Wettbewerbshandlung die Interessen der Abnehmer erheblich beeinträchtigt werden.

Der Alternativvorschlag, die Gelder einer Stiftung zur Verfügung zu stellen, die die Interessen des Verbraucherschutzes fördert, war problembehaftet. Die Errichtung einer Stiftung würde einen nicht unerheblichen Verwaltungsaufwand mit sich bringen. Nachdem der Umfang der Gewinnabschöpfung nicht abzusehen ist, kann nicht entschieden werden, ob sich dieser Aufwand gelohnt hätte. Da die Arbeit der Verbraucherschutzverbände zum Teil ohnehin aus öffentlichen Mitteln finanziert wird, ist es angemessen, dass die Gelder dem Bundeshaushalt zufließen.

§ 10 Abs. 4 S. 2 UWG entspricht der in Abs. 2 S. 2 getroffenen Regelung. Durch die Auskunfts- und Rechenschaftspflicht in Satz 3 soll die Abwicklung zwischen der zuständigen Stelle des Bundes und den zur Geltendmachung des Gewinnabschöpfungsanspruchs Berechtigten erleichtert werden. Die Rechenschaftslegung richtet sich nach § 259 BGB.

§ 15 Besondere Tatbestände des Wettbewerbsrechts

I. Vergleichende Werbung

Unter dem 19.09.2000 trat die Regelung in § 2 UWG a. F. in Kraft, mit welchem die Richtlinie 97/55/EG des Europäischen Parlamentes und des Rates vom 06.10.1997[430] in deutsches Recht umgesetzt wurde.[431]

Vergleichende Werbung ist gem. § 6 Abs. 1 UWG nunmehr jede Werbung, die unmittelbar oder mittelbar einen Mitbewerber oder die von einem Mitbewerber angebotenen Waren oder Dienstleistungen erkennbar macht. Unerlässliches Erfordernis eines jeden Werbevergleichs ist es daher, dass der Werbende einen für den Verkehr erkennbaren Bezug zwischen (mindestens) zwei Wettbewerbern, zwischen deren Waren oder Dienstleistungen bzw. ihren Tätigkeiten oder sonstigen Verhältnissen herstellt.[432]

---

[430] ABlEG Nr. L 290, s. dazu GRUR 1998, 117

[431] Gesetz zur vergleichenden Werbung und zur Änderung wettbewerbsrechtlicher Vorschriften vom 01.09.2000, BGBl 2000 I, 1374

[432] BGH NJW 2002, 2781 (2782) = WRP 2002, 973 = GRUR 2002, 828 - Lottoschein; BGH NJW-RR 2002, 38 (39) = GRUR 2002, 75 (76) = WRP 2001, 1291 (1292) - „Soooo ... billig!"; OLG München, NJW 2003, 1534 = ZiP 2003, 777 - JUVE-Handbuch; zu Einzelfällen unzulässiger Werbung vgl. auch Kaestner/Biermann S. 64 ff.; Vogt, NJW 2003, 3306 (3310); Sack, GRUR 2004, 89

Als Mitbewerber ist dabei anzusehen, wer in einem tatsächlichen oder doch potentiellen Wettbewerbsverhältnis zum werbenden Unternehmen steht. Deshalb kommt es darauf an, ob aus der Sicht der angesprochenen Verkehrskreise die angebotenen Waren oder Dienstleistungen austauschbar sind. Das wäre insbesondere der Fall, wenn Konkurrenzunternehmen oder Konkurrenzangebote (Waren oder Dienstleistungen) einander gegenüberstehen und dem Werbeadressaten dabei Kaufalternativen gezeigt werden, die geeignet sind, die Kaufentscheidung des Umworbenen zu beeinflussen. Der Absatz des einen Unternehmens muss mithin auf Kosten des anderen gehen können.

Es reicht zwar eine nur mittelbar erkennbare Bezugnahme aus. Damit ist aber nicht gemeint, dass jede noch so fern liegende, „nur um zehn Ecken gedachte" Bezugnahme genügt. Allein in der Anpreisung der eigenen Waren oder Leistungen ist in der Regel noch kein Vergleich mit den Waren oder Leistungen von Mitbewerbern zu sehen.[433]

Folglich ist aus der bloßen Kritik an Waren, Leistungen oder Werbemethoden von Mitbewerbern regelmäßig **nicht bereits** ein Vergleich mit den eigenen Waren oder Leistungen herauszulesen.[434]

> *Beispiel 24:*[435]
>
> *Jupiter (J) betrieb ein Fachgeschäft für Unterhaltungselektronik und hängte in seinen Geschäftsräumen und in seinem Schaufenster ein Plakat auf, welches dazu aufforderte, mit durchgestrichenen Preisen beworbene Angebote misstrauisch zu überprüfen. Das Konkurrenzunternehmen Mars (M) vertreibt in einem Großmarkt ebenfalls Unterhaltungselektronik und ist der Auffassung, dieses Plakat verstoße gegen das UWG. Aus der bloßen Kritik an Waren, Leistungen oder Werbemethoden von Mitbewerbern ist regelmäßig nicht bereits ein Vergleich mit eigenen Waren oder Leistungen i. S. d. § 6 Abs. 1 UWG herauszulesen. Ein Werbevergleich ist grundsätzlich zu verneinen, wenn eine Werbeaussage so allgemein gehalten ist, dass sich den angesprochenen Verkehrskreisen eine Bezugnahme auf den Werbenden nicht aufdrängt, sondern diese sich nur reflexartig daraus ergibt, dass mit jeder Kritik an Mitbewerbern in der Regel unausgesprochen zum Ausdruck gebracht wird, dass diese Kritik den Werbenden selbst nicht betrifft.*

Vergleichende Werbung ist im Übrigen unlauter i. S. d. § 3 UWG nur dann, wenn der Vergleich

---

433 BGH NJW-RR 2000, 631 = WRP 1999, 1141 = GRUR 1999, 1100 - Generika-Werbung
434 Köhler/Piper, UWG, § 2 Rdziff. 19; Baumbach/Hefermehl/Köhler, Wettbewerbsrecht, § 6 UWG Rdziff. 21; Fezer/Koos, UWG, § 6 Rdziff. 63
435 BGH NJW-RR 2002, 38 = GRUR 2002, 75 = WRP 2001, 1291- „Soooo ... billig!"

➢ sich nicht auf Waren oder Dienstleistungen für den gleichen **Bedarf** oder dieselbe **Zweckbestimmung** bezieht (§ 6 Abs. 2 Ziff. 1),

➢ nicht objektiv auf eine oder mehrere wesentliche, relevante, nachprüfbare und typische **Eigenschaften** oder den **Preis** dieser Waren oder Dienstleistungen bezogen ist (§ 6 Abs. 2 Ziff. 2),

➢ im geschäftlichen Verkehr zu **Verwechslungen** zwischen dem Werbenden und einem Mitbewerber oder zwischen den von diesen angebotenen Waren oder Dienstleistungen oder den von ihnen verwendeten Kennzeichen führt (§ 6 Abs. 2 Ziff. 3),

➢ die **Wertschätzung** des von einem Mitbewerber verwendeten Kennzeichens in unlauterer Weise ausnutzt oder beeinträchtigt (§ 6 Abs. 2 Ziff. 4),

➢ die Waren, Dienstleistungen, Tätigkeiten oder persönlichen oder geschäftlichen Verhältnisse eines Mitbewerbers herabsetzt oder **verunglimpft** (§ 6 Abs. 2 Ziff. 5),

➢ eine Ware oder Dienstleistung als **Imitation** oder **Nachahmung** einer unter einem geschützten Kennzeichen vertriebenen Ware oder Dienstleistung darstellt (§ 6 Abs. 2 Ziff. 6).

Durch die Konstruktion des Gesetzgebers, bestimmte Tatbestände vergleichender Werbung in § 6 Abs. 2 UWG als unzulässig zu kennzeichnen, kommt andererseits der gesetzgeberische Wille zum Ausdruck, dass vergleichende Werbung im Grundsatz zulässig sein soll, nur unter den Voraussetzungen des § 6 Abs. 2 UWG als wettbewerbswidrig zu qualifizieren ist. Denn vergleichende Werbung soll dazu beitragen, die Vorteile der verschiedenen vergleichbaren Erzeugnisse objektiv herauszustellen und so den Wettbewerb zwischen den Anbietern von Waren und Dienstleistungen im Interesse der Verbraucher zu fördern.[436] Wirbt z. B. ein Unternehmen für eigene Produkte mit eigenen Bestellnummern und der Angabe „Ersetzt" unter Nennung der Baugröße und der Ersatzteilnummer von Produkten eines Mitbewerbers, liegt darin eine vergleichende Werbung i. S. v. § 6 Abs. 1 UWG, die andererseits aber nicht ohne Weiteres unlauter ist. Mit der Nennung des Nummernsystems eines Mitbewerbers partizipiert ein Wettbewerber zwar an dem etwaigen guten Ruf der bezeichneten Produkte des Mitbewerbers; das allein stellt aber keine unlautere, wettbewerbswidrige Ausnutzung des guten Rufs des Wettbewerbers dar.[437]

Der Begriff der „**Eigenschaft**" (§ 6 Abs. 2 Ziff. 2 UWG) ist weit zu verstehen; maßgebend ist, ob der angesprochene Verkehr aus der Angabe eine nützliche Information für die Entscheidung erhalten kann, ob dem Erwerb der Ware näher getreten werden

---

[436] BGH NJW 2003, 2680 = WRP 2003, 637 = GRUR 2003, 444 - „Ersetzt"
[437] BGH NJW 2003, 2680 = WRP 2003, 637 = GRUR 2003, 444 - „Ersetzt"; BGHZ 139, 378 = NJW 1999, 948 = GRUR 1999, 501 - Vergleichen Sie

kann. Wesentlich ist eine Eigenschaft, wenn ihre Bedeutung nicht völlig unerheblich ist und den Kaufentschluss zu beeinflussen vermag.[438]

Die Werbung für ein Schmuckstück mit der Anpreisung im „Cartier-Stil" ist eine vergleichende Werbung im Sinne des § 6 Abs. 2 Ziff. 4 UWG; eine solche Werbung ist unlauter, weil sie die Wertschätzung des Namens „Cartier" ausnutzt.[439]

II.   Irreführende Werbung

Während § 3 UWG eine umfassende Generalklausel darstellt, enthält § 5 UWG ein Irreführungsverbot, das sich auf Angaben über geschäftliche Verhältnisse bezieht. Sie wird deshalb auch häufig als **kleine Generalklausel** bezeichnet. Zu den geschäftlichen Verhältnissen gehören insbesondere die Beschaffenheit, der Ursprung, die Herstellung oder die Preisbemessung einzelner Waren oder gewerblichen Leistungen oder des gesamten Angebotes, Preislisten, die Art des Bezugs oder die Bezugsquelle von Waren, der Besitz von Auszeichnungen, der Anlass oder der Zweck des Verkaufs oder die Menge der Vorräte.

Wer gegen das Irreführungsverbot in § 5 UWG verstößt, kann von Mitbewerbern auf Unterlassung in Anspruch genommen werden; wer überdies die zur Irreführung geeigneten Angaben wissentlich unwahr abgibt, kann unter den weiteren Voraussetzungen des § 16 UWG in strafrechtlicher Hinsicht zur Verantwortung gezogen werden.

1.   Voraussetzungen

Die Regelung in § 5 UWG hat folgende Fassung:

„(1) Unlauter im Sinne von § 3 handelt, wer irreführend wirbt.

(2) Bei der Beurteilung der Frage, ob eine Werbung irreführend ist, sind alle ihre Bestandteile zu berücksichtigen, insbesondere in ihr enthaltene Angaben über:

1.   die Merkmale der Waren oder Dienstleistungen wie Verfügbarkeit, Art, Ausführung, Zusammensetzung, Verfahren und Zeitpunkt der Herstellung oder Erbringung, die Zwecktauglichkeit, Verwendungsmöglichkeit, Menge, Beschaffenheit, die geographische oder betriebliche Herkunft oder die von der Verwendung zu erwartenden Ergebnisse oder die Ergebnisse und wesentlichen Bestandteile von Tests der Waren oder Dienstleistungen;

---

438 BGHZ 158, 26 = NJW 2004, 1951 – Genealogie der Düfte
439 OLG Frankfurt, NJW-RR 2004, 3433

2. den Anlass des Verkaufs und den Preis oder die Art und Weise, in der er berechnet wird, und die Bedingungen, unter denen die Waren geliefert oder die Dienstleistungen erbracht werden;

3. die geschäftlichen Verhältnisse, insbesondere die Art, die Eigenschaften und die Rechte des Werbenden, wie seine Identität und sein Vermögen, seine geistigen Eigentumsrechte, seine Befähigung oder seine Auszeichnungen oder Ehrungen.

Bei der Beurteilung, ob das Verschweigen einer Tatsache irreführend ist, sind insbesondere deren Bedeutung für die Entscheidung zum Vertragsschluss nach der Verkehrsauffassung sowie die Eignung des Verschweigens zur Beeinflussung der Entscheidung zu berücksichtigen.

(3) Angaben im Sinne von Absatz 2 sind auch Angaben im Rahmen vergleichender Werbung sowie bildliche Darstellungen und sonstige Veranstaltungen, die darauf zielen und geeignet sind, solche Angaben zu ersetzen.

(4) Es wird vermutet, dass es irreführend ist, mit der Herabsetzung eines Preises zu werben, sofern der Preis nur für eine unangemessen kurze Zeit gefordert worden ist. Ist streitig, ob und in welchem Zeitraum der Preis gefordert worden ist, so trifft die Beweislast denjenigen, der mit der Preisherabsetzung geworben hat.

(5) Es ist irreführend, für eine Ware zu werben, die unter Berücksichtigung der Art der Ware sowie der Gestaltung und Verbreitung der Werbung nicht in angemessener Menge zur Befriedigung der zu erwartenden Nachfrage vorgehalten ist. Angemessen ist im Regelfall ein Vorrat für zwei Tage, es sei denn, der Unternehmer weist Gründe nach, die eine geringere Bevorratung rechtfertigen. Satz 1 gilt entsprechend für die Werbung für eine Dienstleistung."

Die Vorschrift regelt das Verbot der **irreführenden Werbung**. Verboten sind in der Werbung alle Angaben geschäftlicher Art, die zu Wettbewerbszwecken im geschäftlichen Verkehr gemacht werden und geeignet sind, einen nicht unerheblichen Teil der betroffenen Verkehrskreise über das Angebot irrezuführen und Fehlvorstellungen von maßgeblicher Bedeutung für den Kaufentschluss hervorzurufen.

Die Reichweite eines Irreführungsverbotes hängt in erster Linie von dem seiner Interpretation zugrunde gelegten **Verbraucherleitbild** ab. Der Anwendungsbereich ist um so größer, je stärker die Schutzbedürftigkeit von Minderheiten gegen – auch entfernte – Irreführungsgefahren betont wird. Er ist um so geringer, je mehr auf den Verständnishorizont durchschnittlicher oder gar informierter Verbraucher abgestellt wird. Dieses Verbraucherleitbild liegt auch der Regelung des § 5 zugrunde, nachdem der Gesetzgeber bereits bei der Regelung der Aufhebung des Rabattgesetzes und der Zugabeverordnung von einem entsprechenden Verbraucherleitbild ausgegangen ist.

a. Die Unlauterkeit i. S. d. § 5 UWG

Durch den Verweis auf § 3 wird sichergestellt, dass das Irreführungsverbot nur zum Tragen kommt, wenn gleichzeitig die übrigen Voraussetzungen des § 3 erfüllt sind. Hierdurch wird insbesondere die Verfolgung von Bagatellverstößen ausgeschlossen.

b. Irreführende Angaben

Die Darstellung der Kriterien, die bei der Beurteilung einer Werbung als irreführend zu berücksichtigen sind, wurde gegenüber § 3 UWG a. F. verändert. Der Wortlaut entspricht im Wesentlichen der Regelung in Artikel 3 Abs. 1 der Richtlinie 84/450/EWG des Rates über irreführende und vergleichende Werbung vom 10. September 1984 (ABl. EG Nr. L 250/17, geändert durch die Richtlinie vom 6. Oktober 1997, ABl. EG Nr. L 290/18).

Ein Sonderproblem der irrführenden Werbung ist die Frage, inwieweit im **Verschweigen einer Tatsache** eine **irreführende Angabe** liegen kann. Grundsätzlich gilt nach der Rechtsprechung zum bisherigen UWG, dass im Verschweigen einer Tatsache dann eine irreführende Angabe liegt, wenn für den Werbenden eine Aufklärungspflicht besteht. Eine solche Pflicht kann, wenn sie sich nicht schon aus Gesetz, Vertrag oder vorangegangenem Tun ergibt, im Wettbewerb nicht schlechthin angenommen werden, da der Verkehr nicht ohne weiteres die Offenlegung aller, insbesondere auch der weniger vorteilhaften Eigenschaften einer Ware oder Leistung erwartet. Wohl aber kann sich eine Aufklärungspflicht aus der besonderen Bedeutung ergeben, die der verschwiegenen Tatsache nach der Auffassung des Verkehrs für den Kaufentschluss zukommt, so dass das Verschweigen geeignet ist, das Publikum in relevanter Weise irrezuführen, also seine Entschließung zu beeinflussen. Dieser von der Rechtsprechung entwickelte Maßstab wird durch Satz 2 ausdrücklich in das Gesetz übernommen.

Die Frage steht in einem engen Zusammenhang mit der Regelung von Informationspflichten im UWG. Der Gesetzentwurf enthält - auch zum Zwecke der Verbesserung des Verbraucherschutzes - Informationspflichten bei Verkaufsförderungsmaßnahmen einschließlich Preisausschreiben und Gewinnspielen (vgl. § 4 Nr. 4 und 5). Dies folgt – wie in der Begründung zu der entsprechenden Bestimmung im Einzelnen dargelegt – aus dem erhöhten Informationsbedarf der Verbraucher bei diesen Formen der Wertreklame.

Angaben über geschäftliche Verhältnisse sind nachprüfbare Aussagen des Unternehmers über irgendwelche geschäftlichen Verhältnisse. Das trifft zunächst für Tatsachenbehauptungen aller Art zu. Aber auch Tatsachen, die sich äußerlich als ein bloßes Werturteil darstellen, können nachprüfbare Tatsachenbehauptungen darstellen. Es kommt allein darauf an, ob die Werbeäußerung von dem Rechtsverkehr als eine auf die Richtigkeit ihres Inhalts hin nachprüfbare und dem **Beweis zugängliche Aussage**

über die geschäftlichen Verhältnisse des Werbenden aufgefasst wird.[440] **Nichts-sagende Anpreisungen** wie z. B. „Oder kennen Sie eine bessere Adresse?" bzw. „R. Uhren kaufen Sie am besten bei W." bzw. „Den und keinen anderen" enthalten lediglich einen suggestiven Kaufappell, jedoch keine dem Beweis zugängliche Angabe über geschäftliche Verhältnisse. Derlei Aussagen fallen daher nicht unter § 5 UWG.

§ 5 Abs. 3 1. Alt. UWG entspricht § 3 S. 2 UWG a. F. In der zweiten Alternative ist die Regelung des § 3 UWG a. F. aufgenommen.

c. Vermutung der Irreführung

Durch die Regelung in § 5 Abs. 4 UWG soll das **Irreführungsverbot** für die Fallgruppe der **Werbung mit einer Preissenkung** präzisiert werden. Die Regelung erfolgt im Zusammenhang mit der Aufhebung des in § 7 Abs. 1 UWG a. F. geregelten Verbots von Sonderveranstaltungen. Eine Werbung mit einer Preissenkung ist an sich wettbewerbseigen, da es dem Interesse eines jeden Unternehmers entspricht, eine Preissenkung öffentlich bekannt zu machen. Die Preissenkungswerbung hat indes ein hohes Irreführungspotenzial, da der Eindruck vermittelt wird, es handele sich um ein besonders günstiges Angebot. Daher sind Missbräuche vor allem dergestalt denkbar, dass zuvor sog. Mondpreise gefordert wurden, um kurz darauf mit einer Preissenkung werben zu können. Eine Irreführung liegt daher in der Regel dann vor, wenn der ursprüngliche Preis nur für eine kurze Zeit gefordert wurde. Im Einzelfall kann aber auch eine andere Bewertung denkbar sein, wobei es Sache des Unternehmers ist, die Vermutung zu entkräften. Die in Satz 2 geregelte **Beweislastumkehr** dient der besseren Durchsetzung der Vorschrift in der Praxis. Nachdem der Kläger in der Regel keinen Zugang zu den maßgeblichen Informationen hat, wäre er im Streitfall selten in der Lage, den Beweis für die Zeitdauer, in der der ursprüngliche Preis gefordert wurde, zu erbringen. Ursprünglicher Preis im Sinne der Vorschrift ist der Preis, der unmittelbar vor der Ankündigung der Preissenkung gefordert wurde.

d. Irreführung bei fehlender Vorratsmenge

Die Bestimmung des § 5 Abs. 5 UWG präzisiert das **Irreführungsverbot** hinsichtlich der **Vorratsmenge**. Wird im Handel für den Verkauf bestimmter Waren öffentlich geworben, so erwartet der Verbraucher, dass die angebotenen Waren zu dem angekündigten oder nach den Umständen zu erwartenden Zeitpunkt in einer solchen Menge vorhanden sind, dass die zu erwartende Nachfrage gedeckt ist. Besteht kein angemessener Warenvorrat, so wird der Verbraucher irregeführt und gegebenenfalls veranlasst, andere Waren zu kaufen. Dies wird durch Satz 1 klargestellt. Satz 2 enthält eine widerlegliche Vermutung, dass ein angemessener Warenvorrat dann nicht gegeben ist, wenn der Vorrat nicht die Nachfrage von zwei Tagen deckt. Die Länge dieses Zeit-

---

440 BGH GRUR 1975, 141; Baumbach/Lauterbach, Wettbewerbsrecht, § 3 UWG Rdziff. 13; Baumbach/Lauterbach/Bornkamm, Wettbewerbsrecht, § 5 UWG Rdziff. 5.3

raums entzieht sich zwar einer schematischen Betrachtung, aber gleichwohl ist im Regelfall davon auszugehen, dass eine Irreführung bei Unterschreitung dieser Frist vorliegt. Im Einzelfall ist jedoch eine andere Bewertung denkbar, so etwa bei einer unerwarteten außergewöhnlich hohen Nachfrage, bei unvorhergesehenen Lieferschwierigkeiten, die der Unternehmer nicht zu vertreten hat oder wenn es sich um ein Produkt handelt, das er im Verhältnis zu seiner üblichen Produktpalette nicht gleichermaßen bevorraten konnte. Satz 3 stellt klar, dass die Regelung auch bei einer Werbung für eine Dienstleistung entsprechende Anwendung findet.

Es ist jeweils eine Frage des Einzelfalls, ob eine **Irreführung des Verkehrs** vorliegt. Dies wird stets aus der Sicht derjenigen Verkehrskreise zu beurteilen sein, an die sich die Äußerung richtet. Maßstab für die Beurteilung einer etwa vorliegenden Irreführung des Verkehrs ist nicht etwa der flüchtige, sondern der aufmerksame, durchschnittlich informierte, verständige und der Situation entsprechend aufmerksame Durchschnittsverbraucher.[441] Dabei beurteilt sich der Grad der notwendigen Aufmerksamkeit nach den Umständen des Einzelfalles, vornehmlich nach dem Gegenstand des Angebotes und die daraus resultierende Gewichtigkeit der Entscheidung des Verbrauchers.[442]

Auch der flüchtige Verbraucher wird geschützt, wenn es sich um Werbung handelt, die der durchschnittlich informierte, aufmerksame und verständige Verbraucher üblicherweise mit diesem Grad der Aufmerksamkeit wahrnimmt. Bei einer Zeitungsanzeige, die die Leser im Allgemeinen nur beiläufig zur Kenntnis nehmen, kann daher eine Irreführung auch dann anzunehmen sein, wenn nach vollständiger Lektüre des gesamten Textes und nach einigem Nachdenken eine Fehlvorstellung vermieden werden könnte.[443]

2. Einzelfälle

Beispiel 25:[444]

Unternehmer Bredenau (B) bietet in den von ihm unterhaltenen Geschäften in den normalen Verkaufsregalen Produkte, bei denen die Mindesthaltbarkeitsdauer abgelaufen ist. So bietet B z. B. Pakete M-Kaffee an, bei denen die Mindesthaltbarkeitsdauer (MHD) bereits seit mehr als vier Wochen abgelaufen war. Ein gesonderter Hinweis

---

[441] EuGH NJW 2000, 1173 = WRP 2000, 289 - Lifting-Crème; BGH NJW 2004, 439 – Mindestverzinsung; BGH NJW-RR 2003, 404 = WRP 2003, 379 = GRUR 2003, 249 - Preis ohne Monitor; BGH NJW-RR 2003, 260 (261) = WRP 2003, 275 = GRUR 2003, 247 – Thermal Bad; BGH NJW-RR 2002, 320 = WRP 2002, 74 = GRUR 2002, 182 – Das Beste jeden Morgen

[442] BGH NJW-RR 2000, 1490 = WRP 2000, 517 = GRUR 2000, 619 - Orient-Teppichmuster; OLG Köln, NJW-RR 2002, 334

[443] BGH NJW-RR 2002, 1122 = WRP 2002, 977 = GRUR 2002, 715 - Scanner-Werbung

[444] OLG Hamburg, NJW-RR 2002, 908; ebenso OLG Hamm, GRUR 1992, 714 = WRP 1992, 714; OLG Köln, GRUR 1988, 920

auf den bereits erfolgten Ablauf der MHD erfolgte nicht. Auch unter Berücksichtigung des geänderten Verbraucherleitbildes wird der Verbraucher irregeführt, wenn in Verkaufsregalen Waren mit abgelaufenem MHD stehen, ohne dass ein aufklärender Hinweis darauf vorhanden ist. Daran ändert auch der Umstand nichts, dass der Kunde die Möglichkeit hat, das Haltbarkeitsdatum selbst zu prüfen. Von dieser Möglichkeit wird er nur dann Gebrauch machen, wenn er dazu einen besonderen Anlass hat, indessen nicht wie selbstverständlich annimmt, ihm werde keine Ware angeboten, deren MHD abgelaufen ist.

Beispiel 26:[445]

Unternehmer Watt (W) und der Unternehmer Volt (V) sind Wettbewerber in dem Bereich des Strommarkts. Während V bundesweit Strom aus Wasserkraftwerken vertreibt, bewirbt W seinen Strom unter der Bezeichnung „HochrheinStrom", während dieser von ihm vertriebene Strom zu einem weit überwiegenden Anteil weder mit der Wasserkraft des Hochrheins noch überhaupt am Hochrhein erzeugt wird. V will dem W die Werbung mit der Bezeichnung „HochrheinStrom" untersagen. W tritt diesem Begehren unter Hinweis darauf entgegen, dass die Bezeichnung „HochrheinStrom" auf die Region hindeute, in der er geschäftsansässig sei und in der er den Strom anbiete und vertreibe. Der Angabe über die Art der Erzeugung des Stroms kommt zugleich eine Eignung zur Beeinflussung des Kaufentschlusses zu. Eine Werbeaussage ist dann wettbewerbswidrig, wenn es nach der Lebenserfahrung nahe liegt, dass eine erzeugte Fehlvorstellung für die Kaufentscheidung eines nicht unbeachtlichen Teils des Verkehrs von Bedeutung ist. Die Werbung für Strom mit der Bezeichnung „HochrheinStom" ist wettbewerbswidrig, soweit dieser Strom nicht überwiegend mit der Wasserkraft des Hochrheins erzeugt wird.

Beispiel 27:[446]

Pech (P) und Schwefel (S) sind Wettbewerber im Bereich von Online-Diensten. P hat ein neues Tarifsystem eingeführt, welches S für unzulässig hält, weil die Werbung unter verschiedenen Aspekten irreführend sei, denn die Unterteilung zwischen „Einsteiger" und „Vielnutzer" mit einer unterstellten Nutzungszeit von zehn Stunden bzw. 30 Stunden seien scheinbar objektiv. Dies verzerre die tat-

---

[445] OLG Karlsruhe, NJW-RR 2002, 474
[446] OLG Köln, NJW-RR 2002, 334

sächliche Situation, denn Einsteiger seien typischerweise nur rund drei Stunden pro Monat online und müssten dann auch den von P als für Einsteiger als typisch suggerierten Betrag von 8,50 € bezahlen, weil dies der monatliche Mindestbetrag für den Startertarif sei. Im Übrigen fehle bei dem Vergleich der Hinweis auf die von S angebotene Flatrate mit einem Maximalpreis von 40 €/Monat. Der Hinweis „Bis zu 50 % billiger ins Internet" beziehe sich auch auf den Wettbewerb und sei daher falsch. Eine werbliche Preisgegenüberstellung der Tarife von Online-Dienstleistern ist indessen nicht irreführend, wenn sich dem durchschnittlich aufmerksamen Leser der Werbung unschwer erschließt, dass eine Mindestverweildauer im Internet erforderlich ist, damit sich der als preisgünstiger ausgewiesene Tarif für ihn rechnet. Dies gilt gleichermaßen für „Einsteiger" wie für „Vielnutzer". In der Aussage „Bis zu 50 % günstiger ins Internet" in der Werbung eines Anbieters von Online-Diensten im Kontext mit dem prominent herausgestellten Hinweis auf die „Spar-Tarife" liegt im Allgemeinen ein zulässiger Eigenvergleich.

Beispiel 28:[447]

Unternehmer Unstet (U) betreibt ein Weiterbildungsinstitut und bietet diplomierte Weiterbildungen im Bereich des Eventmanagements, Medienmanagements und Kulturmanagements an und bereitet zu diesem Zweck auf die IHK-Prüfung zum Messe-, Tagungs- und Kongressfachwirt vor. Der Mitbewerber Kant (K) ist ebenfalls ein Weiterbildungsunternehmen in den Bereichen Musik, Medien, Events und Kultur und verwendet neben der Firmenbezeichnung „eGmbH" in den Werbeauftritten auch die Bezeichnung „Business Akademie für Medien, Event und Kultur". In der Vergangenheit bezeichnete er sich auch selbst in der Werbung als „Europäische Business-Akademie". U hält dies für irreführend und damit wettbewerbswidrig. K sieht dies anders und möchte sich - für den Fall, dass die Auffassung von U zutrifft - mindestens aber mit der Bezeichnung „Institut" bezeichnen können. Die Verwendung der Bezeichnung „Akademie", „akademisch" und/oder „Business-Akademie" ist irreführend, sofern die vom Verwender vermittelten Studieninhalte weder öffentlich-rechtlich geregelt sind oder sich an entsprechenden Regelungen orientieren. Die in der Firma des Verwenders aufgenommene Gesellschaftsform (GmbH) ist zur Korrektur dieser Irreführung nicht geeignet. Denn der allgemeinen Verkehrsauffassung entspricht es, dass Träger fast aller Akademien der Staat, andere Kör-

---

447 LG Düsseldorf, NJW-RR 2002, 399 sowie OLG Düsseldorf, NJW-RR 2003, 262

*perschaften des öffentlichen Rechts, eingetragene und damit Ideal-
vereine oder Gewerkschaften sind. Sie erfüllen die der Akademie jeweils gestellten Bildungsaufgaben in öffentlichem oder berufsstä-
ndischem Interesse. Ähnliches gilt für die Bezeichnung „Institut",
die für einen rein wissenschaftlichen aber auch einen gewerblichen
Tätigkeitsbereich verwendet wird. Im Bereich der Erziehung, For-
schung und Wissenschaft entsteht gewöhnlich der Eindruck staatlicher Errichtung, öffentlicher Aufsicht oder Förderung oder der Zugehörigkeit zu einer Universität. Aufklärende Zusätze können diesen
öffentlich-rechtlichen Schein ausschließen, insbesondere der Hinweis
auf eine privatwirtschaftliche Betätigung. Allein der Zusatz
„GmbH" beseitigt aber auch bei dem Begriff „Institut" noch nicht
den Eindruck der Zugehörigkeit zu einer Universität oder Hoch-
schule.*[448] **Die Berufungsinstanz beurteilte dies gänzlich anders. Die Bezeichnung „Akademie" sei nach heutigem Verständnis nicht mehr ausschließlich wissenschaftlich-hoch-
schulähnlich geprägt, sondern sei mehrdeutig, sodass auch ein
schutzwürdiges Interesse an einer solchen Beziehung bestehen
könne.**[449]

Beispiel 29:[450]

*Rechtsanwalt Rüstig (R) betreibt in Dachau eine Rechtsanwaltskanz-
lei, ebenso wie dessen Kollegen, Rechtsanwälte Wetterfest und Partner
(W). W präsentiert die Kanzlei im Internet unter der Domainbezeichnung www.Rechtsanwaelte-Dachau.de. Dort befindet sich eine Homepage u. a. mit dem Text „Willkommen auf der Homepage Ihrer An-
walts- und Steuerkanzlei W" mit einem Gruppenfoto der in der Kanzlei tätigen Rechtsanwälte. R fordert W auf, diese Werbung zu unterlassen. Die Domainbezeichnung www.Rechtsanwaelte-Dachau.de
ist irreführend i. S. d. § 3 UWG a. F., weil sie bei einem nicht unbeachtlichen Teil der situationsadäquat durchschnittlich aufmerksamen, informierten und verständigen Internetnutzer (Verbraucher)
die Vorstellung hervorrufen kann, unter dieser Domainbezeichnung
sei ein örtliches Anwaltsverzeichnis, etwa die Homepage des örtlichen Anwaltsvereins, mit der Auflistung sämtlicher Rechtsanwalts-
kanzleien im Raum Dachau oder jedenfalls in der Stadt Dachau zu
finden. Anders wird dies zu beurteilen sein, wenn z. B. in der Do-*

---

[448] Baumbach/Hefermehl, Wettbewerbsrecht, § 3 UWG Rdziff. 381
[449] OLG Düsseldorf, NJW-RR 2003, 262; zur irreführenden Werbung mit dem Begriff „Institut"
    vgl. BGH NJW-RR 1987, 735 sowie Baumbach/Hefermehl/Bornkamm, Wettbewerbsrecht, § 5
    UWG Rdziff. 5.26; Fezer/Peifer, UWG, § 5 Rdziff. 374
[450] OLG München, NJW 2002, 2113

main *www.Rechtsanwalt-Kempten.de für die Homepage einer in Kempten ansässigen Rechtsanwaltskanzlei geworben wird. Dies ist wettbewerbsrechtlich nicht zu beanstanden, da durch die Verwendung des Singulars „Rechtsanwalt" hinreichend deutlich wird, dass unter dieser Adresse lediglich die Homepage einer Anwaltskanzlei erreicht werden kann.*[451]

Beispiel 30:[452]

Die Leipziger Bank (L) ist die Hausbank von vielen Rentnern. Der zuständige Rentenversicherungsträger dieser Kunden übersendet regelmäßig die Datenbänder mit den Überweisungsaufträgen an L bereits vor dem Zeitpunkt der Fälligkeit der Renten mit der Anweisung, die Wertstellung erst zum Fälligkeitszeitpunkt vorzunehmen. L hingegen spielt die Bänder wegen des Umfangs der auf ihnen gespeicherten Daten bereits früher ein, was dazu führt, dass, wenn ein Kunde den Kontostand abfragt, er die Auskunft erhält, dass das Konto eine Gutschrift in Höhe der aktuellen monatlichen Rente (und ggf. auch ein Guthaben in dieser Höhe) aufweist. Tatsächlich trifft diese Auskunft aber nicht zu, weil die Wertstellung erst einige Tage später vorgenommen wird. Die Kunden werden dann, wenn sie Abhebungen tätigen, mit Sollzinsen belastet. Eine Bank handelt wettbewerbswidrig, wenn sie die automatisierte Kontostandsauskunft an ihren Geldautomaten so einrichtet, dass Rentenüberweisungen am Monatsende schon vor der Wertstellung als Guthaben ausgewiesen werden mit der Folge, dass Kunden über den Stand ihrer Konten irregeführt und dadurch zu Kontoüberziehungen veranlasst werden können, die sie zur Zahlung von Überziehungszinsen verpflichten.

Beispiel 31:[453]

Mars (M) und Jupiter (J) sind örtliche Wettbewerber im Einzelhandel im Bereich der Unterhaltungselektronik. J warb in der örtlichen Presse für einen CD-Recorder zum Preis von 400 €. M hatte aber (durch einen Testkäufer) festgestellt, dass das beworbene Gerät am Tag des Erscheinens der Anzeige nicht im Geschäft von J vorrätig gewesen sei. Dies habe auch die telefonische Anfrage eines weiteren Kaufinteressenten ergeben. Wenn aber eine ausreichende Anzahl von Geräten am Werbetag zum Kauf noch nicht vorrätig sei, so halte er,

---

[451] Ebenso LG Duisburg, NJW 2002, 2114; a.A. OLG Celle, NJW 2001, 2100 - www.anwalt-hannover.de

[452] BGH NJW 2002, 3408 = WRP 2003, 975 = GRUR 2002, 1093 - Kontostandsauskunft

[453] BGH WRP 2002, 1430 = NJW-RR 2002, 1686 = GRUR 2002, 1095 - Telefonische Vorratsanfrage

> *M, dies für wettbewerbswidrig. Tatsächlich war der Artikel aber sehr wohl vorrätig, der Kaufinteressent hatte auf telefonische Nachfrage lediglich eine falsche Auskunft erhalten. Wenn eine beworbene Ware am Tag des Erscheinens der Werbung im Geschäft vorrätig ist, einem Kaufinteressenten aber auf dessen telefonische Anfrage die falsche Auskunft gegeben wird, sie sei noch nicht eingetroffen, liegt darin keine relevante Irreführung i. S. d. § 3 UWG a. F.*

Unabhängig von den vorstehenden, von der Rechtsprechung entschiedenen Fällen wurde der Tatbestand der Irreführung i. S. d. § 3 UWG a. F. angenommen bei:

- Alleinstellungswerbung, bei der ein Software-Unternehmen von „Technologieführerschaft" spricht[454]

- Alleinstellungswerbung, bei der ein Nachrichtenmagazin (FOCUS) im Vergleich mit einem anderen Nachrichtenmagazin (SPIEGEL) von errungener „Marktführerschaft" spricht[455]

- Spitzenstellungswerbung durch die Werbeaussage, man sei heute schon eines der weltweit größten Internetunternehmen, wenn es schon nicht europaweit und erst recht nicht weltweit vertreten und weder in USA noch in Asien präsent ist.[456]

- Unterlassene Aufklärung darüber, dass für den Erwerb einer Ware des Gesamtpakets (hier: Fiat Punto) der gesonderte Abschluss eines Kaufvertrages mit einem Dritten erforderlich ist[457]

- Irreführung über die geographische Herkunft

- Irreführung über die betriebliche Herkunft, z. B. die Verwendung einer Domain mit der Endung „AG" oder „ag" durch eine GmbH[458]

- Irreführung durch den Vergleich von Flugpreisen, ohne zugleich die unterschiedlichen Abflugorte (Rhein-Main-Flughafen bzw. Frankfurt-Hahn) zu verdeutlichen[459]

- Irreführung über kostenfreie Eintragung von Daten in ein Firmenverzeichnis durch irreführende Gestaltung des Formulars[460]

- Irreführung über die stoffliche Beschaffenheit

---

[454] OLG Hamburg, NJW-RR 2002, 184 = GRUR-RR 2002, 71
[455] BGHZ 156, 250 = NJW 2004, 1163 = WRP 2004, 339 = GRUR 2004, 244 - Marktführerschaft
[456] BGH NJW-RR 2004, 1487 = MMR 2004, 606 – Größter Online-Dienst
[457] OLG Karlsruhe, NJW-RR 2002, 250 = WRP 2001, 1238 = GRUR-RR 2001, 272
[458] LG Hamburg, MMR 2003, 796
[459] OLG Hamburg, OLG-Report 2003, 254
[460] BGH NJW 2005, 67 – Grundeintrag Online

➤ Irreführung über die Herstellungsart

➤ Irreführung über die Preisbemessung

➤ Irreführung über Bezugsart und Bezugsquelle

➤ Irreführung über den Besitz von Auszeichnungen (Urkunden, Medaillen etc.)

➤ Irreführung durch Verwendung unwahrer Testergebnisse

Für die Beurteilung der Frage, ob sich die Verwendung eines gegnerischen Domainnamens (hier: **www.mitwohnzentrale.de**) nach § 5 UWG als irreführend wegen einer unzutreffenden Alleinstellungsberühmung darstellt, ist nicht allein auf die Bezeichnung der Domain, sondern (maßgeblich) auch auf den dahinter stehenden Internet-Auftritt, insbesondere die konkrete Darstellung der Homepage abzustellen.[461] Im Übrigen ist die Behauptung einer Spitzen- oder Alleinstellung wegen der damit einhergehenden Gefahr einer Irreführung des Verkehrs nur zulässig, wenn die Werbebehauptung wahr ist, der Werbende einen deutlichen Vorsprung gegenüber seinen Mitbewerbern vorzuweisen hat und dieser Vorsprung die Aussicht auf eine gewisse Stetigkeit bietet.[462] Werden in einem **Katalog über Schachcomputer** Tatsachen unter Berufung auf „unbestätigte Meldungen" berichtet, die ein Produkt in einem günstigen, die Konkurrenzprodukte hingegen in weniger günstigem Licht erscheinen lassen (Weigerung eines Schachweltmeisters, gegen ein bestimmtes Schachprogramm anzutreten), muss der Werbende belegen, worauf sich seine Angabe stützt; anderenfalls ist seine Werbeaussage irreführend.[463] Eine Werbeaussage des Inhalts, **Deutschlands bestes Einrichtungshaus** zu sein, beinhaltet keine zur Irreführung geeignete Spitzen – oder Alleinstellungsbehauptung. Denn Angaben gem. § 3 UWG a. F. sind nur inhaltlich nachprüfbare Aussagen über geschäftliche Verhältnisse. Reklamehafte Übertreibungen unterfallen nicht dem Irreführungsverbot.[464] Die Werbung eines Sonderpostenmarktes mit „**Abholpreisen**" für Fahrräder, die in dem Geschäft in Kartons verpackt mit in Fahrtrichtung gedrehten Lenkern und nach innen gerichteten Pedalen stehen, ist nicht irreführend.[465] Wirbt ein Unternehmen in den ersten Tagen des neuen Kalenderjahres mit einer im Vorjahr verliehenen Auszeichnung („**Webhoster des Jahres**"), so stellt sich dieses Verhalten in der Regel selbst dann (noch) nicht als irreführend dar, wenn ein aufklärender Hinweis fehlt, dass sich dieser Titel nicht auf das laufende Kalenderjahr bezieht.[466]

Eine an mögliche Kapitalanleger gerichtete Werbeaussage über die Mindestverzinsung des eingesetzten Kapitals ist auch dann zur Irreführung geeignet, wenn sie zwar keine

---

461 OLG Hamburg, MMR 2003, 537
462 BGH WRP 2002, 74 = NJW-RR 2002, 329 = GRUR 2002, 182 – Das Beste jeden Morgen
463 BGH NJW-RR 2003, 1267 = WRP 2003, 1111 = GRUR 2003, 800 – Schachcomputerkatalog
464 OLG Bamberg, GRUR-RR 2003, 344 = OLG-Report 2003, 411 mit dem gleichzeitigen Hinweis, dass aber für die Aussage „Deutschlands größtes Einrichtungshaus" etwas anderes gelte.
465 OLG Celle, OLG-Report 2003, 313
466 OLG Hamburg, GRUR-RR 2003, 249

unrichtigen Tatsachenbehauptungen enthält, aber gerade darauf angelegt ist, die irrige Vorstellung zu wecken, es sei eine sichere Rendite zu erwarten.[467]

Die durch blickfangmäßige Herausstellung eines Preises dem Verbraucher vermittelte fehlerhafte Vorstellung, dieser beziehe sich auf das Gesamtpaket (hier: **PC mit Monitor**), wird nicht dadurch aufgehoben, dass es an anderer Stelle im Zusammenhang mit der Produktionsbeschreibung heißt, der Preis gelte nur für einen Teil der Geräte. Eine irrtumsausschließende Aufklärung kann in solchen Fällen durch einen klaren und unmissverständlichen Hinweis erfolgen, wenn dieser am Blickfang teilhat und dadurch eine Zuordnung zu den herausgestellten Angaben gewahrt bleibt.[468]

Die Werbeaussage „**Sind Sie immer noch TELEKOM-Kunde?** Dann können wir Ihnen ein sehr lukratives Angebot unterbreiten" verstößt nicht gegen §§ 3, 1 UWG a. F. Ironisch kritisierende Formulierungen sind in der Werbung üblich, darin ist nicht zugleich eine pauschale Herabsetzung oder Verunglimpfung zu sehen.[469] Auch die Aussage „Beim Telefonieren groß sparen" ist wettbewerbsrechtlich nicht zu beanstanden, da infolge der Unübersichtlichkeit des Telefonmarktes und der stattfindenden Preiskämpfe dem Verbraucher durchaus klar ist, dass genauere Aussagen zu einer Preisführerschaft nur einen Augenblickszustand wiedergeben können und im Übrigen das Wort „sparen" viel zu schwammig ist.[470] Hingegen ist die Werbeaussage „T-Online eröffnet Ihnen den einfachen Weg ins Netz: schnell, sicher, kostengünstig" im Hinblick auf die Angabe „sicher" irreführend.[471] Ebenso wenig ist die Werbung mit „**Kloster Pilsner**" zu beanstanden, wenn das Bier nicht in einer Klosterbrauerei hergestellt worden ist. Denn wettbewerbsrechtlich relevant werden unrichtige Angaben erst dadurch, dass sie geeignet sind, das Marktverhalten der Gegenseite, also den Kaufentschluss der Verbraucher zu beeinflussen.[472] Wenn indessen die Werbung mit einer klösterlichen Brautradition seit über 150 Jahren unbeanstandet geblieben ist, so ist es mit dem Verhältnismäßigkeitsgrundsatz nicht mehr zu vereinbaren, die Verwendung als irreführend zu untersagen, insbesondere wenn der Absatz regional beschränkt ist.[473]

Auch die Werbung im Zusammenhang mit **unverbindlichen Preisempfehlungen (UVP)** unterliegt häufig einer wettbewerbsrechtlichen gerichtlichen Überprüfung. Von einer zulässigen UVP (auch i. S. d. § 23 GWB) kann nur dann ausgegangen werden,

---

[467] BGH NJW 2004, 439 - Mindestverzinsung
[468] BGH NJW-RR 2003, 404 = WRP 2003, 379 = GRUR 2003, 249 - Preis ohne Monitor; BGH NJW 2003, 894 = WRP 2003, 273 = GRUR 2003, 163 - Computerwerbung II; BGH NJW 2000, 3001 = WRP 2000, 1248 = GRUR 2000, 911 - Computerwerbung I; BGHZ 139, 368 = NJW 1999, 214 = WRP 1999, 90 = GRUR 1999, 264 - Handy für 0,00 DM; vgl. auch OLG Köln, MMR 2003, 272 - Werbung für „i-mode"
[469] OLG Frankfurt, GRUR-RR 2003, 198
[470] OLG Düsseldorf, MMR 2003, 118
[471] OLG Hamburg, GRUR-RR 2003, 157 = MMR 2003, 340 = OLG-Report 2003, 302
[472] BGH WRP 2002, 1430 = NJW-RR 2002, 1686 = GRUR 2002, 1095 - Telefonische Vorratsanfrage; BGH WRP 2000, 1129 = NJW 2000, 2821 = GRUR 2000, 914 - Tageszulassung II; BGH NJW 2000, 588 = WRP 2000, 92 = GRUR 2000, 239 - Last-Minute-Reisen
[473] BGH WRP 2003, 747 = GRUR 2003, 628 = BGH-Report 2003, 680 - Klosterbrauerei

wenn die UVP in der Erwartung ausgesprochen wird, dass der empfohlene Preis dem von der Mehrheit der Empfehlungsempfänger voraussichtlich geforderten Preis entsprechen wird. Zu den Adressaten einer UVP zählen grundsätzlich sämtliche Marktteilnehmer und nicht nur ein beschränkter Händlerkreis. Denn ein Verbraucher darf von der Werbung mit einer UVP des Herstellers eine sachgerechte Orientierungshilfe für die Preisüberlegung und nicht nur eine Möglichkeit für den Händler zu einer attraktiven Preiswerbung erwarten.[474] Eine derartige Funktion der UVP wird jedoch dann nicht erfüllt, wenn ein Hersteller besondere Modelle zu einem besonderen Preis nur an einen beschränkten Kreis von Händlern vertreibt. Eine dann von einem Händler darauf aufgebaute Werbung mit einer UVP ist wettbewerbsrechtlich relevant, weil sie geeignet ist, die wirtschaftliche Entschließung der angesprochenen Verkehrskreise zu beeinflussen.[475] Im Übrigen ist die Werbung mit einer UVP dann als irreführend einzustufen, wenn nicht klargestellt wird, dass es sich bei der Herstellerempfehlung um eine nur unverbindliche Preisempfehlung handelt, wenn die Empfehlung nicht auf der Grundlage einer ernsthaften Kalkulation als angemessener Verbraucherpreis ermittelt worden ist oder wenn der vom Hersteller empfohlene Preis im Zeitpunkt der Bezugnahme nicht als Verbraucherpreis in Betracht kommt.[476]

Auch die gesundheitsbezogene Werbung ist ein sensibler Bereich, weil der Verbraucher häufig geneigt sein wird, einer solchen Werbeaussage eine gesteigerte Aufmerksamkeit entgegenzubringen. Die Gefahr der Irreführung des Verbrauchers ist in diesem Bereich ungemein groß; der Werbende hat daher ggf. deutlich **hervorzuheben**, worin der **gesundheitsbezogene Aspekt einer Ware** bestehen soll. Fraglich ist in diesem Zusammenhang auch häufig, ob ein Produkt als ein Arzneimittel anzusehen ist und damit der besonderen Regelung des § 3 Heilmittelwerbegesetz unterfällt. Entscheidend für die Einordnung eines Produkts als Arzneimittel ist seine überwiegend an objektive Merkmale anknüpfende Zweckbestimmung aus Sicht eines durchschnittlich informierten, aufmerksamen und verständigen Verbrauchers.[477]

III. Unzumutbare Belästigungen

Als ein neuer Tatbestand wurde § 7 UWG aufgenommen. Nach dieser Regelung handelt unlauter i. S. v. § 3 UWG, wer einen Marktteilnehmer in unzumutbarer Weise belästigt. Die Frage, wann eine solche unzumutbare Belästigung gegeben ist, beant-

---

474 BGH NJW-RR 2002, 249 = WRP 2001, 1300 = GRUR 2002, 95 - Preisempfehlung bei Alleinvertrieb

475 BGH WRP 2003, 509 = GRUR 2003, 446 - Preisempfehlung für Sondermodelle; BGH NJW 2000, 1417 = WRP 2000, 383 = GRUR 2000, 436 - Ehemalige Herstellerpreisempfehlung

476 BGH NJW-RR 2004, 616 = WRP 2004, 343 = GRUR 2004, 246 - Mondpreise?

477 BGH NJW-RR 2003, 260 (261) = WRP 2003, 275 = GRUR 2003, 247 – Thermal Bad; BGHZ 151, 286 = NJW 2002, 3469 = WRP 2002, 1141 = GRUR 2002, 910 – Muskelaufbaupräparate; BGH NJW-RR 2001, 1329 = WRP 2001, 542 = GRUR 2001, 450 – Franzbranntwein-Gel

wortet das Gesetz in § 7 Abs. 2 UWG. Eine unzumutbare Belästigung ist demnach insbesondere anzunehmen

> ➤ bei einer Werbung, obwohl erkennbar ist, dass der Empfänger diese Werbung nicht wünscht,

> ➤ bei einer Werbung mit Telefonanrufen gegenüber Verbrauchern ohne deren Einwilligung oder gegenüber sonstigen Marktteilnehmern ohne deren zumindest mutmaßliche Einwilligung,

> ➤ bei einer Werbung unter Verwendung von automatischen Anrufmaschinen, Faxgeräten oder elektronischer Post, ohne dass eine Einwilligung der Adressaten vorliegt,

> ➤ bei einer Werbung mit elektronischen Nachrichten, bei der die Identität des Absenders, in dessen Auftrag die Nachricht übermittelt wird, verschleiert oder verheimlicht wird oder bei der keine gültige Adresse vorhanden ist, an die der Empfänger eine Aufforderung zur Einstellung solcher Nachrichten richten kann, ohne dass hierfür andere als die Übermittlungskosten nach den Basistarifen entstehen.

Aus den vorstehenden Fallbeispielen, die im Übrigen auch keinen abschließenden Charakter haben, ist zu ersehen, dass insbesondere solche Handlungen erfasst werden sollen, die bereits wegen der Art und Weise unabhängig von ihrem Inhalt als Belästigung empfunden werden, wobei die Belästigung regelmäßig darin besteht, dass die Wettbewerbshandlung den Empfängern **aufgedrängt** wird.

Durch den in § 7 Abs. 1 UWG enthaltenen Hinweis auf § 3 UWG wird klargestellt, dass das Verbot der unzumutbaren Belästigung nur dann wettbewerbsrechtlich relevant ist, wenn gleichzeitig auch die übrigen Voraussetzungen von § 3 UWG gegeben sind. Danach muss insbesondere also auch eine Wettbewerbshandlung vorliegen. Der Tatbestand des § 7 UWG ist **nicht auf Werbung beschränkt**. Folglich kann als unzumutbare Belästigung auch die Abgabe von Meinungsäußerungen angesehen werden, wenn dafür eine Mehrwertdiensterufnummer gewählt werden muss. Das Tatbestandsmerkmal der **Unzumutbarkeit** trägt dabei dem Umstand Rechnung, dass nicht jede geringfügige Belästigung ausreichen kann. Mit Blick auf die vielfältigen Erscheinungsformen von belästigenden Wettbewerbshandlungen ist die Schwelle indessen nicht zu hoch anzusetzen. Gerade solche Fälle sollen noch erfasst werden, in denen sich die Belästigung zu einer solchen Intensität verdichtet hat, dass sie von einem großen Teil der Verbraucher als nicht mehr hinnehmbar empfunden wird.

Durch die Fallbeispielaufzählung in § 7 Abs. 2 Ziff. 2 - 4 UWG wird zugleich Art. 13 der Datenschutzrichtlinie für elektronische Kommunikation umgesetzt. Diese Richtlinie enthält in Art. 13 Abs. 1 und 4 ein Verbot für bestimmte Werbeformen, während nach der hier vorgenommenen Regelung eine unzumutbare und damit unzulässige Belästigung vorliegt, wenn der Wettbewerb nicht nur unerheblich verfälscht wird.

Eine derartige Einschränkung steht indessen nicht im Widerspruch zum europäischen Recht. Denn zum einen wird insbesondere mit Blick auf die Nachahmungsgefahr bei derartigen Werbeformen in der Regel eine nicht nur unerhebliche Verfälschung des Wettbewerbs vorliegen. Im Übrigen kann in derartigen Fällen für den Verbraucher unabhängig von einer nicht unerheblichen Wettbewerbsverfälschung zugleich ein Unterlassungsanspruch gem. §§ 823 Abs. 1, 1004 BGB bestehen.

Durch § 7 Abs. 2 Ziff. 1 UWG wird der allgemeine Grundsatz normiert, dass jedenfalls dann eine unzumutbare Belästigung gegeben ist, wenn **gegen den erkennbaren Willen des Empfängers geworben** wird. Dieser Tatbestand ist z. B. durch eine Werbewurfsendung erfüllt, wenn der Empfänger durch einen Aufkleber an seinem Briefkasten hinreichend deutlich zum Ausdruck gebracht hat, dass er eine solche Werbung nicht wünscht. Dies bedeutet selbstverständlich dann nicht, dass schlichtweg jede Werbung zulässig ist, wenn kein entgegenstehender Wille des Empfängers erkennbar ist. Dies gilt vor allem für solche Fälle, in denen der Empfänger einen entgegenstehenden Willen von vornherein gar nicht zu äußern in der Lage ist, etwa bei den Ansprüchen auf öffentlichen Straßen oder bei der Zusendung unbestellter Waren.

Die **individuelle Telefonwerbung** wird durch § 7 Abs. 2 Ziff. 2 UWG erfasst; soweit sich die Telefonwerbung an Verbraucher richtet, wird dabei die sog. **Opt-in-Lösung** gewählt. Dies entspricht bereits der bisherigen Rechtsprechung zu § 1 UWG a. F., wonach gegenüber Privatpersonen die Werbung durch unerbetene telefonische Anrufe grundsätzlich als wettbewerbswidrig qualifiziert wird, es sei denn, dass die angerufene Person zuvor ausdrücklich ihre Einwilligung erklärt hat, zu Werbezwecken angerufen zu werden. Eine derartige gesetzliche Regelung erscheint gerechtfertigt, weil mit einem Anruf ein erheblicher Eingriff in die Individualsphäre des Anschlussinhabers verbunden ist. Denn dieser wird veranlasst, das Gespräch zunächst anzunehmen und wegen der Ungewissheit über den Zweck des Anrufs zumeist genötigt, sich auf das Gespräch einzulassen, z. B. eine Werbung zur Kenntnis nehmen, bevor er sich entscheiden kann, ob er das Gespräch fortsetzen will oder nicht. Gerade weil sich der Anschlussinhaber gegen das Eindringen in seine Privatsphäre nicht von vornherein wehren kann, ist bereits das Anrufen als solches wegen Belästigung als unlauter anzusehen. Auch im gewerblichen Bereich oder bei der Ausübung eines selbständigen Berufes sind telefonische Anrufe zu Werbezwecken nicht von vornherein hinzunehmen; denn mit Rücksicht auf die Störung der beruflichen Tätigkeit können auch solche Anrufe als belästigend empfunden werden. Anders kann die Sachlage jedoch sein, wenn der Anruf in dem konkreten Interessenbereich des Angerufenen liegt. Daher wird nach Maßgabe des § 7 Abs. 2 Ziff. 2 UWG - in Übereinstimmung mit der bisherigen Rechtsprechung[478] - die Telefonwerbung auch bei einem vermuteten Einverständnis als zulässig angesehen.

---

[478] OLG Frankfurt WRP 2004, 1188 = GRUR-RR 2004, 254

§ 7 Abs. 2 Ziff. 3 UWG setzt die bisherige Rechtsprechung um, wonach eine **Werbung mittels Faxgeräten oder elektronischer Post** wettbewerbswidrig ist, es sei denn, es liegt eine Einwilligung des Adressaten vor. Gerade weil derartige Werbeformen auch im geschäftlichen Bereich einen stark belästigenden Charakter haben, ist nicht zwischen Werbung im geschäftlichen und Werbung im privaten Verkehr differenziert worden.

Die Fallgruppe des § 7 Abs. 2 Ziff. 4 UWG lehnt sich zum einen an den Wortlaut von Art. 13 Abs. 4 der Datenschutzrichtlinie für elektronische Kommunikation an. Das Transparenzgebot soll die Durchsetzung der Ansprüche gegen den Werbenden erleichtern. Dem Adressaten soll jederzeit die Möglichkeit gegeben werden, die Einstellung der Nachricht zu verlangen. Dies soll auch dann Geltung beanspruchen, wenn er einmal seine Einwilligung erklärt hat.

IV.   Besondere Werbe- und Vertriebsmethoden

Die Vorschriften §§ 6, 6a - 6 c UWG a. F. enthielten Sondertatbestände, die - mit Rücksicht auf die Ausgestaltung - in besonderer Weise zur Irreführung und Verlockung der Verbraucher geeignet waren und vor diesem Hintergrund eine besondere Hervorhebung im UWG verdienten. Diese Regelungen wurden ersatzlos gestrichen, was hingegen nicht zu der Annahme verleiten sollte, dass derartige Werbe- und Vertriebsmethoden damit schlechthin zulässig geworden sind. Die Grenze für die Zulässigkeit derartiger Sonderveranstaltungen ist das Irreführungsverbot (§ 5 UWG).

1.   Insolvenzwarenverkauf

Die öffentliche Ankündigung, eine angebotene Ware stamme aus der Insolvenzmasse, erweckt bei dem durchschnittlichen Publikum stets die Erwartung eines besonders günstigen Angebots. Diese Erwartungshaltung wird enttäuscht, wenn die Ware tatsächlich nicht aus einer Insolvenzmasse stammt.

Beispiel 32:

Möbelhändler „Perücken-Otto" (P) wirbt in der örtlichen Tagespresse mit dem Hinweis darauf, dass die von ihm dargebotenen Möbel aller Art aus der Insolvenzmasse stammen. Tatsächlich hatte P diese Möbelware indessen von einem Zwischenhändler (Z) erworben, der seinerseits die Ware aus einer Insolvenz aufgekauft hatte. Auch wenn die Ware aus einer Insolvenzmasse stammt, aber durch die Hände Dritter gegangen und mithin durch Zwischengewinn verteuert ist, wird das Publikum in seiner Erwartungshaltung getäuscht, wenn mit dem Slogan „Insolvenzwarenverkauf" geworben wird. Insolvenzware ist nicht Ware, die irgendwann einmal Teil einer Insolvenzmasse war, sondern Ware, die bei der Masseversilberung veräußert wird. Daraus wiederum folgt, dass jede Erwähnung der Herkunft der Ware aus einer Insolvenzmasse irreführend i. S. d. § 5 Abs. 2 Ziff. 1 UWG ist, wenn die Ware nicht mehr zur Masse gehört.

2. Großhändler-/Herstellerwerbung

Wer gegenüber dem Verbraucher wahrheitswidrig mit dem Hinweis wirbt, Großhändler oder Hersteller zu sein, verstieß bereits nach altem Recht zum einen gegen § 3 UWG a. F.[479] Ungeachtet dessen ist der Hinweis auf eine etwaige Hersteller- oder Großhändlereigenschaft ohnehin gegenüber dem Letztverbraucher unzulässig. Nur in bestimmten Fällen ist der Hinweis zulässig (natürlich unter der Voraussetzung, dass auch tatsächlich diese Eigenschaft vorliegt), und zwar, wenn

- ausschließlich an den letzten Verbraucher verkauft wird,

- an den letzten Verbraucher zu den seinen Wiederverkäufern oder gewerblichen Verbrauchern eingeräumten Preisen verkauft wird,

- unmissverständlich darauf hingewiesen wird, dass die Preise beim Verkauf an den letzten Verbraucher höher liegen als beim Verkauf an Wiederverkäufer oder gewerbliche Verbraucher oder dies sonst für den letzten Verbraucher offenkundig ist.

Diese Sichtweise dürfte vor dem Hintergrund des Irreführungsverbots aus § 5 Abs. 2 Ziff. 3 UWG gerechtfertigt sein.

3. Kaufscheinhandel

Grundsätzlich durften nach altem Recht im geschäftlichen Verkehr zu Zwecken des Wettbewerbs an letzte Verbraucher Berechtigungsscheine, Ausweise oder sonstige Bescheinigungen zum Bezug von Waren nicht ausgegeben oder gegen Vorlage solcher Bescheinigungen Waren verkauft werden, § 6 b UWG a. F. Eine Ausnahme war indessen gegeben, wenn die Bescheinigungen nur zu einem einmaligen Einkauf berechtigten und für jeden Einkauf einzeln ausgegeben wurden. Der Kaufscheinhandel vollzieht sich im Wesentlichen zwischen drei Personen. Einzelhändler (Kaufscheinhändler) geben auf der Grundlage einer Vereinbarung mit einem Hersteller/Großhändler (Vertragslieferanten) sog. Kaufscheine (Einkaufsausweise) an Letztverbraucher ab. Diesem Personenkreis wird auf diese Weise der Bezug von bestimmten Waren, vornehmlich Verbrauchsgüter, unmittelbar vom Vertragslieferanten ermöglicht.

---

479 Baumbach/Hefermehl, Wettbewerbsrecht, § 3 UWG Rdziff. 342

Das Kaufscheinsystem (Kunden- oder Einkaufsausweissystem) wurde früher nicht als ein wettbewerbswidriges Vertriebssystem beurteilt, jedenfalls dann nicht, wenn wahrheitsgemäß und unmissverständlich über die Funktion der beteiligten Unternehmen Aufklärung betrieben wurde. Vor dem Hintergrund der ersatzlos entfallenen Regelung in § 6 b UWG a. F. ist es fraglich geworden, ob es nach wie vor grundsätzlich verboten ist, im geschäftlichen Verkehr zu Zwecken des Wettbewerbs an Letztverbraucher Berechtigungsscheine, Ausweise oder sonstige Bescheinigungen zum Warenbezug herauszugeben oder gegen Vorlage solcher Bescheinigungen Waren zu verkaufen. Dabei brauchen Verkäufer und Ausgeber des Kaufscheins nicht verschiedene Personen zu sein.[480] Bei dem Begriff der Kaufscheine ist zum Teil eine zweckorientierte Einschränkung vorzunehmen. So sind z. B. Mitgliedsausweise (Club-Karten) von Buchgemeinschaften keine Kaufscheine. Tankkarten, die dem Kunden ermöglichen, Kraftstoff durch Selbstbedienung auf Kredit zu beziehen, besitzen ebenfalls keine Funktion eines Kaufscheins. Entsprechendes gilt für Kundenkarten, die nicht als Berechtigungsnachweis für den Kauf von Waren, sondern allein zur Abwicklung der Kaufpreiszahlung dienen.

4.   Progressive Kundenwerbung

Charakteristisch für das System der progressiven Kundenwerbung ist es, dass ein Unternehmer für die Werbung und den Vertrieb sog. Laien einsetzt, die zur Abnahme von Waren durch das Versprechen besonderer Vorteile für den Fall veranlasst werden, dass sie ihrerseits weitere Abnehmer zum Abschluss gleichartiger Geschäfte gewinnen, denen ihrerseits derartige Vorteile für eine entsprechende Werbung anderer Abnehmer versprochen werden.[481] Durch diese verbindenden Elemente bzw. diese Kettenelemente erlangt dann die Werbung einen fortschreitenden progressiven Charakter. Bei derartigen sog. **Schneeballsystemen** liegt der Vorteil für den Laienwerber darin, dass er sich als Käufer einer Ware von seiner Kaufpreisschuld durch die Einwerbung anderer Kunden befreien kann. Ein Schneeballsystem im Bereich der Kapitalanlage zeichnet sich dadurch aus, dass das gesamte System nur aufrechterhalten werden kann, wenn immer neue Anleger/Kapitalgeber, z. B. stille Gesellschafter, gefunden werden, obschon klar ist, dass die Zahl der Anleger nicht unendlich ist und die Aussichten, neue Anleger zu finden, auf Dauer immer schwerer wird.[482] Die durch § 16 Abs. 2 UWG geschaffene Strafvorschrift sanktioniert insgesamt unternehmerisches Verhalten im geschäftlichen Verkehr, Verbraucher zur Abnahme von Waren, gewerblichen Leistungen oder Rechten allein durch das Versprechen zu veranlassen, sie würden entweder von dem Veranlasser selbst oder von einem Dritten besondere Vorteile erlangen, wenn sie ihrerseits andere zum Abschluss gleichartiger Geschäfte veranlas-

---

[480] Baumbach/Hefermehl, Wettbewerbsrecht, § 6 b UWG Rdziff. 5 b
[481] Baumbach/Hefermehl, Wettbewerbsrecht, § 6 c UWG Rdziff. 1
[482] OLG Köln, NJW-RR 2001, 55; zu diesem Begriff auch OLG Braunschweig, OLG-Report 2004, 16 sowie OLG-Report 2003, 449 = ZiP 2004, 28

sen usw. Verboten wird das System der progressiven Kundenwerbung in allen Varianten zum Schutz der Verbraucher, ohne dass es im konkreten Fall darauf ankommt, ob der Verbraucher tatsächlich getäuscht, durch das sog. aleatorische Moment verlockt und durch die systembedingte Marktverengung geschädigt wird. Strafbar ist bereits der Versuch, ein solches Werbe- und Vertriebssystem aufzubauen und zu betreiben.

Davon abzugrenzen ist hingegen das (zulässige) sog. **Multi-Level-Marketing**. Dabei wird dem Kunden nach Erwerb des Produkts die Möglichkeit eingeräumt, durch das Einwerben anderer Kunden eine Provision zu verdienen. Im Gegensatz zur progressiven Kundenwerbung ist das Anwerben neuer Kunden nicht Selbstzweck des Systems.[483]

V.   Anschwärzung, Geheimnisverrat

Wer - zu Zwecken des Wettbewerbs - über das Erwerbsgeschäft eines anderen, über die Person des Inhabers oder Leiters des Geschäfts, über die Waren oder gewerblichen Leistungen eines anderen Tatsachen behauptet oder verbreitet, die geeignet sind, den Betrieb des Geschäfts oder den Kredit des Inhabers zu schädigen, ist - sofern die Tatsachen nicht erweislich wahr sind - dem Verletzten zum Ersatz des entstandenen Schadens verpflichtet. Der Tatbestand der sog. **Anschwärzung** findet sich nunmehr in § 4 Ziff. 8 UWG. Zum Tatbestand dieser Vorschrift gehört die Behauptung oder Verbreitung von nicht erweislich wahren Tatsachen; dies sind Vorgänge oder Zustände, deren Vorliegen oder Nichtvorliegen dem Wahrheitsbeweis zugänglich sind, so z. B. die Behauptung eines Reisebüros, eine (namentlich näher bezeichnete) Reiseveranstalterin würde noch Provisionen schulden.[484] Unter den Tatbestand des § 4 Ziff. 8 UWG fällt auch die unbegründete Schutzrechtverwarnung. Dabei ist § 4 Ziff. 8 UWG nur dann anwendbar, wenn sich die Verwarnung nicht an den angeblichen Verletzer des Schutzrechts, sondern an einen Dritten wendet, insbesondere an einen Abnehmer, der vor dem Bezug einer Ware gewarnt wird, weil die Lieferung gegen ein Schutzrecht verstoße. Der Verwarner muss zu Zwecken des Wettbewerbs handeln.

Der sog. **Geheimnisverrat** ist in den §§ 17 - 19 UWG geregelt. Wer als Angestellter, Arbeiter oder Lehrling eines Geschäftsbetriebs ein Geschäfts- oder Betriebsgeheimnis verrät, wird unter den in diesen Vorschriften näher bezeichneten Voraussetzungen mit Freiheitsstrafe oder Geldstrafe belangt. Ein solcher Geheimnisverrat kann auch durch einen Handelsvertreter begangen werden, der die Kundenliste seines früheren Prinzipals unbefugt verwertet.[485]

---

483 Kaestner/Biermann S. 83
484 OLG Hamburg, NJW-RR 2004, 199
485 BGH NJW-RR 2003, 833 = WRP 2003, 642 = GRUR 2003, 453 - Verwertung von Kundenlisten

VI.   Wettbewerbsrechtliches Preisrecht und der Wegfall von Rabattgesetz und Zugabeverordnung

Bis zur Aufhebung der Zugabeverordnung war die Rechtslage dadurch gekennzeichnet, dass das gesetzlich ausdrücklich geregelte Zugabeverbot durch das in der Rechtsprechung zu § 1 UWG a. F. entwickelte Verbot des übertriebenen Anlockens ergänzt wurde. So hat z. B. der BGH in Entscheidungen, in denen es um die Werbung für ein Mobiltelefon ging, das bei Abschluss eines Netzkartenvertrages ohne oder fast ohne gesondertes Entgelt abgegeben werden sollte, sowohl für die zugaberechtliche Prüfung als auch für die Prüfung nach § 1 UWG a. F. maßgeblich darauf abgestellt, dass es sich bei Mobiltelefon und Netzkartenvertrag um ein einheitliches Angebot handelte.[486] Bildet die gewährte Vergünstigung mit der Hauptleistung eine Einheit, so fehlt es nicht nur an einer Zugabe, sondern auch am Einsatz eines unsachlichen Mittels der Kundenbeeinflussung und damit an einem Wettbewerbsverstoß nach § 1 UWG a. F. Denn die Werbung mit der besonders günstigen Abgabe des Mobiltelefons stellte sich in jenem Fall als ein legitimer Hinweis auf den günstigen, durch verschiedene Bestandteile geprägten Preis der angebotenen Gesamtleistung dar.

Die Aufhebung der Zugabeverordnung bzw. des Rabattgesetzes beeinflusst auch die Auslegung von § 3 UWG, auf den nunmehr - neben § 5 UWG - zur Beurteilung der wettbewerbsrechtlichen (Un-) Zulässigkeit zurückgegriffen werden kann. Im Hinblick auf das gewandelte Verbraucherbild und die Auswirkungen der europäischen Harmonisierung auf das Lauterkeitsrecht hat der Gesetzgeber ein generelles Zugabeverbot nicht mehr für erforderlich gehalten.[487] Dieser gesetzgeberische Wille muss sich auch darin niederschlagen, was im Rahmen des § 3 UWG als unlauter anzusehen ist. Dies kann nicht dadurch unterlaufen werden, dass die Sachverhalte, die in der Vergangenheit unter die Zugabeverordnung fielen, unverändert - nunmehr als Wettbewerbsverstöße nach § 3 UWG - geahndet werden können.[488]

Werden dem Verbraucher für den Fall des Erwerbs einer Ware oder die Inanspruchnahme einer Leistung Vergünstigungen, insbesondere Geschenke, versprochen, liegt darin auch dann nicht ohne Weiteres ein übertriebenes Anlocken, wenn Hauptleistung und Geschenk sich aus der Sicht des Verbrauchers nicht als ein funktionell einheitliches Angebot darstellen. Vielmehr ist dem Kaufmann grundsätzlich gestattet, verschiedene Angebote miteinander zu verbinden. Dies gilt auch dann, wenn ein Teil der

---

[486] BGHZ 139, 368 = NJW 1999, 214 = WRP 1999, 90 = GRUR 1999, 264 - Handy für 0,00 DM; BGH NJW 1999, 211 = WRP 1999, 94 = GRUR 1999, 261 - Handy-Endpreis

[487] BGHZ 151, 84 = NJW 2002, 3403 = WRP 2002, 1256 = GRUR 2002, 976 - Koppelungsangebot I; BGH NJW 2002, 3405 = WRP 2002, 1259 = GRUR 2002, 979 - Koppelungsangebot II

[488] Vgl. die - Koppelungsangebote weitgehend zulassende – Rechtsprechung: OLG Celle, GRUR 2001, 855 - elektrische Geräte für 1 DM; KG NJW-RR 2002, 42 – Fernsehgerät für 1 DM; OLG Karlsruhe, GRUR-RR 2002, 168 - zwei Knaller; Kaestner/Biermann S. 26 ff.

auf diese Weise gekoppelten Waren oder Leistungen ohne gesondertes Entgelt abgegeben wird.[489]

Damit ist allerdings noch keineswegs zum Ausdruck gebracht, dass derartige **Koppelungsangebote** uneingeschränkt zulässig wären. Vielmehr tritt an die Stelle eines generellen Verbots, welches sich bislang aus der Zugabeverordnung ergab und in ähnlicher Form der Generalklausel des § 3 UWG entnommen wurde, eine Art Missbrauchskontrolle, die sich nicht allein auf § 5 UWG und § 1 Preisangabenverordnung (PAngVO), sondern auch auf §§ 3, 4 Ziff. 6 UWG stützen kann. Dabei können die Fälle missbräuchlicher Koppelungsangebote zu einer einheitlichen Fallgruppe zusammengefasst werden, die für sämtliche Koppelungsgeschäfte - neben Zugaben sind dies die offenen oder verdeckten Koppelungsangebote sowie die Vorspannangebote - Geltung beanspruchen kann.

Die Anforderungen, die das Wettbewerbsrecht an die Zulässigkeit von Koppelungsangeboten stellt, müssen sich dabei an den Gefahren orientieren, die von derartigen Geschäften für den Verbraucher ausgehen. Im Mittelpunkt steht dabei die Gefahr, dass der Verbraucher über den tatsächlichen Wert des Angebots getäuscht oder aber doch zumindest unzureichend informiert wird. Die Homogenität von Wirtschaftsgütern führt dazu, dass sich Angebote leicht vergleichen lassen. Dies fördert Preisklarheit und Preiswahrheit. Koppelungsangebote können zwar einerseits Ausdruck eines gesunden Wettbewerbs sein. Durch sie wird aber eine Heterogenität des Angebots gefördert, die nicht nur den Preisvergleich durch den Verbraucher erschwert, sondern andererseits darüber hinaus ein gewisses **Irreführungs- und auch Preisverschleierungspotenzial** in sich birgt.[490]

Vor diesem Hintergrund wird es dann jeweils eine Frage des Einzelfalls sein, ob Rabatte, Zugaben oder Koppelungsangebote noch als zulässig angesehen werden können oder nicht. Die Werbung für ein Koppelungsangebot, das aus einem Stromlieferungsvertrag mit einer Laufzeit von mindestens zwei Jahren und einem Fernsehgerät für 1 DM besteht, ist als wettbewerbswidrig angesehen worden, wenn die Bedingungen, unter denen die Vergünstigung gewährt wird, nicht hinreichend deutlich gemacht worden ist.[491]

Unzulässige Rabatte[492] sind daher nach wie vor:

> ➢ Zufalls- oder Glücksrabatte

> ➢ Gewährung von Nachlässen auf preisgebundene Produkte (z. B. Zeitschriften oder Bücher)

---

489 BGHZ 151,84 = NJW 2002, 3403 (3404) = WRP 2002, 1256 = GRUR 2002, 976 – Koppelungsangebot I

490 BGHZ 151, 84 = NJW 2002, 3403 (3404) = WRP 2002, 1256 = GRUR 2002, 976 – Koppelungsangebot I

491 BGH NJW 2002, 3405 = WRP 2002, 1259 = GRUR 2002, 979 - Koppelungsangebot II; vgl. zum Ganzen auch Nordemann, NJW 2001, 2505 ff. sowie Köhler, GRUR 2003, 729 ff.

492 Kaestner/Biermann S. 29

> ➢ Ankündigung von Rabatten für bestimmte Käufergruppen, wenn der Rabatt dann doch tatsächlich jedem Kunden gewährt wird

Zugaben sind dann **zulässig,** wenn sie keine Elemente des Zufalls enthalten, kein psychologischer Kaufzwang ausgeübt und der Kunde nicht übertrieben angelockt wird.[493] Die „kostenlose" Zugabe einer Traumreise in die Türkei beim Kauf einer Küche, eines Wohn- oder Schlafzimmers ist unzulässig, wenn sich der Wert der Reise nicht bestimmen lässt.[494]

§ 16 Die gerichtliche Durchsetzung wettbewerbs- rechtlicher Ansprüche

I.   Vorstadium: Abmahnung

Regelmäßig wird der Wettbewerbsverstoß die Parteien, d. h. den Verletzer und den Verletzten - kraft §§ 1 ff. UWG - in ein gesetzliches Schuldverhältnis einbinden. Das Wettbewerbsrecht beschränkt sich hingegen nicht stets auf die Person des Verletzers und die des Verletzten; nach ständiger Rechtsprechung des BGH haftet auch derjenige - in entsprechender Anwendung von § 1004 BGB - als Störer, der auch ohne Wettbewerbsförderungsabsicht und ohne Verschulden an dem Wettbewerbsverstoß eines Dritten in der Weise beteiligt ist, dass er in irgendeiner Weise willentlich und adäquat kausal an der Herbeiführung der rechtswidrigen Beeinträchtigung mitwirkt. Dabei kann als Mitwirkung auch die Unterstützung oder Ausnutzung der Handlung eines eigenverantwortlich handelnden Dritten genügen, sofern der in Anspruch Genommene die rechtliche Möglichkeit zur Verhinderung dieser Handlung hatte.[495] Voraussetzung einer solchen **wettbewerbsrechtlichen Störerhaftung** ist allerdings, dass ein Dritter tatsächlich einen Wettbewerbsverstoß begangen hat und der Störer an diesem Wettbewerbsverstoß mitgewirkt hat. Fehlt es an einer solchen rechtswidrigen Beeinträchtigung in Gestalt eines Wettbewerbsverstoßes, scheidet konsequenterweise auch eine Störerhaftung aus.[496]

---

[493] Kaestner/Biermann S. 31

[494] OLG Frankfurt, WRP 2002, 109

[495] BGH NJW-RR 2003, 1685 - Ausschreibung von Vermessungsleistungen; BGH NJW 2002, 2642 = WRP 2002, 1050 = GRUR 2002, 902 - Vanity-Nummer; BGH NJW 1997, 2180 = WRP 1997, 325 = GRUR 1997, 313 - Architektenwettbewerb

[496] BGH NJW-RR 2003, 1685 - Ausschreibung von Vermessungsleistungen; BGH NJW 2000, 1789 = WRP 2000, 506 = GRUR 2000, 613 - Klinik Sanssouci; BGH NJW 1997, 2180 = WRP 1997, 325 = GRUR 1997, 313 - Architektenwettbewerb; BGH NJW-RR 1997, 1468 = GRUR 1997, 909 - Branchenbuch-Nomenklatur

Vor Einleitung eines gerichtlichen Verfahrens, sei es in Gestalt einer (Hauptsache-) Klage oder aber in Form eines Verfahrens auf Erlass einer einstweiligen Verfügung, ist es **üblich und empfehlenswert**, den jeweiligen Verletzer/Mitbewerber zunächst abzumahnen. Dies sieht nunmehr § 12 Abs. 1 UWG ausdrücklich vor, ohne dass damit indessen eine echte Rechtspflicht zur Abmahnung statuiert wird. Eine **Abmahnung** ist eine mit einer entsprechenden Unterlassungs(verpflichtungs)erklärung verbundene **außergerichtliche Aufforderung**, das wettbewerbswidrige Verhalten künftig zu unterlassen.[497] Die Abmahnung ist **keine Prozessvoraussetzung**, ihre Unterlassung kann hingegen zu Kostennachteilen führen; denn ohne eine vorherige Abmahnung besteht aus Sicht des Verletzten das Risiko, dass der Schuldner den geltend gemachten Anspruch im Verfahren sofort anerkennt; insoweit bestünde das Risiko aus Sicht des Verletzers, dass ihm nach Maßgabe des § 93 ZPO die **Prozesskosten auferlegt** werden, und zwar selbst dann, wenn er in dem Verfahren obsiegt.

Ungeachtet dessen stellt die vorgerichtliche Abmahnung jedoch keine vom Gesetz normierte Zulässigkeitsvoraussetzung für die gerichtliche Geltendmachung eines wettbewerbsrechtlichen Unterlassungsanspruchs dar. Dem Gläubiger bleibt es sogar überlassen, ggf. vor oder aber zeitgleich mit der Abmahnung eine einstweilige Verfügung zu erwirken (sog. „**Pearl-Harbour-Methode**");[498] in einem solchen Fall kann die einstweilige Verfügung dem Schuldner dann zugestellt werden, wenn er auf die Abmahnung nicht reagiert und keine strafbewehrte Unterlassungserklärung abgibt. Der Verletzte, der den Verletzer erst abmahnt, nachdem er eine einstweilige Verfügung erwirkt, ohne diese dem Verletzer zunächst zuzustellen, und ihm „Gelegenheit gibt", diesen Gesetzesverstoß außergerichtlich beizulegen, kann sich, wenn der Verletzer innerhalb der ihm gesetzten Frist eine Unterwerfungserklärung abgibt, bei dem Verfahren, welches sich dem Widerspruch gegen die einstweilige Verfügung anschließt, nicht mehr darauf berufen, eine Abmahnung sei nicht erforderlich gewesen; denn der Abmahnende darf sich nicht treuwidrig mit seiner Erklärung in Widerspruch setzen.[499]

Fraglich ist hingegen bei gewissen Fallkonstellationen, ob eine Abmahnung im Einzelfall entbehrlich werden kann; zwar gibt ein wettbewerblicher Verletzer in sog. Unterlassungsfällen erst dann Veranlassung zur Klageerhebung bzw. zur Beantragung einer einstweiligen Verfügung, wenn er auf eine Abmahnung nicht oder negativ reagiert.[500] Entbehrlich ist eine Abmahnung dann, wenn eine solche Vorgehensweise dem Verletz-

---

[497] OLG Braunschweig, NJW 2005, 372; Bopp in: Mes (Hrsg.) in: Münchener Prozessformularbuch zum Gewerblichen Rechtsschutz, Urheber- und Presserecht, Kap. A. 1 Anm. 1

[498] Bopp in: Mes (Hrsg.) in: Münchener Prozessformularbuch zum Gewerblichen Rechtsschutz, Urheber- und Presserecht, Kap. A. 1 Anm. 1

[499] OLG Hamburg, OLG-Report 2003, 196

[500] BGH NJW 1990, 1905 = GRUR 1990, 381; OLG Düsseldorf, NJW-RR 1997, 1064 = OLG-Report 1997, 63

ten nicht zuzumuten ist. Derartige Fälle der Unzumutbarkeit hat die Instanzrechtsprechung[501] z. B. angenommen, wenn

> die mit einer vorherigen Abmahnung notwendig verbundene Verzögerung unter Berücksichtigung der gerade im konkreten Fall gegebenen außergewöhnlichen Eilbedürftigkeit nicht mehr hinnehmbar ist, etwa einen besonderen Schaden abzuwenden

oder

> sich dem Kläger/Antragsteller bei objektiver Sicht der Eindruck geradezu aufdrängen musste, die Gegenseite baue gerade auf die Abmahnpflicht und wolle sich diese zunutze machen, um zumindest eine Zeit lang ohne die Gefahr, mit einem teuren Prozess überzogen zu werden, wettbewerbswidrig werben zu können.

Ein weiterer Fall der Unzumutbarkeit könnte durch den Umstand begründet werden, dass eine vorherige Abmahnung dem Verletzer die Möglichkeit eröffnet, zur Vermeidung wirtschaftlicher Nachteile etwaige wettbewerbsrechtlich befangene oder mit anderen Schutzrechten – z. B. Urheberrecht – behaftete Ware beiseite zu schaffen und damit den Anspruch des Verletzten auf Vernichtung der Ware zu unterlaufen (Fälle der sog. „**leichten Flüchtigkeit**"). Auch dies dürfte für sich genommen aber noch nicht ausreichen; vielmehr entscheiden – aus der Sicht des Klägers/Antragstellers – alle Umstände des Einzelfalls, wobei indessen eine Umkehrung des Regel-Ausnahme-Verhältnisses unter Umständen geboten sein kann:

Bei der gerichtlichen Geltendmachung von (wettbewerbsrechtlichen) Sequestrationsansprüchen[502] ist eine vorherige Abmahnung nur dann erforderlich, wenn für den Gläubiger konkrete Anhaltspunkte vorliegen, die die zu vermutende Gefahr des Beiseiteschaffens der Waren und/oder anderer Vernebelungsaktionen ausnahmsweise ausschließen.[503]

Die vorgerichtliche Abmahnung muss den Schuldner in die Lage versetzen, sein wettbewerbswidriges Verhalten zu erkennen und sich dahingehend auszurichten. Deshalb muss eine Abmahnung zwangsläufig den Sachverhalt bzw. den Vorwurf wettbewerbswidrigen Verhaltens, die Darstellung der Aktivlegitimation des Gläubigers, die Aufforderung zur Abgabe einer strafbewehrten Unterlassungserklärung und die Androhung gerichtlicher Schritte enthalten.

---

[501] OLG Düsseldorf, NJW-RR 1997, 1064 = WRP 1997, 471 = OLG-Report 1997, 63; vgl. auch Baumbach/Hefermehl, Wettbewerbsrecht, Einl. UWG Rdziff. 542 ff.; Baumbach/Hefermehl/Bornkamm, Wettbewerbsrecht, § 12 UWG Rdziff. 1.43 und 1.46; Fezer/Büscher, UWG, § 12 Rdziff. 19

[502] Sequestration = Sicherstellung

[503] OLG Düsseldorf, NJW-RR 1997, 1064 = WRP 1997, 471 = OLG-Report 1997, 63

Wenngleich eine Abmahnung nicht an eine bestimmte Form gebunden ist, so ist zum Zwecke der Glaubhaftmachung im Prozess die Schriftform zu empfehlen. Entgegen den ansonsten üblichen Regeln über den Zugang von Willenserklärungen[504] trifft hingegen die **Beweislast für den Nicht-Zugang einer Abmahnungserklärung** grundsätzlich den **Schuldner**; er muss, wenn er sich darauf beruft, eine Abmahnung nicht erhalten zu haben, schlüssig darlegen und ggf. beweisen, dass ihm die Abmahnungserklärung nicht zugegangen ist.[505] Das wiederum bedeutet, dass der Gläubiger lediglich die richtige Adressierung und ordnungsgemäße Absendung darzustellen und darzulegen hat. Das **Verlustrisiko eines Schreibens auf dem Postweg** trägt mithin der **wettbewerbsrechtliche Verletzer**.

Der Abgemahnte hat nach Erhalt einer Abmahnung zwei Handlungsalternativen. Gibt er die von ihm verlangte strafbewehrte Unterlassungserklärung innerhalb der ihm gesetzten Frist ab, hat er keine Veranlassung zur Klageerhebung bzw. Einleitung eines Verfahrens auf Erlass einer einstweiligen Verfügung gegeben. Weiterhin ist die Vermutung einer Wiederholungsgefahr ausgeräumt.

Kommt der Verletzer allerdings einer ordnungsgemäßen Abmahnung innerhalb der ihm gesetzten (und angemessenen) Frist nicht nach oder gibt er eine nur unzureichende strafbewehrte Unterlassungserklärung ab, hat er zur Einleitung eines Klage- bzw. einstweiligen Verfügungsverfahrens Anlass gegeben.

Der **Kostenaufwand** für eine Rechtsverteidigung gegen eine unberechtigte Abmahnung durch eine sog. **Schutzschrift** ist **grundsätzlich erstattungsfähig,** wenn ein Antrag auf Erlass einer einstweiligen Verfügung bei

Gericht eingeht.[506] Wer im Übrigen ohne rechtlichen Grund einen Hersteller/Abnehmer vor Verletzung eines gewerblichen Schutzrechts oder eines Kennzeichenrechts verwarnt, handelt bereits deswegen rechtswidrig und kann seinerseits auf Unterlassung in Anspruch genommen werden und hat die damit einhergehenden Kosten zu tragen.[507]

---

504 Vgl. dazu Rohlfing, Ziviles Wirtschaftsrecht, Band 1, Kap. 2, § 4 Ziff. II

505 Bopp in: Mes (Hrsg.) in: Münchener Prozessformularbuch zum Gewerblichen Rechtsschutz, Urheber- und Presserecht, Kap. A. 1 Anm. 2; Baumbach/Hefermehl, WettbewerbsrechtEinl. UWG Rdziff. 536; Baumbach/Hefermehl/Bornkamm, Wettbewerbsrecht, § 12 UWG Rdziff. 1.29; Fezer/Büscher, UWG, § 12 Rdziff. 6; Deutsch in: Pastor/Ahrens, Der Wettbewerbsprozess, Kap. 6 Rdziff. 2; Teplitzky, Wettbewerbsrechtliche Ansprüche, Kap. 41 Rdziff. 5, 10; OLG Braunschweig, NJW 2005, 372; OLG Düsseldorf, WRP 1996, 1111; OLG Stuttgart, WRP 1996, 477; a. A. OLG Dresden, WRP 1997, 1201 (1203); KG WRP 1994, 39 (39/40)

506 BGH NJW 2003, 1257 = WRP 2003, 516 = GRUR 2003, 456; OLG Bamberg, OLG-Report 2000, 228; OLG Karlsruhe, OLG-Report 2000, 436; LG Hamburg, MMR 2003, 128; Spätgens in: Pastor/Ahrens, Der Wettbewerbsprozess, Kap. 13 Rdziff. 29; Baumbach/Hefermehl, Wettbewerbsrecht, Einl. UWG Rdziff. 559; Baumbach/Hefermehl/Köhler, Wettbewerbsrecht, § 12 UWG Rdziff. 3.41; Fezer/Büscher, UWG, § 12 Rdziff. 94

507 BGH GRUR 1997, 741; BGH GRUR 1979, 833; Köhler/Piper, UWG, § 1 Rdziff. 380

Der Unterlassungsgläubiger kann den Schuldner nach dessen erfolgloser Abmahnung wegen eines Wettbewerbsverstoßes nicht isoliert auf Kostenerstattung in Anspruch nehmen, ohne eine Unterlassungsklage zu erheben.[508]

Ein Rechtsanwalt kann im Übrigen die Gebühren aus einem sich selbst erteilten Mandat zur Abmahnung auf Grund eigener wettbewerbsrechtlicher Ansprüche nicht ersetzt verlangen, wenn es sich um einen unschwer zur erkennenden Wettbewerbsverstoß (z. B. Verstoß gegen die Berufsordnung für Rechtsanwälte) handelt.[509]

II. Einstweilige Verfügung und Schutzschrift

Wettbewerbsrechtliche Ansprüche werden überwiegend im Bereich des einstweiligen Rechtsschutzes[510] entschieden. Der besonderen Bedeutung und Eilbedürftigkeit von Wettbewerbssachen trägt die Regelung des § 12 Abs. 2 UWG Rechnung; danach braucht das Vorliegen eines für die Einleitung eines einstweiligen Verfügungsverfahrens notwendigen Verfügungsgrundes (Dringlichkeit) nicht gesondert dargestellt zu werden. Vielmehr stellt das Gesetz eine **Vermutung der Dringlichkeit** auf.

Die einstweilige Verfügung enthält, wenn sie antragsgemäß ergeht, insbesondere die Androhung eines Ordnungsgeldes für den Fall der Zuwiderhandlung. Hintergrund für eine solche **Androhung** ist die Regelung in § 890 Abs. 2 ZPO, wonach eine **Festsetzung von Ordnungsmitteln** unzulässig ist, wenn nicht eine entsprechende Androhung vorausgegangen ist; diese Androhung muss Art und Höchstmaß des angedrohten hoheitlichen Zwangs enthalten.[511] Die kumulative Androhung von Ordnungsgeld und Ordnungshaft ist wirksam.[512]

Indessen kann sich selbstverständlich eine derartige einstweilige Verfügung auch durchaus als „Bumerang" herausstellen, und zwar dann, wenn der Verletzer entsprechende Rechtsmittel ergreift und die einstweilige Verfügung im Rahmen der nächsten Instanz aufgehoben wird, der Verletzer dann allerdings darstellen kann, dass er sich für die Verfahrensdauer an die einstweilige Verfügung gehalten und deshalb einen Schaden erlitten hat. Gem. § 945 ZPO ist in einem solchen Fall der im Ergebnis unterlegene Abmahner/Antragsteller ggf. zum Ersatz des aus der Vollziehung der einstweiligen Verfügung entstandenen Schadens verpflichtet.

Die einstweilige Verfügung, darauf sollte der Antragsteller stets achten, wird von dem zuständigen Gericht nicht von Amts wegen an den Verfügungsbeklagten zugestellt,

---

508 LG Frankfurt, NJW-RR 2003, 547
509 BGH NJW 2004, 2448 - Selbstauftrag
510 Dazu auch Holzapfel, GRUR 2003, 287 ff.
511 BGHZ 156, 335 = NJW 2004, 506 = WRP 2004, 235 = GRUR 2004, 264 - Euro-Einführungsrabatt; BGHZ 130, 205 = WRP 1995, 923 = GRUR 1995, 744 – Feuer, Eis & Dynamit I
512 So ausdrücklich BGHZ 156, 335 = NJW 2004, 506 = WRP 2004, 235 = GRUR 2004, 264 - Euro-Einführungsrabatt

sondern vielmehr dem Verfügungskläger zum Zwecke der **Zustellung im sog. Parteibetrieb** übergeben. Der Verfügungskläger muss nunmehr seinerseits für die Zustellung im Parteibetrieb (d. h. durch Übergabe an einen Gerichtsvollzieher, verbunden mit einem Zustellungsauftrag oder ggf. auch von Anwalt zu Anwalt) Sorge tragen; die Zustellung von beglaubigten Abschriften ist ausreichend, wobei für die (anwaltliche) Beglaubigung keine besondere Form vorgeschrieben ist, jedoch erforderlich ist, dass sich die Beglaubigung unzweideutig auf das gesamte Schriftstück erstreckt und dessen Blätter – durch körperliche dauerhafte Verbindung (z. B. Heftklammern) – als Einheit verbunden sind.[513] Gem. § 929 Abs. 3 ZPO hat der Verfügungskläger für die Zustellung binnen Monatsfrist Sorge zu tragen, anderenfalls kann die einstweilige Verfügung - auf Antrag der Gegenseite - aufgehoben werden.

Der Verfügungskläger sollte in gleichem Maße auch berücksichtigen, dass durch den Antrag auf Erlass einer einstweiligen Verfügung etwaige Verjährungsfristen nicht unterbrochen werden. Im Hinblick auf den Umstand, dass die **Verjährungsfrist** im Rahmen des Wettbewerbsrechts gem. § 11 Abs. 1 UWG **sechs Monate**, gerechnet ab Kenntnisnahme durch den Verletzten/Geschädigten (ohne diese Kenntnis: drei Jahre), beträgt, hat der Verfügungskläger binnen der somit vorgegebenen Frist die notwendigen Schritte zur Unterbrechung der Verjährung einzuleiten, mithin ggf. auch bereits vor Erlass einer einstweiligen Verfügung Klage in der Hauptsache einzureichen. Die Kenntnisnahme ist bei juristischen Personen nicht erst an den Zeitpunkt anzuknüpfen, an dem diejenige Abteilung Kenntnis erlangt, die zur Einleitung rechtlicher Schritte berufen ist; vielmehr dürfte zu Recht an den Zeitpunkt anzuknüpfen sein, in welchem die Abteilung Kenntnis erlangt hat, die als Wissensvertreter gem. § 166 BGB anzusehen ist, also organisatorisch zur Erfassung entsprechender wettbewerbsrechtlich relevanter Sachverhaltstatbestände installiert worden ist.[514]

Der Empfänger einer Abmahnung muss mit der Möglichkeit rechnen, dass der Abmahner den gerichtlichen Weg beschreitet und eine einstweilige Verfügung erwirkt. Um den Erlass einer einstweiligen Verfügung (ohne vorherige mündliche Verhandlung) zu verhindern oder aber zumindest die Anberaumung eines mündlichen Verhandlungstermins zu erreichen, besteht für den Verletzer die Möglichkeit der Einreichung einer sog. **Schutzschrift**. Dabei handelt es sich um einen prophylaktischen, von der Gegenpartei eingereichten Schriftsatz an das zuständige Gericht, durch den einem Antrag auf Erlass einer einstweiligen Verfügung vorsorglich entgegengewirkt werden soll. Dieses Instrument der Schutzschrift ist gesetzlich nicht geregelt. Der Verletzer verschafft sich auf diese Weise bei Gericht frühzeitig rechtliches Gehör. Das Gericht wird seine Ausführungen zur Kenntnis nehmen.

Wenn die einstweilige Verfügung vom Gericht erlassen und vom Antragsteller, d. h. dem Geschädigten an die Gegenseite zugestellt wurde, wird der Antragsteller regel-

---

513 BGHZ 156, 335 = NJW 2004, 506 = WRP 2004, 235 = GRUR 2004, 264 - Euro-Einführungsrabatt; BGH NJW 1974, 1383
514 BGH NJW 1994, 1150 = WM 1994, 750 = MDR 1994, 452

mäßig eine sog. **Abschlusserklärung** nachschieben. Denn die einstweilige Verfügung hat nur Vorläufigkeitscharakter. Der Wettbewerbsstörer wird durch das Abschluss-schreiben aufgefordert, die (vorläufige) einstweilige Verfügung als endgültig anzuer-kennen. Erst durch eine solche Abschlusserklärung auf Störerseite findet eine endgül-tige Befriedung statt. Wird eine solche Erklärung nicht abgegeben, gibt der Störer regelmäßig Anlass für eine Klage im Hauptsachverfahren. Bei der Frage, wie lang die Wartefrist bemessen sein muss, die der Unterlassungsgläubiger nach Erwirken einer einstweiligen Verfügung vor Versendung einer Abschlusserklärung abwarten muss, ist auf die Umstände des Einzelfalles abzustellen; zwei Wochen Wartezeit können ange-messen sein.[515]

Ist eine einstweilige Verfügung erlassen, die bei Verstößen dagegen die Verhängung eines Ordnungsgeldes vorsieht, sollte sich der Antragsgegner - will er ein unter Um-ständen empfindliches Ordnungsgeld nicht entrichten - tunlichst entsprechend ein-richten. Der Zweck von Ordnungsgeldern besteht nicht nur darin, in der Zukunft Verstöße zu vermeiden, sondern hat auch strafähnlichen Charakter. Ohne die Möglich-keit, entsprechende Sanktionen verhängen zu können, sind einstweilige Verfügungen gegen anlassgebundene Wettbewerbsverstöße häufig sinnlos. Diese Ansicht des BGH bescherte der Fa. C & A Mode KG wegen Verstoßes gegen eine einstweilige Verfü-gung, welche eine Rabattaktion aus Anlass der Euro-Einführung im Januar 2002 unter-sagte, ein Ordnungsgeld in Höhe von 200.000 €.[516] Der BGH sah die Höhe dieses Be-trages als nicht ermessensfehlerhaft an, weil dabei Art und Umfang und Dauer der Verstöße (Euro-Einführungsrabatte), der Verschuldensgrad, der Vorteil des Verletzers aus der Verletzungshandlung sowie die Gefährlichkeit der begangenen und möglichen künftigen Verletzungshandlung angemessen berücksichtigt worden seien; eine Verlet-zung des Unterlassungstitels dürfe sich für den Schuldner nicht lohnen,[517] zumal das Ordnungsgeld i. S. d. § 890 ZPO eine strafähnliche Sanktion für die Übertretung des gerichtlichen Unterlassungsgebots darstelle.[518]

III. Klageverfahren

Im Gegensatz zu dem Verfahren auf Erlass einer einstweiligen Anordnung kommt dem Hauptsache- bzw. Klageverfahren eine nur untergeordnete Bedeutung zu, da die Mehrzahl der wettbewerbsrechtlichen Verfahren im einstweiligen Rechtsschutz end-gültig entschieden werden.

---

[515] OLG Frankfurt, NJW-RR 2003, 1409
[516] BGHZ 156, 335 = NJW 2004, 506 = WRP 2004, 235 = GRUR 2004, 264 - Euro-Einführungsrabatt
[517] BGHZ 156, 335 = NJW 2004, 506 = WRP 2004, 235 = GRUR 2004, 264 - Euro-Einführungsrabatt;
   BGH WRP 1994, 37 = GRUR 1994, 146 – Vertragsstrafebemessung
[518] BGHZ 146, 318 = NJW 2001, 2622 = GRUR 2001, 758 - Trainingsvertrag

Im Übrigen folgt auch das wettbewerbsrechtliche Klageverfahren dem ansonsten üblichen Procedere.

Nicht selten kommt es indessen zu der Konstellation, dass sich ein Wettbewerber, der z. B. eine irreführende Werbemaßnahme i. S. d. § 5 UWG durchführt, nicht nur einem Unterlassungsgläubiger, sondern im Hinblick auf die unter Umständen gestreckte Durchführung einer Werbeveranstaltung möglicherweise zwei Unterlassungsgläubigern gegenübersteht. In einer solchen Konstellation stellt sich dann die Frage, ob der Verletzer dem zweiten Unterlassungsgläubiger, der ihn zuletzt wettbewerbsrechtlich in Anspruch genommen hat, entgegenhalten kann, es liege bereits in dieser Angelegenheit ein Unterlassungsurteil vor. Einem in einem Hauptsacheverfahren ergangenen rechtskräftigen Unterlassungsurteil kommt nach Ansicht des BGH grundsätzlich die Eignung zu, die nach einem begangenen Wettbewerbsverstoß zu vermutende Begehungsgefahr auch im Verhältnis zu einem Dritten entfallen zu lassen. Wenn sich also der Verurteilte wegen derselben Wettbewerbshandlung mit einem anderen Unterlassungsgläubiger in einer laufenden wettbewerbsrechtlichen Auseinandersetzung befindet, muss er sich allerdings auf seine Verurteilung berufen und dadurch zu erkennen geben, dass das Urteil auch diesen Streit regelt.[519]

§ 17 Aspekte des Internationalen Wettbewerbsrechts

Die Vermarktung von Waren und Dienstleistungen findet schon längst nicht mehr auf dem Territorium nur eines Staates statt. Auf Seiten der Anbieter, aber auch auf Seiten der Nachfrager steigt die Mobilität, sodass Unternehmen schon frühzeitig dazu übergegangen sind, ihre Leistungen auch im Ausland anzubieten. Dieser Austausch von Waren bzw. Dienstleistungen und der sich dann daraus ergebende globale Wettbewerb ruft allerdings Fragen besonderer Art hervor, so z. B., welches Recht anwendbar ist, wenn es zu wettbewerbsrechtlichen Kollisionen im Ausland kommt. Wenn z. B. eine Hamburger Exportfirma sklavisch nachgeahmte Saugflaschen eines in den USA ansässigen Herstellers in der Schweiz vertreibt und dort die Gefahr einer Irreführung des Publikums hervorruft, stellt sich die Frage nach dem anwendbaren Recht ebenso, als wenn im spanischen Ausland bei dem Abschluss von Kaufverträgen mit Personen, die ihren gewöhnlichen Aufenthalt in Deutschland haben, Vertragsformulare verwendet werden, die keinerlei Widerrufsbelehrung nach deutschem Recht aufweisen.[520]

---

519 BGH WRP 2003, 511 = NJW-RR 2003, 984 = GRUR 2003, 450 - Begrenzte Preissenkung
520 Baumbach/Hefermehl, Wettbewerbsrecht, Einl. UWG Rdziff. 187; Baumbach/Hefermehl/ Köhler, Wettbewerbsrecht, Einl. UWG Rdziff. 5.5; Fezer/Hoeren, UWG, § 4-3 Rdziff. 78; BGHZ 113, 11 = GRUR 1991, 463 - Kauf im Ausland

I.   Anwendbares Recht bei grenzüberschreitenden Wettbewerbshandlungen

Anerkanntermaßen gehören unlautere Wettbewerbshandlungen zum Bereich der unerlaubten Handlungen (§§ 823 ff. BGB).[521]

Anknüpfungspunkt für die Frage nach dem anwendbaren Recht ist - in Ermangelung einer speziellen wettbewerbsrechtlichen Kollisionsnorm - das allgemeine Deliktsstatut bei unerlaubten Handlungen. Nach Maßgabe des Art. 40 Abs. 1 S. 1 EGBGB unterliegen Ansprüche aus unerlaubter Handlung dem Recht des Staates, in dem der Ersatzpflichtige die **Handlung** begangen hat. Der Verletzte kann aber gem. Art. 40 Abs. 1 S. 2 EGBGB verlangen, dass anstelle des Rechts des Handlungsortes das des **Erfolgsortes** angewendet wird. Andererseits ist, dies sieht Art. 41 Abs. 1 EGBGB vor, das Recht des Handlungs- und Erfolgsortes nicht anwendbar, wenn mit dem Recht eines anderen Staates eine **wesentlich engere Verbindung** besteht. Bejahendenfalls gilt eben das Recht dieses Staates.[522]

> *Beispiel 33:*[523]
>
> *Die Fa. Bio Plant (B) produziert und vertreibt Pflanzenschutzmittel und hat ihren Sitz in Deutschland. Die Fa. Necessaire (N), die ihren Sitz in Frankreich hat, handelt u. a. mit Pflanzenschutzmitteln. Die Fa. N hat ihren Sitz im grenznahen Bereich, jedoch auf französischem Gebiet. Fa. N wird regelmäßig von gewerblichen Kunden aus Deutschland aufgesucht, die dort auch Pflanzenschutzmittel erwerben. Diese von der Fa. N erworbenen Pflanzenschutzmittel sind allerdings weder in deutscher Sprache beschriftet noch nach deutschem Pflanzenschutzrecht gekennzeichnet. Fa. B wendet sich nun an ein deutsches Gericht und rügt, dass die Fa. N das Pflanzenschutzmittelgesetz verletzt und sich damit einen Wettbewerbsvorsprung durch Rechtsbruch verschafft. Wenn es um die Gewinnung von Kunden geht, ist in der Regel der Ort Marktort, an dem im Wettbewerb mit anderen Unternehmen auf die Entschließung des Kunden, damit also auf die Marktgegenseite, eingewirkt werden soll. Ist aber die Einwirkung auf die Marktgegenseite nach dem Wettbewerbsrecht des Marktorts nicht zu beanstanden, so ist nach den Regeln des deutschen internationalen Wettbewerbsrechts deutsches Wettbewerbsrecht nicht anwendbar. Für das Verbot einer solchen Einwirkung auf die Marktgegenseite nach deutschem Wettbewerbsrecht ist daher kein Raum. Ein in Frankreich ansässiger Geschäfts-*

---

[521] Baumbach/Hefermehl, Wettbewerbsrecht, Einl. UWG Rdziff. 176; BGH NJW-RR 1994, 728 - Sistierung von Aufträgen; BGHZ 35, 329 - Kindersaugflasche
[522] Dazu auch Sack, WRP 2000, 269 (270)
[523] OLG Karlsruhe, GRUR 1999, 354

mann, der dort nach französischem Recht in zulässiger Weise Pflan-
zenschutzmittel zum Verkauf anbietet und auf diese Weise Kunden
zum Kauf dieser Mittel gewinnt, verstößt damit nicht gegen deut-
sches Wettbewerbsrecht. Denn das deutsche Wettbewerbsrecht ist
insoweit gar nicht anwendbar. Dies gilt auch dann, wenn er solche
Mittel an Deutsche verkauft. Allein die Tatsache, dass Deutsche auf
einem Auslandsmarkt angesprochen werden, führt noch nicht zur
Anwendung des deutschen Rechts. Erwirbt ein Inländer im Ausland
Ware am Unternehmenssitz des Leistenden, so liegt es vielmehr auf
der Hand, dass eine solche im Ausland stattfindende Absatztätigkeit
allein nach ausländischem Wettbewerbsrecht zu beurteilen ist.

1. Marktortprinzip

Bei der Frage nach dem jeweils anwendbaren Recht gilt für den Bereich des Internationalen Wettbewerbsrechts grundsätzlich die Tatortregel.[524] Bei der Anknüpfung wiederum an die Tatortregel ist zwischen den sog. marktbezogenen und den betriebsbezogenen Wettbewerbshandlungen zu differenzieren.

a. Marktbezogene Handlungen

Marktbezogene Handlungen sind solche, die sich erst indirekt, d. h. über den Markt
gegenüber einem bestimmten Unternehmen auswirken. Bei derartigen marktbezogenen Wettbewerbshandlungen ist der Begehungsort grundsätzlich dort, wo die wettbewerblichen Interessen der Mitbewerber aufeinandertreffen. Handlungsort ist dabei der
Ort, an dem auf die Marktgegenseite eingewirkt wird.[525] An jenem Ort soll nach Auffassung der Rechtsprechung das Wettbewerbsrecht unlauteres Konkurrenzverhalten
verhindern, sodass auch unter Berücksichtigung des Interesses der Allgemeinheit an
einem lauteren Wettbewerb eben an das Recht des Ortes angeknüpft wird, an welchem
die Einwirkung stattfindet. Dieser Marktort ist mit dem **Erfolgsort** gleichzusetzen.
Handlungs- und Erfolgsort fallen also am Ort der wettbewerblichen Interessenkolli-
sion zusammen.[526] Daraus wiederum folgt, dass der Unterscheidung zwischen Hand-
lungs- und Erfolgsort bei marktbezogenen Wettbewerbshandlungen keine Bedeutung
zukommt.[527]

---

[524] BGH NJW 1998, 2531 - Co-Verlagsvereinbarung; BGH NJW 1998, 1227 - Gewinnspiel im
Ausland; BGHZ 113, 11 = GRUR 1991, 463 - Kauf im Ausland; Baumbach/Hefermehl, Wettbewerbsrecht, Einl. UWG Rdziff. 176; Baumbach/Hefermehl/Köhler, Wettbewerbsrecht, Einl.
UWG, Rdziff. 5.6; Fezer/Hoeren, UWG, § 4-3 Rdziff. 78; Palandt/Heldrich, EGBGB, Art. 40
Rdziff. 11; Sack, WRP 2000, 269 (272)
[525] Sack, WRP 2000, 269 (272); BGHZ 113, 11 = GRUR 1991, 463 - Kauf im Ausland; BGH NJW
1998, 1227 - Gewinnspiel im Ausland; BGH NJW 1998, 2531 - Co-Verlagsvereinbarung
[526] Sack, WRP 2000, 269 (272)
[527] Sack, WRP 2000, 269 (272)

b. Betriebsbezogene Handlungen

Von sog. betriebsbezogenen Wettbewerbshandlungen ist die Rede, wenn sich ein Wettbewerber unmittelbar und ohne Umweg über Abnehmer oder Lieferanten gegen ein betroffenes Unternehmen direkt wendet, so z. B. bei (unbegründeten) Schutzrechtsverwarnungen. In einem solchen Fall ist Erfolgsort der Sitz des angegriffenen Unternehmens und Handlungsort der Ort, von dem die betriebsbezogene Wettbewerbshandlung ausgeht.[528]

Bei Schutzrechtsverwarnungen, die im Ausland gegenüber einem Deutschen oder dessen Abnehmern ausgesprochen werden, wird mithin schon deswegen der nach Art. 40 Abs. 1 S. 2 EGBGB anknüpfungsgeeignete Erfolgsort wegen der Betriebsbezogenheit einer solchen Verwarnung am inländischen Sitz des betroffenen Unternehmens angesiedelt.[529] Für die in einer solchen Schutzrechtsverwarnung zugleich liegende Anschwärzung gilt angesichts der unmittelbaren Zielrichtung gegen den Geschäftsbetrieb des angegriffenen Unternehmens das Gleiche.[530]

2. Ausnahmen vom Marktortprinzip

Unabhängig von den vorstehenden Ausführungen sind indessen Ausnahmen denkbar, in denen wettbewerbsrelevante Handlungen zum Recht eines Staates eine wesentliche engere Beziehung aufweisen als zu dem Recht, das eigentlich nach dem Marktortprinzip maßgeblich wäre. Dann wäre unter Umständen wegen des wesentlich engeren Zusammenhanges eben dieses Recht anzuwenden. Derartige Ausnahmefälle sind in zwei Fallkonstellationen gegeben:

- ➤ Eine Anknüpfung an das gemeinsame Heimatrecht lässt der BGH bei nicht marktbezogenen Wettbewerbshandlungen unabhängig vom Begehungsort zu, wenn sich der Wettbewerb auf dem Auslandsmarkt ausschließlich zwischen Inländern abspielt.[531]

- ➤ Wenn eine betriebsbezogene Wettbewerbshandlung vorliegt, ist ebenfalls Art. 40 Abs. 2 EGBGB einschlägig; dies dürfte also für eine Verletztenklage gegeben sein, wenn sich die Wettbewerbshandlung **gezielt** gegen den inländischen Wettbewerber richtet, der dadurch im Wettbewerb abstrakt und konkret betroffen wird.[532]

Aber auch dann, wenn in einem wettbewerbsrechtlich relevanten Fall ein Gericht insoweit einen betriebsbezogenen Eingriff annehmen würde, muss sich auch ein im Ausland zugetragener Sachverhalt dergestalt auswirken, dass ein Wettbewerbsverhal-

---

[528] BGHZ 14, 286 - Farina
[529] BGH NJW 1980, 1224 - BMW-Importe; BGHZ 40, 391 - Stahlexport
[530] Sack, WRP 2000, 269 (273)
[531] BGHZ 40, 391 - Stahlexport; Baumbach/Hefermehl, Wettbewerbsrecht, Einl. UWG Rdziff. 185
[532] BGH GRUR 1982, 495 - Domgarten-Brand; BGZ 40, 391 - Stahlexport

ten, das im Ausland als **nicht wettbewerbswidrig** angesehen wird, bei der Bewertung nach dem UWG zu berücksichtigen ist.[533]

Die Marktortregel wird durch die Anknüpfung an den gemeinsamen gewöhnlichen Aufenthalt gem. Art. 40 Abs. 2 EGBGB durchbrochen; danach kommt das Recht des Staates zur Anwendung, in welchem der Ersatzpflichtige und der Verletzte zurzeit des Haftungsereignisses ihren gewöhnlichen Aufenthalt hatten. Dies kommt indessen nur bei rein betriebsbezogenen Wettbewerbshandlungen zum Tragen. Bei den marktbezogenen Wettbewerbshandlungen ist die Anknüpfung an den gemeinsamen gewöhnlichen Aufenthalt abzulehnen. Denn dies führt zu kollisionsrechtlichen Wettbewerbsverzerrungen.[534] Der BGH lehnt darüber hinaus die vorgenannten aufgestellten Grundsätze des gemeinsamen gewöhnlichen Aufenthalts auch bei wettbewerbsrechtlichen Konflikten ausländischer Unternehmen auf dem deutschen Markt ab.[535] Daraus wiederum ist abzuleiten, dass der BGH häufig bestrebt ist, auf einem derartigen Wege das strengere deutsche Wettbewerbsrecht zur Anwendung zu bringen.

3. Multi-State-Wettbewerbshandlungen

Unter den sog. Multi-State-Wettbewerbshandlungen („Streuhandlungen") werden Wettbewerbshandlungen verstanden, die zugleich mehrere Begehungsorte haben und damit die Rechtssysteme verschiedener Länder gleichzeitig berühren. Klassische Beispielsfälle sind Werbeankündigungen in international verbreiteten Printmedien oder aber in grenzüberschreitenden Rundfunk- und Fernsehsendungen. Auch dabei gilt vom Grundsatz das Marktortprinzip. Das wiederum heißt, dass das Recht aller Länder anwendbar ist, in denen die Wettbewerbshandlungen auf die jeweilige Marktgegenseite einwirken. Eine Anknüpfung an das Recht des gemeinsamen Unternehmenssitzes gem. Art. 40 Abs. 2 EGBGB scheidet bei grenzüberschreitenden Wettbewerbshandlungen, die gleichzeitig auf die Märkte mehrerer Länder einwirken, aus. Denn derartige Wettbewerbshandlungen richten sich typischerweise immer an die Marktgegenseite.[536]

Einschränkungen sind allerdings bei einem sog. **Spill-Over** vorzunehmen. Nicht bereits jeder auch noch so geringfügige Verstoß im Ausland führt zur Anwendung eines unter Umständen strengen Wettbewerbsrechts. Die „Spürbarkeit" hängt u. a. von der

---

[533] BGH GRUR 1968, 587; BGH GRUR 1960, 377; BGH GRUR 1958, 189; Baumbach/Hefermehl, Wettbewerbsrecht, Einl. UWG Rdziff. 186, 179; Baumbach/Hefermehl/Köhler, Wettbewerbsrecht, Einl. UWG Rdziff. 5.14; Fezer/Hausmann/Obergfell, UWG, Einl. Rdziff. 357 ff.; Sack, WRP 2000, 269 (279)

[534] BGHZ 113, 11 = GRUR 1991, 463 - Kauf im Ausland; Sack, WRP 2000, 269 (280); Baumbach/Hefermehl, Wettbewerbsrecht, Einl. UWG Rdziff. 184

[535] BGH NJW 1988, 644 = WRP 1988, 25 = GRUR 1988, 453 - Ein Champagner unter den Mineralwässern

[536] Sack, WRP 2000, 269 (273); Baumbach/Hefermehl/Köhler, Wettbewerbsrecht, Einl. UWG Rdziff. 5.8; Fezer/Hausmann/Obergfell, UWG, Einleitung Rdziff. 357 ff.

Quantität des Spill-Over ab. Bei grenzüberschreitender Werbung kann also von Bedeutung sein, ob diese im Verbreitungsgebiet in der Landessprache oder in einer Fremdsprache abgefasst ist und wie viele Adressaten die betreffende Fremdsprache zu verstehen in der Lage sind.[537]

4. Wettbewerbsrecht im Internet

Es bedarf keiner besonderen Ausführung, dass das Internet seinen Platz in der Internationalität der Märkte gefunden hat. Daher berührt das Internet zugleich eine Vielzahl verschiedener Länderinteressen. Fraglich ist daher, auf welche Weise Wettbewerbsverstößen, die via Internet begangen werden, begegnet werden kann.

Auch Wettbewerbshandlungen über das Internet unterliegen grundsätzlich der Regel des Art. 40 Abs. 1 EGBGB, wonach Handlungsort derjenige Ort ist, an dem die wettbewerbsrechtlich relevanten Signale in das Netz eingespeichert werden. Hingegen liegt der Erfolgsort überall dort, wo die Informationen abgerufen werden können.[538] Dies wird durch Art. 5 Abs. 3 EuGVÜ bzw. durch die Verordnung über die gerichtliche Zuständigkeit und die Anerkennung und Vollstreckung in Zivil- und Handelssachen (EuGVVO)[539] unterstrichen. Indessen wird bei marktbezogenen Wettbewerbshandlungen im Internet davon ausgegangen, dass der Handlungs- und Erfolgsort der Ort ist, an dem durch den Abruf der Informationen auf die Marktgegenseite eingewirkt wird. Denn nur an diesem Ort fallen die wettbewerbsrechtlich relevante Handlung und der wettbewerbsrechtlich relevante Erfolg zusammen. Daher ist der Handlungs- und Erfolgsort nicht schon jeder Ort, an dem die Abrufbarkeit einer Website möglich ist. Vielmehr ist dies nur derjenige Ort, an dem die Abrufbarkeit der Website spürbar auf die Marktgegenseite einwirken kann.[540] Auch dies hat allerdings wieder zur Konsequenz, dass bei Einsatz des Internet unter Umständen sämtliche Wettbewerbsordnungen derjenigen Staaten zu berücksichtigen sind, in denen eine Einwirkung auf die Marktgenseiten zu erwarten ist. Das wiederum bedeutet dann in concreto, dass ggf. von einer länderspezifischen Parzellierung der wettbewerbsrechtlichen Ansprüche auszugehen ist.

Auch bei dem Einsatz des Mediums Internet wird man allerdings die Spürbarkeitsgrenze zugrunde zu legen haben. Nur diejenigen Werbemaßnahmen dürften insoweit wettbewerbsrechtlich relevant sein, die die Kaufentscheidungen der Benutzer zu beeinflussen in der Lage sind, was auch wiederum von der verwendeten Sprache der Werbung oder aber von der Verfügbarkeit der angebotenen Ware auf dem jeweiligen betreffenden Markt abhängt.[541]

---

[537] Sack, WRP 2000, 269 (274)
[538] Palandt/Heldrich, EGBGB, Art. 40 Rdziff. 12; Sack, WRP 2000, 269 (277); KG NJW 1997, 3321
[539] Vgl. zu der EuGVVO Piltz, NJW 2002, 789 sowie Wernicke/Hoppe, MMR 2002, 643
[540] Sack, WRP 2000, 269 (277); Hoeren, NJW 1998, 2849; Köhler/Arndt, Recht des Internet, Rdziff. 533
[541] Sack, WRP 2000, 269 (278)

II.   Gemeinschaftsrechtliche Warenverkehrsfreiheit

Eine Aufgabe der Europäischen Gemeinschaft ist es, durch die Errichtung eines gemeinsamen Marktes und einer Wirtschafts- und Währungsunion sowie durch die Durchführung von gemeinsamen Politiken und Maßnahmen in der ganzen Gemeinschaft eine harmonische, ausgewogene und nachhaltige Entwicklung des Wirtschaftslebens, ein hohes Beschäftigungsniveau und ein hohes Maß an sozialem Schutz, die Gleichstellung von Männern und Frauen, ein beständiges, nicht inflationäres Wachstum, einen hohen Grad von Wettbewerbsfähigkeit und Konvergenz der Wirtschaftsleistungen, ein hohes Maß an Umweltschutz und Verbesserung der Umweltqualität, die Hebung der Lebenshaltung und der Lebensqualität, den wirtschaftlichen und sozialen Zusammenhalt und die Solidarität zwischen den Mitgliedern zu fördern, Art. 2 EGV. Die Tätigkeit der Gemeinschaft umfasst daher auch ein System, das den Wettbewerb innerhalb des Binnenmarktes vor Verfälschungen schützen soll, Art. 3 Abs. 1 lit.g. EGV. Zur **Verwirklichung des Binnenmarkts** hat, wie Art. 14 EGV dies vorsieht, die Gemeinschaft die „erforderlichen Maßnahmen" zu treffen.

1.   Rechtsgrundlagen

Um das vorgenannnte Ziel zu erreichen, sind in Art. 28 und 29 EGV **mengenmäßige Einfuhr- und Ausfuhrbeschränkungen** statuiert und in Art. 30 EGV bestimmte Ausnahmetatbestände geregelt. Nach Maßgabe des Art. 30 EGV stehen die Bestimmungen über die mengenmäßigen Einfuhr- bzw. Ausfuhrbeschränkungen nicht entgegen, die aus Gründen der öffentlichen Sittlichkeit, Ordnung und Sicherheit, zum Schutze der Gesundheit und des Lebens von Menschen, Tieren oder Pflanzen, des nationalen Kulturguts von künstlerischem, geschichtlichem oder archäologischem Wert oder des gewerblichen und kommerziellen Eigentums gerechtfertigt sind. Diese Verbote oder Beschränkungen dürfen jedoch weder ein Mittel zur willkürlichen Diskriminierung noch eine verschleierte Beschränkung des Handels zwischen den Mitgliedstaaten darstellen.

Darüber hinaus sehen Art. 81 ff. EGV bestimmte Wettbewerbsregeln vor. Adressaten dieser Verbote wettbewerbsbeschränkender Vereinbarungen und Verhaltensweisen bzw. Postulate zur Vermeidung des Missbrauchs einer marktbeherrschenden Stellung sind nicht nur die Mitgliedsstaaten selbst, sondern auch die Vertragspartner von (länderübergreifenden) Vereinbarungen, mithin Unternehmen bzw. Unternehmensvereinigungen. Verstöße gegen Art. 81 EGV begründen - unter dem Aspekt „Vorsprung durch Rechtsbruch" oder „Behinderung" - ggf. einen Anspruch gem. §§ 1 ff. UWG, da Art. 81 EGV eine unmittelbar den Wettbewerb als Institution schützende Norm darstellt.[542]

---

[542] OLG Frankfurt, Urt. v. 18.11.2003 - 11 U 2/03 (Kart)

Zusammenschlüsse von Krankenkassen sind keine Unternehmen oder Unternehmensvereinigungen im Sinne des Art. 81 EGV, wenn sie Festbeträge festsetzen, bis zu deren Erreichen die Krankenkassen die Kosten von Arzneimitteln übernehmen.[543]

2.   Zur Rechtsprechung des EuGH - Ausgewählte Entscheidungen

Nach der ursprünglichen Leitlinie des EuGH war jede Werbebeschränkung eines Mitgliedsstaats mittelbar geeignet, den zwischenstaatlichen Handelsverkehr zu beschränken, sodass auch - darauf aufbauend - jedwede Werbebeschränkung grundsätzlich als vertragsverletzend angesehen wurde, sofern dies nicht aus Gründen des Verbraucherschutzes gerechtfertigt war.

Vor dem Hintergrund des Verbraucherschutzes als Gemeinschaftsziel hat der EuGH u. a. geschlussfolgert, dass jede blickfangmäßige Werbung mit Preisgegenüberstellungen unabhängig davon verboten sei, ob sie wahr oder unwahr sei.[544] Zum Schutze der Lauterkeit des Handelsverkehrs und damit auch zugleich des Wettbewerbs stellte der EuGH fest, dass zutreffende Preisgegenüberstellungen, die nach einer Regelung (dort: § 6 e UWG a. F.) verboten seien, keinesfalls die Wettbewerbsbedingungen verfälschen könnten. Hingegen war eben diese Regelung des § 6 e UWG a. F., die solche Gegenüberstellungen verbietet, geeignet, den Wettbewerb zu beschränken und nach Auffassung des EuGH als gemeinschaftsrechtswidrig zu qualifizieren. In dem dort entschiedenen Fall war von der in Deutschland ansässigen Fa. **Yves Rocher** GmbH, einer Tochtergesellschaft der französischen Gesellschaft Laboratoires de biologie végétale Yves Rocher in einem Katalog blickfangmäßig die Aussage „Sparen Sie bis zu 50 % und mehr bei 99 Yves Rocher Favoriten" herausgestellt worden. Unter dieser Überschrift war dann neben dem durchgestrichenen alten Preis der neue niedrige Preis in dicker roter Schrift wiedergegeben, was nach Maßgabe des seinerzeitigen § 6 e UWG zu beanstanden war. In Frankreich war eine derartige Werbung indessen zulässig. Infolgedessen untersagte der EuGH die Anwendung von § 6 e UWG a. F. im grenzüberschreitenden Verkehr der Mitgliedstaaten der Europäischen Gemeinschaft.[545]

In einem weiteren Fall, in dem es um grenzüberschreitenden Handel ging, boten zwei **elsässische Verbrauchermärkte** ihre Waren zum **Verlustpreis** an. Damit verstießen diese Verbrauchermärkte gegen das seinerzeit in Frankreich existierende Verbot des Weiterverkaufs zum Verlustpreis. Vor diesem Hintergrund fokussierte der EuGH zunächst einmal seine frühere Rechtsprechung; danach stellten Hemmnisse für den freien Warenverkehr, die sich in Ermangelung einer Harmonisierung der Rechtsvorschriften daraus ergeben, dass Waren aus anderen Mitgliedstaaten, die dort rechtmäßig hergestellt und in den Verkehr gebracht worden seien, bestimmten Vorschriften

---

[543] EuGH EuZW 2004, 241 = NJW 2004, 2723
[544] EuGH NJW 1993, 3187 = WRP 1993, 615 - Yves Rocher; vgl. die umfassende Darstellung bei Heermann, Warenverkehrsfreiheit und deutsches Unlauterkeitsrecht, S. 1 ff.
[545] S. dazu auch Berlit, Wettbewerbsrecht, Rdziff. 358

entsprechen müssten (wie etwa hinsichtlich ihrer Bezeichnung, ihrer Form, ihrer Abmessung, ihres Gewichts, ihrer Zusammensetzung, ihrer Aufmachung, ihrer Etikettierung und ihrer Verpackung) selbst dann, wenn diese Vorschriften unterschiedslos für alle Erzeugnisse gelten, verbotene Maßnahmen gleicher Wirkung dar, sofern sich die Anwendung dieser Vorschriften nicht durch einen Zweck rechtfertigen lasse, der im Allgemeininteresse liege und den Erfordernissen des freien Warenverkehrs vorgehe.[546] Hingegen ist entgegen der bisherigen Rechtsprechung die Anwendung nationaler Bestimmungen, die bestimmte Verkaufsmodalitäten beschränken oder verbieten, auf Erzeugnisse aus anderen Mitgliedstaaten nicht geeignet, den Handel zwischen den Mitgliedstaaten unmittelbar oder mittelbar, tatsächlich oder potentiell zu behindern, sofern diese Bestimmungen für alle betroffenen Wirtschaftsteilnehmer gelten, die ihre Tätigkeit im Inland ausüben und sofern sie den Absatz der inländischen Erzeugnisse und der Erzeugnisse aus anderen Mitgliedstaaten rechtlich wie tatsächlich in der gleichen Weise berühren.[547] Daraus wiederum hat der EuGH geschlussfolgert, dass Art. 28 EGV (= Art. 30 EWGV) dahin auszulegen sei, dass er keine Anwendung auf Rechtsvorschriften eines Mitgliedstaates finde, die den Weiterverkauf zum Verlustpreis allgemein verbieten würden.[548]

Dies vorausgeschickt wird also auf der Grundlage der Rechtsprechung des EuGH eine verbotene Diskriminierung von Wirtschaftsteilnehmern anderer EG-Mitgliedstaaten i. S. d. Art. 30 EGV nicht vorliegen, wenn

- ➤ eine wettbewerbsrechtliche Regelung vorliegt, die den Warenverkehr zwischen den Mitgliedstaaten der EG mittelbar oder unmittelbar berührt,

- ➤ bestimmte Verkaufsmodalitäten beschränkt oder verboten werden,

- ➤ die Bestimmungen für alle inländischen betroffenen Wirtschaftsteilnehmer gelten und

- ➤ die inländischen Bestimmungen in gleicher Weise inländische wie ausländische Wirtschaftsteilnehmer betreffen.[549]

In einem weiteren, den freien Warenverkehr betreffenden Verfahren ging es um den Kosmetikartikel **„Clinique"**. Von Seiten eines Wettbewerbsverbandes wurden eine französische und eine deutsche Tochtergesellschaft des amerikanischen Unternehmens Estée Lauder auf Unterlassung in Anspruch genommen, um in Deutschland die Verwendung des Kosmetikartikels „Clinique" untersagen zu lassen, da diese dazu führen könne, dass die Verbraucher der in Frage stehenden Erzeugnisse irregeführt werden, indem sie den Erzeugnissen zu Unrecht medizinische Wirkung beimessen könnten. Der EuGH führte insoweit allerdings aus, dass das mit § 3 UWG a. F. begründete Ver-

---

546 EuGH NJW 1979, 1766 - cassis de dijon
547 EuGH NJW 1994, 121 = GRUR 1994, 296 - keck und mithouard
548 EuGH NJW 1994, 121 = GRUR 1994, 296 - keck und mithouard; vgl. dazu auch Möschel, NJW 1994, 429
549 Berlit, Wettbewerbsrecht, Rdziff. 360

bot, in Deutschland kosmetische Mittel unter derselben Bezeichnung in den Verkehr zu bringen, unter der sie in anderen Mitgliedstaaten vermarktet würden, grundsätzlich eine Behinderung des innergemeinschaftlichen Handelns darstelle. Der Umstand, dass das betroffene Unternehmen aufgrund dieses Verbotes gezwungen sei, seine Erzeugnisse allein in diesem Mitgliedstaat unter einer anderen Bezeichnung zu vertreiben und zusätzliche Verpackungs- und Werbekosten auf sich zu nehmen, zeige, dass diese Maßnahme den freien Warenverkehr beeinträchtige. Eine Irreführung der Verbraucher hat der EuGH verneint. Nur dann, wenn die Gefahr einer Irreführung schwer wiege, könne von einem Handelshemmnis ausgegangen werden. Allein die klinische oder die medizinische Bezeichnung „Clinique" reiche nicht aus, um dieser Bezeichnung eine irreführende Wirkung beizugeben, die ihrerseits ein Verbot rechtfertigen könne.[550]

Entsprechendes hat der EuGH auch in einem gegen die Fa. **Mars** GmbH gerichteten Verfahren, in dem es um die Verwendung einer bestimmten Ausstattung für die Vermarktung von Eiskremriegeln der Marken Mars, Snickers, Bounty und Milky Way ging, angenommen. Nach Auffassung des EuGH sei Art. 30 EGV dahingehend auszulegen, dass er einer nationalen Maßnahme entgegenstehe, die die Einfuhr und den Vertrieb eines in einem anderen Mitgliedstaat rechtmäßig vertriebenen Erzeugnisses, dessen Menge aus Anlass einer kurzzeitigen Werbekampagne erhöht wurde und dessen Verpackung den Aufdruck „+ 10 %" trage, deshalb verbiete, weil diese Ausstattung angeblich geeignet sei, beim Verbraucher die Vorstellung hervorzurufen, die Ware werde zum gleichen Preis angeboten wie bisher die Ware in der alten Ausstattung oder aber weil die neue Ausstattung beim Verbraucher den Eindruck erwecke, das Volumen oder das Gewicht des Erzeugnisses sei erhöht. Der EuGH hob in diesem Zusammenhang hervor, dass von einem verständigen Verbraucher erwartet werden könne, dass er wisse, dass zwischen der Größe von Werbeaufdrucken, die auf eine Erhöhung der Menge des Erzeugnisses hinweise und dem Ausmaß dieser Erhöhung nicht notwendig ein Zusammenhang bestehe.[551] Insbesondere die Mars-Entscheidung belegt, dass sich der EuGH an einem strikten Verhältnismäßigkeitsgrundsatz orientiert. Entscheidend ist dabei für das Gericht das Leitbild eines mündigen Bürgers und nicht das eines fast schon pathologischen Schwachkopfes, von dem das deutsche UWG auszugehen scheint. Letzterem traut man offenbar, wie der Generalanwalt im Bocksbeutel-Verfahren süffisant andeutete, nicht einmal die Fähigkeit zu, zwischen Rotwein und Weißwein zu unterscheiden.[552]

Dieses **europäische Verbraucherleitbild**, das auf die mutmaßliche Erwartung eines **durchschnittlich informierten, aufmerksamen und verständigen Durchschnittsverbrauchers** abstellt, wurde noch einmal von dem EuGH in späteren Entscheidungen betont. Die Angabe **„naturrein"** auf dem Etikett kann einen durchschnittlich infor-

---

[550] EuGH NJW 1994, 1207 = WRP 1994, 380 = GRUR 1994, 303 - Clinique
[551] EuGH NJW 1995, 3243 = WRP 1995, 677 - Mars
[552] Möschel, NJW 1994, 429 (430) unter Hinweis auf EuGH NJW 1984, 1291 - Prantl

mierten, aufmerksamen und verständigen Verbraucher nicht wegen des bloßen Umstandes irreführen, dass das Lebensmittel das Geliermittel Pektin enthält, auf dessen Präsenz das Zutatenverzeichnis des Lebensmittels ordnungsgemäß hinweist.[553]

Dieses Verbraucherleitbild wandte der EuGH auch in einem Fall eines kosmetischen Mittels an, dessen Bezeichnung das Wort **„Lifting"** enthielt. Nach Ansicht des Gerichts sei vor allem zu prüfen, ob soziale, kulturelle oder sprachliche Eigenheiten es rechtfertigen könnten, dass das für eine Hautstraffungscreme verwendete Wort „Lifting" von den deutschen Verbrauchern anders verstanden werde als von den Verbrauchern in anderen Mitgliedstaaten oder ob schon die Angaben zur Anwendung des Produkts dafür sprechen würden, dass dessen Wirkungen nur vorübergehender Natur seien und damit jede gegenteilige Schlussfolgerung entkräfteten, die aus dem Wort „Lifting" gezogen werden könnten. Ggf. sei, wenn sich ein Gericht nicht schlüssig darüber werden könne, ein Sachverständigengutachten einzuholen oder eine Verbraucherbefragung in Auftrag zu geben.[554]

In der **Toshiba-Entscheidung** ging es um die Frage, unter welchen Umständen von vergleichender Werbung durch die parallele Angabe von sog. **OEM-Nummern (original equipment manufacturer)** auszugehen ist. Die Fa. Toshiba Europe GmbH verklagte die deutsche Fa. Katun Germany GmbH, weil die Beklagte in ihren Katalogen die von der Fa. Toshiba OEM-Artikel-Nummern ebenfalls verwandte. Dazu stellte der EuGH fest, dass eine vergleichende Werbung im Sinne des Gemeinschaftsrechts auch vorliege, wenn ein Anbieter von Ersatzteilen und/oder Verbrauchsmaterialien für die Produkte eines Geräteherstellers in seinen Katalog die Artikelnummern (OEM-Nummern) angibt, die dieser für die von ihm selbst vertriebenen Ersatzteile und Verbrauchsmaterialien verwendet. Solche OEM-Nummern würden zugleich nach Ansicht des Gerichts Unterscheidungszeichen darstellen. Deren Verwendung in den Katalogen eines konkurrierenden Anbieters würden aber nur dann zu einer Ausnutzung des Rufs in unlauterer, das Wettbewerbsrecht tangierenden Weise führen, wenn die Angabe bei den Verkehrskreisen, an die sich die Werbung richtet, eine Assoziation zwischen dem Hersteller und dem konkurrierenden Anbieter in der Weise hervorrufe, dass diese Kreise den Ruf des Herstellererzeugnisses auf die des konkurrierenden Anbieters übertragen würden. Bei der Prüfung, ob diese Voraussetzung erfüllt sei, sei insgesamt zu berücksichtigen, wie die beanstandete Werbung präsentiert werde und an welche Verkehrskreise sie sich richte.[555]

Diese Rechtsprechung wurde in der **Pippig Augenoptik**-Entscheidung weiter manifestiert. Der EuGH bestätigte, dass es gegen europäisches Wettbewerbsrecht verstoßen könne, wenn auf vergleichende Werbung hinsichtlich der Form und des Inhalts des Vergleichs strengere nationale Vorschriften zum Schutz gegen irreführende Werbung angewandt werden würde; zwischen den verschiedenen Bestandteilen des Vergleichs,

---

553 EuGH WRP 2000, 489 - D'arbo naturrein
554 EuGH NJW 2000, 1173 = WRP 2000, 289 - Lifting-Creme
555 EuGH NJW 2002, 425 = WRP 2001, 1432 = GRUR 2002, 354 - Toshiba

d. h. zwischen den Angaben über das Angebot des Werbenden, den Angaben über das Angebot des Mitbewerbers und im Verhältnis zwischen diesen Angeboten eine Unterscheidung vorzunehmen sei. Indessen sei die europäische wettbewerbsrechtliche Grundlage, d. h. die Richtlinie 84/450/EWG in der geänderten Fassung (Richtlinie 97/55/EG), dahingehend auszulegen, dass es dem Werbenden grundsätzlich freistehe, ob er in einer vergleichenden Werbung die Marke des konkurrierenden Produktes angebe. Aufgabe des nationalen Gerichts sei es, dann zu prüfen, ob unter besonderen Umständen, die durch die Bedeutung der Marke für die Entscheidung des Käufers und durch den deutlichen Unterschied zwischen den jeweiligen Marken der verglichenen Produkte hinsichtlich ihrer Bekanntheit gekennzeichnet seien, die Nichtangabe der bekannteren Marke möglicherweise irreführend sein könne. Im Übrigen verstoße es aber auch nicht gegen europäisches Wettbewerbsrecht, wenn der Werbende bereits vor Beginn seines eigenen Angebotes einen Testkauf bei einem Mitbewerber durchführe, sofern die in dieser Vorschrift genannten Bedingungen für die Zulässigkeit der vergleichenden Werbung erfüllt seien. Ein Preisvergleich im Übrigen setze einen Mitbewerber weder deswegen, weil der Preisunterschied zwischen den verglichenen Produkten über dem durchschnittlichen Preisunterschied liege, noch aufgrund der Anzahl der durchgeführten Vergleiche, herab. Wettbewerbswidrig sei es auch nicht, wenn eine vergleichende Werbung zusätzlich zum Namen des Mitbewerbers dessen Firmenlogo und ein Bild der Fassade seines Geschäfts zeige, sofern diese Werbung die gemeinschaftsrechtlich festgelegten Zulässigkeitsbedingungen beachte.[556]

In der **Prosciutto di Parma**-Entscheidung führte der EuGH aus, dass es auch als eine mengenmäßige Ausfuhrbeschränkung i. S. d. Art. 29 EGV (jedoch im Einzelfall gerechtfertigte Maßnahme) anzusehen sei, wenn ein Mitgliedsstaat einschränkende Voraussetzungen aufstellt, unter denen die geschützte Ursprungsbezeichnung Prosciutto di Parma nur verwendet werden darf. Dies kann den übrigen Wirtschaftsteilnehmern jedoch nur dann zu deren Lasten entgegengehalten werden, wenn eine derartige Regelung in angemessener Art und Weise bekannt gemacht worden ist.[557]

---

[556] EuGH GRUR 2003, 533 - Pippig Augenoptik/Hartlauer; dazu Ohly, GRUR 2003, 641 ff. sowie Sack, GRUR 2004, 89
[557] EuGH GRUR 2003, 616 - Prosciutto di Parma; zum Schutz von Ursprungsbezeichnungen vgl. auch EuGH GRUR 2003, 609 - Grana padano sowie EuGH GRUR 2002, 1052 - Parmigiano Reggiano

Kapitel 5 Kennzeichen- und Markenrecht, Patent-, Gebrauchsmuster-, Geschmacksmuster- und Sortenschutz- sowie Halbleiterschutzrecht, Urheberrecht

§ 18 Kennzeichen- und Markenrecht

Ebenso wie die übrigen Immaterialgüterrrechte sind auch Markenrechte Ausdruck der geltenden Wirtschaftsverfassung einer Gesellschaft. Im Zeitalter des Merkantilismus wurden dem Unternehmer bestimmte Fabrikationsregeln vorgegeben. Die Erteilung einer Marke diente der Kontrolle darüber, ob diese Fabrikationsregeln eingehalten wurden.[578] Im Laufe der Zeit änderte sich jedoch die Bedeutung des Markenwesens. Ähnlich der Herkunftsbezeichnung „Made in Germany", die von Seiten der Besatzungsmächte nach Kriegsende eingeführt wurde, um deutschen Produkten eine eher stigmatisierende und damit absatzbeeinträchtigende Wirkung beizugeben und sich im Laufe der Zeit der Hinweis „Made in Germany" eher zu einem Qualitätssiegel wurde, so hat eine Marke - neben einer Kennzeichnungs- und Unterscheidungsfunktion - häufig auch eine Garantie- und Werbefunktion. Insbesondere im Zeitalter des Multimedia gewinnen Fragen des Markenrechts besondere Bedeutung.[579]

I.   Aufbau und Zweck des MarkenG

Das MarkenG gliedert sich in neun Teile, wobei die Aufteilung der Gemeinschaftsmarkenverordnung (GemMarkenV)[580] folgt. In Teil 1 und Teil 2 des MarkenG wird im Wesentlichen das materielle Markenrecht und das materielle Recht der geschäftlichen Bezeichnungen erfasst. Das Verfahren in Markenangelegenheiten ist in Teil 3, das

---

578 Fezer, Markenrecht, Einl. MarkenG Rdziff. 1; Klippel in: HK-MarkenR, E 1 Rdziff. 2 ff.
579 Rohlfing in: Riekhof (Hrsg.), E-Branding-Strategien, S. 57/58
580 VO (EG) Nr. 40/94 des Rates über die Gemeinschaftsmarke vom 20.12.1993 (ABl. EG Nr. L 11 vom 14.1.1994, S. 1), geänd. durch VO Nr. 3288/94 (EG) des Rates vom 22.12.1994 (ABl. EG Nr. L 349 vom 31.12.1994, S. 83)

Recht der Kollektivmarken in Teil 4 normiert. Der 5. Teil des MarkenG betrifft den Schutz von Marken nach dem Madrider Markenabkommen (MMA) und nach dem Protokoll zum MMA; ebenso enthält dieser Teil Vorschriften in Bezug auf Gemeinschaftsmarken. Der 6. Teil des MarkenG umfasst die geografischen Herkunftsangaben, im 7. Teil sind verfahrensrechtliche Bestimmungen in Kennzeichenstreitsachen erfasst. Teil 8 regelt Straf- und Bußgeldvorschriften sowie die Beschlagnahme bei der Einfuhr und Ausfuhr. Die Übergangsvorschriften sind im 9. Teil des MarkenG geregelt. Für die im MarkenG geregelten Verfahren vor dem Deutschen Patent- und Markenamt (DPMA) gelten zusätzlich die Bestimmungen der Markenverordnung (MarkenV).[581]

Die Marke ist eine unternehmerische Leistung und verdient bereits aus diesem Grund Schutz. Dieser Schutz wurde - vor Inkrafttreten des MarkenG - im Wesentlichen durch das Wettbewerbsrecht gewährleistet.[582] Die Marke dient ebenso dem Schutz des Goodwill von Ware und Unternehmen, sodass der Imageschutz der Marke mithin ökonomisch und rechtlich den Schutz einer unternehmerischen Leistung auf dem Markt darstellt und letztlich auch dem Verbraucher zu dienen bestimmt ist.[583] Wird eine Marke bei dem DPMA eingetragen, so hat der Markeninhaber die Möglichkeit, dies mit dem Symbol „®" nach außen zu dokumentieren. Aus der Verwendung dieses Symbols schließt der Verkehr, dass Markenschutz besteht. Ist das hingegen nicht der Fall, verstößt der Verwender gegen §§ 1, 3 UWG.[584]

II.　Arten von Kennzeichen

Das MarkenG führt seinen Namen zu Unrecht, da der Namensbestandteil „Marken" scheinbar die übrigen Kennzeichen ausblendet. Das MarkenG regelt indessen umfassend das Recht der sog. Kennzeichen. **Kennzeichen** ist der im MarkenG verwendete Oberbegriff (vgl. § 1 MarkenG), während die eigentlichen Marken, die geschäftlichen Bezeichnungen sowie die geografischen Herkunftsangaben Unterfälle des Kennzeichens sind.

Inhaber von eingetragenen und angemeldeten Marken können insbesondere natürliche Personen oder juristische Personen (des Öffentlichen Rechts oder des Privatrechts) sein. Des Weiteren zählen nach Maßgabe des § 7 Ziff. 3 MarkenG auch Personengesellschaften zu möglichen Inhabern von Markenrechten, sofern sie mit der Fähigkeit ausgestattet sind, Rechte zu erwerben und Verbindlichkeiten einzugehen. Eine

---

581　Verordnung zur Ausführung des Markengesetzes vom 30.11.1994 (BGBl 1994, S. 3555), zuletzt geänd. durch die fünfte Verordnung zur Änderung der MarkenVO vom 01.09.2003 (BGBl 2003, S. 1701 ff.)

582　Vgl. BGHZ 113, 82 = NJW 1991, 3212 = WRP 1991, 228 = GRUR 1991, 464 - Salomon; BGHZ 93, 96 = NJW 1986, 379 = WRP 1985, 399 = GRUR 1985, 550 - Dimple; BGHZ 86, 90 = NJW 1983, 1431 = WRP 1983, 268 = GRUR 1983, 247 - Rolls Royce

583　Fezer, Markenrecht, Einl. MarkenG Rdziff. 29

584　KG, OLG-Report 2003, 321

Gesellschaft bürgerlichen Rechts kann als solche **nicht Inhaberin einer Marke** sein.[585] Während im Bereich des Urheberrechts durch § 7 UrhG zum Ausdruck gebracht ist, dass juristische Personen oder Personengesellschaften niemals Urheber, sondern allenfalls Inhaber abgeleiteter Nutzungsrechte sein können,[586] stellt sich bei vordergründiger Betrachtung die Frage, ob die Rechtsprechung des BGH in der Ballermann-Entscheidung aufrecht erhalten bleiben wird, nachdem der BGH selbst einige Zeit danach die Partei- und Prozessfähigkeit einer GbR hervorgehoben hat.[587] Wenige Zeit später pointierte der BGH seine Rechtsprechung, indem er hervorhob, dass die GbR, obschon sie partei- und prozessfähig sei, gleichwohl keine juristische Person darstelle.[588]

1. Marke (§ 1 Ziff. 1 MarkenG)

Wenngleich das MarkenG den internationalen Sprachgebrauch übernimmt und einheitlich den Begriff der Marke verwendet, so ist im MarkenG eine ausdrückliche Definition der „Marke" nicht enthalten. Vielmehr wird in § 3 MarkenG geregelt, dass als Marken **alle Zeichen**, insbesondere Wörter einschließlich Personennamen, Abbildungen, Buchstaben, Zahlen, Hörzeichen, dreidimensionale Gestaltungen einschließlich der Form einer Ware oder ihrer Verpackung sowie sonstige Aufmachungen einschließlich Farben und Farbzusammenstellung geschützt werden können, die geeignet sind, Waren oder Dienstleistungen eines Unternehmens von denjenigen anderer Unternehmen zu unterscheiden. **Hörmarken** (akustische oder auditive Marken) sind Zeichen, die vom Gehör wahrgenommen werden, ohne Sprache zu sein. Sie sind Zeichen von nichtsprachlichen Schallwellen an das menschliche Gehörorgan.[589] Hörmarken sind als nach § 3 Abs. 1 MarkenG schutzfähige Marken anerkannt, wenn diese grafisch darstellbar sind, was sich in aller Regel in Gestalt einer Notenschrift oder eines Sonagramms realisieren lässt. **Geruchsmarken** (olfaktorische Marken) sind dann schutzfähige Zeichen, wenn sie die allgemeinen Merkmale der Markenfähigkeit erfüllen. Erforderlich ist es insoweit, dass eine Geruchsmarke grafisch darstellbar ist. Derzeit wird davon ausgegangen, dass nach dem gegenwärtigen Stand der Technik **Geruchsmarken nicht grafisch darstellbar** sind.[590] Denn bei einer Geruchsmarke wird den Anforderungen an die grafische Darstellbarkeit weder durch eine chemische Formel noch durch eine Beschreibung in Worten, die Hinterlegung einer Probe des Geruchs oder die Kombination dieser Elemente genügt.[591] Damit dürfte eine Geruchsmarke

---

585 BGH NJW-RR 2001, 114 = WRP 2000, 1148 = GRUR 2000, 1028 - Ballermann 6
586 Thum in: Wandtke/Bullinger, UrhR, § 7 Rdziff. 3; Schricker/Loewenheim, UrhR, § 7 Rdziff. 2; Loewenheim, Hdb. UrhR, § 10 Rdziff. 1; BGH GRUR 1991, 523 (525); LG Berlin, GRUR 1990, 270
587 BGHZ 146, 341 = NJW 2001, 1056 = ZiP 2001, 330 = NZG 2001, 311
588 BGH NJW 2002, 368 (368)
589 Fezer, Markenrecht, § 3 Rdziff. 269
590 Fezer, Markenrecht, § 3 Rdziff. 280; Ströbele/Hacker, MarkenG, § 3 Rdziff. 78
591 EuGH GRUR 2003, 145 - Sieckmann

praktisch hinfällig sein. Neue Markenformen, so z. B. die **Farbmarke** und die **dreidimensionalen Marken**, rücken zunehmend in den Mittelpunkt des Interesses; dabei gelten indessen keine Besonderheiten bei Zweifelsfragen. Auch bei dreidimensionalen Zeichen ist kein anderer Maßstab anzulegen als bei anderen Markenformen.[592] Die grundsätzliche Markenfähigkeit der Farbmarke ist durch den EuGH bestätigt, allerdings mit der Einschränkung, dass die ursprüngliche Unterscheidungskraft wohl nur in Ausnahmefällen anzunehmen sein dürfte.[593]

Der Begriff der Marke unterscheidet - je nach Entstehung des Markenschutzes - drei Arten von Marken, und zwar die durch Eintragung existent gewordene **Registermarke** sowie die durch Benutzung im geschäftlichen Verkehr existent gewordene **Benutzungsmarke** sowie die sog. **Notorietätsmarke**, die durch notorische Bekanntheit geschaffen werden kann.

Markenschutz können **Wortzeichen** oder **Bildzeichen** oder eine Kombination von Wort- und Bildzeichen (sog. **Kombinationszeichen**) erlangen. Wortzeichen sind z. B. „Nivea" oder „Flensburger Pilsener" sowie „Odol". Bildzeichen sind z. B. das Krokodil von Lacoste oder die Ringe von Audi. Kombinationszeichen ist z. B. der Frosch von Erdal, verbunden mit dem Schriftzug „Erdal".

Auch **Werbeslogans** können, wenn sie eine produktidentifizierende Unterscheidungskraft aufweisen, als sog. Mehrwortmarke zur Eintragung gelangen. So wurde z. B. der Werbeslogan „**Du darfst**" für Halbfettmargarine als eintragungsfähig anerkannt.[594] Ebenso wurde der Werbeslogan „**Anwalt's Liebling**" als **eintragungsfähig** angesehen, und zwar für die Dienstleistung Versicherungswesen, da der Begriff „Liebling" nicht ohne weiteres von eindeutiger Aussage im Hinblick auf eine Dienstleistung sei und es mithin gewisser Überlegung bedürfe, auf welche Person er sich beziehe und in diesem Begriff eine originelle und witzige Anspielung auf eine bekannte Fernsehserie mit gewisser Verfremdung liege.[595] Die Wortfolge „Bar jeder Vernunft" hat u. a. für „Papier, Schreibwaren, Bürogeräte, Bekleidungsstücke, Erziehung und Unterricht" Unterscheidungskraft und ist insoweit eintragungsfähig.[596] Ebenfalls eintragungsfähig wurden vom BPatG folgende Slogans gehalten:[597]

> ➤ „BANK ONE"

> ➤ „Dinner for 2"

> ➤ „move it"

---

[592] Vgl. detailliert Rohnke, NJW 2003, 2203 ff.; Grabrucker, GRUR 2003, 469 ff.; Ströbele/Hacker, MarkenG, § 3 Rdziff. 21 ff.

[593] EuGH GRUR 2003, 604 = NJW 2004, 354 (LS) = WRP 2003, 735 - Libertel

[594] BPatG GRUR 1997, 532 - Du darfst

[595] BPatG, Beschl. v. 31.01.1997 - 33 W (Pat) 59/96 - Anwalt's Liebling, dazu Fezer, Markenrecht, § 8 Rdziff. 97 d

[596] BGH NJW-RR 2003, 261 (LS) = GRUR 2002, 1070 – Bar jeder Vernunft

[597] Vgl. Grabrucker, GRUR 2003, 469 (478)

> „knowledge at work"

> „Energy & More; Power & More"

Hingegen wurde der Werbeslogan „**Nicht immer, aber immer öfter**" wegen des Fehlens jeglicher Unterscheidungskraft ebenso als **eintragungsunfähig** angesehen wie „**Dessous for you**"[598] oder „**Processing your Know how**".[599] Entsprechend schutz-, d. h. eintragungsunfähig waren „GLOBAL NETWORK OF INNOVATION" sowie „We make the internet mobile".[600]

2.   Geschäftliche Bezeichnungen (§ 1 Ziff. 2 MarkenG)

Kennzeichenschutz wird durch das MarkenG auch für sog. geschäftliche Bezeichnungen vermittelt. Dabei unterscheidet § 5 MarkenG bei den geschäftlichen Bezeichnungen zwischen Unternehmenskennzeichen einerseits und Werktiteln andererseits.

Unternehmenskennzeichen sind Zeichen, die im geschäftlichen Verkehr als Name, als Firma oder als besondere Bezeichnung eines Geschäftsbetriebs oder eines Unternehmens benutzt werden, § 5 Abs. 2 S. 1 MarkenG. Berühmte Unternehmenskennzeichen/-namen können im Übrigen auch dann, wenn sie z. B. infolge staatlicher Zwangsmaßnahmen untergegangen waren, wiederaufleben, wenn der Name bzw. das Kennzeichen aufgrund seiner Berühmtheit dem Verkehr in Erinnerung geblieben ist; dann können solche Namen/Kennzeichen den Prioritätsverlust wieder überbrücken.[601]

Werktitel hingegen sind die Namen oder besonderen Bezeichnungen von Druckschriften, Filmwerken, Tonwerken, Bühnenwerken oder sonstigen vergleichbaren Werken, § 5 Abs. 3 MarkenG.

Beispiel 34:[602]

Die Klägerin ist bundesweit im Marketingbereich tätig und führt Aufträge im Direktmarketing aus. Sie firmiert seit dem Dezember 1988 zunächst unter „defacto Marketing GmbH". Nach einer Änderung während des gerichtlichen Verfahrens firmiert sie nunmehr unter: „defacto T. w. S-GmbH". Die Beklagte, die sich mit der Einziehung von Forderungen befasst, führt seit Dezember 1992 die Firma „Defacto-Inkasso GmbH". Sie verwendet den Domain-

---

598   Fezer, Markenrecht, § 8 Rdziff. 97 c; weitere Beispiele bei Berlit, Markenrecht, Rdziff. 60 a ff. sowie Ströbele/Hacker, MarkenG, § 8 Rdziff. 157 (FN 220, 221)

599   BPatG, Beschl. v. 22.04.2003 - 24 W (pat) 45/02 - Processing your Know how (nicht veröffentlicht)

600   Vgl. Grabrucker, GRUR 2003, 469 (478)

601   BGHZ 150, 82 = NJW 2002, 3332 = WRP 2002, 1148 = GRUR 2002, 967 - Hotel Adlon; BGHZ 136, 11 = NJW 1997, 2948 = WRP 1997, 952 = GRUR 1997, 749 - L'Orange

602   BGH NJW 2002, 3551 = WRP 2002, 1066 = GRUR 2002, 888 - defacto

> *Namen „www.defacto-inkasso.de" und hat sich den weiteren Do-*
> *main-Namen „www.defacto.de" reservieren lassen, ohne ihn bisher*
> *zu nutzen. Die Klägerin hat die Beklagte auf Unterlassung in An-*
> *spruch genommen und beantragt, die Beklagte zu verurteilen, die*
> *Firma „Defacto-Inkasso GmbH" und/oder die Internet-Domain*
> *„www.defacto.de" zu führen und in die Löschung des Firmen-*
> *bestandteils „Defacto" der im Handelsregister des Amtsgerichts -*
> *HRB - eingetragenen „Defacto-Inkasso Gesellschaft mit beschränk-*
> *ter Haftung" einzuwilligen. Zunächst einmal ist festzustellen, dass*
> *auch für einen Teil einer Firmenbezeichnung, der vom Schutz des*
> *vollständigen Firmennamens abgeleitete Schutz als Unternehmens-*
> *kennzeichen i. S. d. § 5 Abs. 2 MarkenG beansprucht werden kann,*
> *dies allerdings nur dann, wenn es sich um einen unterscheidungs-*
> *fähigen Firmenbestandteil handelt, der seiner Art nach im Vergleich*
> *zu den übrigen Firmenbestandteilen geeignet erscheint, sich im Ver-*
> *kehr als schlagwortartiger Hinweis auf das Unternehmen durchzu-*
> *setzen. Auch eine Verwechslungsgefahr zwischen den beiden Fir-*
> *mennamen ist gegeben. Bei der Beurteilung der Zeichenidentität o-*
> *der Zeichenähnlichkeit sind nicht die vollständigen Firmen einzu-*
> *beziehen; vielmehr ist sowohl bei den geschützten Zeichen als auch*
> *bei den Kollisionszeichen auf den Teil des gesamten Zeichens (hier:*
> *Firmenname) abzustellen, der gesonderten kennzeichenrechtlichen*
> *Schutz genießt. Der Grund für diesen selbständigen Schutz besteht*
> *in der Neigung des Verkehrs, längere Firmenbezeichnungen auf den*
> *(allein) unterscheidungskräftigen Bestandteil zu verkürzen.*

Werktitel sind grundsätzlich mangels hinreichender Unterscheidungskraft bzw. wegen des Freihaltebedürfnisses derartiger Begrifflichkeiten nicht schutzfähig. In Ausnahmefällen kann davon abgesehen werden, und zwar wenn sich dieser Werktitel bei den angesprochenen Verkehrskreisen durchgesetzt hat; dann kann gem. §§ 5, 15 MarkenG (Werktitel-) Schutz in Anspruch genommen werden.[603]

Der kennzeichenrechtliche Werktitelschutz gem. §§ 5 Abs. 1, 3 iVm § 15 MarkenG hat auch im Übrigen dann noch Bestand, wenn das mit dem Titel bezeichnete ursprünglich urheberrechtlich geschützte Werk gemeinfrei geworden ist („**Winnetou**"); wenn jedoch ein Werk einen Titel enthält, dessen Bestandteil daran anknüpft („**Winnetous Rückkehr**"), ist dies nicht titelverletzend.[604]

---

[603] BGHZ 147, 56 = NJW 2002, 372 = GRUR 2001, 1050 – Tagesschau; LG Frankfurt, NJW-RR 2004, 843 (dort wurde die Werktiteleigenschaft für „Versicherungsrecht" in Frage gestellt)
[604] BGH NJW 2003, 1869 = GRUR 2003, 440 - Winnetous Rückkehr

Auch Computersoftware ist allgemein werktitelfähig. Dies gilt insbesondere in Bezug auf Titelschutz für Computerspiele, soweit das Spiel einen umsetzungsfähigen, geistigen Gehalt aufweist, der für den Verkehr das Wesen des Spiels ausmacht und den wahren Charakter der konkreten Verkörperung der Spielidee in den Hintergrund treten lässt.[605]

Ein **Firmenschlagwort** kann als Teil der Geschäftsbezeichnung markenrechtlichen Schutz genießen. Der Bestandteil START in der Fa. „START Zeitarbeit NRW GmbH" eines auf die Vermittlung von Arbeitslosen gerichteten Unternehmens genießt Schutz als Unternehmenskennzeichen. Mit ihm sind die Bezeichnungen „START" und „START Flexarbeit GmbH" bzw. „START Holding GmbH" eines **Zeitarbeitunternehmens** bzw. seiner Holding zu verwechseln.[606] Für die Frage der Unterscheidungskraft bei einem Firmenbestandteil als Kurzbezeichnung kommt es nicht darauf an, ob und in welchem Umfang dieser Firmenbestandteil als Kurzbezeichnung tatsächlich benutzt wird oder ob er sogar Verkehrsgeltung erlangt hat.[607] Wesentlich ist vielmehr, ob der Firmenbestandteil zum Zeitpunkt der Ingebrauchnahme des vollen Firmennamens geeignet war, als Herkunftshinweis zu dienen.[608] Schlagwortartige Firmenabkürzungen können also isoliert schutzfähig sein, wenn ihnen entweder namensmäßige Unterscheidungskraft oder aber Verkehrsgeltung zukommt, wobei sie im erstgenannten Fall die Kurzbezeichnung tatsächlich auch im Verkehr verwenden muss.[609] Dies gilt z. B. für die Bezeichnung „**Antenne**" für einen Radiosender,[610] nicht hingegen für das Firmenschlagwort „**Arena**" für einen Veranstalter von unterhaltenden und kulturellen Veranstaltungen.[611] Die Schlagwortkennzeichnung eines Unternehmens bleibt auch dann als solche geschützt, wenn sich die Unternehmensbezeichnung zwischenzeitlich ändert, das Schlagwort aber prägend erhalten bleibt.[612] Der Schutz entsteht mit Benutzungsaufnahme, z. B. Eintragung in das Handelsregister.

Anders hingegen verhält es sich bei der Bezeichnung „**urlaubstip**". Nach Ansicht des LG Düsseldorf handelt es sich dabei nicht um ein nach § 5 Abs. 2 MarkenG geschütztes Unternehmenskennzeichen. Vielmehr ist eine solche Dienstleistung glatt beschreibend. Folglich kann sich ein Inhaber der Domain „urlaubstip.de" nicht gegenüber

---

[605] BGHZ 121, 157 = NJW 1993, 1465 = WRP 1993, 701 = GRUR 1993, 767 - Zappelfisch; KG, OLG-Report 2003, 306; Fezer, Markenrecht, § 15 Rdziff. 154; Ingerl/Rohnke, Markengesetz, § 5 Rdziff. 47

[606] OLG Düsseldorf, NJW-RR 2003, 106; vgl. auch OLG Düsseldorf, MMR 2004, 257 für Bestandteil „Impuls" in einer Firmenbezeichnung

[607] BGH NJW-RR 1999, 1202 = WRP 1999, 523 = GRUR 1999, 492 - Altberliner; BGH NJW 1997, 1928 = GRUR 1997, 468 = WRP 1997, 1093 - NetCom; BGH NJW-RR 1991, 1190 = WRP 1991, 482 = GRUR 1991, 556 - LeasingPartner

[608] OLG Düsseldorf, NJW-RR 2003, 106 (107)

[609] BGH WRP 1999, 1279 = NJW-RR 1999, 1643 = GRUR 2000, 70 - SZENE; BGH NJW-RR 1992, 1128 = WRP 1992, 759 = GRUR 1992, 547 - Morgenpost

[610] OLG Braunschweig, OLG-Report 2001, 53

[611] KG, NJW-RR 2003, 1405

[612] BGH GRUR 1995, 505 - Apiserum

einem Domain-Inhaber „urlaubstipp.de" zur Wehr setzen, selbst dann nicht, wenn Letzterer die Domain erst später hat eintragen lassen. Nach Ansicht des LG Düsseldorf kommt der Domain „urlaubstip.de" eine originäre Kennzeichnungskraft nicht zu, da es sich um eine glatt beschreibende Angabe handelt.[613]

3. Geografische Herkunftsangaben (§ 1 Ziff. 3 MarkenG)

Neben den zuvor genannten Marken bzw. geschäftlichen Bezeichnungen schützt das MarkenG ebenso geografische Herkunftsangaben. Dies sind die Namen von Orten, Gegenden, Gebieten oder Ländern sowie sonstige Angaben oder Zeichen, die im geschäftlichen Verkehr zur Kennzeichnung der geografischen Herkunft von Waren oder Dienstleistungen benutzt werden, § 126 Abs. 1 MarkenG. Beispiele sind „**Badischer Wein**", „**Schwarzwaldforelle**", „**Lübecker Marzipan**" oder „**Dresdner Stollen**". Bei der auf den Ort Warstein Bezug nehmenden Bezeichnung „Warsteiner" handelt es sich zwar um eine Angabe i. S. d. § 126 Abs. 1 MarkenG, die auf den Namen eines Ortes zur Kennzeichnung der geografischen Herkunft der Ware Bier hinweist.[614] Allerdings habe nach Ansicht des BGH der wettbewerbsrechtlich begründete Schutz der geografischen Herkunftsangaben im Bereich des gewerblichen Rechtsschutzes eine sondergesetzliche Ausgestaltung erfahren, ohne dass von einer Art weiteren geistigen Eigentums gesprochen werden könne. Der Individualschutz ergebe sich daher nach wie vor nur reflexartig aus dem seiner Natur nach wettbewerbsrechtlichen Schutz. Dies erscheint indessen angesichts der gemeinschaftsrechtlichen Vorgaben (Art. 36 EGV) und der dementsprechenden Rechtsprechung des EuGH[615] fraglich. Folge des Kennzeichenschutzes geografischer Herkunftsangaben ist es mithin, dass geografische Herkunftsangaben auch als immaterialgüterrechtliche Vermögensrechte verstanden werden und ihrer Rechtsnatur nach subjektive Rechte mit eingeschränkter Ausschließlichkeitsfunktion darstellen. Problematisch wird es, wenn – insbesondere bei Bierbrauereien (z. B. Warsteiner, Original Oettinger) – mit einem **Ort als Markennamen** geworben wird, obgleich sich die **Produktionsstätte** dort **nicht befindet**. Hier muss nach Ansicht des BGH ein sog. **entlokalisierender Zusatz** verwendet werden, der auch auf das Rücketikett gesetzt werden kann[616] und an den im Übrigen auch keine besonders hohen Anforderungen zu stellen sind.[617]

Denkbar sind natürlich auch markenrechtliche Konfliktsituationen, in denen ein Markeninhaber einem Mitbewerber eine Markenrechtsverletzung vorhält, der Mitbewerber sich hingegen auf den Schutz der Angabe der geografischen Herkunft bei dem Vertrieb des Erzeugnisses beruft. Auf gemeinschaftsrechtlicher Ebene ist der insoweit einschlägige Art. 6 Abs. 1 lit b Erste Richtlinie 89/104/EWG zur Angleichung der

---

613 LG Düsseldorf, MMR 2003, 131
614 BGH NJW 1998, 3489 = WRP 1998, 1002 = GRUR 1999, 252 - Warsteiner II
615 Vgl. dazu Fezer, Markenrecht, §126 Rdziff. 4; § 1 Rdziff. 14
616 BGH NJW 2002, 600 = WRP 2001, 1450 = GRUR 2002, 160 – Warsteiner III
617 BGH NJW-RR 2002, 685 = GRUR 2002, 1074 – Original Oettinger

Rechtsvorschriften dahin auszulegen, dass die Benutzung der geografischen Herkunftsangabe nur verboten werden kann, wenn diese Benutzung nicht den ständigen Gepflogenheiten in Gewerbe und Handel entspricht.[618]

III. Entstehung des Markenschutzes

Der Markenschutz kann auf verschiedentliche Weise entstehen, so z. B. durch die Eintragung eines Kennzeichens als Marke in das bei dem Bundespatentamt geführte Markenregister sowie durch Benutzung eines Kennzeichens bei Erwerb von Verkehrsgeltung als Marke sowie durch die notorische Bekanntheit einer Marke i. S. v. Art. 6bis der Pariser Verbandsübereinkunft (PVÜ).

1. Absolute Schutzhindernisse (§ 8 MarkenG)

Die Regelung in § 8 MarkenG bestimmt sog. absolute Schutzhindernisse. Das Bestehen eines solchen (absoluten) Schutzhindernisses schließt die Eintragung des Kennzeichens in das Markenregister aus. Bei Anmeldung wird von Amts wegen geprüft, ob ein derartiges absolutes Schutzhindernis besteht. Dabei sind von der Eintragung solche Zeichen ausgeschlossen, die sich nicht grafisch darstellen lassen, § 8 Abs. 1 MarkenG. Problematisch wird die grafische Darstellbarkeit insbesondere für Geruchs-, Geschmacks- sowie Tastmarken.[619]

Ungeachtet der grafischen Darstellbarkeit muss eine Marke nach Maßgabe des § 8 Abs. 2 MarkenG eintragungsfähig sein. § 8 Abs. 2 Ziff. 1 - 9 MarkenG normiert absolute Schutzhindernisse, die - wenn sie vorliegen - der Eintragung einer Marke entgegenstehen. Derlei absolute Schutzhindernisse liegen in der Natur der Marke begründet und bestehen im Übrigen im Interesse der Allgemeinheit und sind von Amts wegen bei jeder Markenanmeldung vom Deutschen Patent- und Markenamt zu berücksichtigen. Demgemäß sind von der Eintragung solche Marken ausgeschlossen,

> denen für die Waren/Dienstleistungen jegliche Unterscheidungskraft fehlt,

> die ausschließlich aus Zeichen oder Angaben bestehen, die im Verkehr zur Bezeichnung der Art, der Beschaffenheit, der Menge, der Bestimmung, des Wertes, der geografischen Herkunft,[620] der Zeit der Herstellung der Waren oder der Erbringung der Dienstleistungen oder zur Bezeichnung sonstiger Merkmale der Waren oder Dienstleistungen dienen können,

---

618 EuGH GRUR 2004, 234 - Gerolsteiner/Putsch
619 Vgl. dazu Fezer, Markenrecht, § 3 Rdziff. 281, 284, 287
620 Vgl. dazu BGH, BGH-Report 2001, 480 – Windsurfing Chiemsee, Eintragungsfähigkeit bejaht; EuGH NJWE-WettbR 1999, 226 = GRUR 1999, 723 = WRP 1999, 629 – Windsurfing Chiemsee, Eintragungsfähigkeit verneint

> ➤ die ausschließlich aus Zeichen oder Angaben bestehen, die im allgemeinen Sprachgebrauch oder in den redlichen und ständigen Verkehrsgepflogenheiten zur Bezeichnung der Waren oder Dienstleistungen üblich geworden sind,

> ➤ die geeignet sind, das Publikum insbesondere über die Art, die Beschaffenheit oder die geografische Herkunft der Waren/Dienstleistungen zu täuschen,

> ➤ die gegen die öffentliche Ordnung oder die guten Sitten verstoßen,

> ➤ die Staatswappen, Staatsflaggen oder andere staatliche Hoheitszeichen oder Wappen eines inländischen Ortes oder eines inländischen Gemeinde- und weiteren Kommunalverbandes enthalten,

> ➤ die amtliche Prüf- oder Gewährzeichen enthalten, die nach einer Bekanntmachung des Bundesministeriums der Justiz im Bundesgesetzblatt von der Eintragung als Marke ausgeschlossen sind,

> ➤ die Wappen, Flaggen oder andere Kennzeichen, Siegel oder Bezeichnungen internationaler zwischenstaatlicher Organisationen enthalten, die nach einer Bekanntmachung des Bundesministeriums der Justiz im Bundesgesetzblatt von der Eintragung als Marke ausgeschlossen sind,

> ➤ deren Benutzung ersichtlich nach sonstigen Vorschriften im öffentlichen Interesse untersagt werden kann.

Häufigstes Eintragungshindernis nach Auffassung des DPMA und des BPatG ist die **fehlende Unterscheidungskraft** bzw. ein **Freihaltebedürfnis**. Unterscheidungskraft ist die einer Marke innewohnende (konkrete) Eignung, vom Verkehr als Unterscheidungsmittel für die angemeldeten Waren eines Unternehmers gegenüber solchen anderer Unternehmen aufgefasst zu werden, wobei ein großzügiger Maßstab anzulegen ist;[621] andererseits ist auch zu berücksichtigen, dass fast jeder Marke eine geringe Unterscheidungskraft innewohnt, sie jedoch dadurch noch nicht die Hürde der Eintragungsfähigkeit nimmt. Eine normale Unterscheidungskraft kann einer Marke indessen nur dann abgesprochen werden, wenn sie infolge Anlehnung oder sonstiger Nähe an ein für die in Frage stehenden Waren beschreibendes Wort vom Verkehr nicht in erster Linie und durchweg als Warenkennzeichen verstanden wird oder wenn der Verkehr in ihr aus sonstigen Gründen, etwa weil es sich um ein abgegriffenes Wort der Alltags- oder der Werbesprache handelt, eher die Bedeutung dieses Wortes als einen darin liegenden Herkunftshinweis sieht oder weil für die in Frage stehenden Waren andere im Ähnlichkeitsbereich liegende Marken verwendet werden und der Verkehr deshalb

---

[621] BGH GRUR 2002, 1070 = WRP 2002, 1281 - Bar jeder Vernunft; BGH GRUR 2002, 816 = WRP 2002, 1073 – BONUS II; vgl. zur Unterscheidungskraft bei den verschiedenen Markenformen Grabrucker, GRUR 2003, 469 ff. sowie Rohnke, NJW 2003, 2203 ff.

auch auf geringere Unterschiede achtet.[622] Besondere Originalität wird nicht gefordert; bereits geringfügige Abweichungen von der sprachüblichen Bildung kann die Schutzfähigkeit begründen, z. B. die Verbindung der Worte „Baby" und „dry" mittels Bindestrich.[623]

Das @-Zeichen (Klammeraffe) wird in großem Umfang von verschiedenen Anbietern auf praktisch allen Waren- und Dienstleistungsgebieten in der Werbung als schmückendes oder grafisches Element eingesetzt und ist vergleichbar mit „Mega" und „Turbo" und ist mangels Unterscheidungskraft nicht eintragungsfähig.[624]

Für die Marke „**Ballermann 6**" ist von normaler Kennzeichnungskraft auszugehen. Die Assoziation an ein Etablissement in Arenal, das durch Urlaubsfeiern mit ausschweifendem Alkoholkonsum bekannt geworden ist und im Ruhrgebiet zu ebenso benannten „Nachfolgepartys" angeregt hat, rechtfertigen nicht die Annahme einer Schwächung der Kennzeichnungskraft dieser Marke, sondern stärken diese.[625] Einzelne Buchstaben („**K**") sind als Marke schutzfähig.[626] Gleiches gilt für eine einzelne Zahl.[627] Der Buchstabe „**Z**" ist für den Bereich „Tabak, Tabakerzeugnisse, Raucherartikel und Streichhölzer" unterscheidungskräftig und nicht freihaltebedürftig.[628] Wird hingegen der Name einer Romanfigur (**Winnetou**) angesichts ihrer Bekanntheit vom Verkehr als Synonym für einen bestimmten Charakter (rechtschaffener Indianerhäuptling) verstanden, fehlt ihm jede Unterscheidungskraft für Druckerzeugnisse und Dienstleistungen im Medienbereich.[629]

Für **Werbeschlagworte** gelten keine strengeren Anforderungen bei der Beurteilung der Unterscheidungskraft. Denn bei einer Marke schließen sich die Identifizierungsfunktion und die Werbewirkung nicht gegenseitig aus.[630] Der Wortfolge „URLAUB DIREKT" fehlt für Dienstleistungen im Bereich des Tourismus wegen des ausschließlich beschreibenden Bezugs jegliche Unterscheidungskraft; diese Wortkombination kann daher keine Prägung eines Gesamteindrucks einer Wort-/Bildmarke bewirken.[631]

In der Rechtsprechung ist auffällig, dass einerseits das BPatG und auch teilweise der BGH bei der Eintragung von Wortmarken - unter Verweis auf § 8 MarkenG – häufig eine restriktive Haltung einnehmen, während der EuGH eine extensive Handhabung

---

[622] BGH GRUR 2002, 1070 = WRP 2002, 1281 - Bar jeder Vernunft; BGH GRUR 2002, 816 = WRP 2002, 1073 – BONUS II; BGH NJW-RR 2001, 114 (115) = WRP 2000, 1148 = GRUR 2000, 1028 - Ballermann 6

[623] EuGH WRP 2001, 1276 = GRUR 2001, 1145 = GRUR Int. 2002, 47 – Baby-dry

[624] BPatG, GRUR 2003, 794 - @-Zeichen; BPatG, GRUR 2003, 796 - @ktivelo

[625] BGH NJW-RR 2001, 114 (115) = WRP 2000, 1148 = GRUR 2000, 1028 - Ballermann 6

[626] BGH WRP 2001, 33 = NJW-RR 2001, 255 = GRUR 2001, 161 - Buchstabe „K" sowie BPatG, GRUR 2003, 345

[627] BGH WRP 2003, 517 = WRP 2002, 1071 = GRUR 2002, 970 - Zahl „1"

[628] BGH GRUR 2003, 343 - Buchstabe „Z"

[629] BGH NJW 2003, 1867 = WRP 2003, 519 = GRUR 2003, 342 - Winnetou

[630] BGH WRP 2000, 741 = NJW-RR 2000, 1352 = GRUR 2000, 722 - LOGO

[631] BGH NJW-RR 2004, 1412 – URLAUB DIREKT

der markenrechtlich einschlägigen Vorschriften befürwortet. Bei der Frage, ob für ein Schreibgerät die Marke „**Bravo**" eintragungsfähig ist, führte der EuGH z. B. aus, dass in erster Linie die gemeinschaftsrechtlichen Bestimmungen über die Marken so auszulegen seien, dass sie der Eintragung einer Marke nur dann entgegenstünden, wenn die Zeichen oder Angaben, aus denen diese Marke ausschließlich bestehe, im allgemeinen Sprachgebrauch oder in den redlichen und ständigen Verkehrsgepflogenheiten zur Bezeichnung der Waren oder Dienstleistungen, für die diese Marke angemeldet worden sei, üblich geworden seien.[632]

2. Markenschutz kraft Eintragung (Registermarke)

Nach Maßgabe des § 4 Ziff. 1 MarkenG entsteht der Markenschutz durch die Eintragung eines Zeichens als Marke in das vom Deutschen Patent- und Markenamt geführte Register. Die eindeutige gesetzliche Fassung stellt also klar, dass der Markenschutz nicht bereits mit der **Anmeldung** der Marke zur Eintragung entsteht, sondern erst mit der **Eintragung** des Zeichens als Marke. Gleichwohl wird die Frage der Markenpriorität (Zeitrang) nicht nach dem Eintragungsdatum, sondern vielmehr nach dem Anmeldedatum bestimmt (**Anmeldepriorität**, vgl. § 6 Abs. 2 1. Altern. MarkenG).

Bereits mit der Anmeldung der Marke zur Eintragung entsteht ein sog. Markenanwartschaftsrecht.[633] Ist die Marke in das Markenregister eingetragen worden, so steht dem Markeninhaber ein positives Benutzungsrecht an der Marke und ein negatives Verbietungsrecht gegen die widerrechtliche Benutzung „seiner" Marke durch Dritte zu.

3. Markenschutz kraft Benutzung (Benutzungsmarke)

Nach Maßgabe des § 4 Ziff. 2 MarkenG entsteht der Markenschutz (auch) durch die Benutzung eines Zeichens im geschäftlichen Verkehr, soweit das Zeichen innerhalb beteiligter Verkehrskreise als Marke Verkehrsgeltung erworben hat. Die erworbene Verkehrsgeltung als Gradmesser der Kennzeichnungskraft des Kennzeichens ist notwendige Schutzvoraussetzung für den durch Benutzung entstehenden Markenschutz. Bei der Benutzungsmarke tritt die **Verkehrsgeltung** an die Stelle der **Eintragung** des Kennzeichens in das Register; dabei darf die Verkehrsgeltung nicht in der Weise festgelegt werden, dass einem prozentmäßig bestimmten Anteil der angesprochenen Verkehrskreise bekannt sein muss, dass ein Zeichen für bestimmte Waren/Dienstleistungen auf die Herkunft aus einem bestimmten Unternehmen hinweist; zu berücksichtigen sind (auch) die Umstände des Einzelfalls.[634] Darüber hinaus ist natürlich

---

[632] EuGH, NJW 2002, 2085 - Schreibgerätemarke „Bravo"
[633] Fezer, Markenrecht, § 4 Rdziff. 15; Ingerl/Rohnke, Markengesetz, § 4 Rdziff. 4
[634] BGHZ 156, 126 = NJW-RR 2004, 251 = WRP 2004, 227 = GRUR 2004, 151 – Farbmarkenverletzung I

erforderlich, dass das Kennzeichen die Markenfähigkeit i. S. d. § 3 MarkenG hat. Markenfähig sind daher selbständige, einheitliche und grafisch darstellbare Zeichen. An einer Bezeichnung oder aber einem sonstigen Merkmal (Zeichen) kann ein Markenschutz durch Benutzung im Wege des Erwerbs von Verkehrsgeltung als Marke nur dann entstehen, wenn das Zeichen gegenüber der Ware selbständig ist. Dies ist vor allem für solche Zeichen zu verneinen, die ausschließlich aus einer Form bestehen und wenn diese Form durch die Art der Ware selbst bedingt ist, zur Erreichung einer technischen Wirkung erforderlich ist oder aber der Ware einen wesentlichen Wert verleiht. Darüber hinaus entsteht Markenschutz für die Benutzungsmarke erst dann, wenn das Zeichen als Marke **Verkehrsgeltung** erworben hat. Das wiederum setzt voraus, dass das als Marke schutzfähige Kennzeichen geeignet und in der Lage ist, Waren/Dienstleistungen eines Unternehmens von denjenigen anderer Unternehmen zu unterscheiden. Dies wiederum entscheidet sich nach der innerhalb beteiligter Verkehrskreise bestehenden Verkehrsauffassung.[635]

Die Bandbreite derartiger Benutzungsmarken ist groß; so trifft natürlich ein solcher Markenschutz auch für Werbeschlagwörter, Werbeslogans, Werbeanzeigen bzw. Werbetexte zu, so z. B. „Lass dir raten, trinke Spaten" oder „Feuer breitet sich nicht aus, hast du Minimax im Haus" oder „Persil bleibt Persil". Auch an einem Zeichen, das in einer Farbe ohne räumliche Begrenzung besteht, können nach § 4 Ziff. 2 MarkenG die Rechte einer Benutzungsmarke erworben werden, wenn die allgemeinen Kriterien der Markenfähigkeit gegeben sind und das Zeichen Verkehrsgeltung erlangt hat, z. B. bei der Farbe „magenta" für Telekommunikationsleistungen.[636] Es verbietet sich jedoch eine schematische Betrachtungsweise, d. h. es kann von dem Erwerb einer Benutzungsmarke nicht schon dann ausgegangen werden, wenn einem prozentmäßig bestimmten Anteil der angesprochenen Verkehrsweise die Marke bekannt ist; stets entscheidet der Einzelfall. Dabei können auch der von der Marke gehaltene Marktanteil, die Intensität, die geographische Verbreitung, der Werbeaufwand u. dgl. zu berücksichtigen sein.[637]

4. Markenschutz kraft notorischer Bekanntheit (Notorietätsmarke)

Nach Maßgabe des § 4 Ziff. 3 MarkenG entsteht der Markenschutz (auch) durch die i. S. d. Art. 6bis der Pariser Verbandsübereinkunft (PVÜ) zum Schutze des gewerblichen Eigentums notorische Bekanntheit einer Marke. Notorietät ist die Allbekanntheit einer Marke im Verkehr, eine bloße Amtsbekanntheit etwa des Deutschen Patent- und Markenamts genügt nicht. Vielmehr wird eine **allgemeine Kenntnis** von der Marke als

---

[635] BGHZ 35, 341 = NJW 1961, 2107 = WRP 1962, 51 = GRUR 1962, 144 - Buntstreifensatin I; BGHZ 11, 129 (133) - Zählkassetten

[636] BGHZ 156, 126 = NJW-RR 2004, 251 = WRP 2004, 227 = GRUR 2004, 151 – Farbmarkenverletzung I; für die Farbmarke gelb/grün: BGH WRP 2002, 450 = GRUR 2002, 427; für die Farbmarke gelb/schwarz: BGHZ 140, 193 = NJW 1999, 1186 = GRUR 1999, 491

[637] EuGH NJWE-WettbR 1999, 226 = GRUR 1999, 723 = WRP 1999, 629 – Windsurfing Chiemsee

eines produktidentifizierenden Unterscheidungszeichens innerhalb der beteiligten Verkehrskreise im Inland vorausgesetzt.[638] Gleichwohl dürfte der Anwendungsbereich des § 4 Ziff. 3 MarkenG klein sein, da eine notorisch bekannte Marke regelmäßig auch eine im geschäftlichen Verkehr benutzte Marke mit Verkehrsgeltung innerhalb beteiligter Verkehrskreise darstellt.

IV.   Inhalt und Wirkung des Markenschutzes

Sobald das Kennzeichen (im Wege des § 4 MarkenG) Markenschutz erlangt hat, steht dem Inhaber ein ausschließliches Recht zu, vgl. §§ 14 Abs. 1, 15 MarkenG. Dieses Ausschließlichkeitsrecht, auf das sogleich noch näher einzugehen sein wird, gilt indessen nicht schlechthin, sondern nur mit der Maßgabe, dass kein relatives Schutzhindernis i. S. d. § 9 MarkenG besteht.

1.   Relative Schutzhindernisse (§ 9 MarkenG)

Die Kollisionstatbestände von § 14 Abs. 2 Ziff. 1 - 3 MarkenG sind inhaltlich identisch mit der Umschreibung der relativen Schutzhindernisse in § 9 Abs. 1 Ziff. 1 - 3 MarkenG. Es handelt sich dabei - ebenso wie die Tatbestände in §§ 10 - 13 MarkenG - um relative Schutzhindernisse, weil sich aus dem Bestehen eines prioritätsälteren Kennzeichens ggf. eine Kollision zu eben jenem Rechtsinhaber ergeben könnte. Regelungsgegenstand der zentralen Vorschrift für relative Schutzhindernisse (§ 9 MarkenG) ist das Bestehen einer angemeldeten/eingetragenen Marke mit älterem Zeitrang. § 9 MarkenG regelt, unter welchen Voraussetzungen sich der Inhaber einer prioritätsälteren angemeldeten/eingetragenen Marke gegenüber einer prioritätsjüngeren angemeldeten/eingetragenen Marke durchsetzen kann. Der Inhaber der prioritätsälteren Marke kann für sich einerseits **Identitätsschutz** (vgl. § 9 Abs. 1 Ziff. 1 MarkenG), **Verwechslungsschutz** (vgl. § 9 Abs. 1 Ziff. 2 MarkenG) oder **Bekanntheitsschutz** (vgl. § 9 Abs. 1 Ziff. 3 MarkenG) in Anspruch nehmen. Liegen die jeweiligen Voraussetzungen dieser Vorschriften vor, so kann der Inhaber der prioritätsälteren Marke von dem Inhaber der prioritätsjüngeren Marke Löschung beanspruchen und ihm gegenüber auch durchsetzen. Gem. §§ 51 Abs. 1, 55 MarkenG ist eine solche Klage auf Löschung wegen des Bestehens eines prioritätsälteren Markenrechts vor den ordentlichen Gerichten zu führen.

Der ursprünglich über die Regelungen in §§ 823, 1004 BGB bzw. § 1 UWG gewährleistete Schutz vor Rufausbeutung bzw. Verwässerung einer „berühmten Marke" wird nunmehr durch §§ 9 Abs. 1 Ziff. 3, 14 Abs. 2 Ziff. 3, 15 Abs. 3, 51 MarkenG verwirklicht. Diese Vorschriften stellen spezialgesetzliche Bestimmungen dar, sodass daneben für eine Anwendung der §§ 1, 2 Abs. 2 Ziff. 4 UWG bzw. § 823 BGB grundsätzlich kein

---

638 Fezer, Markenrecht, § 4 Rdziff. 227

Raum mehr ist und nur noch dann für einen ergänzenden Schutz herangezogen werden können, wenn ein Schutz nach Maßgabe des MarkenG versagen sollte.[639] Fraglich ist jedoch, wann ein solcher Bekanntheitsgrad erreicht ist, dass ein Schutz gem. § 9 Abs. 1 Ziff. 3 MarkenG in Anspruch genommen werden kann. Grundsätzlich ist davon auszugehen, dass die entsprechende Marke einem bedeutenden Teil des Publikums bekannt sein muss. Dabei sind alle maßgeblichen Umstände des Einzelfalls zu berücksichtigen, insbesondere also der Marktanteil der Marke, die Intensität, die geografische Ausdehnung sowie die Dauer ihrer Benutzung bzw. der Umfang der für die Nutzung getätigten Investitionen.[640] Dieser Rechtsprechung des EuGH hat sich der BGH wenige Zeit später angeschlossen.[641] Wenn eine Marke **bekannt** ist, ist sie damit indessen noch lange nicht **berühmt**. Eine berühmte Marke liegt erst dann vor, wenn sie sich bei mindestens 90 % der angesprochenen Verkehrskreise durchgesetzt hat.[642]

2. Ausschließlichkeitsrechte (§§ 14, 15 MarkenG)

§ 14 MarkenG stellt die zentrale Norm des Markenrechts schlechthin dar. § 14 Abs. 2 MarkenG regelt die Markenkollisionen als Markenrechtsverletzungen. Diese Norm soll sicherstellen, dass die Marke ihre Funktion - Gewährleistung der Herkunft der Ware gegenüber dem Verbraucher - erfüllen kann. Ist eine Beeinträchtigung des Markeninhabers (auch bei Verwendung eines mit der Marke identischen Zeichens) nicht denkbar, scheidet eine Nutzungsverbietung auch aus.[643] Es ist Dritten daher untersagt, ohne Zustimmung des Markeninhabers im geschäftlichen Verkehr

> ein mit der Marke identisches Zeichen für Waren oder Dienstleistungen zu benutzen, die mit denjenigen identisch sind, für die sie Schutz genießt,

> ein Zeichen zu benutzen, wenn wegen der Identität oder Ähnlichkeit des Zeichens mit der Marke und der Identität oder Ähnlichkeit der durch die Marke und das Zeichen erfassten Waren oder Dienstleistungen für das Publikum die Gefahr von Verwechslungen besteht, einschließlich der Gefahr, dass das Zeichen mit der Marke gedanklich in Verbindung gebracht wird,

> ein mit der Marke identisches Zeichen oder ein ähnliches Zeichen für Waren oder Dienstleistungen zu benutzen, die nicht denen ähnlich sind, für die die Marke Schutz genießt, wenn es sich bei der Marke um eine im Inland bekannte Marke handelt und die Benutzung des Zeichens die Unterscheidungskraft oder

---

[639] BGHZ 138, 349 = NJW 1998, 3781 = WRP 1998, 1181 = GRUR 1999, 161 - MAC DOG

[640] EuGH NJW 2000, 1324 = WRP 1999, 1130 = GRUR Int. 2000, 73 - Chevy

[641] BGH NJW 2002, 467 = WRP 2002, 330 = GRUR 2002, 340 - Fabergé

[642] BGH WRP 2001, 41 = GRUR 2001, 158 - Drei-Streifen-Kennzeichnung

[643] BGHZ 153, 131 = NJW 2003, 1669 = NJW-RR 2003, 620 = WRP 2003, 521 = GRUR 2003, 332 - Abschlussstück; BGH NJW-RR 2002, 1617 (LS) = GRUR 2002, 809 = WRP 2002, 895 – Frühstücksdrink I

die Wertschätzung der bekannten Marke ohne rechtfertigenden Grund in unlauterer Weise ausnutzt oder beeinträchtigt.

Handelt es sich bei dem jeweiligen in Rede stehenden Kennzeichen um eine sog. geschäftliche Bezeichnung i. S. d. § 1 Ziff. 2 MarkenG, so ist für das Ausschließlichkeitsrechts des Markeninhabers die Regelung in § 15 MarkenG einschlägig, die Regelungen in §§ 126 - 139 MarkenG betreffen den Kennzeichenschutz der geografischen Herkunftsangabe i. S. d. § 1 Ziff. 3 MarkenG.

a.   Markenmäßige Nutzung

Der Markeninhaber kann gegen denjenigen, der die Marke unbefugt „nutzt", Ansprüche erheben. Eine **markenmäßige Nutzung** liegt bereits vor, wenn ein bestimmtes, markenrechtlich geschütztes Kennzeichen (für eine Ware/Dienstleistung) hervorgehoben und mit einem eigenen Produkt des Verletzers in Verbindung gebracht wird. Davon ist eine lediglich **beschreibende Verwendung** (im Sinne eines gem. § 23 MarkenG zulässigen Drittgebrauchs) abzugrenzen.[644] Voraussetzung für die Annahme einer bloß beschreibenden Verwendung – und zwar aus der Sicht eines durchschnittlich informierten, aufmerksamen und verständigen Durchschnittsverbrauchers[645] - ist, dass zum Zeitpunkt der Verletzungshandlung nahezu alle beteiligten Verkehrskreise mit dem maßgeblichen Begriff nur noch einen Hinweis auf die Produktgattung und nicht mehr einen Hinweis auf den Hersteller sehen.[646] Für die Bezeichnung „**Gelbe Seiten**" gilt dies nicht, sie genießt als Wortmarke Schutz vor Rufausbeutung.[647] Eine markenmäßige Nutzung liegt ebenfalls nicht vor, wenn der Anbieter eines juristischen Informationsdienstes auf einer Internetseite die angegriffene Bezeichnung (hier: Anwalt Suchservice) als Link oder im Quelltext von Internetseiten das **Meta-Tag**[648] „Anwaltssuchservice" benutzt.[649] Eine markenmäßige Nutzung liegt nach Ansicht des EuGH und des BGH bei jedweder Benutzung im geschäftlichen Verkehr, die auch nur den Eindruck aufkommen lässt, dass eine Verbindung (im geschäftlichen Verkehr)

---

[644] BGHZ 153, 131 = NJW 2003, 1669 = NJW-RR 2003, 620 = WRP 2003, 521 = GRUR 2003, 332 – Abschlussstück; BGH NJW-RR 2002, 1617 (LS) = GRUR 2002, 809 = WRP 2002, 985 – Frühstücksdrink I; BGH WRP 2002, 987 = GRUR 2002, 814 – Festspielhaus; OLG Frankfurt, NJW-RR 2003, 263 – Gelbe Seiten

[645] BGHZ 153, 131 = NJW 2003, 1669 = NJW-RR 2003, 620 = WRP 2003, 521 = GRUR 2003, 332 – Abschlussstück; BGH WRP 2002, 987 = GRUR 2002, 814 - Festspielhaus; BGH NJW-RR 2000, 856 = GRUR 2000, 506 = WRP 2000, 535 - ATTACHÉ/TISSERAND

[646] Althammer/Ströbele/Klaka, MarkenG, § 8 Rdziff. 164; Ströbele/Hacker, MarkenG, § 14 Rdziff. 67 ff.

[647] OLG Frankfurt, NJW-RR 2003, 263 – Gelbe Seiten

[648] Zum Meta-Tagging auch Rohlfing in: Riekhof (Hrsg.), E-Branding-Stra-tegien, S. 57 (71); OLG Düsseldorf, MMR 2004, 257; OLG Düsseldorf, NJW-RR 2003, 328 (Verwendung unzutreffender Meta-Tags ist nicht wettbewerbswidrig); OLG Hamburg, NJWE WettbR 2000, 264 = WRP 2000, 775 - Hanseatic

[649] OLG Köln, NJW 2003, 518 – Anwalt-Suchservice

zwischen den betroffenen Waren und dem Markeninhaber besteht.[650] Für den insoweit extensiv auszulegenden Begriff „im geschäftlichen Verkehr" bedarf es weder einer Gewinnerzielungsabsicht noch der Verfolgung eines Erwerbszweckes; vielmehr fällt jede selbständige, wirtschaftlichen Zwecken dienende Tätigkeit darunter, die nicht rein privates, amtliches oder geschäftsinternes Verhalten ist.[651] Ein sog. „powerseller" handelt, auch wenn er keine konkreten Gewinne erzielt, regelmäßig „im geschäftlichen Verkehr". Das Verwalten und Registrieren eines Domain-Namens für einen Dritten ist mit dem Eintragen einer Marke bei dem DPMA vergleichbar und daher nicht als ein Benutzen der Domain-Namen „im geschäftlichen Verkehr" i. S. d. § 14 MarkenG anzusehen.[652]

Ausschließlichkeitsrecht bedeutet, dass der **Markeninhaber andere Personen von der (Be-) Nutzung der Marke ausschließen** kann und zu diesem Zweck bestimmte Unterlassungs-, Schadensersatz- bzw. Auskunftsansprüche geltend machen und auch ggf. die Löschung einer Marke beanspruchen kann.

Markenrechtliche Auseinandersetzungen bzw. die Reichweite des dem Markeninhaber zustehenden Ausschließlichkeitsrechts treten auch bei sog. **Gleichnamigkeitskonflikten** im Zusammenhang mit Internet-Domain-Namen auf, und zwar insbesondere dann, wenn beide Parteien eine Webadresse beanspruchen, indessen den gleichen Namen führen, wobei eine Partei eine Privatperson und die andere Partei ein bekanntes Unternehmen ist, die Privatperson den Domain-Namen indessen zuerst für sich hat reservieren lassen.

Beispiel 35:[653]

Im Jahre 1996 wollte die Fa. Deutsche Shell GmbH die Internetadresse „shell.de" bei der DENIC für sich reservieren lassen. Es stellte sich indessen heraus, dass diese Adresse bereits für die Privatperson Andreas Shell registriert wurde, der unter der Domain „shell.de" im Nebenberuf ein Unternehmen betrieb, das u.a. Übersetzungen sowie die Erstellung von Pressetexten anbietet. Die unter dieser Adresse gestaltete Homepage war in den Farben rot und gelb gehalten, mit denen er auf sein Unternehmen hinwies. Während des Berufungsverfahrens gab Herr Shell eine strafbewehrte Unterlassungserklärung dahingehend ab, dass er das Zeichen „shell.de" als Domain-Namen im Internet nicht mehr im geschäftlichen Verkehr

---

650 EuGH GRUR 2003, 55 - Arsenal; EuGH WRP 1999, 407 – BMW; BGH NJW-RR 2004, 765 - GeDIOS

651 Ingerl/Rohnke, Markengesetz, § 14 Rdziff. 48 ff.

652 BGHZ 148, 13 = NJW 2001, 3265 = WRP 2001, 1305 = GRUR 2001, 1038 - ambiente.de; OLG Hamburg, GRUR-RR 2003, 332

653 BGHZ 149, 191 = NJW 2002, 2031 = WRP 2002, 694 = GRUR 2002, 622 = MMR 2002, 382 - shell.de; vgl. auch dazu Berlit, Markenrecht, Rdziffn. 52 a, 189, 194, 243 a, 257 sowie die Anm. von Körner, NJW 2002, 3442; Pahlow, WRP 2002, 1228

benutzen würde. Eine entsprechende Änderung der Homepage hatte er vorgenommen. Der kennzeichenrechtliche Schutz, so der BGH, aus §§ 15, 5 MarkenG geht in seinem Anwendungsbereich grundsätzlich dem Namensschutz aus § 12 BGB vor. Bereits die Registrierung und nicht erst die Benutzung eines fremden Unternehmenskennzeichens als Domain-Name im nicht geschäftlichen Verkehr stellt einen unbefugten Namensgebrauch nach § 12 BGB dar. Wenn ein Nichtberechtigter ein bekanntes Kennzeichen im Domain-Namen im geschäftlichen Verkehr verwendet, so liegt darin eine Beeinträchtigung der Kennzeichnungskraft des bekannten Zeichens gem. § 14 Abs. 2 Ziff. 3 MarkenG bzw. § 15 Abs. 3 MarkenG. Wenn mehrere berechtigte Namensträger für einen Domain-Namen in Betracht kommen, führt die in Fällen der Gleichnamigkeit gebotene Abwägung der sich gegenüberstehenden Interessen im Allgemeinen dazu, dass es mit der Priorität der Registrierung sein Bewenden hat (first come, first served). Lediglich dann, wenn einer der beiden Namensträger eine überragende Bekanntheit genießt und der Verkehr seinen Internet-Auftritt unter diesem Namen erwartet, der Inhaber des Domain-Namens dagegen kein besonderes Interesse gerade an dieser Internet-Adresse dartun kann, kann der Inhaber des Domain-Namens verpflichtet sein, seinem Namen in der Internet-Adresse einen unterscheidenden Zusatz beizufügen. Dem Berechtigten steht im Übrigen gegenüber dem nicht berechtigten Inhaber eines Domain-Namens kein Anspruch auf Überschreibung, sondern lediglich ein Anspruch auf Löschung des Domain-Namens zu.

In der Entscheidung „**Vossius**" hat der BGH dem Beklagten (Vossius) untersagt, im geschäftlichen Verkehr die Domain „vossius.de" zu verwenden, wenn nicht auf der ersten sich öffnenden Seite darüber aufgeklärt werde, dass es sich nicht um die Homepage des anderen Namensträgers handle. Hintergrund des Rechtsstreits war der Ausstieg des beklagten Rechtsanwalts aus der von u. a. von ihm betriebenen Kanzlei mit Namen Vossius & Partner.[654]

Nach der jüngsten Rechtsprechung des BGH kann der Träger eines bürgerlichen Namens (Werner **Maxem**) gegenüber einem Dritten, der denselben Namen als Aliasnamen für seine Internetpräsenz verwendet, beanspruchen, dass dieser den Namen nicht als Internet-Adresse benutzt.[655]

Ungeachtet der vorstehenden Ausführungen muss aber noch einmal darauf hingewiesen werden, dass die Anwendung des § 14 Abs. 2 Ziff. 2 MarkenG in jedem Fall eine **markenmäßige Nutzung** der angegriffenen Angaben voraussetzt. Es muss also stets

---

[654] BGH NJW 2002, 2096 = WRP 2002, 691 = GRUR 2002, 707 - Vossius
[655] BGHZ 155, 273 = NJW 2003, 2978 = WRP 2003, 1215 = GRUR 2003, 897 - Maxem

geprüft werden, ob die in Rede stehende Bezeichnung zur Unterscheidung von Waren oder Dienstleistungen als solche eines bestimmten Unternehmens, also als Marke, benutzt wird oder ob die Verwendung zu anderen Zwecken erfolgt.[656] Eine Markenbenutzung im Sinne einer Verletzungshandlung setzt folglich voraus, dass sie jedenfalls im Rahmen des Produkt- oder Leistungsabsatzes auch der Unterscheidung der Waren/Dienstleistungen eines Unternehmens von denen anderer Unternehmen dient. Liegen diese nicht vor, so fehlt es jedenfalls an der Grundvoraussetzung für die Annahme einer Markenverletzung i. S. v. § 14 Abs. 2 Ziff. 2 MarkenG. Eine markenmäßige Nutzung liegt z. B. **nicht** vor, wenn der Anbieter eines juristischen Informationsdienstes auf einer Internetseite die angegriffene Bezeichnung (Anwalt Suchservice) als Link oder im Quelltext von Internetseiten das Meta-Tag[657] „Anwaltssuchservice" benutzt. Dabei kommt im Dienstleistungsbereich „juristischer Informationsservice" dem Wortbestandteil „Anwalt-Suchservice" keine Kennzeichnungskraft und damit kein prägender Einfluss auf ein Gesamtzeichen zu.[658]

Bei der Beurteilung, ob eine **markenmäßige Nutzung (Herkunftshinweis)** vorgenommen wurde, ist ggf. die **besondere Formgebung der Ware zu berücksichtigen**. Der Verkehr wird die Formgestaltung einer Ware regelmäßig nicht in gleicher Weise wie Wort- und Bildmarken als Herkunftshinweis auffassen, weil es zunächst um die funktionelle und ästhetische Ausgestaltung der Ware selbst geht.[659] Die für Spirituosen eingetragene Wortmarke „Absolut" wird in der Regel nicht markenmäßig benutzt, wenn in der Werbung für eine bekannte Zigarette deren Name mit dem Begriff „absolut" verbunden wird (hier: „Absolut Luckies").

Mitunter kollidieren **verschiedene Schutzrechte** von Wettbewerbern; wenn z. B. ein **Geschmacksmusterrecht** für eine bestimmte Bärenform, die u. a. für „Schokobärchen" eingesetzt wird, eingetragen worden ist, kann dies gleichwohl das (später eingetragene) **Markenrecht** eines Mitbewerbers verletzen. Eine Warenform kann also einerseits eigentümlich i. S. d. § 1 Abs. 2 GeschmMG sein und gleichwohl dem Benutzungsverbot des § 14 Abs. 2 Ziff. 2 MarkenG unterliegen.[660]

---

656 BGH NJW-RR 2003, 1483 - AntiVir/AntiVirus; BGHZ 153, 131 = NJW 2003, 1669 = NJW-RR 2003, 620 = WRP 2003, 521 = GRUR 2003, 332 - Abschlussstück; BGH NJW-RR 2002, 1617 = WRP 2002, 985 = GRUR 2002, 809 - Frühstücks-Drink I; BGH GRUR 2002, 814 = WRP 2002, 987 - Festspielhaus; EuGH WRP 1999, 407 - BMW/Deenik; OLG Köln, NJW 2003, 518
657 Zu der Frage, ob markenrechtliche Ansprüche gegen die unsichtbare Verwendung von Programmierungen in Quelldateien bestehen können, vgl. OLG Hamburg, NJWE WettbR 2000, 264 = WRP 2000, 775 - Hanseatic
658 OLG Köln, NJW 2003, 518
659 BGHZ 153, 131 = NJW 2003, 1669 = NJW-RR 2003, 620 = WRP 2003, 521 = GRUR 2003, 332 – Abschlussstück
660 BGH GRUR 2003, 519 - Knabberbärchen

b.   Verwechslungsgefahr (§ 14 Abs. 2 Ziff. 2 MarkenG)

Die Frage der Verwechslungsgefahr ist unter **Berücksichtigung aller Umstände des Einzelfalls** umfassend zu beurteilen. Dazu gehören insbesondere die zueinander in einer Wechselbeziehung stehenden drei Beurteilungselemente[661]

- Identität/Ähnlichkeit der in Frage stehenden Waren,

- Identität/Ähnlichkeit der Marken,

- Kennzeichnungskraft der Klagemarke.

Dabei kann der Annahme des Verkehrs, die angegriffene Bezeichnung sei ein Personenname, unterschiedliche Bedeutung zukommen.[662] Die Verwechslungsgefahr zwischen einer an eine freihaltebedürftige Sachangabe angelehnten Klagemarke und der als Marke benutzten Sachangabe („**AntiVirus**") kann im Einzelfall zu verneinen sein.[663]

Die Frage der **Verwechslungsfähigkeit** führt verständlicherweise zu einem bunten Strauß von Fallgestaltungen. So besteht z. B. zwischen der für Personaldienstleistungen eingetragenen Wortmarke „JOB SCOUT" und der Domain „cityscout.de" mit Tipps für Restaurants und Veranstaltungen keine Verwechslungsgefahr. Vielmehr ist die Marke „JOB SCOUT" nur schwach kennzeichnend, weil jeder einzelne Wortbestandteil beschreibend ist und Kennzeichnungskraft nur aus beiden Wortbestandteilen (Gesamteindruck) zu erreichen ist. Der identische Bestandteil „scout" ist dabei nicht den Gesamteindruck prägend, weshalb es an der hinreichenden Zeichenähnlichkeit fehlt, zumal wegen schwacher Kennzeichnungskraft ohnehin eine starke Zeichenähnlichkeit erforderlich wäre.[664] Ist dem Verkehr im Bereich der Telekommunikation der Begriff „online" wie auch die Marke „T-Online" bekannt, kann dadurch auch die für die Beurteilung der Verwechslungsgefahr maßgebliche Sprechweise eines anderen Zeichens auf demselben Geschäftsbereich („DONLINE") beeinflusst sein.[665] Im Übrigen hat der Verkehr auch keinen Anlass, die u. a. für Waren und Dienstleistungen auf dem Gebiet der Datenverarbeitung eingetragene Marke „medAS" zergliedert wie „med" „AS" auszusprechen und in einem sich daraus ergebenden Sinn zu verstehen; folglich liegt eine Verwechslungsgefahr zu der Marke „MIDAS" nahe.[666]

---

[661] BGH NJW 2005, 601 – Das Telefon-Sparbuch; BGH NJW 2003, 1869 = GRUR 2003, 440 = WRP 2003, 644 – Winnetous Rückkehr; BGHZ 147, 56 = NJW 2002, 372 = GRUR 2001, 1050 - Tagesschau; BGH WRP 1999, 523 = GRUR 1999, 492 - Altberliner; BGH WRP 1997, 1093 = GRUR 1997, 468 - NetCom

[662] BGH NJW-RR 2003, 1546 - Kelly

[663] BGH NJW-RR 2003, 1483 - AntiVir/AntiVirus

[664] LG Hamburg, MMR 2003, 128 - SCOUT; ebenso LG Düsseldorf, MMR 2003, 342 für den Namensbestandteil „Schülerhilfe"

[665] BGH NJW-RR 2004, 550 = GRUR 2004, 239 = MMR 2004, 158 - DONLINE

[666] BGH NJW-RR 2004, 548 = GRUR 2004, 240 - MIDAS/medAS

Dabei darf in diesem Zusammenhang auf die sog. **Wechselwirkungslehre** hingewiesen werden. Zwischen den dargestellten, die Verwechslungsgefahr bestimmenden Faktoren besteht eine Wechselbeziehung dergestalt, dass der Ähnlichkeitsgrad umso geringer sein kann, je größer die Kennzeichnungskraft und/oder die Waren- oder Dienstleistungsnähe ist, während umgekehrt ein höherer Ähnlichkeitsgrad erforderlich ist, wenn die Kennzeichnungskraft der Klagemarke nur schwach und/oder der Waren- bzw. Dienstleistungsabstand erheblich ist.[667]

Nach Ansicht des OLG Köln begründen die Worte „**Lotto Team**" und „**Lottoteam**" als Bezeichnungen bzw. als Second-Level-Domain-Namen der gewerblichen Organisationen von Spielgemeinschaften, die am Lottospiel des Deutschen Toto- und Lottoblocks teilnehmen, die **Gefahr von Verwechslungen** mit deren eingetragener Wortmarke „**LOTTO**".[668]

Nach Auffassung des KG besteht zwischen der für Motorradhelme u. ä. eingetragenen Wortmarke „**Bandit**" einerseits und einem unter der Domain „**bandit.de**" geführten Informationsmagazin und Katalog mit Webadressen mit Bezug zu diesem Begriff **keine Verwechslungsgefahr**.[669] Es besteht hingegen Verwechslungsgefahr zwischen der schlagwortartig verkürzt für einen in Niedersachsen betriebenen und Bremen ebenso abdeckenden Radiosender benutzten Bezeichnung „Antenne" einerseits und der prioritätsjüngeren Radiosenderbezeichnung „Antenne Bremen – wir von hier" andererseits.[670]

Soweit es die Frage der **Verwechslungsfähigkeit zwischen einer Marke** einerseits **und einer Internet- sowie einer E-Mail-Adresse** andererseits anbelangt, ist vor allem zu berücksichtigen, dass die Beteiligten am Internetkommunikationsverkehr sehr genau zwischen den Schreibweisen der einzelnen Adressaten zu differenzieren wissen. Nach Ansicht des LG Hamburg besteht zwischen der Firma bzw. dem Firmenschlagwort „**PubliKom**" einerseits bzw. der Internetadresse „**www.public-com.de**" und der E-Mail-Adresse „**@public-com.de**" andererseits keine Verwechslungsgefahr.

---

[667] BGH NJW-RR 2004, 1268 – EURO 2000; BGH NJW-RR 2004, 1042 = GRUR 2004, 594 – Ferrari-Pferd; BGHZ 156, 112 = NJW-RR 2004, 130 = WRP 2003, 1431 = GRUR 2003, 1040 - Kinder; BGH NJW 2004, 600 = GRUR 2004, 235 - Davidoff II; BGH NJW-RR 2004, 765 = WRP 2004, 357 = GRUR 2004, 241 – GeDIOS; BGH WRP 2003, 647 = GRUR 2003, 428 - BIG BERTHA; BGHZ 153, 131 = NJW 2003, 1669 = NJW-RR 2003, 620 = WRP 2003, 521 = GRUR 2003, 332 - Abschlussstück; BGH NJW-RR 2003, 1546 - Kelly; BGH NJW-RR 2003, 1483 - AntiVir/AntiVirus; BGH NJW 2002, 1407 = WRP 2002, 705 = GRUR 2002, 626 - IMS; BGH GRUR 2002, 814 = WRP 2002, 987 - Festspielhaus; BGH GRUR 2002, 65 - Ichthynol; BGH NJW-RR 2002, 610 = GRUR 2002, 342 = WRP 2002, 326 - ASTRA/ESTRA-PUREN; BGH GRUR 2002, 1067 = WRP 2002, 1152 - DKV/OKV; BGH WRP 2001, 1315 = GRUR 2002, 171 - Marlboro-Dach; BGH WRP 2001, 41 = GRUR 2001, 158 - Drei-Streifen-Kennzeichnung; BGH WRP 2000, 1142 = GRUR 2000, 875 - Davidoff; BGH NJW-RR 2000, 1485 = GRUR 2000, 888 = WRP 2000, 631 - MAG-LITE; EuGH GRUR 1998, 387 - Springende Raubkatze; OLG Frankfurt, NJW-RR 2003, 330
[668] OLG Köln, MMR 2003, 114
[669] KG NJW-RR 2003, 1407 = MMR 2003, 119
[670] OLG Braunschweig, OLG-Report 2001, 53

Dies gilt selbst dann, wenn die beiden, um die Verwechslungsgefahr der vorgenannten Begriffe bzw. Anschriften streitenden Parteien bundesweit tätig sind und deswegen eine geografische Überschneidung anzunehmen ist. Denn die Bezeichnungen sind nicht hinreichend unterschiedlich, um eine Verwechslung der Unternehmen auszuschließen.[671]

Die Verwendung einer Grußbotschaft des allgemeinen Sprachgebrauchs („schön, dass es dich gibt") auf einer mit Schokolade gefüllten Grußkarte verletzt nicht die für Schokolade geschützte Marke **„merci, dass es dich gibt"**.[672]

Dem Wortbestandteil „Kinder" einer farbigen Wort-/Bildmarke fehlt für die Ware „Schokolade" wegen der ausschließlichen Beschreibung der Abnehmerkreise jegliche Unterscheidungskraft; dieser Wortbestandteil kann daher aus Rechtsgründen keine Prägung des Gesamteindrucks der Wort-/Bildmarke bewirken.[673]

Zwischen der Marke **„Kleiner Feigling"** und der Bezeichnung **„Frechling"** besteht keine Verwechslungsgefahr.[674] Bei dem aus Buchstabenkombinationen bestehenden Marken **„d-c-fix"** bzw. **„CD-FIX"** hingegen wurde vom BGH eine Verwechslungsgefahr (auch wegen der Warenähnlichkeit) bejaht.[675] Zwischen der geschäftlichen Bezeichnung **„Leysieffer"** für ein Confiseriegeschäft in einer norddeutschen Stadt und der Firma **„Leysieffer & Co. Nachf."** für eine Weinhandlung am Rhein, die ihren Wein bundesweit absetzt, besteht - wegen älteren Zeitranges der zweitgenannten Bezeichnung - keine Verwechslungsgefahr.[676]

Während § 14 MarkenG dem Inhaber einer **Marke** ausschließliche Rechte und die daraus resultierenden Ansprüche zugesteht, sieht § 15 MarkenG einen entsprechenden Schutz für den Inhaber einer **geschäftlichen Bezeichnung** vor. Dritten Personen ist es folglich untersagt, die geschäftliche Bezeichnung oder ein ähnliches Zeichen im geschäftlichen Verkehr unbefugt in einer Weise zu benutzen, die geeignet ist, Verwechslungen mit der geschützten Bezeichnung hervorzurufen, § 15 Abs. 2 MarkenG. Sowohl in § 14 Abs. 2 als auch in § 15 Abs. 2 MarkenG kommt es also im Wesentlichen auf den Begriff der Verwechslungsgefahr an. Dazu heißt es in den Erwägungsgründen der Markenrechtsrichtlinie:[677]

> „Zweck des durch die eingetragene Marke gewährten Schutzes ist es, insbesondere die Herkunftsfunktion der Marke zu gewährleisten; dieser Schutz ist absolut im Falle der Identität zwischen der Marke und dem Zeichen und

---

[671] LG Hamburg, MMR 2003, 127; weiterführend zu dem Bereich der Domains Schreibauer/Mulch, WRP 2002, 886 sowie Pahlow, WRP 2002, 1228

[672] OLG Hamburg, GRUR-RR 2004, 15

[673] BGHZ 156, 112 = NJW-RR 2004, 130 = WRP 2003, 1431 = GRUR 2003, 1040 - Kinder

[674] BGH NJW-RR 2004, 1114 – Kleiner Feigling

[675] BGH NJW-RR 2004, 1116 – d-c-fix/CD-FIX

[676] BGH NJW-RR 2004, 1112 - Leysieffer

[677] Erste Richtlinie des Rates zur Angleichung der Rechtsvorschriften der Mitgliedstaaten über die Marken (89/164/EWG) vom 21.12.1988 (ABl. EG 1989 Nr. L 40/1)

zwischen den Waren oder Dienstleistungen. Der Schutz erstreckt sich ebenfalls auf Fälle der Ähnlichkeit von Zeichen und Marke und der jeweiligen Waren oder Dienstleistungen. Es ist unbedingt erforderlich, den Begriff der Ähnlichkeit im Hinblick auf die Verwechslungsgefahr auszulegen. Die Verwechslungsgefahr stellt die spezifische Voraussetzung für den Schutz dar; ob sie vorliegt, hängt von einer Vielzahl von Umständen ab, insbesondere dem Bekanntheitsgrad der Marke im Markt, der gedanklichen Verbindung, die das benutzte oder eingetragene Zeichen zu ihr hervorrufen kann, sowie dem Grad der Ähnlichkeit zwischen der Marke und dem Zeichen und zwischen den damit gekennzeichneten Waren oder Dienstleistungen. Bestimmungen über die Art und Weise der Feststellung der Verwechslungsgefahr, insbesondere über die Beweislast, sind Sache nationaler Verfahrensregeln, die von der Richtlinie nicht berührt werden."

Für die Frage der **Verwechslungsgefahr** ist nach Ansicht des BGH grundsätzlich von einem **Gesamteindruck** auszugehen. Das wiederum bedeutet, dass zunächst einmal der markenrechtliche Schutz von der Gestaltung der Marke auszugehen hat, wie sie eingetragen ist, und eine Ähnlichkeit mit einer anderen Marke nur in deren konkreter Verwendung festgestellt werden kann. Der Schutz eines aus einem Kombinationszeichen herausgelösten (Wort- oder Bild-) Elements ist dem Markenrecht fremd. Gleichermaßen ist es nach Ansicht des BGH auch verwehrt, aus der angegriffenen Bezeichnung ein Element herauszulösen und dessen Übereinstimmung mit dem Klagezeichen festzustellen. Andererseits - so der BGH - verbietet es sich nicht, einem einzelnen Bestandteil eine besondere, das Gesamtzeichen prägende Kennzeichnungskraft zuzumessen und deshalb bei einer Übereinstimmung des Drittzeichens mit dem so geprägten Gesamtzeichen eine Verwechslungsgefahr im kennzeichenrechtlichen Sinne anzunehmen. Dies ist dann der Fall, wenn der übereinstimmende Teil in dem Gesamtzeichen eine selbständig kennzeichnende Stellung hat und nicht derart in den Hintergrund tritt, dass er durch Hinzufügen in das Gesamtzeichen seine Eignung verliert, die Erinnerung an dieses wachzurufen.[678] Ist durch den BGH damit festgestellt worden, dass grundsätzlich bei der Frage der Verwechslungsgefahr eine parzellierende Betrachtungsweise nicht angezeigt ist, so soll nach Ansicht des Gerichts für die Frage der Verwechslungsgefahr davon auszugehen sein, dass der Verkehr die kollidierenden Kennzeichen regelmäßig nicht gleichzeitig wahrnimmt, sondern zeitlich versetzt; dies wiederum leitet zu der Überlegung über, dass der Verkehr seine Auffassung aufgrund eines Erinnerungseindrucks bildet. Diese rein assoziative Ver-

---

[678] BGH NJW-RR 2004, 1114 – Kleiner Feigling; BGH NJW-RR 2004, 1042 = GRUR 2004, 594 – Ferrari-Pferd; BGH NJW 2004, 600 = GRUR 2004, 235 - Davidoff II; BGH NJW-RR 2003, 3562 = WRP 2003, 1228 = GRUR 2003, 880 - City Plus; BGHZ 153, 131 = NJW 2003, 1669 = NJW-RR 2003, 620 = WRP 2003, 521 = GRUR 2003, 332 - Abschlussstück; BGH NJW-RR 2002, 610 = GRUR 2002, 342 = WRP 2002, 326 - ASTRA/ESTRA-PUREN; BGH NJW 1996, 744 = WRP 1997, 443 = GRUR 1996, 198 - Springende Raubkatze; BGH NJW-RR 2001, 1192 = WRP 2001, 165 = GRUR 2001, 164 - Wintergarten; BGH NJW-RR 2000, 1202 = WRP 2000, 529 = GRUR 2000, 608 - ARD 1

knüpfung zweier Marken wird allerdings durch den EuGH, der sich ebenfalls mit der „**springenden Raubkatze**" zu beschäftigen hatte, abgelehnt. Wenn eine ältere Marke keine besondere Verkehrsgeltung hat und bloß aus einem Bild besteht, welches wenig verfremdende Phantasie aufweist, reicht nach Ansicht des EuGH die bloße Ähnlichkeit in der Bedeutung nicht aus, um eine Verwechslungsgefahr zu begründen. Die rein assoziative gedankliche Verbindung, die der Verkehr über die Übereinstimmung des Sinngehalts zweier Marken zwischen diesen herstellen könnte, reicht nicht für die Annahme einer Verwechslungsgefahr aus.[679]

Maßgeblich für die **Verwechslungsgefahr zweier Zeichen** ist das Zusammenwirken bzw. die Wechselwirkung zwischen der Kennzeichnungskraft und Bekanntheit der Marke des Anspruchstellers, der Ähnlichkeit der Waren oder Dienstleistungen und der Ähnlichkeit der Zeichen.[680] Die Wortmarke „Gelbe Seiten" hat wegen ihrer großen Bekanntheit eine überdurchschnittliche Kennzeichnungskraft und hat sich bereits seit vielen Jahren im Verkehr durchgesetzt.[681] Trotz des Gesamteindrucks bei einer zusammengesetzten und aus mehreren Elementen bestehenden Marke kann durchaus einem bestimmten Markenbestandteil eine besonders prägende Kraft zukommen, sodass ggf. bei der Frage der Verwechslungsgefahr zu einer anderen Marke auf eben diesen **prägenden Bestandteil** abzustellen ist.[682] Dabei trifft es im Ausgangspunkt zu, dass für den Gesamteindruck einer Wort-/Bildmarke in der Regel der Wortbestandteil maßgeblich ist, weil er regelmäßig für den Verkehr die einfachste Bezeichnungsform darstellt.[683]

c.   Zeichenähnlichkeit (§ 14 Abs. 2 Ziff. 3 MarkenG)

Nach der Bestimmung des § 14 Abs. 2 Ziff. 3 MarkenG, die Art. 5 Abs. 2 der Markenrechtslinie umsetzt, liegt eine Markenverletzung auch dann vor, wenn ein mit der Marke identisches oder ähnliches Zeichen für Waren/Dienstleistungen benutzt wird, die nicht denen ähnlich sind, für die die Marke Schutz genießt, wenn es sich bei der Marke um eine im Inland bekannte Marke handelt und die Benutzung des Zeichens die Unterscheidungskraft oder die Wertschätzung der bekannten Marke ohne rechtfertigenden Grund in unlauterer Weise ausnutzt oder beeinträchtigt.

---

[679] EuGH NJW 1998, 741 = WRP 1998, 39 = GRUR 1998, 387 - Springende Raubkatze II
[680] BGHZ 153, 131 = NJW 2003, 1669 = NJW-RR 2003, 620 = WRP 2003, 521 = GRUR 2003, 332 - Abschlussstück; BGH NJW-RR 2002, 1202 = WRP 2000, 529 = GRUR 2000, 608 - ARD-1; BGH GRUR 2000, 875 - Davidoff; BGH NJW-RR 1998, 401 = WRP 1998, 755 = GRUR 1998, 475 - Nitrangin; EuGH NJW 1998, 741 = WRP 1998, 39 = GRUR 1998, 387 - Springende Raubkatze II; OLG Köln, NJW 2003, 518 - Anwalt-Suchservice
[681] OLG Frankfurt, NJW-RR 2003, 263 - Gelbe Seiten
[682] BGH NJW-RR 1999, 340 = WRP 1999, 189 = GRUR 1999, 238 - Tour de culture; OLG Köln, NJW 2003, 518 - Anwalt-Suchservice
[683] BGH NJW-RR 1996, 487 = WRP 1997, 453 = GRUR 1996, 267 - Aqua; Ingerl/Rohnke, Markengesetz, § 14 Rdziff. 400; zu einer Ausnahme vgl. KG, OLG-Report 2003, 321

Bei der Beurteilung der Zeichenähnlichkeit sind keine anderen Maßstäbe anzuwenden als bei der Prüfung dieses Tatbestandsmerkmals im Rahmen von § 14 Abs. 2 Ziff. 2 MarkenG.[684] Daher kann auf die obigen Ausführungen verwiesen werden.

3. Unterlassungs-, Schadensersatz-, Auskunfts- und Löschungsansprüche etc.

Wenn die Voraussetzungen des § 14 Abs. 2 MarkenG erfüllt sind, so ist es anderen Personen insbesondere untersagt,

- das Kennzeichen auf Waren oder ihrer Aufmachung oder Verpackung anzubringen,

- unter dem Kennzeichen Waren anzubieten, in den Verkehr zu bringen oder zu den genannten Zwecken zu besitzen,

- unter dem Zeichen Dienstleistungen anzubieten oder zu erbringen,

- unter dem Zeichen Waren einzuführen oder auszuführen,

- das Zeichen in Geschäftspapieren oder in der Werbung zu benutzen.

§ 14 Abs. 3 MarkenG regelt die vorgenannten Verbotstatbestände, die - wie der Hinweis auf das Wort „insbesondere" zeigt - allerdings keinen abschließenden Charakter haben.

Anderen Personen als dem Markeninhaber ist es insbesondere untersagt, ohne Zustimmung des Markeninhabers im geschäftlichen Verkehr

- ein mit der Marke identisches Zeichen oder ein ähnliches Zeichen auf Aufmachungen oder Verpackungen oder auf Kennzeichnungsmitteln wie Etiketten, Anhängern, Aufnähern oder dergleichen anzubringen,

- Aufmachungen, Verpackungen oder Kennzeichnungsmittel, die mit einem mit der Marke identischen Zeichen oder einem ähnlichen Zeichen versehen sind, anzubieten, in den Verkehr zu bringen oder zu den genannten Zwecken zu besitzen,

- Aufmachungen, Verpackungen oder Kennzeichnungsmittel, die mit einem mit der Marke identischen Zeichen oder einem ähnlichen Zeichen versehen sind, einzuführen oder auszuführen,

wenn die Gefahr besteht, dass die Aufmachungen oder Verpackungen zur Aufmachung oder Verpackung oder die Kennzeichnungsmittel zur Kennzeichnung von Wa-

---

[684] BGH NJW-RR 2004, 1042 = GRUR 2004, 594 – Ferrari-Pferd; BGH WRP 2000, 1142 = GRUR 2000, 875 – Davidoff I; Ingerl/Rohnke, Markengesetz, § 14 Rdziff. 823; Fezer, Markenrecht, § 14 Rdziff. 430

ren oder Dienstleistungen benutzt werden, hinsichtlich deren Dritten die Benutzung des Zeichens nach Maßgabe des § 14 Abs. 2 und Abs. 3 MarkenG untersagt wäre.

Nach Maßgabe des § 14 Abs. 5 MarkenG besteht, sofern die Voraussetzungen des § 14 Abs. 2 - 4 MarkenG vorliegen, ein Unterlassungsanspruch des Inhabers der Marke gegen den dieses Markenrecht nicht beachtenden Verletzer. Darüber hinaus statuiert § 14 Abs. 6 MarkenG einen Schadensersatzanspruch des Markeninhabers, falls die Markenrechtsverletzung vorsätzlich oder fahrlässig begangen worden sein sollte. Dieser Schaden kann auf der Grundlage folgender Berechnungsmethoden[685] realisiert werden:

> ➢ Berechnung des konkreten Schadens unter Einbeziehung des entgangenen Gewinns und ggf. Geldentschädigung, wenn und soweit die Herstellung des früheren Zustands nicht möglich ist

> ➢ Berechnung einer angemessenen Lizenzgebühr

> ➢ Berechnung in Gestalt des vom Verletzer durch den Eingriff erzielten Gewinns

Darüber hinaus kann der Verletzte häufig auch einen sog. **Marktverwirrungsschaden** geltend machen, dessen Ermittlung in Ermangelung entsprechender Anhaltspunkte durch gerichtliche Schätzung gem. § 287 ZPO erfolgt.[686]

Der Inhaber des verletzten Markenrechts kann also auch Herausgabe des von dem Verletzer erzielten Gewinns verlangen wobei es unerheblich ist, ob der Markeninhaber selbst in der Lage gewesen wäre, den Gewinn zu erzielen. Der Verletzte muss den Entgang eines eigenen Gewinns nicht beweisen.[687] In aller Regel nutzt dem Markenrechtsinhaber dieser Schadensersatzanspruch gegenüber dem Verletzer nichts, wenn er nicht in der Lage ist, den Verletzer zu Angaben über die Höhe des erzielten Gewinns zu veranlassen. Insoweit statuiert § 19 MarkenG einen **Auskunftsanspruch**, vermöge dessen der Markenrechtsinhaber dem Verletzer auf (unverzügliche) Auskunft über die Herkunft und den Vertriebsweg von widerrechtlich gekennzeichneten Gegenständen in Anspruch nehmen kann, es sei denn, dass dies im Einzelfall unverhältnismäßig sein sollte. Zum Zwecke der Auskunft hat dann der Verletzer Angaben über Namen und Anschrift des Herstellers, des Lieferanten und anderer Vorbesitzer, des gewerblichen Abnehmers oder des Auftraggebers sowie über die Menge der hergestellten, ausgelieferten, erhaltenen oder bestellten Gegenstände zu machen. Regelmäßig ist also über die Art, den Zeitpunkt und den Umfang der Rechtsverletzungen

---

685 BGH NJW 1966, 823 = DB 1966, 375 = GRUR 1966, 375 – Meßmer-Tee II
686 Dazu Berlit, Markenrecht, Rdziff. 261
687 Fezer, Markenrecht, § 14 Rdziff. 523

Auskunft zu erteilen.[688] Ggf. sind – zur Realisierung des Auskunftsanspruchs – auch Belege vorzulegen.[689]

Ungeachtet etwaiger Unterlassungs-, Schadensersatz- und/oder Auskunftsansprüche hat der Markeninhaber gegenüber dem Verletzer auch die Möglichkeit, von ihm zu verlangen, dass die im Besitz oder Eigentums des Verletzers befindlichen widerrechtlich gekennzeichneten Gegenstände vernichtet werden, es sei denn, dass der durch die Rechtsverletzung verursachte Zustand der Gegenstände auf andere Weise beseitigt werden kann und die Vernichtung für den Verletzer oder den Eigentümer im Einzelfall unverhältnismäßig ist, vgl. § 18 Abs. 1 MarkenG.

Ungeachtet der vorstehenden Ansprüche hat der Inhaber einer prioritätsälteren Marke gegenüber dem Inhaber einer prioritätsjüngeren Marke auch einen **Löschungsanspruch**, und zwar unter der Voraussetzung, dass die kollidierenden Marken identisch oder ähnlich sind und die jeweiligen, der Markenanmeldung zugrunde liegenden Waren- oder Dienstleistungsverzeichnisse identisch oder ähnlich sind, vgl. §§ 9 Abs. 1, 51 MarkenG. Wenngleich der Gesetzgeber den Begriff der Ähnlichkeit nicht geregelt hat, so greift der BGH - unter Bezugnahme auf die Rechtsprechung des EuGH -, insbesondere um eine Abgrenzung zur Verwechslungsgefahr vorzunehmen, auf alle erheblichen Faktoren zurück, die das Verhältnis zwischen den Waren kennzeichnen. Dazu gehören insbesondere die Art der Waren, ihr Verwendungszweck und ihre Nutzung sowie ihre Eigenart als miteinander konkurrierende oder einander ergänzende Waren.[690]

Neben die markenrechtlichen Unterlassungs- bzw. Schadensersatzansprüche tritt ein **ergänzender Schutz durch das Wettbewerbsrecht**. Neben Ansprüchen aus Markenrecht können Ansprüche aus § 3 UWG gegeben sein, wenn sie sich gegen ein wettbewerbswidriges Verhalten richten, das als solches nicht Gegenstand der markenrechtlichen Regelung ist, d. h. wenn der Unlauterkeitsvorwurf nicht im Kern einer kennzeichenrechtlichen Verletzungshandlung entspricht.[691] Dies gilt vor allem **in den Fällen der vermeidbaren Herkunftstäuschung bzw. sklavischen Übernahme von geschützten Gestaltungsformen**.[692]

688 BGH GRUR 1982, 420; BGH GRUR 1981, 286
689 BGH NJW-RR 2002, 1119 (1120, 1121) = WRP 2002, 947 (949) = GRUR 2002, 709 – Entfernung der Herstellungsnummer III
690 BGH NJW-RR 1999, 1128 = WRP 1999, 928 = GRUR 1999, 731 - Canon II
691 BGHZ 153, 131 = NJW 2003, 1669 = NJW-RR 2003, 620 = WRP 2003, 521 = GRUR 2003, 332 – Abschlussstück; BGH NJW 2002, 372 = WRP 2001, 1320 = GRUR 2002, 167 - Bit/Bud
692 BGH NJW 2004, 600 = GRUR 2004, 235 – Davidoff II; BGH GRUR 2003, 973 – Tupperwareparty; BWRP 1998, 1181 = GRUR 1999, 161 – MacDog; GHZ 138, 349 = NJW 1998, 3781

V.   Schranken des Markenschutzes

Der Schutz, der dem Markeninhaber durch das MarkenG vermittelt wird, gilt nicht unbegrenzt und schrankenlos. Vielmehr bestehen zahlreiche Schranken, die das Gesetz in §§ 20 - 26 MarkenG regelt.

1.   Verjährung und Verwirkung

§ 20 MarkenG regelt die zivilrechtliche **Verjährung** markenrechtlicher Ansprüche, indem in § 20 S. 1 MarkenG auf die entsprechenden Bestimmungen des BGB verwiesen wird, wobei im Hinblick auf das Schuldrechtsmodernisierungs-Gesetz die Übergangsvorschrift des § 165 Abs. 3 MarkenG iVm Art. 229 § 6 EGBGB zu beachten ist. Im Wesentlichen unterliegen dann die kennzeichenrechtlichen Ansprüche §§ 14 - 19 MarkenG einer Verjährung von drei Jahren, wobei diese Verjährungsfrist erst ab dem Zeitpunkt der Kenntnisnahme von der Markenverletzung und der Person des Verletzers zu laufen beginnt. Die Einrede der Verjährung muss im gerichtlichen Verfahren ausdrücklich erhoben werden; sie geht fehl, wenn sie (entgegen § 531 ZPO) erst im Berufungsverfahren vorgebracht wird.[693]

Unabhängig von der in § 20 MarkenG normierten Verjährungsfrist kennzeichenrechtlicher Ansprüche besteht aber auch die Möglichkeit der sog. **Verwirkung**. Die markengesetzliche Verwirkung nach § 21 MarkenG unterscheidet sich von der „normalen" zivilrechtlichen Verwirkung. Nach Maßgabe des § 21 MarkenG hat der Markeninhaber nicht das Recht, die Benutzung einer eingetragenen Marke mit jüngerem Zeitrang zu untersagen, soweit die Benutzung der Marke während eines Zeitraums von fünf aufeinander folgenden Jahren in Kenntnis dieser Benutzung geduldet hat, es sei denn, dass die Anmeldung der prioritätsjüngeren Marke bösgläubig vorgenommen worden ist.[694] Entsprechendes gilt für Benutzungs- bzw. Notorietätsmarken.

Unabhängig von der an einen festen Zeitraum von fünf Jahren geknüpften markenrechtlichen Verwirkung des § 21 MarkenG ist aber auch die Anwendung allgemeiner Grundsätze über die Verwirkung von Ansprüchen möglich, vgl. § 21 Abs. 4 MarkenG. Das wiederum bedeutet, dass dem Verletzer unter Umständen auch bereits vor Ablauf des 5-Jahres-Zeitraumes der Einwand der Verwirkung gem. § 242 BGB zusteht, und zwar dann, wenn die Rechtsverfolgung so spät einsetzt, dass der Verletzer, der inzwischen einen wertvollen und schutzwürdigen Besitzstand an der angegriffenen Bezeichnung erlangt hat, aufgrund des Verhaltens des Berechtigten annehmen durfte, dieser erlaube oder dulde die Benutzung der Bezeichnung, und wenn deshalb auch

---

[693] KG GRUR-RR 2003, 310; OLG Oldenburg, NJW 2002, 3356

[694] Vgl. zur Verwirkung im Markenrecht auch BGHZ 146, 217 = WRP 2001, 416 = GRUR 2001, 323 - Temperatur-Wächter sowie OLG Frankfurt, NJW-RR 2003, 330

unter Würdigung aller sonstigen Umständen des konkreten Einzelfalles die verspätete Rechtsverfolgung gegen Treu und Glauben verstößt.[695]

2. Bestandskraft prioritätsjüngerer Marken

Eine Schranke des Rechtsschutzes einer prioritätsälteren Marke oder einer prioritätsälteren geschäftlichen Bezeichnung stellt die **Bestandskraft** einer prioritätsjüngeren Marke dar. Bestandskräftig ist eine prioritätsjüngere eingetragene Marke, wenn ein Antrag auf Löschung der Eintragung der prioritätsjüngeren Marke zurückgewiesen worden ist oder aber zurückzuweisen wäre, § 22 Abs. 1 Ziff. 1, 2 MarkenG. Rechtsfolge einer solchen Bestandskraft einer prioritätsjüngeren eingetragenen Marke ist es dann, dass dem Inhaber der prioritätsälteren Marke keine Nutzungsuntersagungs- oder anderweitige kennzeichenrechtliche Ansprüche zustehen. Entsprechendes gilt dann auch für den Inhaber der prioritätsjüngeren Marke gegenüber dem Inhaber der prioritätsälteren Marke.

3. Benutzung von Namen und beschreibenden Angaben; Ersatzteilgeschäft (Drittgebrauch)

Im Interesse einer freien Benutzung bestimmter Bezeichnungen sowie der Benutzung zu bestimmten Zwecken ist in § 23 MarkenG eine weitere Schranke statuiert. Der Inhaber einer Marke oder einer geschäftlichen Bezeichnung hat **nicht** das Recht, einem Dritten zu untersagen, im geschäftlichen Verkehr

> - dessen Namen oder Anschrift zu benutzen,

> - ein mit der Marke oder der geschäftlichen Bezeichnung identisches Zeichen oder ein ähnliches Zeichen als Angabe über Merkmale oder Eigenschaften von Waren oder Dienstleistungen, wie insbesondere ihre Art, ihre Beschaffenheit, ihre Bestimmung, ihren Wert, ihre geografische Herkunft oder die Zeit ihrer Herstellung oder ihrer Erbringung, zu benutzen oder

> - die Marke oder die geschäftliche Bezeichnung als Hinweis auf die Bestimmung einer Ware, insbesondere als Zubehör oder Ersatzteil oder einer Dienstleistung zu benutzen, soweit die Benutzung dafür notwendig ist,

sofern die Benutzung nicht gegen die guten Sitten verstößt. Die Verwendung der Bezeichnung „**Gelbe Seiten**" genießt als Wortmarke Schutz vor Rufausbeutung und kann nicht als (i. S. d. § 23 MarkenG beschreibendes) Synonym für die Bezeichnung „Branchenbuch" verwendet werden.[696] Die Bezeichnung „**Feldenkrais**" ist als beschreibende Angabe im Bereich der Bewegungstherapie anzusehen. Sie dient zur Un-

---

[695] Fezer, Markenrecht, § 21 Rdziff. 24; Berlit, Markenrecht, Rdziff. 273 ff.; Ingerl/Rohnke, Markengesetz, § 21 Rdziff. 43 ff.
[696] OLG Frankfurt, NJW-RR 2003, 263 – Gelbe Seiten

terscheidung von anderen Therapiemöglichkeiten, die mit der von Moshe Feldenkrais begründeten Methode zur Verbesserung der Körperwahrnehmung nichts zu tun haben. Die Bezeichnung „Feldenkrais" hat daher beschreibenden Charakter i. S. d. § 23 Ziff. 2 MarkenG.[697]

4.   Erschöpfungsgrundsatz

Die Marken- bzw. Zeichenrechte unterliegen dem sog. Erschöpfungsgrundsatz. Die Erschöpfung tritt ein, wenn der Rechtsinhaber Waren unter diesen Kennzeichen in den Verkehr bringt, wobei Territorium des Inverkehrbringens die Bundesrepublik Deutschland, die übrigen Mitgliedstaaten der EU sowie die anderen Vertragsstaaten des Abkommens über den Europäischen Wirtschaftsraum sind; ist unklar, an welchem Ort (also innerhalb oder außerhalb des EWR) die Markenware erstmals in den Verkehr gebracht worden ist, obliegt dem Markeninhaber der Nachweis, dass die Ware von ihm selbst (oder mit seiner Zustimmung außerhalb des EWR) in den Verkehr gebracht wurde, wenn ein Dritter nachweisen kann, dass eine Gefahr der Abschottung nationaler Märkte besteht.[698]

Rechtsfolge der Erschöpfung ist es, dass der Kennzeicheninhaber aufgrund seines Kennzeichenrechts dann nicht mehr das Recht hat, einem Dritten die Benutzung der Marke oder der geschäftlichen Bezeichnung für die markierten Waren zu untersagen. Dem Inhaber der Marke steht folglich nur das Erstvertriebsrecht zu. Der Erschöpfungsgrundsatz ist in § 24 MarkenG erfasst. Eine Erschöpfung tritt hingegen nicht ein, wenn z. B. ein Graumarkt-Importeur Kosmetikprodukte in den Verkehr bringt, bei denen er zuvor die nach der Kosmetikverordnung vorgeschriebenen Herstellungsnummern entfernt hat. Denn darin liegt ein die Garantiefunktion der Marke berührender Eingriff in die Markensubstanz, wobei es auf eine sichtbare Beschädigung nicht ankommt.[699]

Nach Ansicht des EuGH ist dem Markeninhaber zwar die Entscheidung über das erstmalige Inverkehrbringen und damit über die Art der wirtschaftlichen Verwertung zugewiesen; die Kontrolle des weiteren Vertriebsweges wird ihm hingegen versagt.[700]

Probleme bereiten die Umverpackungsfälle bei den Arzneimitteln. Denn Änderungen von Darreichungsformen, Verpackungsgrößen, auch die Übersetzung von Beipackzet-

---

[697] BGH NJW-RR 2003, 623 = WRP 2003, 384 = GRUR 2003, 436 - Feldenkrais

[698] EuGH GRUR 2003, 512 = EuZW 2003, 477 = WRP 2003, 623 - Stüssy; BGH NJW-RR 2004, 254 - Stüssy II

[699] BGH NJW-RR 2002, 1119 = WRP 2002, 947 = GRUR 2002, 709 – Entfernung der Herstellungsnummer III; BGH NJW-RR 2001, 1188 = WRP 2001, 539 = GRUR 2001, 448 – Kontrollnummernbeseitigung II

[700] EuGH GRUR 2002, 156 = NJW 2002, 2455 (LS) - Davidoff

teln sind tatbestandsmäßige Markenverletzungen, die nach Ansicht des EuGH nur unter sehr restriktiv zu handhabenden Voraussetzungen zulässig sind.[701]

Gegen die Anwendung des § 24 Abs. 1 MarkenG spricht nicht, dass der Werbende (bei Benutzung der fremden Marke) die Waren im Zeitpunkt der Werbung noch gar nicht vorrätig hatte oder dass die Waren zum Zeitpunkt der Werbung vom Markeninhaber im EWR in den Verkehr gebracht worden sind; entscheidend ist der Zeitpunkt des Absatzes der Waren.[702]

Eine Erschöpfung im Sinne von § 24 Abs. 1 MarkenG kommt jedoch dann nicht mehr in Betracht, wenn eine Produktveränderung im Sinne des § 24 Abs. 2 MarkenG vorgenommen worden ist; dies hat der BGH angenommen, wenn Mobiltelefone, mit denen aufgrund einer Sperre (sog. SIM-Lock) nur in einem bestimmten Mobilfunknetz telefoniert werden kann, nach dem Inverkehrbringen (durch den Markeninhaber, aber ohne dessen Zustimmung) von Dritten entsperrt werden.[703]

5. Anspruchsausschluss bei mangelnder Benutzung

Der Inhaber einer Marke kann entsprechende kennzeichenrechtliche Ansprüche nicht mehr geltend machen, wenn die Marke innerhalb der letzten fünf Jahre vor der Geltendmachung des Anspruchs für die Ware oder Dienstleistung, auf die er sich zur Begründung seines Anspruchs beruft, nicht benutzt worden ist, sofern die Marke zu diesem Zeitpunkt seit mindestens fünf Jahren eingetragen ist, § 25 Abs. 1 MarkenG. In einem Klagefall hat der Kläger auf Einrede des Beklagten die Benutzung der Marke innerhalb des vorgenannten Zeitraumes von fünf Jahren darzulegen und im Zweifelsfall zu beweisen. § 26 MarkenG normiert mithin einen **Benutzungszwang** für die eingetragene Marke. Die Marke muss daher grundsätzlich in der Form benutzt werden, in der sie im Markenregister eingetragen ist, wobei es sich um eine **ernsthafte Benutzung** handeln muss. Ernsthaft ist eine Benutzung, wenn sie in wirtschaftlich sinnvoller Weise und nicht nur aus Gründen des Rechtserhalts erfolgt.[704] Als Benutzung einer eingetragenen Marke gilt auch die Benutzung der Marke in einer Form, die von der Eintragung abweicht, soweit die Abweichungen den kennzeichnenden Charakter der Marke nicht verändern, vgl. § 26 Abs. 3 S. 1 MarkenG.[705] Im Übrigen gilt als Inlandsbenutzung auch das Anbringen der Marke auf Waren sowie deren Aufmachung oder Verpackung im Inland, wenn die Waren ausschließlich für die Ausfuhr

---

701 Vgl. dazu näher Rohnke, NJW 2003, 2203 (2208); BGH NJW 2002, 221 = WRP 2001, 1326 = GRUR 2002, 57 – Adalat; BGH WRP 2002, 1163 = GRUR 2002, 1059 – Zantac/Zantic
702 BGH NJW-RR 2003, 1402 = WRP 2003, 131 = GRUR 2003, 878 - Vier Ringe über Audi; BGH NJW-RR 2003, 1403 = GRUR 2003, 340 - Mitsubishi
703 BGH NJW 2005, 123 – SIM-Lock
704 EuGH GRUR 2003, 425 - Ansul/Ajax; BGH NJW-RR 2003, 1548 - Kellogg's/Kelly's; BGH WRP 2000, 1161 = GRUR 2000, 1038 - Kornkammer
705 Dazu auch BGH NJW-RR 2003, 1548 - Kellogg's/Kelly's; BGH WRP 2001, 1320 = GRUR 2002, 167 – Bit/Bud; BPatG, GRUR 2003, 530 - Waldschlößchen

bestimmt sind, § 26 Abs. 4 MarkenG. Wenn die Marke einerseits und die Ware andererseits identisch sind (schwarz-bunte Kuh mit dem Schriftzug „**SYLT**" als Aufkleber und Schlüsselanhänger), setzt die rechtserhaltende Benutzung der Marke gem. § 26 Abs. 1 MarkenG voraus, dass die maßgeblichen Verkehrskreise in der Abbildung nicht nur die Ware selbst sehen, sondern die Abbildung auch als Hinweis auf die Herkunft der Waren aus einem bestimmten Unternehmen verstehen.[706] Als eine wesentliche Änderung einer Wort-/Bildmarke, die nicht mehr den Anforderungen des § 26 Abs. 3 MarkenG genügt, hat der BGH eine Benutzung angesehen, die vollständig auf eine besonders einprägsame Bildgestaltung (hier: Schreibweise des Wortes „**Achterdiek**" in der Form eines Deichkörpers mit anbrandenden Wellen und darüber stehender Sonne) verzichtete.[707]

Der fünfjährige Nichtbenutzungszeitraum reicht bis zur letzten mündlichen Verhandlung im gerichtlichen Verfahren, sodass demgemäß die Löschungsreife wegen Nichtbenutzung auch noch nach dem Zeitpunkt der Anmeldung des jüngeren Zeichens eintreten kann.[708]

6.   Verbot der unzulässigen Rechtsausübung

Bei dem Verbot der unzulässigen Rechtsausübung handelt es sich um einen allgemeinen Rechtsgrundsatz, der auch im Markenrecht gilt. Schon im früheren Recht war anerkannt, dass die Berufung auf eine nur formale Rechtsstellung als Inhaber eines Kennzeichenrechts den Grundsätzen von Treu und Glauben widerspricht und daher rechtsmissbräuchlich sein kann.[709] Die größte Bedeutung haben insoweit die Fälle der **sittenwidrigen Behinderung**. Dazu gehören Fallgestaltungen, bei denen eine rechtlich an sich nicht geschützte Vorbenutzung im In- und Ausland in Rede steht und besondere, eine Unlauterkeit begründende Umstände gegeben sind. Die **Ausnutzung einer formalen Rechtsstellung** ist insbesondere dann **rechtsmissbräuchlich**, wenn sie ohne sachlich gerechtfertigten Grund zur Erreichung einer dem Kennzeichenrecht fremden und regelmäßig zu **missbilligenden Zielsetzung** erfolgt, die auf eine **unlautere Behinderung** eines Zeichenbenutzers und auf eine Übernahme oder jedenfalls eine **Störung seines Besitzstands** hinausläuft.[710]

Unter der Geltung des MarkenG ist von einer **missbräuchlichen Ausnutzung einer formalen Rechtsstellung** auszugehen, wenn ein Markeninhaber eine Vielzahl von Marken für unterschiedliche Waren oder Dienstleistungen anmeldet, hinsichtlich der in Rede stehenden Marken keinen ernsthaften Benutzungswillen hat - vor allem zur Benutzung in einem eigenen Geschäftsbetrieb oder für dritte Unternehmen aufgrund

---

[706] BGH NJW-RR 2002, 1562 = GRUR 2002, 1072 - SYLT-Kuh
[707] BGH WRP 1999, 432 = NJW-RR 1999, 480 = GRUR 1999, 498 - Achterdiek
[708] BGH WRP 2001, 1211 = GRUR 2002, 59 - ISCO
[709] BGHZ 15, 107 = NJW 1955, 137
[710] BPatG GRUR 2001, 744; BGH GRUR 1984, 210; BGH GRUR 1980, 110; BGHZ 46, 130

eines bestehenden oder potentiellen konkreten Beratungskonzepts - und die Marken im Wesentlichen zu dem Zweck gehortet werden, Dritte, die identische oder ähnliche Bezeichnungen verwenden, mit Unterlassungs- und Schadensersatzansprüchen zu überziehen.

> *Beispiel 36:* [711]
>
> *Feist (F) meldete im November 1992 das Zeichen „Classe E" für Waren mehrerer Klassen zur Eintragung an. Die Fa. Daimler Chrysler AG verwendet für ihre Pkw eine Kombination aus Zahlen und Buchstaben für verschiedene Modell- und Typenbezeichnungen und führte insoweit im Laufe des Jahres 1993 in der Werbung und den Preislisten die Bezeichnung „E-Klasse" ein. F, der im Übrigen keinen eigenen Geschäftsbetrieb oder ein Unternehmen unterhält, wandte sich an die Daimler Chrysler AG und forderte eine Lizenzvereinbarung. Diese kam nicht zustande. Nunmehr klagt die Daimler Chrysler AG gegen F auf Unterlassung. Insbesondere der Umstand, dass F in erster Linie bezweckte, zumindest einen Teil der von ihm angemeldeten Marken in Bereitschaft zu halten und darauf zu warten, dass dritte Unternehmen, wie von ihm erhofft und erspürt, die Benutzung identischer und verwechslungsfähiger Bezeichnungen aufnehmen, um diese dann mit Unterlassung- und Geldforderungen zu überziehen, ließ auf einen Rechtsmissbrauch schließen. F hat sich nicht wie ein Markendesigner verhalten, der einem interessierten Unternehmen eine von diesem noch nicht angemeldete oder benutzte Vorratsmarke, verbunden mit einem Marketingkonzept zur Lizenzierung anbietet. Vielmehr trat er an die Daimler Chrysler erst heran und hat ihr die Marke „Classe E" ohne Marketingkonzept aber unter unzweideutigem Hinweis auf seine formale Markenposition zur Lizenzierung angeboten, als diese bereits selbst die Bezeichnung „E-Klasse" gewählt und der Öffentlichkeit vorgestellt hatte.*

7. Dauer des Markenschutzes

Die Schutzdauer einer eingetragenen Marke beginnt mit dem Anmeldetag (§ 33 Abs. 1 MarkenG) und endet nach zehn Jahren am letzten Tag des Monats, der durch seine Benennung dem Monat entspricht, in den der Anmeldetag fällt, § 47 Abs. 1 MarkenG. Die Schutzdauer kann um jeweils zehn Jahre verlängert werden.

---

[711] BGH NJW-RR 2001, 975 = WRP 2001, 160 = GRUR 2001, 242 - Classe E; dazu auch Kiethe/Groeschke, WRP 2002, 27

VI. Geografische Herkunftsangaben

Während ursprünglich ein Schutz geografischer Bezeichnungen, wie z. B. Dresdner Stollen, Lübecker Marzipan etc. über § 3 UWG erreicht worden ist, wurde die Anwendung des § 3 UWG durch die neu geschaffenen §§ 126 ff. MarkenG weitestgehend bedeutungslos. Geografische Herkunftsangaben sind die Namen von Orten, Gegenden, Gebieten oder Ländern sowie sonstige Angaben oder Zeichen, die im geschäftlichen Verkehr zur Kennzeichnung der geografischen Herkunft von Waren oder Dienstleistungen benutzt werden, § 126 Abs. 1 MarkenG. Geografische Herkunftsangaben dürfen im geschäftlichen Verkehr nicht für Waren oder Dienstleistungen benutzt werden, die nicht aus dem Ort, der Gegend, dem Gebiet oder dem Land stammen, das durch die geografische Herkunftsangabe bezeichnet wird, wenn bei der Benutzung solcher Namen, Angaben oder Zeichen für Waren oder Dienstleistungen anderer Herkunft eine Gefahr der Irreführung über die geografische Herkunft besteht, § 127 Abs. 1 MarkenG. Von einer Gefahr der Irreführung über die geografische Herkunft ist auszugehen, wenn die angegriffene Bezeichnung bei einem nicht unwesentlichen Teil der Verkehrskreise eine unrichtige Vorstellung über die geografische Herkunft der Produkte hervorruft, wobei es - im Gegensatz zu § 3 UWG - nicht auf die Frage ankommt, ob die geografische Herkunft der Ware für die Kaufentscheidung der Verbraucher von Bedeutung gewesen ist.[712]

Selbstverständlich ist es auch denkbar, dass eine ursprüngliche geografische Bezeichnung in eine sog. Gattungsbezeichnung umgewandelt wird. Dies wäre z. B. durch das Hinzufügen eines sog. **entlokalisierenden Zusatzes** möglich. In diesem Zusammenhang ist einmal mehr das in Paderborn gebraute Bier „Warsteiner" Gegenstand einer gerichtlichen Auseinandersetzung geworden. Wenn ein Bier - entgegen der Angabe auf dem Etikett - nicht in dem Ort gebraut wird, in welchem es gebraut zu werden scheint, so muss zum Zwecke der Vermeidung eines Irrtums über die geografische Herkunft auf dem Rücketikett ein hinreichend deutlicher Hinweis gegeben werden, wobei für die Frage der Irreführung des Verbrauchers immer auf einen durchschnittlich informierten und verständigen Verbraucher abzustellen ist.[713]

Der Schutz geografischer Herkunftsangaben schließt auch den Schutz vor Rufausbeutung oder Verwässerung ein, vgl. § 127 Abs. 3 MarkenG. Für die Annahme eines dem Markeninhaber zustehenden Unterlassungs- bzw. Schadensersatzanspruches ist es in einem Fall der Rufausbeutung/Verwässerung nicht zwingend notwendig, dass die geografische Herkunftsangabe von dem Verletzer markenmäßig genutzt wird. Ausreichend ist es, wenn die Rufausbeutung durch einen Werbeslogan (z. B. „**Champagner bekommen, Sekt bezahlen**") vorgenommen wird.[714] Die Marke „ChamPearl" ist der

---

712 BGH WRP 2001, 546 = GRUR 2001, 420 - SPA
713 BGH NJW 2002, 600 = WRP 2001, 1450 = GRUR 2002, 160 - Warsteiner III; BGH NJW 1998, 3489 = WRP 1998, 1002 = GRUR 1999, 252 - Warsteiner II
714 BGH NJW-RR 2002, 685 = WRP 2002, 542 = GRUR 2002, 426 - Champagner bekommen, Sekt bezahlen

geschützten geografischen Herkunftsangabe „Champagner" hinreichend ähnlich und geeignet, die Unterscheidungskraft dieser Marke unlauter auszunutzen.[715]

VII. Abschließende Hinweise

Das MarkenG regelt in §§ 27 ff. die Markenübertragung bzw. die Einräumung einer Lizenz. Gegenstand der Regelungen in §§ 32 ff. MarkenG ist das Verfahren in Markenangelegenheiten, wobei diesbezüglich ergänzend auf die Markenverordnung (MarkenV)[716] heranzuziehen ist. In §§ 97 - 106 MarkenG sind die sog. Kollektivmarken[717] geregelt. Der Schutz von Marken nach dem Madrider Markenabkommen und nach dem Protokoll zum Madrider Markenabkommen sowie die Gemeinschaftsmarken sind in §§ 107 - 125 i MarkenG behandelt.

Mit Wirkung zum 01.10.2004 wird der Beitritt der Europäischen Gemeinschaft zum Madrider Protokoll über die internationale Registrierung von Marken vollzogen. Auf diese Weise wird dann eine Verbindung zwischen dem internationalen Registrierungssystem des Madrider Protokolls, das von der Weltorganisation für Geistiges Eigentum (WIPO) verwaltet wird und dem System der EG – Gemeinschaftsmarke, für das das HABM in Alicante zuständig ist, geschaffen. Auf diese Weise können dann internationale Anmeldungen bei der WIPO direkt über das HABM erfolgen.

Eine nähere Auseinandersetzung mit diesen Vorschriften soll an dieser Stelle nicht mehr erfolgen, sodass auf weiterführende Literatur verwiesen werden darf.[718]

Während bei wettbewerbsrechtlichen Auseinandersetzungen die **Dringlichkeit** für den Erlass einer einstweiligen Verfügung vom Gesetz in § 12 Abs. 2 UWG vermutet wird, gilt dies im Markenrecht **nicht schlechthin** analog. Demgemäß hat der Antragsteller, der den Erlass einer einstweiligen Verfügung auf markenrechtliche Ansprüche stützt, die Dringlichkeit gesondert darzulegen bzw. glaubhaft zu machen.[719] Dies gilt nach Auffassung des Kammergerichts (Berlin) zumindest dann, wenn das Verfahren neuartige Grundsatzfragen aufwirft (hier: Autor geht gegen die Darstellung seines Werkes im Rahmen eines Harry-Potter-Lehrerhandbuchs vor).[720]

---

715 BGH NJW-RR 2004, 133

716 Verordnung zur Ausführung des MarkenG (Markenverordnung - MarkenV) vom 30.11.1994 (BGBl I S. 3555), zuletzt geänd. durch fünfte Verordnung zur Änderung der MarkenV vom 01.09.2003, BGBl I 2993, S. 1701 ff.

717 Dazu BGH WRP 2002, 544 = GRUR 2002, 616 - Verbandsausstattungsrecht; BGH NJW-RR 1996, 553 = WRP 1996, 300 = GRUR 1996, 270 - Madeira

718 Berlit, Markenrecht, Rdziff. 199 ff.; Althammer/Ströbele/Klaka, Markengesetz, S. 1 ff.; Ingerl/Rohnke, Markengesetz, §§ 27 ff. Rdziff. 1 ff.; §§ 32 ff. Rdziff. 1 ff.; §§ 97 ff. Rdziff. 1 ff.; §§ 107 ff. Rdziff. 1 ff.

719 OLG Köln, OLG-Report 2003, 272; OLG Frankfurt, GRUR 2002, 1096

720 KG, NJW-RR 2003, 1126

§ 19 Patentrecht, Gebrauchsmuster- und Geschmacksmusterrecht, Sortenschutz- und Halbleiterschutzrecht sowie Arbeitnehmererfindungsrecht

I.   Patentrecht

Gem. § 1 Abs. 1 PatentG werden Patente für Erfindungen erteilt, die neu sind, auf einer erfinderischen Tätigkeit beruhen und gewerblich anwendbar sind. Mit Hilfe von Patenten werden Erzeugnisse und auch bestimmte Verfahren unter Schutz gestellt. Unter den sog. Erzeugnisschutz fallen z. B. chemische Substanzen/Stoffgemische, Maschinen oder Maschinenteile, aber auch Arzneimittel. Patentschutz kann auch für bestimmte Herstellungsverfahren, Arbeitsverfahren u. dgl. erlangt werden.

Für die Erteilung des Patents sind mithin nachfolgende Voraussetzungen zu erfüllen:

> Erfindung

> Neuheit (§ 3 PatentG)

> Erfinderische Tätigkeit (§ 4 PatentG)

> Gewerbliche Anwendbarkeit (§ 5 PatentG)

Ist folglich eine **Erfindung** i. S. d. PatentG gegeben, so ist zu überprüfen, ob es sich um eine „neue" Erfindung handelt. Eine Erfindung gilt dabei als **neu**, wenn sie nicht zum Stand der Technik gehört. Der Stand der Technik umfasst dabei alle Kenntnisse, die vor dem für den Zeitraum der Anmeldung maßgeblichen Tag durch schriftliche oder mündliche Beschreibung, durch Benutzung oder in sonstiger Weise der Öffentlichkeit zugänglich gemacht worden sind. Dabei ist zu berücksichtigen, dass zu dem Stand der Technik i. S. d. § 3 Abs. 1 PatentG auch Veröffentlichungen gehören, die in irgendeiner Zeitschrift vorgenommen wurden, obgleich sie evtl. der Fachwelt (noch) nicht bekannt sind. Maßgeblich für die Frage des Standes der Technik ist dabei der Tag der Anmeldung (Prioritätsdatum).

Eine Patentanmeldung wird indessen nur dann gewährleistet sein, wenn auch eine **erfinderische Tätigkeit** i. S. d. § 4 PatentG vorliegt. Eine Erfindung gilt als auf einer erfinderischen Tätigkeit beruhend, wenn sie sich für den Fachmann nicht in nahe liegender Weise aus dem Stand der Technik ergibt, vgl. § 4 S. 1 PatentG. Hierbei geht es um die sog. Erfindungshöhe. Bei der Frage, ob die notwendige Erfindungshöhe gegeben ist, wird auf den sog. Durchschnittsfachmann abgestellt, also auf einen fiktiven Fachmann, der fachmännisches Können besitzt und grundsätzlich den vorveröffentlichten Stand der Technik kennt und technisches Allgemeinwissen besitzt, indessen nicht zu den Koryphäen seines Fachbereiches gehört.

Als weitere Voraussetzung muss die **gewerbliche Anwendbarkeit** i. S. d. § 5 PatentG hinzutreten. Eine Erfindung gilt dann als gewerblich anwendbar, wenn ihr Gegenstand auf irgendeinem gewerblichen Gebiet einschließlich der Landwirtschaft hergestellt oder benutzt werden kann. Dabei gelten Verfahren zur chirurgischen oder therapeutischen Behandlung des menschlichen oder tierischen Körpers und Diagnostizierverfahren, die am menschlichen oder tierischen Körper vorgenommen werden, nicht als gewerblich anwendbare Erfindungen i. S. d. § 5 Abs. 1 PatentG. Ausnahmen hiervon bestehen wiederum für Stoffe oder Stoffgemische zur Anwendung in einem der vorstehend genannten Verfahren. Dies vorausgeschickt wird in aller Regel von einer Erfindung verlangt, dass sie auf technischen Überlegungen beruht oder aber zumindest eine technische Bereicherung des Standes der Technik darstellt, wobei der Begriff der „Technik" eher weit zu verstehen ist.

Das Patentrecht ist durch das sog. **Prioritätsprinzip** geprägt. Das wiederum bedeutet:

Haben mehrere die Erfindung unabhängig voneinander gemacht, so steht das (Patent-) Recht demjenigen zu, der die Erfindung zuerst beim Patentamt angemeldet hat, vgl. §§ 6 S. 2, 40 PatentG.

Die Anmeldung einer Erfindung zum Deutschen Patent- und Markenamt unterliegt einem formalisierten Verfahren, welches in §§ 34 ff. PatentG bzw. in der Patentverordnung (PatV)[721] geregelt ist. Das Patentamt führt ein Register, das die Bezeichnungen der Patentanmeldungen, in deren Akten im Übrigen jedermann Einsicht gewährt wird, und der erteilten Patente und ergänzender Schutzzertifikate sowie Namen und Wohnort der Anmelder oder Patentinhaber und ihrer etwa nach § 25 PatentG bestellten Vertreter oder Zustellungsbevollmächtigten angibt, wobei die Eintragung eines Vertreters oder Zustellungsbevollmächtigten genügt, § 30 Abs. 1 PatentG.

Ist das Patent erteilt, so stehen dem Patentinhaber vermöge dieses Patentes bestimmte **Verbietungsansprüche** zu. Das Patent hat die Wirkung, dass allein der Patentinhaber befugt ist, die patentierte Erfindung zu benutzen. Jedem Dritten ist es verboten, ohne Zustimmung des Patentinhabers

> ein Erzeugnis, das Gegenstand des Patents ist, herzustellen, anzubieten, in Verkehr zu bringen oder zu gebrauchen oder zu den genannten Zwecken entweder einzuführen oder zu besitzen,

> ein Verfahren, das Gegenstand des Patents ist, anzuwenden oder, wenn der Dritte weiß oder es aufgrund der Umstände offensichtlich ist, dass die Anwendung des Verfahrens ohne Zustimmung des Patentinhabers verboten ist, zur Anwendung im Geltungsbereich dieses Gesetzes anzubieten,

> das durch ein Verfahren, welches Gegenstand des Patents ist, unmittelbar hergestellte Erzeugnis anzubieten, in Verkehr zu bringen oder zu gebrauchen oder

---

721 Verordnung zum Verfahren in Patentsachen vor dem Deutschen Patent- und Markenamt (Patentverordnung - PatV) vom 1.9.2003, BGBl I 2003, S. 1702 ff.

zu den genannten Zwecken entweder einzuführen oder zu besitzen, vgl. § 9 PatentG.

In Ergänzung zu den vorstehenden Wirkungen des Patentes stehen dem Patentinhaber Unterlassungs- und Schadensersatzansprüche zu; darüber hinaus regelt das PatentG aber auch die Möglichkeit, Strafantrag gegen denjenigen zu stellen, der den patentrechtlichen Bestimmungen zuwider eine angemeldete Erfindung nutzt oder sich nutzbar macht.

Der Patentinhaber hat die Möglichkeit, die ihm zustehenden Rechte ganz oder teilweise durch ausschließliche oder nicht ausschließliche Lizenzen zu übertragen, § 15 Abs. 2 PatentG. Hier werden üblicherweise die Herstellungs-, Vertriebs- sowie Gebrauchslizenz unterschieden.

Die Schutzdauer eines Patentes beträgt 20 Jahre (vgl. § 16 Abs. 1 S. 1 PatentG) und beginnt bereits mit dem Anmeldetag; hingegen treten die gesetzlichen, zuvor dargestellten Wirkungen des Patents erst mit der Veröffentlichung der Erteilung des Patents im Patentblatt ein (§ 58 Abs. 1 PatentG). Mithin ist die effektive Dauer der Schutzwirkung eines Patents deutlich kürzer als die in § 16 Abs. 1 S. 1 PatentG niedergelegte 20-Jahres-Frist. Soweit es Patente innerhalb von Europa anbelangt, werden diese bisher auf zwei Arten geschützt. Zum einen ist ein Schutz über die jeweiligen nationalen Patentämter (in Deutschland: Deutsches Patent- und Markenamt - DPMA) möglich, und zwar mit der Maßgabe, dass der jeweilige Patentschutz über die nationalen Patentämter dann auf das Territorium des jeweiligen Staates begrenzt ist. Zum anderen können allerdings auch Erfindungen über das Europäische Patentamt (EPA in München) geschützt werden, welches nach Maßgabe des Europäischen Patentübereinkommens (EPÜ) jeweils, und zwar nach Wahl des Anmelders, ein Bündel von Patenten erteilen kann. Dieses Bündelsystem vereinheitlicht das Patenterteilungsverfahren, wobei dann jeweils nationale Patente in den Vertragsstaaten des EPÜ, die von dem Anmelder jeweils benannt worden sind, resultieren.

Um ein einheitliches europäisches Gemeinschaftspatent zu verwirklichen, beschloss der EU-Wettbewerbsfähigkeitsrat am 03.03.2003 die dafür notwendigen Eckpunkte. Dadurch sollen Erfindungen in der Europäischen Union gleichermaßen effektiven Schutz erhalten. Ein zentrales Gericht soll die einheitliche Rechtsprechung gewährleisten. In den Eckpunkte-Katalog wurde - auf Wunsch von Deutschland - eine fünfjährige Übergangsfrist bis 2010 aufgenommen, während derer die deutschen Gerichte für die Patentrechtsprechung zuständig bleiben sollen. In bezug auf die jeweils einschlägige Sprache konnte sich Deutschland dahingehend durchsetzen, dass lediglich die Patentansprüche und nicht sogleich die gesamten Unterlagen in alle EU-Sprachen übersetzt werden müssen. Für die Übersetzung steht ein angemessener Zeitraum zur Verfügung, sodass die Übersetzung nicht sofort bei der Erteilung des Patents vorliegen muss.

II. Gebrauchsmusterrecht

Ebenso wie Patente werden als Gebrauchsmuster Erfindungen geschützt, die neu sind, auf einem erfinderischen Schritt beruhen und gewerblich anwendbar sind. Ein Gebrauchsmuster - oft als „kleines Patent" bezeichnet - wird in aller Regel bereits wenige Wochen bis Monate nach dem Anmeldetag eingetragen und erlangt damit als Schutzrecht volle Wirkung. Im Gegensatz zum Patent wird bei der Anmeldung nicht geprüft, ob die Anmeldung tatsächlich auch einen schutzwürdigen Gegenstand zum Inhalt hat. Die Voraussetzungen für die Anmeldung als Gebrauchsmuster sind:

➢ Erfindung

➢ Neuheit

➢ Erfinderischer Schritt

➢ Gewerbliche Anwendbarkeit/Technizität

Der Gegenstand eines Gebrauchsmusters gilt als neu, wenn er nicht zum Stand der Technik gehört, § 3 Abs. 1 GebrMG. Der Begriff der „Stand der Technik" ist im GebrMG anders als im PatentG definiert. Der Stand der Technik umfasst im GebrMG alle Kenntnisse, die für den Zeitrang der Anmeldung maßgeblichen Tag durch schriftliche Beschreibung oder durch eine im Geltungsbereich dieses Gesetzes erfolgte Benutzung der Öffentlichkeit zugänglich gemacht worden sind. Dabei bleibt eine innerhalb von sechs Monaten vor dem für den Zeitrang der Anmeldung maßgeblichen Tag erfolgte Beschreibung der Benutzung außer Betracht, wenn sie auf der Ausarbeitung des Anmelders oder seines Rechtsvorgängers beruht, § 3 Abs. 1 GebrMG. Hieraus ist zu schlussfolgern, dass der für die Anmeldung eines Gebrauchsmusters maßgebliche „Stand der Technik" nicht so umfangreich ist wie im Patentrecht.

Wenngleich der für die Gebrauchsmusteranmeldung notwendige erfinderische Schritt sich von der erfinderischen Tätigkeit bei der Patentanmeldung unterscheiden sollte, werden die Anforderungen in der Praxis durch das Deutsche Patent- und Markenamt häufig ähnlich hoch angesetzt. Im Übrigen sind im Hinblick auf das Erfordernis der gewerblichen Anwendbarkeit/Technizität die gleichen Anforderungen wie bei der Patentanmeldung zu stellen.

Das GebrMG gewährt **keinen Schutz an bestimmten Verfahren**, sondern nur an Erzeugnissen.

Wenngleich bei dem Schutzumfang zu vergegenwärtigen ist, dass vor Eintragung des Gebrauchsmusters eine Überprüfung in inhaltlicher Hinsicht nicht stattfindet, so hat diese Medaille aber auch eine Kehrseite. So ist es z. B. denkbar, dass nach Eintragung ein Gegner geltend macht, das Gebrauchsmuster sei nicht neu oder aber es habe nicht die notwendige Erfindungshöhe. Dann findet in einem Verfahren eine nachträgliche Prüfung statt, welches in inhaltlicher Hinsicht dem des Patenterteilungsverfahrens ähnelt. Davon abgesehen hat der Gebrauchsmusterschutzinhaber die gleichen Ausschließlichkeitsrechte bzw. Unterlassungs- und Schadensersatzansprüche, vgl. §§ 11, 24 GebrMG.

Ähnlich dem Patentrecht findet auch für die Anmeldung des Gebrauchsmusters ein formalisiertes Verfahren Anwendung, vgl. §§ 4 ff. GebrMG. Die Anmeldung ist dabei in **deutscher Sprache** vorzunehmen.

> *Beispiel 37:*[722]
>
> *Fiete (F) ist ein pfiffiger Kopf und wohnt außerdem in Ostfriesland. Er hatte sich im Rahmen von diversen stillen Stunden ein bestimmtes Gebrauchsmuster für eine Liegeunterlage (Läägeünnerloage) einfallen lassen und meldete dies zum Gebrauchsmusterschutz bei dem Deutschen Patent- und Markenamt an. Anstatt die Anmeldung allerdings in hochdeutscher Sprache vorzunehmen, verwendete er die in seiner ostfriesischen Heimat verwendete niederdeutsche Sprache (Platt). Niederdeutsche (plattdeutsche) Anmeldeunterlagen sind i. S. d. § 4 a Abs. 1 S. 1 GebrMG nicht in deutscher Sprache abgefasst, sodass dem Antragsteller aufzugeben war, eine deutsche Übersetzung innerhalb einer Frist von drei Monaten nach Einreichung der Anmeldung nachzureichen.*

Ähnlich dem Patentrechtsinhaber kann auch der Inhaber eines Gebrauchsmusters Lizenzen vergeben, vgl. § 22 GebrMG.

III.   Geschmacksmusterrecht

Der Patentschutz bzw. Gebrauchsmusterschutz wird ergänzt durch den sog. Geschmacksmusterschutz. Mit Hilfe des ca. 125 Jahre alten GeschmMG können insbesondere Designs (z. B. für Kaffeekannen, Autos, Computer, Möbel etc.) Schutz erlangen. Schutzfähig sind hierbei zum einen zweidimensionale oder aber auch dreidimensionale Gestaltungen.

Voraussetzung für die Anmeldung eines Geschmacksmusters zum Deutschen Patent- und Markenamt sind:

> ➢ Neuheit
>
> ➢ Eigentümlichkeit

Entgegen den Bestimmungen im PatentG bzw. GebrMG gibt es im GeschmMG keine Definition der „Neuheit". Vor diesem Hintergrund ist es Aufgabe der Rechtsprechung, dem Begriff der „Neuheit" Kontur zu geben. Danach steht einem Muster-Modell der

---

[722] BGHZ 153, 1 = NJW 2003, 671 = GRUR 2003, 226 = BGH-Report 2003, 287 - Läägeünnerloage

Charakter der „Neuheit" zu, wenn es zum Zeitpunkt der Anmeldung (Prioritätsdatum) inländischen Fachkreisen weder bekannt war noch - bei zumutbarer Beachtung der auf den einschlägigen oder benachbarten Gewerbegebieten vorhandenen
Gestaltungen - bekannt sein konnte.[723]

Die **Eigentümlichkeit** eines Musters/Modells setzt voraus, dass die für die ästhetische
Wirkung maßgeblichen Merkmale das Ergebnis einer selbständigen, schöpferischen
Leistung darstellen, die über das Durchschnittskönnen eines mit der Kenntnis des
betreffenden Fachgebiets ausgerüsteten Mustergestalters hinausgehen.[724] Das Gestal-
tungsniveau muss daher das einer handwerklich-durchschnittlichen Gestaltung übersteigen. Dieses Erfordernis der Eigentümlichkeit ist nicht erfüllt, wenn es sich um eine
rein handwerksmäßige Weiterentwicklung eines vorbekannten Formenschatzes handelt.[725] Mit Hilfe des Geschmacksmusterrechts können indessen bestimmte ästhetische
Lehren, Naturprodukte (z. B. Felle o. dgl.), Verfahren bzw. Anordnungen bestimmter
Gegenstände keinen Schutz erlangen. Der Geschmacksmusterschutzumfang wird
durch die mit dem Antrag eingereichten Unterlagen, insbesondere Abbildungen definiert. Dabei ist zwar eine Beschreibung der Abbildungen möglich; dies führt indessen
nicht zu einer Erweiterung dieses Schutzumfanges.

Jede Nachbildung eines Musters oder Modells, welche ohne Genehmigung des Berechtigten in der Absicht erfolgt, dieselbe zu verbreiten, herzustellen sowie die
Verbreitung einer solchen Nachbildung sind verboten. Als eine verbotene Nachbildung ist es auch anzusehen

- ➤ wenn bei Hervorbringung derselben ein anderes Verfahren angewendet worden ist als bei dem Originalwerk oder wenn die Nachbildung für einen anderen Gewerbszweig bestimmt ist als das Original,

- ➤ wenn die Nachbildung in anderen räumlichen Abmessungen oder Farben hergestellt wird als das Original oder wenn sie sich vom Original nur durch solche
  Abänderungen unterscheidet, welche nur bei Anwendung besonderer Aufmerksamkeit wahrgenommen werden können,

- ➤ wenn die Nachbildung nicht unmittelbar nach dem Originalwerk, sondern mittelbar nach einer Nachbildung desselben geschaffen ist, vgl. § 5 GeschmMG.

Die **Schutzdauer** eines eingetragenen Musters oder Modells beginnt mit dem Anmeldetag und endet 20 Jahre nach Ablauf des Monats, in den der Anmeldetag fällt, § 9
Abs. 1 GeschmMG.

---

723 BGH GRUR 1969, 90 - Rüschenhaube
724 BGH GRUR 1977, 547 - Kettenkerze; BGH GRUR 1975, 81 - Dreifachkombinationsschalter;
  BGH GRUR 1969, 90 - Rüschenhaube
725 BGH GRUR 1981, 269 - Haushaltsschneidemaschine II; BGH GRUR 1980, 235 - Play-Family;
  BGH GRUR 1963, 328 - Fahrradschutzbleche

Gem. § 7 Abs. 2 GeschmMG wird ein Schutz gegen Nachbildung durch die Anmeldung nicht erlangt, wenn die Veröffentlichung des Musters oder Modells oder die Verbreitung einer Nachbildung gegen die öffentliche Ordnung verstoßen würde. Dies setzt voraus, dass durch das Muster die Grundlagen des staatlichen oder wirtschaftlichen Lebens oder die tragenden Grundsätze der Rechtsordnung in Frage gestellt werden. Dem Schutz eines Musters oder Modells, das die dekorative Abbildung gesetzlicher Zahlungsmittel zum Gegenstand hat (Abbildung einer Ein-Euro-Münze in einer Fantasiefigur und einem Schlüsselanhänger), stehen weder § 7 Abs. 2 GeschmMG noch die Vorschriften der Medaillenverordnung entgegen.[726]

Ähnlich wie im Patent- und Gebrauchsmusterrecht stehen auch dem Inhaber des Geschmacksmusters **Ausschließlichkeitsrechte sowie Unterlassungs- und Schadensersatzansprüche** gem. §§ 1, 14 a GeschmMG zu. Insbesondere die Geltendmachung eines sog. Imageschadens führt allerdings für den Rechteinhaber unter Umständen zu Schwierigkeiten, so z. B., wenn der Verletzer Imitate von geschmacksmusterrechtlich geschützten Werken in Umlauf bringt. Allein die Anbietung von Imitaten wird allerdings noch nicht zu einer Vermögenseinbuße führen. Zwar kann schon die Werbung für schutzrechtswidrige Produkte bei angesprochenen Verkehrskreisen für Irritationen sorgen und einen Störzustand in Form einer Verwirrung des relevanten Marktes herbeiführen. Dabei stellt die Marktverwirrung allerdings selbst noch nicht notwendigerweise einen individuellen Schaden dar. Diese **Marktverwirrung** kann sich aber zu einer **konkreten Vermögenseinbuße verdichten**, wenn der Schutzrechtsinhaber Kunden verliert, weil Interessenten annehmen, schon durch den Kauf des Plagiats das erhoffte „Prestige" erreichen zu können oder weil sie glauben, das Original sei bereits durch den Nachbau „entwertet".[727] In einem solchen Fall sind allerdings die für eine solche konkrete Vermögenseinbuße sprechenden Tatsachen von der klägerischen Seite substantiiert vorzutragen. Im Wege der sog. **Lizenzanalogie**[728] lässt sich ein solcher Imageschaden nicht darstellen.

Unter dem 26.03.2003 beschloss das Bundeskabinett den Gesetzesentwurf zur Reform des Geschmacksmusterrechts. Das dann am 01.06.2004 in Kraft getretene Geschmacksmusterreformgesetz dient der Umsetzung der Richtlinie 98/71/EG des Europäischen Parlaments und des Rates vom 13.10.1998 über den rechtlichen Schutz von Mustern und Modellen.[729] Die bislang durch das Geschmacksmustergesetz aufgestellten Anforderungen nach einer bestimmten „Gestaltungshöhe" werden durch die geplante gesetzliche Neuregelung aufgehoben. Das wiederum führt dazu, dass das neue Geschmacksmusterrecht in vermehrtem Umfang die äußeren Gestaltungsformen schützt und fördert auf diese Weise bei Designern Kreativität und Innovation. Die bisherige Schutzdauer von 20 Jahren wird auf 25 Jahre erhöht. Hinzu kommt, dass der

---

[726] BGH NJW 2003, 2534 = WRP 2003, 992 = GRUR 2003, 705 - Euro-Billy
[727] BGH WRP 1991, 708 = GRUR 1991, 921 - Sahnesiphon; OLG Frankfurt, OLG-Report 2002, 336 - Catwalk
[728] Vgl. insoweit o. S. 178
[729] ABl. EG Nr. L 289 S. 28

Geschmacksmusterinhaber dritten Personen künftighin verbieten können soll, das Design ohne seine Zustimmung zu benutzen; bisher ist der Schutzrechtsinhaber lediglich vor Nachahmung geschützt. Das wiederum setzt voraus (und ist im Zweifelsfall vom Schutzrechtsinhaber zu beweisen), dass der Verletzer das geschützte Geschmacksmuster positiv kennt.

IV.   Sortenschutz- und Halbleiterschutzrecht

Sortenschutz wird für eine Pflanzensorte (Sorte) gewährt, wenn diese unterscheidbar, homogen, beständig, neu und durch eine eintragbare Sortenbezeichnung bezeichnet ist. Der Sortenschutz bezieht sich also auf neue Züchtungen von Nutz- und Zierpflanzen, wobei die Schutzdauer gem. § 13 SortenSchG 25 Jahre bzw. - bei Hopfen, Kartoffelrebe und Baumarten - 30 Jahre beträgt.

Diejenige Pflanzensorte, für die Sortenschutz begehrt wird, wird im Rahmen eines formalisierten Anmeldeverfahrens vor dem Bundessortenamt (§§ 21 - 33 SortenSchG) geprüft und ggf. in die Sortenschutzrolle (§ 28 SortenSchG) eingetragen.

Der durch die Eintragung in die Sortenschutzrolle bzw. durch den Sortenschutzantrag vermittelten Schutz gewährt dessen Inhaber das ausschließliche Recht, Vermehrungsmaterial der geschützten Sorte zu erzeugen, für Vermehrungszwecke aufzubereiten oder es ein- oder auszuführen, vgl. § 10 SortenSchG.

Das Halbleiterschutzgesetz (HalblSchG) vermittelt Schutz für dreidimensionale Strukturen von mikroelektronischen Halbleitererzeugnissen (**Topografien**), wenn und soweit diese Eigenart aufweisen. Dies kann insbesondere für die Oberflächengestaltung von Mikrochips gelten. Eine Topografie weist eine Eigenart auf, wenn sie als Ergebnis geistiger Arbeit nicht nur durch bloße Nachbildung einer anderen Nachbildung einer anderen Topografie hergestellt und nicht alltäglich ist (§ 1 Abs. 2 HalblSchG).

Der Schutz der Topografie hat die Wirkung, dass allein der Inhaber des Schutzes befugt ist, sie zu verwerten. Jedem Dritten ist es verboten, ohne seine Zustimmung

> die Topografie nachzubilden,

> die Topografie oder das die Topografie enthaltende Halbleitererzeugnis anzubieten, in Verkehr zu bringen oder zu verbreiten oder zu den genannten Zwecken einzuführen.

Eine Topografie, für die Schutz geltend gemacht wird, ist beim Patentamt anzumelden. Das Anmeldeverfahren ist in §§ 3 f. HalblSchG geregelt.

Im Übrigen kann - wie auch beim Patent-, Gebrauchs- und Geschmacksmusterrecht - der Verletzer auf Unterlassung bzw. Schadensersatz in Anspruch genommen werden, vgl. § 9 HalblSchG.

V.   Arbeitnehmererfindungsrecht

Ergänzend zu dem Patent- und Gebrauchsmusterrecht regelt das Arbeitnehmererfindungsgesetz (ArbEG) die Erfindungen und technischen Verbesserungsvorschläge von Arbeitnehmern im privaten und im öffentlichen Dienst, von Beamten und Soldaten. Dabei werden als Erfindungen i. S. d. ArbEG nur solche Erfindungen angesehen, die entweder patentfähig oder aber gebrauchsmusterfähig sind. Als technische Verbesserungsvorschläge werden solche Vorschläge für sonstige technische Neuerungen angesehen, die **nicht** patent- oder gebrauchsmusterfähig sind. Erfindungen von Arbeitnehmern können sog. gebundene oder aber freie Erfindungen sein. Gebundene Erfindungen (**Diensterfindungen**) sind während der Dauer des Arbeitsverhältnisses vorgenommene Erfindungen, die entweder

➤ aus der dem Arbeitnehmer im Betrieb oder in der öffentlichen Verwaltung obliegenden Tätigkeit entstanden sind oder

➤ maßgeblich auf Erfahrungen oder Arbeiten des Betriebes oder der öffentlichen Verwaltung beruhen, § 4 Abs. 2 ArbEG.

Das ArbEG geht davon aus, dass die sog. gebundenen Erfindungen (Diensterfindungen) von Arbeitnehmern grundsätzlich dem Dienstherrn (Arbeitgeber) gebühren. Von daher unterwirft das ArbEG dem Arbeitnehmer bestimmte Verpflichtungen:

➤ Unverzügliche Meldepflicht einer Diensterfindung gegenüber dem Arbeitgeber gem. § 5 ArbEG

➤ Verfügungsverbot des Arbeitnehmers bis zur Inanspruchnahme/Freigabe durch den Arbeitgeber (im Sinne einer relativen Unwirksamkeit zwischenzeitlich getroffener Verfügungen), § 7 Abs. 3 ArbEG

➤ Geheimhaltungsverpflichtung gem. § 24 Abs. 2 ArbEG

Ungeachtet der gebundenen und freien Erfindungen regelt das ArbEG auch die sog. **technischen Verbesserungsvorschläge**, § 20 ArbEG. Für technische Verbesserungsvorschläge, die dem Arbeitgeber eine ähnliche Vorzugsstellung gewähren wie ein gewerbliches Schutzrecht, hat der Arbeitnehmer gegen den Arbeitgeber einen Anspruch auf angemessene Vergütung, sobald dieser sie verwertet. Sonderregelungen können schon von vornherein in Tarifverträgen oder Betriebsvereinbarungen oder aber auch im Arbeitsvertrag selbst getroffen sein.

Hat der Arbeitgeber die Diensterfindung unbeschränkt in Anspruch genommen, steht dem Arbeitnehmererfinder ein Anspruch auf eine angemessene Vergütung zu, vgl. § 9 Abs. 1 ArbEG. Ein Kriterium für die Bemessung dessen, was angemessen ist, ist die wirtschaftliche Verwertbarkeit der Diensterfindung, vgl. § 9 Abs. 2 ArbEG oder der Erfindungswert.[730] Ein solcher angemessener Wert ist einer unmittelbaren Berechnung

---

[730] BGH NJW-RR 2003, 1710 - Abwasserbehandlung; BGH GRUR 2002, 801 - Abgestuftes Getriebe; BGHZ 137, 162 = NJW 1998, 3492 = GRUR 1998, 689 - Copolyester II

nicht zugänglich, sondern kann nur mittels eines oder ggf. auch mehrerer Hilfskriterien ermittelt werden. In der Regel ist insofern auf die sog. Lizenzanalogie zurückzugreifen. Das wiederum führt dazu, dass der aus dem Grundsatz von Treu und Glauben abgeleitete und in der Rechtsprechung anerkannte Auskunftsanspruch des Arbeitnehmers grundsätzlich die dem Arbeitgeber zumutbaren Angaben einschließt, deren der Arbeitnehmererfinder bedarf, um zu ermitteln, welche Gegenleistung einem bedachten Lizenzgeber zustehen würde, wenn vernünftige Parteien Art und Umfang der Nutzung der Erfindung durch den Arbeitgeber zum Gegenstand einer vertraglichen Vereinbarung gemacht hätten. Ein solcher Anspruch auf Auskunft und Rechnungslegung kann auch auf Angaben gerichtet sein, welche die Benutzung von Gegenständen betreffen, die selbst nicht wortsinngemäß oder als abgewandelte Ausführung von der Diensterfindung Gebrauch machen oder - bei einer Verfahrenserfindung - nicht unmittelbares Verfahrenserzeugnis sind.[731]

Eine Neuerung bringt § 42 ArbEG für Erfindungen an Hochschulen.[732] Danach ist der Erfinder, also auch der Hochschullehrer, berechtigt, die Diensterfindung im Rahmen seiner Lehr- und Forschungstätigkeit zu offenbaren, wenn er dies dem Dienstherrn rechtzeitig, in der Regel zwei Monate zuvor, angezeigt hat, § 42 Ziff. 1 ArbEG. Wenn ein Erfinder aufgrund seiner Lehr- und Forschungsfreiheit die Offenbarung seiner Diensterfindung ablehnt, so ist er nicht verpflichtet, die Erfindung dem Dienstherrn zu melden. Will der Erfinder seine Erfindung dann zu einem späteren Zeitpunkt offenbaren, hat er dem Dienstherrn die Erfindung unverzüglich zu melden, § 42 Ziff. 2 ArbEG. Dem Erfinder bleibt im Fall der Inanspruchnahme der Diensterfindung ein nicht ausschließliches Recht zur Benutzung der Diensterfindung im Rahmen seiner Lehr- und Forschungstätigkeit, § 42 Ziff. 3 ArbEG. Wenn der Dienstherr die Erfindung dann verwertet, beträgt die Höhe der Vergütung 30 % der durch die Verwertung erzielten Einnahmen, § 42 Ziff. 4 ArbEG.

---

731 BGHZ 155, 8 = NJW-RR 2003, 1710
732 Vertiefend dazu Bartenbach/Volz, ArbEG, § 42 (n. F.) Rdziff. 1 ff.

§ 20 Urheberrecht

I.   Allgemeines

Die Urheber von Werken der Literatur, Wissenschaft und Kunst genießen für ihre Werke Schutz nach Maßgabe des Urheberrechtsgesetzes (UrhG), vgl. § 1 UrhG. Der Schutz dauert 70 Jahre nach dem Tod des Schöpfers an und betrifft „persönliche geistige Schöpfungen" i. S. d. § 2 Abs. 2 UrhG. Das Urheberrecht regelt den **Schutz des geistigen Eigentums** und findet seine verfassungsrechtliche Verankerung in Art. 14 GG. Das Urheberrecht gehört zu den vom Eigentumsgrundrecht geschützten Rechtsgütern.[733] Vom einzelnen Urheber aus betrachtet ist es die Aufgabe des Urheberrechts, ihm den Lohn für seine Arbeit als Werkschöpfung zu sichern. Folglich wird das Urheberrecht mitunter auch in die Nähe des Arbeitsrechts gerückt.[734] Anders als im Arbeitsrecht jedoch knüpft das Urheberrecht nicht an eine abhängige Beschäftigung an; vielmehr wird der Schutz des Urheberrechts mit dem vom Schöpfer erschaffenen Werk verbunden.

In der Vergangenheit war die Angemessenheit der Vergütung des Urhebers seit langer Zeit thematisiert worden. Das BVerfG hatte dem Gesetzgeber einen weiten Spielraum bei der Bestimmung der Angemessenheit der Vergütung des Urhebers zugebilligt, selbst für den Bereich der vertraglichen Vereinbarungen.[735] Durch das neue Urhebervertragsrecht sollten Standards für eine angemessene Vergütung für die Zukunft festgelegt werden.[736]

Mit Wirkung zum 01.07.2002 trat das „Gesetz zur Stärkung der vertraglichen Stellung von Urhebern und ausübenden Künstlern" in Kraft.[737] Durch dieses Gesetz werden die Vergütungsansprüche von Urhebern neu und umfassend geregelt. Diese Ansprüche waren zuvor nur fragmentarisch erfasst. Am 11.07.2003 stimmte auch der Bundesrat dem zuvor schon vom Bundestag verabschiedeten Gesetz zur Regelung des Urheberrechts in der Informationsgesellschaft zu; mit diesem am 10.09.2003 in Kraft getretenen Gesetz soll auf die tief greifenden technischen Entwicklungen der letzten Jahre reagiert werden. Es war erforderlich, den Urheberschutz auch auf die Verwertung im Internet zu erstrecken. Eine vom Bundesjustizministerium eingesetzte Arbeitsgruppe „Urheberrecht - Zweiter Korb" befasst sich schon jetzt wieder mit der Reform des Vergütungssystems.

---

[733] BVerfG GRUR 1997, 124 - Kopierladen II; BVerGE 79, 1 (26)

[734] Schricker/Schricker, Einl. Rdziff. 14

[735] BVerfGE 97, 228 (264) - Kurzberichterstattung; BVerfG NJW 1997, 247; BVerfGE 79, 1 (26); Spindler, MMR-Beilage 2/2003, S. 1 (5)

[736] Vgl. ausführlich dazu Jacobs, NJW 2002, 1905 ff. sowie Czychowski/Nordemann, NJW 2004, 1222

[737] BGBl I, 2002, 1155 ff.

Bloße Ideen sind nicht schutzfähig, sodass ein „Ideenklau" urheberrechtlich nicht sanktioniert ist.[738] Ein gewisser nach außen dargestellter Schutz für Werke lässt sich durch einen sog. **Copyright-Vermerk** (©) erzielen, wobei dieser Copyright-Vermerk seine Grundlage nicht im UrhG, sondern vielmehr im Art. III des Welturheberrechtsabkommens findet. Eine auf diese Weise hervorgerufene faktische Wirkung einer Warnung vor Urheberrechtsverletzungen lässt sich noch durch ein Vertraulichkeitsvermerk unterstreichen. Nach Maßgabe des § 18 UWG wird eine unbefugte Verwertung von Vorlagen unter Strafe gestellt, wobei die Anwendung dieser Vorschrift voraussetzt, dass Unterlagen „anvertraut" worden sind, sodass sich - neben dem ©-Vermerk - auch ein sog. **Vertraulichkeitsvermerk** (z. B. „Vertraulich. Unbefugte Verwertung, unbefugte Weitergabe an Dritte sind nach § 18 UWG untersagt")[739] empfiehlt.

II. Das Werk

Voraussetzung jedweder urheberrechtlichen Ansprüche ist, dass ein Urheber ein „Werk" i. S. d. § 2 UrhG geschaffen hat. § 2 UrhG ist daher auch das **„Eingangstor zum Urheberrecht".**[740]

1. Persönliche geistige Schöpfung

Da ein Werk allerdings nur dann urheberrechtlichen Schutz beanspruchen kann, wenn es sich um eine „persönliche geistige Schöpfung" gem. § 2 Abs. 2 UrhG handelt, wird daraus geschlussfolgert, dass eine gewisse sog. **Schaffens- oder aber Gestaltungshöhe** erreicht sein muss; das wiederum bedeutet, dass sich das Urheberrechtsschutz beanspruchende Werk von durchschnittlichen und serienmäßig gefertigten Produkten abheben muss; einfache Alltagserzeugnisse sollen mithin ausgesondert werden.[741] Naturgemäß wird die Frage, ob die notwendige Gestaltungs- bzw. Schaffenshöhe erreicht ist, vom jeweiligen Einzelfall abhängig und häufig von Gericht zu Gericht unterschiedlich beurteilt.

Bei der Frage, ob ein Werk urheberrechtsschutzfähig ist, kommt es auf den Herstellungsaufwand bzw. den Umfang des Werkes und auch den Gestaltungs- und Gebrauchszweck ebenso wenig an wie auf den Umstand, ob das geschaffene Werk einen verbotenen oder beleidigenden Inhalt hat. So kann z. B. auch durchaus ein Graffiti Urheberrechtsschutz genießen, obgleich es in der Regel eine Sachbeschädigung

---

[738] Harke S. 28; Wandtke/Bullinger-Bullinger, UrhG, § 2 Rdziff. 18; Schricker/Loewenheim, UrhR, § 2 Rdziff. 20; Dreier/Schulze, UrhG, § 2 Rdziff. 37, 15

[739] Harke S. 31

[740] Wandtke/Bullinger-Bullinger, UrhG, § 2 Rdziff. 1; Fromm/Nordemann, Urheberrecht, § 2 Rdziff. 1

[741] Wandtke/Bullinger-Bullinger, UrhG, § 2 Rdziff. 22

darstellen dürfte.[742] Ein **Showformat**, d. h. die Konzeption von Fernseh-Shows, beinhaltet die Gesamtheit aller charakteristischen Merkmale, die geeignet sind, die Fernseh-Show in ihrer Struktur zu prägen und dem Fernsehpublikum die Erkennbarkeit zu erleichtern bzw. überhaupt zu ermöglichen. Ein derartiges Showformat/Fernsehsendeformat ist urheberrechtlich **nicht schutzfähig**.[743]

2.   Werkarten

Die Regelung in § 2 Abs. 1 UrhG stellt bestimmte geschützte Werkarten dar. Diese Aufzählung ist jedoch nicht abschließend, d. h., auch in dieser Regelung nicht genannte Werke können, wenn sie denn eine persönliche geistige Schöpfung darstellen, Urheberrechtsschutz genießen. Dies gilt vor allem für - nicht in § 2 Abs. 1 aufgeführte - **Multimediawerke**.[744]

a.   Sprachwerke

Zu den geschützten Werken werden u. a. auch Sprachwerke wie Schriftwerke, Reden und Computerprogramme gezählt, vgl. § 2 Abs. 1 Ziff. 1 UrhG, wobei der Begriff der Computerprogramme in § 69 a UrhG näher definiert ist. Nicht jede sprachliche Mitteilung genießt indessen Urheberschutz. Das urheberrechtlich geschützte Sprachwerk muss eine individuelle Gedankenführung aufweisen. Entnimmt beispielsweise ein Autor seine Darstellung der Realität, verfasst er also eine Biografie, so ist diese nicht schutzfähig.[745] Bei einem Roman ist nicht nur die konkrete Textfassung geschützt, sondern auch eigenpersönlich geprägte Bestandteile und formbildende Elemente des Werks, die im Gang der Handlung, in der Charakteristik und Rollenverteilung der handelnden Personen liegen.[746]

Werbeaussagen unterliegen nur selten dem Urheberschutz, da die Rechtsprechung zumeist die entsprechende Schaffens- bzw. Gestaltungshöhe für - in der Regel sehr kurz gehaltene - Werbeaussagen verneint.

> *Beispiel 38:*[747]
>
> *Die Werbeagentur Gib Gas erarbeitete bei der Umbenennung der Texaco in DEA eine Kampagne. Von Mitarbeitern wurde der Satz „DEA - Hier tanken Sie auf" geprägt. Die Mitarbeiterin Pfiffig be-*

---

[742] BGHZ 129, 66 = NJW 1995, 1556 = GRUR 1995, 673 - Mauer-Bilder; EMRK NJW 1984, 2753 - Sprayer von Zürich

[743] BGH GRUR 2003, 876 - Fernsehsendeformat

[744] Wandtke/Bullinger-Bullinger, UrhG, § 2 Rdziff. 143; Dreier/Schulze, UrhG, § 2 Rdziff. 207

[745] Wandtke/Bullinger-Bullinger, UrhG, § 2 Rdziff. 48

[746] BGH NJW 2000, 2202 = GRUR 1999, 984 - Laras Tochter; LG Hamburg, NJW 2004, 610

[747] OLG Hamburg, NJW-RR 2001, 556 - Hier ist DEA

hauptet nun, dieser Satz stamme von ihr und Frau Pfaffig habe dann die Worte „Hier ist" davor gesetzt. Der Komponist Pfeffig erhielt dann den Auftrag, eine Musik für die Werbekampagne zu verfassen. Die freie Autorin Profit-Nagib erhielt dann den Auftrag, zu der Musik einen Text zu verfassen und zwar mit der Vorgabe, dass die Worte „Hier ist DEA - hier tanken Sie auf" enthalten sein sollten. Die freie Autorin, Frau Profit-Nagib, meldete dann als Textautorin dieses Lied bei der GEMA an und ließ sich als Komponistin registrieren, beteiligt Frau Pfiffig hingegen nicht. Diese begehrt nun Feststellung, dass sie Miturheberin ist. Das Werk, an dem Frau Pfiffig ihre Miturheberschaft reklamiert, ist nicht die Werbekampagne, sondern der Text des „DEA-Liedes". Der ursprünglich von Frau Pfiffig kreierte Teil „DEA - Hier tanken Sie auf" ist ein selbst nicht schutzfähiges Element.

Auch anderweitige Werbeaussagen sind häufig als nicht schutzfähig angesehen worden, so z. B. „Wir fahr'n, fahr'n, fahr'n auf der Autobahn"[748] oder „Das aufregendste Ereignis des Jahres".[749] Auch dem Titel „Tausendmal berührt, tausendmal ist nix passiert"[750] konnte ebenso wenig Urheberschutz beigemessen werden wie **Bedienungsanleitungen.**[751] Soweit Werbeaussagen keinen urheberrechtlichen Schutz zu erlangen vermögen, kann indessen ein ergänzender Schutz über das Wettbewerbsrecht erreicht werden; dem Wettbewerbsrecht kommt - neben dem Geschmacksmusterrecht - eine Komplementärfunktion zu. Werbeaussagen können daher über die wettbewerbsrechtlichen Regelungen Nachahmungsschutz erlangen.[752] Etwas anderes gilt hingegen für **anwaltliche Schriftsätze,** wenn sich der Schriftsatz vom alltäglichen, mehr oder weniger auf Routine beruhenden Anwaltsschaffen abhebt, wenn also umfangreich Material unter individuellen Ordnungs- und Gestaltungsprinzipien ausgewählt und verwertet wird.[753] Hingegen wurden **Multiple-Choice-Klausuren** im Medizinerpraktikum in Chemie als vom Urheberschutz umfasst angesehen,[754] **DIN-Normen** hingegen nicht, wenn sie Teil einer amtlichen Veröffentlichung sind.[755]

---

748 OLG Düsseldorf, GRUR 1978, 640; vgl. auch Dreier/Schulze, UrhG, § 2 Rdziff. 106
749 OLG Frankfurt, GRUR 1987, 44 - WM-Slogan
750 LG Frankfurt, GRUR 1996, 125
751 LG Oldenburg, GRUR 1989, 49
752 S. insoweit auch o. S. 168, 184
753 BGH NJW 1987, 1332 = GRUR 1986, 739 - Anwaltsschriftsatz; Schricker/Loewenheim, UrhR, § 2 Rdziff. 91
754 LG Köln, ZUM 2000, 579
755 BVerfG, GRUR 1999, 226

Verallgemeinernde Aussagen in Bezug auf Sprachwerke können nicht getroffen werden, weil es insoweit jeweils auf die Begleitumstände des Einzelfalls ankommen wird.[756]

Die im Auftrag des Bundesministeriums der Justiz vom „Deutschen Rechnungslegungsstandardscommittee e. V." (DRSC) bzw. seinem Standardisierungsrat entwickelten Empfehlungen zur Anwendung der Grundsätze über Konzernrechnungslegung in Form der „Deutschen Rechnungslegungsstandards" (DRS) sind urheberrechtsschutzfähig und nicht als amtliche Werke gem. § 5 UrhG vom Urheberrechtsschutz ausgeschlossen.[757]

Wörterbücher und Wanderführer (z. B. für Gran Canaria) sind nur unter bestimmten Voraussetzungen als urheberrechtliches Sprachwerk anzusehen.[758]

b.   Musikwerke

Grundsätzlich dürfen bei Musikwerken keine zu hohen Anforderungen an die schöpferische Eigentümlichkeit gestellt werden. Für den Bereich des musikalischen Schaffens ist seit langem die sog. **„Kleine Münze"** anerkannt;[759] unter dem Begriff der „Kleinen Münze" versteht man diejenigen Gestaltungen, die ein Minimum an Schaffens- bzw. Gestaltungshöhe aufweisen und daher gerade noch eben urheberrechtsschutzfähig sind, also einfache geistige Schöpfungen.[760] Folglich reicht es daher für die Annahme eines Musikwerkes i. S. d. § 2 Abs. 1 Ziff. 2 UrhG aus, dass die formgebende Tätigkeit des Komponisten - wie häufig bei Schlagermusik - nur einen verhältnismäßig geringen Eigentümlichkeitsgrad aufweist. Auf einen künstlerischen Wert kommt es **nicht** an.[761]

Bei dem sog. **Sound-Sampling** ist eine Verletzung eines Urheberrechts dann nicht zu befürchten, wenn die entnommenen Tonfolgen wegen der Kürze jeweils nicht urheberrechtlich geschützt sind. Wenn nur einzelne digitalisierte Töne verwendet werden, so liegt keine Bearbeitung des ursprünglichen Werks i. S. d. §§ 3, 23 UrhG vor.[762]

---

[756] Weitere Beispiele für geschützte Sprachwerke bei: Wandtke/Bullinger-Bullinger, UrhG, § 2 Rdziff. 49 ff.; Schricker/Loewenheim, UrhR, § 2 Rdziff. 89 ff.; Harke S. 18 f.; Loewenheim, Hdb. UrhR, § 9 Rdziff. 8 ff.

[757] OLG Köln, NJW-RR 2001, 1199

[758] OLG Köln, GRUR-RR 2003, 265; Schricker/Loewenheim, UrhG, § 2 Rdziff. 27, 101

[759] BGH NJW-RR 1991, 812 = GRUR 1991, 533 - Brown girl II

[760] Schricker/Loewenheim, UrhR, § 2 Rdziff. 38; BGH NJW-RR 1991, 812 = GRUR 1991, 533 - Brown girl II

[761] BGH NJW 1989, 387 = GRUR 1988, 812 - Ein bißchen Frieden; BGH NJW 1968, 594 = GRUR 1968, 321 - Haselnuß

[762] Harke S. 251; Wandtke/Bullinger-Bullinger, UrhG, § 2 Rdziff. 70; KG OLG-Report 2004, 300

Auch ein **Klingelton für Handys** kann als Musikwerk i. S. d. § 2 Abs. 1 Ziff. 2 UrhG angesehen werden,[763] indessen auch als „neue Nutzungsart" im Sinne von § 31 Abs. 4 UrhG, so dass eine derartige Nutzungsart nicht ohne weiteres wirksamer Gegenstand bereits bestehender GEMA-Berechtigungsverträge werden kann.[764]

c. Pantomimische Werke, Choreografie

Sowohl pantomimische als auch choreografische Werke sind sog. Bühnenwerke i. S. d. § 19 Abs. 2 UrhG. Urheberschutz genießen dabei bestimmte Bewegungsabfolgen, Gebärden oder Mimiken, d. h. die Körpersprache.[765]

Hingegen fallen sportliche Darbietungen nicht unter diese Werkart, dies selbst dann nicht, wenn es sich um eine körperliche Höchstleistung handelt und ein hohes Maß an technischer Perfektion bzw. geschickter Strategie abverlangt.[766]

d. Werke der bildenden Kunst

Gem. § 2 Abs. 1 Ziff. 4 UrhG werden Werke der bildenden Künste einschließlich der Werke der Baukunst und der angewandten Kunst und Entwürfe solcher Werke von dem Urheberrechtsschutz umfasst. Im Bereich der reinen bildenden Kunst handelt es sich dabei um Werke wie Zeichnungen, Bildhauerei, Malerei oder Druckgrafiken. Auch Trivial- sowie Comicfiguren sind über § 2 Abs. 1 Ziff. 4 UrhG geschützt, z. B. der Mecki Igel[767] oder die Schlümpfe[768] oder der Rosarote Elefant[769] oder Asterix-Persiflagen.[770]

Die Frage, welche Anforderungen im Einzelfall an die Gestaltungshöhe eines Werkes der bildenden Kunst zu stellen sind, hängt von der jeweiligen konkreten Werkart ab. Bei der bildenden Kunst sind keine überhöhten Anforderungen an die Darlegungslast des den Urheberrechtsschutz behauptenden Herstellers zu stellen. Denn bei dieser Werkart kann und darf die Schwierigkeit nicht verkannt werden, ästhetisch wirkende Formen überhaupt mit den zur Verfügung stehenden Mitteln der Sprache auszu-

---

[763] OLG Hamburg, ZUM 2002, 480; LG Hamburg, ZUM 2001, 443; Dreier/Schulze, UrhG, § 2 Rdziff. 137

[764] OLG Hamburg, MMR 2003, 49 = NJW-RR 2002, 1410

[765] Wandtke/Bullinger-Bullinger, UrhG, § 2 Rdziff. 73

[766] Schricker/Loewenheim, UrhR, § 2 Rdziff. 129; Wandtke/Bullinger-Bullinger, UrhG, § 2 Rdziff. 77; Dreier/Schulze, UrhG, § 2 Rdziff. 146

[767] BGH NJW 1958, 1587 = GRUR 1958, 500 - Mecki-Igel I; BGH NJW 1960, 573 = GRUR 1960, 251 - Mecki-Igel II

[768] OLG Frankfurt, WRP 1984, 483 = GRUR 1984, 520 - Schlümpfe II

[769] BGH NJW-RR 1995, 307 = GRUR 1995, 47 - Rosaroter Elefant

[770] BGH NJW-RR 1993, 1002 = GRUR 1994, 191 - Asterix-Persiflagen

drücken.[771] Lassen sich also die maßgeblichen Umstände, die einen Urheberschutz begründen sollen, mit einem bloßen Augenschein erkennen, so kann ein den Urheberschutz behauptender Hersteller seiner Darlegungslast auch dadurch genügen, dass er das Werk vorlegt.[772]

Auch die naturgetreue zeichnerische Wiedergabe einer **Bachforelle**, die durch die Formgebung das Gefühl von Bewertung vermittelt, ist als bildende Kunst urheberrechtlich geschützt; dabei muss die Schöpfungshöhe nur den Anforderungen der „Kleinen Münze" genügen.[773]

Auch Werke der angewandten Kunst, die einerseits künstlerisch gestaltet sind, andererseits aber bestimmten Aufgaben zu dienen bestimmt sind und eine persönliche geistige Schöpfungshöhe erreichen, stellen eine geschützte Werkart dar. Dies gilt z. B. für **Lampen**,[774] **Möbel**,[775] aber auch für Modeschöpfungen bzw. Textil- und Papiergestaltungen. Auch Werbegrafiken, wenn sie eine gewisse Gestaltungshöhe erreichen und es sich nicht um schlichte Alltagswerbegrafik handelt, genießen Urheberrechtsschutz.[776] Als Werke der angewandten Kunst werden auch Homepage-Gestaltungen angesehen.[777]

Der bekannte „**Niessing-Spannring**" ist ein Werk der angewandten Kunst und keine rein kunsthandwerkliche Leistung im Sinne der Entscheidung „Silberdistel" des BGH.[778]

Als Werke der Baukunst werden z. B. Wohngebäude, Brücken, öffentliche Gebäude oder aber auch Aufbauten eines Schiffes anzusehen sein. Entscheidend ist dabei ausschließlich die künstlerische Gestaltung.

Bei **Architektenplänen** wird man nicht von dem Grundsatz ausgehen können, dass der Hersteller eines Werkes seiner Darlegungslast in Bezug auf den Urheberschutz dadurch genügt, dass er das Werk vorlegt.[779] Wie bei allen anderen Werkarten genießen auch Architektenpläne Urheberschutz. So kann sich z. B. auch der Architekt auf § 14 UrhG stützen, wenn der Bauherr Änderungen der ursprünglich genehmigten, urheberrechtlich geschützten Planung verlangt, die das Bauwerk gegenüber der von dem Architekten beabsichtigten Form verfälschen würde.[780] Der Schutz von Architekten-

---

[771] BGH NJW 2003, 665 = GRUR 2003, 231 = WRP 2003, 279 - Staatsbibliothek; BGHZ 112, 264 = NJW 1991, 1231 = GRUR 1991, 455 - Betriebssystem II
[772] BGH NJW 2003, 665 = GRUR 2003, 231 = WRP 2003, 279 - Staatsbibliothek
[773] KG NJW 2002, 621
[774] OLG Düsseldorf, GRUR 1993, 903 - Bauhausleuchte
[775] BGH NJW 1987, 2678 = GRUR 1987, 903 - Le Corbusier-Möbel
[776] LG Oldenburg, GRUR 1987, 235
[777] Wandtke/Bullinger-Bullinger, UrhG, § 2 Rdziff. 102
[778] OLG Düsseldorf, NJW-RR 2001, 1624 = GRUR-RR 2001, 294
[779] BGH NJW 2003, 665 = GRUR 2003, 231 = WRP 2003, 279 - Staatsbibliothek; Dreier/Schulze, UrhG, § 2 Rdziff. 188
[780] Wandtke/Bullinger-Bullinger, UrhG, § 14 Rdziff. 26

entwürfen entbindet den Hersteller indessen nicht von dem Nachweis der Urheberschaft oder aber der Miturheberschaft. Dabei wird dem Architekten die Urhebervermutung gem. § 10 UrhG zugute kommen, die aus dem Architektenvermerk abzuleiten ist.[781]

Als ein Werk der bildenden Kunst hat die Rechtsprechung im Übrigen auch die „**Verhüllung des Reichstags**" des Künstlers Christo und dessen Ehefrau angesehen.[782]

Auch **Gartenanlagen** sind grundsätzlich gem. § 2 Abs. 1 Ziff. 4 UrhG als Werke der bildenden Kunst schutzfähig.[783] Ähnliches gilt für **Bühnenbilder**. Diese sind jedenfalls dann einem urheberrechtlichen Schutz zugänglich, wenn sie in einer Bilddarstellung niedergelegt sind. Sie können in einem solchen Fall als Werke der bildenden Künste (Bildmalerei) und/oder als Entwürfe von Werken der angewandten Kunst gem. § 2 Abs. 1 Ziff. 4 UrhG anzusehen sein.[784]

Die Anordnung sakraler Gegenstände (Altar, Tabernakel, Ambo und Marienstatue) im Kirchenchorraum und im Seitenschiff einer Kirche stellt kein urheberrechtlich geschütztes Kunstwerk dar.[785]

e.   Lichtbildwerke

Zu den vom Urheberschutz umfassten Lichtbildwerken i. S. d. § 2 Abs. 1 Ziff. 5 UrhG gehören neben den einfachen Lichtbildern alle Verfahren der Bildaufzeichnung, auch sog. **Screenshots**, d. h. aus einem Filmwerk entnommene Standbilder.[786] Hingegen fallen bloße Fotokopien oder andere fotomechanische Reproduktionstechniken nicht unter die Lichtbildwerke.[787]

f.   Filmwerke

Gem. § 2 Abs. 1 Ziff. 6 UrhG werden nicht die Gesamtheit der einzelnen Bilder, vielmehr das Filmwerk als solches geschützt. So sind z. B. regelmäßig **Spielfilme**, aber auch **Zeichentrickfilme** geschützt. Für Dokumentarfilme, Aufzeichnungen von Filmshows und Interviews gilt dies nur insoweit, wenn über den Individualitätsgrad eine gewisse Schaffens- bzw. Gestaltungshöhe im Sinne einer persönlichen geistigen Schöpfung erreicht wird.

---

781 BGH NJW 2003, 665 = GRUR 2003, 231 = WRP 2003, 279 - Staatsbibliothek
782 BGHZ 150, 6 = NJW 2002, 2394 = WRP 2002, 712 = GRUR 2002, 605 - Verhüllter Reichstag
783 KG NJW-RR 2001, 1201; Dreier/Schulze, UrhG, § 2 Rdziff. 186
784 BGH NJW 1987, 1401 - Oberammergauer Passionsspiele I
785 OLG Karlsruhe, NJW 2004, 608 = ZUM 2004, 138
786 LG Berlin, ZUM 2000, 513
787 Wandtke/Bullinger-Bullinger, UrhG, § 2 Rdziff. 112

Schutz als Filmwerk können auch **Computerspiele** erreichen.[788]

Naturgemäß arbeiten bei einem Filmwerk mehrere Personen Hand in Hand, deren jeweiliger Beitrag eine urheberrechtlich geschützte Leistung darstellt, sodass in der Regel in einem Filmwerk nicht nur eine Person im Sinne einer Alleinurheberschaft Rechte beanspruchen kann; vielmehr wird regelmäßig von einer sog. Miturheberschaft i. S. d. § 8 UrhG auszugehen sein. Neben dem Regisseur können unter Umständen Urheberrechte auch der Regieassistent, Kameramann, Cutter, Beleuchter, ggf. auch Schauspieler beanspruchen.[789] Der Beitrag eines **Mischtonmeisters** zum Klangbild eines Filmwerkes kann eine urheberrechtlich schutzfähige Leistung sein und auch ihm die Rechtstellung eines Miturhebers verschaffen.[790]

g.   Wissenschaftliche und technische Darstellungen

Beispiel 39:[791]

Jörgensen ist Grafiker. Er fertigt für die Fa. Lockup sog. Explosionszeichnungen von Containerverriegelungen, die diese in ihren Verkaufskatalogen abdruckt. Die Beklagte ist eine Konkurrenzfirma, die in ihrem Verkaufsprospekt - ebenfalls unter Verwendung eben dieser Sprengzeichnungen - angebotenen Containerverriegelungen entsprechen in ihrem technischen Aufbau im Wesentlichen denen der Fa. Lockup. Herr Jörgensen sieht in den im Verkaufskatalog der Beklagten abgebildeten Sprengzeichnungen eine unzulässige Übernahme seiner für die Fa. Lockup gefertigten Zeichnungen und beantragt, die Beklagte zur Unterlassung zu verurteilen. Grundsätzlich wird bei Sprengzeichnungen das Gestaltungsvermögen des Grafikers besonders gefordert, da es darum geht, den Gegenstand einer technischen Konstruktion zeichnerisch in seine Einzelteile zu zerlegen, sodass sich dem Betrachter die Zusammensetzung, Anordnung und Funktion verständlich und anschaulich erschließt. Dazu kann sich der Grafiker bestimmter Darstellungstechniken bedienen, die dann auch Spielraum für eine individuelle Gestaltung belassen. Folglich kann es sich bei Explosionszeichnungen um Darstellungen wissenschaftlicher und technischer Art handeln, die ihrerseits auch Urheberschutz beanspruchen können.

---

[788] OLG Hamburg, GRUR 1990, 127 - Supermario III; OLG Hamburg, GRUR 1983, 436 – Pokemon

[789] Harke S. 264

[790] BGHZ 151, 92 = NJW 2002, 3549 = WRP 2002, 1181 = GRUR 2002, 961 - Mischtonmeister

[791] BGH NJW-RR 1991, 1189 = GRUR 1991, 529 - Explosionszeichnungen

Neben sog. **Explosionszeichnungen** können auch andere Pläne und Zeichnungen Urheberschutz genießen. Voraussetzung ist allerdings, dass eine schöpferische Eigenart hervorgerufen wird. Es muss eine individuelle, sich vom alltäglichen Schaffen abhebende Geistestätigkeit in der Darstellung zum Ausdruck gebracht worden sein, wobei ein geringeres Maß an individueller Prägung genügt.[792]

Einzelfälle solcher auf diese Weise geschützten Werke sind z. B. **Bau- und Bebauungspläne, Benutzeroberflächen von Computerprogrammen, Landkarten und Stadtpläne** sowie **Konstruktions- und Aufrisszeichnungen**, aber auch dreidimensionale Modelle und Schaubilder. Auch **Preisrätsel**, wie z. B. **Kreuzwort- oder Silbenrätsel** können erfasst sein.[793]

3. Bearbeitungen und Plagiate

Gem. § 3 UrhG werden Übersetzungen und andere Bearbeitungen eines Werkes, die persönliche geistige Schöpfungen des Bearbeiters sind, unbeschadet des Urheberrechts am bearbeiteten Werk wie selbständige Werke geschützt. Dabei wird die nur unwesentliche Bearbeitung eines nicht geschützten Werkes der Musik nicht als selbständiges Werk geschützt. Herkömmlicherweise wird daraus zweierlei abgeleitet:

Zum einen stellt das sog. plagiieren[794] eine urheberrechtliche Beeinträchtigung dar. Von **Plagiieren** wird gesprochen, wenn jemand fremdes geistiges Gut als sein eigenes ausgibt („sich mit fremden Federn schmücken"). Zum anderen ist allerdings eine **Bearbeitung** eines urheberrechtlich geschützten Werkes ihrerseits unter Umständen urheberrechtlich geschützt, und zwar dann, wenn ein Werk gestalterisch auf einem anderen aufbaut und der Bearbeiter dabei selbst eine persönliche geistige Schöpfung vollbringt.[795] Indessen setzt der Plagiatsvorwurf denklogisch voraus, dass das plagiierte Werk inhaltlich bestimmt und genau umrissen ist. So wurde z. B. im Hinblick auf die Romanfigur „Harry Potter" vom LG Köln ausgeführt, dass es „die" verbindliche bildnerische Darstellung des Romanhelden Harry Potter überhaupt nicht gebe, sodass schon im Hinblick auf das Vorhandensein eines bestimmten, genau umrissenen Abbilds des Harry Potter erhebliche Zweifel bestehen würden.[796]

Lässt sich hingegen ein plagiiertes Werk genau bestimmen, so stellt sich dann aber auch wiederum die Frage der Abgrenzung zu § 23 UrhG (Bearbeitungen und Umge-

---

[792] BGHZ 134, 250 = NJW 1997, 1363 = GRUR 1997, 459 - CB-Infobank I; BGH NJW 1992, 689 = GRUR 1993, 34 - Bedienungsanweisung; BGH NJW 1988, 337 = GRUR 1988, 33 - Topographische Landeskarten; BGH NJW-RR 1987, 750 = GRUR 1987, 360 - Werbepläne

[793] Wandtke/Bullinger-Bullinger, UrhG, § 2 Rdziff. 133 ff.; Schricker/Loewenheim, UrhR, § 2 Rdziff. 200 ff.

[794] Lat. plagiarius (Menschenräuber), Begriff nach dem Dichter Martial, der mit diesem Begriff einen ehem. Sklaven bezeichnete, der die Gedichte von Martial als eigene ausgab, vgl. Harke S. 38

[795] Wandtke/Bullinger-Bullinger, § 3 Rdziff. 1

[796] LG Köln, NJW 2002, 619 - Harry Potter

staltungen) bzw. § 24 UrhG (freie Benutzung). **Umgestaltungen i. S. d. § 23 UrhG** können grundsätzlich auch ohne Zustimmung eines Urhebers vorgenommen werden, dies allerdings nur dann, wenn die Umgestaltung des Werkes nicht für die Öffentlichkeit bestimmt ist; soll das - ursprünglich urheberrechtlich geschützte und nunmehr umgestaltete - Werk für die Öffentlichkeit bestimmt sein, so bedarf es dann im Hinblick auf § 23 UrhG der Zustimmung des Urhebers. Ausnahmeregelungen sieht § 23 S. 2 UrhG vor, wonach bereits das Herstellen der Bearbeitung oder der Umgestaltung der Einwilligung des Urhebers bedürfen, wenn es sich um eine Verfilmung eines Werkes, um die Ausführung von Plänen und Entwürfen eines Werkes der bildenden Kunst oder um den Nachbau eines Werkes der Baukunst bzw. um die Bearbeitung oder Umgestaltung eines Datenbankwerkes handelt. Grundsätzlich dürfen ungeschützte Teile eines Werkes eben diesem Werk entnommen und in veränderter Form veröffentlicht und verwertet werden.[797]

Ein selbständiges Werk, welches in **freier Benutzung** des Werkes eines anderen geschaffen wurde, darf ohne Zustimmung des Urhebers des benutzten Werkes veröffentlicht und verwertet werden (§ 24 Abs. 1 UrhG). Dabei gilt die vorstehende Vorschrift nicht für die Benutzung eines Werkes der Musik, durch welche eine Melodie erkennbar dem Werk entnommen und einem neuen Werk zugrunde gelegt wird, vgl. § 24 Abs. 2 UrhG. Die Regelung in § 24 UrhG ist entscheidend für die Frage, wo die Grenze für das Urheberrecht und dem daraus abzuleitenden Anspruch des Urhebers verläuft. Grundsätzlich will § 24 UrhG nicht nur das unveränderte Werk schützen; vielmehr soll der Urheber auch Schutz davor genießen, dass sein Werk in abgewandelter Form veröffentlicht und verwertet wird.[798] Probleme bereitet dies insbesondere im Bereich der Musik. Um die Grenze zwischen den urheberrechtlich relevanten Benutzungshandlungen (also Vervielfältigung oder Bearbeitung) und der nach § 24 Abs. 1 UrhG zulässigen Verwertung eines in freier Benutzung geschaffenen Werks ziehen zu können, kommt es maßgeblich auf die Übereinstimmung im schöpferischen Bereich des älteren Werks an. Diese Übereinstimmungen zwischen dem älteren und dem jüngeren Werk sind im Einzelfall konkret darzustellen und daraufhin zu überprüfen, ob - nach den Regeln des sog. Anscheinsbeweises - ein Rückschluss darauf erlaubt ist, dass der Komponist des jüngeren Werks das ältere Werk benutzt, d. h. gekannt und bewusst oder unbewusst bei seinem Werk darauf zurückgegriffen hat. **Weitgehende Übereinstimmungen indizieren in der Regel die Annahme, dass der Urheber des jüngeren Werks das ältere Werk benutzt hat.**[799]

Welche Anforderungen im Einzelnen an diesen Vergleich zu stellen sind, variiert von Einzelfall zu Einzelfall. Maßgeblich ist insoweit die jeweilige **Gestaltungshöhe** des älteren Werkes, d. h., ob eben das ältere Werk prägende Eigenarten und Charakteris-

---

[797] BGH NJW-RR 1993, 1002 = GRUR 1994, 191 - Asterix-Persiflagen; BGH NJW 1989, 387 = GRUR 1988, 812 - Ein bißchen Frieden; BGH GRUR 1981, 267 - Dirlada
[798] Wandtke/Bullinger-Bullinger, UrhG, § 24 Rdziff. 1
[799] BGH NJW-RR 1991, 812 = GRUR 1991, 533 - Brown girl II; BGH NJW 1989, 387 = GRUR 1988, 812 - Ein bißchen Frieden

tiken aufweist. Je auffallender die Eigenart des benutzten Werks ist, umso weniger werden dessen übernommene Eigenheiten in dem danach geschaffenen Werk verblassen.[800] Wenn die wesentlichen, charakteristischen Merkmale übernommen werden, liegt eine unfreie Bearbeitung (also kein eigenständiges Werk) vor.[801] Dabei genießen die allen Einzeldarstellungen zugrunde liegenden Merkmale urheberrechtlichen Schutz.[802] Entscheidend ist das Maß der Übereinstimmung zwischen dem neu geschaffenen und dem verwendeten Werk.[803] Die Umgestaltung eines Originalromans in eine andere Buchform, z. B. in ein Lehrbuch für die Grundschule, stellt dann eine unfreie Bearbeitung i. S. d. § 23 UrhG dar, wenn sie zwar nicht wörtlich Textstellen, jedoch eigenpersönlich geprägte Bestandteile und formbildende Elemente des Originals übernimmt und hierdurch der Werkgenuss des Originals ersetzt wird; der Bildungsauftrag der Schule rechtfertigt kein ausdehnendes Verständnis des § 24 Abs. 1 UrhG.[804]

Für den Fall, dass das abhängige Werk das benutzte Werk unverändert wiedergibt, kann auch eine Bearbeitung oder Umgestaltung i. S. d. § 23 UrhG vorliegen. Zwar ist das urheberrechtlich geschützte Werk eine persönliche geistige Schöpfung i. S. d. § 2 Abs. 2 UrhG; das wiederum heißt, es handelt sich um ein Immaterialgut, das im Werkstück lediglich seine Konkretisierung findet.[805] Vor diesem Hintergrund kommt es nicht darauf an, ob für die Bearbeitung das Original oder ein sonstiges Werkstück **in seiner Substanz** verändert worden ist. Allerdings wird man regelmäßig davon auszugehen haben, dass bei einer bloßen Übernahme eines Werkes ohne jede Änderung eine Umgestaltung eines Werkes zu verneinen sein dürfte.[806] **Hingegen** ist aber von einer Bearbeitung auszugehen, wenn ein geschütztes Werk in ein neues „Gesamtkunstwerk" derart integriert wird, dass es als dessen Teil erscheint. Dies ist z. B. vom BGH für den Vertrieb von Bildern (des Künstlers Friedensreich Hundertwasser) in Rahmen, die nach den aufgemalten Motiven jeweils in besonderer Weise den Bildern angepasst waren, angenommen worden.[807] Andererseits ist zu vergegenwärtigen, dass durch die Schaffung eines derartigen „Gesamtkunstwerkes" Rechte des ursprünglichen Urhebers (dort: Friedensreich Hundertwasser) gem. § 14 UrhG verletzt werden können.[808]

---

[800] BGH NJW-RR 1991, 812 = GRUR 1991, 533 - Brown girl II
[801] BGH NJW 2000, 2202 = GRUR 1999, 984 – Laras Tochter; OLG München, NJW-RR 2003, 1627 – Pumuckl-Illustrationen
[802] BGHZ 122, 53 = NJW 1993, 2620 = GRUR 1994, 206 - Alcolix
[803] BGH NJW-RR 1988, 1204 = GRUR 1988, 533 – Vorentwurf II
[804] LG Hamburg, NJW 2004, 610
[805] BGHZ 150, 32 = NJW 2002, 3248 (3250) = WRP 2002, 552 = GRUR 2002, 532 - Unikatrahmen; Schricker/Loewenheim, UrhR, § 2 Rdziff. 10
[806] BGHZ 150, 32 = NJW 2002, 3248 (3250) = WRP 2002, 552 = GRUR 2002, 532 - Unikatrahmen; BGH NJW-RR 1990, 1061 = GRUR 1990, 669
[807] BGHZ 150, 32 = NJW 2002, 3248 (3250) = WRP 2002, 552 = GRUR 2002, 532 - Unikatrahmen
[808] Vgl. dazu u. S. 291

4. Sammelwerke und Datenbankwerke

Über § 4 UrhG sind auch sog. Sammelwerke bzw. Datenbankwerke geschützt. **Sammelwerke** sind Sammlungen von Werken, Daten oder anderen unabhängigen Elementen, die aufgrund der Auswahl oder Anordnung der Elemente eine persönliche geistige Schöpfung darstellen. Sind diese Voraussetzungen erfüllt, haben nicht nur die einzelnen Elemente urheberrechtlichen Schutz; auch das gesamte Ganze wird dann wie ein selbständiges Werk geschützt. Bei der Frage, ob eine persönliche geistige Schöpfung in der Auswahl und Anordnung der einzelnen Elemente vorliegt, ist eine gewisse Originalität des Werkes zu beachten, nicht hingegen eine Beurteilung der Qualität oder des ästhetischen Wertes.[809]

Auf diese Weise wird auch die sog. „Kleine Münze" geschützt, also das, was bei einem Minimum an Gestaltungshöhe gerade noch urheberrechtsschutzfähig ist.[810] Urheberrechtsschutzfähig sind gleichwohl nicht alphabetisch geordnete Telefonbücher[811] sowie eine Sammlung biografischer Daten[812] ohne eine konzeptionelle Gestaltung. Ebenso wenig ist eine schlichte Gesetzessammlung[813] auf CD-Rom schutzfähig. Hingegen sind z. B. unperiodisch erscheinende wissenschaftliche **Festschriften, Konversationslexika, Handbücher, Enzyklopädien** als **schutzfähig** angesehen worden.[814]

Beispiel 40:[815]

Die Parteien streiten um urheberrechtliche Ansprüche an Aufklärungsbögen bzw. Merkblättern für Patienten, die vor ärztlichen diagnostischen und/oder therapeutischen Eingriffen in zahlreichen medizinischen Fachbereichen verwendet werden. Dr. Bruch entwickelte Merkblätter. Über diese Merkblätter schloss er mit der Fa. Feinheraus einen „Herausgebervertrag". Die Merkblätter enthielten jeweils auf der Titelseite die Überschrift „Merkblatt ..." mit Angabe des jeweiligen Anwendungsbereichs, z. B. „... über Kropfoperation (Struma)", „... über die Blinddarmoperation", „... zur Vorbereitung des Gesprächs mit dem Arzt/der Ärztin über die Nierenfunktion". Hinter dem Wort „Merkblatt" befand sich regelmäßig ein Sternchenzeichen, das auf den Text der Fußleiste verwies. Dort befand sich nach dem wiederholten Sternchenzeichen der Text „Im System der Stufenaufklärung nach Weissauer". Sodann folgte die Angabe von Autorennamen sowie ein Copyright-Vermerk, bei dem die Fa.

---

[809] Wandtke/Bullinger-Marquardt, UrhG, § 4 Rdziff. 5 unter Hinweis auf die EG-Datenbankrichtlinie
[810] Schricker/Loewenheim, UrhR, § 4 Rdziff. 8
[811] BGH GRUR 1999, 923 - Tele-Info-CD
[812] OLG Hamburg, ZUM 1997, 145
[813] OLG München, NJW 1997, 1931
[814] Wandtke/Bullinger-Marquardt, UrhG, § 4 Rdziff. 7
[815] OLG Nürnberg, NJW-RR 2002, 771

Feinheraus genannt wurde. Im Rahmen eines Rechtsstreites aus An-lass der fristlosen Kündigung des Herausgebervertrages verglichen sich die Parteien, der Fa. Feinheraus wurde gestattet, die Auf-klärungsbögen bzw. Merkblätter gegen Zahlung eines bestimmten Betrages weiter zu verwenden. Die Fa. Feinheraus änderte den Text der Fußleiste und ließ den Passus „Im System der Stufenaufklärung nach Weissauer" weg. Nunmehr, nachdem im Übrigen auch die Au-torenbezeichnung geändert wurde, beantragte der klagende Dr. Bruch festzustellen, dass die Fa. Feinheraus nicht Urheber der Merkblätter sei. Der Kläger bezog sich darauf, Urheber eines Sam-melwerkes zu sein. Eine solche Annahme wurde vom Gericht ver-neint. Auch bei einem Sammelwerk reicht die rein handwerkliche, schematische oder routinemäßige Auswahl oder Anordnung nicht aus. Diejenige Auswahl oder Anordnung, die jeder so vornehmen würde, stellt kein individuelles Schaffen dar. Insbesondere, wenn Auswahl oder Anordnung sich aus der Natur der Sache ergeben oder durch Zweckmäßigkeit oder Logik vorgegeben sind, ist ein individu-elles Schaffen nicht möglich. Die insgesamt 550 Merkblätter sind nicht nach einem bestimmten Ordnungsprinzip in einen Zusam-menhang gestellt. Ein rein chronologisch, alphabetisch, nummerisch oder nach medizinischen Sachgebieten aufgebautes Register begrün-det keinen Werkcharakter. Jedes der in der Anlage abgehefteten Blät-ter könnte dem Ordner entnommen und anschließend wieder in eine andere Ordnung gebracht werden, ohne dass sie in ihrer Brauchbar-keit und ihrer Aussagekraft verändert würden.

Datenbankwerke sind Sammelwerke, deren Elemente systematisch oder methodisch angeordnet und einzeln mit Hilfe elektronischer Mittel oder auf andere Weise zugäng-lich sind. Dabei ist ein zur Schaffung des Datenbankwerkes oder zur Ermöglichung des Zugangs zu dessen Elementen verwendetes **Computerprogramm** (§ 69 a UrhG) **nicht Bestandteil des Datenbankwerkes**, vgl. § 4 Abs. 2 UrhG. Auch hier ist ein Urhe-berschutz - wie auch schon bei einem Sammelwerk - nur angezeigt, wenn die Auswahl oder Anordnung der einzelnen Elemente auf einer schöpferischen Leistung beruht.

Ob und inwieweit **Websites** als urheberrechtlich schutzfähig anzusehen sind, ist bis-lang immer noch nicht hinreichend geklärt. Denn Texte im Rahmen von Websites können - wenn die Voraussetzungen des § 2 Abs. 2 UrhG erfüllt sind - als Sprachwerk geschützt sein, darin enthaltene Lichtbilder können als Lichtbildwerke i. S. d. § 2 Abs. 1 Ziff. 5 UrhG und eingespielte Videosequenzen als filmähnliches Werk i. S. d. § 2 Abs. 1 Ziff. 6 UrhG geschützt sein. Für Diagramme, Skizzen o. ä. kann ein Schutz über § 2 Abs. 1 Ziff. 7 UrhG gegeben sein. Mitunter wird auch davon ausgegangen, dass Web-sites deswegen als Sammelwerk anzusehen sind. Richtigerweise wird man aber wohl davon ausgehen müssen, dass es sich bei einer Website um ein Datenbankwerk bzw. Datenbank i. S. d. §§ 4 Abs. 2, 87 a ff. UrhG handelt.[816]

In der Regel werden Websites bestimmte Links oder sogar Linksammlungen enthalten, sodass ggf. eine andere Problematik virulent wird, welche mit dem Begriff „**Framing**" bezeichnet wird. Bei der sog. Framing-Technik handelt es sich um eine besondere Spielart der Verlinkung von zwei Websites. Beim Anklicken eines „normalen" Hyperlinks auf einer Website nimmt die dadurch aufgerufene Seite im Regelfall das komplette Browser-Fenster ein, während die aufrufende Seite entweder geschlossen wird oder aber hinter das neu geöffnete Fenster zurücktritt. Bei der sog. Framing-Technik ist dies anders. Hier belegt die aufgerufene Seite nicht das gesamte Browser-Fenster. Vielmehr bleibt ein „Frame" der auftretenden Seite, typischerweise in Form eines Balkens am linken und eines Balkens am oberen Bildrand zurück. Auf diesen Frame bezieht sich dann oftmals auch die Navigationsleiste des Browsers, im Adressfeld erscheint nach wie vor die Internetdomain der aufgerufenen Seite.[817] Wenn Datenbankwerke i. S. d. § 4 Abs. 2 UrhG mithin Urheberschutz genießen, ist dieses Framing grundsätzlich urheberrechtswidrig, es sei denn, dass durch den Anbieter eine Einverständniserklärung für die Vervielfältigung vorliegt.[818]

Das Laden eines ins Internet gestellten Lexikons in den Arbeitsspeicher des Nutzers stellt eine Vervielfältigung eines Datenbankwerks (§ 4 Abs. 2 UrhG) dar, die auch zum Privatgebrauch erlaubnispflichtig ist (§ 53 Abs. 1, 5 UrhG). Wird dabei jeweils nur ein Suchbegriff nebst Erläuterung aufgerufen, so ist gleichwohl die Vervielfältigung eines relevanten Werkteils gegeben und nicht etwa nur unwesentliche Datenbankteile (§ 87 b UrhG), zumal der Text weiterführende Suchworte enthält. Ohne Erlaubnis des Nutzungsberechtigten darf ein Dritter auf seiner Website im Internet keinen Link setzen, mit dem ohne Verlassen der Website des Dritten das fremde Datenbankwerk „inkorporiert" aufgerufen wird. Dem Umstand, dass der Urheber sein Datenbankwerk ins Internet stellt bzw. einen Link duldet, bei dem man unter vollständigem Verlassen der Website des Dritten zu dem Datenbankwerk gelangt, ist **keine (konkludente) Zustimmung** für ein inkorporiertes Framing zu entnehmen.[819]

---

[816] Wandtke/Bullinger-Marquardt, UrhG, § 4 Rdziff. 14; differenzierter Loewenheim, Hdb. UrhR, § 78 Rdziff. 3 ff.

[817] LG München, MMR 2003, 197 - Framing III; vertiefend Schreibauer/Mulch, WRP 2002, 886 (890); Dreier/Schulze, UrhG, § 16 Rdziff. 14

[818] OLG Hamburg, NJW-RR 2001, 1198 - Roche Lexikon; LG Hamburg, MMR 2000, 761 - Roche Lexikon; a. A. OLG Düsseldorf, MMR 1999, 729 - Baumarkt.de (dort wurde der Werkcharakter einer Website als Datenbankwerk veneint.)

[819] OLG Hamburg, NJW-RR 2001, 1198 - Roche Lexikon; anders hingegen, wenn ein Datenbankwerk nicht vorliegt und damit die Privatkopierschranke des § 53 Abs. 1 UrhG greift, vgl. dazu den Sachverhalt LG München, MMR 2003, 197 - Framing III; dann kann von einer konkludenten Einwilligung in ein Framing ausgegangen werden, wenn die Werbewirkung der verknüpften Website unangetastet bleibt.

Derjenige, der eine Datenbank hergestellt hat, erlangt besonderen urheberrechtlichen Schutz über §§ 87 a ff. UrhG. So kann z. B. der Hersteller einer **E-Mail-Adressdatenbank**, die er aus Anlass des Betriebs seines Dolmetscher- und Übersetzungsdienstes erschaffen hat, es einem Mitbewerber gerichtlich untersagen lassen, sich an seine in der Datenbank befindlichen Kunden per Werbe-E-Mail zu wenden, wenn zuvor kein geschäftlicher Kontakt zwischen Kunde und Mitbewerber bestanden hat.[820] Andererseits ist z. B. das Setzen von Hyperlinks auf Artikel, die vom Berechtigten im Internet als Bestandteile einer Datenbank öffentlich zugänglich gemacht worden sind, keine dem Datenbankhersteller vorbehaltene Nutzungshandlung. Das Datenbankherstellerrecht (§ 87 b Abs. 1 S. 2 UrhG) wird nicht verletzt, wenn aus Zeitungs- und Zeitschriftenartikeln, die in einer Datenbank gespeichert sind, durch einen Internet-Suchdienst einzelne kleinere Bestandteile auf Suchwortanfrage an Nutzer übermittelt werden, um diesen einen Anhalt dafür zu geben, ob der Abruf des Volltextes für sie sinnvoll wäre.[821]

5. Amtliche Werke

Gesetze, Verordnungen, amtliche Erlasse und Bekanntmachungen sowie Entscheidungen und amtliche Leitsätze zu Entscheidungen genießen keinen urheberrechtlichen Schutz (sog. **Gemeinfreiheit**). Das Gleiche gilt für andere amtliche Werke, die im amtlichen Interesse zur allgemeinen Kenntnisnahme veröffentlicht worden sind, mit der Einschränkung, dass die Bestimmungen über Änderungsverbot und Quellenangabe entsprechend anzuwenden sind. Die Regelung in § 5 UrhG unterscheidet damit zwischen absolut schutzunfähigen, d. h. gemeinfreien Werken und solchen Werken, die nur einem sog. relativen Schutz unterliegen, § 5 Abs. 2 UrhG. Da es sich bei § 5 UrhG um eine Ausnahmevorschrift handelt, ist diese grundsätzlich eng auszulegen.

III. Der Urheber

Nachdem die Werkeigenschaft überprüft worden ist, erhebt sich zwangsläufig die Frage, wem die Urheberschaft zukommt. Dabei regelt § 7 UrhG - auf der Grundlage des Schöpferprinzips und in etwas unspektakulärer Weise -, dass Urheber der Schöpfer des Werkes ist. Daneben regelt § 8 UrhG, wann eine sog. Miturheberschaft vorliegt.

---

[820] LG Düsseldorf, MMR 2003, 539
[821] BGHZ 156, 1 = NJW 2003, 3406 = GRUR 2003, 958 = WM 2003, 2200 - Paperboy; ebenso schon die Vorinstanz OLG Köln, NJW-RR 2001, 904

1.   Alleinurheberschaft

Als Werkschöpfer i. S. d. § 7 UrhG kommen nur **natürliche Personen**, nicht hingegen juristische Personen in Betracht; letztere können nur Inhaber abgeleiteter (Nutzungs-) Rechte sein.[822] Da das Urheberrecht auch im Rahmen von Dienst- oder Arbeitsverhältnissen gilt, entsteht das Werk und damit die Rechtsstellung des Urhebers originär in der Person des Angestellten/Auftragnehmers, der die persönliche geistige Schöpfungsleistung vollbracht hat. Der Arbeitgeber/Auftraggeber ist folglich auf die Übertragung der Nutzungsrechte angewiesen.[823] Urheber ist deshalb auch der sog. **Ghostwriter**; auch **Minderjährige und Geschäftsunfähige** können Urheber sein, weil die Schöpfung eines urheberrechtlichen Werkes ein Realakt und kein Rechtsgeschäft ist.

Eine Differenzierung ist allerdings im Rahmen des Schutzes des Datenbankherstellers angezeigt. Nach Maßgabe des § 87 a Abs. 2 UrhG ist **Datenbankhersteller** derjenige, der die Investition i. S. v. § 87 a Abs. 1 UrhG vorgenommen hat. Das wiederum bedeutet, dass es nicht auf den Schöpfungsakt als solchen, sondern vielmehr - für die Herstellereigenschaft - auf den Tatbestand der (wesentlichen) Investition ankommt. Datenbankhersteller können mithin auch juristische Personen sein;[824] diese Personen müssen die Initiative zur Herstellung einer Datenbank ergriffen, sie organisatorisch betreut und durch Vornahme der wesentlichen Investitionen das mit dem Aufbau der Datenbank verbundene wirtschaftliche Investitionsrisiko getragen haben.[825]

Grundsätzlich gilt, dass nicht Urheber ist, wer nur als **Gehilfe** bei der Entstehung des Werkes mitgewirkt hat.[826] Dabei wird zu berücksichtigen sein, dass, wer sich auf eine urheberrechtlich schutzfähige Leistung beruft, nicht nur das betreffende Werk vorzulegen hat; vielmehr sind - im Rahmen eines Klageverfahrens - auch die konkreten Gestaltungselemente darzulegen und ggf. zu beweisen, aus welchen Gestaltungselementen heraus konkret sich die urheberrechtliche Schutzfähigkeit ergeben soll.[827] Dabei wird sich zwar häufig die Frage stellen, welche konkreten Anforderungen im Einzelfall zu stellen sind. Dies wird wiederum von der konkreten Werkart abhängen. So sind z. B. bei Werken der bildenden Kunst keine überhöhten Anforderungen an die Darlegungslast zu stellen, da bei ihnen die Schwierigkeit nicht zu verkennen ist, ästhetisch wirkende Formen überhaupt mit Mitteln der Sprache auszudrücken.[828] Hingegen wird dies bei **Architektenplänen** nicht unbedingt angenommen werden können; diese können als Werke der bildenden Künste einschließlich der Werke der Baukunst und der angewandten Kunst und Entwürfe solcher Werke (§ 2 Abs. 1 Ziff. 4 UrhG) in

---

[822] BGH GRUR 1991, 523 - Grabungsmaterialien

[823] Wandtke/Bullinger-Thum, UrhG, § 7 Rdziff. 4

[824] Wandtke/Bullinger-Thum, UrhG, § 87 a Rdziff. 55

[825] Wandtke/Bullinger-Thum, UrhG, § 87 a Rdziff. 55

[826] BGH NJW 2003, 665 = GRUR 2003, 231 = WRP 2003, 279 - Staatsbibliothek; BGH NJW 1985, 1633 = GRUR 1985, 529 - Happening; Wandtke/Bullinger-Thum, UrhG, § 7 Rdziff. 9; Schricker/Loewenheim, UrhR, § 7 Rdziff. 8

[827] BGH NJW 1991, 1484 = GRUR 1991, 456 - Goggolore

[828] BGHZ 112, 264 = NJW 1991, 1231 = GRUR 1991, 455 - Betriebssystem II

Betracht kommen. Je mehr ein Entwurf in der Anfangsphase eines Gestaltungsprozesses einem einzelnen Architekten zuzurechnen ist und je individueller die eingesetzten zeichnerischen Mittel sind, umso weniger wird regelmäßig ein anderer als der Zeichner Miturheber oder gar Alleinurheber sein können. Bloße Ideen, die noch nicht Gestalt angenommen haben oder bloße Anregungen zu einem Werk begründen jedenfalls noch keine Urheberschaft.[829] Dem Architekten wird bei Architektenskizzen bzw. -plänen kraft des Architektenvermerks indessen die Urhebervermutung des § 10 UrhG zugute kommen. Diese Vermutungswirkung begründet indessen lediglich eine Vermutung für die Urheberschaft an der in diesem Architektenentwurf verkörperten Gestaltung, nicht hingegen auch eine Vermutung der Urheberschaft an dem (gesamten) Werk der Baukunst, wie es in dem Gebäude verkörpert ist, welches unter Benutzung bzw. Zuhilfenahme des Plans errichtet worden ist.[830]

2. Miturheberschaft

Eine Miturheberschaft i. S. d. § 8 UrhG liegt dann vor, wenn mehrere Personen ein Werk gemeinsam geschaffen haben, ohne dass sich ihre Anteile gesondert verwerten lassen. Rechtlich setzt die Annahme einer Urheberschaft ein gemeinsames Schaffen der Beteiligten voraus, bei dem jeder der Beteiligten einen schöpferischen Beitrag leistet, der dann in das gemeinsame Werk einfließt. Bei einem während eines langen Zeitraumes entstehenden Werk können in verschiedenen, aufeinander aufbauenden Stadien des Gestaltungsprozesses mehrere Personen schöpferisch als Miturheber mitwirken. Erforderlich ist dabei jedoch, dass jeder seinen schöpferischen Beitrag in Unterordnung unter die gemeinsame Gesamtidee erbringt.[831] Dadurch muss dann ein einheitliches Werk entstehen, dessen Teile sich nicht gesondert verwerten lassen.[832] Keinen schöpferischen Beitrag leistet der Werkanreger, der bei der Werkerstellung lediglich Tipps oder Anregungen gibt. Entsprechendes gilt für den Gehilfen, der zwar ggf. einzelne konkrete Beiträge erbringt, sich dabei regelmäßig einem fremden Gestaltungswillen unterordnet und keine eigene schöpferische Leistung erbringen will. Derlei Probleme der Miturheberschaft (und des damit verbundenen Anspruchs auf Benennung als Erstautor) treten auch und vor allem an Hochschulen auf.[833]

Die Miturheberschaft ist von der bloßen **Werkverbindung** gem. § 9 UrhG abzugrenzen. Eine solche Werkverbindung liegt vor, wenn lediglich mehrere selbständige Wer-

---

829 BGH NJW 2003, 665 = GRUR 2003, 231 = WRP 2003, 279 - Staatsbibliothek; BGH NJW-RR
   1995, 307 = WRP 1995, 18 = GRUR 1995, 47 - Rosaroter Elefant
830 BGH NJW 2003, 665 = GRUR 2003, 231 = WRP 2003, 279 - Staatsbibliothek
831 BGHZ 123, 208 = NJW 1993, 2678 - Buchhaltungsprogramm; OLG Düsseldorf, GRUR 2005, 1 –
   Benys-Kopf; Wandtke/Bullinger-Thum, UrhG, § 8 Rdziff. 9; Schricker/Loewenheim, UrhR, § 8
   Rdziff. 7
832 BGH NJW 2003, 665 = GRUR 2003, 231 = WRP 2003, 279 - Staatsbibliothek; BGH GRUR 1959,
   335 - Wenn wir alle Engel wären
833 Thiele, GRUR 2004, 392

ke miteinander verbunden werden, ohne dass ein einheitliches neues Werk entsteht.[834] Dies wird insbesondere dann angenommen, wenn die jeweiligen Beiträge unterschiedlichen Werkarten angehören, so z. B. der Text und die Musik eines Liedes oder einer Oper.[835]

Liegen die Voraussetzungen der Miturheberschaft i. S. d. § 8 Abs. 1 UrhG vor, so entsteht im Innenverhältnis eine Verwertungsgemeinschaft, die eine Gemeinschaft besonderer Art darstellt und die von den urheberrechtlichen Eigenarten geprägt ist.[836]

3. Die Vermutung der Urheberschaft

Regelmäßig stößt der Urheber im täglichen Leben auf Schwierigkeiten, seine Urheberschaft im Zweifelsfall zu beweisen. Um ihm eine Beweiserleichterung zu verschaffen, begründet § 10 UrhG eine **Vermutung** dahingehend, dass, wer auf den Vervielfältigungsstücken eines erschienenen Werkes oder auf dem Original eines Werkes der bildenden Künste in der üblichen Weise als Urheber bezeichnet ist, bis zum Beweis des Gegenteils als Urheber des Werkes angesehen wird.[837] Dies gilt auch für eine Bezeichnung, die als Deckname oder Künstlername oder Künstlerzeichen des Urhebers bekannt ist. Demgemäß genügen **auch sog. Pseudonyme**, unter denen der Künstler Bekanntheit errungen hat. Dabei sind allerdings die sog. frei wählbaren Künstlernamen (Pseudonyme) von den sog. Verlags- bzw. Sammelpseudonymen abzugrenzen, die keine echten Decknamen i. S. v. § 10 Abs. 1 UrhG sind. Ein solches Verlags- bzw. Sammelpseudonym ist z. B. „Jerry Cotton". Derartigen Verlags- bzw. Sammelpseudonymen fehlt gerade die für einen Namen erforderliche Identifizierungsfunktion, sie gehören als eine Art „Warenetikett" eher zum Titel des Werkes.[838]

Aufmerksamkeit in diesem Zusammenhang verdienen die sog. ©- bzw. (P)-Vermerke. Der ©-**Vermerk** bedeutet das aus dem anglo-amerikanischen Recht stammende Copyright. Wenngleich es zwischen dem anglo-amerikanischen und dem deutschen Urheberrecht erhebliche Unterschiede gibt,[839] so führt ein solcher Copyright-Vermerk doch zu den durch § 10 Abs. 1 UrhG vermittelten Beweiserleichterungen und ist nach wie vor als sinnvoll anzusehen. Bei der Anbringung eines ©-Vermerks wäre z. B. folgende Form denkbar und auch nach deutschem Recht möglich:

© **Unic Marketing GmbH & Co. KG 2005.**

Graduell unterschiedlich ist die Wirkung des sog. (P)-Vermerks. Um die Tonträgerhersteller und die ausübenden Künstler zu schützen, hatte man sich 1971 bzw. 1961 in

---

834 Wandtke/Bullinger-Thum, UrhG, § 9 Rdziff. 2, 8 ff.
835 Schricker/Loewenheim, UrhR, § 8 Rdziff. 6
836 Wandtke/Bullinger-Thum, UrhG, § 8 Rdziff. 21
837 Zu dem Vermutungstatbestand des § 10 UrhG detailliert vgl. Riesenhuber, GRUR 2003, 187 ff.
838 Wandtke/Bullinger-Thum, UrhG, § 10 Rdziff. 6; Schricker/Loewenheim, UrhR, § 10 Rdziff. 4
839 Vgl. im Einzelnen dazu Harke, Urheberrecht, S. 57 ff.

Art. 5 des Genfer Tonträgerübereinkommens[840] bzw. Art. 11 des Rom-Abkommens auf einen Schutz dahingehend geeinigt, dass durch das Kennzeichen „(P)" in Verbindung mit der Angabe des Jahres der ersten Veröffentlichung ein Schutz erreicht wird, wie er dem © bei dem Copyright entspricht. Demzufolge heißt es in Art. 5 des Genfer Tonträgerübereinkommens vom 29.10.1971:

> „Fordert ein Vertragsstaat in seinen innerstaatlichen Rechtsvorschriften als Voraussetzung für den Schutz der Hersteller von Tonträgern die Erfüllung von Förmlichkeiten, so sind diese Erfordernisse als erfüllt anzusehen, wenn alle erlaubten Vervielfältigungsstücke des Tonträgers, die an die Öffentlichkeit verbreitet werden, oder ihre Umhüllungen einen Vermerk tragen, der aus dem Kennzeichen (P) in Verbindung mit der Angabe des Jahres der ersten Veröffentlichung besteht und in einer Weise angebracht ist, die klar erkennen läßt, daß der Schutz beansprucht wird ...."

Indessen ist - auf der Grundlage der Rechtsprechung des BGH - eine Einschränkung vorzunehmen. Dem (P)-Vermerk kann wohl eine starke tatsächliche Indizwirkung dahingehend zukommen, dass dem genannten Unternehmen ausschließliche Rechte gem. § 85 Abs. 1 UrhG zustehen, sei es aus eigenem Recht als Tonträgerhersteller, aufgrund einer Vorrechtsübertragung des Rechts des Tonträgerherstellers[841] oder aufgrund des Erwerbs einer ausschließlichen Lizenz. Der (P)-Vermerk begründet jedoch nach Auffassung des BGH keine Vermutung i. S. d. § 10 UrhG, dass das darin genannte Unternehmen Tonträgerhersteller i. S. d. § 85 UrhG ist.[842] Der BGH spricht dem (P)-Vermerk eine eindeutig festgelegte inhaltliche Aussage ab, an die eine gesetzliche Vermutung anknüpfen könnte. Seiner Auffassung nach genüge es nicht, dass der Vermerk dafür spreche, dass das genannte Unternehmen ausschließliche Rechte besitze, denn es werde nicht klargestellt, ob es sich bei diesen Rechten um die Inhaberschaft am Recht des Tonträgerherstellers als solchem handele oder nur um ein möglicherweise auf das Gebiet eines einzelnen Staates beschränktes Recht eines Lizenznehmers.[843] Ist ein Urheber gem. § 10 Abs. 1 UrhG nicht auf bzw. in dem Werk bezeichnet, so wird vermutet, dass derjenige ermächtigt ist, die Urheberrechte geltend zu machen, der auf den Vervielfältigungsstücken des Werkes als Herausgeber bezeichnet ist. Ist kein Herausgeber angegeben, so wird vermutet, dass der Verleger zur Geltendmachung dieser Rechte ermächtigt ist, § 10 Abs. 2 UrhG. Bei Computerspielen ist - bis zum Beweis des Gegenteils - der auf der Verpackung genannte Betreiber in analoger

---

840 Übergeleitet durch Zustimmungsgesetz vom 10.12.1973 zu dem Übereinkommen zum Schutz der Hersteller von Tonträgern gegen die unerlaubte Vervielfältigung ihrer Tonträger (Genfer Tonträgerübereinkommen) vom 29.10.1971 (BGBl II 1973, 1669)
841 BGHZ 123, 356 = NJW 1994, 1961 = GRUR 1994, 210 - Beatles
842 BGHZ 153, 69 = NJW 2003, 668 = GRUR 2003, 228 - (P)-Vermerk
843 BGHZ 153, 69 = NJW 2003, 668 = GRUR 2003, 228 - (P)-Vermerk

Anwendung des § 10 Abs. 2 UrhG als die zur Geltendmachung der Schutzrechte er-mächtigte Person anzusehen.[844]

IV.   Inhalt des Urheberrechts

Nachdem untersucht wurde, welche persönlich geistigen Schöpfungen urheberrecht-liche Werke sein können und wem die Urheberschaft daran zusteht, bedarf es der Klärung, welchen Inhalt die Urheberrechte seinem Schöpfer vermitteln. Das Urheber-recht soll den Urheber in seinen geistigen und persönlichen Beziehungen zum Werk und in der Nutzung des Werkes schützen und dient zugleich der Sicherung einer angemessenen Vergütung für die Nutzung des Werkes, § 11 UrhG.

1.   Urheberpersönlichkeitsrecht

Das Urheberpersönlichkeitsrecht ist ein Ausfluss des sog. Allgemeinen Persönlich-keitsrechts, das ein aus dem Menschsein folgendes, naturgegebenes Recht ist, welches sich nicht abschließend festlegen lässt.[845] Das Urheberpersönlichkeitsrecht stellt die „Brücke" zwischen dem Urheber einerseits und dem von ihm geschaffenen Werk andererseits dar.[846] Das Urheberpersönlichkeitsrecht, welches selbst nicht übertragbar ist, Dritten jedoch zur Ausübung überlassen werden kann, beinhaltet zahlreiche Aus-prägungen, die ihrerseits dem Urheberpersönlichkeitsrecht Kontur verleihen, so z. B. das Veröffentlichungs- und Informationsrecht (§ 12 UrhG), das Urheberbenennungs-recht (§ 13 UrhG), das Beeinträchtigungsverbot (§ 14 UrhG) sowie die Verwertungs-rechte (Vervielfältigungs-, Verbreitungs-, Ausstellungs- sowie Vortrags-, Aufführungs- und Vorführungsrecht sowie Senderecht und Wiedergaberecht).

Die Vorschrift des § 12 UrhG vermittelt dem Urheber ein Recht, über die Veröffent-lichung seines Werkes selbst zu bestimmen, vermittelt ihm also die Möglichkeit, selbst zu entscheiden, wann und wie sein Werk der Öffentlichkeit zugänglich gemacht wird. Gleichzeitig schreibt die Regelung in § 12 Abs. 2 UrhG vor, dass es dem Urheber vor-behalten bleibt, den Inhalt seines Werkes öffentlich mitzuteilen oder zu beschreiben, solange weder das Werk noch der wesentliche Inhalt oder eine Beschreibung des Wer-kes mit seiner Zustimmung veröffentlicht ist. Dieser sog. **Mitteilungs- und Beschrei-bungsvorbehalt** soll verhindern, dass, solange der Urheber keine Zustimmung erteilt hat, Werkinhalte vor der Veröffentlichung durch den Urheber bekannt gemacht wer-den.

---

[844] OLG Köln, NJW-RR 1993, 111
[845] BVerfGE 51, 148 = NJW 1980, 2070
[846] Wandtke/Bullinger-Bullinger, UrhG, vor §§ 12 ff. Rdziff. 1

Der Urheber hat nach näherer Maßgabe des § 13 UrhG einen Anspruch auf **Anerkennung der Urheberschaft**. Er kann zugleich bestimmen, ob das Werk mit einer Urheberbezeichnung zu versehen und welche Bezeichnung zu verwenden ist.[847]

> *Beispiel 41:*[848]
>
> *Der Kläger, der Designer Hübschmauer (H) erarbeitete im Auftrag der beklagten Verkehrsbetriebe AG Entwürfe für ein Stadtbahnfahrzeug und legte dazu u. a. einen Entwurf mit Datum vom 23.11.1993 vor. Die Verkehrsbetriebe AG nahmen indessen von der weiteren Zusammenarbeit Abstand und beauftragten nunmehr die Designer Cool & Locker (C). Im Frühjahr 1996 stellte die Verkehrsbetriebe AG das neue Fahrzeug vor und nahm es in Betrieb und bezeichnete C als Designer mit der Wendung „Design: C". Der Kläger, der Designer Hübschmauer (H) brachte vor, dass die Gestaltung des Stadtbahnfahrzeuges im Wesentlichen auf seiner eigenschöpferischen Leistung beruhe, sodass er einen Anspruch darauf habe, bei der Urheberangabe als Miturheber benannt zu werden. Nach § 13 S. 1 UrhG kann der Urheber von jedem, der seine Urheberschaft bestreitet, Unterlassung verlangen. Eine Aberkennung der Urheberschaft liegt auch dann vor, wenn der Bearbeiter eines Werks als Alleinurheber benannt wird, da dem Urheber eines bearbeiteten Werks das Recht zusteht, neben dem Urheber der Bearbeitung benannt zu werden. Im Übrigen kann auch Urheberrechtsschutz für Werkteile zuerkannt werden, wenn diese bereits für sich genommen eine persönliche geistige Schöpfung i. S. d. § 2 Abs. 2 UrhG darstellen. So kann z. B. - wie auch im vorliegenden Fall - eine schöpferische Leistung bei dem Entwurf des Stadtbahnäußeren in der erreichten besonderen Harmonie der Gesamtgestaltung liegen.*

Urheberrechtliche Werke unterliegen gem. § 14 UrhG einem **Beeinträchtigungsverbot**. Danach hat der Urheber das Recht, eine Entstellung oder eine andere Beeinträchtigung seines Werkes zu verbieten, die geeignet ist, seine berechtigten geistigen oder persönlichen Interessen am Werk zu gefährden. Eine derartige Beeinträchtigung kann dadurch erfolgen, dass direkt in die Substanz des Werkes eingegriffen wird.[849] Auch ein sog. nicht körperlicher Eingriff ist möglich, wenn z. B. ein Werk in veränderter Form aufgeführt wird.[850] Auf eine Verschlechterung des Werkes kommt es nicht an, da dies immer nur subjektiven Wertvorstellungen entspricht; auch ein positiv wirkender Ein-

---

847 OLG München, NJW-RR 2003, 1627 - Pumuckl-Illustrationen
848 BGHZ 151, 15 = NJW 2002, 3246 = WRP 2002, 990 = GRUR 2002, 799 - Stadtbahnfahrzeug
849 BGH NJW 1982, 639 = GRUR 1982, 107 - Kircheninnenraumgestaltung; KG NJW-RR 2001, 1201
850 BGH NJW 1970, 2247 - Maske in Blau

griff kann gegen das in § 14 UrhG verankerte Beeinträchtigungsverbot verstoßen. Unabhängig davon sind aber auch Beeinträchtigungen dadurch denkbar, dass durch die Werkwiedergabe Zusammenhänge hergestellt werden, die zu einer Gefährdung der geistigen und persönlichen Interessen des Urheberrechts führen.[851] Im Rahmen des § 14 UrhG ist dann eine Abwägung zwischen den berechtigten Interessen des Urhebers einerseits und denen des Dritten andererseits vorzunehmen.[852] Insbesondere bei der **Inszenierung von Autoren- bzw. Komponistenwerken** ist im Rahmen der Interessenabwägung gem. § 14 UrhG Zurückhaltung geboten. Nicht jede Besonderheit einer Inszenierung führt automatisch zu einer Entstellung i. S. d. § 14 UrhG. **Insbesondere kann ein beeinträchtigender Eingriff in ein Theaterstück nicht darauf gestützt werden, dass das Werk dem Publikumsgeschmack zuwiderläuft.**[853] Für den Fall, dass in die Substanz eines urheberrechtlichen Werks eingegriffen worden sein sollte, ist § 14 UrhG sogleich von § 39 UrhG abzugrenzen.

In folgenden Fällen wurde eine Verletzung des § 14 UrhG angenommen:

> **Verbindung** eines **Kunstdrucks** mit einem von einem Dritten bemalten Rahmen, sodass **Bild und Rahmen** von unbefangenen Betrachtern ohne weiteres als ein „Gesamtkunstwerk" des Urhebers des Originals angesehen werden könnten.[854]

> Bemalung einer **Skulptur mit politischen Parolen.**[855]

> Befüllung **offener Pyramidenstümpfe** einer Skulptur mit Kies und Beton.[856]

> **Aufstellen einer Skulptur** von erheblichem Ausmaß **in einer** urheberrechtlich geschützten **Gartenanlage**, sofern dies zu einer Störung der Wahrnehmbarkeit der Gartenanlage führt.[857]

2. Verwertungsrechte

a. Allgemeines

Wie bereits ausgeführt, stehen dem Urheber verschiedene Verwertungsrechte zu, diese sind in §§ 15 - 22 UrhG erfasst. Insbesondere hat der Urheber das ausschließliche Recht, sein Werk in unkörperlicher Form öffentlich wiederzugeben (Recht der öffentlichen Wiedergabe, vgl. § 15 Abs. 2 UrhG), wobei die Wiedergabe eines Werkes dann öffentlich ist, wenn sie für eine Mehrzahl von Personen bestimmt ist, es sei denn, dass

---

[851] KG NJW-RR 2001, 1201
[852] Wandtke/Bullinger-Bullinger, UrhG, § 14 Rdziff. 10 ff.
[853] BGH NJW 1970, 2247 = GRUR 1971, 35 - Maske in Blau; OLG Frankfurt, NJW 1976, 677 – Götterdämmerung
[854] BGHZ 150, 32 = NJW 2002, 3248 = WRP 2002, 552 = GRUR 2002, 532 - Unikatrahmen
[855] LG Mannheim, GRUR 1997, 364
[856] OLG Celle, NJW 1995, 890
[857] KG NJW-RR 2001, 1201 = ZUM 2001, 590

der Kreis dieser Personen bestimmt begrenzt ist und sie durch gegenseitige Beziehungen oder durch Beziehungen zum Veranstalter persönlich untereinander verbunden sind. Insbesondere die Frage der **öffentlichen Wiedergabe** i. S. v. § 15 Abs. 3 UrhG bereitet mitunter im Einzelfall Schwierigkeiten.

Beispiel 42:[858]

Radab (R) betreibt in der Universitätsstadt Göttingen einen Fahrradladen. In seinen Räumlichkeiten suchten ihn Mitarbeiter der GEMA auf. Zu diesem Zeitpunkt wurde in den Geschäftsräumen (Werkstatt) Radiomusik über mehrere Boxen wiedergegeben. Zum Abschluss eines Lizenzvertrages zwischen R und der GEMA kam es nicht. Kurze Zeit später wurde er noch einmal von einem Vertreter der GEMA aufgesucht. Die GEMA nahm nunmehr R erfolglos auf Zahlung von Lizenzgebühren in Anspruch. Der Öffentlichkeitsbegriff ist nicht erfüllt, denn es ist davon auszugehen, dass die Radiomusik in der Werkstatt von R nicht für eine Mehrzahl von Personen „bestimmt" war. Dieses Tatbestandsmerkmal „bestimmt sein" hat ein subjektives Element insoweit, als der Veranstalter der Sendungen dieses für eine Zielgruppe wiedergibt. Es kommt nicht darauf an, dass zufällig auch andere Personen die Musik wahrnehmen. Allerdings setzt der Begriff „bestimmt sein" von seinem Wortsinn voraus, dass es durchaus Wiedergaben eines urheberrechtlich geschützten Werkes gibt, die einer Mehrzahl von Personen zugänglich sind. Bei einer Musikwiedergabe von Radiomusik in einem Nebenraum (hier: Werkstatt eines Fahrradladens), der nicht der Öffentlichkeit zugänglich ist, kann aber nicht davon ausgegangen werden, dass die Radiomusik auch für Kunden im Verkaufsraum „bestimmt" ist, auch wenn diese die Musik zufällig wahrnehmen.

Durch das Setzen eines **Hyperlinks** auf eine vom Berechtigten öffentlich zugänglich gemachte Website mit einem urheberrechtlich geschützten Werk wird in das Recht der öffentlichen Zugänglichmachung des Werkes gem. § 15 UrhG nicht eingegriffen.[859]

b. Vervielfältigungsrecht

Dem Urheber steht gem. § 16 UrhG ein **Vervielfältigungsrecht** zu, d. h. das Recht, Vervielfältigungsstücke des Werkes herzustellen, gleichviel in welchem Verfahren und in welcher Zahl. Dabei wird als Vervielfältigung auch die Übertragung des Werkes auf

---

[858] AG Erfurt, NJW-RR 2002, 773
[859] BGHZ 156, 1 = NJW 2003, 3406 = GRUR 2003, 958 = WM 2003, 2200 - Paperboy; ebenso schon die Vorinstanz OLG Köln, NJW-RR 2001, 904; vgl. auch Schreibauer/Mulch, WRP 2002, 886 (890 f.); Hoeren, GRUR 2004, 1

Vorrichtungen zur wiederholbaren Wiedergabe von Bild- oder Tonfolgen angesehen. Auch das **Scannen** und das **Ausdrucken einer Datei** stellt eine Vervielfältigung dar.[860] Gleiches gilt für das **Downloading** und das **Uploading** sowie das **Browsing** und das **Caching**.[861]

Ein Problem der besonderen Art im Bereich des urheberrechtlichen Vervielfältigungsrechts stellt sich im Zusammenhang mit **Internet-Suchdiensten** (z. B. für Presseartikel). Wenn ein Suchdienst eine Vielzahl von Websites nach Zeitungsartikeln auswertet und - bei Eingabe von entsprechenden Suchworten durch den User - die Quelle, d. h. den Artikel, mit Hilfe eines Hyperlinks (in Form von **Deep-Links**) abrufen lässt, erhebt sich die Frage, ob damit das Vervielfältigungsrecht des Urhebers verletzt wird. Der BGH verneinte diese Frage. Ein Berechtigter, der ein urheberrechtlich geschütztes Werk ohne technische Schutzmaßnahmen im Internet öffentlich zugänglich macht, ermöglicht dadurch bereits selbst die Nutzungen, die ein Abrufender vornehmen kann. Das Setzen von Hyperlinks (auch in Gestalt von Deep-Links) stellt keinen urheberrechtlichen Störerzustand dar.[862]

c.   Verbreitungsrecht

Darüber hinaus gewährt § 17 UrhG dem Urheber ein sog. **Verbreitungsrecht**. Danach kann der Urheber bestimmen, auf welche Weise sein Werk an die Öffentlichkeit gelangt, ob als Original- oder Vervielfältigungsstück. Es ermöglicht ihm, ggf. dafür ein Nutzungsentgelt zu verlangen. Eine Einschränkung erfährt diese Regelung durch § 17 Abs. 2 UrhG. Danach ist eine Weiterverbreitung eines Originalwerkes zulässig, wenn dieses mit Zustimmung des zur Verbreitung im Geltungsbereich des UrhG Berechtigten im Wege der Veräußerung in Verkehr gebracht worden ist. Bei der Regelung in § 17 Abs. 2 UrhG handelt es sich um den Ausdruck eines allgemeinen Rechtsgedankens (Erschöpfung). Dieser beruht auf der Erwägung, dass der Urheber mit der Veräußerung die Herrschaft über das Werkexemplar aufgibt. Es wird damit für jede Weiterverwertung frei. Diesem verwertungsrechtlichen Interesse ist in der Regel genügt, wenn er bei der ersten Verbreitungshandlung die Möglichkeit gehabt hat, seine Zustimmung von der Zahlung eines Entgelts abhängig zu machen. Eine spätere Benutzung des Werkstücks soll grundsätzlich frei sein.[863] Diese Freigabe dient dem Interesse der Verwerter und der Allgemeinheit, die in Verkehr gebrachten Werkstücke verkehrsfähig zu halten.[864] Eine solche Erschöpfung des Verbreitungsrechts wurde in dem sog.

---

[860] OLG Köln, NJW-RR 2000, 1151 = GRUR 2000, 417 - Elektronischer Pressespiegel; Wandtke/Bullinger-Heerma, UrhG, § 16 Rdziff. 13; Dreier/Schulze, UrhG, § 16 Rdziff. 7

[861] Wandtke/Bullinger-Heerma, UrhG, § 16 Rdziff. 14, 15

[862] BGHZ 156, 1 = NJW 2003, 3406 = GRUR 2003, 958 = WM 2003, 2200 - Paperboy; ebenso schon die Vorinstanz OLG Köln, NJW-RR 2001, 904; vgl. auch Schreibauer/Mulch, WRP 2002, 886 (890); Hoeren, GRUR 2004, 1

[863] BGHZ 92, 54 = NJW 1985, 435 - Zeitschriftenauslage in Wartezimmern

[864] BGH NJW-RR 1986, 1183 = GRUR 1986, 736 - Schallplattenvermietung

Mauerbilder-Fall des BGH verneint. Nach Auffassung des BGH führt nur eine rechtsgeschäftliche Veräußerung, nicht aber eine Miete oder Leihe oder die Ausstellung eines Werkes zur Erschöpfung gem. § 17 Abs. 2 UrhG.[865] Die öffentliche Zurschaustellung der sog. Mauerbilder stellt indessen keine Veräußerung im Sinne dieser Vorschrift dar. Denn die Regelung des § 17 Abs. 2 UrhG über die Erschöpfung des Verbreitungsrechts ist Ausdruck eines allgemeinen Rechtsgedankens, der auf der Erwägung beruht, dass der Urheber mit der Veräußerung die Herrschaft über das Werkexemplar aufgibt. Es wird damit für jede Weiterverwertung frei. Seinem verwertungsrechtlichen Interesse ist in der Regel genügt, wenn der Urheber bei der ersten Verbreitungshandlung die Möglichkeit gehabt hat, seine Zustimmung von der Zahlung eines Entgelts abhängig zu machen. Eine spätere Benutzung des Werkstücks soll dann grundsätzlich frei sein.[866] Eine solche Freigabe dient dem Interesse der Verwerter und der Allgemeinheit, die in Verkehr gebrachten Werkstücke verkehrsfähig zu halten.[867] Könnte der Rechtsinhaber, wenn er das Werkstück verkauft oder seine Zustimmung zur Veräußerung gegeben hat, noch in den weiteren Vertrieb des Werkstücks eingreifen, so wäre dadurch der freie Warenverkehr in unerträglicher Weise behindert. Daraus wiederum schlussfolgert der BGH, dass Künstler an dem Erlös aus der Veräußerung von Teilen der Berliner Mauer, die von ihnen bemalt worden sind, angemessen zu beteiligen sind, da die Veräußerung einen Eingriff in das bei den Künstlern verbliebene urheberrechtliche Verbreitungsrecht darstellt.[868] Anders hingegen, wenn **russische Trickfilme** als **Videokassetten** an ein inländisches Unternehmen veräußert werden; in diesem Vorgang kann ein Erschöpfungstatbestand liegen.[869]

Etwas anderes gilt indessen für die **Vermietung von Werkstücken**. Diesbezüglich tritt keinerlei Erschöpfung ein. Die Vermietung von Werkstücken bedarf also stets der Zustimmung des Berechtigten, dies selbst dann, wenn das Verbreitungsrecht im Übrigen erloschen ist, vgl. § 17 Abs. 3 UrhG. Ausnahmetatbestände sind in § 17 Abs. 3 S. 2 UrhG selbst geregelt.

d. Ausstellungs-, Vortrags-, Aufführungs- und Vorführungsrecht

§§ 18, 19 UrhG gewähren dem Urheber ein **Ausstellungsrecht** bzw. ein **Vortrags-, Aufführungs- und Vorführungsrecht**; werden daher Schlagerlieder so in die Handlung eines Musicals integriert, dass man sie nicht als selbständige Einlagen, sondern nur als unselbständige Teile des Gesamtbühnenwerkes verstehen kann (weil sie nach ihrem Text als organische Fortentwicklung einer Bühnenhandlung wirken), dann werden sie i. S. d. § 19 Abs. 2 UrhG bühnenmäßig dargestellt.[870] §§ 20 - 20 b UrhG

---

865 BGHZ 129, 66 = NJW 1995, 1556 = GRUR 1995, 673 - Mauer-Bilder
866 BGHZ 92, 54 = NJW 1985, 435 - Zeitschriftenauslage in Wartezimmern
867 BGH NJW-RR 1986, 1183 = GRUR 1986, 736 - Schallplattenvermietung
868 BGHZ 129, 66 = NJW 1995, 1556 = GRUR 1995, 673 - Mauer-Bilder
869 KG NJW-RR 2003, 1413
870 OLG Hamburg, OLG-Report 2004, 13 - Mamma mia

räumen dem Urheber das Recht ein, das Werk durch Funk, wie Ton- und Fernsehrundfunk, Satellitenrundfunk, Kabelfunk oder ähnliche technische Mittel, der Öffentlichkeit zugänglich zu machen.

e.   Bearbeitung/Umgestaltung und freie Benutzung

Ein Unterfall des Verwertungsrechts des Urhebers ist auch die Problematik der **Bearbeitung/Umgestaltung** bzw. freien Benutzung. Gem. § 23 UrhG dürfen Bearbeitungen oder andere Umgestaltungen des Werkes nur mit Einwilligung des Urhebers des bearbeiteten oder umgestalteten Werkes veröffentlicht oder verwertet werden. Hingegen darf ein selbständiges Werk, das in **freier Benutzung** des Werkes eines anderen geschaffen worden ist, ohne Zustimmung des Urhebers des benutzten Werkes veröffentlicht und verwertet werden, wobei dies nicht für die Benutzung eines Werkes der Musik gilt, durch welche eine Melodie erkennbar dem Werk entnommen und einem neuen Werk zugrunde gelegt wird, § 24 UrhG.[871] Insbesondere im Bereich der Musikwerke bringt die Abgrenzung zwischen den urheberrechtlich relevanten Benutzungshandlungen (z. B. in Form der Bearbeitung) und der nach § 24 S. 1 UrhG zulässigen Verwertung eines in freier Benutzung geschaffenen Werkes erhebliche Probleme mit sich. Ob eine an die Zustimmung des Urhebers gekoppelte Bearbeitung i. S. d. § 23 Abs. 1 UrhG vorliegt, hängt zunächst davon ab, ob das bearbeitete Werk die gem. § 2 Abs. 2 UrhG zu stellenden Anforderungen an eine persönliche geistige Schöpfung erfüllt. Steht nur ein Ausschnitt eines Musikwerks in Rede, so muss die erwähnte Feststellung bezüglich dieses Ausschnitts getroffen werden. Bei Musikwerken liegt die schöpferische Eigentümlichkeit in ihrer individuellen ästhetischen Ausdruckskraft sowie in ihrem individuellen ästhetischen Gehalt, wobei keine allzu hohen Anforderungen gestellt werden dürfen. Insbesondere bei Schlagermusik reicht ein nur geringer Schöpfungsgrad aus.[872] Auch auf den künstlerischen Wert kommt es nicht an. Auch hier ist die sog. „Kleine Münze" geschützt. Bei der Beurteilung der Frage, ob eine Bearbeitung oder eine freie Benutzung vorliegt, darf schließlich auch im Interesse eines ausreichenden Urheberrechtsschutzes kein zu großzügiger Maßstab angelegt werden. Einerseits soll dem nachschaffenden Urheber nicht die für ihn unentbehrliche Möglichkeit genommen werden, Anregungen aus vorbestehenden fremden Werken zu entnehmen; andererseits soll er sich auch nicht auf diese Weise ein eigenes persönliches geistiges Schaffen ersparen.[873] Welche Anforderungen im Einzelfall zu stellen sind, hängt von den Übereinstimmungen im schöpferischen Bereich ab. Maßgebend für die Entscheidung ist ein Vergleich des jeweiligen Gesamteindrucks der Gestaltungen, in dessen Rahmen sämtliche übernommenen schöpferischen Züge in einer Ge-

---

[871] Zu Bearbeitungen vgl. auch S. 279 ff.
[872] BGH NJW 1968, 594 = GRUR 1968, 321 - Haselnuss; OLG München, NJW-RR 2002, 841 = GRUR 2002, 281 - Conti
[873] OLG München, NJW-RR 2002, 841 = GRUR 2002, 281 - Conti

samtschau zu berücksichtigen sind.[874] Die Übereinstimmungen sind zunächst konkret festzustellen und daraufhin zu überprüfen, ob sie - nach den Regeln des Anscheinsbeweises - einen Rückschluss darauf zulassen, dass der Komponist des jüngeren Werkes das ältere benutzt, d. h. gekannt und bewusst oder unbewusst bei seinem Werk darauf zurückgegriffen hat. Weitgehende Übereinstimmungen legen die Annahme nahe, dass der Urheber des jüngeren Werkes das ältere benutzt hat.[875] Eine **freie**, nicht der Zustimmung des Urhebers unterworfene **Benutzung** i. S. d. § 24 Abs. 1 UrhG liegt dann vor, wenn das neue Werk von seinem **Gesamteindruck** eine derartige **Eigenständigkeit** aufweist, dass etwaige **Übernahmen** aus dem Originalwerk dahinter zurücktreten, mithin **verblassen** und in urheberrechtlich **nicht** mehr relevanter Weise **durchschimmern**.[876] Dies geschieht in der Regel dadurch, dass die dem geschützten älteren Werk entlehnten Züge in dem neuen Werk zurücktreten, sodass die Benutzung des älteren Werkes durch das neuere nur noch als Anregung zu einem neuen, selbständigen Werk erscheint. Die Herstellung eines Films, der aus der unveränderten Aufzeichnung des im Konzert aufgeführten Musikwerks und der „Bebilderung" durch Zusammenschnitt aus dem Filmmaterial mehrerer Kameras besteht, stellt zwar keine Bearbeitung i. S. d. § 23 S. 2 UrhG, aber keine Vervielfältigung des Musikstücks zur Erstellung eines Films dar.[877]

Bei sog. **„Abstracts" (Kurzreferate)** über in der juristischen Fachpresse veröffentlichte Fachaufsätze in einem juristischen Informationsdienst geht die Rechtsprechung davon aus, inwieweit ein solches Abstract die Lektüre des Fachaufsatzes zu ersetzen geeignet ist, wobei auf sämtliche Umstände, insbesondere Umfang, Inhalt und Darstellungsform abzuheben ist.[878]

Wird ein urheberrechtlich geschütztes Werk im Rahmen einer **Parodie** verändert wiedergegeben oder zum Gegenstand einer Karikatur gemacht, kann nicht ohne weiteres allein aufgrund der vielfältigen Übereinstimmungen und der Wiedererkennbarkeit auf eine unfreie (abhängige) Bearbeitung geschlossen werden. Der Abstand, den ein in freier Benutzung nach § 24 Abs. 1 UrhG geschaffenes Werk zum Original halten muss, liegt in diesem Fall weniger in deutlichen Veränderungen, sondern in der antithematischen Behandlung des Stoffes.[879]

---

874 BGH NJW-RR 2004, 1629 – Hundefigur; BGH NJW 2001, 603 = GRUR 2000, 703 – Mattscheibe; BGHZ 139, 68 (77) = NJW 1998, 3352 - Stadtplanwerk

875 BGH NJW-RR 1991, 812 = GRUR 1991, 533 - Brown girl II; BGH NJW 1989, 387 = GRUR 1988, 812 - Ein bißchen Frieden; BGH NJW 1989, 386 - Fantasy

876 BGHZ 154, 260 = NJW 2003, 3633 = WRP 2003, 1235 = GRUR 2003, 956 = WM 2003, 2197 - Gies-Adler; BGH NJW-RR 1993, 1002 = GRUR 1994, 191 - Asterixpersiflagen; BGHZ 122, 53 = NJW 1993, 2620 = GRUR 1994, 206 - Alcolix; OLG München, NJW-RR 2002, 841 = GRUR 2002, 281 - Conti; BGH GRUR 1981, 267 - Dirlada; BGH GRUR 1981, 352 - Staatsexamensarbeit ; BGH GRUR 1980, 853 - Architektenwechsel

877 OLG München, GRUR 2003, 420 - Alpensinfonie

878 OLG Frankfurt, NJW 2003, 683 = OLG-Report 2003, 353

879 BGHZ 154, 260 = NJW 2003, 3633 = WRP 2003, 1235 = GRUR 2003, 956 = WM 2003, 2197- Gies-Adler

3.   Sonstige Rechte des Urhebers

Unabhängig von den Verwertungsrechten des Urhebers stehen ihm - zum Zwecke der effektiven Realisierung des Urheberschutzes - weitere Rechte zur Seite. So hat der Urheber nach Maßgabe des § 25 Abs. 1 UrhG ein **Zugangsrecht**, welches dem Urheber ermöglicht, Kontakt zu seinen Werken zu halten, die er veräußert und in den Verkehr gebracht hat. Der Urheber hat also auf diese Weise die Möglichkeit, ein von ihm geschaffenes, urheberrechtlich relevantes Werk zu Dokumentationszwecken aufzusuchen oder eine frühere ästhetische Lösung in einem Werk zu studieren, um daraufhin neue Werke aufzubauen.[880] Dabei muss allerdings darauf hingewiesen werden, dass es stets im Einzelfall eine Frage des Verhältnismäßigkeitsprinzips ist, ob und inwieweit dieses Zugangsrecht auch zur Durchsetzung gebracht werden kann. Denn im Einzelfall kollidiert das Zugangsrecht des Urhebers möglicherweise mit gegenläufigen Interessen des jeweiligen Besitzers des Werkexemplares.

Markant ist auch das dem Urheberrecht zustehende sog. **Folgerecht** gem. § 26 UrhG. Diese Regelung gewährt dem Urheber einen Anspruch auf Beteiligung an einem Veräußerungserlös. Wird das Original eines Werkes der bildenden Künste weiterveräußert und ist hieran ein Kunsthändler oder Versteigerer als Erwerber, Veräußerer oder Vermittler beteiligt, so hat der Veräußerer dem Urheber einen Anteil in Höhe von 5 % des Veräußerungserlöses zu entrichten. Die Verpflichtung entfällt, wenn der Veräußerungserlös weniger als 50 € beträgt, vgl. § 26 Abs. 1 UrhG.

Allerdings setzt der Folgerechtsanspruch des Künstlers gegen den Veräußerer voraus, dass die **Weiterveräußerung zumindest teilweise im Inland** erfolgt ist. Bei der Versteigerung von Werken eines deutschen Künstlers (Joseph Beuys) in Großbritannien durch ein dort ansässiges Auktionshaus (Christie, Manson & Woods Ltd.) fehlt ein hinreichender Inlandsbezug auch dann, wenn der Veräußerer deutscher Staatsbürger ist und sowohl die Bevollmächtigung des Auktionshauses als auch die Übergabe der Kunstwerke an das mit dem Transport nach London beauftragte Unternehmen in Deutschland stattgefunden haben.[881]

Darüber hinaus stehen dem Urheber Vergütungsansprüche für die Einräumung des Vermietrechts an einem Bild- oder Tonträger zu, § 27 UrhG.

V.   Rechtsverkehr im Urheberrecht

1.   Rechtsnachfolge in das Urheberrecht

Das Urheberrecht ist an die Person des Urhebers gebunden und ist unter Lebenden nicht übertragbar. Vielmehr lässt das UrhG nur die Einräumung von sog. Nutzungs-

---

[880] Wandtke/Bullinger-Bullinger, UrhG, § 25 Rdziff. 1
[881] BGHZ 126, 252 = NJW 1994, 2888 - Folgerecht bei Auslandsbezug

rechten zu. Das Urheberrecht des Urhebers ist darüber hinaus unverzichtbar. Lediglich einzelne Verwertungsrechte sind verzichtbar, auch durch Erklärung gegenüber der Allgemeinheit.[882] Bei der Einräumung eines Nutzungsrechtes handelt es sich nicht etwa um die Übertragung von Teilen von Rechten; vielmehr handelt es sich dabei um eine **Belastung des Stammrechts**.

In Bezug auf die Rechtsnachfolge wird zwischen der rechtsgeschäftlichen und der gesetzlichen Rechtsnachfolge unterschieden. Im Rahmen der Erfüllung einer Verfügung von Todes wegen oder im Rahmen der Erbauseinandersetzung ist die Übertragung eines Urheberrechts ausnahmsweise möglich, vgl. § 29 Abs. 1 UrhG.

2. Nutzungsrechte

Da das Urheberrecht grundsätzlich nicht übertragbar ist, gewinnt die Einräumung und die Übertragung von Nutzungsrechten ganz erhebliche wirtschaftliche Bedeutung.[883] Die Einräumung von Nutzungsrechten wird in aller Regel durch Nutzungs- oder Urheberrechts- oder Lizenzverträge vorgenommen. Die Inhalte dieser Urheberrechtsverträge sind vielschichtig, da auch die Nutzungsrechte mannigfaltiger Art sein können. Dies wirft jedoch zugleich eine Vielzahl von Fragen, insbesondere unter Berücksichtigung der weiterentwickelten Technik, auf. Bezieht sich folglich die Einräumung von Nutzungsrechten (durch den Urheber eines Musikwerkes) in Bezug auf die Vervielfältigung von Langspielplatten zugleich auf eine neue Nutzungsvariante (= CD)? Nach Ansicht des BGH deckt der Zweck des ursprünglichen Vertrages auch diese neue Nutzungsvariante, da sich die Nachfrage des Verbrauchers von Langspielplatten auf CD-Tonträger verlagert habe.[884] Werden hingegen lediglich **(nicht downloadfähige) Hörproben ins Internet** gestellt, ist dies kein Surrogat für den Erwerb der CD, auf den sich das Nutzungsrecht beziehen muss, folglich einwilligungs- bzw. genehmigungsbedürftig ist; es handelt sich vielmehr um eine Maßnahme des Kaufanreizes, wobei das Internet allein als Medium der Absatzwerbung dient.[885]

Die (telefonische) **Einräumung von Nutzungsrechten an Fotografien** für die Zeitschrift „Der Spiegel" bedeutet **nicht automatisch die Einräumung** entsprechender Nutzungsrechte auch für die **CD-ROM-Jahresausgabe**.[886] Um dem Urheber einen Anspruch auf angemessene Vergütung für jede Nutzung seines Werkes einzuräumen, wurde mit Wirkung zum 01.07.2002 das „Gesetz zur Stärkung der vertraglichen Stellung von Urhebern und ausübenden Künstlern"[887] geschaffen. Neben einem An-

---

882 BGHZ 129, 66 = NJW 1995, 1556 = GRUR 1995, 673 - Mauer-Bilder
883 Zur Übertragung von Urheberrechten als Kreditsicherheit vgl. Schmidt, WM 2003, 461
884 BGH NJW-RR 2003, 917 = GRUR 2003, 234 - EROC III
885 KG NJW-RR 2003, 1415
886 BGHZ 148, 221 = NJW 2002, 896 = WRP 2002, 214 = GRUR 2002, 248 = MMR 2002, 231 - Spiegel-CD-ROM; ebenso KG, GRUR 2002, 252 für Nutzungsrechte an Pressefotos für die Internethomepage einer Tageszeitung
887 BGBl I, S. 1155 ff.

spruch auf eine angemessene Vergütung und einem sog. Korrekturanspruch (Auffüllungsanspruch), wenn die vereinbarte Vergütung hinter der angemessenen zurückbleibt, will das Gesetz Standards und einen Ordnungsrahmen für eine angemessene Vergütung schaffen.[888] Mit Rücksicht auf die Spezifika der verschiedenen Nutzungsrechte werden verschiedene Vertragstypen, z. B. Verlagsvertrag, Wahrnehmungsvertrag, Online-Vertrag, CD-ROM-Vertrag, Musikverlagsvertrag, Illustrationsvertrag, Verfilmungsvertrag, Sendevertrag, Bestellvertrag, „Buy-Out"-Vertrag sowie anderweitige sonstige Verträge unterschieden.[889]

Bei der Frage der **Angemessenheit der Vergütung** i. S. d. § 32 UrhG ist zunächst zu untersuchen, ob eine tarifvertragliche oder eine gemeinsame Vergütungsregelung existiert. Existieren solche Regelungen nicht, entscheidet die redliche Branchenüblichkeit oder - in Ermangelung feststellbarer Marktwerte - die Umstände des Einzelfalles. Selbst dann, wenn vertragliche Vergütungsregelungen z. B. in Softwarelizenzverträgen existieren, können diese Lizenzregelungen auch nach Vertragsschluss einer Angemessenheitsüberprüfung unterzogen werden.[890] Dabei ist davon auszugehen, dass der Urheber nach dem **Zwecksübertragungsgedanken** in § 31 Abs. 5 UrhG **Nutzungsrechte** nur in dem **Umfang** einräumt, den der Vertragszweck erfordert. Ein Wille des Urhebers, dem Vertragspartner umfassende, über den unmittelbaren Vertragszweck hinausgehende Nutzungsrechte einzuräumen, kann sich aus einer **Branchenübung** nur dann ergeben, wenn sie **Rückschlüsse** auf einen (entsprechenden objektivierten) **rechtsgeschäftlichen Erklärungswillen** der Parteien erlaubt.[891]

Grundsätzlich hat der Urheber ein Interesse daran, dass eine Rechtseinräumung nicht zugunsten von Personen vorgenommen wird, die sein Vertrauen nicht besitzen und von denen er einen seinen Absichten zuwiderlaufenden Gebrauch des Werkes befürchten muss.[892] Daher konstituiert § 34 UrhG auf jeden Fall für die **Übertragung von Nutzungsrechten** ein Zustimmungserfordernis, wobei Ausnahmen in dieser Regelung vorgesehen sind. Von Bedeutung sind dabei insbesondere auch die Fälle der Unternehmensveräußerungen. Für den Fall, dass ein Unternehmen veräußert werden sollte, sieht das Gesetz von dem Zustimmungserfordernis ab. Hintergrund ist das nachvollziehbare praktische Bedürfnis, bei derart umfangreichen Geschäften nicht von allen Urhebern eine etwaige Zustimmung einholen zu müssen. Für den Fall, dass dies allerdings den Interessen des Urhebers zuwiderlaufen sollte, gewährt das Gesetz ihm in

---

[888] Vgl. im Einzelnen dazu Jacobs, NJW 2002, 1905 ff.

[889] Vgl. im Einzelnen dazu Wandtke/Bullinger-Wandtke/Grunert, UrhG, vor §§ 31 ff. Rdziff. 58 ff.

[890] BGHZ 152, 533 = NJW 2003, 2014 = GRUR 2003, 416 = BGH-Report 2003, 471 - CPU-Klausel

[891] BGH NJW 2005, 151 – Comic-Übersetzungen III; BGH NJW 2000, 140 = GRUR 2000, 144 – Comic-Übersetzungen II; BGHZ 137, 387 = NJW 1998, 3716 = GRUR 1998, 680 – Comic-Übersetzungen I

[892] Wandtke/Bullinger-Wandtke/Grunert, UrhG, § 34 Rdziff. 1; Schricker/Schricker, UrhR, § 34 Rdziff. 1

§ 34 Abs. 3 S. 2, 3 UrhG ein Rückrufsrecht, das ein gestaltender Rechtsbehelf eigener Art ist.[893]

Wie auch § 34 UrhG regelt § 35 UrhG ein **Zustimmungserfordernis** des Urhebers bei Einräumung weiterer Nutzungsrechte. Im Gegensatz zu § 34 UrhG wird allerdings in § 35 UrhG keine Ausnahme für den Fall der Unternehmensveräußerung vorgenommen, sodass es daher auch nicht zu einer gesamtschuldnerischen Erwerberhaftung, wie dies in § 34 Abs. 3 UrhG vorgesehen ist, kommt. Im Übrigen gelten aber die Ausnahmen des § 34 UrhG auch im Rahmen dieser Vorschrift, vgl. § 35 Abs. 2 UrhG.

Die gemeinsamen Vergütungsregeln in §§ 36, 36 a UrhG bilden das Herzstück des neuen Urhebervertragsrechts und treten anstelle des ursprünglichen Bestsellerparagrafen (§ 36 a UrhG a. F.). Insbesondere bei der alten Regelung war eine Anpassung der Vergütungsregelung an die Voraussetzung gebunden, dass ein untergeordneter Beitrag des Urhebers nicht bereits durch ein branchenübliches Pauschalhonorar abgegolten worden ist und dass hohe Erträgnisse aus der Werknutzung für den Urheber unerwartet sind.[894] Um jedoch der schwachen ökonomischen Stellung der Kreativen gegenüber den Verwertern abzuhelfen, wurde nunmehr durch die Regelungen in §§ 36, 36 a UrhG ein kollektives Urheberrecht auch für Freischaffende errichtet.[895] Während § 36 UrhG vorsieht, dass zur Bestimmung der Angemessenheit von Vergütungen die Vereinigungen von Urhebern mit den Vereinigungen von Werknutzern oder einzelnen Werknutzern gemeinsame Vergütungsregelungen aufstellen, wird in § 36 a UrhG die **Schlichtungsstelle** erfasst, deren Zweck in der Aufstellung gemeinsamer Vergütungsregeln besteht, wenn Parteien dies vereinbaren oder eine Partei die Durchführung eines Schlichtungsverfahrens verlangt.

Als Gegenstück zur Einräumung von Nutzungsrechten sehen §§ 41, 42 UrhG das sog. **Rückrufsrecht des Urhebers** vor. Dabei handelt es sich um ein Gestaltungsrecht mit unmittelbar verfügender Wirkung. Unter den in diesen Vorschriften genannten Voraussetzungen kann der Urheber die Einräumung des Nutzungsrechts rückgängig machen. § 41 UrhG knüpft die Ausübung des Rückrufsrechts daran an, dass der Inhaber eines ausschließlichen Nutzungsrechts sein Recht nicht oder nur unzureichend ausübt und dadurch berechtigte Interessen des Urhebers erheblich verletzt. Im Rahmen des § 42 UrhG kann der Urheber ein Nutzungsrecht zurückrufen, wenn das Werk seiner Überzeugung nicht mehr entspricht und ihm deshalb die Verwertung des Werkes nicht mehr zugemutet werden kann.

---

893 Vgl. im Einzelnen dazu Partsch/Reich, NJW 2002, 3286 ff.

894 BGH NJW 2002, 2475 = WRP 2002, 715 = GRUR 2002, 602 - Musikfragmente (dort zu dem alten § 36 Abs. 1 UrhG) unter Hinweis auf BGHZ 137, 387 = NJW 1998, 3716 = GRUR 1998, 680 - Comic-Übersetzungen; BGHZ 115, 63 = NJW 1991, 3150 = GRUR 1991, 63 - Horoskop-Kalender

895 Wandtke/Bullinger-Wandtke/Grunert, UrhG, § 36 Rdziff. 1

Beispiel 43:[896]

Studentin Schmock (S) hat ihr Studium erfolgreich absolviert und auch ein Dissertationsverfahren begonnen. Sie gibt die Dissertation zur Bewertung an den Erstgutachter, der - ebenso wie der Zweitgutachter - die Arbeit positiv bewertet. Nach erfolgreicher mündlicher Prüfung (Rigorosum) gibt S nach einiger Zeit die notwendigen Pflichtexemplare an die Universität und erhält die Promotionsurkunde ausgehändigt. Einige Zeit danach wendet sie sich schriftlich an die Universität und bringt - unter gleichzeitiger Rücksendung der Promotionsurkunde - zum Ausdruck dass sie sich die Arbeit noch einmal durchgelesen habe und sich nunmehr von dem Inhalt distanziere. Sie könne sich damit nicht mehr identifizieren und bitte darum, dass die Pflichtexemplare nicht verbreitet würden, da sie um ihren akademischen Ruf fürchten müsse. Das OLG Celle führte aus, dass zwar unter dem Begriff der „Überzeugung" alle künstlerischen, politischen, wissenschaftlichen oder auch persönlichen Ansichten des Urhebers fallen würden. Diese könnten sich auch ändern, wenn etwa die ursprünglichen wissenschaftlichen Erkenntnisse überholt seien. Dies sei jedoch bei S nicht der Fall. Im Übrigen sei mit Übergabe der Pflichtexemplare an die Universität das Verbreitungsrecht des Urhebers erschöpft, § 17 Abs. 2 UrhG.

Der Rückruf ist auch in Bezug auf die Benennung gem. § 13 UrhG als (Mit-) Urheber analog § 41 Abs. 4 S. 2 UrhG möglich.[897]

Von besonderer praktischer Bedeutung ist auch die Vermutungsregelung in § 44 UrhG. Damit kommt zum Ausdruck, dass der Urheber bei Veräußerung des Originals des Werkes im Zweifel dem Erwerber ein Nutzungsrecht **nicht** einräumt. Umgekehrt erwirbt der Erwerber eines Nutzungsrechts nicht automatisch das Eigentum an der das Werk tragenden Sache.[898]

VI.   Schranken des Urheberrechts

Das Urheberrecht ist ein sozial gebundenes Recht und unterliegt gewissen Schranken. Das wiederum bedeutet, dass der Urheber seine Urheberrecht nicht unbeschränkt gegenüber jedermann geltend machen kann. Vielmehr unterliegt sein Urheberrecht gewissen inhaltlichen, zeitlichen, persönlichen und räumlichen Schranken.

---

[896] OLG Celle, NJW 2000, 1579; vgl. im Einzelnen dazu Rohlfing/Kobusch, ZUM 2000, 305 ff.
[897] OLG München, NJW-RR 2003, 1627 – Pumuckl-Illustrationen
[898] OLG Stuttgart, NJW 2001, 2889

1.   Inhaltliche Schranken

Die weitestgehenden Einschnitte in die Urheberrechte des Werkschöpfers sind die sog. Vollschranken. Das bedeutet, dass das urheberrechtliche Vergütungsrecht beschnitten wird, ohne dass der Urheber dafür eine Entschädigung erhält. Solche Schranken sind in § 45 UrhG zugunsten der Rechtspflege und öffentlichen Sicherheit, zugunsten der schulischen Ausbildung (§§ 46, 47 UrhG), zugunsten der Medien (§§ 48, 49 Abs. 2, 50, 55, 57 UrhG) sowie zugunsten der Allgemeinheit und bestimmter Branchen (§§ 51, 53, 56, 58, 59, 60 UrhG) vorgesehen. Hingewiesen sei in diesem Zusammenhang insbesondere auf § 53 UrhG, wonach nunmehr Vervielfältigungen zum privaten, sonstigen eigenen und Unterrichts- und Prüfungsgebrauch zulässig sein können. Da der Urheber angemessen an der wirtschaftlichen Nutzung seiner Werke zu beteiligen ist, ist die Schrankenregelung grundsätzlich eng auszulegen.[899]

Eine weitere Einschränkung besteht darin, dass das urheberrechtliche Vergütungsrecht unter bestimmten Voraussetzungen - dann allerdings unter gleichzeitiger Gewährung eines gesetzlichen Vergütungsanspruchs zugunsten des Urhebers - entfällt. Es handelt sich dabei zutreffender Auffassung zufolge um sog. **gesetzliche Lizenzen**, die sich von den vertraglichen Lizenzen dadurch unterscheiden, dass sie hier vom Gesetz gewährt werden. Zu zahlen ist hier eine angemessene Vergütung. Dazu gehören zum einen die Sammlungen für den Kirchen-, Schul- oder Unterrichtsgebrauch (§ 46 UrhG) sowie die Übernahme von Zeitungsartikeln und Rundfunkkommentaren (§ 49 Abs. 1 UrhG)[900] und die (zulässige) öffentliche Wiedergabe eines erschienenen Werkes (§ 52 UrhG). Darüber hinaus gewährt das Gesetz dem Urheber Ansprüche auch gegen den Hersteller von Geräten und von Bild- oder Tonträgern. Hotelbetriebe, die für ihre Gäste Geräte zur entgeltlichen Herstellung von Kopien bereithalten, schulden dem Urheber eine angemessene Vergütung gem. § 54 a Abs. 2 UrhG.[901]

Grundsätzlich sind die **urheberrechtlichen Schrankenbestimmungen** jedoch insgesamt **eng auszulegen**.[902]

---

899 Wandtke/Bullinger-Lüft, UrhG-ErgBd., § 53 Rdziff. 3

900 Die Verwendung einzelner Artikel aus Zeitungen und anderen Informationsblättern im Rahmen sog. elektronischer Pressespiegel ist von der Ausnahmevorschrift des § 49 Abs. 1 UrhG unter bestimmten Voraussetzungen noch gedeckt; dies bedarf daher nicht der Zustimmung des Urhebers, vgl. BGHZ 151, 300 = NJW 2002, 3393 = WRP 2002, 1296 = GRUR 2002, 963 = MMR 2002, 739 - Elektronischer Pressespiegel, a. A. KG, WM 2004, 2270; OLG Hamburg, NJW-RR 2001, 552; OLG Köln, NJW-RR 2000, 1151; anders wiederum bei herkömmlichen Pressespiegeln, vgl. OLG München, NJW-RR 2002, 1415

901 OLG München, NJW-RR 2004, 402

902 BGHZ 144, 232 = NJW 2000, 3783 = GRUR 2001, 51 - Parfümflakon; Wandtke/Bullinger-Lüft, UrhG, § 45 Rdziff. 1

Beispiel 44:[903]

Die Künstler Christo und Jeanne-Claude veranstalteten im Juni/Juli 1995 in Berlin für die Dauer von zwei Wochen das Kunstprojekt „Verhüllter Reichstag". Die Künstler finanzierten dabei das Projekt selbst, u. a. durch den Verkauf von Abbildungen der Modelle und von Bildern des verhüllten Reichstags. Die Beklagten betreiben eine Foto- und Bildagentur und stellten - ohne Zustimmung der Künstler - schwarz-weiße Postkarten her, die den verhüllten Reichstag zeigten und verbreiteten diese Postkarten. Die Künstler nahmen die Beklagten auf Unterlassung in Anspruch. Die Beklagten bezogen sich auf § 59 UrhG, wonach es zulässig ist, Werke, die sich bleibend an öffentlichen Wegen, Straßen oder Plätzen befinden, mit Mitteln der Malerei oder Grafik, durch Lichtbild oder durch Film zu vervielfältigen, zu verbreiten und öffentlich wiederzugeben. Der BGH ging bei der „Verhüllung des Reichstages" von einem Werk der bildenden Kunst aus und verneinte die Annahme des § 59 Abs. 1 S. 1 UrhG, weil sich dieses Werk nicht „bleibend" an einem öffentlichen Ort befindet. Ein Werk der bildenden Kunst befindet sich dann nicht bleibend an einem öffentlichen Ort, wenn das Werk im Sinne einer zeitlich befristeten Ausstellung präsentiert wird. Unerheblich ist es nach Ansicht des BGH, ob das Werk nach dem Abbau fortbesteht oder es mit dem Abbau untergeht.

Nach Maßgabe des § 59 Abs. 1 UrhG dürfen im Übrigen Kunstwerke, die sich „bleibend" u. a. in einem öffentlichen Raum befinden, grundsätzlich ohne Zustimmung des Künstlers fotografiert und diese Fotografien vertrieben werden. Diese sog. „**Panoramafreiheit**" gilt indessen nur, wenn das Werk von einem für das allgemeine Publikum zugänglichen Ort aus fotografiert wird; verschafft sich hingegen ein Fotograf Zugang zu einer Privatwohnung und fotografiert das Werk aus dieser Perspektive, so dürfen die Fotografien nicht ohne Zustimmung des Urhebers vertrieben werden.[904] Für die Frage, ob das Werk „bleibend" errichtet worden ist, kommt auf den Zweck an, zu dem das Werk aufgestellt worden ist; wird ein Kunstwerk, das in einer Gartenanlage aufgestellt worden ist, im Internetauftritt des Eigentümers der Gartenanlage als „work in progress" mit offenem Ende dargestellt, so lässt diese Außendarstellung auf ein dauerhaft errichtetes („bleibendes") Werk schließen.[905]

Als Gegenstand von Auseinandersetzungen ist hier insbesondere das **Zitierrecht** gem. § 51 UrhG zu nennen; nach dieser Regelung ist die Vervielfältigung, Verbreitung und öffentliche Wiedergabe zulässig, wenn in einem durch den Zweck gebotenen Umfang

---

[903] BGHZ 150, 6 = NJW 2002, 2394 = WRP 2002, 712 = GRUR 2002, 605 - Verhüllter Reichstag
[904] BGH NJW 2004, 594 = WRP 2003, 1460 = GRUR 2003, 1035 - Hundertwasser-Haus
[905] LG Frankenthal, NJW 2005, 607 - Grassofa

> einzelne Werke nach dem Erscheinen in ein selbständiges wissenschaftliches Werk zur Erläuterung des Inhalts aufgenommen werden,

> Stellen eines Werkes nach der Veröffentlichung in einem selbständigen Sprachwerk angeführt werden,

> einzelne Stellen eines erschienenen Werkes der Musik in einem selbständigen Werk der Musik angeführt werden.

Ein Zitat darf dabei nach Maßgabe der einschlägigen Rechtsprechung nur in einem durch den Zweck gebotenen Umfang erfolgen. Das wiederum bedeutet, dass nicht nur die Zulässigkeit des Zitatumfangs, sondern auch die des Zitates als solche davon abhängt, ob das Zitat von einem konkreten Zitatzweck gedeckt ist. Dies wiederum setzt voraus, dass das Zitat mit dem Inhalt des zitierenden Werkes zusammenhängt, also seiner Funktion nach als Hilfsmittel der eigenen Darstellung des Zitierenden in Bezug genommen wird.[906] Das Zitat muss also als Beleg des zitierenden Werkes, als dessen Erörterungsgrundlage oder zumindest dazu dienen, sich kritisch mit dem zitierten Werk auseinanderzusetzen.[907] Demgegenüber ist es mit dem Zweck des UrhG nicht vereinbar, ein Werk um seiner selbst willen zur Kenntnis der Allgemeinheit zu bringen. Andere sollen durch die Zitierfreiheit lediglich in die Lage versetzt werden, Entlehnungen als Hilfsmittel der eigenen Darstellung zu benutzen, sei es, dass sie das fremde Werk kritisch beleuchten, sei es, dass sie es als Ausgangspunkt und insbesondere zur Bekräftigung und Erläuterung des eigenen Gedankenganges auswerten. Demgemäß war das OLG Hamburg der Ansicht, dass der ungenehmigte Abdruck eines Fotos des **„Maschinenmenschen"** aus dem Film „Metropolis" von Fritz Lang in einem Zeitschriftenartikel, der sich mit der philosophischen Bewertung und den medizinischen Möglichkeiten der Gentechnik befasst, sich nicht innerhalb eines nach § 51 Ziff. 2 UrhG zulässigen Zitatzwecks bewegt.[908] In diesem Zusammenhang muss auch auf den neu hinzugefügten § 52 a UrhG hingewiesen werden. Unter dem 11.04.2003 hat der deutsche Bundestag der Gesetzesnovelle zur Gestaltung des Urheberrechts in der Informationsgesellschaft zugestimmt, unter dem 11.07.2003 stimmte der Bundesrat zu, am 10.09.2003 trat dieses Gesetz in Kraft. Hintergrund dieser gesetzlichen Änderung war der Umstand, dass dem Urheber auch in der Informationsgesellschaft ein entsprechender Schutz eingeräumt werden soll. Das noch zu Zeiten der „Papierwelt" geschaffene und angepasste Urheberrecht musste auch im Hinblick auf das digitale Zeitalter neu konfiguriert werden. Nach Maßgabe des § 52 a UrhG, der übergangsweise bis zum 31.12.2006 ein befristetes Dasein führt, soll z. B. ein Lehrer seinen Schülern einen wissenschaftlichen Aufsatz auch über den Bildschirm zugänglich machen dürfen. Eine solche Möglichkeit wird auch Professoren und Wissenschaftlern eingeräumt,

---

[906] BGH GRUR 1994, 800 - Museumskatalog; OLG Hamburg, NJW-RR 2003, 112 - Maschinenmensch
[907] BGH GRUR 1987, 34 - Liedtextwiedergabe I; BGH GRUR 1986, 59 - Geistchristentum; OLG Hamburg, NJW-RR 2003, 112 - Maschinenmensch
[908] OLG Hamburg, NJW-RR 2003, 112 - Maschinenmensch

die auf diese Weise Texte via Bildschirm Texte an einen bestimmten Personenkreis weitergeben können. Diese gesetzliche Neuregelung ist eine logische Konsequenz des Umstandes, dass Schulen und Universitäten zunehmend mit Computern ausgestattet sind. Andererseits wird mit der Neuregelung des § 52 a UrhG auch den Urheberinteressen Rechnung getragen; denn nur Teile von veröffentlichten Werken bzw. Werke geringen Umfangs oder einzelne Artikel aus Fachzeitschriften dürfen in abgegrenzte und geschlossene Netzwerke (Intranet) gestellt werden. In jedem Fall ist aber zugunsten des Urhebers eine Vergütung fällig.[909]

Im Übrigen regelt das Gesetz zur Gestaltung des Urheberrechts in der Informationsgesellschaft auch, in welchen Fällen Urheber es mit Rücksicht auf Gemeinschaftsinteressen hinzunehmen haben, dass ihre Werke auch ohne deren Zustimmung genutzt werden. Künftig ist erlaubt, dass von Musik, Filmen oder Texten einzelne Privatkopien gezogen werden können. Allerdings ist es nach wie vor untersagt, einen entsprechenden Kopierschutz zu knacken.

2. Zeitliche Schranken

Das Urheberrecht gilt nicht unbeschränkt, sondern erlischt 70 Jahre nach dem Tode des Urhebers, vgl. § 64 UrhG. Diesem Zeitraum von 70 Jahren post mortem auctoris liegt die Überlegung zugrunde, dass bis zum Ablauf dieses Zeitpunktes noch nähere Angehörige des Urhebers vorhanden sein könnten, denen die Einkünfte aus der Werknutzung billigerweise nicht entzogen werden sollten.[910] Nach Ablauf der vorgeschriebenen Frist wird das urheberrechtliche Werk **gemeinfrei**, d. h., dass das Werk von jedermann frei verwertet werden kann, und zwar ohne Zustimmung des Urhebers bzw. seiner Rechtsnachfolger.

Wenn das Urheberrecht mehreren Miturhebern (§ 8 UrhG) zusteht, so wird der Zeitraum von 70 Jahren erst mit dem Tode des längstlebenden Miturhebers berechnet, vgl. § 65 S. 1 UrhG. Eine Sonderregelung trifft § 65 Abs. 2 UrhG für Filmwerke und Werke, die ähnlich wie Filmwerke hergestellt werden. Danach erlischt das Urheberrecht 70 Jahre nach dem Tod des Längstlebenden der folgenden Personen: Hauptregisseur, Urheber des Drehbuchs, Urheber der Dialoge, Komponist der für das betreffende Filmwerk komponierten Musik.

Weitere Sonderregelungen treffen § 66 UrhG für anonyme und pseudonyme Werke sowie § 67 UrhG für Lieferungswerke.

Die jeweiligen Fristen beginnen mit dem Ablauf des Kalenderjahres, in dem das für den Beginn der Frist maßgebende Ereignis eingetreten ist, § 69 UrhG.

---

[909] Wandtke/Bullinger-Lüft, UrhG ErgBd., § 52 a Rdziff. 1 ff.
[910] Wandtke/Bullinger-Lüft, UrhG, § 64 Rdziff. 1

3. Persönliche und räumliche Schranken

Wie viele andere Gesetze auch gilt das UrhG innerhalb der Grenzen der Bundesrepublik Deutschland. An diesen **räumlichen Schranken** vermögen auch zwischenstaatliche und internationale Urheberrechtsabkommen nichts zu ändern. Selbst erdgebundene Rundfunksendungen, die über einen inländischen Sender an die Öffentlichkeit ausgestrahlt werden, unterliegen dem deutschen Urheberrecht, insbesondere dem Tatbestand des Senderechts (§ 20 UrhG), wenn sie von einem grenznahen Sendestandort aus gezielt für die Öffentlichkeit im benachbarten französischen Ausland abgestrahlt und im Inland in nur geringem Umfang empfangen werden.[911] Eine Sonderrolle in diesem Zusammenhang spielen Urheberrechtsverletzungen im Internet. Wenn dem Urheberrechtsschutz unterliegende und im Internet bereitgestellte Inhalte urheberrechtswidrig genutzt werden, so ist der Inhaber des Urheberrechts berechtigt, überall dort Klage zu erheben, wo die Inhalte via Internet abrufbar sind.[912]

Soweit es die **persönlichen Schranken** anbelangt, so stellt sich die Frage, ob und inwieweit der Schutz des deutschen Urheberrechts auch Ausländern zuzubilligen ist. Der EuGH führte in der **Phil-Collins-Entscheidung** aus, dass Urhebern und ausübenden Künstlern derjenige Schutz gewährt werden müsse, der auch nach nationalem Recht den Inländern vorbehalten sei.[913] Begründet wurde diese Ansicht mit dem Hinweis auf Art. 12 EG-Vertrag, wonach unbeschadet besonderer Bestimmungen des EG-Vertrages in seinem Anwendungsbereich jede Diskriminierung aus Gründen der Staatsangehörigkeit verboten ist. Das BVerfG hat diese Ansicht des EuGH gebilligt.[914]

Der BGH geht noch einen Schritt darüber hinaus und wendet die vorgenannte Phil-Collins-Entscheidung des EuGH auch rückwirkend an mit der weiteren Folge, dass ggf. Werkverwender mit unerwarteten Forderungen ausländischer Künstler konfrontiert werden könnten.[915]

Kürzlich stellte der EuGH weiterführend fest, dass das vorgenannte Diskriminierungsverbot i. S. d. Art. 12 Abs. 1 EG-Vertrag auch auf den Schutz von Urheberrechten in dem Fall anzuwenden ist, dass der Urheber bereits zu dem Zeitpunkt verstorben war, als der EWG-Vertrag in dem Mitgliedstaat, dessen Staatsangehörigkeit er besaß, in Kraft getreten ist. Folglich ist es ausgeschlossen, dass die Schutzdauer, die die Rechtsvorschriften eines Mitgliedsstaats den Werken eines Urhebers gewähren, der Staatsangehöriger eines anderen Mitgliedstaats ist, geringer ist als die, die den Werken seiner eigenen Staatsangehörigen gewährt wird.[916]

---

911 BGHZ 152, 316 = NJW-RR 2003, 549 = GRUR 2003, 328 - Sender Felsberg
912 OLG Karlsruhe, MMR 1999, 604 - BadWildbad.com; KG NJW 1997, 3321 – Concertconcept.com; Wandtke/Bullinger-von Welser, UrhG, vor §§ 120 ff. Rdziff. 34
913 EuGH, EuZW 1993, 710 = GRUR Int. 1994, 53 - Phil Collins
914 BVerfG GRUR 2001, 499
915 BGHZ 125, 382 = NJW 1994, 2607 - Rolling Stones; BGH GRUR Int. 1995, 503 - Cliff Richard II; BGH GRUR Int. 1999, 62 - Bruce Springsteen and his band
916 EuGH NJW 2002, 2858 - La Bohème

VII. Schutz von Computerprogrammen

Durch die Einführung der Regelungen in §§ 69 a bis 69 g UrhG wurden Computerprogramme einem gesonderten Schutz unterworfen. Während § 69 a UrhG den Schutzgegenstand regelt und § 69 b UrhG Besonderheiten für Urheber in Arbeits- und Dienstverhältnissen bereithält, regeln §§ 69 c bis 69 e UrhG die dem Urheber zustehenden Rechte sowie entsprechende Beschränkungen. Während dann die Folgen von Rechtsverletzungen in § 69 f UrhG geregelt sind, enthält § 69 g UrhG Regelungen über die Anwendung sonstiger Rechtsvorschriften bzw. zum Vertragsrecht.

An dieser Stelle kann nicht auf sämtliche, mit dem urheberrechtlichen Schutz von Computerprogrammen einhergehenden Problemen eingegangen werden, sodass auf die entsprechenden Kommentierungen verwiesen werden darf.[917] Lediglich auf die nachstehenden Punkte darf an dieser Stelle eingegangen werden.

Gem. § 69 a UrhG sind Computerprogramme im Sinne dieses Gesetzes Programme in jeder Gestalt, einschließlich des Entwurfmaterials. Der gewährte Schutz gilt für alle Ausdrucksformen eines Computerprogramms, wobei **Ideen und Grundsätze**, die einem Element eines Computerprogramms zugrunde liegen, einschließlich der den Schnittstellen zugrunde liegenden Ideen und Grundsätze nicht geschützt sind. Zunächst darf angemerkt werden, dass der über §§ 69 a ff. UrhG vermittelte Schutz das Datenbankherstellerrecht gem. §§ 87 a ff. UrhG unberührt lässt. Das wiederum bedeutet, dass Nutzung und Verwertung elektronischer Datenbanken den Erwerb der einschlägigen Nutzungsrechte an dem als Hilfsmittel für ihren Betrieb und den Zugang zu ihrem elektronisch gespeicherten Material dienenden und nach §§ 69 a ff. UrhG gesondert geschützten Computerprogrammen erfordert. Bei Datenbanken allerdings, bei denen sich die wesentliche Leistung in diesen Computerprogrammen verbirgt, kann es im Einzelfall zu Abgrenzungschwierigkeiten zwischen dem Urheberrecht an Computerprogrammen einerseits und dem Datenbankurheber- und Datenbankherstellerrecht andererseits kommen.[918]

Über die Regelung in § 69 a Abs. 2 UrhG wird ein Schutz nur für die Ausdrucksform vermittelt, während die Ideen und Grundsätze vom Schutz ausgenommen bleiben sollen.[919] Dies wirft dann die Frage auf, wie die Abgrenzungen zwischen Ideen und Grundsätzen einerseits und Ausdrucksform andererseits zu ziehen sind. Zur Ausdrucksform gehört neben den Programmdaten vor allem die innere Struktur und Organisation des Computerprogramms sowie die konkrete Sammlung, Auswahl und Gliederung der Befehle sowie das Gewebe des Computerprogramms.[920] Andererseits sind **Algorithmen prinzipiell ebenso schutzunfähig** wie sonstige Rechenregeln, ma-

---

[917] Vgl. die gute Darstellung bei Wandtke/Bullinger-Grützmacher, UrhG, vor §§ 69 a ff. Rdziff. 1 ff. sowie §§ 69 a ff. Rdziff. 1 ff. sowie Schricker/Loewenheim, UrhR, vor §§ 69 a ff. Rdziff. 1 ff. sowie §§ 69 a ff. Rdziff. 1 ff.; Redeker, IT-Recht, Rdziff. 1 ff. mit jew. weiteren Hinweisen

[918] Wandtke/Bullinger-Thum, UrhG, vor §§ 87 a ff. Rdziff. 28

[919] Wandtke/Bullinger-Grützmacher, UrhG, § 69 a Rdziff. 22

[920] BGHZ 112, 264 = NJW 1991, 1231 = GRUR 1991, 449 - Betriebssystem II

thematische Formeln oder abstrakte Lehrsätze sowie Entwicklungs- und Programmiermethoden.

Ist man zu dem Ergebnis gelangt, dass ein bestimmtes urheberrechtliches Werk dem Schutzgegenstand des § 69 a UrhG unterfällt, so wird sich in der Praxis sehr häufig die Frage stellen, wie ein entsprechender Schutz letztlich realisiert werden kann, wenn ein zum Zwecke der Beweissicherung durchzuführender Testkauf nicht möglich ist. In der Regel hilft dem Urheber nur ein schneller und überraschender Zugriff gegenüber dem - ggf. auch wettbewerbswidrig handelnden - Verletzer. Gelingt es in einem solchen Fall dem Urheber, eine drohende Veränderung oder Vernichtung von Beweismitteln gegenüber dem Gericht glaubhaft zu machen, so wird der Erlass einer **einstweiligen Verfügung auf Besichtigung und Sequestrierung** (Sicherstellung) (gem. §§ 809 BGB, 883 ZPO analog) befürwortet.[921] Dem Urheber muss es dabei allerdings gelingen, Indizien für eine Rechtsverletzung glaubhaft zu machen. Derartige Indizien können in dem Hinweis von (ehemaligen) Mitarbeitern des Verletzers liegen; als ausreichend wird es auch angesehen, wenn ein ausgeschiedener Angestellter kurz nach seinem Ausscheiden ein Konkurrenzprodukt anbietet.[922]

Der Besichtigungsanspruch gem. § 809 BGB kann auch demjenigen Urheber zustehen, der sich vergewissern möchte, ob eine bestimmte Sache unter Verletzung des Urheberrechts hergestellt worden ist. Voraussetzung ist dabei allerdings, dass für die Verletzung bereits eine gewisse Wahrscheinlichkeit besteht. Dabei ist das berechtigte Geheimhaltungsinteresse des Besitzers der zu besichtigenden Sache im Rahmen einer umfassenden Interessenabwägung zu berücksichtigen; dies führt jedoch in aller Regel nicht dazu, dass generell gesteigerte Anforderungen an die Wahrscheinlichkeit der Rechtsverletzung zu stellen wären. Im Rahmen der Abwägung ist insbesondere zu prüfen, ob dem schützenswerten Geheimhaltungsinteresse auch bei grundsätzlicher Gewährung des Anspruchs - etwa durch Einschaltung eines zur Verschwiegenheit verpflichteten Dritten - genügt werden kann.[923]

VIII. Zivil- und strafrechtliche Rechtsfolgen

Ähnlich dem MarkenG, PatentG, GebrMG und GeschmMG wurde für den Bereich des Urheberrechts davon abgesehen, ein eigenes Verfahrensrecht zu schaffen. Gleichwohl enthalten die Regelungen §§ 97 ff. UrhG einige urheberrechtliche Besonderheiten bereit. Der Schutz des Urheberrechts ist komplementär, d. h. zivilrechtliche und strafrechtliche Bestimmungen gelten nebeneinander. Die aus dem Urheberrecht fließenden

---

921 BGH GRUR 2002, 1046 – Faxkarte; KG NJW 2001, 233; OLG Hamburg, ZUM 2001, 519 - Faxkarte; LG Nürnberg-Fürth, MMR 204, 627; Wandtke/Bullinger-Grützmacher, vor §§ 69 a ff. Rdziff. 24
922 OLG Frankfurt, GRUR 1989, 678 - PAM-Crash
923 BGH NJW-RR 2002, 1617 = WRP 2002, 1173 = GRUR 2002, 1046 - Faxkarte

Befugnisse und ihre Einschränkungen regelt das Urheberrecht grundsätzlich abschließend.[924]

1. Zivilrechtsschutz

§§ 97 - 105 UrhG vermitteln den zivilrechtlichen Urheberrechtsschutz, wobei der Regelung in § 97 UrhG eine zentrale Bedeutung beizumessen ist. Nach Maßgabe des § 98 UrhG kann der Verletzte verlangen, dass alle rechtswidrig hergestellten, verbreiteten oder zur rechtswidrigen Verbreitung bestimmten Vervielfältigungsstücke, die im Besitz oder Eigentum des Verletzers stehen, vernichtet werden. Auf die im Eigentum des Verletzers stehenden, ausschließlich oder nahezu ausschließlich zur rechtswidrigen Herstellung von Vervielfältigungsstücken benutzten/bestimmten Vorrichtungen ist § 98 UrhG entsprechend anzuwenden, vgl. § 99 UrhG. Wenn in einem Unternehmen von einem Arbeitnehmer oder Beauftragten ein urheberrechtlich geschütztes Recht widerrechtlich verletzt worden ist, so hat der Verletzer Ansprüche auch gegen den Inhaber des Unternehmens, vgl. § 100 S. 1 UrhG. Zur effektiven Rechtswahrnehmung gewährt § 101 a UrhG einen Auskunftsanspruch gegenüber dem Verletzer, welcher in Fällen offensichtlicher Rechtsverletzung auch im Wege der einstweiligen Verfügung zur Durchsetzung gebracht werden kann, § 101 a Abs. 3 UrhG.

Der wesentliche Schutz des Urhebers über § 97 UrhG wird entweder im Wege der Unterlassungsklage und/oder der einstweiligen Verfügung verfolgt, wobei der gerichtlichen Anspruchsgeltendmachung als vorprozessuale Maßnahme eine Abmahnung vorausgehen sollte.[925] Der Antragsteller muss im Rahmen eines Verfahrens auf Erlass einer einstweiligen Verfügung vergegenwärtigen, dass der Verfügungsgrund (Eilbedürftigkeit) gesondert glaubhaft zu machen ist. Denn - anders als im Wettbewerbsrecht (dort: § 25 UWG) - gilt eine vom Gesetz vermutete Dringlichkeit im Urheberrecht nicht.[926]

Für die Geltendmachung des Unterlassungsanspruchs über § 97 UrhG kommt es zunächst einmal auf die **Widerrechtlichkeit der Rechtsverletzung** an; dabei wird allerdings in aller Regel die Widerrechtlichkeit zu **vermuten** sein und bedarf keiner besonderen Prüfung. Aktivlegitimiert für die Geltendmachung eines Unterlassungsanspruchs ist der Rechteinhaber bzw. - im Fall der Miturheberschaft - auch die einzelnen Miturheber.

Der Anspruch richtet sich gegen den **Störer bzw. Verletzer**. Auch der sog. **Veranlasser** kann herangezogen werden; das ist ggf. der Veranstalter, der die verletzende Aufführung angeordnet bzw. für sie in organisatorischer Hinsicht verantwortlich ist und auch

---

[924] BGHZ 154, 260 = NJW 2003, 3633 = WRP 2003, 1235 = GRUR 2003, 956 = WM 2003, 2197 - Gies-Adler

[925] Vgl. im Einzelnen dazu bereits o. S. 206 ff.

[926] KG NJW-RR 2003, 1126; KG NJW-RR 2001, 1201; a. A. mit jedoch nicht überzeugender Begründung OLG Karlsruhe NJW-RR 1994, 176 = GRUR 1994, 726

Einfluss auf die Programmgestaltung hat. Wer also als **Gaststättenkonzessionär** Räumlichkeiten zum Zwecke der Durchführung von Tanzveranstaltungen unter Vereinbarung einer Gewinnbeteiligung an den eigentlichen Veranstalter untervermietet, setzt eine adäquat kausale Ursache für Urheberrechtsverletzungen, die während der Veranstaltung begangen werden und kann im Wege des § 97 UrhG in Anspruch genommen werden.[927]

Als problematisch kann sich eine Haftung nach Maßgabe des § 97 UrhG auch für Geschäftsführer juristischer Personen, z. B. einer GmbH, herausstellen. Wenn also z. B. eine GmbH als Lizenznehmerin entgegen den vertraglichen Vereinbarungen Kunden eine Demoversion der urheberrechtlich geschützten Software wie eine Vollversion zur zeitlich unbegrenzten Nutzung zur Verfügung stellt, wird das Urheberrecht des Lizenzgebers verletzt. Ein „Geschäftsführervertrieb" einer Lizenznehmerin (juristischen Person) muss, wenn er der Haftung als Störer entgehen will, darlegen, dass er von einer Verletzung von Urheberrechten im Vertriebsbereich nichts gewusst hat und sie auch nicht hätte verhindern können.[928]

Liegen die Voraussetzungen des § 97 UrhG im Übrigen vor, so hat der Urheberrechteinhaber

- Unterlassungs- und Beseitigungsansprüche

- Auskunfts- und Rechnungslegungsansprüche

- Schadensersatzansprüche

- Ansprüche auf Entschädigung immaterieller Schäden

- Ansprüche auf Herausgabe des durch ungerechtfertigte Bereicherung Erlangten

- Anspruch auf Vernichtung oder Überlassung der Vervielfältigungsstücke (§ 98 UrhG).

Wenn der Urheber Unterlassungsansprüche geltend macht, kann dies unter Umständen bei der Fassung des richtigen Klageantrags zu Problemen führen. Denn der Urheber hat dann die **Verletzungsform** zu bezeichnen. Dies dürfte ihm insbesondere dann Schwierigkeiten bereiten, wenn Gegenstand der Urheberrechtsverletzung ein Computerprogramm bzw. ein Quellcode ist. Die Beifügung von bloßen Listen genügt nicht; vielmehr muss bei einem gerichtlichen Verfahren dann ein Datenträger mit den aufgelisteten Dateien beigefügt werden. Eine bloße Wiedergabe des kopierten Originals kommt folglich nur in Fällen einer identischen Übernahme in Betracht.[929]

---

[927] LG München, NJW-RR 2001, 1053
[928] KG NJW-RR 2001, 185
[929] BGH NJW-RR 2003, 1279 - Innungsprogramm; BGHZ 142, 388 = NJW 2000, 2207 = GRUR 2000, 228 - Musical-Gala; BGHZ 94, 276 = NJW 1986, 192 = GRUR 1985, 1041 - Inkasso-Programm

Insbesondere im Bereich des Schadensersatzanspruchs wird der Urheber häufig mit der Schwierigkeit konfrontiert sein, den Schaden auch der Höhe nach genau zu beziffern. Hier verbleiben ihm mehrere Möglichkeiten. Zum einen kann er - was häufig nicht möglich sein wird - den Schaden konkret berechnen, muss allerdings in diesem Fall den eingetretenen Schaden (entgangenen Gewinn) im Einzelnen nachweisen und genau beziffern; dabei kann sich der Geschädigte an den Grundsätzen, die der BGH zur Berechnung des Gewinnherausgabeanspruchs im Geschmacksmusterrecht aufgestellt hat,[930] orientieren.[931] Zum anderen hat er die Möglichkeit, vom Verletzer den durch den Eingriff erzielten Gewinn abzuschöpfen. Auch in einem solchen Fall ist er in die Situation versetzt, den bei dem Verletzer eingetretenen Gewinn genau beziffern zu müssen. Alternativ dazu verbleibt dem Urheberrechtsinhaber die Möglichkeit, von dem Verletzer eine angemessene Lizenzgebühr zu verlangen, die dann im Wege der **Lizenzanalogie** berechnet wird. Die von der Rechtsprechung entwickelte Figur der Lizenzanalogie beruht auf der Erwägung, dass derjenige, der ein Urheberrecht eines anderen verletzt, nicht besser stehen darf, als er im Fall einer ordnungsgemäß erteilten Erlaubnis durch den Rechtsinhaber hätte stehen können.[932] In diesem Zusammenhang hat das BVerfG zugunsten des Urhebers anerkannt, dass ein mit einem urheberrechtlichen Schadensersatzprozess befasstes Zivilgericht im Einzelfall verpflichtet sein kann, wegen der Höhe der angemessenen Lizenzgebühr ggf. Beweis durch Einholung eines Sachverständigengutachtens zu erheben. Im Übrigen stelle es, da das Urheberrecht und die mit ihm verbundenen Nutzungsrechte Eigentum i. S. v. Art. 14 Abs. 1 GG seien, eine Verletzung dieses Grundrechts dar, wenn ein Zivilgericht bei der Bemessung des Schadensersatzes zu Lasten des Urhebers berücksichtigt, dass der Verletzer mit der rechtswidrigen Verwertung nur einen geringen Umsatz erzielt habe.[933]

Ungeachtet der vorstehenden Ausführungen hat der Verletzte indessen stets gegen eine mögliche Verjährung seines Anspruchs anzutreten. Daher billigt ihm die Rechtsprechung - zum Zwecke der Verjährungsunterbrechung - auch die Möglichkeit der Erhebung einer Feststellungsklage zu, wenn der Schaden noch im „Werden" begriffen ist; wenn jedoch der Schadenseintritt abgeschlossen ist, kann der Verletzte alternativ eine Leistungsklage (ggf. Stufenklage gem. § 254 ZPO) erheben.[934] Entschließt er sich gleichwohl zur Erhebung einer Feststellungsklage gem. § 256 ZPO, gerichtet auf die Feststellung der Verpflichtung des Verletzers zum Schadensersatz, entfällt das dafür notwendige Feststellungsinteresse nicht allein deshalb, weil der Kläger auch im Wege der Stufenklage hätte vorgehen können. Auf diese Weise wird den Besonderheiten

---

[930] BGHZ 145, 366 = NJW 2001, 2173 = GRUR 2001, 329 - Gemeinkostenanteil
[931] OLG Düsseldorf, NJW 2004, 609
[932] BGH NJW 1992, 2084 - Fuchsberger; BGH GRUR 1990, 1008 - Lizenzanalogie; BGH GRUR 1987, 37 - Videolizenzvertrag; OLG München, OLG-Report 2003, 204
[933] BVerfG NJW 2003, 1655
[934] BGH NJW-RR 2002, 834 = WRP 2001, 1164 = GRUR 2001, 1177 - Feststellungsinteresse II

und Schwierigkeiten des Urheberrechts bei der Schadensermittlung Rechnung getragen.[935]

2.   Strafrechtsschutz

Unabhängig von dem Zivilrechtsschutz gewährt das UrhG dem Urheberrechteinhaber auch strafrechtlichen Schutz. Wer in anderen als den gesetzlich zugelassenen Fällen ohne Einwiligung des Berechtigten ein Werk oder eine Bearbeitung oder Umgestaltung eines Werkes vervielfältigt, verbreitet oder öffentlich wiedergibt, wird mit Freiheitsstrafe bis zu drei Jahren oder mit Geldstrafe bestraft, wobei der Versuch auch strafbar ist, § 106 UrhG. Ebenso ist mit Strafe bedroht, wer auf dem Original eines Werkes der bildenden Künste die Urheberbezeichnung ohne Einwilligung des Urhebers anbringt oder ein derart bezeichnetes Original verbreitet oder auf einem Vervielfältigungsstück, einer Bearbeitung oder Umgestaltung eines Werkes der bildenden Künste die Urheberbezeichnung auf eine Art anbringt, die dem Vervielfältigungsstück, der Bearbeitung oder Umgestaltung den Anschein eines Originals gibt oder ein derart bezeichnetes Vervielfältigungsstück, eine solche Bearbeitung oder Umgestaltung verbreitet, § 107 UrhG. Ebenso wird bestraft, wer in der in § 108 UrhG bezeichneten Weise ungerechtfertigt/unzulässig in ein verwandtes Schutzrecht eingreift.

In den Fällen der §§ 106 - 108 UrhG wird die Tat nur auf Antrag verfolgt, es sei denn, dass die Strafverfolgungsbehörde wegen des besonderen öffentlichen Interesses an der Strafverfolgung ein Einschreiten von Amts wegen für geboten hält.

§ 21 Der Lizenzvertrag

I.   Anwendungsbereich

Obschon der Lizenzvertrag weder im BGB noch in anderen Gesetzen geregelt ist, ist sein Anwendungsbereich in der Praxis immens. Insbesondere im Bereich des gewerblichen Rechtsschutzes und des Urheberrechts gibt es einen erheblichen Bedarf an einem derartigen Vertragstyp. Denn etwaige Nutzungsrechte an Patenten, Markenrechten, Geschmacksmuster- bzw. Gebrauchsmusterrechten, Urheberrechten u. Ä. werden im Wege des Lizenzvertrages vermittelt. Einen Sonderfall stellt die sog. **Zwangslizenz** gem. § 24 PatentG dar, wonach es jedem Dritten erlaubt sein kann, das Patent eines anderen zu angemessenen geschäftlichen Konditionen zu nutzen, wenn eine Lizenzerlaubnis im öffentlichen Interesse geboten ist; diesem Sonderfall kann hier nicht nachgegangen werden.[936]

---

[935] BGH NJW 2003, 3274 - Feststellungsinteresse III
[936] Vgl. dazu Scheffler, GRUR 2003, 97 ff.

Rechtsgrundlage für einen derartigen Lizenzvertrag sind die Regelungen in §§ 320 ff. BGB. Darüber hinaus ist die Möglichkeit einer Lizenzerteilung auch verschiedentlich im Gesetz erwähnt, so z. B. in §§ 31 ff. UrhG, 30 Abs. 1 MarkenG, 15 Abs. 2 PatentG, 22 Abs. 2 GebrMG, 3 GeschmMG sowie 11 SortenSchG. Auch unabhängig von den zuvor genannten gesetzlichen Bestimmungen sind Lizenzverträge auch über ein bestimmtes unternehmerisches Know-how möglich.

Insbesondere im Bereich des Urheberrechts werden - den Eigenheiten dieses Bereiches folgend - verschiedene Arten von Verträgen unterschieden. So haben sich z. B. der **Verlagsvertrag**, der **Wahrnehmungsvertrag**, der **Online-Vertrag**, der **CD-Rom-Vertrag**, der **Franchisevertrag**, der **Musikverlagsvertrag**, der **Illustrationsvertrag**, der **Verfilmungsvertrag**, der **Sendevertrag**, der **Merchandising-Vertrag**, der **Bestellvertrag** sowie der „**Buy-Out"-Vertrag** durchgesetzt.[937]

II.   Einfache und ausschließliche Lizenzen

Bei der Reichweite über die Einräumung einer Lizenz sind zwei Alternativen zu unterscheiden. Bei der sog. **einfachen Lizenz** hat der Lizenzgeber die Option, weitere Lizenzen an andere Personen zu erteilen und damit sein Schutzrecht - über die bereits an den ersten Lizenznehmer erteilte Lizenz hinaus - zu verwerten. Hingegen ist Vertragsgegenstand bei der Einräumung einer **ausschließlichen Lizenz** nachgerade der Schutz des Lizenznehmers; dem Lizenzgeber wird also kraft Vertrages untersagt, die Lizenz anderweitig zu verwerten und verschafft auf diese Weise dem Lizenznehmer eine geschützte Rechtsposition, dies indessen in der - ausdrücklich erklärten oder stillschweigend vorausgesetzten - Erwartung, dass sich der Lizenznehmer in ganz besonderem Maße um die Verwertung der Schutzrechte bemüht.

Es leuchtet unmittelbar ein, dass bei einer ausschließlichen Lizenzvereinbarung die beiden Vertragspartner in erheblich höherem Maße aufeinander angewiesen sind und auf ein erheblich höheres Maß an Vertrauen des anderen Vertragspartners hoffen dürfen:

Der Lizenzgeber darf darauf vertrauen, dass sich der Lizenznehmer in dem gebotenen Maße um die Schutzrechtsverwertung kümmert, während der Lizenznehmer darauf bauen darf, dass der Lizenzgeber nicht durch Übertragung anderweitiger Lizenzen oder aber selbst sich um die Schutzrechtsverwertung bemüht.

---

[937] Wandtke/Bullinger-Wandtke/Grunert, UrhG, vor §§ 31 ff. Rdziff. 59 ff.

III. Vertragliche Nutzungsbeschränkungen

Der Lizenzvertrag ist ein gesetzlich nicht geregelter Vertragstypus, indessen nicht schrankenlos zulässig. Insbesondere ist hierbei für Lizenzverträge vor dem 31.12.1998 das Schriftformerfordernis des § 34 GWB a. F. zu berücksichtigen. Nach dieser Vorschrift unterliegen Verträge, die eine Beschränkung nach Maßgabe des § 20 GWB a. F. aufweisen, der Schriftform, und zwar unabhängig, ob die Beschränkung zulässig oder nicht zulässig ist. Eine Beschränkung i. S. d. § 20 GWB a. F. stellt aber bereits die Verpflichtung des Lizenznehmers zur Zahlung einer Lizenzgebühr dar.[938]

Unabhängig von dem bis zum 31.12.1998 geltenden Schriftformerfordernis für Lizenzverträge sind aber nunmehr seit dem 01.01.1999 §§ 17, 18 GWB zu berücksichtigen. Nach Maßgabe dieser Vorschriften sind Abreden verboten, die dem Erwerber/Lizenznehmer Beschränkungen im Geschäftsverkehr auferlegen, die über den Inhalt des gewerblichen Schutzrechts hinausgehen. Beschränkungen hinsichtlich der Art, des Umfangs, dem technischen Anwendungsbereich, der Menge, des Gebietes oder der Zeit der Ausübung des Schutzrechts gehen dabei nicht über den Inhalt des Schutzrechts hinaus. Im Übrigen sind einzelne beschränkende Bindungen, die über den Inhalt des Schutzrechts hinausgehen, durch § 17 Abs. 2 GWB freigestellt, soweit dabei nicht die Laufzeit des Schutzrechts überschritten wird.[939]

Ungeachtet der vorstehenden gesetzlichen Beschränkungen steht es den Vertragsparteien frei, bestimmte Beschränkungen für die Ausübung des Vertrages mit aufzunehmen. So können die Vertragsparteien Beschränkungen vereinbaren,

- soweit und so lange sie durch ein Interesse des Veräußerers/Lizenzgebers an einer technisch einwandfreien Ausnutzung des Gegenstandes des Schutzrechts gerechtfertigt sind,

- die zum Erfahrungsaustausch oder zur Gewährung von nicht ausschließlichen Lizenzen auf Verbesserungs- oder Anwendungserfindungen verpflichten, sofern diesen gleichartige Verpflichtungen des Veräußerers/Lizenzgebers entsprechen,

- das lizenzierte Schutzrecht nicht anzugreifen,

- das lizenzierte Schutzrecht in einem Mindestumfang zu nutzen oder eine Mindestgebühr zu zahlen,

- die Lizenzerzeugnisse in einer den Herstellerhinweis nicht ausschließenden Weise zu kennzeichnen,

soweit diese Beschränkungen die Laufzeit des erworbenen oder in Lizenz genommenen Schutzrechts nicht überschreiten.

---

938 BGH WRP 2003, 1129 = GRUR 2003, 896 - Chirurgische Instrumente
939 Von Wallenberg, Kartellrecht, Rdziff. 228

Wenn in einem Lizenzvertrag die Internet-Nutzung nicht erfasst ist, kann eine solche (ggf. zum Zeitpunkt des Vertragsschlusses noch nicht bekannte) Nutzungsart auch heute nicht als vereinbart gelten, vgl. auch § 31 Abs. 4 UrhG; im Übrigen kommt es dann auf den eindeutigen Wortlaut des Vertrages sowie darauf an, ab wann sich eine wirtschaftlich-technische Vernetzungsform entwickelte.[940]

IV.   Gewährleistung und Haftung

In einem Lizenzvertrag sollten Regelungen über die Rechtsmängel- bzw. Sachmängelgewährleistung einerseits sowie anderweitige Haftungsgrundlagen nicht fehlen. Treten etwaige Rechtsmängel bei Übertragung von Schutzrechten bzw. Einräumung von Lizenzen auf, so kann den Lizenzgeber eine Rechtsmängelgewährleistung treffen. Diese ist verschuldensunabhängig und stellt daher unter Umständen eine ganz erhebliche Belastung für den Lizenzgeber dar; dieser ist daher gut beraten, einen Haftungsausschluss in den Vertrag aufzunehmen.

Unabhängig von der Rechtsmängelgewährleistung kann den Lizenzgeber unter Umständen auch eine Sachmängelhaftung treffen. Nach Maßgabe der Rechtsprechung hat der Lizenzgeber im Rahmen der Lizenzierung eines technischen Schutzrechts oder aber bei der Übertragung eines bestimmten Know-how die technische Durchführbarkeit/Brauchbarkeit auf der Grundlage der Grundsätze der Sachmängelhaftung zu gewährleisten.[941] Dies gilt indessen nicht für die Verwendbarkeit, die Fabrikationsreife und die Konkurrenzfähigkeit, wobei die Abgrenzung im Einzelfall ganz erhebliche Schwierigkeiten bereiten dürfte. Auch diese Schwierigkeiten rechtfertigen es, in dem Lizenzvertrag die Sachmängelhaftung näher zu regeln.

Unabhängig von der Rechtsmängel- bzw. Sachmängelgewährleistung besteht auch die Möglichkeit, dass der Lizenznehmer einer Produzentenhaftung unterliegt, dies insbesondere dann, wenn er sich im Rahmen der ihm eingeräumten Lizenz auch des Knowhow des Lizenzgebers bedient bzw. er sich einer entsprechenden Bezugsbindung für Produkte oder Produktbestandteile unterworfen hat. Denn der Lizenznehmer eines Lizenz- bzw. Know-how-Überlassungsvertrages gilt als Hersteller i. S. d. Produzentenhaftung.[942] Für einen derartigen Fall bietet es sich für die Vertragspraxis an, dass Lizenzgeber und Lizenznehmer miteinander vereinbaren, dass der erste den zweiten von etwaigen Produzentenhaftungs- oder aber Produkthaftungsansprüchen (§§ 823 ff. BGB bzw. §§ 1 ff. ProdHaftG) freistellt, soweit diese Ansprüche auf entsprechende Fabrikationsfehler der vom Lizenznehmer bezogenen Produktteile beruhen.

---

[940] OLG München, NJW-RR 2003, 1627 – Pumuckl-Illustrationen; OLG Hamburg, NJW-RR 2001, 123

[941] BGH GRUR 1979, 768 - Mineralwolle; BGH GRUR 1965, 298 - Reaktions-Messgerät

[942] Diederichsen, NJW 1978, 1281

V. Gebühren

Die vornehmlichste, im Gegenseitigkeitsverhältnis stehende Verpflichtung des Lizenznehmers ist die Zahlung einer vertraglich vereinbarten Vergütung. Leitlinien oder Maßstäbe zur Überprüfung der Höhe der angemessenen Lizenzgebühr existieren nicht. Um den beiderseitigen Interessen der Vertragsparteien gerecht zu werden, empfiehlt es sich, im Falle einer einfachen Lizenz eine Umsatz-Lizenzgebühr zu vereinbaren, die sich an dem mit der Einräumung der Schutzrechte gebundenen Umsätze orientiert. Knüpft man indessen die Vergütungspflicht des Lizenznehmers an den von ihm erzielten Umsatz, so hat man, um der Ausgewogenheit des Vertrages Rechnung zu tragen, dem Lizenzgeber die Möglichkeit einzuräumen, die ihm von dem Lizenznehmer präsentierten Umsatzzahlen einer Überprüfung zu unterziehen; dies wiederum wird man nur erreichen können, wenn der Lizenzgeber in die Lage versetzt wird, die ihm präsentierten Umsatzzahlen einer Überprüfung unterziehen zu können. Dies wird man nur dann adäquat erreichen können, wenn man dem Lizenzgeber die Möglichkeit einräumt, die Verkaufsangaben ggf. durch einen Wirtschaftsprüfer oder Steuerberater anhand von Verkaufsbestätigungen, Lieferscheinen, Warenausgangsrechnungen, betriebswirtschaftlichen Auswertungen etc. überprüfen zu lassen.

Bei einem Know-how-Lizenzvertrag sollten sich die Vertragsparteien fragen, auf welche Weise dem Umstand begegnet werden kann, dass das Know-how offenkundig wird. In dem Moment, in dem der Lizenznehmer kraft der ihm eingeräumten Lizenz das Know-how verwertet, werden Wettbewerber in der Lage sein, sich entsprechende Kenntnisse am Markt zu verschaffen. In einem derartigen Fall ist das Know-how für den Lizenznehmer praktisch nichts mehr „wert", sodass es sich anbietet, die Lizenzgebühren zu reduzieren oder ganz in Wegfall zu bringen.

Insbesondere im Bereich der **Softwarelizenzverträge** hatte der BGH Gelegenheit, sich mit einer sog. **CPU-Klausel** (CPU - Central Processing Unit) zu befassen. Nach Maßgabe einer solchen Klausel ist es dem Softwarelizenznehmer lediglich gestattet, sein ihm eingeräumtes Nutzungsrecht auf einen bestimmten Computer zu beschränken. Vor dem Hintergrund der AGB-rechtlichen Bestimmungen der §§ 305 ff. BGB sowie des § 31 Abs. 1 S. 2 UrhG hat der BGH die Zulässigkeit einer CPU-Klausel - entgegen anders lautenden Stimmen in der Literatur[943] - bejaht.[944] Bei der Beurteilung der Zulässigkeit wird es indessen wohl jeweils auf die Formulierung einer CPU-Klausel und den übrigen Inhalt des Softwarelizenzvertrages im Einzelfall ankommen.[945]

Dann, wenn die Parteien nicht von vornherein im Vertrag Entsprechendes berücksichtigt haben und Streitigkeiten über die Angemessenheit der Lizenzgebühr entstehen, wird nicht selten ein Gericht eine entsprechende Entscheidung zu treffen haben.

---

[943] Redeker, IT-Recht, Rdziff. 81; Wandtke/Bullinger-Grützmacher, UrhG, § 69 d Rdziff. 42; Schneider, EDV-Recht, Rdziff. C 383

[944] BGHZ 152, 233 = NJW 2003, 2014 = GRUR 2003, 416 = BGH-Report 2003, 471 - CPU-Klausel

[945] Ebenso Metzger, NJW 2003, 1994

Grundlage für gerichtliche Entscheidungen wird regelmäßig sein, welches Entgelt vernünftige Vertragspartner in der Lage der Streitparteien als angemessenes Honorar für z. B. werbemäßige Verwertung von Fotos ausgehandelt hätten.[946] Bei der Entscheidung über diese Frage kommt es auf alle Umstände des konkreten Einzelfalls an, insbesondere der Bekanntheitsgrad der Person, mit der geworben wird, die Auflagenstärke und der Verbreitungsgrad des Werbemediums und die Werbewirkung durch eine etwaige Bildveröffentlichung. Dabei ist indessen darauf zu achten, dass bei der Bemessung der Vergütung der Letzte nicht mehr erhalten kann, als er bei ordnungsmäßigem Vorgehen des Eingreifenden erhalten hätte. Für die Verwendung der Figur des „Blauen Engel" (aus dem Film von Emil Jannings von 1930 mit Marlene Dietrich) im Rahmen einer bundesweiten Werbung für Kopiergeräte hielt das Gericht eine Lizenzgebühr in Höhe von 70.000 € für angemessen.[947]

Wenn ein Schuldner laufend vom Umsatz abhängige Lizenzgebühren als Entgelt für die Nutzung eines von ihm persönlich entwickelten „Produkts" erhält, können diese Gebühren dem Pfändungsschutz gem. § 850 ZPO oder § 850 i Abs. 1 ZPO jeweils iVm § 850 c ZPO unterfallen.[948]

Die vorstehenden Ausführungen können nur einen kurzen und fragmentarischen Überblick über entstehende Fragen und Probleme im Zusammenhang mit dem Abschluss eines Lizenzvertrages geben. Für weitergehende Ausführungen sei auf die einschlägige Literatur verwiesen.[949]

---

[946] BGH NJW 1992, 2084 = MDR 1992, 647 - Fuchsberger; OLG München, OLG-Report 2003, 204 - Blauer Engel; Palandt/Sprau, BGB, § 687 Rdziff. 7
[947] OLG München, OLG-Report 2003, 204 - Blauer Engel
[948] BGH NJW-RR 2004, 644
[949] Vgl. Schulz-Süchting, in: Münchener Vertragshandbuch, Bd. 3 (Wirtschaftsrecht), Abschn. VI

Literatur

ALTHAMMER, WERNER/STRÖBELE, PAUL/KLAKA, RAINER, Markengesetz, 6. Aufl. Köln/Berlin/Bonn/München 2000

ALTMEPPEN, HOLGER, Deliktshaftung in der Personengesellschaft, in: NJW 2003, S. 1553 ff.

ANTWEILER, CLEMENS, Öffentlich-rechtliche Unterlassungsansprüche gegen kommunale Wirtschaftstätigkeit, in: NVwZ 2003, S. 1466 ff.

ARMBRÜSTER, CHRISTIAN/JOOS, MICHAEL, Zur Abwicklung fehlerhafter stiller Beteiligungen, in: ZiP 2004, S. 189 ff.

BAMBERGER, HEINZ GEORG/ROTH, HERBERT, Kommentar zum Bürgerlichen Gesetzbuch, 1. Aufl. München 2003

BARTENBACH, KURT/VOLZ, FRANZ-EUGEN, Arbeitnehmererfindergesetz, 4. Aufl. Köln/Berlin/Bonn/München 2002

BAUMBACH, ADOLF/HEFERMEHL, WOLFGANG/KÖHLER, HERLMUT/BORNKAMM, JOACHIM, Wettbewerbsrecht, 2§. Aufl. München 2004 (zit.: Baumbach/Hefermehl/Bearbeiter)

BAUMBACH, ADOLF/HEFERMEHL, WOLFGANG, Wettbewerbsrecht, 22. Aufl. München 2001 (zit.: Baumbach/Hefermehl)

BAUMBACH, ADOLF/HOPT, KLAUS/MERKT, HANNO, Handelsgesetzbuch, 31. Aufl. München 2003

BAUMBACH, ADOLF/HUECK, ALFRED, GmbH-Gesetz, 17. Aufl. München 2000

BERLIT, WOLFGANG, Das neue Markenrecht, 5. Aufl. München 2003

BERLIT, WOLFGANG, Wettbewerbsrecht, 4. Aufl. München 2002

BETTINGER, TORSTEN, Domains, in: Bräutigam/Leupold, Online-Handel, S. 343 ff., 1. Aufl. München 2003

BORMANN, MICHAEL, Die Stellvertretung im Gesellschaftsrecht – Ein aktueller Überblick, in: OLG-Report 2003, K 21 ff.

BRAUN, STEFAN, Headhunting - Auch ein arbeitsrechtliches Problem? in: NZA 2003, S. 633 ff.

CLAUSS, ANNIKA/FLECKNER, ANDREAS M., Die Kommanditgesellschaft in der Gründung, in: WM 2003, S. 1790 ff.

CZYCHOWSKI, CHRISTIAN/NORDEMANN, JAN BERND, Die Entwicklung der Gesetzgebung und Rechtsprechung zum Urheberrecht in den Jahren 2002 und 2003, in: NJW 2004, S. 1222 ff.

DIEDERICHSEN, UWE, Wohin treibt die Produzentenhaftung? in: NJW 1978, S. 1281 ff.

DIEFENBACH, WILHELM, § 1 UWG als Schranke wirtschaftlicher Betätigung der Kommunen, in: WiVerw 2003, S. 99 ff.

DREIER, THOMAS/SCHULZE, GERNOT, Urheberrechtsgesetz, 1. Aufl. München 2004

EBENROTH, THOMAS/BOUJONG, KARLHEINZ/JOOST, DETLEV, Handelsgesetzbuch, 1. Aufl. München 2001 (mit Ergänzungsband 2003)

EKEY, FRIEDRICH L./KLIPPEL, DIETHELM, Heidelberger Kommentar zum Markenrecht, Heidelberg 2002

FEZER, KARL-HEINZ, Lauterkeitsrecht, Kommentar zum Gesetz gegen den unlauteren Wettbewerb (UWG), München, 2005

FEZER, KARL-HEINZ, Markenrecht, 3. Aufl. München 2001

FEZER, KARL-HEINZ, Modernisierung des deutschen Rechts gegen den unlauteren Wettbewerb auf der Grundlage einer Europäisierung des Wettbewerbsrechts, in: WRP 2001, S. 989 ff.

FLEISCHER, HOLGER, Die „Business Jugdement Rule": Vom Richterrecht zur Kodifizierung, in: ZiP 2004, S. 685 ff.

FROMM, KARL/NORDEMANN, WILHELM, Urheberrechtskommentar, 9. Aufl. Stuttgart u. a. 1998

GEIBEL, STEPHAN/SÜßMANN, RAINER, Wertpapiererwerbs- und Übernahmegesetz (Wp ÜG), München 2002

GOETTE, WULF, Haftung im qualifiziert faktischen GmbH-Konzern - Verbleibende Relevanz nach dem TBB-Urteil? - Rechtsprechungsbericht, in: Beiheft 70 zur ZHR, Heidelberg 2002, S. 11 ff.

GRABRUCKER, MARIANNE, Aus der Rechtsprechung des Bundespatentgerichts im Jahre 2002, Teil II: Markenrecht, in: GRUR 2003, S. 469 ff.

HAAS, ULRICH, Die Gesellschafterhaftung wegen "Existenzvernichtung", in: WM 2003, S. 1929 ff.

HARKE, DIETRICH, Urheberrecht, 2. Aufl. Köln/Berlin/Bonn/ München 2001

HAUSCHKA, CHRISTOPH, Grundsätze pflichtgemäßer Unternehmensführung, in: ZRP 2004, S. 65 ff.

HAUSCHKA, CHRISTOPH, Compliance, Compliance-Manager, Compliance-Programme: Eine geeignete Reaktion auf gestiegene Haftungsrisiken für Unternehmen und Management? in: NJW 2004, S. 257 ff.

HEERMANN, PETER, Warenverkehrsfreiheit und deutsches Unlauterkeitsrecht, München 2004

HEERMANN, PETER, Die Erheblichkeitsschwelle i. S. des § 3 UWG-E, in: GRUR 2004, S. 94 ff.

HEIDBÜCHEL, VOLKER, Das Aufsichtsratsmitglied als Vorstandsvertreter, in: WM 2004, S. 1317 ff.

HEINZ, VOLKER G., Englische Limited und Deutsche GmbH – eine vergleichende Darstellung, in: AnwBl. 2004, S. 612 ff.

HIRTE, HERIBERT, Die Entwicklung des Kapitalgesellschaftsrechts in Deutschland in den Jahren 2003 bis 2004, in: NJW 2005, S. 477 ff. sowie NJW 2003, S. 1285 ff., S. 1154 ff. und S. 1090 ff.

HOEREN, THOMAS, Keine wettbewerbsrechtlichen Bedenken mehr gegen Hyperlinks? in: GRUR 2004, S. 1 ff.

HOEREN, THOMAS, Internet und Recht - Neue Paradigmen des Informationsrechts, in: NJW 1998, 2849

HOFFMANN, HELMUT, Die Entwicklung des Internet-Rechts bis Mitte 2003, in: NJW 2003, S. 2576 ff.

HOFFMANN, HELMUT, Die Entwicklung des Internet-Rechts von Anfang 2001 bis Mitte 2002, in: NJW 2002, S. 2602 ff.

HOLZAPFEL, HENRIK, Zum einstweiligen Rechtsschutz im Wettbewerbs- und Patentrecht, in: GRUR 2003, S. 287 ff.

HÜFFER, UWE, Aktiengesetz, 6. Aufl. München 2004

INGERL, REINHARD/ROHNKE, CHRISTIAN, Markengesetz, 2. Aufl. München 2003

JACOBS, RAINER, Das neue Urhebervertragsrecht, in: NJW 2002, S. 1905 ff.

JACOBS, RAINER/LINDACHER, WALTER F./TEPLITZKY, OTTO, Großkommentar zum UWG, 1. - 11. Lieferung, Berlin/New York 1991 - 1995

KAESTNER, JAN/BIERMANN, CLAUDIA, Werbung und Wettbewerbsrecht, 1. Aufl. Bad Homburg 2002

KERSTING, CHRISTIAN, Auswirkungen des Sarbanes-Oxley-Gesetzes in Deutschland: Können deutsche Unternehmen das Gesetz befolgen? in: ZiP 2003, 233 ff.

Klerx, Oliver, Haftung der GbR – Gesellschafter für Delikte wegen Vertrauens in die Rechtsform, in: NJW 2004, S. 1907 ff.

KIETHE, KURT/GROESCHKE, PEER, Die "Classe E"-Entscheidung des BGH als Ausgangspunkt für den Rechtsschutz gegen das Domain-Grabbing, in: WRP 2002, S. 27 ff.

KÖHLER, HELMUT, Koppelungsangebote (einschließlich Zugaben) im geltenden und künftigen Wettbewerbsrecht, in: GRUR 2003, S. 729 ff.

KÖHLER, HELMUT, UWG-Reform und Verbraucherschutz, in: GRUR 2003, S. 265 ff.

KÖHLER, HELMUT, Wettbewerbsrecht im Wandel: Die neue Rechtsprechung zum Tatbestand des Rechtsbruchs, in: NJW 2002, S. 2761 ff.

KÖHLER, HELMUT/PIPER, HENNING, Gesetz gegen den unlauteren Wettbewerb, 3. Aufl. München 2002

KÖHLER, MARKUS/ARNDT, HANS-WOLFGANG, Recht des Internet, 3. Aufl. Heidelberg 2001

KÖRNER, MARITA, Infomatec und die Haftung von Vorstandsmitgliedern für falsche ad hoc-Mitteilungen, in: NJW 2004, S. 3386 ff.

Körner, Marita, Die Angemessenheit von Vorstandsbezügen in § 87 AktG, in: NJW 2004, S. 2697 ff.

KÖRNER, MARITA, Gleichnamigkeitskonflikte bei Internet-Domain-Namen – Die „shell. de" -Entscheidung des BGH, in: NJW 2002, S. 3442 ff.

LENENBACH, MARKUS, Verbraucherschutzrechtliche Rückabwicklung eines kreditfinanzierten, fehlerhaften Beitritts zu einer Publikumspersonengesellschaft, in: WM 2004, S. 501 ff.

LOEWENHEIM, ULRICH, Handbuch des Urheberrechts, München 2003

LUTTER, MARCUS/BANERJEA, NIRMAL ROBERT, Die Haftung des Geschäftsführers für existenzvernichtende Eingriffe, in: ZiP 2003, S. 2177 ff.

MES, PETER (HRSG.), Münchener Prozessformularbuch zum Gewerblichen Rechtsschutz, Urheber- und Presserecht, München 2002

METZGER, AXEL, Zur Zulässigkeit von CPU-Klauseln in Softwarelizenzverträgen, in: NJW 2003, S. 1994 ff.

MICHALSKI, LUTZ (HRSG.), GmbHG, 1. Aufl. München 2002

MÖSCHEL, WERNER, Kehrtwende in der Rechtsprechung des EuGH zur Warenverkehrsfreiheit, in: NJW 1994, S. 429 ff.

Münchener Kommentar, Aktiengesetz, 2. Aufl. München 2002

MUTTER, STEFAN/GAYK, THORSTEN, Wie die Verbesserung der Aufsichtsratsarbeit - wider jede Vernunft - die Haftung verschärft, in: ZiP 2003, S. 1773 ff.

NÄGELE, THOMAS, Die Rechtsprechung des Bundesgerichtshofs zu Internet-Domains, in: WRP 2002, S. 138 ff.

NORDEMANN, JAN BERND, Wegfall von Zugabeverordnung und Rabattgesetz, in: NJW 2001, S. 2505 ff.

OHLY, ANSGAR, Irreführende vergleichende Werbung, in: GRUR 2003, S. 641 ff.

OTT, SIEGFRIED, Zur Grundbuchfähigkeit der GbR und des nicht eingetragenen Vereins, in: NJW 2003, S. 1223

PAHLOW, LOUIS, Das Recht der Gleichnamigen im Internet, in: WRP 2002, S. 1228 ff.

PALANDT, OTTO, Bürgerliches Gesetzbuch, Kommentar, bearbeitet von Peter Bassenge, Gerd Brudermüller, Uwe Diederichsen, Wolfgang Edenhofer, Helmut Heinrichs, Andreas Heldrich, Hans Putzo, Hartwig Sprau, Heinz Thomas, Walter Weidenkaff, 64. Aufl. München 2005

PARTSCH, CHRISTOPH/REICH, ANKA, Änderungen im Unternehmenskaufvertragsrecht durch die Urhebervertragsrechtsreform, in: NJW 2002, S. 3286 ff.

PASTOR, WILHELM/AHRENS, HANS JÜRGEN, Der Wettbewerbsprozess, 4. Aufl. Köln/Berlin/Bonn/München 1999

PILTZ, BURGHARD, Vom EuGVÜ zur Brüssel-I-Verordnung, in: NJW 2002, S. 789 ff.

REDEKER, HELMUT, IT-Recht in der Praxis, 3. Aufl. München 2003

REMMERTZ, FRANK RENÉ, Werbebotschaften per Handy, in: MMR 2003, S. 314 ff.

RIESENHUBER, KARL, Die Vermutungstatbestände des § 10 UrhG, in: GRUR 2003, S. 187 ff.

RITTNER, FRITZ, Wettbewerbs- und Kartellrecht, 6. Aufl. Berlin 1999

ROHLFING, BERND, Wirtschaftsrecht 1(Bürgerliches Recht und Handelsrecht), Wiesbaden 2005

ROHLFING, BERND, Widerruf einer atypisch stillen Beteiligung und die so genannte fehlerhafte Gesellschaft, in: NZG 2003, S. 854 ff.

ROHLFING, BERND, Rechtliche Probleme des E-Branding, in: Riekhof (Hrsg.): E-Branding-Strategien, Wiesbaden 2001

ROHLFING, BERND/KOBUSCH, CHRISTIAN, Das urheberrechtliche Rückrufsrecht an Dissertationen wegen gewandelter Überzeugung, in: ZUM 2000, S. 305 ff.

ROHNKE, CHRISTIAN, Die Entwicklung des Markenrechts seit Mitte 2001, in: NJW 2003, S. 2203 ff.

ROWEDDER, HEINZ, Kommentar zum GmbH-Gesetz, 4. Aufl. München 2002

SACK, ROLF, Irreführende vergleichende Werbung, in: GRUR 2004, S. 89 ff.

SACK, ROLF, Das internationale Wettbewerbs- und Immaterialgüterrecht nach der EGBGB-Novelle, in: WRP 2000, S. 269 ff.

SCHEFFLER, DIETRICH, Die (ungenutzten) Möglichkeiten des Rechtsinstituts der Zwangslizenz, in: GRUR 2003, S. 97 ff.

SCHMIDT, CHRISTIAN/BIERLY, JENNIFER, Gesellschaft bürgerlichen Rechts als Gesellschafterin einer Personenhandelsgesellschaft, in: NJW 2004, S. 1210 ff.

SCHMIDT, HOLGER, Urheberrechte als Kreditsicherheit nach der gesetzlichen Neuregelung des Urhebervertragsrechts, in: WM 2003, S. 461 ff.

SCHMIDT, KARSTEN, Die Gesellschafterhaftung bei der GbR als gesetzliches Schuldverhältnis, in: NJW 2003, S. 1897 ff.

SCHNEIDER, JOCHEN, Handbuch des EDV-Rechts, 3. Aufl. Köln 2003

SCHOLZ, FRANZ, GmbH-Gesetz, 9. Aufl. München 2000

SCHREIBAUER, MARCUS/MULCH, JOACHIM, Die im Jahr 2001 veröffentlichte Rechtsprechung zum Internetrecht, in: WRP 2002, S. 886 ff.

SCHRICKER, GERHARD, Urheberrecht, 2. Aufl. München 1999

SCHÜTZE, ROLF/WEIPERT, LUTZ, Münchener Vertragshandbuch, Band 3: Wirtschaftsrecht, 5. Aufl. München 2002

SPINDLER, GERALD, Persönliche Haftung der Organmitglieder für Falschinformationen des Kapitalmarktes, in: WM 2004, S. 2089 ff.

SPINDLER, GERALD, Die Einspeisung von Rundfunkprogrammen in Kabelnetze. Rechtsfragen der urheberrechtlichen Vergütung und vertragsrechtliche Gestaltung, in: MMR-Beilage 2/2003, S. 1 ff.

STRÖBELE, PAUL/HACKER, FRANZ, Markengesetz, 7. Aufl. Köln/Berlin/Bonn/München 2003

TEPLITZKY, OTTO, Die jüngste Rechtsprechung des BGH zum wettbewerbsrechtlichen Anspruchs- und Verfahrensrecht X, in: GRUR 2003, S. 272 ff.

TEPLITZKY, OTTO, Wettbewerbsrechtliche Ansprüche, 7. Aufl. Köln/Berlin/Bonn/München 1997

THIELE, MARKUS, Die Erstautorenschaft bei wissenschaftlichen Publikationen, in: GRUR 2004, S. 392 ff.

THIELE, MARKUS/ROHLFING, BERND, Gattungsbezeichnungen als Domain-Namen, in: MMR 2000, S. 591 ff.

TOMSON, CHRISTIAN/HAMMERSCHMIDT, SUSANNE, Aus alt mach neu? Betrachtungen zum Spruchverfahrensneuordnungsgesetz, in: NJW 2003, S. 2572 ff.

VOGT, STEFAN, Die Entwicklung des Wettbewerbsrechts in den Jahren 2001 bis 2003, in: NJW 2003, S. 3306 ff.

VON WALLENBERG, GABRIELA, Kartellrecht, 2. Aufl. Neuwied 2002

WANDTKE, ARTUR-AXEL/BULLINGER, WINFRIED, Praxiskommentar zum Urheberrecht, München 2002

WANDTKE, ARTUR-AXEL/BULLINGER, WINFRIED, Ergänzungsband zum Praxiskommentar zum Urheberrecht, München 2003

WERNICKE, NINA/HOPPE, VERA, Die neue EuGVVO – Auswirkungen auf die internationale Zuständigkeit bei Internetverträgen, in: MMR 2002, S. 643 ff.

WIMMER-LEONHARDT, SUSANNE, UWG-Reform und Gewinnabschöpfungsanspruch oder „Die Wiederkehr der Drachen", in: GRUR 2004, S. 12 ff.

WÜSTENBERG, DIRK, Das Namensrecht der Domainnamen, in: GRUR 2003, S. 109 ff.

WULF, JULIA, Direktansprache am Arbeitsplatz, in: NJW 2004, S. 2424 ff.

ZIMMER, DANIEL, Nach „Inspire Art": Grenzenlose Gestattungsfreiheit für deutsche Unternehmen? in: NJW 2003, S. 3585 ff.

Stichwortverzeichnis

(P)-Vermerk, 289
@-Zeichen, 62, 235
„Buy-Out"-Vertrag, 300, 314
©-Vermerk, 271, 288

Abgasemission-Entscheidung, 174
Abgrenzung, 45, 47
abhängige Unternehmen, 114
Abmahnung, 206, 211, 310
Abnehmer, 180, 181, 216
Abschlusserklärung, 212
absolute Schutzhindernisse, 233
Abstracts (Kurzreferate), 297
Abwerben (von Kunden), 169
Achterdiek, 256
actio pro socio, 19, 27, 34
AG & Co. KG, 53
Akademie, 191
Aktie, 92, 97, 99, 118
Aktiengesellschaft, 59, 85, 91
Aktionär, 88, 91, 96, 99, 110
aleatorische Anreize, 158
Algorithmen, 308
Alleinstellungswerbung, 194
Alleinurheberschaft, 278, 286
allgemeine Marktbehinderung, 145, 177
Amortisation, 70
Anerkennung der Urheberschaft, 291
Angaben über geschäftliche Verhältnisse, 185, 187
Anlegerschutz, 88
Anmeldung, 31
Anschwärzung, 163, 165, 167, 203, 216
Anspruch auf Auskunft, 100
Anspruch auf Vorlage von Belegen, 179
anwaltliche Schriftsätze, 273
Arbeitnehmererfindungsrecht, 260, 268

Architektenpläne, 276
ARGE, 13, 15, 16, 28
atypisch stille Gesellschaft, 45
Aufbau des MarkenG, 225
Aufbringung des Stammkapitals, 60, 61, 62
Aufklärungsbögen bzw. Merkblätter für Patienten, 282
Auflösung, 24, 25, 26, 33, 37, 44, 82, 84
Aufsichtsrat einer GmbH, 83
Aufsichtsrat, 88, 101, 102, 104, 106
Aufwendungsersatzanspruch, 41
Ausbeutung eines fremden Rufs, 168
Ausdrucken einer Datei, 294
Auseinandersetzung, 24, 26, 27, 50
Auseinandersetzungsbilanz, 27
Ausfallhaftung, 74
Auskunft über die Bezugsquellen, 179
Auskunftsanspruch, 250, 269, 310
Ausnutzen fremden Vertragsbruchs, 176
Ausnutzung der Unerfahrenheit, Leichtgläubigkeit, Angst oder einer Zwangslage, 141, 162
Ausscheiden eines Gesellschafters, 27, 36, 37
ausschließliche Lizenz, 314
Ausschließlichkeitsrechte, 239, 264, 266
Außengesellschaft, 9, 38
Außenverhältnis, 31
Ausspannen von Beschäftigten, 168
Ausstellungsrecht, 295

Balsam-Procedo-Urteile, 74
Barabfindungsangebot, 118
Bargründung, 62, 65
Bearbeitungen, 279, 296

Bedienungsanleitungen, 273
Bedienungsanweisung, 279
Beeinträchtigung der Entscheidungs-
  freiheit, 140, 151
Beeinträchtigungsverbot, 290, 291
Beendigung, 24, 25, 27, 49
Beendigung der KG, 44
Begriff, 28
Behinderung, 129, 145, 163, 169, 256
Beiratsmitglieder, 56
Beiträge, 19, 34
Bekanntheitsschutz, 238
Belästigung, 129, 150, 151, 197, 199
Benutzung von Namen und beschrei-
  benden Angaben, 253
Benutzungsmarke, 228, 236, 237
Benutzungszwang für die eingetragene
  Marke, 255
Beschlussfassung, 33
besondere Werbe- und Vertriebsme-
  thoden, 200
Bestandskraft prioritätsjüngerer Mar-
  ken, 253
Bestellung der Geschäftsführer, 62, 77
Bestellvertrag, 300, 314
Beteiligung am Gewinn/Verlust, 18
betriebsbezogene Wettbewerbshand-
  lung, 216
Betriebsstörung, 163, 165
Bildzeichen, 228
Boykott, 145, 163, 167
Bremer-Vulkan-Entscheidung, 76, 115
Browsing, 294
Bühnenbilder, 277
Bürgschaft, 42

Caching, 294
CB-Infobank, 279
CD-ROM-Vertrag, 300
Chirurgische Instrumente, 315
Choreografie, 275
Computerprogramme, 272, 308
Computerspiele, 230, 277

Copyright-Vermerk, 271, 282, 288
CPU-Klausel, 300, 317, 322

Datenbankwerke, 281, 282, 283, 284
Dauer des Markenschutzes, 257
Deep-Links, 294
Definition, 59
Deutsches Patent- und Markenamt, 262
DIN-Normen, 273
Diskriminierung, 163, 167, 219, 221, 307
Dividende, 98, 100
Domain-Grabbing, 164, 321
Downloading, 294
dreidimensionale Marken, 227
Dringlichkeit, 210, 259, 310
Durchgriffshaftung, 67
Durchsetzungssperre, 27

eigenkapitalersetzendes Gesellschaf-
  terdarlehen, 75
Eigentümlichkeit, 264, 265, 274, 296
einaktige Gründung, 8
einfache Gründung, 93
einfache Lizenz, 314
Einkaufsgutscheine, 155
Einlagen, 19, 26
Einmann-AG, 92
einstweilige Verfügung auf Besichti-
  gung und Sequestrierung, 309
Eintragung in das Handelsregister, 28,
  31, 37, 42, 67, 85, 231
Einzelgeschäftsführungsbefugnis, 32
Einzelvertretungsmacht, 35
Elektroarbeiten-Entscheidung, 175
elektronischer Pressespiegel, 303
E-Mail-Adressdatenbank, 285
Entfernung von Kontrollnummern, 166
Entstehung des Markenschutzes, 228,
  233
Entziehung der Geschäftsführungsbe-
  fugnis, 33
Enzyklopädien, 282
Erfindung, 260, 261, 262, 263, 269

Erfolgsort, 214, 215, 216, 218

Errichtung der Gesellschaft, 60, 61, 66, 67, 83

Erschöpfungsgrundsatz, 254

Europäische Wirtschaftliche Interessenvereinigung (EWIV), 5, 51

Europäisches Patentamt, 262

Europäisches Patentübereinkommen, 262

Existenzvernichtung durch Ressourcenabzug, 115

Familien-AG, 92

Farbmarke, 227, 237

Faxkarte, 309

Fehlen vorrangiger Schutzinteressen, 10

fehlerhafte Gesellschaft, 10, 16, 26, 27, 50, 55

fehlerhaftes Ausscheiden, 27

Festschriften, 282

Feststellungsinteresse II, 312, 313

Feststellungsinteresse III, 313

Filmwerke, 277, 306

Firma, 29, 60, 62, 68, 81, 91, 93, 112

Firmenschlagwort, 151, 231, 245

Framing, 284

freie Benutzung, 279, 296

Freihaltebedürfnis, 234

Garantieversprechen, 42

Gartenanlagen, 277

Gattungs- oder Branchenbezeichnungen, 62

Gattungsbegriffe als Domain-Namen, 165

Gebrauchsmusterrecht, 120, 263, 266, 268

Gefühls- und Vertrauensausnutzung, 160, 161

Geheimnisverrat, 203

Gemeinfreiheit, 285

gemeinschaftsrechtliche Warenverkehrsfreiheit, 219

Genossenschaft, 5, 20, 29, 59, 119

geografische Herkunftsangaben, 232

geplante gesetzliche Neuregelungen, 87

Geruchsmarken, 227

Gesamteindruck, 244, 247, 248, 297

Gesamthandsvermögen, 20

Gesamtschuldner, 21, 22

Gesamtvertretung, 35

geschäftliche Bezeichnungen, 229

Geschäftsanteil, 59, 69, 72, 74, 81

Geschäftsbriefe, 35

Geschäftsehrverletzung, 143, 163, 167

Geschäftsführer, 60, 62, 68, 77

Geschäftsführer einer Komplementär-GmbH, 55

Geschäftsführung, 8, 9, 17, 19, 24, 33, 35, 40, 48, 54

Geschäftsführungsbefugnis, 17, 32, 33

geschlossene Immobilienfonds, 23

Geschmacksmusterrecht, 243, 260, 264, 266, 267, 273, 312

Gesellschaft bürgerlichen Rechts, 4, 14, 16, 22, 226

Gesellschaft mit beschränkter Haftung, 59, 62

Gesellschafterpflichten, 34

Gesellschafterrechte, 34

Gesellschafterversammlung, 71, 72, 77, 78, 81

Gesellschafterwechsel, 21, 24

Gesellschaftsbeschlüsse, 82

Gesellschaftsformen, 3, 8

Gesellschaftsformenwahl, 5, 6, 7

Gesellschaftsvermögen, 19, 23, 34, 36, 45

Gesellschaftsvertrag, 16, 17, 25, 26, 30, 31, 32, 33, 35, 36, 37, 41, 47, 48, 49, 55, 59, 60, 62, 63, 69

Gesetz zur Unternehmensintegrität und Modernisierung des Anfechtungsrechts (UMAG), 88

gesetzliche Gründung, 96
Gestaltungshöhe, 266, 272, 274, 275, 276, 282
gewerbliche Anwendbarkeit/Technizität, 260, 261, 263
Gewinnabschöpfungsanspruch, 129, 178, 179, 180
Gewinnerzielungsabsicht, 15
Gewinnspiele, 156, 158
Ghostwriter, 286
Gies-Adler, 297, 310
Gleichnamigkeitskonflikte, 241, 322
Gleichordnungskonzern, 114
GmbH & Co. KG, 3, 39, 40, 52, 55, 60, 71
GmbH & Co. KG aA, 53
GmbH-Mantel, 66
GmbH-Vertrag, 61, 62
Großhändler-/Herstellerwerbung, 201
Grundkapital, 88, 91, 93, 100, 117
Grundsätze ordnungsgemäßer Bilanzierung, 75
Gründung, 87, 92, 99, 106
Gründungsgesellschafter, 56, 73
gute Sitten, 10, 131, 146, 234, 253

Haftung der ausgeschiedenen Gesellschafter, 23
Haftung der Gesellschaft(er), 21, 22, 23, 30, 36
Haftung des Kommanditisten, 41
Haftungsprivilegierung, 24
Halbleiterschutzgesetz, 267
Handbücher, 282
Handeln im geschäftlichen Verkehr, 134, 135, 139
Handelsbrauch, 128
Handlungsort, 214, 215, 216, 218
Harry Potter, 279
Hauptversammlung, 88, 89, 97, 101, 102
Herkunftstäuschung, 144, 168
Hier ist DEA - hier tanken Sie auf, 273
Homepage-Gestaltungen, 276
Hörmarken, 227

Hörproben im Internet, 299
Hyperlinks, 284, 285, 293, 294, 321

Identitätsschutz, 238
Illustrationsvertrag, 300, 314
Imitation, 184
individuelle Mitbewerberbehinderung, 145
individuelle Telefonwerbung, 199
Indossament, 97
Inhaberaktie, 90, 97
Inhalt des Markenschutzes, 238
Inhalt des Urheberrechts, 290
Innenverhältnis, 8, 9, 16, 21, 31, 34, 36, 43, 53
Innungsprogramm, 311
Insolvenzwarenverkauf, 200
internationales Wettbewerbsrecht, 213
Internet, 158, 171, 191, 195, 218
Invollzugsetzung der Gesellschaft, 10
irreführende Praktiken, 149, 171
irreführende Werbung, 185, 186
Irreführung des Verkehrs, 144, 168, 189, 195
Irreführungsverbot, 185, 187, 188, 195, 200

junge Aktie, 99

Kaduzierung, 70
Kapitalerhöhung, 73
Kapitalerhöhungen, 73, 90, 98, 99, 100, 110
Kapitalgesellschaften, 5, 7, 59, 102, 113
Kapitalkonto, 34
Kartellrecht, 127, 315
Kaufpsychosen, 160
Kaufscheinhandel, 130, 201
KBV-Entscheidung, 68
Kennzeichen, 143, 184, 225, 226, 247
Kennzeichen- und Markenrecht, 225
Klageverfahren, 21, 212
kleine AG, 92

Klingelton für Handys, 275
Kloster Pilsner, 196
Kollektivmarken, 225, 259
Kombinationszeichen, 228, 247
Kommanditgesellschaft, 5, 21, 39, 40,
    52, 54
Kommanditgesellschaft auf Aktien
    (KGaA), 112
Kommanditisten, 38, 39, 44
Komplementäre, 38, 39, 41, 43, 44
Kontostandsauskunft, 193
Konversationslexika, 282
Koppelung von Wa-
    ren/Dienstleistungen, 142
Koppelungsangebote, 154, 155, 204, 205
Körperschaften, 3, 5, 191
Kreuzwort- oder Silbenrätsel, 279
Kritik an Waren, Leistungen oder Wer-
    bemethoden von Mitbewerbern, 183
Kundenbeförderung, 154
Kundenbestechung, 151
Kundenfang, 146
Laienwerbung, 162
Lampen, 276
Lichtbildwerke, 277, 283
Limited (Ltd.), 57
Liquidation, 44
Liquidatoren, 85
Lizenzanalogie, 178, 266, 269, 312
Lizenzvertrag, 313, 314, 315, 316, 317
Löschungsanspruch, 251

Madrider Herkunftsabkommen
    (MHA), 128
Madrider Markenabkommen (MMA),
    128, 225, 259
Markenanwartschaftsrecht, 236
Markenkollisionen, 239
markenmäßige Nutzung, 240, 242, 243
Markenschutz kraft Benutzung, 236
Markenschutz kraft notorischer Be-
    kanntheit, 237
marktbezogene Handlungen, 215

marktbezogenes Verhalten, 134
Marktortprinzip, 215, 216, 217
Marktstörung, 177
Marktverwirrungsschaden, 179, 250
Maschinenmensch, 305
Massenverteilung von Originalware,
    177
Mauerbilder-Fall, 295
Maxem, 242
mehraktige Gründung, 8
Mehrheitsbeteiligung, 114
Mehrheitsgeschäftsführung, 17
Merkmale, 28
Meta-Tag, 163, 240, 243
Mindesthaltbarkeitsdauer, 189
Mischeinlage, 63
Mischtonmeister, 278
missbräuchliche Ausnutzung einer
    formalen Rechtsstellung, 256
Mitbestimmung, 7
Mitgliedschaft in einem Buchclub, 156
Mitteilungs- und Beschreibungsvorbe-
    halt, 290
Miturheberschaft, 273, 276, 278, 285,
    287
Mitwirkungsrechte, 100, 109
Möbel, 200, 264, 276
Multi-Level-Marketing, 203
Multimediawerke, 272
Multiple-Choice-Klausuren, 273
Multi-State-Wettbewerbshandlungen,
    217
Musikfragmente, 301
Musikverlagsvertrag, 300, 314
Musikwerke, 274, 296

Nachahmung, 144, 168, 184, 267
Nachahmung von Kennzeichnungen,
    168
Nachgründung, 96
Nachhaftung, 25
Nachrichten, 132, 133, 198
Nachschuss, 19

Nachschusspflichten, 77
Namensaktie, 86, 93, 97
Nennbetragsaktie, 93, 98
Neufassung des UWG, 127, 128, 130,
    132, 133
Neugründung, 41
Neuheit, 260, 263, 264
nicht unerhebliche Wettbewerbsverfäl-
    schung, 134, 139
Niessing-Spannring, 276
Nizzaer Abkommen, 128
notarielle Beurkundung, 60
Nötigung, 150, 151
Notorietätsmarke, 228, 237
Nutzungsrechte, 227, 286, 299, 300

Offene Handelsgesellschaft, 4, 28, 29
Online-Vertrag, 300, 314
Opt-in-Lösung, 199
Ordnungsgeld, 210, 212
Organisationsgewalt, 7

pantomimische Werke, 275
Paperboy, 285, 293, 294
Pariser Verbandsübereinkunft (PVÜ),
    128, 233, 237
Parodie, 297
Parteifähigkeit, 21
partiarischer Dienstvertrag, 46
partiarisches Darlehen, 45
Partnerschaftsgesellschaft, 5, 50
Patentrecht, 260, 261, 263, 264
Personen(handels)gesellschaften, 4, 7
persönliche geistige Schöpfung, 270,
    271, 279, 281, 291, 296
Pflicht zur Kapitalaufbringung, 72
Pflicht zur Kapitalerhaltung, 73
Pflichtangaben, 149, 171
Phil-Collins-Entscheidung, 307
Plagiate, 279
Politische Parteien, 5
Postfachanschrift, 149
Preisnachlass, 153, 157

Preisrätsel, 279
Preisunterbietung, 163, 166, 167
Prioritätsprinzip, 261
Product Placement, 150
progressive Kundenwerbung, 202
Prospekthaftung, 10, 56
Prospektverantwortliche, 56
Pseudonyme, 288
Publikums-AG, 92
Publikumsgesellschaft, 39, 40, 50, 53,
    55, 56
Publizitätserfordernisse, 7

qualifizierte Gründung, 96

Rabattgesetz, 128, 154, 204, 322
Rechtsbruch, 145, 170, 172, 214
Rechtsfähigkeit, 20, 21
Rechtsformenzwang, 5
Rechtsmängelgewährleistung, 316
Rechtsnachfolge im Urheberrecht, 298
Rechtsprechung des EuGH, 220, 221,
    232, 239, 251
Regenwaldprojekt, 161
Registermarke, 228, 236
Rolling Stones-Entscheidung, 307
Rückrufaktion, 179
Rückrufsrecht des Urhebers, 301
Rufausbeutung, 145, 168, 238, 240, 253,
    258
Rufbeeinträchtigung, 145

Sachgründung, 62
Sachmängelhaftung, 316
Sammelwerke, 281, 282, 283
Scannen, 294
Schachcomputerkatalog, 138, 195
Schadensersatz, 162, 178, 241, 251
Schadensersatzverpflichtung von Ge-
    schäftsführern, 80
Schaffenshöhe, 271
Schleichbezug, 175, 176
Schleichwerbung, 129, 141, 149

Schlichtungsstelle, 301
Schmähkritik, 143
Schneeballsystem, 159, 202
Schockwerbung, 161
Schranken des Markenschutzes, 252
Schuldbeitritt, 42, 43
Schutzrechtsverwarnung, 216
Schutzschrift, 209, 210, 211
Schutzzwecktrias, 125, 126, 131
schwarzer Schatten, 150
Screenshots, 277
Selbstorganschaft, 18
Sender Felsberg, 307
Sendevertrag, 300, 314
shell.de, 241
Showformat, 272
Sind Sie immer noch TELEKOM-
   Kunde?, 196
sklavische Nachahmung, 168
Societas Europaea (SE), 87
Software-Entwicklung, 15
Software-Vertrieb, 15
Sonderveranstaltungen, 129, 188
Sortenschutz, 225, 260, 267
Sortenschutzrolle, 267
Sound-Sampling, 274
Spiegel-CD-ROM, 299
Sportwetten-Entscheidung, 174
Sprachwerke, 272, 274
Sprengzeichnungen, 278
Spruchverfahrensneuordnungsgesetz,
   86
Squeeze-Out, 86, 117
Staatsbibliothek, 275, 276, 277, 286, 287
Stadtbahnfahrzeug, 291
Stammaktie, 98
Stammeinlage, 59, 61, 62, 69, 81
Stammkapitalaufbringung, 65
Stiftung & Co. KG, 53
stille Gesellschaft, 4, 13, 46, 47, 48
Stimmenmehrheit, 17, 33, 107
Störung des Arbeits- und Betriebsfrie-
   dens, 165, 166

Strafrechtsschutz, 313
Streuschäden, 129, 179
Stückaktie, 93, 95, 98
Stückelung der Stammeinlagen, 62
SYLT, 256

Tastmarken, 233
Tatsachenbehauptungen, 144, 187, 195
TBB-Entscheidung, 115
technische Verbesserungsvorschläge,
   268
telefonische Auskunftsdienste, 177
Telefonische Vorratsanfrage, 193, 196
Tele-Info-CD, 282
Testbestellung, 152
Tod eines Kommanditisten, 44
Topografie, 267
Topographische Landeskarten, 279
Transparenz- und Publizitätsgesetz
   (TransPuG), 85, 86, 87
Transparenzgebot bei Preisausschrei-
   ben und Gewinnspielen, 142
Treuepflicht, 19, 27
Treueprämie, 152
Tupper-Ware-Party, 168
typisch stille Gesellschaft, 45

Überrumpelung, 150
Übertragung von Nutzungsrechten,
   299, 300
übertriebenes Anlocken, 151, 156, 158,
   204
umgekehrter Haftungsdurchgriff, 68
Umgestaltungen, 279, 296
Umwandlung, 41
Umwandlungsrecht, 120
unbeschränkte Haftung, 42
unechte Vorgesellschaft, 64
UNICEF - Bringt die Kinder durch den
   Winter, 160
Unikatrahmen, 281, 292
Unlauterkeit, 131, 134, 140, 146, 156, 187
Unterbeteiligung, 46

Unterbilanzhaftung, 67
Unterlassung, 178, 267, 278, 291, 304
Unternehmen, 133, 135, 142, 144, 157, 184
Unternehmensintegrität, 88
Unternehmenskennzeichen, 120, 229, 230, 231
Unternehmenswert, 99, 116
Unterordnungskonzern, 114
Unterscheidungskraft, 228, 229, 230, 231, 233, 234
unverbindliche Preisempfehlung (UVP), 196
unzumutbare Belästigung, 197, 198
Uploading, 294
Urheberpersönlichkeitsrecht, 290
Urheberrecht, 120, 225, 270, 298, 305
Urheberrechtsverletzungen im Internet, 307

Verbietungsansprüche, 261
Verbot der unzulässigen Rechtsausübung, 256
Verbraucherleitbild, 186, 222, 223
Verbreitungsrecht, 294, 295, 302
verbundene Unternehmen, 114
Verein, 5
Verfilmungsvertrag, 300, 314
Vergleichende Werbung, 182, 183
Verhüllung des Reichstags, 277
Verjährung, 211, 252
Verkaufsförderungsmaßnahmen, 141, 142, 187
Verlagsvertrag, 300, 314
Verleiten zum Vertragsbruch, 175
Verletzung außervertraglicher Bindungen, 170
Verletzung vertraglicher Bindungen, 175
Verlustbeteiligung, 46, 48
Verlustdeckungshaftung, 65
Vermietung von Werkstücken, 295
Vermögenseinlage, 44, 45, 47

Vermögensverwaltung, 16
Vermutung der Urheberschaft, 287, 288
Verpflichtung zur Preisangabe, 177
Verschenken von Waren, 151
Verschweigen einer Tatsache, 186, 187
Verteilung von Werbegeschenken, 152
Vertrauensverhältnis, 19
Vertraulichkeitsvermerk, 271
Vertretung, 9, 17, 18, 39, 50
Vertretungsmacht, 17
Vervielfältigung eines Datenbankwerks, 284
Vervielfältigungsrecht, 293, 294
Verwechslungsgefahr, 230, 244
Verwechslungsschutz, 238
Verwendung des Bilanzgewinns, 72
Verwertungsrechte, 290, 292, 299
Verwirkung, 252
Vielfachabmahner-Entscheidung, 174

vinkulierte Namensaktie, 97, 101
Vorführungsrecht, 290, 295
Vor-GmbH, 60, 64
Vorgründungsgesellschaft, 60, 61
Vorstand, 94, 99, 101, 104, 106
Vorzugsaktie, 98, 100
vossius.de, 242

Wahrnehmungsvertrag, 300, 314
Wanderführer, 274
Website, 90, 163, 218, 283
wechselseitig beteiligte Unternehmen, 114
Wechselwirkungslehre, 245
Werbeaussagen, 272, 273
Werbeslogans, 228, 237
Werbung mittels Faxgerät oder elektronischer Post, 199
Werk, 230, 270, 271, 276
Werke der bildenden Kunst, 275, 277
Werktitel, 120, 229, 230
wertbezogene Vorschriften, 171, 172
wertneutrale Vorschriften, 173

Wertpapiererwerbs- und Übernahme-
gesetz (WpÜG), 85, 86
Wertreklame, 141, 143, 155, 187
Wesen, 59
Wettbewerbsförderungsabsicht, 136,
138, 206
Wettbewerbshandlung, 132, 133, 134,
135, 137, 163, 213
Wettbewerbsrecht, 3, 125, 126, 205, 217
wettbewerbsrechtlicher Leistungs-
schutz, 144
Wettbewerbsverbot, 34
Wettbewerbsverhältnis, 132, 137, 183
Widerruf, 16, 26
Widerrufsbelehrung, 26, 149, 213
Widerrufsrecht, 49
Winnetous Rückkehr, 230, 235, 244
Wirksamkeitszeitpunkt, 30

Wörterbücher, 274
Wortzeichen, 228

Zeichen, 227, 232, 236
Zeichenähnlichkeit (§ 14 Abs. 2 Ziff. 3
MarkenG), 248
Zeichnungsvorvertrag, 112
Zitierrecht, 304
Zivilrechtsschutz, 310, 313
Zugabeverordnung, 128, 129, 154, 155,
205
zum Nachteil eines bestimmten Perso-
nenkreises, 134, 136
Zusendung unbestellter Waren, 151,
199
Zustellung im sog. Parteibetrieb, 211
Zwangslizenz, 313, 323
Zwangsvollstreckung, 34

Mehr wissen – weiter kommen

Wirtschaftsrecht –
kompetent, fundiert, aktuell

Grundlagen des Rechtssystems – Grundzüge des allgemeinen Verwaltungsrechts – Ausgewählte Vertragstypen des Wirtschaftsrechts – Gesetzliche Schuldverhältnisse – Grundbegriffe des Sachenrechts – Grundbegriffe des Handelsstandes – Handelsgeschäfte

Das Verstehen wirtschaftlicher Zusammenhänge sowie erfolgreiche unternehmerische Tätigkeit setzen eine profunde Kenntnis des Wirtschaftsrechts voraus. Dabei handelt es sich um eine sehr komplexe Materie, die aus zahlreichen Einzeldisziplinen besteht, die wiederum ständigen Schwankungen durch Gesetzgebung und vor allem Rechtsprechung unterworfen sind.

Die beiden Bände „Wirtschaftsrecht 1" und „Wirtschaftsrecht 2" dieses neuen Lehrbuches führen systematisch, verständlich und auf aktuellem Stand in das komplette Spektrum des Wirtschaftsrechts ein. Band 1 vermittelt die Grundlagen des Bürgerlichen Rechts und des Handelsrechts. Der Autor widmet allen Teilgebieten gleichermaßen Raum, so dass ein fundierter Gesamtüberblick über dieses wichtige Fachgebiet entsteht. Zahlreiche praktische Beispiele aus der Rechtsprechung veranschaulichen und vertiefen den Inhalt.

„Wirtschaftsrecht 1" richtet sich an Studierende der Wirtschafts- und Rechtswissenschaften an Universitäten, Fachhochschulen und Berufsakademien. Praktiker, die mit rechtlichen Fragen konfrontiert sind, finden gesichertes Wissen.

Bernd Rohlfing
Wirtschaftsrecht 1
Bürgerliches Recht und Handelsrecht.
Eine praxisorientierte Einführung
2005. XVIII, 299 S.
Br., EUR 24,90
ISBN 3-409-12638-4

Änderungen vorbehalten.
Stand: Oktober 2005

Gabler Verlag · Abraham-Lincoln-Str. 46 · 65189 Wiesbaden · www.gabler.de   **GABLER**

Mehr wissen – weiter kommen

Wirtschaftsrecht – üben und vertiefen

Grundlagen des Rechtssystems – Grundzüge des allgemeinen Verwaltungsrechts –
Ausgewählte Vertragstypen des Wirtschaftsrechts – Gesetzliche Schuldverhältnisse –
Grundbegriffe des Sachenrechts – Grundbegriffe des Handelsstandes – Handelsgeschäfte

Bernd Rohlfing hat dieses Übungsbuch so
konzipiert, dass es in idealer Weise die beiden grundlegenden Bände „Wirtschaftsrecht
1" und „Wirtschaftsrecht 2" seines Lehrbuches ergänzt. Anhand von Fragen und
Antworten sowie Fällen mit Lösungen können alle wichtigen Themen des Wirtschaftsrechts gezielt geübt und vertieft werden.

Das „Übungsbuch Wirtschaftsrecht" richtet
sich primär an Studierende der Wirtschafts-
und Rechtswissenschaften an Universitäten,
Fachhochschulen und Berufsakademien, die
sich prüfungssicheres Wissen aneignen
möchten.

Bernd Rohlfing
Übungsbuch Wirtschaftsrecht
Fragen – Fälle – Lösungen
2006. Ca. 270 S.
Br., ca. EUR 24,90
ISBN 3-409-14255-X

Änderungen vorbehalten.
Stand: Oktober 2005

Gabler Verlag · Abraham-Lincoln-Str. 46 · 65189 Wiesbaden · www.gabler.de

 **GABLER**

Mit einem Klick alles im Blick

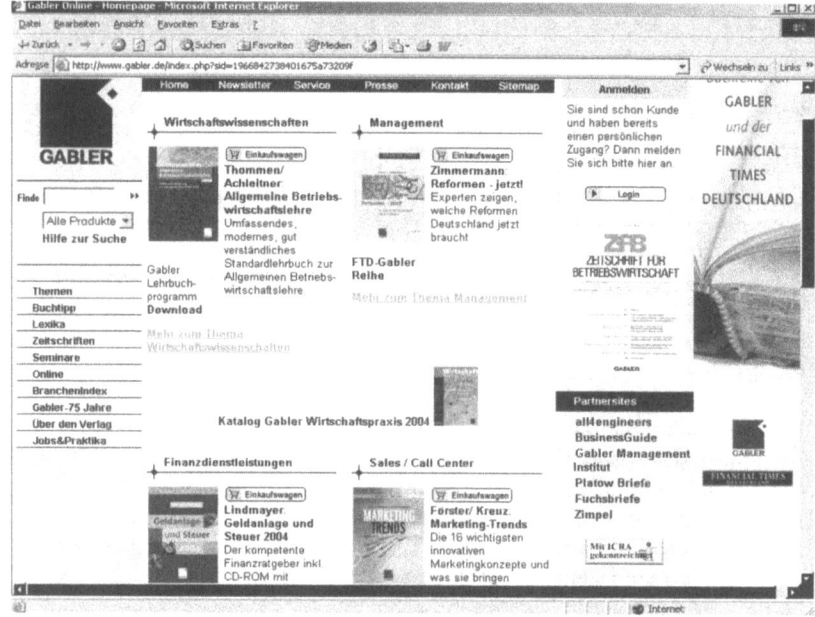

⦿ Tagesaktuelle Informationen zu Büchern, Zeitschriften, Online-Angeboten, Seminaren und Konferenzen

⦿ Leseproben - z. B. vom Gabler Wirtschaftslexikon -, Online-Archive unserer Fachzeitschriften, Aktualisierungsservice und Foliensammlungen für ausgewählte Buchtitel, Rezensionen, Newsletter zu verschiedenen Themen und weitere attraktive Angebote, z. B. unser Bookshop

⦿ Zahlreiche Servicefunktionen mit dem direkten Klick zum Ansprechpartner im Verlag

⦿ *Klicken Sie mal rein: www.gabler.de*

Abraham-Lincoln-Str. 46
65189 Wiesbaden
Fax: 06 11.78 78-400

KOMPETENZ IN
SACHEN WIRTSCHAFT

GABLER